管士光文存

第二卷

* 唐人大有胡气　智慧的灵光
* 千古往事千古书
* 中国文史人物故事（三篇）

人民出版社

本卷说明

本卷收入《唐人大有胡气》（农村读物出版社，1992年出版）、《千古往事千古书》（人民日报出版社，1995年出版）、《智慧的灵光》（人民日报出版社，1995年出版）三个小册子和"中国文史人物故事"中的三篇，即《苏武与李陵》、《唐玄宗与杨贵妃》、《岑参》。其中《岑参》一篇因为是以人物故事的形式出现的，所以没有收在本"文稿"较强调学术性的第三卷里。

目　　录

唐人大有胡气——异域文化与风习在唐代的传播与影响

引言 ………………………………………………………………… 3

第一章　人类历史上,有那样一个使每个中国人
　　　　都感到自豪的时代 …………………………………… 5

　第一节　建国与贞观、开元之治 ………………………… 5

　第二节　长安——一个国际性的都市 ………………… 8

　第三节　唐君主——"天可汗" …………………………… 10

　第四节　"丝绸之路"与"香料之路" …………………… 13

　第五节　各地"胡人"纷纷来到内地 …………………… 15

　第六节　简短的结论 ……………………………………… 25

第二章　唐代社会所存在的异域情调与风气 ………… 26

　第一节　"胡气"——一种社会风尚 …………………… 26

　第二节　服饰与饮食 ……………………………………… 31

　第三节　建筑、生活器皿及其他 ………………………… 38

　第四节　马球与双陆 ……………………………………… 46

第三章　反映在唐代文化艺术中的异域情调与风格 ………… 58

　第一节　音乐 ……………………………………………… 58

　第二节　舞蹈与歌舞戏 …………………………………… 68

　第三节　诗歌、笔记及传奇 ……………………………… 75

　第四节　绘画及其他 ……………………………………… 82

第四章　宗教及宗教文化 ·············· 87

　第一节　来自西方的宗教 ·············· 87

　第二节　佛教的兴盛 ·············· 93

　第三节　与佛教有关的几种社会风俗 ·············· 98

　第四节　宗教文化 ·············· 102

最后的几句话 ·············· 111

智慧的灵光——中国古代哲学

引言 ·············· 115

一　百家争鸣:春秋战国时期的哲学思想 ·············· 117

　(一)孔子 ·············· 117

　　1.“仁者爱人”和“克己复礼为仁” ·············· 118

　　　——孔子“仁”的学说

　　2.“畏天命”和“敬鬼神而远之” ·············· 119

　　　——孔子的天道观

　　3.“生而知之”和“学而知之” ·············· 120

　　　——孔子的认识论

　　4.“执两用中”和“过犹不及” ·············· 121

　　　——孔子的中庸之道

　(二)墨子及后期墨家 ·············· 122

　　1.“非命”与“天志”、“明鬼” ·············· 123

　　　——墨子的世界观

　　2.“必以众之耳目之实” ·············· 124

　　　——墨子的唯物主义经验论

　　3.“兼以易别” ·············· 125

　　　——墨子的社会政治思想

　　4.墨子思想的修正与发展 ·············· 126

　　　——后期墨家的哲学思想

　(三)老子和庄子 ·············· 128

1.“道,可道,非恒道”与“道”生万物 ················· 129

　　——老子的客观唯心主义哲学

2.“反者道之动” ······························ 130

　　——老子的朴素辩证法思想

3.“物物者非物” ····························· 131

　　——庄子的主观唯心主义哲学

4.“齐是非”、“齐万物” ························ 132

　　——庄子以相对主义为基础的认识论

（四）孟子 ··································· 134

1.“四端”与“四德” ·························· 134

　　——孟子人性善的伦理道德观

2.尽心、知性、知天 ·························· 135

　　——孟子的世界观和认识论

（五）惠施和公孙龙 ··························· 136

1.“合同异” ································ 136

　　——惠施的相对主义哲学思想

2.“离坚白” ································ 138

　　——公孙龙的绝对主义哲学思想

（六）荀子 ·································· 139

1.“明于天人之分” ·························· 140

　　——荀子的唯物主义自然观

2.“缘天官”和“征知” ······················ 141

　　——荀子的唯物主义认识论

3.“学至于行之而止” ························ 142

　　——荀子的知行观

（七）韩非 ·································· 143

1.“道理相应” ······························ 143

　　——韩非的唯物主义自然观

2.注重“参验” ······························ 144

　　——韩非的唯物主义认识论

3."事有利害,物有生死" …………………………………… 145

    ——韩非朴素的辩证法思想

二　独尊儒术:两汉时期的哲学思想 ………………………… 147

  (一)董仲舒 ………………………………………………… 148

    1."天人同类"和"天人感应" ……………………………… 149

      ——董仲舒的神学目的论

    2."天不变,道亦不变" …………………………………… 151

      ——董仲舒的形而上学思想

  (二)王充 …………………………………………………… 153

    1."天地合气,万物自生" …………………………………… 154

      ——王充的唯物主义自然观

    2."世间安得有无体独知之精" ……………………………… 156

      ——王充的唯物主义形神观和无神论

    3."疾虚妄"、"重效验" …………………………………… 157

      ——王充的唯物主义认识论

三　玄学及其内部争论:魏晋时期的哲学思想 ………………… 160

  (一)王弼 …………………………………………………… 161

    1."以无为本" ……………………………………………… 161

      ——王弼唯心主义本体论

    2."静为躁君" ……………………………………………… 162

      ——王弼形而上学的动静观

    3."言不尽意"和"得意忘象" ……………………………… 163

      ——王弼的唯心主义认识论

  (二)裴颁与欧阳建 ………………………………………… 164

    1."至无者,无以为生" …………………………………… 164

      ——裴颁的"崇有"论

    2."名逐物而迁,言因理而变" …………………………… 165

      ——欧阳建的"言尽意"论

  (三)郭象 …………………………………………………… 167

1.“万物独化于玄冥” ·················· 167

——郭象的唯心主义本体论

2.“冥而忘迹”和“冥此群异” ·················· 168

——郭象的神秘主义认识论

四　佛学与反佛思潮:从南北朝到隋唐时期的哲学思想 ·········· 169

（一）佛教主要流派及其思想 ·················· 169

1.“般若”学与“涅槃”学 ·················· 169

——南北朝时期的佛教

2.“天台”、“法相”、“华严”、“禅宗” ·········· 172

——隋唐佛教四大宗派

（二）范缜 ·························· 177

1.“盛称无佛”和“日服千人” ·············· 177

——范缜与崇佛者的两次大论战

2.“形神相即”和“形质神用” ·············· 178

——《神灭论》的主要思想

（三）韩愈 ·························· 180

1.“吾所谓道德云者,合仁与义言之也” ·········· 180

——韩愈的“道统”论

2.“性之品有上中下三” ················· 182

——韩愈的“性三品”说

3.“如古之无圣人,人之类灭久矣” ·········· 182

——韩愈的“圣人”史观

（四）柳宗元、刘禹锡 ··················· 183

1.“元气自动” ······················ 183

——柳宗元的唯物主义自然观

2.天与人“不相预” ··················· 185

——柳宗元的无神论思想

3.万物“乘气而生” ··················· 186

——刘禹锡的唯物主义自然观

4."天与人交相胜" ⋯⋯⋯⋯⋯⋯⋯⋯⋯⋯⋯⋯⋯⋯⋯ 187
    ——刘禹锡的朴素辩证法思想

五 元气本体论:宋明哲学之一 ⋯⋯⋯⋯⋯⋯⋯⋯⋯⋯⋯⋯⋯⋯ 190
(一)张载 ⋯⋯⋯⋯⋯⋯⋯⋯⋯⋯⋯⋯⋯⋯⋯⋯⋯⋯⋯⋯ 190
  1."虚空即气" ⋯⋯⋯⋯⋯⋯⋯⋯⋯⋯⋯⋯⋯⋯⋯⋯ 191
    ——张载的唯物主义自然观
  2."一物两体" ⋯⋯⋯⋯⋯⋯⋯⋯⋯⋯⋯⋯⋯⋯⋯⋯ 192
    ——张载的朴素辩证法思想
  3."见闻之知"和"德性之知" ⋯⋯⋯⋯⋯⋯⋯⋯⋯⋯ 194
    ——张载的认识论

(二)陈亮、叶适 ⋯⋯⋯⋯⋯⋯⋯⋯⋯⋯⋯⋯⋯⋯⋯⋯⋯ 196
  1."道在事中" ⋯⋯⋯⋯⋯⋯⋯⋯⋯⋯⋯⋯⋯⋯⋯⋯ 196
    ——陈亮的唯物主义世界观
  2."勉强行道大有功" ⋯⋯⋯⋯⋯⋯⋯⋯⋯⋯⋯⋯ 198
    ——陈亮的功利主义社会历史观
  3."物之所在,道则在焉" ⋯⋯⋯⋯⋯⋯⋯⋯⋯⋯ 199
    ——叶适的唯物主义世界观
  4."弓矢从的" ⋯⋯⋯⋯⋯⋯⋯⋯⋯⋯⋯⋯⋯⋯⋯⋯ 200
    ——叶适的唯物主义认识论

(三)王廷相 ⋯⋯⋯⋯⋯⋯⋯⋯⋯⋯⋯⋯⋯⋯⋯⋯⋯⋯ 201
  1."理根于气"和"气化" ⋯⋯⋯⋯⋯⋯⋯⋯⋯⋯⋯ 202
    ——王廷相的唯物主义自然观和朴素辩证法思想
  2."博于外而尤精于内,讨诸理而尤达于事" ⋯⋯⋯ 204
    ——王廷相的认识论

六 理学唯心主义:宋明哲学之二 ⋯⋯⋯⋯⋯⋯⋯⋯⋯⋯⋯⋯ 206
(一)程颢、程颐 ⋯⋯⋯⋯⋯⋯⋯⋯⋯⋯⋯⋯⋯⋯⋯⋯⋯ 206
  1."惟理为实" ⋯⋯⋯⋯⋯⋯⋯⋯⋯⋯⋯⋯⋯⋯⋯⋯ 206
    ——二程的唯心主义本体论
  2."致知在格物" ⋯⋯⋯⋯⋯⋯⋯⋯⋯⋯⋯⋯⋯⋯ 208
    ——二程的认识论

（二）朱熹 ……………………………………………… 209

  1.“理本气末”和“理先气后” …………………………… 209

    ——朱熹的唯心主义本体论

  2.“理主动静”和“定位不易” …………………………… 211

    ——朱熹的唯心主义辩证法思想

  3.“即物而穷其理”和“心包万理” ……………………… 213

    ——朱熹唯心主义认识论

  4.“天命之性”、“气质之性”和“存天理,去人欲” ………… 214

    ——朱熹的人性论和道德观

七 心学唯心主义:宋明哲学之三 ……………………… 217

（一）陆九渊 …………………………………………… 217

  1.“万物皆备于我”和“心即理” ………………………… 217

    ——陆九渊的主观唯心主义宇宙观

  2.“切己自反”和“存心去欲” …………………………… 218

    ——陆九渊的先验主义认识论

  3.“鹅湖之会”与书信论辩 ……………………………… 219

    ——陆九渊与朱熹哲学之异同

（二）王守仁 …………………………………………… 220

  1.“心外无物”、“心外无理” …………………………… 221

    ——王守仁的主观唯心主义世界观

  2.“致良知”而“不假外求” ……………………………… 223

    ——王守仁的主观唯心主义认识论

  3.“求理于吾心,此圣门知行合一之教” ………………… 224

    ——王守仁的主观唯心主义知行观

八 旧哲学的总结:明末清初的哲学思想 ……………… 226

（一）王夫之 …………………………………………… 226

  1.“太虚一实”、“理依于气” …………………………… 227

    ——王夫之的唯物主义自然观

  2.“太虚本动”、“气化日新” …………………………… 228

    ——王夫之的辩证发展观

3."能必副其所"和"行可兼知" ……………………………… 230
　　——王夫之的唯物主义认识论

(二)戴震 ………………………………………………………… 232

1."理者,存乎欲者也" …………………………………… 232
　　——戴震的伦理观

2."气化流行,生生不息,是故谓之道" ……………………… 234
　　——戴震的唯物主义自然观

千古往事千古书——中国古代历史学

一　古代史学的童年时期

　　——先秦至汉初 ……………………………………………… 239

(一)史学的兴起 ………………………………………………… 239

1.远古的神话 ……………………………………………… 239

2.最初的历史记载 ………………………………………… 241

3.最早的史官 ……………………………………………… 244

(二)春秋战国时的史学 ………………………………………… 246

1.《春秋》:标志着史学著作的正式出现 ………………… 246

2.《左传》和《国语》 …………………………………… 248

3.先秦时期的其他史书 …………………………………… 254

(三)诸子百家的史论及其影响 ………………………………… 256

二　古代史学的发展时期

　　——两汉至唐初 ……………………………………………… 263

(一)《史记》:史家之绝唱 …………………………………… 264

1.《史记》的作者 ………………………………………… 264

2.《史记》是怎样一部书? ……………………………… 266

3.《史记》所表现的历史思想 …………………………… 270

4.《史记》:一部文学名著 ……………………………… 274

5.《史记》的续补及注释 ………………………………… 277

(二)《汉书》:第一部纪传体断代史 ………………………… 277

1.《汉书》的作者 …………………………………………… 277

2.《汉书》的编纂体例 ……………………………………… 278

3.《汉书》的特点和价值 …………………………………… 280

（三）《三国志》 ………………………………………………… 283

1.《三国志》的作者 ………………………………………… 283

2.《三国志》概述 …………………………………………… 283

3.《三国志》的地位与影响 ………………………………… 286

（四）《后汉书》 ………………………………………………… 287

1. 范晔其人 ………………………………………………… 287

2.《后汉书》概述 …………………………………………… 288

3.《后汉书》的思想特点与影响 …………………………… 290

（五）南北朝的三部史书 ……………………………………… 292

1.《宋书》 …………………………………………………… 292

2.《南齐书》 ………………………………………………… 294

3.《魏书》 …………………………………………………… 296

（六）初唐八史 ………………………………………………… 299

1.《梁书》 …………………………………………………… 299

2.《陈书》 …………………………………………………… 300

3.《北齐书》 ………………………………………………… 301

4.《周书》 …………………………………………………… 302

5.《隋书》 …………………………………………………… 302

6.《晋书》 …………………………………………………… 304

7.《南史》和《北史》 ……………………………………… 307

（七）刘知几及其《史通》 …………………………………… 308

1.《史通》的作者刘知几 …………………………………… 309

2.《史通》论述的主要问题 ………………………………… 310

3.《史通》的意义与影响 …………………………………… 314

三 古代史学的繁荣时期

　　——中唐至元 …………………………………………… 315

（一）《通典》：政书体史书的开山之祖 …………………… 315

  1. 杜佑与《通典》的编撰 …………………… 316

  2.《通典》在体例上的新贡献 …………………… 317

  3. 杜佑的史学思想 …………………… 318

  4.《通典》的影响 …………………… 320

（二）中晚唐时期的几部地理志著作 …………………… 321

  1.《元和郡县志》 …………………… 321

  2.《海内华夷图》及《古今郡国县道四夷述》 …………………… 322

  3.《蛮书》 …………………… 322

（三）北宋的几部正史 …………………… 323

  1.《旧唐书》和《新唐书》 …………………… 323

  2.《旧五代史》和《新五代史》 …………………… 327

（四）司马光和《资治通鉴》 …………………… 329

  1.《资治通鉴》的作者及其编撰过程 …………………… 329

  2.《资治通鉴》的编撰特点和历史价值 …………………… 331

  3.《资治通鉴》的缺点与不足 …………………… 333

  4.《资治通鉴》的影响及注本 …………………… 334

（五）南宋史著：《通志》及其他 …………………… 336

  1.《通志》：南宋最著名的一部史书 …………………… 336

  2. 南宋的其他几部史书 …………………… 339

（六）元代官修史书与马端临的《文献通考》 …………………… 341

  1. 元代的官修史书 …………………… 341

  2. 马端临的《文献通考》 …………………… 345

四　古代史学的衰落时期

  ——明清（鸦片战争前） …………………… 348

（一）明清官修史书 …………………… 349

  1.《元史》 …………………… 349

  2.《明实录》 …………………… 350

  3.《大明会典》 …………………… 351

4.《明史》 …………………………………………… 352

———"正史"的殿军

(二)明清之际的著名史学家及其著作 ………………… 354

    1. 黄宗羲与《明儒学案》 …………………………… 354

    2. 顾炎武与《日知录》 ……………………………… 355

    3. 王夫之与《读通鉴论》 …………………………… 356

(三)乾嘉学派:清代三大考史名著 …………………… 358

    1. 王鸣盛及《十七史商榷》 ………………………… 359

    2. 钱大昕与《廿二史考异》 ………………………… 359

    3. 赵翼与《廿二史札记》 …………………………… 360

(四)古代史学的句号:章学诚的《文史通义》 ………… 362

    1. 研究历史,要以经世致用为宗旨 ………………… 362

    2. 史学三要素,以"义"为贵 ………………………… 363

    3. 方志为史 …………………………………………… 364

    4."三长"之外,还有史德 ………………………… 364

    5. 其他一些史学观点 ………………………………… 365

五　尾声:近、现代史学概说 ………………………………… 366

中国文史人物故事(三篇)

苏武和李陵

前言 …………………………………………………………… 371

一　不眠之夜 ………………………………………………… 372

二　出使匈奴 ………………………………………………… 377

三　祸从天降 ………………………………………………… 382

四　宁死不屈 ………………………………………………… 387

五　坚持斗争 ………………………………………………… 394

六　北海牧羊 ………………………………………………… 399

七　草原春意 ………………………………………………… 404

八　祸不单行 ………………………………………………… 409

九　李陵被俘 ………………………………………… 412

十　老友劝降 ………………………………………… 418

十一　夜访汉使 ……………………………………… 423

十二　光荣归汉 ……………………………………… 428

十三　尾声 …………………………………………… 432

唐玄宗与杨贵妃

前言 ………………………………………………… 434

一　贵妃入宫 ………………………………………… 435

二　百花园里 ………………………………………… 440

三　将相之间 ………………………………………… 444

四　沉香亭边 ………………………………………… 449

五　宫中饮酒 ………………………………………… 454

六　贵妃被贬 ………………………………………… 459

七　献发表心 ………………………………………… 464

八　七夕之誓 ………………………………………… 471

九　禄山叛乱 ………………………………………… 478

十　玄宗西逃 ………………………………………… 483

十一　马嵬之变 ……………………………………… 489

十二　思念深深 ……………………………………… 495

十三　尾声 …………………………………………… 501

岑参

前言 ………………………………………………… 502

一　草堂松风 ………………………………………… 503

二　献赋京城 ………………………………………… 508

三　生活的转折 ……………………………………… 515

四　边塞之路 ………………………………………… 520

五　塞上风云 ………………………………………… 528

六　长安交游 …………………………………………… 535

七　二入边塞 …………………………………………… 542

八　"明主虽然弃,丹心亦未休" …………………………… 547

九　蜀道难 ……………………………………………… 552

十　最后的岁月 ………………………………………… 556

唐人大有胡气

——异域文化与风习在唐代的传播与影响

引　言

"唐人大有胡气",是一位名人的名言。我取它作为书名,无非是想求得简洁而醒目的意思。

胡,原是中国古代对北方和西方各族的泛称,也指来自这些民族的东西。但在这个小册子里,"胡"的外延扩大了,我用它来指汉族以外的所有民族,其中有唐朝四边的少数民族;也包括与唐并立的其他国家。

这里所说的"气",不是气质的气,而是风气的气,虽然这两者有必然的联系,我却更多地从后者的角度使用它。所以,"胡气"就是指来自异域的文化和风习。

因此,这本小册子有一个副题,即"异域文化与风习在唐代的传播与影响"。这个题目虽然比较准确,但是不够简洁,所以只用作副题。

众所周知,唐朝是汉族文化的发皇时期,它在当时的世界上是相当昌盛和成熟的文化,对世界其他民族的文化曾经有过重要和深刻的影响。但是,正如范文澜《中国通史》所说:

> 大抵世界上的民族,不论人口的多少,民族的小大,只要本民族的文化得以生成和发展,都必然有它自己的特长,也都必然对世界文化可以作出不同程度的贡献。由于社会发展水准和经济条件的不同,在一个时期里,某些民族文化可以显得高一些,另一些民族显得低一些。或者甲民族在这一方面较高另一方面较差,乙民族这一方面较差另一方面较高。各民族一经接触,各取人之所长补已之所短,影响总是互相的,贡献也是相互的。唐文化是当时世界上一个较高的文化,但也有它的不足处。传入长安的域外文化高低不同,但各有

其优越处。唐文化摄取外域的新成分,丰富了自己,又以自己的新成就输送给别人,贡献于世界。

　　这一段论述十分精当,既有别于大民族主义的妄自夸矜,又有别于那种片面渲染"西域文明"的观点,因此我把它作为撰写这本小册子的指导思想。当然,这本小册子的重点是在于介绍异域文化与风习在唐代的传播及其影响,唐文化对世界文化的贡献与影响,其内容虽然十分重要,却并没有展开论述,这纯粹是由于题目所限,相信读者是会理解的。

第一章

人类历史上，有那样一个
使每个中国人都感到自豪的时代

在七世纪初到九世纪末的世界上，东方有一个先进的、强大的、文化高度发展的王朝，它就是中国的唐朝。

唐代是一个辉煌的时代，这样的时代自然会有可以夸耀于后人的历史。

在唐代，中国的声誉远及海外，后来海外各国因此称中国人为"唐人"。由此可见，唐朝在中国历史上占有多么重要的地位！

唐朝到底是怎样的一个时代呢？

第一节　建国与贞观、开元之治

隋末，由于统治者的荒淫奢侈和横征暴敛，加重了广大人民的经济负担，激化了各种矛盾，因而先后爆发了窦建德、翟让等领导的农民起义，形成了天下大乱的局面，在这许多支农民起义的队伍中，也有一些官僚豪强乘机扩大自己的势力，他们脱离了隋王朝的统治，随时准备攫取政权，其中最为著名的是李渊集团。

李渊曾任隋朝太原道安抚大使、太原留守，在农民起义初起之时，他曾站在地主阶级立场上对农民起义加以镇压，如对山西农民军领袖历山飞、毋端儿、柴保昌等，他都动用武力加以打击。在镇压农民军的过程中，他看出隋朝气数已尽，其子李世民亦劝道："您受皇帝的命令，来镇压叛乱之人，现在天下大乱，叛乱的人这么多，您能都镇压吗？"这样，李渊父子便决定利用时势,倾财仗施,广招天下豪杰,以取天下人心,不久便有许多人前来投奔。① 为了免掉后顾之忧,李渊又派刘文静出使突厥,并向其称臣。一切准备就绪后,大业十三年(617年)李渊在太原正式起兵反隋,不久即攻入长安,李渊为了收买人心,宣布约法十二条,取消炀帝苛法,并释放囚徒。武德元年(618年)三月,江都兵变,隋炀帝被杀。五月,李渊登基作了皇帝,国号唐,改元武德,以长安为首都。李渊成了唐朝的第一个皇帝,历史上称之为"唐高祖"。

唐王朝虽然已经建立,但是天下并未稳定,当时窦建德在河北建立夏国;辅公佑、杜伏威占江淮,称为吴国;王世充占河南,称郑国皇都;刘武周占了晋阳。要想统一全国,显然不是一件容易的事。李渊在其子建成、世民和其他武将谋臣的帮助下,先后打败了刘武周、王世充、窦建德等人,据有了关中、中原等地,以后又向四周发展,终于完成了统一全国的大业。

唐高祖称帝之初,一切仍沿隋朝旧制,在全国统一以后渐渐有些改变。武德九年(626年)六月四日,高祖次子世民在长安玄武门发动政变,杀死了哥哥建成、弟弟元吉,迫使高祖交出了政权。李世民自己当了皇帝,历史上称为"唐太宗"。唐太宗在位二十二年,他的作为奠定了唐王朝昌盛发展的基础。

唐太宗及身边的大臣,亲眼目睹了隋的灭亡过程,他们经常思考一个问题:怎样才能不走隋朝的老路? 他们的结论是:要巩固自己的政权,有效地奴役农民,就必须有所节制,剥削不可太重。唐太宗把自己比为船,而把百姓比为水,他认为"水能载舟,亦能覆舟"。基于这样的认识,统治者实行均田制和租庸调法,适当减轻了对农民的剥削,这必然对农业生产起了促进作用;同时,唐太宗为了保住自己的政权,颇为注意纳谏与任贤,只要臣下的建议正确,他大都认真接受。在太宗和群臣的共同努力之下,贞观时期,政治比较清明,社会比较安定,生产比较发展,史书上誉之为"贞观之治"。《资治通鉴》这样描述贞观四年的情况:

　　　　天下五谷丰登,背井离乡的人都回到了故乡。当时一斗米不过

---

① 《大唐创业起居注》:"倾财仗施,卑身下士,逮乎舆皂僧博徒,监门厮养,一技可称,一艺可取,与之抗礼,未尝云倦,故得士庶之心,无不至者。"

三四钱,一年全国判死刑的才只有二十九人。东到海边,南到五岭,唐朝人民晚上睡觉不必关门窗,出门远行也不必带粮食,因为一路上有专门的机构供给。①

当然,这里的说法难免有夸大之嫌,因为对照史书,我们还可以看到不少相反的记载。但是,贞观年间统治者较为注意让百姓们休养生息,控制剥削的程度,维护国家的稳定,从而促进了经济的发展,形成了中国历史上少有的安定、繁荣的社会面貌,这一切无疑又是历史的事实。

太宗之后,宫中虽然几易其主,但太宗的一些政策措施基本上延续下来。经过近一个世纪的长期积累,至开元年间,唐朝历史进入了另一个高峰——封建史家称其为"开元之治"。这一时期长达二十余年。史书常将其与天宝并称为"盛唐"。李隆基在开元初所任用的大臣都比较适当,姚崇、宋璟都是一代名相。他们君臣协力,励精图治,继续推行均田制,开展检田括户运动,与豪强大族争夺土地和劳动力;同时在全国兴修农田水利,如著名的蔡州新息县玉梁渠,灌田三十余万亩,对当地农业发展有很重要的作用。手工业与商业在开元年间进一步发展,出现了许多商业都市如长安、洛阳、扬州、成都等。与唐朝的政治经济相适应,交通业也日益发达。当时以长安为中心,道路四通八达。总之,开元初我国封建经济进入了特别繁荣的时期,《通典·食货志》记载了当时的情景:

> 一斗米仅十三文钱,有的地方斗米才五文钱,即使像长安和洛阳这样的地方,一斗米也不过二十文钱;而一匹绢也才二百一十文钱。……社会安定,即使到千里之外,也不必带着防身用的武器。②

---

① 《贞观政要》亦云:"商旅野次,无复盗贼,囹圄常空,马牛布野,外户不闭。"又云:"入山东村落,行客经过者,必厚加供待,或发时有赠遗,此皆古昔未有也"。《通典》卷七云:"自贞观以后,太宗励精为理。至八年九年,频至丰稔,米斗四五钱,马牛布野,外户动则数日不闭。至十五年,米每斗值两钱。"

② 元结《问进·第三》:"开元天宝之中,耕者益力,四海之内,高山绝壑,耒耜亦满,人家粮储,皆及数岁,太仓秀积,陈腐不可较量。"《新唐书·食货志》:"是时,海内富实,米斗之价钱十三,青齐间斗才三钱。绢一匹,钱二百。道路列肆,具酒食以待行人。店多驿驴,行千里不持尺兵。"

这一类的记载还有很多,同样难免有夸张与溢美,但当时社会比较安定:生产发展较快,人民的生活也比较好过一些,应是无疑的。

从"贞观之治"。到"开元之治"的一百余年里,社会安定、经济发展,为整个社会的发展奠定了很好的基础,虽然天宝年间发生了使唐朝走向下坡路的"安史之乱",但唐朝仍然继续存在了一百五十余年,而且在一定的时期,社会经济还有了长足的发展。正是在这个意义上,我们对"贞观之治"和"开元之治"应该做出肯定的评价。也只有在这个基础上,我们才能找到"唐人大有胡气"的社会的和经济的原因。

第二节　长安——一个国际性的都市

黄河,是我国第二大河流;它之所以波澜壮阔、源远流长,是因为在它的流程中,不断地有一些较小的河流与它相汇合,在这千千万万条河流之中,有一条河流的名字叫"渭水"。渭水发源于青海省,经过甘肃,进入陕西而汇入黄河。渭水流过的关中地区,土壤肥沃,水源充足,我国劳动人民很早便在这里辛勤开垦,用心耕耘,使这里成为一个农业富饶的地区;同时,还建立了许多城市,其中最为著名的一个,就是长安城。

长安最初建于西汉(其址在今西安城北二十里),后经东汉及魏晋南北朝,战乱频繁,长安城也日益毁坏。一直到隋文帝开皇二年(582年)至隋炀帝大业九年(613年),才在今天西安的位置上,创建了一座规模宏大的新城,作为隋朝的首都,当时命名为"大兴城"。唐朝建立后,又在隋大兴城的基础上,继续进行扩充和修建,逐渐地建成了规模空前的都城——长安。关于长安的规模,宋敏求《长安志》说它东西长十八里又一百一十五步,南北宽十五里又一百七十五步,周长六十七里,城墙高一丈八尺。解放后曾对其进行实测,结论是:长安外廓城东西长九千五百米,南北宽八千四百七十米,周长约三十五公里,面积是今西安旧城区的七倍左右。这样的大城市,在当时的世界上是独一无二的![①]

唐代的长安城可以分为三个部分:京城、皇城、宫城。宫城在城的北部,它的南面是皇城。京城又叫外郭城,它从东、西、南三面把宫城和皇城

---

① 唐时,长安人口有一百余万,这也是世界上仅见的。

围了起来。宫城是皇帝、后妃、太子起居之处,皇城是政府官员办公的地方,京城是官僚和一般百姓的居住地区。长安是经过认真的城市规划才建成的,因此格局十分整齐、合理,除了宫城和皇城,整个长安城被十一条东西向大街和十四条南北向大街,分划成一个个十分整齐的方格子。这二十五条大街都十分宽阔,东西向的大街每条约有一百五十公尺宽,南北向的大街最窄的也在七十公尺以上。白居易有《登观音台望城》诗说:"百千家似围棋局,十二街如种菜畦。"城里绿化工作做得很好,路边整齐地种着槐树、梧桐和柳树。南北大街与东西大街相交,划出许多方格子,当时称为"坊"。唐代长安的坊有一百多个,每个坊就是一个相对独立的住宅区,坊里有小路,叫巷,巷的两头便是坊的门。当时长安城以"朱雀大街"为界,分为万年和长安两县。长安城东西各有一个市场,城东的叫东市,城西的叫西市,各占两坊的面积。政府设有东西市局、平淮局进行管理。两市有许多商人和商品,日本僧人圆仁记叙会昌三年六月二十七日夜三更东市失火,烧掉了二十四行四千余家,官私财物、金银绢药一下都被烧尽。① 西市的商家与货物更超过东市。② 少数民族和外国商人亦多在西市活动,西市还有波斯邸,是专门供波斯人居住或存放货物的地方。可以说,两市是唐代商业发展的窗口,也是商品荟萃集中之处。

因此,唐代的长安,不仅是当时全国最大的城市,而且是当时世界政治、经济、文化的中心。当时,以长安为中心,条条大道辐射向四面八方,形成了极为发达的交通网络。当时陆路交通可分为四路:东路自长安经洛阳至汴(河南开封)、宋(河南商丘);西路自长安经岐州(今陕西凤翔)至成都;南路自长安至荆(今湖北江陵)、襄(今湖北襄樊),再经长沙、广西到广州;北路自长安渡河至太原,出娘子关至范阳(今北京一带),或沿黄河向东转北,即沿今京广线达范阳。沿路共建驿站一千六百余所,为过往官员和商人提供了方便。发达的交通,完备的驿站,把长安城和全国各地紧紧地联系在一起;同时,大运河的开通,也使长安成为南北水路交通的重要枢纽。除此以外,长安还是"丝绸之路"东头的起点;由海路来到中国的外国人也往往由东海沿海城市辗转来到长安——于是,全国各地

---

① 《入唐求法巡礼行记》。
② 《唐两京城坊考》:"万年户口,减于长安,又公卿以下居止,多在朱雀街东,勋贵宅第所占,由是商贾所凑,多归西市。"

的文士、商人纷纷奔向长安；全国各地的财富纷纷运往长安；西域和外国文人、僧侣、留学生和商人也从不同的地区和国家来到中国，又沿水路或陆路来到长安，这一切便使唐代的长安城成为一个中国文化与世界各国文化交流的中心；也使它成为一个国际性的贸易中心。

回首历史，我们不能不为一千余年前，我国就有了长安这样的大都市而赞叹，而自豪。无疑的，它是唐代经济、文化高度发展、高度繁荣的产物。我们只要看一看唐代的长安，便会明白"强大的唐朝"是怎样一回事了。当然，除长安以外，唐朝还有许多其他大城市，如扬州、成都、广州、洛阳、交州……在这些城市里，同样留下了中外贸易和文化交流的佳话……

第三节　唐君主——"天可汗"

唐朝经济、文化达到了封建社会的高峰，当时国势十分强盛，声威远震四方，为当时世界上最强盛繁荣的国家之一，四边少数民族和许多国家，对唐朝都充满了仰慕之情。同时，唐太宗思想比较开明，他对古代君王重汉族而轻少数民族的做法颇不以为然[1]，他认为所谓"夷狄"也是人，他们同汉族人民一样是有感情的[2]，他把自己当成：中华与"夷狄"共同的君主，提醒自己应该多考虑是否能给各族人民带来恩德，而"不必猜忌异类"。[3] 贞观五年正月十三日，太宗与各少数民族首领一道在昆明池打猎，他对高昌王麴文泰说了一番话，表达了自己的愿望，不仅希望天下太平、家给人足，而且还希望"六合大同、万方咸庆"。[4] 这样太宗便采取了一种开放的、对少数民族并不歧视的政策。当然，这并不是说太宗就不对外族用兵，事实上，为了唐朝的利益，太宗曾发动了对突厥的军事进攻。公元629年，太宗乘东突厥内部不和之机，命大将李靖等出兵，大破东突厥，俘颉利可汗，唐在边境外诸族中建立起无上的声威，四方诸侯纷纷来

---

[1] 《资治通鉴》卷一九八太宗贞观二十一年："自古皆贵中华，贱夷狄，朕独爱之如一。故其种落皆依朕如父母。"

[2] 同上卷一九七太宗贞观十八年："夷狄亦人耳，其情与中夏不殊。"

[3] 同上卷一九七贞观十六年："夷狄亦人耳；人主患德泽不加，不必猜忌异类。"

[4] 《唐会要·搜狩》："贞观五年正月十三日，大狩于昆明池，蕃夷君长咸从，上（太宗）谓高昌王鞠文泰曰：大丈夫在世，乐事各三，天下太平，家给人足，一乐也；草浅兽肥，以礼畋狩，弓不虚发，箭不妄中，二乐也；六合大同，万方咸庆，张乐岗варя，上下欢洽，三乐也。"

降附。公元630年,四方君长到宫门前恳请唐太宗称"天可汗",以后唐朝皇帝对西北诸族便用天可汗的名义行施号令。不久,铁勒诸酋长奏请在回纥以南、突厥以北(即今新疆及中亚细亚境内)开一条新的驿道,以沟通这些地区与唐朝的联系,因而称为"参天可汗道",分置六十八驿,备有马匹和粮食供使节、商人往来使用。唐太宗答应了这种请求,在漠北置府州十四个,其中,回纥、仆骨等各以其酋帅为都督、刺史,其下置长史、司马等官,设燕然都护府统之,岁以貂皮充贡。从而使唐朝的势力达到了漠北广大区域。如中亚的昭武九姓国、拔汗那和吐火罗;谢飑(漕矩吒)、帆延(梵衍那),在唐前期都是唐帝国不可分割的一部分,双方政治上、商业上和文化上的联系十分密切。即使后来大食的势力侵入中亚,这些国家和地区与唐的联系仍未中断,其中许多国家,如康国,石国、曹国、安国、米国等,仍保持着对唐朝的宗藩关系,并未中断例行的朝贡。及至唐末,吐蕃发生内乱,有人想立三岁小儿为赞普,大将论恐热反对说:"无大唐册命,怎么可以称为赞普呢?"因为自松赞干布以后,赞普继立,按例皆由唐朝册封,否则,便会受到反对,由此可见唐朝皇帝的"天可汗"地位。唐朝统治者不仅对各国间的争执有制裁的权力,而且可以征发各国军队为己服务,如公元644年,太宗发动征高丽的不义战争,便曾派李积为辽东道行军大总管,率步骑兵六万及一部分西北方胡兵向辽东进发;又令新罗,百济、奚、契丹配合唐军分路进攻高丽。唐朝也常常依靠这些国家来保持整个帝国的安定与统一的局面,比如公元735年,突骑施吐火仙叛乱,拔汗那王阿悉烂达干便出兵助唐平乱,唐朝封其为奉化王。公元740年,史国王又助唐平定了突骑施苏禄可汗的叛乱,唐加史国王斯谨千特进,天宝年间又称其国为"来威国"。在安史乱中,唐朝将领封常清军中曾有不少西域士兵。当时,唐朝征调了安西、北庭和拔汗那、大食、回鹘以及吐火罗等国军队,一道来平定安史叛乱,他们在克复长安、洛阳的战役中屡建功勋。当然,他们也给唐朝人民带来了灾难,如公元762年唐军第二次攻克洛阳,回鹘首先入城抢掠,紧随其后的是拔汗那和其他西域兵士。戎昱有《苦哉行》诗,其中写道:"今秋官军至,岂意遭戈铤。匈奴为先锋,长鼻黄发拳。""匈奴",指的是回鹘;"长鼻黄发拳",说的是西域各国的士兵。

因为唐朝国势强盛,尤其在安史之乱以前,更是当时世界上最强大的帝国之一,它的声威远震四方,成为许多国家仰慕的对象。据史书记载,曾与唐王朝交往的国家和地区有三百多个,每年都有大批少数民族和外国客人来到长安,受到官方的热情接待。唐朝政府设有负责外交事务的鸿胪寺、礼宾院等机构,为来华的各种人物提供服务。

波斯(今伊朗)与中国早有交往,到唐代更是一个高峰期,在太宗、高宗、玄宗、代宗时期,波斯都曾多次派使节前来长安。当时中波民间交往亦十分密切,大量波斯商人来到中国,在长安,洛阳、扬州、广州、洪州(南昌)等地经商,对中波间的经济和文化交流作出了贡献。自唐永徽二年(651 年),大食(阿拉伯)开始遣使朝贡,至贞元十四年(798 年)止,前后不到一百五十年,通使达三十九次。日本在隋时便有"遣隋使",到隋朝共五次。至唐,日本遣使来华共达十九次,其成员包括使节、学问僧、留学生、画师等,最多的一次达六百五十人,最少也有一百二十人。在整个延续了几千年的中印交通史上,唐朝是两国交通最频繁、来往最密切的时代。开元年间不足三十年,天竺(印度)诸国遣使至唐贡献方物,不下十五次之多,唐朝亦有使节和僧人多次前往印度访问和求佛法。大秦(东罗马)在唐贞观、乾封、大足、开元年间都曾遣使至唐,并向唐王朝赠送了赤玻璃、绿金精、狮子等礼物,唐王朝也回赠了丝绸等礼品。新罗与唐的关系也十分密切,其国得唐助最多,故唐化也深,经常派遣使节来唐,从公元702—736 的三十余年间,遣唐即有三十次之多;唐与东南亚诸国的关系也十分密切,如真腊(柬埔寨),仅武德六年至元和九年(623 年—814 年)之间,真腊先后遣使达十六次之多。天宝十二载(753 年),陆真腊王子率领使团来华,其成员有二十六人。唐王朝殷勤接待,并赐王子以"果毅都尉"。而西北、东北的昭武诸国、吐蕃、渤海等国来朝使节更是络绎不绝。如西域昭武诸国来朝使节,有记载的有二十四次之多。西域使节来朝的情状,被画家收入笔下,如阎立本的《职贡图》、周昉的《蛮夷职贡图》及章怀太子墓中壁画《客使图》都形象地反映了唐与西域的密切联系。尼泊尔和斯里兰卡(狮子国)也曾派人与唐朝交结,如公元647 年,尼泊尔使节向唐太宗赠送菠菜、酢菜、浑提葱等礼物;公元750 年,狮子国使者带给唐朝皇帝象牙和珍珠。据史书记载,狮子国与唐朝正式遣使通好,至少有三次。不仅如此,唐朝还与非洲的一些国家建立了联系,根据在东非海岸上所发现的中国钱币,可以看出:中国与东非的交往是频繁的,而这种交往始于唐朝。当时也有非洲人来到长安,如南非殊奈(索马里南部)即曾派使节从东非沿海,经印度洋来到广州,然后转道长安。由唐与其他国家和地区的交往,我们可以看出:唐朝确以其高度发展的经济和文化而成为当时世界的一个中心。

第四节 "丝绸之路"与"香料之路"

汉、唐时期,有一条从长安到东亚、中亚、南亚、西南亚,同时又联结了欧洲和非洲的大道,正是从这条大道上西方的特产如胡桃、葡萄、石榴、苜蓿、药材、胡椒、宝石、玻璃、骏马、象牙、狮子以及各种宗教和具有西方色彩的文化艺术、音乐舞蹈源源不断传入中国;同时,中国的丝绸、竹器、火药、瓷器以及造纸、打井、制造火药的技术,也经这一条路传往西方。因为经这条路,由中国输出的物品中数量最多的是中国独有的丝绸,所以后来便称这条路为"丝绸之路"。武伯纶先生《传播友谊的丝绸之路》指出:丝绸之路在中国境内不止一条,例如在陕西境内就有从长安出发,大体沿渭河西行经宝鸡市前往甘肃省河西走廊一条;以及从长安出发,沿偏北的泾河西行,经宁夏回族自治区固原县的萧关,再西上到甘肃省武威县的另一条路。在今新疆维吾尔自治区境内,主要路线更多达三条。经今甘肃和新疆越帕米尔高原,前往西方各国的道路,是中外研究者已普遍注意到的古代中西交通干线,但还有两条路线也在中外交通中发挥了重要作用:其一是从长安出发,往西经过吐蕃(今西藏自治区)前往印度的吐蕃路;其二是从长安出发,经洛阳、四川及云南省保山县(唐时称永昌郡)前往印度再转而至波斯(伊朗)、大秦(东罗马)的永昌路。当然,起于长安,经新疆地区、中亚细亚、伊朗通向西方直至今日欧洲的"丝绸之路",在历史上所起的作用最为突出,波斯、大秦、印度等,都是世界文明古国,很早便通过"丝绸之路"同中国有了友好的联系,它们也都是丝绸之路的开拓者和维护者。西北各族及西方各国商人,不断驱赶大批马匹或以其他宝货来长安换取丝绸。唐代文化以丝绸为代表而远播异域。丝绸之路上,多少年以来,沿途各国和各地区的使节与商旅络绎不绝,到了唐代,丝路更表现出空前的繁荣。唐三彩中,有许多骆驼,其中有中亚种的双峰驼,也有阿拉伯种的单峰驼。这些骆驼,有的仰天长鸣,有的伏地休息;有的驮着丝绸,有的载着乐队,生动地再现了"丝绸之路"上的繁荣景象。唐代诗人张籍有一首《凉州词》,描绘了丝路上一支商队将货物运往西方的景象:"边城暮雨雁飞低,芦笋初生渐欲齐。无数铃声遥过碛,应驮白练到安西。"安西,位于今新疆库车县一带,商队由长安出发,经过河西走廊,越过沙漠地带,便到了安西。在安西稍事休整,便又踏上征程,向西越过帕米尔高原,将"白练"一直运往印度、波斯、大秦……

正因为丝绸之路如此重要,所以唐王朝对它的畅通十分重视。自西汉丝路疏通以后,各个朝代都十分重视对它的利用和保护。隋末,中原连年内战,西突厥乘机占据西域①,征服了奚、契丹、回纥、薛延陀等民族,它在各地设立吐屯社,强迫征收赋税,阻塞了"丝绸之路"的交通。唐初,李渊无力对突厥用兵,一直到贞观初年,突厥势力仍很强大,不断侵犯内地,给唐朝人民带来了深重的灾难。当中原的封建秩序逐渐稳定,国力日益强大,唐太宗开始谋划反击突厥以打通丝绸之路。贞观四年(630年),突厥因对其他民族剥削太甚,惹起了这些民族的反抗;同时又遇大旱,国中牲畜死亡极多。唐朝不失时机,对东突厥发动了全面进攻,很快便灭了东突厥,从而统一了大漠南北。唐朝又乘着西突厥发生内乱之机,积极经营西域,首先是讨平了延续一百四十年的鞠氏称王的高昌国。高昌(今新疆吐鲁番区域)地处中原与西域之间,地理位置十分重要,但高昌却与西突厥勾结,阻碍丝绸之路的畅通,高昌王曾派兵袭击向唐朝称臣的焉耆,并占领焉耆五城。因为高昌的破坏,致使道路堵塞,人员不能往来,丝绸之路失去了往日兴旺繁盛的景象。贞观十三年(639年),唐太宗派兵讨伐高昌。因为唐军进兵神速,大大出于高昌的预料,加之西突厥畏于唐之声势,不敢来援,唐军很快便平定了高昌。唐军又先后降伏了西突厥控制的龟兹、焉耆、疏勒、于阗等西域诸国,唐朝设置都护府统辖这些地方,从而重新疏通了丝绸之路。唐太宗曾对西域安国的使节说:"西突厥已经降伏,商旅又可以自由来往了。"诸国商人知道了这个消息,都十分高兴。唐高宗显庆二年(657年),西突厥降而又叛,高宗令苏定方领回纥等兵,分

① "西域"有两重含义:狭义的西域指今新疆天山以南,昆仑山以北,帕米尔高原以东,玉门关以西的地区;广义的西域是指西域都护府的辖区,除狭义所指的地区以外,更北越天山,西逾葱岭,包括乌孙(今伊犁河流域)、大宛(今吉尔吉斯斯坦和塔吉克斯坦)等地。有人亦将中亚地区也归入西域的范围。总之,西域是唐朝与西亚、欧洲以及印度交通的枢纽。

南北两道进军,大获全胜,重新稳定了西域的局势。龙朔元年(661年),又于于阗以西,波斯以东十六国,分置县一百一十个、州七十二个,都督府十六个,在吐火罗立碑纪德,唐朝的声威已到了极远的地方。唐初海运还未盛行,唐朝与西方的交往,无论是物品的运输,还是官私的往来,都更倚重于陆路,所以唐朝才特别重视西域的稳定和丝路的畅通。因此,唐代是丝绸之路最为繁荣的时期。唐朝在西域建立了各级地方政权,推行着中央政府的各种政令;唐朝还加强了对丝绸之路的保护,在沿线主要城镇,都驻有军队,保护了往来客商的安全,这都无疑地有利于丝绸之路的畅通。

唐代对外交通除丝绸之路以外,其他还有许多道路,德宗时宰相贾耽《皇华四达记》记载了另外四条陆路和两条海路的具体情况,即从边地而入"四夷",有营州入安东道,夏州塞外通大同云中道,中受降城入回鹘道,安南通天竺道。两条海路是登州海行入高丽、渤海道,广州通海夷道,这两条海路分别通向西洋和东洋。初唐以后,海路渐渐成为商业上重要的通道,尤其是"广州通海夷道"更成为中西文化和经济交流的重要渠道。《皇华四达记》详细地记叙了中国至波斯湾及其以西的航程:海船由广州出航,经越南、马来半岛、苏门答腊至斯里兰卡,继续沿印度西海岸到今卡拉奇附近。在这里又分为两条航线,一条进入波斯湾;另一条到达红海口亚丁附近。由此沟通了与阿拉伯及非洲的海上联系。当时由海外输入的物品有象牙、玳瑁、犀角,而以香料的数量为最多,故人们习惯上称这条海路为"香料之路。""丝绸之路"与"香料之路"是古代东西交通的两大动脉,它们交相辉映,相得益彰,在历史上起了巨大的作用。

第五节　各地"胡人"纷纷来到内地

从以上的介绍,我们可以看出:由于政治稳定和经济、文化的高度发展,使唐朝成为世界上最强大的国家之一,也因此而成为当时世界的一个中心。与这种国际地位相适应,唐朝与东方和西方的交通都十分发达。为繁盛的唐朝所吸引,许多民族和国家的各种各样的人物,或陆路,或海路,由不同的地区来到中国,他们在长安、洛阳、扬州、广州等地从事着各种活动,有的还在中国娶妻生子,长期留居,如唐贞观二年(628年),太宗下诏令外族人娶汉妇女者,不得携其离开唐朝,但在国内婚娶,还是允许的。①《资治通鉴》说贞元三年(787年)时有的"胡客",留居长安达四十余年。

来华的外族与外国人,大约可以分为这样几类:

一、入唐为官吏

唐王朝对少数民族并不采取歧视态度,这样的事例很多,比如安禄山是地地道道的胡人,②可唐玄宗不仅不歧视他,反而百般信任,并命杨贵妃兄妹与之结为兄弟姊妹,③虽然最后唐玄宗因为用人不当而自食其果,可这个小小的例子足以说明唐王朝对少数民族的基本态度。因此,自初唐以来,就有许多人在唐中央政府担任要职,如突厥人史大奈在贞观初任右武卫将军,阿史那社尔授左饶卫大将军;阿史那忠任左屯卫大将军、右饶卫大将军、宿卫四十八年。靺鞨族李谨行为积石道经略大使,李多祚任右羽林大将军、领北门卫兵;吐蕃族论弓仁任左饶卫大将军;于阗王尉迟胜为右威卫大将军、毗沙都督。唐玄宗时的李彦升、王毛仲、黑齿常之、高仙芝、哥舒翰、安禄山以及后来的李光弼、李元谅等也都是出于少数民族。疏勒人裴玢在中唐时官至山南西道,他治理有方,故"百姓安之"。671年,波斯王子卑路斯亦曾前来长安,被封为唐王朝的太武卫将军和左威卫将军,后客死长安。高宗时,波斯人阿罗憾入唐授将军之职,后曾充唐招慰大使去拂林诸国,并在拂林西界立碑。波斯人李密翳亦曾仕于唐。唐末,波斯人李元谅在唐王朝官至尚书左仆射、镇国军节度使,曾参加平定朱泚的叛乱。印度人罗好心曾在唐王朝担任开府仪同三司、检校太广詹事等重要职务。出于天竺的瞿昙氏,祖孙几代服务于唐朝司天台,对中国的天文历法科学作出了贡献。少数民族及外国人亦有任地方官的,如与诗人李白交往的迦叶氏,即曾任湖州司马,李白有《答湖州迦叶司马问白是何人》诗。这位迦叶氏,就是天竺人。朝廷里还有日本人为官,如与唐朝诗人许裳交往的金吾侍御便是日本人④。在长安长期居住的外族和外

---

① 《唐会要》卷一百。
② 可参看《文史知识》1984年第7期:《安禄山其人》。
③ 《杨太真外传》:"又命杨钊以下,约禄山为兄弟姊妹,往来必相宴饯。"
④ 许裳有《送金吾侍御奉使日本》诗。诗里说金吾侍御作为朝廷官员而回日本探亲,真是可以荣亲耀祖了。

国人中,有一种称为"质子"的人,他们是各族的王子,为了表示与唐友好而住在长安。"质子"的办法古已有之,但因唐朝国势日益强大,外族与外国以质子来唐的人数也就特多,如西北的吐谷浑、于阗、米国、安国、何国,东边的新罗、渤海等都有"质子"来华。以至于唐玄宗下《放还诸蕃宿卫子弟诏》,命有关部门劝说一些"质子"归国。① 这些"质子"本人或者后代,往往长久居住在唐朝,有的还在朝廷里做了官,如 1966 年在西安西郊发现了何文哲的墓志,从墓志上可以看出:何文哲的祖辈是何国人,曾为质子住在长安;而何文哲则在德、顺、宪、穆、敬、文宗六朝为官,参预了一些重大的政治事件。②

二、使节与文士

如前所述,外族与外国的使节与文士来唐朝的很多,如日本、新罗以及西域诸国都有许多使节和文士来到长安。日本的栗田真人、藤原清河、吉备真备、大和长冈等,都是名重一时的人物,而其中最为著名的无疑是朝衡(或作晁衡,日名阿倍仲麻吕)。他十七岁辞别亲人,随遣唐使抵唐留学,于太学毕业后,即留华仕唐,先任司经局校书,又任左拾遗、左补阙、卫尉少卿、秘书监,成了从三品的高官。后归国途中在海上遇到大风,他所乘的船漂流至安南罐州沿岸,船上的人大部分被当地土著所杀,只有朝衡等少数人得以逃脱,天宝十四载(755 年)六月,他又转回到长安。在朝衡未回长安以前,人们都以为他已遇难身亡,大家都很悲哀,唐代大诗人李白写下了充满深情的哀悼之作《哭晁卿衡》:"日本晁卿辞帝都,征帆一片绕蓬壶。明月不归沉碧海,白云愁色满苍梧。"晁衡脱险归来,仍在肃宗朝任左散骑常侍,擢镇南都护,治交州,已为正三晶官。朝衡从玄宗开元五年(717 年)来唐留学至大历五年(770 年)卒,在唐滞留了五十余年。新罗使节来长安亦十分频繁,如金思兰随使团到长安,因为慕敬有礼,被留在朝廷,授了京官。又如金士信也滞留于长安多年,故张籍有诗云:"万里为朝使,离家今几年?"

唐朝文化高度发达,吸引了外族和外国的大批文士,贞观五年(631年)以后,唐太宗数次视察国学,当时国学的学舍有一千二百余间,规模相

---

① 唐玄宗开元十年《放还诸蕃宿卫子弟诏》:"今外蕃侍子(即质子),久在京国。……宜命所司勘会诸蕃充质宿卫子弟等,量放归国。"
② 《考古》1986 年第 9 期:《何文哲墓志考释》。

当大。因此,高丽、百济、新罗、高昌、吐蕃、日本等国都派留学生前来学习。中唐以后,外国留学生越来越多,朝廷便设了"宾贡科",其考试对象是外国学生,如新罗人金云卿、崔致远、渤海人高元固都是由宾贡及第,在唐朝作了官。其中最有代表性的是崔致远。据说崔致远小时候聪明好学,十二岁时将离家入唐求学,其父对他说:"你十年之内不能中进士,便不再是我的儿子!"崔致远到了唐朝,勤奋好学,六年后在僖宗乾符元年(874年)登第,初为宣州漂水县尉,后来为大山郡太守、富城郡太守。崔致远深通唐代文化,曾著有《如桂苑笔耕集》。大食人李彦升在宣宗大中时,也以进士及第而留唐为官。波斯人李珣是一位有才之士,他以其词而有名于唐末,其词散见于《花间》、《尊前》两集中。西域也有一些文士来到中原各地,如西域康国人康洽,长期住在酒泉一带,后至长安,拜谒权门,气度豪爽,他善作乐府诗篇,博得了长安文人的赏识,唐诗人李颀、李端、戴叔伦等都曾与他交往。①

三、僧侣

唐代佛教盛行,由西域来的僧侣,于唐文献中可考得名号的,就有五六十人,这些人对唐代佛经的流传、佛经的译写起了很大作用。如唐中宗时,曾在长安大荐福寺设翻经院,由汉僧义净主持,参加者有吐火罗沙门达磨末磨、中印度沙门拔弩、厨宾沙门达磨难陀、居士东印度首领伊舍罗、居士东印度瞿昙金刚、迦湿弥罗国王子阿顺等。前来中国的印度和西域僧侣不少,这里只能简要介绍几位:唐武德九年(626年),中天竺沙门波颇带梵经至长安,后于兴善寺译经,贞观七年(633年)卒于长安。印度僧人迦摄,是王族之后,听说汉地没有佛经,便随师一起由陆路前来中国,当走到西域龟兹一带时,其师受冻而死,他便又西行经碎叶,过昭武九姓各国,又向南,沿西印度至狮子国而上船,经三十余国而到唐之广州。金刚智为印度所传密宗之第五祖,亦为中国密宗之始祖,他开元己未岁(719年)到达广州,玄宗派专人将其迎至长安慈恩寺,开元二十年(732年),寂然而死。不空金刚为中国密宗之第二祖,于玄宗、肃宗、代宗之朝为国师。他"本北天竺婆罗门族",幼时即居于中国,十五岁出家,中年曾至狮子国广求密藏,回到唐朝后广泛宣传密宗之教。金刚悉地,师子国人,唐文宗时曾与胡僧满月一道在长安译经。西域僧侣也有不少在唐朝传教,如窥基大师是于阗国人;有名的佛教大师慧琳是疏勒国人;释神会是西域石国人;释僧伽是西域何国人;贤首大师释法藏是西域康国人。唐代诗人多与胡僧有往来,如清江有《送婆罗门》、周贺有《赠胡僧》、崔涂有《送僧归天竺》、李洞有《送三藏归西天国》等诗。与西域、印度所来僧侣略有不同的是,日本新罗僧侣前来唐朝不是为了译经、传教,而是前来学习佛法教义,因为佛教是由西向东传播的。日本早在隋时便在使团中有学问僧随行,至唐,留学中国的僧侣更多了。日本留学僧侣,一种是学问僧,他们在唐居留时间较长,对佛教作较深入的研究;另一种是请益僧,他们往往只带着在国内无法解决的疑难来中国寻求答案。佛教至唐时,门派众多,大放异彩,故对日本人有极强的吸引力,如辨正、惠施、智通、智藏、最澄、空海、圆仁、圆载、圆珍等,是日本僧侣中较为著名的人物。他们有的滞留长安的时间相当长,如圆载,文宗开成三年(838年)来华,先入天台山国清寺,后曾住长安西明寺学法,他在唐居留时间很长,前后共三十九年。其他地区,如渤海、新罗也有大批僧侣前来长安学习佛法,如贞观十二年(638年),新罗僧人慈藏,便带领门徒十余人到长安来学习佛家教义。

除了佛教以外,唐代由西域或海路还传来了火祆教、景教、摩尼教、伊斯兰教等各种宗教,将这些宗教带入中国的必然是西域或其他国家的僧侣,如火祆教在西域诸国颇为流行,因此东来开教者便有西域人。在长安曾出土米萨宝墓志,这位米萨宝便是西域米国人,而萨宝是火祆教教职。可见米萨宝即是传播祆教的一位宗教领袖。再如伊斯兰教在唐代亦发展很快,有不少内附的穆斯林,如阿里的后裔哈桑和侯赛因的子孙,在倭马亚王朝初期(七世纪中),为避免迫害,来到了中国,作了中国皇帝的臣民。这样的例子很多。

四、艺人

唐朝乐部有十部伎,其有天竺、龟兹、疏勒、高昌、安国、康国等西域乐舞;又有高丽伎。当然,"十部"之区别,主要是指音乐与乐器,但是精通这些音乐的演奏者,大多是少数民族艺人,则是无疑的。这些艺人从不同的地区或国家来到唐朝,有些人来到长安,进入唐朝的音乐机构;还有一些人在酒楼、店堂卖唱、演奏以维持生计。这些艺术家流寓在全国各地,颇受汉族人民的喜爱,可惜只有那些成就特别突出的,才留下了自己的姓名。

（一）乐器演奏方面

曹保、曹善才、曹纲。曹氏系出西域昭武九姓的曹国，三人为祖孙三代，俱以琵琶著称当世。曹保为贞元中（785年—804年）著名乐伎；善才以琵琶绝技，为内廷贡奉，李绅《悲善才》诗云："穆王夜幸蓬池曲，金銮殿开高秉烛，东头弟子曹善才，琵琶请进新翻曲。"曹纲也是琵琶高手，以善运拨而闻名①，唐代诗人刘禹锡颇为欣赏曹纲的演奏技术，曾赋《曹刚》诗加以赞扬②，白居易看了曹纲娴熟的演出，很希望别人也能掌握曹纲的技巧。③ 贞元中还有一位来自西域康国的琵琶名手叫康昆仑。与曹纲同时而来自疏勒的乐工裴兴奴，亦以琵琶见称当时，他与曹纲相反，不擅长运拨而擅长手弹，即所谓"拢捻"，时人评价说："曹纲有右手，兴奴有左手。"可见他与曹纲各有所长，却都名重一时。隋唐之间有一位乐工叫白明达，他是西域龟兹人，他的演奏技巧很高超，高宗时还常在宫廷内演出。乐工裴神符，是疏勒（今新疆疏勒）人，他不仅善于弹琵琶，而且还会作曲，他所作的"胜蛮奴"、"火凤"、"倾杯乐"三支曲子，弹奏起来，声调非常优美悦耳④。来自西域安国的安万善，以吹奏觱篥而名闻长安，诗人李颀《听安万善吹觱篥歌》说："南山截竹为觱篥，此乐本自龟兹出。流传汉地曲转奇，凉州胡人为我吹。"尉迟青，来自西域于阗，也以善吹觱篥而著名于世。中唐时还有一位善于弹琴的天竺僧人颖师，韩愈与李贺都有诗相赠。⑤

（二）舞蹈和表演方面

唐代舞蹈中有不少品种来自西域及高丽等国，所以长安等地自然会有不少外族和外国舞蹈家，如《旧唐书·新罗传》就记载，新罗王遣使献女乐二人；而胡腾、胡旋、柘枝舞亦常由胡人表演。唐代还有一种舞蹈叫"婆罗门"，即"霓裳羽衣舞"，其擅长者亦往往是西域胡人，如来自西域石

---

① 《乐府杂录·琵琶》条："曹纲善运拨若风雨，而不扣弦。"
② 《曹刚》："大弦嘈嘈小弦清，喷雪含风意思生。一听曹刚弹薄媚，人生不合出京城。"
③ 白居易《听曹纲琵琶兼示重莲》："拨拨弦弦意不同，胡啼蕃语两玲珑；谁能截得曹纲手，插向重莲衣袖中？"
④ 《唐会要》卷三三："贞观中，有裴神符者，妙解琵琶。初惟作胜蛮奴、火凤、倾杯乐三曲，声度清美，太宗深爱之。"
⑤ 韩愈《听颖师弹琴》、李贺《听颖师琴歌》。

国的石宝山、来自米国的米禾稼、米万槌,来自康国的康乃,来自曹国的曹触新等,都因善舞霓裳羽衣而著称。西域胡人更有因善舞而被拜为朝官的,如武德元年(618年)安国人安叱奴便被拜为散骑侍郎,虽然有人上谏,斥之为"舞胡",但并未见效①。中宗时有一种歌舞戏叫合声,最初的表演者便是胡人袄子何懿,后者无疑是西域何国人。来自疏勒的舞伎裴承恩,以擅长翻筋斗而闻名长安,《教坊记》称他为"筋斗裴承恩"。

(三)歌唱绘画方面

米嘉荣。米姓出自米国(西土耳斯坦),米嘉荣为西域米国人。据《太平广记》卷二〇四"米嘉荣"条引"卢氏杂说",米嘉荣为唐元和(806年—820年)中最著名的歌手,他在宪宗、穆宗等朝盛名于长安。刘禹锡曾有《与歌者米嘉荣》诗说:"唱得凉州意外声,旧人唯数米嘉荣。"据冯承钧先生研究,认为天宝年间善歌的何满子,亦是西域何国人。后来她在狱中唱出一支哀怨动人的歌,人们便用她的名字叫这首曲子,即《何满子》。②

除了音乐、舞蹈以外,西域或外国的一些画家亦入唐朝,如隋唐之际入居长安的名画家尉迟跋质那及尉迟乙僧父子,是西域于阗人;唐初善画奇禽异兽的画家康萨陀,是西域康国人。另外还有一些杂技艺人来到长安,如据史书记载,贞观二十年(646年),西国有五婆罗门来到京师,他们的技能除音乐外,还善能表演"祝术、杂戏、截舌、抽肠、走绳续断"等高难度的节目。

四、商人

唐代社会稳定,交通和经济都很发达,所以西域及波斯、大食商人纷纷前来中国经商。这些商人不仅对唐与其他民族和国家的经济交流作出了贡献,而且也为中外文化交流作出了贡献。

西域诸国是丝绸之路东西交往的中心地区,中国通过这条路而与印度、波斯、欧洲互相往来。因而这里自然形成为各国物产集散之地③,这里的人民亦学会了经商的本领。据说康国人男子在五岁时学写字,懂事

---

① 《大唐新语》:"高祖即位,以舞胡安叱奴为散骑常侍。……李纲谏曰:'……先令舞胡致位五品,鸣玉曳组,趋驰廊庙,固非创业规模,贻厥子孙之道。'高祖竟不能从。"

② 见冯承钧:《何满子》,收入《西域南海史地考证沦著汇辑》内。

③ 《魏书·西域传·康国》:"诸夷交易多凑其国。"

后就学习商业,因此他们很有经济和商业头脑。① 康国人生了儿子,一定要让他口食蜜,手中置胶,这是寄托一种希望:儿子长大以后,说话动听,拿钱时如胶贴物,不轻易放手。二十岁时,他便离家出外经商,奔走于丝绸之路上。这些商人往来于西域与内地,不绝于道。唐开元七年(719年),玄宗下诏焉耆、龟兹、疏勒、于阗向西域商人征税,而这些税收即可支付维护丝绸之路所需的相当一部分费用。由此亦可见胡商来往之多了。玄奘去印度时,也有"同侣商旅,商胡数十"②,可见商人们往来于西域和内地,一般都是结成商队的。盛唐以后,通往外国的海道发展起来,唐朝政府总是采取一种较为开放的商业政策,如唐文宗太和八年(834年),唐朝政府对外商即采取轻税政策,"除舶脚、收市、进奉外,任其来往流通,自为交易,不得重加税率"。③ 这种政策对外商自然有很强的吸引力。自唐与大食正式通使以后,大批大食商人来到中国。九世纪中叶,约有几万名阿拉伯商人经由海道来往于广州。④ 据九世纪中叶阿拉伯商人苏莱曼说,大食商人通过海路来到唐东南沿海的广州、泉州、扬州等地,运走中国的丝绸、陶瓷,而把东非的象牙、香料运进中国。⑤ 波斯商人来华的也很多,他们随身携带着价值昂贵的香料、药材和珠宝,成群结队地来到中国,有的甚至到了四川、广西和长江中下游地区,如唐人赵来章即曾在广西柳州见到一个"深目而髯"的西域胡商⑥。当时广州是外商往来的重要港口,日本元开《唐大和上东征记》记叙他在广州看到的情形说:"江中有婆罗门、波斯、昆仑等舶,不知其数;……其舶深六、七丈。师子国、大石国、骨唐国、白蛮、赤蛮等往来居(住),种类极多。"⑦广州是唐时贸易最盛舶口岸,外国商人在广州留居者极多,唐末黄巢乱中,广州外国人就有十二万人被杀。由于这次变乱,使南洋交通一时断绝,波斯湾上的一些商人因

---

① 见隋代韦节《西番记》。

② 《大慈恩寺二藏法师传》卷二。

③ 《全唐文》卷七五。

④ 韩愈《送郑尚书序》:"蛮胡贾人,舶交海中。"

⑤ 《苏莱曼东游记》又说广州是"阿拉伯商货荟萃的地方。"并记载,广州有十二万伊斯兰教徒、犹太教徒、基督教徒和火祆教徒。

⑥ 《新唐书·赵弘智传》。

⑦ 《唐国史补》也说:"南海舶,外围船也。每岁至安南、广州。师子国舶最大,梯而上下数丈,皆积宝货。"《旧唐书·王方庆传》亦云:"广州地际南海,每岁有昆仑船舶,以珍货与中国交市。"

此而破产,可见广州在国际贸易上的地位多么重要。扬州自隋唐以来,由于地处长江、运河的交叉点,因而不仅是南北水陆运输的要道,而且是对外贸易的港口,外国商人和西域商人亦云集于此。《新唐书·田神功传》说田神功讨刘展,至扬州,"大食、波斯贾胡死者,数千人"。《唐语林》记载一个老年胡人在扬州一带经商二十余年,临死时将一颗珠宝交给李勉,后其子来寻,李勉告之珠在其父口中。这个故事一方面说明有些胡商在唐经商,数年不去;另一方面也说明扬州是胡商云集的都市,因而这个老胡将其当作自己的根据地。当时商胡的船舶到了广州,一些人便在广州经商,另有一些人北上到了江西的洪州,再从洪州到扬州。一些人留在了扬州,还有不少商人从扬州沿运河到达洛阳,从洛阳又来到长安。因此长安是外国和西域商人汇集的城市。这些商人以豪富和善作珠宝生意而闻名。时人用"穷波斯"来形容根本不存在的现象①,唐僖宗时田令孜为了解决政府财政困难,竟想向胡商借钱,因人阻止而未向胡商开口。胡商很多是买卖珠宝玉石、放高利贷的,他们集中在西市。从流传下来的故事看,胡商是很善于鉴别珠玉宝石的,如胡人米亮劝窦义买下城西崇贤里的一座小宅子,因为宅里有一块捣衣石,是"真于阗玉",结果窦义买下这个宅子,将此玉制成腰带銙等,共获利"数十万贯。"②有一和尚从李林甫家得到一物,如朽钉,长数寸,他带到西市给胡人看,以一千贯出售,胡人见之,笑笑说:"你要价太便宜了,你再加价吧!"和尚加至五百千贯,胡人说:"这件宝物值一千万,这是宝骨呀!"③《南部新书》还说:"西市胡人贵蚌珠而贱蛇珠。蛇珠者,蛇所吐尔,唯胡人辨之。"有的商人还直接与唐朝皇帝作生意,如唐穆宗长庆四年(824年),波斯商人李苏沙向朝廷进沉香亭子材,皇帝以钱一千贯文,绢一千匹赐给他。④ 随着波斯、大食商人大量来中国,波斯钱币、拜占庭金币以及日本"和同开珎"银币也大量流入中国。在长安,昭武九姓胡商亦不少,《新唐书·回鹘传》中说,他们与回鹘同来,往往留京师至千人,资产十分雄厚。在中国的胡商多了,便有人专门为他们服务,赚他们的钱,《朝野佥载》说唐定州有一个富人叫何明

---

① 李商隐《杂纂》中说道:"穷波斯。病医人。瘦人相扑。肥大新妇。"

② 《太平广纪》引《乾膜子》。

③ 《酉阳杂俎》。

④ 《册府元龟·台省部》。

远,他是官驿的主持人,便在官驿旁边盖起专门接待外商的客店,"专以袭胡为业",即专门做外国商人的生意,以至于"资财百万,家有绫机五百张"。在唐时的各种客店中,有一些是胡商自己经营的,当时长安、扬州、广州都有波斯店,这种客店是存放货物和存钱的地方,所以《太平广记·杜子春》记一位长者见杜子春可怜,便从西市波斯店取了许多钱送给他。新罗商人,从山东半岛的登州、牟平、文登到江淮、楚州一带经商,在楚州等地,还专门设有新罗馆,以接待新罗商旅。新罗输入唐朝物产极多,如牛黄、人参等,所以《唐会要》说新罗"所输物产,为诸蕃之最。"商胡还在全国各处开了许多酒店,不仅供应具有西域风味的葡萄酒、三勒酒,而且里边的摆设、风格也颇有异域特点,还有一些胡女当垆卖酒,以歌舞为顾客助兴,这种特殊的风味颇为唐人所喜好,李白就有不少诗描写胡店和胡女。有些商胡长期住在中国,在这里娶妻生子,到公元787年,首都长安已有来自波斯、大食和其他西域国家的四千户外国人居住,他们娶妻生子,买田宅,"举质取利,安居不欲归"。① 其中相当一部分是胡商。

五、内迁之人

除以上四类人员以外,还有一种人口移徙的现象应该注意。如公元630年,唐军大破突厥军,捕获颉利可汗。唐太宗令群臣讨论处置突厥人的办法,结论是:让他们住在边地并任命突利等人为都督,统领部众。其余酋长五百余人都给将军、中郎将等名号,五品以上军官有百余人,入居长安的突厥人将近一万家。② 《旧唐书·太宗纪》贞观三年,户部奏道:隋末战乱为西北少数民族所掠的汉人自塞外归来,加上突厥前后内附之人,男女有一百二十余万。贞观五年(631年),又用金帛购隋末没入突厥的人口八万多人。玄宗开元十九年,下诏令河曲六州少数民族五万余人,内迁至唐朝许州、唐州、汝州、邓州、仙州、豫州等地。唐代初年,因鉴于江南人口少,曾迁徙大批高丽人入居江淮以南各地,据《旧唐书·高宗纪》所载,总章二年(699年),迁移高丽人二万八千二百户,车一千又八十余乘及大批牛、马、驼等由莱、营二州统一规划,先后将其迁往江、淮以南及山南、并、凉以西诸州空闲地区安置。唐高祖曾和高丽国交换本国流亡人,

---

① 《资治通鉴·唐纪四十八》。
② 范文澜《中国通史》。

高丽送还中国流亡人口将近一万。

第六节　简短的结论

整个这一章的内容，都是为了说明"唐人大有胡气"的政治的、经济的和文化的原因。

唐朝，尤其是安史之乱前的唐朝，确实是社会安定、国家强盛的朝代，它自然会受到各少数民族和其他国家的仰慕，正如唐初魏征所说："中国既安，四夷自服。"由于陆上和海上交通的发达，"胡人"纷纷前来中国，长安便成为各国、各民族经济和文化交流的中心，也因此而成为一个伟大的国际都市。同时，唐朝君主有一种"天可汗"意识，故对"胡人"往往采取一种比较开明的开放政策，鼓励他们前来中国经商和传播文化。这一切必然有巨大的吸引力，许多"胡人"来中国做官、经商或学习唐朝先进的文化艺术；同时便带来了他的民族和他所在地区的各种宗教、文化和风俗，即使那些因战乱而没入外族的汉人，当他们重新回到唐朝，也难免带来少数民族的某些文化和习俗。

另一方面，因为唐朝经济发展，整个社会出现了一种蓬勃向上的气象，人们自然会为国家的强盛感到骄傲与自豪，对自己国家的发展充满了信心，在这样一种社会心理的作用下，唐朝人民对异域传来的文化艺术和风俗习惯，更多的是好奇心而不是惧怕感，这一点鲁迅先生说得很好："汉唐虽然也有边患，但魄力究竟雄大，人民具有不至于为异族奴隶的自信心，或者竟毫未想到，绝不介怀。"他还说道："那时我们的祖先对于自己的文化抱有极坚强的把握，决不轻易动摇他们的自信心，同时对于别系文化抱有极恢廓的胸襟与极精严的抉择，决不轻易地崇拜或轻易地唾弃。"正是在这种认识的基础上，我们才能正确地理解"唐人大有胡气"的原因和意义。

第二章

唐代社会所存在的异域情调与风气

第一节 "胡气"——一种社会风尚

我国的历史,自汉一统天下后,便提倡"独尊儒术",鼓励人们照老祖宗的章程办事。至南北朝时期,少数民族入主中原,带来了许多新鲜的、富有刺激性的东西,一直到隋、唐都使人们惊奇与赞叹;南北朝时期因此成为中国历史上一个民族大融合、各民族文化与风俗大融合的时期,一直到唐,汉族与少数民族的关系都十分密切。在这里我们不妨举两个特殊的例子——

建立唐朝的李氏统治者似乎应是汉族人,但事实上并不是这样,据一些专家的考证和研究,李唐统治者从父系来说,实际上是李初古拔的后裔,并不是汉族。① 据说有一个叫法琳的和尚对唐太宗说:你这个"李"姓,不是陇西汉族的那个李姓,而是拓拔达阇的那个"李",达阇就是汉语的李字。你是鲜卑的达阇。你否认自己是鲜卑的后代,硬说是陇西李氏,这是没有根据的。唐太宗一听十分生气,把这个和尚关了起来,准备杀头。他对和尚说:"你们佛经上讲,有菩萨保佑,刀落在头上,也死不了。我给你七天去念观音菩萨,到时候用你的头来试试菩萨灵不灵。"这个和尚在下次见太宗时识趣地改了口,这才保住了一条命。李氏统治者的母系多为独孤氏、窦氏、长孙氏,如唐太宗的母亲窦太后,唐太宗的皇后长孙

---

① 陈寅恪《唐代政治史述论稿》。

氏,明显的不是汉族。因此至高祖时,家中还有辫发的北族旧习。① 用李氏统治者的出身来解释唐对少数民族之所以采取较为开明的政策,当然是很不全面的,但是二者之间也不是绝对没有联系。

对唐代伟大诗人李白的出身,也有许多不同的看法,其中比较极端的是:陈寅恪认为李白不是汉人,而是"西域胡人"。胡怀琛认为李白是"突厥化的中国人"。② 是不是如此,还可以讨论,但李白出生于"诸国商胡杂居"的碎叶,确是事实。因此李白的性格和气质颇受边地少数民族的影响。③

这两个特殊的例子,正可以说明唐人与少数民族的密切联系。

唐人的所谓"胡气",首先表现在气质上,比如李白颇受少数民族的影响,表现为一种豪放无畏的性格,他在诗中描写自己:"托身白刃里,杀人红尘中。"(《赠从兄襄阳少府皓》)又说:"忆昔作少年,结交赵与燕。金羁络骏马,锦带横龙泉。"(《留别广陵诸公》)。我国西北边塞,尚武和游侠风气极盛,李白即受其影响。从这个方面去研究李白浪漫主义精神形成的原因,的确是一个值得注意的角度。且不说出身较为特殊的李白在精神气质上受到"胡气"的影响,就是出生于世代"奉儒守官"家庭的杜甫,年轻时亦在齐赵之地跑马"轻狂"。河北北部幽州一带,自唐初以来,就迁徙来许多突厥人、契丹人和奚族人居住。唐中期安禄山史思明发动叛乱,起兵于幽燕之地——今北京西南一带,他们手下的士兵和将领大多便是本地胡人。胡人大量生活于此,不会不影响这一地区的社会风尚,如有一个秀才叫卢霈,"自天宝后三代,或仕燕,或仕赵,两地皆多良田畜马。生年二十,未知古有人曰周公、孔夫子者,击球饮酒,马射走兔,语言习俗,无非攻守战斗之事"④。唐代有一批边塞诗人,他们大多到过东北或西北边塞,与少数民族多有接触,如高适在营州一带,便为胡人少年的勇猛所震惊,其《营州歌》说:"营州少年厌原野,皮裘蒙茸猎城下。虏酒千钟不醉人,胡儿十岁能走马。"岑参在西北边塞,看到汉族和少数民族首领和平

① 《旧唐书·孙伏伽传》说:高祖平王世允、窦建德,大赦天下,既而责其党羽,并令配迁。伏伽上表谏曰:"东都城内及建德部下,有与陛下积小故旧,编发友朋,犹尚有人,败后始至。此等岂忘陛下?皆云被壅故也。"编发即辫发。
② 均见《李白论文集》。
③ 可参看刘忆萱、管士光著《李白新论》。
④ 杜牧《唐故范阳卢秀才墓志》。

27

相处的情景："军中置酒夜挝鼓,锦筵红烛月未午。花门将军善胡歌,叶河蕃王能汉语"、"将军纵博场场胜,赌得单于貂鼠袍"。岑参身处其境,难免受其影响,他说自己"近来能走马,不弱并州儿"①,便多少带有一种来自少数民族的"胡气"了。

在这样一种社会氛围中,一般唐人的心理亦难免受"胡气"的影响,唐代陈鸿在其《东城老父传》里感叹道："今北胡与京师杂处,娶妻生子,长安中少年有胡心矣。"有"胡心"之人在唐代不仅限于长安一般人家子弟,就是皇族亦有突出的人物,其中尤以太宗的儿子承乾最为著名。据《新唐书·承乾传》载,这位皇子特别喜欢西域的音乐、舞蹈和杂技,曾命家奴上百人,比着胡人的梳妆打扮,终日表演,彻夜不息。因京师有突厥人近万家,他们的风俗亦十分使承乾欣羡,所以他也很喜欢突厥的语言与服饰。他曾经挑选了许多相貌与胡人相似的家奴,让他们披着羊皮,头发梳成辫子,每五个人为一部落,插着绣有五个狼头的旗子,"分戟为阵",自己住在一个大帐篷里。又命"诸部"抓羊整个地烹煮,然后用佩刀割肉而食。承乾自为可汗,装死,令众人"号哭、劈面、奔马、环临之"。这时承乾突然坐起,大声说："若是我做了皇帝,将带领数万骑奔向金城,然后披散头发,做突厥思摩的一个部落首领,那该是多么痛快的事!"他的这番话,家奴们听了都很害怕,以为他是犯了神经病呢。《教坊记》里也记载了一件汉人受突厥影响而带有"胡气"的事例——教坊里的一些女伶,与性格相近的姐妹,约为香火兄弟,一般都是十四五人一群,也有八九人一伙的,"有儿郎聘之者,辄被以妇人称呼:即所聘者,兄见呼为新妇,弟见呼为嫂也"。"儿郎既聘一女,其香火兄弟多相奔,云学突厥法,又云我兄弟相怜爱,欲得尝其妇也。主者知亦不妒,他香火即不通。"由此可见唐代社会"胡气"之盛了。

唐人生活较为舒展,也就是说,在生活中没有那么多清规戒律,不像宋朝道学盛行以后那么多讲究,因而显得较为活泼。比如,少数民族有载歌载舞的习俗,汉人则较为稳重,尤其是士人大臣更是要行必有方。可是在唐代却有些不同,据《旧唐书·郭山恽传》和《唐内史》所载,中宗经常

---

① 《北庭西郊候封大夫授降回军献上》。并州,在今山西省一带,自古为各民族杂居地区,《汉书·地理志》说："其民鄙朴,少礼文而好骑射。"

召集近臣和文学之士一起集会饮宴，有时又令他们每人出个节目来助兴，士人大臣便很随便地登场献艺。在一次宴集中，杨再思跳了"高丽舞"①，国子祭酒祝钦明跳了"八风舞"，工部尚书张锡跳了"谈容娘舞"，将作大匠宗晋卿跳了"浑脱舞"，左卫将军张洽跳了"黄麞舞"。又据《大唐新语》载，景龙年间的一天，中宗在兴庆池边游玩、饮宴，席间，侍宴者纷纷起舞、口中唱着《回波词》，并伺机向中宗要官当。这时，给事中李景伯也跳起舞来，他边跳边唱道："持着酒杯唱着《回波词》，我的职责就是纠正君臣的过失。侍宴已经酒过三巡，再这样又舞又唱实在不合礼仪！"饮宴这才作罢。从这些记载可以看出大臣们跳得随便自如，一方面说明他们舞艺娴熟，这绝不是一日的功夫；另一方面又说明，这类活动经常举行，所以他们虽身居高位，却并无扭捏之态。由此可见这是一种社会风尚，自然与所谓"胡气"有关，何况"高丽舞"、"浑脱舞"本来就是来自少数民族和其他国家的舞蹈。再如安禄山，他是营州杂胡，其父为西域康国人，其母为突厥人，他虽然身体肥胖，穿衣服还要专门有人给他顶着肥大的肚子，可是他跳起"胡旋舞"来，却能疾转如飞，颇受唐玄宗的赞赏。② 唐玄宗的妃子杨玉环，也是善跳"胡旋舞"的舞蹈家，她经常在宫中表演舞艺。胡旋舞在唐代十分流行，白居易诗中甚至这样说："天宝季年时俗变，臣妾人人学团转。"唐玄宗有个妹妹叫李华，小的时候曾与寿昌公主在宫中对舞，她们跳的是"西凉舞"，这种舞也是带有不少西北少数民族风格和特点的舞蹈。在朝廷里，不仅经常有人跳"胡舞"，而且经常有"胡人"在宫中表演节目。中宗景龙中，在两仪殿举行宴会，酒酣之时，胡人袜子何懿等登场唱"合生"。"合生"是一种歌舞戏。这种歌舞戏逐渐普及，由皇宫而王公之家，一直普及到街头巷尾，而表演的往往是一些"胡儿"。

随着周边少数民族的乐工不断输入内地，唐代社会上活动着许多少数民族的艺人，如李白《猛虎行》说："溧阳酒楼三月春，杨花漠漠愁杀人。胡雏绿眼吹玉笛，吴歌白纻飞梁尘。"高适《和王七玉门关听吹笛》："胡人吹笛戍楼间，楼上萧条海月闲。"李贺《龙夜吟》："卷发胡儿眼睛绿，高楼

---

① 杨再思颇喜"高丽舞"，《新唐书·杨再思传》说："易之兄司礼少卿同休，请公卿宴其寺，酒酣……再思欣然，剪縠缀巾上，反披紫袍，为高丽舞，举动合节，满座鄙笑。"
② 《杨太真外传》亦云："禄山晚年益肥，垂肚过膝，自称得三百五十斤。于上前《胡旋》舞，疾如风焉。"

静夜吹横竹。"温庭筠更形象地表现了"胡人"歌舞的场面:"羌儿吹玉管,胡姬踏锦花。"(《敕勒歌》)当时唐代一般的官吏和文人,常常在筵席间观看"胡女"的舞态以遣兴,《云溪友议》卷七说,陆岩梦在桂州的一次筵会上观看一个"胡女"的表演以后,写给这胡女一首取笑的诗,诗中说:"自道风流不可攀,那堪蹙额更颓颜。眼睛深却湘江水,鼻孔高于华岳天。舞态固难居掌上,歌声应不绕梁间。"这首诗前四句勾画"胡女"的相貌:深眼窝、高鼻梁。后两句是说这个胡女所舞的是热烈奔放的少数民族舞蹈,而不是汉人所习见的那种轻歌曼舞。1952年2月,在西安东郊发掘的唐苏思勖墓东壁上,有一幅形象完整的乐舞壁画,画中"舞蹈者是个深目高鼻满脸胡须的胡人,头包白巾,身着长袖衫,腰系黑带,穿黄靴,立于黄绿相间的毯子上起舞,形象生动。右面置一黄毯,上为一组由五人组成的乐队,分前后两排,前排三人跪坐,分持竖笛、七弦琴、箜篌等乐器;后排立二人,一人吹排箫,一人以右手平伸向前,未执乐器。左面亦设黄毯,毯上乐队由六人组成,亦分前后两排,前排三人跪坐,分持琵琶、笙和钹;后排立三人,一人吹横笛,一击拍板,另一人以左手伸向前"[①]。唐鲜于庭海墓出土了一件载乐舞队驼俑,骆驼站在长方形的座板上,四肢强劲有力,头颈上扬。驼背平台上四个乐俑分坐两侧,中间为一舞俑。五俑中有三个俑深目高鼻多须,显系胡人。左侧前胡人左手托琵琶,右手握拳。左侧后乐俑穿圆领衣,双手作吹笛状。右侧前乐俑,穿圆领长衣,相貌不像胡人。右侧后面的一个乐俑是穿翻领长衣的胡人。舞俑也是胡人,身穿圆领长衣,前襟下半撩起扎于腰间,脚穿长筒软靴,右手向前屈举,左臂后伸,右手藏于长袖中,面部向前,似正应着音乐的节拍起舞。[②] 无论是苏思勖墓中的壁画,还是鲜于庭海墓中的陶俑,都是胡乐胡舞在唐代十分流行的社会风气的真实而形象的反映。在唐代还有一种规模很大的"泼胡王乞寒戏",经常在京城和一般城市里表演,唐中宗自己也十分喜欢这个节目,每年都命大臣前往醴泉坊等处观看,以至于"坊邑城市,相率为'浑脱队',骏马胡服,名曰《苏莫遮》"(《旧唐书》)。"钵头"戏也是来自西域的一种歌舞戏,亦颇为时人所喜爱。唐时"胡乐"十分流行,一些统治者对其十

---

① 《考古》1960年第1期:《唐苏思勖墓发掘简报》。
② 中国硅酸盐学会:《中国陶瓷史》。

分喜好,比如唐玄宗就特别喜欢胡夷之声,他专门成立了音乐机构,经常由胡人用少数民族乐器来演奏胡乐,一时成为风气,对整个社会也有很大的影响①;庄宗亦喜胡乐,曾以郑声与胡部合奏,称为"聒帐",他还和伶人结为十弟兄,自取艺名为"李天下"。少数民族乐器也大量传入内地,颇为人们所爱好,比如唐玄宗就是善于使用羯鼓的一个音乐家。长安还经常有一些外国歌舞团来表演节目,也自然带来了异域的情趣,如七、八世纪之间,室利佛逝国曾派使臣带乐舞艺人到长安。室利佛逝即今印度尼西亚的苏门答腊。代宗大历十二年(777年),渤海使臣送日本舞女十一人到长安。最著名的是公元802年,骠国(今缅甸)使团访唐,随行有一个庞大的歌舞团,光是伴奏的乐工就有三十五人,携带着二十二种乐器和十二首乐曲。这个乐团,先到成都,然后才来到长安。因其水平极高,一下便轰动了长安,许多文人如白居易、元稹、胡直钧、王溥等,都曾为其赋诗。

唐人的思想比较开放,较少条条框框,而又总有一种好奇的精神,因此少数民族的东西,不仅是音乐、舞蹈,还有饮食、服饰、建筑以及体育活动等,他们只要认为是有趣的、有益的,便会自觉或不自觉地加以模仿,这样便逐渐形成了一种社会风尚。难怪中唐诗人元稹颇为感慨地说当时是"女为胡妇学胡舞,使进胡音务胡乐"呢!

第二节　服饰与饮食

服装,最能反映一个时代的社会风气。唐时各地经常可以看到各种少数民族服装的人物,加之,唐人对新奇的东西有一种突出的热情,所以胡式服装在社会上颇为流行。当然,衣胡服、着胡帽的风气,在中国早已有之,如汉灵帝即好胡服、胡帐、胡床,京城贵族,起而仿效,也成为一时的风气,但与之相比,唐代着胡服的风气更为突出和引人注意。

胡帽在整个唐代都很流行。刘肃《大唐新语》里有"胡着汉帽,汉着胡帽"之语,可证唐代贞观年间已风行胡帽。所谓胡帽,式样颇多,有的以皮为之,形圆如钵;有的帽檐向上卷起,称为"卷檐虚帽"。在唐永徽以后

---

① 吴曾《能改斋漫录》:"迄于开元天宝间,君臣相与为淫乐,而明皇尤溺于夷音,天下薰然成俗。"

31

流行一种胡式帷帽。① 帷帽，又叫围帽，开始由韦制成，四周垂以丝网，男女皆用。妇女用时，帷帽上还需施以珠翠。帷帽取法于吐谷浑的"长裙缯帽"和吐火罗的"长裙帽"。长裙，即指帽子周围的垂网。日本原田淑人的《唐代之服饰》所附图版十二的第三图及图版十三的第一图便是戴帷帽的女俑。向达先生《唐代长安与西域文明》亦附有唐代帷帽俑图。帷帽是初唐羃䍦和开元以后一般胡帽之间的一种帽式。唐初武德和贞观时，宫中女官骑马出行多著羃䍦。这种羃䍦实是一种方巾，用缯帛制成，可以遮避全身，其形制，仿自西域妇女所服用的大衫和大帽帔。唐初宫人服之，其目的是不让沿路百姓看到她们的面容。不仅宫人，一般王公之家亦用此制。因用羃䍦可以遮避全身，因此男扮女装、欺人耳目十分容易。《旧唐书·丘和传》记载了这样一件事：汉王谅谋反，便命士兵穿妇女服装，戴羃䍦，突袭蒲州城，而蒲州刺史丘和为其所骗，竟毫不设防。《旧唐书·李密传》也说，李密降唐后再行起事，选勇猛之士数千人，皆着妇女衣装，戴羃䍦，藏刀于裙下，混进桃林县舍，又悄悄换上军队服装。一声号令，突袭占领了县城。汉王李谅和李密之所以能够突袭成功，全在羃䍦能遮避全身而不被别人发觉。中宗时，帷帽风行起来，取代了羃䍦。开始的时候，朝廷还下令禁止，但并不见效。咸亨二年（671年），朝廷又下令说："百官家口，咸预士流，至于衢路之间，岂可全无障蔽？比来多著帷帽，遂弃羃䍦，曾不乘车，别坐檐子，递相仿效，浸成风俗，过为轻率，深失礼容。"因此，结论是："理须禁断，自今已后，勿使更然。"

就羃䍦和帷帽来说，二者都来自异域，都能满足唐人好奇求新的心理，但哪一种样式更为流行，则要取决于它的实用性。最初宫中女官和王公之家的贵妇人出门时以马代步，故而能遮避全身的羃䍦自然为她们所喜爱，后来，她们出行不再骑马而改为乘车或檐子，这样羃䍦便显得不够方便，帷帽才取而代之。尽管朝廷发布了禁令，因为这种禁令不符合人们的心理与实际需要，因此，朝令归朝令，风气归风气，似乎义正辞严的朝廷禁令，也就只能成为一纸空文。通过这个例子我们可以看出，来自异域的各种文化因素、风俗习惯是否能被唐人所引入，统治者的提倡固然是重要的原因，但更重要的还取决于是否有广泛的社会基础，即是否符合社会各

---

① 《事物原始》："帷帽创于隋代，永徽中拖裙及颈。"

阶层人们的心理和实际需要。代表统治者意愿的朝令尽管有很大的法律效力，但它并不能阻止时俗风尚的兴起和流行，因此至武则天时，唐人戴帷帽便成了一种社会风气，而很少再有人用幂羃了。① 到开元年间，随玄宗出行的宫人皆戴胡帽，靓妆露面，不再障蔽，士庶之家亦起而仿效，帷帽又成了过时的式样了。这时社会上出现了"露髻驰骋，或著丈夫衣服靴衫"②的宫女或贵妇人形象。陕西省礼泉唐张士贵墓出土过不少陶俑，为研究唐代服装样式提供了资料，其中即有露髻和男装的女骑俑。

初唐时，胡服即已风行，至开元天宝年间尤盛。唐姚汝能《安禄山事迹》说当时"贵游士庶好衣胡服为豹幅，妇人则簪步摇"③。所谓胡服，襟袖十分窄小，唐代所谓法服，亦多融合少数民族服装的特点。这种窄小襟袖的服装传自西域，当时吐火罗人均着小袖袍小口裤，印度妇女亦着长袖窄口之服。在唐代除一般妇女着胡服以外，柘枝舞和胡腾舞女也穿袖子紧缠在臂上的舞衣，如刘言史《观胡腾》说"细氎胡衫双袖小"，李端《胡腾儿》说"拾襟搅袖为君舞"，张祜《杭州观舞柘枝》说"红罨画衫缠腕出"，都可看出胡服袖口窄小的特点。白居易记天宝装束说："小头鞋履窄衣裳。"可见这种衣服是十分流行的。这种胡服襟袖窄小，与中原宽襟大袖的服装是两种风格，但在唐时却几乎占了主要地位。其中一个重要原因是它不仅新颖别致，而且行动方便，十分实用，也许同今天西方牛仔服能在中国青年中流行是一个道理。这种胡服的领子也有细微的区别，有的是方领，有的是圆领，有的还是大翻领的。这不仅可由文献加以证实，而且近年出土的唐代陶俑也很能说明问题，如1980年西安南郊三爻村发现四座唐墓，其中出土风帽男俑两类：一种头戴风帽，身着交领窄袖衫；另一种风帽高耸，身着翻领窄袖衣。有一件骑马俑，头戴短脚幞头，上着翻领窄袖胡服，下着裤靴。另有两件女俑，一着窄袖襦衫，另一个着翻领窄袖衣。④ 近年发掘的唐阿史那忠墓，出土了身着方领窄袖外衣的陶俑。墓中的壁画上，也有身穿圆领窄袖红袍的人物。⑤ 在西安市西郊曹家堡唐

---

① 《旧唐书·舆服志》："则天之后，帷帽大行，幂羃渐息。"
② 《旧唐书·舆服志》。
③ 《旧唐书·舆服志》说开元以来"士女皆竞衣胡服"。
④ 《考古与文物》1983年第3期：《西安南郊三爻村发现四座唐墓》。
⑤ 《考古》1977年第2期：《唐阿史那忠墓发掘简报》。

墓中,也出土了一件完整的幞头男骑俑,"马头昂举,背施鞍、鞯,马背乘坐一幞头男俑,上穿翻领窄袖胡服,下著裤靴,两手曲置胸臆间,作牵缰状"[①]。1977年,扬州出土一批唐代彩绘俑,其中有一件女俑,着翻领胡服,束蹀躞带,面容不像胡人,当是当时贵族的侍女。[②] 唐代司马睿墓出土的陶俑中,有身着圆领红色窄袖长袖,腰系带,足穿靴的男侍俑;有身着窄袖长裙的女侍俑;有"头戴幞头,身着大翻领大衣,形似胡人"的吹奏乐俑。[③] 还有一种折襟胡服,称为裤褶,男衣短仅至膝,折襟翻领,女衣亦同而稍长,里面另有长裙。这种服装出于中国北部少数民族,隋时传入中国,唐时十分流行,当时是一种官服,上朝时可以服之。[④] 代宗时,朝臣归崇敬认为百官上朝时服裤褶,不合古制,便上书给皇帝说:"查我国三代、两汉的典籍,没有着裤褶上朝的记载,也不知着裤褶上朝起于何时? 这不符合古制,所以请求从今后下令禁止。"[⑤]皇帝听了他的话,禁止再着裤褶上朝,但其他场合仍有人着裤褶,如《新唐书·娄师德传》说娄师德检校丰州都督,衣皮裤率士兵屯田,可见这种胡服颇便于劳作,故唐军中多用之。相传为唐宣宗才人仇氏的墓中,出土了不少陶俑,其中便有一种着折襟胡服的男俑。中唐时,回鹘助唐平定了安史之乱,随着回鹘政治势力的增长,回鹘的一些风俗亦在唐朝流行起来,当时唐朝宫人即有着回鹘装的,花蕊夫人的《宫词》中这样写道:"明朝腊日官家出,随驾先须点内人。回鹘衣装回鹘马,就中偏称小腰身。"由此可见,一种异域风俗的流行往往还有政治的和经济的原因,在这种情况下,单纯从求新好奇的心理上去寻求原因,有时便不易得出准确的结论。

吕思勉先生认为:"其原出胡狄,而为中国人所习用者莫如靴。"[⑥]当时不仅法服中有六合靴,一般官僚按规定必须服用,即使一些妇女也有穿男子服装而着靴,如契丹之服者。靴为一般唐人所服用,如陕西咸阳唐君墓中的壁画里,即有"足穿乌靴"的人物[⑦],唐阿史那忠墓中壁画里,也有

---

① 《考古与文物》1986年第2期:《西安市西郊曹家堡唐墓清理简报》。

② 《文物》1979年第4期:《扬州出土一批彩绘俑》。

③ 《考古与文物》1985年第1期:《唐司马睿墓清理简报》。

④ 《新唐书·百官志》:"九品已上,自十月至二月,裤褶以朝。"

⑤ 《旧唐书·归崇敬传》。

⑥ 《隋唐五代史·隋唐五代人民生活》。

⑦ 《文物》1963年第9期:《陕西咸阳唐苏君墓发掘》。

"足著长筒乌靴"的人物①。唐李贞墓出土的一个女俑,头戴胡帽,身穿胡服,足蹬小鞾靴。② 唐朝宫廷乐舞有长寿乐、天授乐、万岁乐、破阵乐,皆用龟兹乐,舞人全着靴。其他如高丽乐、扶南乐、高昌乐、疏勒乐、康国乐、安国乐,舞人也是穿靴子的。据《资治通鉴》胡注说:靴子本为少数民族所用,赵武灵王喜好胡服,常用黄皮作短勒靴子,后来渐渐又着长筒靴。唐初马周将长筒靴改短,并用毡子垫在靴底。开元时,裴叔通又加以带子装束。本来,着胡靴是不准进皇宫和中央办事机构的,自从马周对靴子作了一些改造以后,朝廷才允许穿着靴子出入朝廷和国家高级机关。可见一些来自异域的东西,往往要经过汉族人的改造,以适应本民族人们的心理与习惯,而经过这种改造,它才能为更多的人接受,从而流行起来。

妇女的服饰与化妆,最为追求新鲜、奇特,而外族妇女的习惯与特点,最能满足唐代妇女寻求新奇的心理。比如,唐代妇女中流行的一种首饰——步摇,即来自波斯妇女所佩戴的耳环。一般妇女所用的巾帔(披肩巾),则来自印度妇女的风气。唐朝元和时,又流行一种所谓的"时世妆",其内容除了着胡式服装外,有两个特点,一是一改汉人习惯,脸上不再施朱粉,而是涂成红褐色,嘴唇涂抹乌膏,双眉画作八字,向下弯曲,让人一看,有如啼哭之态,所以白居易《时世妆》诗说:"妍媸黑白失本态,妆成尽似含悲啼。"二是此时妇女为圆鬟椎髻,以两鬟抱面,不设鬟饰,当时称为"抛家髻",白居易诗说这是"圆鬟无鬓堆髻样"(《时世妆》)。赭面和堆髻的风俗分别来自吐蕃和西域各少数民族,而一时又颇为流行,妇女们争相仿效,所以白居易才大声疾呼:"元和妆梳君记取,髻堆面赭非华风!"现在想起来,这种"非华风"的"时世妆",应该是并不好看的,可是为什么在当时能够流行呢? 我认为,这与当时社会动荡,人们的心理变化剧烈有直接的关系,这种求新求奇,多少有一点儿变态的味道。本来,好奇之心,人皆有之,崇尚时髦,无可非议,但是引进异域的文化和风俗,不仅应该具有引进的勇气和胆量,而且要有理,有度,勿过,勿滥。所谓有理,就是要符合本民族人们的欣赏习惯和心理需求,所谓有度,就是要控制在一定的限度之内,不能过分。否则,也许会流行过一阵儿,但很快便会连

---

① 《考古》1977 年第 2 期:《唐阿史那忠墓发掘简报》。
② 《考古与文物》1982 年第 1 期:《唐代胡俑、骆驼及"丝绸之路"》。

一点儿踪影都不会留下。所谓"时世妆"正是如此，因为它与中国传统的文化心理不相符合，所以开始虽然在一些有身份的妇女中间流行一阵儿，下层妇女亦有起而仿效的，但它毕竟不能在较长的时间里流行，时髦了一阵儿便没有声息了。想一想近年来各种奇特怪异的发型在某些青年中间忽然流行一阵儿便再也无人问津的情况，也许会使人感叹历史确实有某些相似的现象吧？这种相似，正可以提醒我们深入地思索一些问题。

唐代饮食业很发达，同时，还注意吸收外来的食品。《旧唐书·舆服志》说当时"贵人御馔，尽供胡食"。不仅"贵人"，就是一般百姓亦喜好胡食，尤其是长安、洛阳、扬州、广州等大城市中的居民更偏好胡食。胡食的品种很多，主要的有这样几种：饆饠（音部斗）、烧饼、胡饼、搭纳。①

饆饠是一种油煎饼，大概就是《齐民要术》中所记载的饆饠。

饆饠是一种抓饭，原流行于中亚、印度和今新疆穆斯林教各民族中，传入中国，颇为人们所喜爱，长安东市和长兴坊均有专门营业饆饠的饭店。饆饠论斤出售，一般加蒜，高级的也可以加樱桃，段成式《酉阳杂俎》记唐代长安有一个叫韩约的人，"作樱桃毕罗，其色不变"。也有人认为饆饠是一种包有馅心的面点，有甜咸二类②，可聊备一说。

烧饼，与我们今天的烧饼不同，其制作方法在《齐民要术》里有较为详细的介绍："面一斗，羊肉二斤，葱白一合，豉汁及盐熬令熟，炙之。面当令起。"这种饼，不用芝麻。

胡饼，早在汉魏时就由西域传入中国，但到唐代仍然很盛行吃胡饼。当时胡饼有两种做法，一种是笼蒸的，叫做蒸胡饼；一种是炉焙的，称为炉饼。又因为这种饼要芝麻，故又称为麻饼。它中间也可加馅，又成了一种馅饼。安史之乱的时候，唐玄宗带着少数亲信仓皇逃跑，至咸阳集贤宫时已到中午，大家肚子都很饿，杨国忠便跑到人家里买了几个胡饼献给玄宗，玄宗吃得津津有味。③ 日本僧人圆仁在长安时，亦曾食用胡饼，他在《入唐求法巡礼行记》中说："开成六年正月六日，立春，命赐胡饼寺粥。时行胡饼，俗家皆然。"可见唐时吃胡饼很流行。白居易有一首诗，题为《寄胡饼与杨万州》，诗中虽是玩笑的口吻，但还是可以看出唐人对胡饼

---

① 慧琳《一切经音义·陀罗尼集》："胡食者即饆饠、烧饼、胡饼、搭纳等是。"
② 周光武《中国烹饪史简编》。
③ 《资治通鉴》："日向中，上犹未食，杨国忠自市胡饼以献。"

的喜好,同时,也可以了解到当时的胡饼做得是很好吃的,其诗说:"胡麻饼样学京师,面脆油香新出炉。寄与饥馋杨大使,尝看得似辅兴无?"岑参《酒泉太守席上醉后作》中有"浑炙犁牛烹野驼"之句,骆驼是沙漠地带必备的运输工具。烹野驼,是北方少数民族的饮食风尚,随着民族间的经济和文化交流,驼肉不仅进入了汉民族的食谱,燉驼峰还成为唐朝宫廷里的一道名菜。

公元647年,尼婆罗(尼泊尔)王那陵提婆派使者到长安,向唐朝皇帝赠送了菠棱、酢菜、浑提葱等地方特产。菠棱就是菠菜。自尼泊尔将菠菜、酢菜输入我国以后,唐人亦开始种植,使它们逐渐成为人们喜爱的蔬菜。

西域名酒在中国各地也很受人喜爱。我国自汉代张骞出使西域,即知西域有葡萄酒,但还不会酿造,因此,葡萄酒在初唐时仍十分珍贵。《新唐书·陈叔达传》说,高祖赐群臣食,赏给陈叔达葡萄酒,但他却舍不得喝,高祖问他原因。他说:"臣母病渴,求不能致,我这杯葡萄酒还是留给她老人家吧!"高祖听了这话,又给他一些葡萄酒,让他捎回家去。可见当时即使高官,家里也喝不上葡萄酒。太宗时,征服西域的高昌国后,曾带回马奶葡萄的种子种在宫苑里,并掌握了葡萄酒的酿造技术,唐太宗有时甚至亲自监制,造出的酒色呈绿色,即李白《襄阳歌》所说"遥看汉水鸭头绿",酒味也十分醇正浓郁,颇为朝廷所重,民间也渐渐知道了这种造酒法,葡萄酒便多了起来。① 当时以太原郡所产的葡萄酒最为著名,后来其他许多地方,如长安、洛阳等地的葡萄酒也为人们所赞赏。除了葡萄酒以外,唐代社会还流行来自西域的三勒酒,李肇《国史补》说:"又有三勒浆类,酒法出西域。"所谓三勒酒,即是用庵摩勒、毗梨勒和诃梨勒三种植物酿成的酒。在唐顺宗时,又有一种新的酒在朝廷和市场上流行,即"龙膏酒"。这种酒亦产自西域,其色纯黑如漆,饮之很能提神清脑,故为时人所喜爱。②

---

① 《册府元龟》卷九百七十《朝贡》:"及破高昌,收马乳蒲桃实于苑中种之,并得其酒法。帝自损益,造酒成凡有八色,芳辛酷烈,味兼缇盎。既颁赐群臣,京师始识其味。"又见于宋代钱易《南部新书》。

② 苏鹗《杜阳杂编》:"顺宗时处士伊祈玄召入宫,饮龙膏酒,黑如纯漆,饮之令人神爽。此本乌弋山离国所献。"有人认为所谓"乌弋山离国"即在今伊朗南部,不知何据。

中国古代虽然知道有甘蔗这种东西，但只知道将其压成浆，用以祀神，当时称为"柘浆"①。后来虽然也有了"石蜜"，即硬块的糖，但它来自外国，大约来自西域一带的波斯、康国、天竺等地，所以汉代张衡《七辨》说："沙饴石蜜，远国贡储。"晋代傅巽《七诲》说："西极石蜜。"当时中国还不懂得由甘蔗制砂糖的工艺。公元647年，摩揭它国使者到长安来，向唐太宗夸耀印度的砂糖，唐太宗对此很感兴趣，便派人前往印度学习熬糖法，回来后用扬州诸蔗制糖，其结果非常成功，史书说"色味愈西域远甚"，比印度所生产的砂糖好得多。② 其优点主要体现在"色味"两个方面，即一是色白，一是味浓，甜度大。通过掌握印度制糖工艺，唐人也能生产固体的石蜜了。我国江南、四川以及其他许多产蔗的地区都起而仿效，很快便掌握了这种工艺，从而提高了石蜜和砂糖的产量，使它们成为唐代人们，当然主要是贵族人物的生活消费品。

第三节　建筑、生活器皿及其他

唐代社会生活的许多方面，都存在着异域情调与风气。

中国建筑受印度影响很大，这主要反映在佛教建筑上，如西明寺就是仿天竺祇园精舍建筑的唐代名刹。除宗教建筑以外，唐代还有不少其他的深受"胡风"影响的建筑。

昭陵是唐太宗的陵墓，高宗为了歌颂唐太宗的功业，命匠人制作了十四个石像立于陵墓的北马门内。这十四个石像是照着太宗贞观时擒伏、归化的各少数民族首领的相貌制成的，其中有突厥颉利可汗、左卫大将军阿史那咄苾、吐蕃赞普、龟兹王诃黎布失毕、于阗王伏阇信、焉耆王龙突骑支等。人像之外，又在北阙下刻太宗平常所骑的六匹骏马的石像。高宗的陵墓是乾陵，也照昭陵制度，陵前有外族首领石像六十一尊。这种陵墓制度，是受了突厥族的影响，带有突厥化的特点。据史书记载，突厥人的墓前依俗要"立石建标"，平时杀了多少人，就立多少石碑或石像，这种石碑，突厥人称为"杀人石"。有一些学者在中亚细亚和新疆一带考察，发

---

① 《楚辞·招魂》："腼鳖炮羔，有柘浆些。"
② 《新唐书·摩揭它国传》。

现了许多石像,并证实这些石像是属于突厥族的。① 太宗陵墓之所以用突厥族的制度,是因为,"彼其时,太宗一面君临汉土,一面又为漠南、漠北各部落之天可汗,参用北荒习俗以和洽兄弟民族",可见,唐太宗的考虑是很深远的。

唐玄宗是一个很会享受的皇帝,他有一个用来避暑的凉殿,是个精巧的建筑。凉殿的顶上,有机器喷水,水从屋檐上冲下来,好像是一个水帘洞;凉殿里的榻椅是用石块雕琢成的,榻椅后面装着用水力转动的风车。风车转动时,殿里凉风习习,太阳根本照不进来。三伏天气,人坐在殿里的榻椅上,简直如处仙境一般。② 不仅玄宗有这样的凉殿,一些大臣也有类似的建筑,如权臣王铁的宅院里便有一个"自雨亭子",屋檐上水流飞落,盛夏时坐在亭子里,也使人感到清爽如处在高秋的季节里。这种建筑是学习西域人的方法建成的。《旧唐书·拂林传》说得很明白:"至于盛暑之节,人厌嚣热,乃引水潜流上遍于屋宇。机制巧密,人莫之知。观者唯闻屋上泉鸣,俄见四檐飞溜,悬波如瀑,激气成凉气,其巧如此。"我们把玄宗的凉殿和王铁的自雨亭子与这里的记载比较一下,就会明白凉殿和自雨亭子是仿照拂林的建筑建造的。据说一直到清代,在圆明园中还有这种类似的建筑。

唐朝宫中颇多来自少数民族的物品。龟兹国曾进奉一只枕头,其色如玛瑙,温温如玉,而看外表又很朴素。晚上枕它睡觉,"十洲三岛、四海五湖,尽在梦中所见"。唐玄宗称它为"游仙枕",后来赐给了杨国忠。③西凉国曾进数百条木炭,每条长一尺多,呈青色,十分坚硬,宫中称之为"瑞炭"。这种炭在炉中燃烧,有光而没有火焰,每条可烧十日,其热气逼人而难以靠近。④交趾国曾进龙脑香,有蝉蚕之状,唐玄宗赏给杨贵妃十枚。⑤ 开元二年冬至,交趾国还进贡了一种"辟寒犀",色黄如玉,将其放在殿中的金盘里,"温温然有暖气袭人"。⑥武则天曾召诸皇孙到殿上嬉戏,并命人把西域诸国所贡的玉环钏杯盘列在周围,让诸皇孙自己去拿,用以观察他们的志趣和性格。当然,皇宫里的这些宝物,一般人,即使王

① 参看岑仲勉《隋唐史·唐史》第九节。
② 见《唐语林》。
③④⑥ 《开元天宝遗事》。
⑤ 《杨太真外传》。

公大臣也是不会有的。但最高统治者对来自异域的物品如此喜好，却必然要对上层社会以至于平民百姓有所影响。

带有"胡气"的物品，在唐朝社会使用得很普遍，成为一种值得注意的社会现象。

1975年敖汉旗李家营子发现了一批银器，其中有一件执壶，此壶扁圆腹，圈足较矮，壶柄部和口缘相接处饰一鎏金胡人头像，圈足底边有一匝联珠纹，造型和纹饰是波斯萨珊朝时期式样。1984年河北宽城也出土一件银执壶，其形制与上一件执壶相似，只是腹部较小而圆，可惜柄部已残缺。① 伊朗的这种有柄壶，在唐代颇为流行，唐人称为"胡瓶"，《旧唐书·李大亮传》说：皇帝曾赐给李大亮一只胡瓶，并说："它虽然并不贵重，却是我自用之物。"可见，这种胡瓶也是宫中的御用器皿。唐人还把"胡瓶"作为一种厚礼送给别人，顾况《李供奉弹箜篌歌》中说李某箜篌弹得极好，别人不惜重礼，请他来演奏，其中有"银器胡瓶马上驮，瑞锦轻罗满车送"之句。近年江苏镇江唐墓出土一件银簪，扁平，上宽下窄，上半段刻划人物、狻猊及缠枝忍冬，人物光头、露脐、着靴，手举忍冬枝，鱼子纹地。银簪上的缠枝忍冬花纹是我国传统的题材，而簪面上的短靴人像又具中亚波斯的萨珊风格，这是唐代中期以前金银工艺中外结合的体现。② 1981年西安市西郊曹家堡唐墓出土一件金饰，圆形，薄如纸，剪轮，直径二厘米，重零点九七克，上面有一模压而成的深目高鼻、高颧骨、大胡子的胡人头像，额上有一圈联珠纹。这种胡人头像的圆片金饰，估计属于一个富商的眷属。③ 唐代还有一件镶金牛首玛瑙杯，这件杯子，器形如牛角，尖部为牛首，双角并连到口部成执柄。有人估计这件器物，可能是波斯和阿拉伯商人带入中国的。1970年9月，西安交大出土三件套装在一起的唐代银盒，其中一件是"都管七国六瓣银盒"。这件银盒身呈六瓣状，盖面高隆，子母口，盒面中部划分六角形，每边围一卵形规范。底部平坦，有喇叭形六瓣高圈足。正中六角形内，錾骑象人一，前有顶物膜拜者，后有手执伞盖者，表示了骑象者身份之高贵。膜拜者前方有"都管七国"题榜，下方中央有"将来"二字。从昆仑王国右侧起，顺时针排列有婆罗门

---

① 《考古》1985年第9期：《河北宽城出土两件唐代银器》。
② 《考古》1985年第2期：《江苏镇江唐墓》。
③ 《考古与文物》1986年第2期：《西安市西郊曹家堡唐墓清理简报》。

国,土番国,疏勒国,高丽国,白拓□国,乌蛮人。此银盒的主要纹饰是以二十七个姿态各不相同的人物组成写实意义较浓,而且富有情节的七组图案。每图均有各自的地区和民族特征,如"吐蕃国",以青藏高原的野牦牛作为图案的主题,后有二人做驱赶状,构成一幅狩猎图;"疏勒国",右侧二人执刀,左侧一人恭立,一人持弓,四人皆英武骠悍,正表现了西域民族的尚武精神;"高丽国",一尊者居左盘坐,四人站立于左右,着其民族服装:冠上皆插二鸟羽,长衣宽袖,着韦履;"乌蛮人",即南诏,此图左侧两位尊者迈步向前,右侧三人似作迎客状。大襟长袍,首有囊角,正是当时西南少数民族的服饰特点。[①] 这件银盒无疑是唐人的作品,但盒上的这些图案,却明显地带有异域的情调和气息。1970 年 10 月,在西安何家村发现一处窖藏,出土唐代金银器皿二百余件,其中便有波斯萨珊朝风格的文物,如三件八棱流金银杯,器身作八棱面,每面有浮雕的乐工和舞伎。底地作鱼子纹。柄作圆圈形,上有放置拇指的平板,有的柄上饰以高鼻深目的胡人头像。足部边缘有联珠,各棱面的分隔处也有一列竖直的联珠。除了各面的人像和衣服有的具有中国风之外,其余都是萨珊式的特征。还有一些金银器,如刻花高足银杯,器形是萨珊式的,但花纹是唐代中国式的狩猎纹,底地是鱼子纹。这可能是中国匠人模仿波斯产品制造的。[②] 中国唐代金银器中确有不少西方的因素,有许多人,包括许多外国学者都注意到了唐代金银器与波斯地区贵金属工艺的密切联系,如日本学者梅原末治的《关于中国唐代金银器》、原田淑人的《东亚古文化研究》、石田茂作的《奈良时代文化杂考》以及德国学者 A・格拉夫・施特拉赫维茨的《唐代金银器及东西方联系》都认为唐代金银器无疑受到了波斯萨珊朝金银器的影响。瑞典学者俞博《唐代金银器》一书认为,中国大规模地制造和使用金银品是唐代才开始的,它的兴起和发展与隋唐时期西方文化的输入有着密切的联系。他认为,当时沿着丝绸之路东来的印度佛教艺术、犍陀罗艺术(希腊、罗马艺术的变体)、芨多艺术和萨珊波斯艺术对唐代金银器的兴起都有影响,而最直接的影响是波斯地区的贵金属工艺,他认为:"最初的金银器,不仅形制仿西方,技术仿西方,甚至纹

---

① 《考古与文物》1984 年第 4 期:张达宏、王长启《西安市文管会收藏的几件珍贵文物》。

② 《考古》1978 年第 2 期:夏鼐《近年中国出土的萨珊朝文物》。

样也仿西方。"当时中国其他工艺如陶瓷也难免受其影响。① 从而使中国唐代许多器皿具有了异域和外国的情调与风格。

唐代扬州是当时对外贸易的重要港口,也是我国南北交通运输的枢纽,出土了不少反映中外关系的唐代文物,其中有西域胡俑、胡人三彩俑和马来人陶范人像。在这些出土物中有一件翠绿袖大陶壶特别值得注意。这是一件波斯陶壶,壶通高三十八厘米,内口径九厘米,底径十厘米,唇口厚二厘米,高颈,宽肩,在肩部与颈部连结着对称弯曲的双系,系高九点五厘米、宽四点五至七厘米不等,厚一点二厘米,鼓腹,腹部以下渐渐收敛,饼足底,底心内凹。从釉色、胎质上,特别是造型艺术上看与唐代陶瓷器都不一样,无疑是属于波斯风格的物品。② 周长源同志在《扬州出土古代波斯釉陶器》一文中说他"在今扬州市区文昌阁东侧的三元路菜场工地获得二块波斯的古陶片"。此后,其他人也"陆续捡到许多块波斯的古代翠绿釉陶片"。周长源同志又"多次捡到大小三十余块波斯的古代翠绿釉、蓝釉和灰蓝釉陶片"。"从这些碎片的胎釉、胎厚和器形等不同来看,应为罐、壶、盘等多种器皿。由此可证,当时运来扬州的波斯器数量之多,品种之丰富"。③ 这些陶片出现在与其他许多唐代文物相同的地层,有的更是与唐代白瓷及青瓷器和残片在一起出土的,其时代经专家研究,认为相当于我国唐代的中期和晚期。1980 年,扬州博物馆考古组在东风砖瓦厂肖家山工地清理第九号汉墓时,发现一座叠压在该墓上面的唐代木棺残墓,出土四件随葬器物,其中有一件青釉绿彩背水扁瓷壶,高十七厘米,宽十三厘米,厚九厘米。直颈,唇口,口径六厘米。壶的两侧上下各有两系,中心各画有一条贯通上下的绿釉彩直线。壶的正背两面皆有一组绿釉彩饰,正面为一组阿拉伯文,背面饰云气纹。经有关专家鉴定,阿拉伯文乃"真主最伟大"之意。④ 1956 年,太原市西郊出土了一件青釉人物狮子扁壶,此壶腹部浮雕胡人与狮子;正中立一胡人,长发短须、深目高鼻,着长衣,腰束带,足着高腰靴。胡人左右各有一昂首翘尾蹲坐的狮子。

---

① 《考古与文物》1985 年第 2 期:陈英英、贾梅仙《国外学者研究唐代金银器情况介绍》。
② 《考古》1985 年第 2 期:周长源《扬州出土古代波斯釉陶器》。
③ 《考古》1985 年第 2 期:周长源《扬州出土古代波斯釉陶器》。
④ 引自朱江:《扬州出土的唐代阿拉伯文背水瓷壶》。

狮背上角,各露一人,作舞球状。① 这件瓷壶从形制、纹饰以及表现方法等方面来看,都具有西方异域的风格。近年韩森寨盛唐墓出土的堆花青瓷壶,腹部也堆贴着胡人、武士打马球,武士和马球跃跃欲动。长沙窑的贴花壶中,也运用堆贴装饰,多在壶上贴着胡人、双鱼、狮子等。这显然有外域装饰艺术的影响。② 1956 年西安出土的唐代白釉贴花钵,有联珠纹样,就是波斯萨珊王朝金银器皿和织锦上常见的纹样。③ 中国硅酸盐学会编的《中国陶瓷史》说凤头壶在初唐时已经流行,这种壶的造型很巧妙,"在壶身上堆贴着瑰丽的纹饰,壶盖塑造成一个高冠、大眼、尖咀的凤头,与壶口恰相吻合,由口沿至底部连接着生动活泼的螭龙壶柄,它是唐代以前所未见的新的风格样式,是吸收了波斯萨珊朝金银器的造型,而又融合了中国本土的风格,用龙凤纹作为装饰"。另一种"双龙耳瓶的器形也同样可以看出是在鸡头壶的基础上吸收了外来的胡瓶的特点","它盛行于初唐时期,唐高祖的儿子李凤墓中出土的白瓷双龙耳瓶,就是这样的造型"。特别值得注意的是,近年在唐乾封二年(667 年)段伯阳墓中,出土了一件白瓷胡人尊,尊是装液体的容器。这件器物塑成一个跪胡形象,形体较高大,达三十七点五厘米。胡人深目高鼻、面带微笑、神态安详,前额有一个硕大的白毫相,齐眉的发尖是排联珠纹,裹幞头,身穿圆领短袖紧身衣,手腕佩镯,胸前抱一口袋,袋口扎成荷叶形状,巧妙地做成尊口。④ 巩县黄冶"唐三彩"窑还发现一些陶瓷玩具,其中有成批生产的玩具——骑驼人。"人驼通高六点五厘米。驼昂首曲颈、摆尾,背上置坐垫,人骑于两驼峰间,面左,头戴小帽,足登皮靴,高鼻大眼,蓄络腮胡子,胡人相貌"。⑤ 还有狮子和狮子狗。驼与骑驼人,反映了唐与西域的交往,而狮子和狮子狗(拂菻狗)是外国进贡的动物。这些玩具,反映了社会生活中的"胡气"弥漫于各个角落,甚至在儿童的世界里,也有异域的情趣。以上的这些陶瓷制品,有的直接来自西域或外国,如扬州出土的波斯釉陶器;有的虽生产于内地,但却融合了异域的形制与风格,如唐三彩中的胡

① 《文物》1963 年第 5 期:《太原西郊出土唐青釉人物狮子扁壶》。
② 《中国陶瓷史》。
③ 《文物》1979 年第 1 期:《唐白釉贴花钵》。
④ 《考古与文物》1981 年第 1 期:《西安地区隋唐墓葬出土陶瓷的初步研究》。《文物》1986 年第 6 期:《唐三彩生活用具》。
⑤ 《考古与文物》1985 年第 2 期:《巩县黄冶"唐三彩"窑陶瓷玩具》。

瓶、胡人尊、狮形杯等,都吸收了西域或外国,如波斯金银器中突花鎏金高足杯、曲口银瓶等器物的造型特色;有的是地道的汉族工艺产品,却又有来自异域的纹饰或胡人形象。这些作品,在创作上获得了新的活力,显得华丽多彩,具有异国情调,也表现了唐人对异域文化广收博采的自信与气魄。异域工艺和风格的影响,是唐代陶瓷生活用具与两汉、魏晋南北朝生活用具有很大不同的原因之一。

在出土的唐代文物中,有许多古镜,其中有用西域风格图案装饰的忍冬纹镜和海马葡萄镜。扬州和安徽怀宁县还出土了有异国体育活动——打马球图案的铜镜。近年在"丝绸之路"上出土了不少丝织品,其中就有唐代的产品。这些丝织品上,除了有唐代金银器和石刻线雕上常见的花鸟云树等纹饰外,还织有波斯风格的联珠、对禽、对兽等。还有的,既织有波斯常见的联珠纹,又有汉文字或我国传统的龙凤纹等中西结合的图案。同时,中国织工还学习了波斯萨珊式纬线起花的叙纹重组织的织法,有些带中国式花纹的织锦,也都采用了这种织法,所以有些仿波斯的织锦,与原产品几乎根本无法区别。从这些地方,我们都不难感受到在唐代盛行的异域情调与风气。

总之,这些带有所谓"胡气"的生活用品,从金银器到陶瓷、铜镜和织锦;从妇女的首饰到儿童的玩具;从酒器到银盒;从银执壶到胡人尊……几乎无所不有。从所受外来影响来说,有的是纯粹的进口货,有的是可以乱真的仿制品;有的是唐式花纹、胡式形制;有的又是唐式形制、胡式花纹;更有丝织品中中西结合的图案。——这一切都说明了:唐代社会,"胡气"几乎无处不在,而唐人对它又是抱一种开放和喜好的态度。同时特别注意使其适合本民族的特点,并不机械照搬,这是很难得的。

在其他方面,也经常可以看到外来的影响,如天文历法和医药。

印度观星术的输入与唐代天文科学的发展有密切的联系。《隋书·经籍志》载有多种印度天文学著作。唐朝天文学家经常展开争鸣,侨居中国的印度人也参与其中,他们对中国天文历法科学的发展起了重要作用。其中比较著名的有迦叶氏、瞿昙氏和俱摩罗氏三家,都程度不同地为中国天文科学做出了贡献。如唐高宗时,迦叶孝威由印度来到长安,推行天竺历法,其法"先依日月行迟疾度,以推入交远近"。虽与中国历法大体一致,但也稍有不同,为中国天文学家所吸收。而其中最为突出的是瞿昙氏三代天文学家,对中国的科学发展颇有贡献。瞿昙罗,在高宗和武后时任太史令断断续续达三十余年,高宗麟德二年(665年)曾编制《经纬历》,经高宗批准与当时的《麟德历》参照实行,后又编制《光宅历》。其子瞿昙悉达,开元六年(718年)奉玄宗命翻译天竺《九执历》,与《麟德历》参照实行,后又编《开元占经》一书。悉达子瞿昙谦,曾参考天竺古历编制了"瞿昙"氏历,与《至德历》参照实行。谦兄瞿昙谦,著有《大唐甲子元辰历》一书。瞿昙氏几代人服务于唐代司天台达一百多年。瞿昙悉达还介绍了天竺的数学知识,包括位值制数码、圆弧量法和弧的正弦。①

唐代医学,善于吸收印度、拜占庭医学的优长之处。当时一些医书,如印度人伐婆达写的《八科提要》等,很快便在中国流行了。其他一些医方,也为中国人所重视,如阿拉伯医方在《千金要方》、《千金翼方》、《外台秘要》中都有记载。印度的一些医生术士也有不少为唐朝皇帝所信任,唐初王玄策第二次出使印度,便带回长安一位印度术士那罗娑婆寐,这位术士一直定居长安直到去世。高宗时又从东天竺迎来卢迦逸多,任怀化大将军。不久,又命他前往印度,寻求长生不死之药,但因道路不通,他死在了中印度。唐太宗想使自己长生不死,就去服了胡僧的药结果反被毒死了。不过,这种对所谓"长生不死"药的研究,客观上还是对医学的发展有帮助的。阿拉伯的外科医术也在唐时传入中国,同时西域和异国的药物也大量传入中国,如由阿拉伯和东南亚输入了香药、珊瑚、琥珀、胡黄连、没药、安息香等;由印度传入了胡椒、青黛(靛花)、郁金香、婆罗得等。这些药物,有的直接运往全国各地,有的在沿海各地移植栽培,不仅充实了我国的医药宝库,也使唐人受到很大的益处。唐代官府中专有鸿胪寺,其职责就是检验"蕃客"所献药物的质量,商定应付的价钱。② 可见当时外国输入中国的药物是很多的。

在唐代社会上,还有一些印度僧人行医治病。因为医学是佛教徒的必修课,所以来华的僧人大多都精通医术。唐代诗人刘禹锡就曾请印度僧人看过眼疾,他有《赠眼医婆罗门僧》诗:"三秋伤望眼,终日哭途穷。两目今先暗,中年似老翁。看朱渐成碧,羞日不禁风。师有金篦术,如何

---

① 《文物》1978年第10期:《唐代天文学家瞿昙谦墓的发现》。

② 《新唐书·百官志》。

为发蒙。"当然,胡医的医术也有高低的区别,有些胡医号称善于治疗眼疾,其实或者医术不高,或者根本就是招摇撞骗,受害的只是那些盲目信赖他们的人,如著名的鉴真和尚在岭南韶州(今广东曲江),因眼睛发暗,看不清东西,听说附近有一个胡人善治眼病,便请他来治疗,结果"眼遂失明",使鉴真从此成为盲人。① 不过,这个例子也说明全国各处皆有胡人行医,即使像当时颇为偏远的韶州也不例外。文宗大和三年(829年),南诏攻掠成都,掠走了"医眼大秦僧一人"②,这个能医治眼疾的大秦僧,即是来自波斯或罗马的景教徒。这个例子至少可以说明两点:其一,即使偏远之地如成都,亦有胡医活动;其二,除佛教徒外,前来中国行医的还有景教徒,也可能还有其他宗教的信徒。

第四节　马球与双陆

先说马球。

我国古代就有蹹鞠(又叫蹴鞠)之戏,相传为黄帝所创,开始是用以训练士兵,战国时期在民间也流行起来了,这在《战国策》和《史记》里都有记载③,但这种活动以步打足踢为主。随着中外文化友好往来的进一步发展,唐代初年,波斯的"波罗球"传入我国。波罗球是一种骑马持杖击球的游戏,是一种有趣的体育运动。据向达先生《长安打球小考》所说,这种马球之戏,源于波斯,后向西传至君士坦丁堡,向东传至土耳其斯坦,又由土耳其斯坦传至中国西藏及印度等地,然后由西域传入中原地区。最初,马球运动也是一个军中练兵的项目,其目的在于锻炼士兵的体质和技能、意志,但迅速为朝廷、官僚、文士,甚至一般百姓所喜爱,成为一种社会时尚。

马球,作为一种体育活动,运动员骑在马上,手持木棍,用力击球,球急速滚动,然后驱马追赶,绕前捕后击打,盘旋索回,速度极快。唐代诗人韩愈在《汴泗交流赠张仆射》里,这样描写马球比赛的激烈场面:"分曹决胜约前定,百马攒蹄近相映。球惊杖奋合且离,红牛缨绂黄金羁。侧身转

---

① 《唐大和上东征传》。

② 事见李德裕《论故循州司马杜元颖追赠》。

③ 如《战国策》:"临淄甚富而实,其民无不吹竽鼓瑟、弹琴击筑、斗鸡走狗、六博蹹鞠者。"

46

臂著马腹,霹雳应手神珠驰。"这里的描写是十分形象而生动的。

马球的用具与规则,在史书、笔记和诗文里有一些零星的材料,另外有些壁画、陶俑也可以作为参考和补充,不妨据以在这里作些介绍。马球的球,大小如一拳,用轻韧木挖其中或用牛角制成,要求是:坚硬和圆,不能是椭圆或扁的,所以唐代女诗人鱼玄机《打球诗》有"坚圆净滑一星流"之句。有的球,外边还要涂上红色或其他的颜色,故而又称为"彩球"。唐代武平一《幸梨园观打球应制》有"分标戏彩球"之句。球杖一般长数尺,一端如偃月形,故又称"月杖",如鱼玄机《打球诗》说:"月杖争敲未拟休。"阎宽《温汤御球赋》说:"珠球忽掷,月杖争击。"① 蔡孚《打球篇》也有"奔星乱下花场里,初月飞来画杖头"之句。这里的"月杖"、"初月",都是形容球杖的偃月形状。球杖上一般雕有各种花纹,十分精致美观,高级的还是"金涂银裹"的,所以蔡孚有"雪杖雕文七宝球"之句。因为当时打球的人很多,球杖的制作成为一种专门的技术,有人便用心于此,将自己制作的球杖作为礼物送给别人,得酬金来买酒。② 这固然说明了唐代马球运动的普及,也说明球杖的制作并不太简单。有了球杖和球,还要有场地来施展,唐人对球场十分注意。球场的首要条件是平坦、光滑,便于球马奔跑。诗人杨巨源因而有"新扫球场如砥平"之句。③ 阎宽这样描写马球场:"广场惟新,扫除克净,平望若砥,下看犹镜。微露滴而必闻,纤尘飞而不映。"④ 有的达官贵人,为筑球场颇下资本,如驸马武崇训、杨慎交竟"洒油以筑球场"⑤。球场的大小,似无一定的规矩,据现有资料统计,长安有马球场二十多个,最大的马球场有"一千步"之方,即约一千四百平方米。像武崇训、杨慎交等人在长安坊间的球场可能不会太大。而外地都有一些相当大的球场,如《通鉴纪事本末》卷二百十一载,徐州遣兵三千过许昌,节度使薛能便命他们在球场露营。一个球场能让三千人露宿,其面积之广,可想而知。球场亦不拘一格,在长安,比较宽大的街道,也是很现成的球场。打马球所乘的马,一般要经过反复挑选,基本要求是奔跑迅速、

---

① 《图书集成·艺术典·蹴鞠部引》。
② 唐杜光庭《录异记》:"苏校书者,……善制球杖,外混于众,内潜修真。每有所阙,即以球杖干于人,得所酬之金以易酒。"
③ 《观打球有作》。砥:磨刀石。
④ 阎宽《温汤御球赋》。
⑤ 《资治通鉴·中宗纪》。

反应敏捷,蔡孚因有"自有长鸣须决胜,能驰迅足满先筹"之句。① 有钱人还将马装饰得很漂亮,所谓"银鞍马上,华勒星还"便是很生动的描绘。唐人打马球,也有用驴代马的,如剑南节度使郭英乂便曾教女伎骑驴击球。② 宝历二年六月,敬宗在三殿,亦观看过骑驴击球的比赛。③ 可见在唐代骑驴打球也很盛行。

马球的规则及比赛情况,唐人没有详细的记录,好在唐以后有些材料较为详细④,可以与唐代的诗文和壁画对比研究,这样无疑可以了解一些基本的情况。马球比赛,"球工分为左右朋",每朋人数相当,但多少不限。一种马球比赛是两面各设一个球门;还有一种仅在一面设球门。门框用木条、木板做成,又用网作成球囊。比赛时,球门前面有卫士持红旗端立,若是球进网中,则大声通报,称为"唱筹"。又有教坊乐队在球场边、奏龟兹乐以助威。东西球门边各有五面鼓,随时击鼓助兴。两队各有"朋头"一名,"互相排击,各以出门为胜"。这是宫廷里打球的排场,但也可见一般打球的概况。宫内进行马球比赛时,旁边有"内人"(宫女或太监)充当"啦啦队",如果进球(即"得筹"),他们便鼓掌喝彩,称为"唱好"。所以杨巨源有"入门百拜瞻雄势,动地三军唱好声"⑤。王建又有"内人唱好龟兹急"⑥之句。龟兹急,是指助威的龟兹部鼓乐十分热烈、急促。马球比赛颇为紧张、激烈,常常伤人,如《新唐书·周宝传》说他即"以球丧一目"。那些球场老手,在场上"左萦右拂,盘旋宛转,殊有可观",有时马跑得太快,稍有不慎便会摔下马来,有人被摔伤,也有人被摔死。打马球有许多高难度动作,其中尤以"背身球"最为新巧,故常为唐人说起。王建《宫词》说"殿前不打背身球",杨太后诗说"牵缰绝尾施新巧,背打星球一点飞"。向达先生认为,打背身球,可能即如今天打网球的反手抽击,并认为"马上反击,自然摇曳生姿,倍增婀娜"。根据史料来分析,这种说法还是能够成立的。

---

① 《打球篇》。
② 《新唐书·郭英乂传》。
③ 《旧唐书·敬宗纪》:"宝历二年六月甲子,上御三殿,观两军、教坊、内园,分朋驴鞠、角抵。"
④ 见《宋史·礼志》、《东京梦华录》、《金史·礼志》、《析津志》等。
⑤ 《观打球》。
⑥ 《宫词》其十五。

下面我们再介绍一下马球运动传入和流行的情况。

唐代初期，唐太宗听说西域胡人很喜欢打马球，便叫臣下比着样子练习，并常常登上城楼，看他们在街里打球。后来西域胡人在长安打球，请太宗前去观看。太宗想：自己刚刚做了皇帝，行为举动还是应该慎重一些才是，不能过于随便，于是令人烧掉一只马球以自戒。① 尽管如此，马球这种活动，还是逐渐为唐人所喜爱，不久就在全国流行起来了。在长安和其他地方有许多球场，也有许多马球爱好者，马球比赛经常举行。近年出土的一些文物，充分说明了马球在唐代的风行情况，如扬州出土了唐代马球图铜镜，1983 年安徽怀宁县也发现了这样的铜镜，"铜镜为八瓣菱花形，直径十九点五厘米，边缘厚一厘米，半球形钮，镜面微鼓。镜背饰凸连弧纹一周，镜边与连弧纹之间饰等距花蝶纹。连弧纹内为浮雕式马球图，有四人驾驭奔马抢击二球，间饰花草、山峰。一马四蹄腾空，骑士高举球杖奋力击球；一马后蹄高扬，骑士肩荷球杖伺机击球；一马后蹄着地，前蹄腾空；一马似被紧勒缰绳，昂首嘶鸣，骑士侧身向后用球杖钩住地上的球。整个图画表现了马球比赛的激烈场面"②。1981 年 9 月，在临潼关山唐墓中出土了四件白陶彩绘打马球俑，它们小巧玲珑、造型生动，通高七厘米，马耳直竖，马头前伸，四蹄凌空飞奔。骑俑全是宫女形象，头挽茧形髻，身着异色紧身坎肩和长裤。左手挽缰，右手上扬，向前伏身作马上击球之势。这是继西安出土的三彩打马球俑后的再发现。③ 1971 年，从陪葬乾陵的章怀太子墓中出土了一幅打马球壁画。此画绘在墓道西壁上，"画中有二十多匹马，骑马人均着各色窄袖袍，黑靴，戴幞头。打马球者左手执缰，右手执偃月形鞠杖。最南面飞驰的马上坐一人，作回身反手击球状，另一人回头看球。后面的两人作驱马向前抢球之态。其后还有数十骑，有一马奔向山谷，臀部及后蹄露在山外，山顶露出人头和半个马头。最后一骑为枣红马，四蹄腾空，往南驰骋。骑马人着淡绿色袍，红色翻领，面部微红，未持鞠杖，可能是观者，马后为古树和重叠的青山"④。这幅壁画，生动地描绘了当时打马球的场面和形象。近年在西安附近唐代武则天外孙女永泰公主

① 唐封演《封氏闻见录》卷六。
② 许文、金晓春：《安徽怀宁县发现唐人马球图铜镜》。
③ 《考古与文物》1982 年第 3 期：《临潼关山唐墓清理简报》。
④ 《文物》1972 年第 7 期：《唐章怀太子墓发掘简报》。

的墓穴中也发现有打马球的壁画以及作打球姿态的男女骑俑。

从文献上看,唐代喜欢马球运动的极多,其中有军人、里巷百姓、侨居中国的西域人和外国人,更有文人和官僚,而其中起倡导作用的是皇帝和贵族。在唐代,有十五个皇帝是马球爱好者,而且大都参加过马球比赛。在他们的提倡下,马球这一活动不仅很快在长安及其他城市流行起来,而且历整个唐代而不衰。唐中宗本人很喜欢打马球,他经常到长安芳林门内梨园的球场去看打球,如景龙四年春二月,中宗在梨园命三品以上的大官,分队拔河、击球,并命身边文臣当场赋诗,当时沈佺期也在其中,因此也赋了诗,他的诗说:"今春芳苑游,接武上琼楼。宛转萦秀骑,飘飖拂画球。俯身应未落,迥辔逐傍流。只为看花鸟,时时误失筹。"这首诗中间四句形象生动地写出了骏马奔驰,马球急飞而运动员们熟练运球、传球的场面;最后两句起一个小波折,使全诗增添了一种韵味:一位运动员因为太贪看宫中的花鸟,失去了好几次进球的机会。唐玄宗是个风流天子,他的马球技术相当高明,据唐封演的《封氏闻见录》记载,景云年间,吐蕃派使节到长安来迎娶金城公主,作为一种礼节和招待,中宗请他们在梨园内的球场观赏马球比赛。吐蕃使节赞咄向中宗进言说:"我们吐蕃有极会打马球的人,是不是可以组成一队,与您手下的马球手打一场,一比高低?"中宗点头表示同意,让人给吐蕃人拿来几把球杖,由唐人和吐蕃人组成的两队便展开了激烈的比赛。打了几场,全是吐蕃人获得了胜利,中宗的面子有点挂不住了。当时,唐玄宗作为临淄王,正陪侍在中宗左右,他见唐人输得一塌糊涂,便向中宗请求上场打一局,中宗便命他与虢王李邕、驸马杨慎交、武秀第四人出场,而吐蕃一方却有十几个人,其结果却大出人们的预料:朝廷一方队员虽少,但他们技术熟练,控制住了吐蕃队的进攻,赢得了比赛的胜利。其中唐玄宗表现最为突出,他"东西驱突,风回电激,所向无前,吐蕃功不获施"。玄宗作了皇帝以后,仍然十分喜欢马球之戏,他和诸兄弟相处得很好,每天上朝时,他们之间是君臣关系,可是一退朝,他们便常在一起宴饮、斗鸡、打球,几乎天天如此。[①] 唐玄宗即使短期离开

---

① 《开天传信记》:"上(玄宗)与诸王靡日不会聚,或讲经义、论理道,间以球猎蒲博,赋诗饮食,欢笑戏谑,未尝惰息。"《资治通鉴·玄宗纪》:"上(玄宗)素友爱,近世帝王莫能及。初即位,为长枕大被与兄弟同寝。诸王复旦朝于侧门,退则相从宴饮、斗鸡、击球,或猎于近郊,游赏别墅。"

皇宫,也要带上球具、球手,故阎宽在《温汤御球赋》中有"倾徒习于禁中,分将示于天下"的句子。也就是说:过去玄宗只在宫中打球,现在却要在宫外打球,从而使天下百姓都知道当朝天子对马球的喜爱。这实际就是一种无言的倡导。《资治通鉴·中宗纪》说中宗"好击球,由是风俗相尚"。用这句话来评价玄宗,也是十分恰当的。宋代晁无咎有一首诗,题为《题明皇打球图》,诗中说:"宫殿千门白昼开,三郎(即玄宗)沉醉打球回。"正形象地表现了玄宗对马球运动的喜好。因为喜好打马球,玄宗养了许多马,但他要求很严,总认为这些马不适于马球活动,一次他问优人黄幡绰说:"我好久以来就想得到良马,谁会相马呢?"黄幡绰说:"我看当今三位丞相都会相马。"玄宗又问:"我与三位丞相经常谈话,没听说他们会相马呀?"黄幡绰说:"我看他们所乘的马都是好马,所以知道他们一定会相马。"玄宗笑了笑便改了话题。① 这个故事含义较深,黄幡绰说的是相马之事,其实是对玄宗太好马球提出批评,那潜台词是劝玄宗向三位丞相学习,挑马只要便于骑乘就行了,不是只有适于打马球的马才是好马,也就是劝玄宗不要为打马球花太多的精力。这个黄幡绰虽是个优人,但其作用却不小,据说玄宗后来不再打马球,就是因为听了他的劝告。据王说《唐语林》记载,一次,荣王与玄宗在三殿打球,因为马奔驰太快,他不幸落下马来,摔得昏了过去。这时,黄幡绰在一边向玄宗进言说:您年事已高,而且您的安危又关乎天下的安定,如果球马力尽,将您摔下马来,天下怎么办呢? 您为什么不叫驸马与其他人打球,而自己只作个看客呢? 就像人对着精美的食场,虽然不吃,但看一看,也是一种享受嘛! 玄宗听了这些话,点了点头说:"你的话很有道理,好吧,以后我再也不打球了!"

玄宗以后,还有不少皇帝喜欢马球活动。有的竟为打球而引来疾病和灾祸,如穆宗有时在右神军、有时在麟德殿打马球②,常常是乐而忘返。长庆二年十二月的一天,穆宗在宫中与太监一起打马球,有一个太监从马上摔了下来,穆宗大吃一惊,因此而得了风疾,从此竟不能走路了,只能终

① 《松窗杂录》。
② 《新唐书·穆宗敬宗纪》:"十二月(元和十五年)庚辰,猎于城南。壬午击鞠于右神策军。""长庆元年……二月,……辛卯击鞠于麟德殿。"

日躺在床上,大臣们想见他也不能得到召见。① 这要补充一句:作为封建王朝的最高统治者,似乎不应该为一个太监的挨摔而吃惊。但穆宗所处的时代很特别,安史之乱以后,朝廷的威信降低了,王朝的力量也减弱了,太监们却逐渐掌握了大权,有时甚至能废立皇帝,因此是得罪不起的,搞不好,便会有杀身之祸,即使是皇帝也不例外。穆宗的儿子敬宗,即为击球将和宦官所杀。《通鉴纪事本末》卷二〇二说:敬宗极爱打马球,其父穆宗刚死不久,他便拿起球杖,骑上球马,在球场上奔跑游戏。他平日打球,有时竟日以继夜,到一更二更也不收场。当时有个算命先生叫苏玄明,曾对好友染坊供人张韶说:"我算了一命,你和我一样应当当皇帝。当今皇上白天晚上都在球场嬉戏,多数时间不在宫中,我们可以趁机起事!"张韶听信了他的话,便与苏玄明进一步谋划,他们纠集了一百多人,发动突然袭击,"挥兵大呼",直冲宫中而来。这时敬宗正在清思殿打马球呢!幸亏身边还有些忠诚的太监,急忙关上了宫门,又调兵平定了叛乱,敬宗这次才没有丧命。敬宗因为嗜好打球,便着意选拔击球技术高的人陪侍左右,如陶元皓、靳遂良、赵士则、李公定、石从宽等都是因为善于打球而被重用,结果他又为这些人所害:宝历二年(826年)十二月的一天,敬宗与人打球夜游归来,便与宦官刘克明、田务澄、许文瑞及击球将苏佐明、王嘉宪、石从宽、阎惟直等二十八人饮酒作乐。敬宗醉酒,入内室休息,突然,大殿上灯烛全部熄灭了,在黑暗中,敬宗被苏佐明等人杀于室内,时年仅十八岁。以后文宗、武宗、宣宗、僖宗等人均喜打球,有时行为甚为荒唐,如武宗竟以球艺高超作为选拔官吏的标准。周宝就因为马球打得好,而被任为金吾将军,后来他因打球把一只眼睛搞瞎,反而又升为"检校工部尚书,泾原节度使"。② 由此一例,即可看出武宗对马球的迷恋了。僖宗同武宗一样荒唐绝顶,他正处在天下大乱的唐末,不仅不积极想办法挽救动乱的局势,反而却更沉迷于马球之戏。广明元年(880年),朝廷准备西逃蜀中,需要往蜀中三川派一个高官去镇守其地,但又不知派谁合适,

---

① 《新唐书·穆宗敬宗纪》:"长庆二年十二月,穆宗因击球,暴得疾。"《通鉴记事本末》卷二〇二:"穆宗长庆二年十月,庚辰,上与宦官击球与禁中。""有宦者坠马……上惊,因得风疾,不能履地。自是,人不闻上起居,宰相累乞入见,不报。"

② 《新唐书·周宝传》:"(周宝)会昌时迁方镇才校,入宿卫,与高骈皆隶右神策军,历良原镇使。以善击球,俱备军将军。骈以兄事宝,宝强毅,未尝诎意于人,官不进。自请以球见,武宗称其能,擢金吾将军。以球丧一目,进检校工部尚书,泾原节度使。"

有人给他推荐了四个人，即陈敬宣、杨思立、牛勖、罗元杲，僖宗便命他们四人"击球赌三川"，陈敬宣首先进球，便被任命为西川节度使。从这件事，同样可以看出僖宗对马球的迷恋是多么深！其行为又是多么荒唐！①因此，有人认为他不应沉溺于马球，他便勃然大怒，把劝谏者给杀了。②本来，作为皇帝喜欢某一项体育运动，确实无可厚非，但是如果过分热衷于此，则难免给社会和国家带来不良的影响，成为乱世的征兆。有一次，僖宗还颇为得意地对优人石野猪说："我要是考击球进士科，一定会是状元。"石野猪用玩笑的口吻提醒僖宗，希望他不要过于沉溺于马球，他说："若是尧舜来作礼部侍郎，您恐怕免不了要名落孙山！"僖宗闻言，只是笑笑，没有再说什么话。③ 其他如宪宗、昭宗也是马球运动的爱好者和参加者，如朱温篡唐，昭宗被迫迁都洛阳，跟他同行的"打球供奉"（宫内专任打球职务的人）和"内园小儿"就有二百多人。④ 在这些皇帝中，可能宣宗的马球技术最为高超，《唐语林》说宣宗击球所乘之马特别矫健，除了衔勒以外，不加雕饰；而宣宗在马上十分自如，有时乘势奔跃，把球运于空中，连击数百而球不坠地，速度快得犹如闪电一般，就是那些专门从事打球的"二军老手"，也都十分佩服。"二军"，指唐时的左右神策军。打球原为军中的一项活动，两军经常会鞠，所以二军中有不少精于打球的能手。《酉阳杂俎·诡习》曾说，唐建中初年，有一位姓夏的河北将军，常于球场中"累钱千余，走马以击鞠杖击之。一击一钱飞起，高六七丈，其妙如此"。通过击钱之例，可以看出夏某很好地掌握了击球的力度和分寸感，其基本功是相当扎实的，在球场上便决不会是一个等闲之辈。

最高统治者如此热衷于马球，必然起到倡导一代社会风气的作用，如宪宗就曾因球场生草而指责过官僚赵宗儒："听说你在荆州，球场上生了

---

① 《通鉴纪事本末》卷二一四。

② 《资治通鉴·僖宗纪》："广明元年二月，杀左拾遗侯昌业；昌业以上专务游戏，上疏极谏，上大怒，召昌业至内侍省赐死。"

③ 五代孙光宪《北梦琐言》："僖宗皇帝好蹴鞠、斗鸡为乐。自以能于步打，谓俳优石野猪说：'朕若作步打进士举，亦合得状元！'野猪对曰：'或遇尧舜禹汤作礼部侍郎，陛下不免且落第！'帝笑而已。"《资治通鉴·僖宗纪》："上好骑射、剑槊、法算，至于音律、蒲博，无不精妙。尤善击球。尝谓优人石野猪说：'朕若应击球进士举，须为状元。'对曰：'若遇尧舜作礼部侍郎，恐陛下不免驳放。'上笑而已。"

④ 《通鉴纪事本末》卷二一七。

草,是怎么回事呀?"赵宗儒连忙回答道:"确实生了草,这真是死罪!不过,虽然草生却不妨球子往来。"①宪宗听了这话笑了起来。由此,我们不仅可以看出唐朝皇帝是很关心马球活动的;同时也说明当时全国各处,如荆州这样的地方都有马球场,当地地方长官还有维修场地的责任,可见马球活动在唐人生活中的地位和普及的程度。

唐朝诸王、驸马、权贵以及宫女等都经常在球场上驰骤游戏,如驸马武崇训、杨慎交竟洒油以筑球场,德宗时司徒兼中书令李晟、文宗时户部尚书王源中都爱打球。李晟在长安永崇坊住宅旁修有马球场②;王源中在太平坊住宅旁有马球场,休息的时候,他常与兄弟子侄在里坊间打球③。据说唐代的著名奸臣李林甫年轻时对马球活动也有特殊的爱好,无名氏的《李林甫外传》说:李林甫年已二十岁了,却不专心读书,只热衷于游猎打球,驰逐鹰狗。有时在城外的大槐树下骑驴击球,一打就是一天。一次,他打球累了,便坐在地上休息,这时有个道士远远走来,对李林甫说:"马球有什么意思,你怎么这么喜欢玩它呢?"李林甫一听,有些发火,说:"我打马球关你什么事!"道士第二天又来了,说得还是那句话,李林甫感到很奇怪,知道这道士不是平常之人,忙起身施礼表示感谢,道士说:"你虽然善于打马球,但如果不慎从马上摔下来,就要断了你的前程,那时后悔都来不及了!"于是李林甫决心舍弃打马球的嗜好,后来他做了宰相,整天想着怎样排挤打击别人,可能也确实没有时间打马球了。因为马球运动为诸王、权臣所喜爱,因此这种活动有时还带有一定的政治色彩。天宝年间,安禄山受到唐玄宗的宠信,手握重要的兵权,招兵买马随时准备叛乱。肃宗李亨当时为太子,他比玄宗清醒,预料安禄山迟早要反叛。一天,玄宗让太子、诸王及安禄山等人一道打球。李亨看这是一个机会,便用自己的马冲撞安禄山的马,想不露生色地置安禄山于死地,玄宗看出了他的打算,他的计划才没有成功。④马球的普及,由球场的多少即可看出,当时仅长安就有球场二十余处。向达先生说:"长安宫城内有球场,宫城北有球场亭,中宗于梨园亭子赐吐蕃观打球即在此也。大明宫东

---

① 《唐国史补》。
② 徐松《两京城坊考》。
③ 王定保《唐摭言》卷十五。
④ 见《因话录》。

内院龙首池南亦有之;文宗宝历九年,龙首池亦填为球场。此外三殿十六王宅俱可打球。平康坊亦有球场。平时则街里亦可打球,不一定球场也。"①1956年,在长安西内苑的遗址中,曾经发掘出一块刻有"含光殿及球场等,大唐太和辛亥乙未月建"等字样的奠基石,可见这里在唐代也曾经有一个球场。

打球是宫中经常举行的一项活动,宫女太监不仅在场外"唱好"助威,而且也常常上场比赛,好不热闹。唐诗中有不少描写宫中打球的诗篇,比如张籍诗说:"廊下御厨分冷食,殿前香骑逐飞球。"王建"宫词"写道:"新调白马怕鞭声,供奉骑来绕殿行;为报诸王侵早入,隔门催进打球名";"殿前铺设两边楼,寒食宫人步打球。一半走来争跪拜,上棚先谢得头筹"。所谓"步打",又称"白打",即以步代马的一种打球方式。花蕊夫人《宫词》也这样写道:"自教宫娥学打球,玉鞍初跨柳腰柔。上棚知是官家认,遍遍长赢第一筹。"打马球也是京城及其他城市中豪侠少年经常玩的游戏之一,唐代李廓有《长安少年行》诗,诗中说这些少年"追逐轻薄伴,闲游不着绯。长拢出猎马,数换打球衣。"可见打马球也是他们放荡生活的一部分内容。至于唐朝官吏,也有许多马球运动的爱好者,比如唐德宗时的徐、泗、濠节度使张建封,本来是个文士,但自当地方军事长官以后,也"闲就平场学使马"②,参加了激烈的马球比赛;在泗州任常侍的李某也是一个马球能手,张祜有诗描绘他在球场上急驰和争球、射门的场面:"骤骑鞍上月,轻拨蹬前风。斗转时乘势,旁捎乍进空。等来低背手,争得旋分鬃。远射门斜入,深排马迥通。"一个生龙活虎般的马球运动员的形象,一下子就跃然纸上了。③

马球活动,亦为一般文士所喜爱,据载,新考中的进士,按惯例,要先去慈恩寺塔题名,然后到曲江集会游宴,还要前往月灯阁举行"打球之宴"。④ 据说唐懿宗咸通十三年(872年)三月,即曾举行马球之会,当时

---

① 《唐代马球小考》。
② 张建封:《酬韩校书愈打球歌》。
③ 其他如白居易《柘枝词》:"将军拄球杖,看按柘枝来。"这位将军是刚打完马球就来看柘枝舞的。杨巨源《寄申州卢拱使君》:"球场慢拨几人随。"这卢君也是个马球爱好者。
④ 见《南部新书》乙。月灯阁,今作"月登阁",是一村庄名,其地址在西安东南的浐河西岸。

新进士"击拂既罢,痛饮于佛阁之上"①,而四面看棚相连,观众极多。文士中擅长击球的人,竟能与左右神策军中的好手较量。《唐摭言》说:在僖宗乾符四年(877年),文人们和新进士集会于月灯阁,与两军打球将举行了一场马球比赛,新进士刘覃自告奋勇,说是要挫一挫打球将的骄气,众人忙请他上场。这刘覃身手果然不凡,他"驰骤击拂,风驱电逝,彼皆愕视。俄策得球子,向空磔之,莫知所在。数辈惭沮,俛偭而去。时阁下数千人,因之大呼笑,久而方止"。由此可见,月灯阁球会是怎样的盛况了。

马球运动不仅在唐朝国内盛行,而且向东邻各国传播,大约在八世纪初传入日本。据史料记载,公元727年,日本王子即与诸臣在春日郊野打球取乐。那年在欢迎勃海靺鞨使节的一次宴会上,嵯峨天皇即兴赋了一首汉诗,这首诗的题目是《早春观打球》,诗中写道:"芳春烟景早朝晴,使客乘时出前庭。回杖飞空疑初月,奔球转地似流星。左承右碍当门竞,群踏分行乱雷声。大呼伐鼓催筹急,观者犹嫌都易成。"同时有一个大臣也作了一首《奉和观打球》诗,其中两句"如钩月度蓂阶侧,似点星晴彩骑头",描写打球场面十分生动传神。

马球运动不仅在唐代流行,宋、辽、金时期仍然十分流行。宋太宗赵光义统一了唐和五代的马球规则,并在大明殿球场举行了多次马球比赛。宋孝宗时期,临安还曾出现了马球的民间俱乐部式的组织。辽金两国,马球运动也特别盛行,从皇帝到大臣、百官以及百姓,都不乏马球运动的爱好者。到了明代,马球运动走向衰落,其范围越来越小,渐渐成为仅供帝王们取乐的一种宫中游戏了。

下面再谈谈双陆。

在唐代,除围棋、象棋、六博之外,还有一种棋戏叫"双陆"也很流行。《唐国史补》中说:"今之博戏长行局子,黄黑各十五,掷采之骰有二,其法生于握槊,变于双陆。"三国时此棋被称为"双陆",北魏时称为"握槊",隋唐时称之为"长行",也称为双陆,宋以后才定名为"双陆"。古人知道这种棋戏是由天竺经西域传入我国的故又称其为"波罗塞戏"。

双陆,作为一种棋戏,有棋盘、棋子和掷采的骰子。棋盘约是围棋盘的一半而略微长一点,棋盘左边和右边各刻有一个半月形的门和十二个

---

① 《唐摭言》。

圆型的"路"。棋子是木质的,共有三十枚,双方各有十五枚,称为"马"。双陆的骰子是掷采用的,它的每一面刻有代表数字的符号。走棋前,要先布好阵势,然后掷骰子,各以其采行子,白马自右归左,黑马自左归右。其方法,大体上和今天儿童玩的飞地棋相仿佛。计分方法很简单,一般是胜一盘得一筹,以十五筹为一局。这种棋戏,在我国曹魏时便由西域传入,而逐渐流行起来,《谱双》中说双陆之戏,"始于西竺,流于曹魏,盛于梁、陈、魏、齐、隋、唐之间"。双陆在唐代颇为流行,武则天和狄仁杰都是这种棋戏的爱好者。武则天白天有空时便玩几盘双陆,因为印象太深,有时夜里也做有关双陆的梦。① 近年在长安西市遗址,曾出土大量作为双陆附件的骰子,说明这种棋戏,在唐代是特别为人们所喜好的,而西市是"胡商"聚集的地方,同骰子一同出土的又有许多珍宝,由此可以推测:这些骰子(实为双陆)可能是西域商人带入长安出售或者是供自己娱乐用的。

马球与双陆,正是从体育与娱乐两个方面,典型地表现了异域情调对唐人生活的影响。

---

① 《新唐书·狄仁杰传》中记武则天的话说:"朕数梦双陆不胜,何也?"

第三章

反映在唐代文化
艺术中的异域情调与风格

第一节 音 乐

从三国到南北朝时期,中国除暂时的统一以外,一直处于一种分裂和动荡的状态,尤其是南北朝时期,更是一个动荡不安的时代。由于社会的动荡和战乱的频繁,使得各族人民不断迁徙杂居,从而带来了民族的大融合;由于这种民族的大融合,内地与西域、汉族与少数民族甚至中国与外国的文化艺术也得到进一步交流,从而使中国的古老的艺术获得新鲜的血液,走上一个新的高度。

因此,没有南北朝时期的民族大融合,也就不会有高度发展的隋唐文化,其中当然包括隋唐乐舞。

隋唐时期的音乐与舞蹈是不可分的,有舞蹈必然有音乐,没有无音乐的舞蹈。但是,为了叙述的方便,我们将分别介绍隋唐的音乐与舞蹈。

隋唐以来,边地各族和外国的音乐家大量涌入中国内地,汉族人民对外来的音乐和音乐家极为欢迎和尊重,并从外来的音乐中吸取了许多有益的东西。因此,在整个唐代,带有异域情调的音乐特别流行。

由于中原音乐与外来音乐长期地接触融合,在唐代的艺术百花园里便绽开了一朵绚丽多彩的花——即历史上著名的"唐乐"。唐乐既保持了中原音乐的传统,又大量吸收了外来音乐的新的音乐成分,从而达到了中国音乐史上一个新的高度。

隋唐时期,最为流行的是"燕乐"。所谓"燕乐",一般的意见认为是指那种专供统治者宴饮中享用的音乐,所以又叫"宴乐"。燕乐虽然是供统治阶级享用的,但它的基础却在民间,它的创造者和演奏者是那些汉族和其他民族的普通百姓。它也吸收了许多外来的曲调,经过再创造,成为更为新鲜的音乐成果,这些外来的曲调,有的配上汉文歌词,在全国各地演唱;有的被用作素材,经过加工提炼,成为大型或小型舞蹈的伴奏曲;有的并未改动,而由各族的乐工用不同的乐器,在不同的场合进行演奏。

在燕乐中,又因音乐的不同来源而分成若干部。隋朝时,文帝设"七部伎",一、国伎,即西凉伎(甘肃武威);二、清商伎;三、高丽伎(朝鲜);四、天竺伎(印度);五、安国伎(乌兹别克斯坦共和国的布哈拉);六、龟兹伎(新疆库车);七、文康伎。文康伎是表示"礼毕"的最后一个节目。此外,又杂有疏勒(新疆疏勒——喀什噶尔)、扶南(柬埔寨)、康国(乌兹别克斯坦共和国的撒尔马罕)、百济(朝鲜)、突厥、新罗、日本的乐舞。炀帝时改为"九部乐",增加了康国伎和疏勒伎,而把清商乐列为第一部,改文康伎为"礼毕",因为"每奏九部乐终则陈之,故以礼毕为名"。[①] 初唐时,仍沿隋朝旧制用九部伎,稍有不同的是有"燕乐"、"扶南乐"而无"天竺乐"和"礼毕",后来因为平定了高昌,收其乐,成为"十部乐"。在唐代的"十部乐"中,"燕乐"是一种歌功颂德的乐舞,"清商"是汉族的民间音乐,其他八部,有的是外国音乐,如"扶南"、"高丽"乐等;有的是汉胡相合的音乐,如"西凉乐";其他的都是少数民族的音乐,如"高昌"、"龟兹"、"疏勒"、"康国"等乐,都来自西域各少数民族地区。这些音乐有的很早就传入中原了,大部分是第四、第五世纪流行于中原一带的。据史书记载:汉代张骞出使西域,带回了摩诃、兜勒二曲,后者很可能便是龟兹音乐。至南北朝时期,西域音乐更大量输入内地,北齐后主特别喜欢胡乐,当时来自少数民族的乐工曹妙达、安未弱、安马驹等人,都因为善于演奏胡乐而被重用,有的竟因此而封王、开府,红极一时。周武帝时,龟兹人苏祗婆从突厥皇后入朝,带了"七调"的乐论。西域音乐虽然流行于中原一带有相当长的时间,但只是到隋时,打败了南朝的陈,统一了南北,才把北周南陈的乐舞聚在一起,分为"七部";至唐时更在隋的基础上加以认真的整理和保存,才使之融入了唐代音乐完整的艺术系统之中。唐代十部乐中,

---

① 《隋书·音乐志》。

虽然没有了"天竺"乐,但是印度音乐在唐代还相当流行。在唐代十部乐中,成就最高的是龟兹乐,①而龟兹乐在发展过程里,就明显地受到印度音乐的影响。唐代音乐中的"十部伎",大体上是根据不同民族和不同国家的音乐来区分的。后来又把音乐分成"立部伎"和"坐部伎",这是根据表演的方式不同而区分的。坐部伎在厅堂内坐着表演,而立部伎则是站在堂下或庭院广场表演。唐李寿墓中有两幅石刻,椁内北壁刻有女伎十二人,均头梳低螺髻,着窄袖上衣,束衣裙,披巾,跽坐演奏。十二人分作三排,乐器有竖箜篌、琵琶、横笛、腰鼓、贝等;椁内东壁南部,刻十二名女伎,站立演奏,十二人亦作三排,所持乐器与坐部伎相同,这可能是最早的关于坐、立二部伎的形象化材料。② 坐部与立部也各有特点,前者规模小、人数少;而后者则规模大、人数多,十分排场,如立部伎中的《太平乐》,又称《五方狮子舞》。狮子原生活在非洲和中亚一带,自汉通西域后,作为一种"殊方异物"而入中国,后来便出现了模仿狮子姿态的舞蹈。唐《五方狮子舞》在演出时,由人披上彩线缀成的毛皮装扮成五个颜色不同的狮子,狮子各立一方,表演狮子"俯仰驯狎"的各种情态,有两人"持绳秉拂",逗弄狮子。舞时,还有一百四十人组成的庞大伴唱乐队,高唱《太平歌》,由此可见其规模之大。不管是立部还是坐部,其曲调的创作,都普遍采用了龟兹、西凉和其他民族及外国的音乐,当然主要是龟兹乐,③如上面所举的《五方狮子舞》,就被《乐府杂录》归入龟兹部,原因便是这个舞蹈的伴奏有较浓的龟兹乐成分。二部伎演奏时所用的乐器,当然有汉族的传统乐器,但更多的是自汉魏六朝以来传入中原的少数民族乐器,唐李寿墓中有一幅壁画,绘的是一组乐舞,五名跽坐的女伎分别持竖箜篌、筝、四弦琵琶、笙等乐器在演奏。乐伎前有一舞伎,因残缺仅能看到舞裙的一角飞动。根据乐工所持乐器,当属龟兹乐。④

　　唐代是中国音乐最发达的历史时期之一,其中一个重要的原因是西域音乐对中原音乐给予了重要的影响。西域音乐,主要是沿着"丝绸之路"由西向东传来,当然也有从其他路线或海上传来的。而最先为中原乐

　　① 《大唐西域记》说龟兹"管弦伎乐,特善诸国"。
　　② 《文物》1974 年第 9 期:《唐李寿墓发掘简报》。
　　③ 《通典》"立部伎"说:"皆擂大鼓,杂以龟兹乐声。""坐部伎"说:"皆用龟兹乐。"
　　④ 《文物》1974 年第 9 期:《唐李寿墓发掘简报》。

工和人民所接受的是乐器和乐曲。唐代的乐器有三百种左右，①其中如琴、瑟、笙、钟、方响、拍板等是中国传统乐器；而琵琶、五弦、箜篌、筚篥、笛、胡笳、角、羯鼓等是来自西域的乐器。西域各民族大都过着游牧生活，这种生活方式，必然影响到乐器的形制，所以他们的乐器便具有形体小、携带方便和声音响亮等特点，而中国原有的乐器，却往往具有形体大、不便应用和发音过于沉闷、单调的缺点。西域乐器的大量输入，自然给中国的音乐界带来了一种新鲜的、活泼的气息，因而特别为唐人所喜爱。这些乐器，有的很早便在中原地区流传，只是到了唐代，由于经济和文化的高度发展，也由于中西文化的进一步交流，西域乐器在更广泛的范围内得到使用，构成了一种异域的情调与风格。

箜篌是一种弦乐器，其形制有两种：竖箜篌和卧箜篌，前者来自古代波斯，在汉灵帝时传入我国，当时称为"胡箜篌"。② 在隋唐燕乐中，如西凉、龟兹、疏勒、高丽诸乐等，都要用竖箜篌。这种乐器在唐代社会也很流行，李贺有一首著名的诗，题为《李凭箜篌引》，所描写的便是竖箜篌的演奏："吴丝蜀桐张高秋，空山凝云颓不流。江娥啼竹素女愁，李凭中国弹箜篌。昆山玉碎凤凰叫，芙蓉泣露香兰笑。十二门前融冷光，二十三弦动紫皇。女娲炼石补天处，石破天惊逗秋雨。梦入神山教神妪，老鱼跳波瘦蛟舞。吴质不眠倚桂树，露脚斜飞湿寒兔。"这里的描写十分形象生动，使我们对竖箜篌的魅力，更增加了了解。至于"天竺乐"中所用的"凤首箜篌"，也是竖箜篌，凤首指的是乐器上的装饰。琵琶也是一种由西域传入的乐器，《隋书·乐志》说："今曲项琵琶、竖头箜篌之徒，并出自西域，非华夏之旧器。"③它的名称，也是西域语言的译音。唐代又称之为龟兹琵琶或胡琵琶。四弦，颈端弯曲，面上绘有各种花纹，多用木拨子弹，后亦有用手指甲弹的。④ 这种乐器在唐代最为流行，故诗人多有吟咏，如王翰

---

① 《乐府杂录》："舜时……计用八百般乐器；至周时，减乐器至五百般，至唐朝又减乐器至三百般。"

② 《后汉书·五行志》："灵帝好胡服、胡帐、胡床、胡坐、胡饭、胡箜篌、胡笛、胡舞。"唐杜佑《通典》："竖箜篌，胡乐也，汉灵帝好之，体曲而长，二十二弦。竖抱于怀中，用两手齐奏，俗谓之擘箜篌。"

③ 《通典》也说曲项琵琶"本出胡中，俗传是汉制"。

④ 龟兹琵琶弹奏的方法，最初是用拨板，至唐仍未变，《乐府杂录》："曹刚善运拨若风雨。"白居易《琵琶行》："转轴拨弦三两声，""曲终收拨当心画，四弦一声如裂帛。"唐时音乐家又加以改进，渐用手指弹奏。《琵琶行》："轻拢慢捻抹复挑，初为霓裳后六幺。"元稹《琵琶歌》："绿腰散序多拢捻。"

《凉州词》说:"葡萄美酒夜光杯,欲饮琵琶马上催。"因为琵琶出于西域,所以边地少数民族多会弹奏琵琶,唐诗人岑参在《凉州馆中与诸判官夜集》中这样写道:"凉州七里十万家,胡人半解弹琵琶。琵琶一曲肠堪断,风萧萧兮夜漫漫。"西域音乐家曹保、曹善才、曹纲、康昆仑、裴兴奴、裴神符都是以善弹琵琶而著称于当世的。他们为琵琶这种乐器在唐代的流传,起了很大的作用,如白居易《琵琶行》中所写的"琵琶女",便曾"学琵琶于穆、曹二善才",此曹姓师傅,疑即是曹善才或曹纲。武宗时,乐吏廉郊亦拜曹纲为师。康昆仑也曾在长安街东彩楼上当众表演琵琶技艺。由此可见琵琶在唐代的流行情况以及西域音乐家对华夏音乐发展的重要贡献。吹管乐器"筚篥"是唐代最流行的乐器之一,木或竹制管子,上有九个按指孔,管子的上口插一个芦哨。[1] "筚篥",又写作"觱篥",出于西域龟兹(新疆库车),[2]南北朝时期传入中原,盛行于隋唐,在隋九部、唐十部乐,如龟兹乐、天竺乐、疏勒乐、安国乐、高昌乐中都有筚篥。筚篥在唐代又有大筚篥、小筚篥、桃皮筚篥的区别,其形状略有不同,但大体上是一样的。筚篥在唐代十分流行,杜甫曾夜闻筚篥而为之动情:"夜闻觱篥沧江上,衰年侧耳情所向。邻舟一听多感伤,塞曲三更欻悲壮。"[3]一些儿童亦能演奏筚篥,刘禹锡有《和浙西李大夫霜夜对月听小童吹觱篥歌》,其中有"侯家小儿能觱篥,对此清光天性发"之句。白居易对觱篥演奏时的情态,作了生动的描绘:"翕然作声疑管裂,诎然声尽疑刀截。有时婉软无筋骨,有时顿挫生棱节。急声圆转促不断,栎栎辚辚似珠贯。缓声展引长有条,有条直直如笔描。下声乍坠石沉重,高声忽举云飘萧。"[4]这种乐器的乐音真是"顿挫抑扬,圆转不断",难怪那么使唐人迷恋呢![5] 筚篥出于西域,最初擅长这种乐器的,也是西域来的音乐家。如前面曾经提到过的安万善即是其中之一。《乐府杂录》有一段故事,很有意思,不仅说明了

---

[1] 白居易《小童薛阳陶吹筚篥歌》:"剪削干芦插寒竹,九孔漏声五音促。"

[2] 令狐揆《乐要》:"筚篥出于胡中,或出龟兹国也。"《乐府杂录》:"觱篥者,本龟兹国乐也。亦曰悲篥,有类于笳。"《通典》:"筚篥,本名悲篥,出于胡中,声悲。"唐李颀《听安万善吹觱篥歌》:"南山截竹为觱篥,此乐本自龟兹出。流传汉地曲转奇,凉州胡人为我吹。"

[3] 《夜闻觱篥》。

[4] 《小童薛阳陶吹筚篥歌》。薛阳陶为当时著名的青年艺人。

[5] 不仅一般人喜爱筚篥,皇帝如文宗亦"善吹小管"(《卢氏杂说》)。

筚篥在唐代的流行,也说明善此者多为西域来的音乐名手,故事是这样的:

> 唐朝大历年间,幽州一带有一个人叫王麻奴,他很会吹筚篥,当地人抬举他,说他是"河北第一手"。其人骄傲自负,除了当地最高长官,别人根本请不动他。当时有一个姓卢的从事,要到京城去做官,在与亲友分别时,请王麻奴吹奏一曲。王麻奴架子很大,根本不搭理他。卢从事发了火,说:"你的技艺也没什么可以自吹自恃的,京城里的尉迟青将军才真是冠绝今古的,与他相比,你又算什么呢?!"王麻奴听了这话也发了火,叫道:"要说吹筚篥,全国还能有赶上我的? 我马上出发,非要和尉迟青比试比试不可!"不久,王麻奴来到京师,通过打听,知道尉迟青住在常乐坊,他便在尉迟青住宅旁边租了一间房,每天对着尉迟青家使劲吹筚篥。可是,尉迟青每次经过他租的房子门前理都不理,就好像什么也没有听见。王麻奴心里越发不平,便去敲尉迟青家门,请求拜见。开始看门的不让他进,他塞给门房一些银子,才被允许进去。尉迟青叫他与自己一样席地而坐,王麻奴迫不及待地取出筚篥,用"高般涉调"吹了一曲《勒部羝曲》,吹完,累得汗流浃背,尉迟青却只是轻轻点了点头。过了一会儿,尉迟青说:"此曲何必高般涉调,徒费许多气力!"说完,取出自己的银制筚篥,用"平般涉调"吹了一曲。筚篥声一停,王麻奴惭愧地伏下身去,连连说:"小人生长于偏远的地方,偶学此艺,自以为天下无敌,不想今日听了您的演奏,真如天乐一般,这才明白我以前是多么可笑呀!"

这位尉迟青,就是来自西域的于阗人,他虽身居高位,仍经常演奏,故能制服骄傲的王麻奴。由此可见,西域乐人对这种乐器在唐代的流行自然也是起了作用的。

唐代燕乐中所用的鼓有铜鼓、毛员鼓、都昙鼓、答腊鼓和羯鼓。羯鼓相当于印度的"塔布拉"鼓,演奏时起指挥作用,"塔布拉"鼓,又源于阿拉伯的"塔布尔"鼓。南北朝时期传入我国,在唐代最为盛行,用于龟兹部、高昌部、疏勒部、天竺部。[①] 这种鼓，常常放在木座上，用两杖敲击，声音响亮，其声"焦杀鸣烈，尤宜促曲急破，作战杖连碎之声"。[②] 唐玄宗精通音乐，尤喜羯鼓。玄宗还将击鼓技术传授给汝南王李琎。他不喜欢琴瑟一类乐器，有时他听了琴曲心中不高兴，就传旨让李琎带着羯鼓进殿，"为我解秽！"[③] 大臣宋璟，也善击羯鼓，他曾与玄宗探讨羯鼓的技艺，他颇有体会的说："头如青山峰，手如白雨点，此即羯鼓之能事也。"[④]"山峰"是说稳而不动；"雨点"是说碎而急促。代宗时宰相杜鸿渐，也是一个羯鼓爱好者，他在成都曾得到两根精妙的鼓杖，十分高兴。[⑤] 当时宫中教坊与私人乐妓皆有擅长羯鼓的人，张祜《邠娘羯鼓》说："新教邠娘羯鼓成，大酺初日最先呈。"宋齐丘《陪华林园试小妓羯鼓》也有"因逢淑景开佳宴，为出花奴奏雅音。掌底轻璁孤鹊噪，枝头干快乱蝉吟"之句，写羯鼓表演，十分形象传神。在昭陵陪葬墓的越王李贞墓中，出土了一件三彩骑马击鼓俑。一个武士，头戴风帽，身穿圆领窄袖长衫，下着长裤，腰束带，骑在马上，马鞍右侧立一羯鼓，乐人上身微前倾，头上扬，两手各握一杖，作击鼓状。这件击鼓俑，很形象地说明了羯鼓在唐代的流行情况和演奏时的状态，因而是一件十分值得珍贵的文物。其他还有一些乐器亦来自西域或外国，而又在唐代十分流行，如源于边区（甘肃、四川）少数民族的羌笛，其吹奏者在唐代亦多为"胡人"，故唐诗人有这样的诗句："胡雏绿眼吹玉笛"、"胡人吹玉笛，一半是秦声"、"胡人叫玉笛"、"胡人吹笛戍楼间，楼上萧条海月闲"、"胡雏吹笛上高台"；[⑥]在宫中，有的胡儿，竟因善吹笛而得宠。[⑦] 还有源于西北过着游牧生活的少数民族的筚，也常有胡人吹奏，所以岑参诗说："君不闻，胡筚声最悲，紫髯绿眼胡人吹，""昆仑山南月欲斜，胡人向月吹胡筚。"[⑧]其他还有胡琴、角等，这里就不一一介绍了。总

---

① 唐南卓《羯鼓录》："羯鼓出外夷，以戎羯之鼓，故曰羯鼓。其音主太簇一均，龟兹部、高昌部、疏勒部、天竺部皆用之。"

② 同前。又，《通典·乐典》："正如漆桶，两头俱击，以出羯中，故号羯鼓，亦谓之两杖鼓。"

③④⑤ 《羯鼓录》。

⑥ 李白《猛虎行》、《观胡人吹笛》、《九日登山》；高适《和王七玉门关听吹笛》；杜牧《边上闻笳三首·三》。

⑦ 《唐国史补》："梨园弟子有胡雏者，善吹笛，尤承恩宠。尝犯洛阳令崔隐甫，已而走入禁中。"

⑧ 《胡笳歌送颜真卿使赴河陇》。岑参在酒泉一带常能听到胡筚之声，其声悲哀，易动人情，其《酒泉太守席上醉后作》云："胡筚一曲断人肠，座上相看泪如雨。"

之,有唐一代,经常可以听到来自少数民族的乐器的演奏,演奏者又往往是来自异域的"胡人","异域情调",由此即可看出。

唐代的音乐不像以往那样只是独奏,而是较多的表现为合奏。中国古乐皆为独奏,至后汉合奏之乐才渐渐兴起,至唐而臻于极盛,有时几十上百人,有时竟有几百人一起合奏,可谓盛况空前。合奏所用乐器,自然包括本民族传统乐器和来自异域的各种乐器,如苏思勖墓壁画有"乐舞图"一幅,其中为舞蹈者伴奏的乐器有汉族传统乐器筝、笙和胡乐竖箜篌、筚篥、琵琶等。再如《杨太真外传》记载,新丰县有一个女伶叫谢阿蛮,极会跳舞,玄宗和贵妃都很喜欢她,便叫人在清元殿上给谢阿蛮的舞蹈伴奏,当时宁王吹笛,玄宗击羯鼓,杨贵妃弹琵琶,马仙期敲打方响,李龟年吹觱篥,张野狐奏箜篌,贺怀智打拍板。这支宫廷小乐队,既有汉族传统乐器方响和拍板,也有来自西域的乐器羯鼓、琵琶、觱篥、箜篌等。唐诗中也有各种乐器合奏的描写,如唐彦谦《春日偶成》便有"秦筝箫管和琵琶,兴满金尊酒量赊"的诗句。至于十部乐中的每一部,几乎都既有汉族传统乐器,又有外来的乐器,即使像龟兹乐或清商乐这样民族特点较为鲜明的乐部也是一样。乐器的来源不同,而要结合在一起,便自然出现了一个问题——需要确定乐律。因为琵琶使用的范围较广,又比较方便,故中原乐人便采用了龟兹琵琶的乐律。这种乐律曾受印度音乐的影响。南北朝周武帝时,突厥皇后来到长安,随行的有一位龟兹音乐家叫苏祗婆,他善奏琵琶,所奏之曲,一均之中,间有七声。[①] 他把琵琶奏法传授给长安乐工郑译,郑译认为"以其七调,勘校七声,冥合若符"。于是"推演其声,更立七均。合成十二,以应十二律。律有七音,音立一调,故成七调十二律,合八十四调,旋转相交,尽皆和合"。郑译努力的结果,是把受印度影响很大的龟兹乐律与中原原有的乐律理论结合了起来,为中原乐器与西域乐器相配合奠定了基础。[②] 龟兹琵琶七调的输入,开创了中国音乐的新阶段。

唐代,有大量的西方乐曲传入内地。《教坊记》所著录的曲名有三百二十余支,其中有不少是"胡夷之曲",如贞观末年,西域乐工裴神符作了

---

① 七声,即七调。苏祗婆所传龟兹琵琶七调为隋唐燕乐所本。关于七调的本质、系统、调性、乐律的研究,日本林谦三著《隋唐燕乐调研究》一书,论述甚详。所以这里对"七调"的介绍较为简洁。

② 《隋书·音乐志》。又《旧五代史·乐志下》:"郑译因龟兹琵琶七音,以应月律。"

"胜蛮奴"、"火凤"和"倾杯乐"三曲,深受太宗的喜爱;高宗晨坐闻莺声,命龟兹乐工白明达写为"春莺啭"曲。裴神符和白明达所作的乐曲,无疑会带有不少西域音乐的成分。其他"胡夷之曲"尚有不少,如扶南曲、于阗采花、苏摩遮以及舍利来、摩多楼子、婆罗门、穆護砂等;同时还有边地合有胡汉特色的凉州歌、伊州歌、甘州歌、簇拍陆州、氏州第一、胡渭州、①突厥三台等,②对这些有胡汉特点的乐曲,如凉州曲,唐人也十分喜爱。③李益《夜上西城听梁(凉)州曲》甚至说:"此时秋月满关山,何处关山无此曲!"宫中也常奏此曲,王昌龄《殿前曲》说:"胡部笙歌西殿头,梨园弟子和凉州。"④汉族音乐家的一些创作,此时也经常受到外来音乐的影响,如唐玄宗创作《霓裳羽衣曲》就是一个很好的例子:据说,唐玄宗正在创作一种曲调,正好西凉都督杨敬述进献《婆罗门曲》,玄宗因其"声调吻合",遂吸取它的声腔,写完了全曲。从《婆罗门曲》这个名称看,此曲可能是印度的乐曲。⑤ 唐人对来自西域的曲调或汉胡相合的曲调十分喜爱,他们在各种场合表演或欣赏这些乐曲,一时成为一种社会风气,顾况《李供奉弹箜篌歌》有"胡曲汉曲声皆好"之句;而王建《凉州行》更写出了唐人对"胡曲"的迷恋:"城头山鸡鸣角角,洛阳家家学胡乐。"俞平伯先生在其《诗的歌与诵》里这样写道:"唐人久已全盘承受胡乐,而不复对于古乐为骸骨之迷恋。"当然,这话说得并不十分准确,因为唐代仍保留有雅乐和清乐;但他指出了胡乐在唐代的流行,还是值得参考的。⑥ 当时胡乐十分流行,对唐代音乐家影响极大,据说,当时长安有一个很会吹笛子的人叫李謩,有一次他吹了一曲"凉州曲",刚吹完,一个叫独孤生的人就对他说:

---

① 此曲为开元间边将盖嘉运所进,又经乐工李龟年润色加工。

② 《新唐书·礼乐志》:"开元二十四年,升胡部于堂上。而天宝乐曲皆以边地名,若凉州、伊州、甘州之类。"

③ 《开天传信记》:"西凉州俗好音乐,制新曲曰《凉州》,开元中列上献。上召诸王便殿同观。曲终,诸王贺,舞蹈称善。"

④ 梨园弟子:《新唐书·礼乐志》:"玄宗既知音律,又酷爱法曲,选坐部伎子弟三百,教于梨园。声有误者,帝必觉而正之,号'皇帝梨园弟子'。宫女数百亦为'梨园弟子',居宜春北院。"

⑤ 关于玄宗作《霓裳羽衣曲》还有两种说法,一种说他入月宫听到仙乐,记住了一半,后来续上《婆罗门曲》而成的;另一种玄宗登三乡驿,望女儿山而作此曲。前一种说法见郑嵎《津阳门诗》;后一种说法见《杨太真外传》。

⑥ 《旧唐书·音乐志》也说:"自周隋已来,管弦杂曲将数百曲,多用西凉乐;鼓舞曲多用龟兹乐。其曲度皆时俗所知也。"

"你吹得确实不同一般,但是声调里杂有外来乐的音调,你一定与胡人乐手有联系?"李暮十分吃惊,忙说:"老先生所言极是,教我吹笛的正是一位龟兹师傅!"这个故事恰好说明了唐代胡乐的流行以及它对唐代乐工的影响。公元754年,朝廷正式下令,更改了许多曲名,大约有近六十个曲名得到更改,其中有不少胡曲,如《优婆师》改为《泛金波》;《婆罗门》改为《霓裳羽衣》。其更改原则,是将原来汉文音译的少数民族和外国曲名改为意译的汉文曲名。这正说明,"胡夷之乐"得到普遍的流行,以至要用法令的形式来使名称得到统一,这也正是民族间音乐文化进一步融合的反映。

"胡夷之曲"的流行,还为中国文学史带来了一个重要的成果——它促成了词的产生。异域的乐谱大量输入,流传很广,这些曲调悠扬悦耳,颇为动听,乐工便用唐代诗人的五、七言绝句和律诗配合歌唱,元稹诗有"休遣玲珑唱我辞"之句,正说明了这种情况。由"旗亭画壁"故事,我们可以看出,因为音乐繁盛,唐代兴起了唱诗的艺术形式;而所唱者,多为五、七言绝句或律诗。同时也出现了就曲谱而写诗的情况,如唐虞世南曾为《春莺啭》作辞;岑参曾作《胡歌》,其曲为"胡夷之声"无疑,可惜调名已失;于阗采花,是胡曲,在开元时颇为流行,李白曾为之作《于阗采花》诗,前后各两句为五言,中间四句为七言,已有歌词的意思了;清毛奇龄说:"炀帝平林邑,获扶南工人鲍弦,以天竺乐转写其声。今王维集中有扶南歌词。"这些歌辞仍然还是五言或七言诗,与"胡夷之曲"相配常常显得不够协调,逐渐地,人们便用实字填充诗乐之泛声、衬字,从而形成了长短句。王书奴的《中国娼妓史》,过分强调了歌女在词的产生中的作用,但他对词产生过程的描述,还是有其合理之处的,他说:"拿格律整齐、字数一定的律、绝句作为歌词,而用变化错综的乐调来配合它,自然极感到难以妥协。而当时古乐府已亡了个干净!外国乐如潮涌的输进来","当妓女唱诗的时候,她们必定是要好唱好听,已经应用了胡夷里巷之曲作为歌谱。或在字的中间加和声,或在句子里面插泛声。她们大半是能诵诗,或者且能做诗。甚或将泛声、和声填以实字,无形中诗已变成长短句了。"郑振铎先生认为词的产生,有许多原因,但"最为重要者则为'里巷之音'和

'胡夷之曲'",①而又认为"胡曲"对于词调的作用,"似乎其势力更大!"冯沅君先生的看法与郑振铎先生相近,她在《中国诗史》里更详细地说明了"胡乐"与词的关系:"唐人多以律、绝为乐章……这种诗体,和当时风行的外族音乐,实各有其来源性质……就性质上说:外族音乐的声音多繁变,而律、绝的字句极整齐……骤然配合在一处,自然要发生龃龉。在这种情形之下,第一步的办法,便是由乐工于演奏时杂上'散声',使整齐的诗句变成参差的……进一步,于整齐的五、七言形式之外,依照声音繁变的乐调,创作句法参差的新歌辞",这样词便产生了。我们从词牌上,也可以看出"胡夷之曲"的影响,如"菩萨蛮",本来自波斯语,即"回教徒"之意;"苏幕遮",又作"苏摩遮",是波斯人侑神之曲;又有"泛龙舟",是龟兹乐工白明达所造。由此可见,在我国一种重要的文学体裁——词——的产生中,少数民族和外国的音乐,也起了重要的媒介作用。而唐人的诗与词被配上少数民族和外国的曲谱到处演唱,反映了民族文化与异域音乐的巧妙结合。

第二节　舞蹈与歌舞戏

唐代是我国历史上舞蹈最发达的一个时代,据记载,教坊乐舞中有健舞、软舞、字舞、花舞、马舞等。② 其中当然有汉族的传统乐舞,但也有不少是来自异域或外国的乐舞。

唐人对"胡舞"十分喜好,所以这些舞蹈能广泛流传。在这里,我们只能对几种最为唐人所喜爱、最有特色的"胡舞"作一些介绍。

胡旋舞。这种舞蹈出于康国(今中亚细亚撒马尔罕),开元天宝间,康、米、史、俱密诸国,屡向唐朝进献"胡旋女子",③可知此舞风行于西域

---

① 《中国文学史》。
② 《教坊记》:"《垂手罗》、《回波乐》、《兰陵王》、《春莺啭》、《半社渠》、《借席》、《乌夜啼》之属,谓之'软舞';《阿辽》、《柘枝》、《黄麐》、《拂林》、《大渭州》、《达摩支》之属,谓之'健舞'。"《乐府杂记》又有不同的说法:"舞者,乐之容也。有大垂手,小垂手;蔓延,舞缀也。古之能者,不可胜记。即有健舞、软舞、字舞、花舞、马舞。健舞曲有《稜大》、《阿连》、《柘枝》、《剑器》、《胡旋》、《胡腾》;软舞曲有《凉州》、《绿腰》、《苏合香》、《屈拓》、《团乱旋》、《甘州》等。"
③ 《南部新书》:"天宝末,康属国献胡旋舞。"

一带。据《通典·康国乐》记载，舞者的服装是"绯袄、锦袖、绿绫浑裆裤、赤皮靴、白裤"。音乐伴奏有笛鼓、正鼓、小鼓、和鼓、铜钹和琵琶等。此舞的舞者多为女子，也有男子舞的；有独舞，也有二人、三人或四人同舞的。其动作，正如其名，主要在一个"旋"字，舞时急转如风，故有"胡旋"之名。唐代诗人对这种舞蹈多有描绘，颇为形象传神，如白居易《胡旋女》诗这样写道："胡旋女，胡旋女，心应弦，手应鼓。弦鼓一声双袖举，迴雪飘飘转蓬舞。左旋右转不知疲，千匝万周无已时。人间物类无可比，奔车轮缓旋风迟。"诗人描写舞者应节而舞，那急促多变的姿态，像雪花在空中飘飘，如蓬草迎风飞舞，她左右旋转不知疲倦，千转万转不停歇，其旋转之快，就连奔驰的车轮和旋转的急风也赶不上！元稹的《胡旋女》也很精彩，诗中说："天宝欲末胡欲乱，胡人献女能胡旋。旋得明王不觉迷，妖胡奄到长生殿。胡旋之义世莫知，胡旋之容我能传。蓬断霜根羊角疾，竿戴朱盘火轮炫。骊珠迸珥逐飞星，虹晕轻巾掣流电。潜鲸暗吸笞波海，回风乱舞当空霰。万过其谁辨终始，四座安能分背面。"元稹也生动形象地写出了胡旋舞女回旋急舞的情态，尤其是最后两句，最为生动传神。这种舞姿，在敦煌的壁画中还可以看到，如二二〇窟（初唐）北壁"东方药师净土变"中，四个舞伎分别起舞，右边一对头戴宝石冠，头发散开，上身赤裸，佩戴璎珞、臂钏和手镯，下穿宽大的长裙，双臂挽着长绸，作大幅度平转的动作。三四一窟（初唐）南壁"西方净土变"中的舞伎也作快速旋转，长带绕身数匝，自然形成各种奇妙的"巾花"。[①] 胡旋舞后来被收入散乐百戏，更增加了难度。《乐府杂录》说："舞有'骨鹿舞'、'胡旋舞'，但于一小圆毬子上舞，纵横腾踏，两足终不离于毬子上，其妙如此也。"《新唐书·礼乐志》也说："胡旋舞舞者立毬上，旋转如风。"有人认为今传乐舞图中，没有在毬子上舞的，故怀疑这些记载里的"毬"是"毯"字之误，因为古人确实是在毯上（氍毹）起舞的。这不妨聊备一说。[②]

胡腾舞。这种舞蹈出自西域石国（今塔什干），当初舞者多为波斯和西域人，后传入长安，又由长安遍及全国，唐人喜好胡舞胡乐，故争相传习。这种舞蹈的表演者多为青年男子，舞者头戴尖顶的蕃帽，身穿窄袖胡

---

① 《文物》1982 年第 12 期《敦煌壁画和唐代舞蹈》。

② 常任侠：《隋唐的舞蹈》，《人民日报》1962 年 1 月 7 日。

衫,帽子上缀着珠子,以便舞时闪烁生光,故又称为"珠帽"。舞衣的前后衣襟要卷起来,这是为了舞动时方便利索。腰束长带,长带上绘有葡萄花纹,带的一端下垂,以达到舞动时飘扬生姿的目的。脚穿柔软华丽的锦靴。"胡舞"皆有"胡夷之曲"伴奏,而不同的舞又配以不同的乐曲,胡腾舞的乐曲,可能是一种来自西域的名为"胡醉子"的杂曲。① 胡腾舞的动作节奏,非常急遽,多取圆形,所以有人用"环行急蹴,跳身转毂"来描绘它的舞姿。唐代诗人刘言史《王中丞宅夜观胡腾舞》这样写道:"石国胡儿人见少,蹲舞尊前急如鸟。织成蕃帽虚顶尖,细叠胡衫双袖小。手中抛下葡萄盏,西顾忽思乡路远。跳身转毂宝带鸣,弄脚缤纷锦靴软。四座无言皆瞠目,横笛琵琶偏头促。乱腾新毯雪朱毛,傍拂轻花下红烛。"李端有《胡腾儿》诗:"胡腾身是凉州儿,肌肤如玉鼻如锥。桐布轻衫前后卷,葡萄长带一边垂。帐前跪作本音语,拾襟搅袖为君舞。安西旧牧收泪看,洛下词人抄曲与。扬眉动目踏花毡,红汗交流朱帽偏。醉作东倾又西倒,双靴柔软满灯前。环行急蹴皆应节,反手叉腰如却月。丝桐忽奏一曲终,呜呜画角城头发。"这两首诗,或言"石国胡儿",或言"肌肤如玉鼻如锥",可见来长安等地表演此舞者多为胡人;李端诗中有"帐前跪作本音语"句,刘言史诗中有"手中抛下葡萄盏"句,可见,胡腾舞开始时,舞者有时先用本民族语言作一开场白,然后起舞;有时又先饮一杯酒,然后抛下酒杯就跳起来。胡腾舞以跳跃和急促多变的舞步为主,故两诗有"跳身转毂宝带鸣,弄脚缤纷锦靴软"和"环行急蹴皆应节,反手叉腰如却月"的描写,这正写出了舞者踏跳繁复的舞步和绕圈急行的舞姿。胡腾舞总的特征是节奏急促,刚健有力,但是又有所变化,"舞姿于刚健中带婀娜"②,所以有"醉作东倾又西倒"和"胡腾醉舞筋骨柔"的描绘。③ 这种舞蹈很受人们的喜爱,观众也常为舞伎的高难度动作所赞叹,"四座无言皆瞠目",正形象地写出了这种情况。

柘枝舞。此舞是由中亚传来的民间舞,其特点是节奏明快、强烈,同时又有几分婀娜柔美。舞者一般着窄袖服,戴卷檐的尖帽子,上面有铃铛,舞者转动则发出清脆的铃声,也有用镶着珠子的帽子的。④ 白居易诗

---

① 任半塘《唐戏弄》。
② 任半塘《唐戏弄·剧录》。
③ 元稹《西凉伎》。
④ 张祜《观杨瑗柘枝》:"卷檐虚帽带交垂。"白居易《柘枝词》:"绣帽珠稠缀,香衫袖穿裁。"

说:"帽转金铃雪面迴。"张祜诗说:"旁收拍拍金铃摆,却踏声声锦靿摧。"和凝诗说:"地衣初展瑞霞融,绣帽金铃舞舜风。"[1]给舞蹈伴奏的主要是鼓,舞者在鼓声中翩翩起舞,白居易诗说:"平铺一合锦筵开,连击三声画鼓催。红蜡烛移桃叶起,紫罗衫动柘枝来。"章孝标诗说:"柘枝初出鼓声召,花钿罗衫耸细腰。"[2]这里写的都是舞伎在鼓声中出场的场面。这种舞,舞者是女人,要求有纤细的腰身,张祜《李家柘枝》说:"红铅拂脸细腰人,金绣罗衫软著身。"《观杭州柘枝》说:"舞停歌罢鼓连催,软骨仙娥暂起来。"舞者着锦靴,在快速复杂的节拍中踏舞,身体一起一伏,左右转动,章孝标《柘枝》诗说:"移步锦靴空绰约,迎风绣帽动飘飘。亚身踏节弯形转,背面羞人凤影娇。"张祜《观杨瑗柘枝》说:"紫罗衫宛蹲身处,红锦靴柔踏节时。"舞者起伏不定,故诗人常用"弯""凤"来写其舞姿,除章孝标《柘枝》外,张祜《周员外席上观柘枝》也写道:"弯影乍回头并举,凤声初歇翅齐张。"可见,其舞姿是十分优美动人的。舞者的长袖,随着节奏忽而上扬,忽而下垂,使全舞在刚健、明快中增几分婀娜,诗人用这样的诗句,来写这种舞姿:"翘袖中繁鼓"、"长袖入华裀"。[3] 柘枝舞还要求舞者善于以眼睛的各种表演来传递舞蹈者的内心情感。扬眉动目,眼含流波,是西域舞蹈的一个特点,柘枝舞亦不例外,刘禹锡《观柘枝舞》诗中写道:"曲尽回身去,层波犹注人。"正描绘出舞者在舞蹈结束时以目传情的神态。柘枝舞最初是由一人跳的独舞,后来变为两人跳的双人舞,称为"双柘枝"。柘枝舞里有一种颇有诗意的形式:用巨型莲花为道具,表演时,由莲花中吐出两女童,相对而舞,此实乃"舞中雅妙者"。[4] 柘枝舞在唐代相当流行,有杨瑗、那胡最为出名,[5]就是一般儿童亦学此舞,所以路德延《小儿诗》中有"袖学柘枝揎"之句。

以上三种舞蹈全是来自西域的"胡舞",在唐代开元、天宝年间最为流行。范文澜《中国通史》认为它们的流行,"正是适合于开元天宝间朝野纵情声色的败局"。并指出:"开元天宝是唐朝由盛而衰的时期,西域

---

① 白居易《柘枝妓》、张祜《观杭州柘枝》、和凝《宫词》。

② 白居易《柘枝妓》、章孝标《柘枝》。

③ 刘禹锡《观柘枝舞二首》。

④ 乐府《柘枝词序》:"用二女童,帽施金铃,抃转有声,其来也,于二莲花中藏,花坼而后见,对舞相占,实舞中雅妙者也。"

⑤ 陈旸《乐书》:"唐明皇时,那胡柘枝,众人莫及也。"

传来的胡旋、柘枝等舞的流行,正是唐统治阶级淫靡堕落、迫近祸乱的一个征兆。"这种看法是很有道理的。由此可见,来自异域的文化因素,其中有一些从根本上说是优秀和值得借鉴的,将它们适当地引进,对中国的传统文化自然会有良好的影响。但是,如果不分时间、场合地过分推崇,上上下下一味地沉迷于此,那它的不良影响就可能超出文化的范围,而波及政治与经济,甚至影响到社会的稳定。

在唐代还流行着其他民族和地区的舞蹈,如"高丽舞"也很著名,唐代大臣杨再思就是一个相当会跳高丽舞的人。其他如扶南舞、拂林舞,在唐代也较流行。① 又有《婆罗门》舞,源出印度,唐代有许多擅长此舞的艺人,文献常称他们"善弄婆罗门",如康洒、李百魁等都是著名的艺人。有些舞蹈来自西域,又与唐代乐舞相结合,形成新的乐舞,如《浑脱》是来自西域的舞蹈,与唐代不同的乐舞结合,便形成另一种乐舞,如《剑器浑脱》、《竿木浑脱》;又有大曲《醉浑脱》、《羊头浑脱》。《剑器浑脱》就是把《浑脱舞》融化在《剑器舞》中,成为一种新的舞蹈,此舞在唐代十分流行。

下面我们介绍几种与纯粹的舞蹈有区别的歌舞戏。这几种歌舞戏都来自少数民族地区,有的还主要由"胡人"来表演,而又在唐代十分流行。

苏莫遮。这是一种纯粹来自异域的胡戏,用的也是胡乐。有人认为此戏出于伊兰,有人认为出波斯,有人认为出于康国,又有人认为出于龟兹,尽管稍有差别,但都认为此戏不是汉族的歌舞戏,而是出自西域,这一点是一致的。我认为此戏最初产生于康国,后逐渐在西域流传开了。《旧唐书·西戎传·康国》条说:"其人皆深目高鼻,多须髯","人多嗜酒,好歌舞于道路","以十二月为岁首……至十一月,鼓舞乞寒,以水相泼,盛为戏乐"。《新唐书·西域传·康国》条也说:"人嗜酒,好歌舞于道。""十一月鼓舞乞寒,以水交泼为乐。"这里的记载还是可信的。流寓中国的西域人,不忘本地风俗,因此每年仍为此戏,逐渐为汉人所了解,所喜爱,汉人亦仿效胡人所为而演此戏。此戏最早的记载是在南北朝时,《北周书·宣帝纪》说静帝大象元年(579 年)十二月"又纵胡人乞寒,用水浇沃以戏乐"。至唐代,乞寒胡戏才更为流行起来,如神龙元年(707 年)十

---

① 拂林,指东罗马。唐卢肇《湖南观双柘枝赋》:"则有拂林妖姿,西河别部。"

一月,中宗亲到洛城南门楼,看"泼寒胡戏";①景龙三年(709年)十二月,中宗令百官去醴泉坊看"泼胡王乞寒戏";②景云二年(711年)十二月,亦作"泼寒胡戏"。③ 在民间,此戏也颇为流行,中宗时人吕元泰曾上书说他在街道里,看到百姓成群结队地在跳浑脱舞,骏马胡服,在演泼寒胡戏。并认为这一套是向胡夷之人学来的,实在不成体统!④ 这里说的"浑脱",是一种基本的舞容,来自少数民族地区,这种舞蹈配合苏莫遮,则为"乞寒戏"中的胡歌胡舞。这个歌舞戏,演员分别在马上或马下,另有一支乐队,乐器有大鼓、小鼓、琵琶、箜篌等,三方面配合在一起,在露天演出。马上的演员,多由胡人担任,他们头戴宝花冠,冠下裹帕,穿着绣花的衣服,在马上歌舞;马下的演员,带着装满水的油囊,激扬泼水,他们裸露形体,鼓舞跳跃与马上演员的歌舞相应。⑤ 在表演当中,还要唱歌,歌词的调名叫苏莫遮。唐初宰相张说有《苏莫遮》五首,就是当时"泼寒胡戏"演出时歌唱的歌辞,其中的描写对我们了解这个歌舞戏很有帮助,如其一说:"摩遮本出海西胡,琉璃宝服紫髯须。闻道皇恩遍宇庙,来将歌舞助欢娱。"其二说:"绣装拍额宝花冠,夷歌骑舞借人看。自能激水成阴气,不虑今年寒不寒。"其三说:"腊月凝阴积帝台,豪歌急鼓送寒来。油囊取得天河水,将添上寿万年杯。"可见此戏在宫内演出,还有献忠祝寿的意思。因为"泼寒胡戏"来自西域,表演时又裸露身体,唐朝统治者后来也认为它有伤大雅,便在开元元年(713年)下令停演了。唐玄宗的诏书中说:"腊月乞寒,外蕃所出,渐渍成俗,因循已久。至使乘肥衣轻,竞矜胡服,阗城隘陌,深玷华风。"这里正写出了"泼寒胡戏"在民间流行的情况。虽然朝廷下令禁演此戏,但在民间仍年年表演,一直延续到宋代。

钵头。这是唐代著名歌舞之一,又称"拨头"。《旧唐书·音乐志》说:"拨头者,出西域,胡人为猛兽所噬,其子求兽杀之,为此舞,以象之也。""象之",即表演。这里指明此戏来自西域,所演故事也是胡人之事。《乐府杂录》的记载略详细一些:"钵头,昔有人,父为虎所伤,遂上山寻其

---

① ② 《旧唐书·中宗纪》。

③ 《新唐书·睿宗纪》。

④ 《新唐书·宋务光传》。

⑤ 《旧唐书·张说传》:"说上疏谏曰:'……且泼寒胡未闻典故;裸体跣足,盛德何况! 挥水投泥,失容斯甚!'"

父尸。山有八折，故曰八叠。戏者被发，素衣，面作啼，盖遭丧之状也。"由这些记载可以看出：钵头戏里有歌曲；歌曲有八叠，配合情节的八折；演员要化装；头发披散，身着素衣；有表演：上山寻虎、面作啼状；而且根据剧情，当有人与虎格斗的场面，这可能是一种武术表演。因此，它比一般歌舞戏的内容要丰富，也更富有戏剧性，所以当时肯定极受唐人的喜爱。

合生戏。这种歌舞戏在初唐即已流行，《新唐书》卷一一九说，中宗景龙年间，在两仪殿大宴群臣，有胡人襪子何懿表演合生戏，而且博得了王公们的喜爱，家伎纷纷效法，不久又从王公之家，传向民间，即所谓"始自王公，稍及闾巷"。所谓"合生戏"，不知具体怎样表演，任半塘先生认为"合生"即"由两人对面歌舞，科白情节相生之意"，[①]而且认为"合生之为伎，乃由两人合演，一生一旦，一扮王公，一扮妃主，有悲欢离合之情节，以歌舞科白为表现，实为歌舞戏也"。[②] 因此，合生就不仅有唱，而且有舞蹈，有情节，它用的是胡乐、胡歌、胡舞，表演者亦常常是胡人，其内容往往是就地取材，演当代王公妃主之实事，即"或言妃主情貌，或列王公名质"。[③] 胡人不知中国之忌讳，在表演中难免有的地方不符合唐人的欣赏习惯，所以有人批评合生戏"语言浅秽"，因此"不可施于宫禁"。但是这种歌舞戏，在民间仍继续流传，中唐的歌舞戏《义阳主》，便明显的是仿"合生戏"而发展来的，不同的只是，它出于唐代文人之手，而且又由汉人表演罢了。

优胡戏。唐代胡戏流行，有时竟用于战争。据史书记载，唐德宗贞元元年（785年），李怀光反于河中，德宗命李元谅前去征讨（元谅为蕃将，后名骆元光，因功为节度使，并赐姓李）。时叛将徐庭光重兵守长春宫，元谅进兵城下，徐庭光大声谩骂元谅，并命优胡为戏，在城上表演，污辱李元谅先祖，李元谅深以为耻。李怀光军中，胡人很多，所以徐庭光用优胡戏，十分便当。所谓"优胡戏"，无非是选用胡人，操胡语，唱胡歌，且用胡乐伴奏，来表现嘲弄讽刺的内容。由这个例子，我们可以看出唐代胡戏之盛和胡优之多。

胡舞胡戏，在唐代几乎随处可见，而其表演者又往往是胡人或汉人扮

---

①② 任半塘《唐戏弄·辨体》。
③ 《新唐书》卷一一九。

演胡人,可见在唐代的艺术中含有相当多的异域文化因素。

第三节 诗歌、笔记及传奇

由于大量的"胡人"留寓在中国各地,人民的生活较多地受到"胡气"的影响,这种特殊的社会现象,就不能不影响唐代文人的思想与感情;唐代文人因为思想较为解放,而又处于特定的历史时期,因此,比之其他时代的文人,他们对来自异域的人物和风俗更有好奇心,并有更多的时间与精力和更适当的环境,去了解、欣赏和表现这些事物。文学是生活的反映,因此,"胡人"的形象,便在唐代文人的笔下大量地出现了,从而扩大了唐代文学的题材,使这些作品,颇带有一种独特的情韵。

唐诗是中国文学史上的一座高峰,《全唐诗》所收录的,即有诗人二千三百余家,作品达四万八千余首。唐诗不仅数量繁多,而且题材广泛、形象丰富,是一笔无比珍贵的文学遗产。其中有不少诗作,从不同的角度,有的描绘了"胡人"的形象,有的表现了"胡人"的生活。这些作品,对我们了解唐朝那个遥远的时代,对我们了解唐代社会所弥漫的所谓"胡气",有很大的帮助。

其实,这一类作品我们早已经读到了,比如以外族乐工为主角的《曹刚》①、《听万安善吹觱篥歌》②;以外族舞工为主角的《胡旋女》③、《王中丞宅夜观胡腾舞》④、《胡腾儿》⑤,在这些诗里不仅对"胡乐"、"胡舞"作了描绘,有的对"胡人"、"胡儿"也作了形象的刻画,比如我们可以读到这样的句子:"胡腾身是凉州儿,肌肤如玉鼻如锥。"(李端《胡腾儿》)陆岩梦这样来描写"胡女"的形象:"眼睛深却湘江水,鼻孔高于华岳山。"⑥诗人们把握住胡人深目高鼻的形象特征,作了自然而生动的描绘,尤如绘画中的素描,把握了人物的主要特征,人物形象便跃然纸上了。

《上云乐》是南北朝即有的一种歌舞戏,至唐时仍在朝廷和民间演

---

① 刘禹锡作。

② 李颀作。

③ 白居易、元稹各有一首《胡旋女》。

④ 刘言史作。

⑤ 李端作。

⑥ 《桂州筵上赠胡予女》。

出,它的主要演员是胡人(有时也由汉人扮成胡人)。其主要内容是胡人由异域来唐拜见唐皇,并率珍禽奇兽为胡舞,以向唐皇祝寿。李白有一篇《上云乐》,虽然是依乐府旧题而作,但却有充分的现实根据,因此写得维妙惟肖,十分生动形象。这首诗这样写道:

> 金天之西,白日所没。康老胡雏,生彼月窟。① 巉岩容仪,戌削风骨。碧玉炅炅双目瞳,黄金拳拳两鬓红。华盖垂下睫,嵩岳临上唇。② 不睹诡谲貌,岂知造化神?③

这一节,生动地画出了康老(来自西域康国的老胡)和胡雏的形象:容仪严整,脸庞瘦削;双眼呈深蓝色,十分有神;发色金黄,微微向上卷曲;眉毛浓密,向下遮住了眼睛;鼻梁高耸,犹如一座高山。这真是一副"诡谲"和奇异的外貌。比之其他许多诗人的描写,显得更为形象传神。接着,诗人写这位"老胡",带着异兽珍禽,师子凤凰以及善胡舞的胡人,前来朝廷献伎祝寿,诗人写道:

> ……老胡感至德,东来进仙倡。五色师子,九苞凤凰。是老胡鸡犬,鸣舞飞帝乡。淋漓飒沓,进退成行。能胡歌,献汉酒。跪双膝,并两肘。散花指天举素手。拜龙颜,献圣寿,北斗戾,南山摧,天子九九八十一万岁,长倾万岁杯。

诗里所写的散花指天、素手高举等动作,正是来自西域的柘枝舞、胡旋舞一类舞蹈中常见的姿态。这里对胡人献寿的舞蹈场面的描写也很生动,使全诗充满了异域的情调。

唐朝各地有许多"胡商"在活动。有一些"胡人"在各处经营酒店,如长安西市便有许多由西域胡人经营的酒店,酒店里不仅供应具有西域特色的葡萄酒、三勒酒,而且其中的用品、摆设,也都具有异域的风

---

① 金天、月窟:皆指西域极远之地。
② 炅炅:眼睛碧色而有光。拳拳:卷曲。华盖:指浓眉。下睫:眉长而向下遮住眼睛。嵩岳:指鼻子高。
③ 造化:大自然。

味。在酒店里,还专门雇请了来自西域的少女或当垆卖酒,或以歌舞为酒徒们助兴。这样,酒店胡姬的形象便自然会被诗人收入笔底,李白诗中多处写到胡姬,如"何处可为别,长安青绮门,胡姬招素手,延客醉金樽"(《送裴十八图南归嵩山》)、"胡姬貌若花,当垆笑春风。笑春风,舞罗衣。君今不醉将安归"(《前有一樽酒行》)、"笔纵起龙虎,舞袖拂云霄。双歌二胡姬,更奏远清朝"(《醉后赠王历阳》),诗里描写了胡姬劝酒、起舞的情态。其他诗人如王维、岑参、杨凝、张祜等都有相似的诗作。贺朝的《赠酒店胡姬》也是同类作品,诗里主要描写胡姬伴着弦管乐声,在红色地毯上翩翩起舞,为酒客助兴的场面,前四句是这样的:"胡姬春酒店,弦管夜铿铿。红毹铺新月,貂裘坐薄霜。"这里的"新月",可以有两种解释:一种是指一弯新月将月光映在红毹上;另一种解释是指西域一些国家或地区所喜用的新月图案。仔细推敲,以第二种解释为好,因为这正突出了诗中的西域特色。诗人杨巨源有《胡姬词》,以胡姬为全诗主角,专门咏之,其诗说:"妍艳照江头,春风好客留;当垆知妾惯,送酒为郎羞。香渡传蕉扇,妆成上竹楼,数钱怜皓腕,非是不能留。"全诗写出了胡姬在酒店里奔忙、操劳的形象;也写出了酒客对这种胡店的偏爱。唐代胡姬不仅当垆卖酒并以歌舞为酒客助兴,而且还常常留客过夜,经营所谓"丑业",施肩吾《戏郑中府》诗说:"年少郑郎那解愁,春来闲卧酒家楼,胡姬若拟邀他宿,挂却金鞭系紫骝。"相似的诗篇还有不少,这里就不一一加以介绍了。

在唐代诗人的笔下,胡人的形象也是多种多样的,因为这样的例子太多了,我们只能就几个典型的例子加以简单的解说,比如高适的《营州歌》,我们前面已经提到。这首诗便塑造了一个勇敢顽皮,"胡气"十足的"胡儿"形象,诗是这样写的:"营州少年厌原野,皮裘蒙茸猎城下。虏酒千钟不醉人,胡儿十岁能走马。"[①]唐时置营州都护府,统辖三十多个州,其地在今内蒙古自治区东部,唐时是汉族与契丹杂居的地区。这首诗在刻画"胡儿"形象的基础上,写出了"胡儿"勇武豪侠的精神风貌和性格特点,确是一首优秀作品。唐代社会有许多昆仑奴,他们有的是来自非洲的黑人,有的为散居南海各地的昆仑族人,有的也可能是南海的矮黑种人,

---

① 厌:满足。蒙茸:纷乱的样子。钟:酒杯。

其特点是卷发黑身,号为"昆仑"。① 就唐代来说,所谓"昆仑奴",主要是指现在东南亚一带的马来人,他们身壮力大,善于游泳,来到唐朝,大多投靠富豪之家为奴仆。他们的形象在唐诗中也得到表现,如苏颋有《咏昆仑奴诗》,其中写到昆仑奴的形象特征:"指头十挺黑,耳朵两张匙。"张籍有《昆仑儿》诗,其中写到了昆仑奴由"海州中"千里迢迢来到"汉地";并描写了昆仑奴的"穿耳"之习和肤色、装束,诗是这样写的:"昆仑家住海州中,蛮客将来汉地游,言语解教秦吉了,波涛初过郁林州。金环欲落曾穿耳,螺髻长卷不裹头。自爱肌肤黑如漆,行时半脱木绵裘。"因为昆仑奴形象奇特,身强力大,唐代文人对其颇为留意,除诗歌之作,笔记和小说也多次以昆仑奴为主要对象加以描写。李益对"胡人"的思想感情与生活状态也很注意,曾写诗对此作了描述,他的《登夏州城观送行人赋得六州胡儿歌》写到:"胡儿起作六蕃歌,齐唱呜呜尽垂手。心知旧国西州远,西向胡天望乡久。回头忽作异方声,一声回尽征人首。蕃音蛗曲自难分,似说边情向塞云。"这里所表现的胡人思乡的感情是很深沉的。其他还有不少诗作,如"胡雏绿眼吹玉笛,吴歌白纻飞梁尘"②;"卷发胡儿眼睛绿,高楼静夜吹横竹"③;"羌儿吹玉管,胡姬踏锦花"④;又如"野云万里无城郭,雨雪纷纷连大漠。胡雁哀鸣夜夜飞,胡儿眼泪双双落"⑤等,都对"胡人"的形象以及他们的思想感情作了生动地描绘。

在唐人的笔记和杂史中,"胡人"的形象往往具有传奇色彩,其原因是唐人虽有强烈的好奇心,但对异域的人与物并不完全了解,因此说到"胡人"时便往往赋以奇事;而要塑造奇异的人物形象时,便往往将其描写为胡人。比如,《国朝杂记》有一个小故事便很奇特:初唐的时候,从西域来了一个胡僧,这个人可不同寻常,他的超人之处是有"特异功能":他只要口念咒语,便能叫活人死,叫死人活。唐太宗开始不信,便令人在骑兵中选了几个最为健壮勇敢的士兵来作试验品。这胡僧摆开架势,对着这几个士兵嘟哝了一阵,说来也奇了,这几个士兵竟真的倒到地上死了!

① 《旧唐书》:"自林邑以南,皆卷发黑身,通号为昆仑。"《新唐书·南蛮传》说昆仑人"身黑,卷发,倮行"。
② 李白《猛虎行》。
③ 李贺《龙夜吟》。
④ 温庭筠《敕勒歌》。
⑤ 李颀《古从军行》。

这胡僧又对着士兵们的尸体念了几句咒语,他们却又活了过来,好像刚刚做了一场梦一样。唐太宗把这件事告诉了太常少卿傅奕,傅奕听了以后说:这是一种邪法。我听说邪不压正,若是让这胡僧对我施法,肯定不能成功。太宗便令胡僧再在傅奕身上试试魔术,胡僧口中念念有词,而傅奕却无动于衷,过了一会儿,这胡僧却像被人打了一下,忽然栽倒在地上,死了。① 唐朝时来内地的"胡商"特多,他们资本雄厚,精通买卖之道,因此唐人笔记中经常出现他们的形象,同样带有传奇色彩。如《广异记》说:有一个波斯商人,住在扶风的一个旅舍里。一天,他看到旅舍外的一块方石,心里很高兴,但又不敢表露出来,便在这旅舍里住了许多日子。旅舍主人不知他有什么事,便问道:"客官为何久留而不走呢?"波斯商人说:"我想找一块捣衣石,不知你是否愿意把门前这块方石卖给我?"说着,掏出了二千钱,店主忙接过钱,叫胡商搬走那块石头。胡商兴奋地抱起石头就走,走出不远,他将石头放在地上,取出工具,竟从方石中间剖得"径寸珠"一枚。他又用刀在自己的胳膊上挖了个伤口,将径寸珠藏在里面,马上起程回国。但是,在归国的海船上却遇到了麻烦:船行数日以后,有一天忽然要沉入海底,船上的人都很惊慌,船夫知道这是海神在求宝,便到处搜索,还是没有找到给海神的宝物,一气之下,就要把这个波斯商人扔到海里去,胡商十分害怕,忙用刀割开原来的伤口,取出"径寸珠"。船夫对着大海说:"你若求此珠,请前来取走。"海神果然伸出一只大而多毛的手,把珠子取走了。② 这一类关于胡商与珠宝的故事极多,如《宝珠》《水珠》《李勉》《李灌》《严生》等都是,③其中《鬻饼胡》的故事常为人们提起:长安有一个专门经营胡饼的胡人,一天忽然病倒了,他的邻居某生前来探望,胡人临死前对某生说:"我在本国是一个大富商,因为战乱才逃到了中国。我与一个同乡约好在这里见面,所以多年以来没有改换地方。你做我的邻居,对我颇多照顾,我也没什么可以表示心意的,只有一颗珍珠送给你作酬谢。这颗珠子,一般人认不出来,但是若有西域来的商人,你便卖给他们,一定会卖个大价钱!"后来,某生将这颗珠子放在市场上出售,三年都无人过问。这一天,忽然听说新来了一个西域胡人,他便让这

---

① 见《太平广记》卷二八五。
② 见《太平广记》卷四〇二。
③ 均见《太平广记》卷四〇二。

胡人看他的珠子,胡人一见,大吃一惊,不解地问:"郎君从哪里得到这颗珠子的呢? 这可不是近处所能有的!"某生以实相告,胡商哭着说:"我就是他说的那个同乡,来中国的路上遇到海风,所以流转数国,晚到这里好几年,没想到他已死了!"说完,就要买某生手里的珠子,某生张口就要五十万,胡商交给他五十万钱,急急地将这颗珠子包好。某生问他这珠宝的用处,胡商说:"借助这珠子的力量,在海里取珠宝,连龙王都害怕呢!"①

唐代小说,又称唐传奇,也是唐代文学取得重要成就的一个方面。唐代以前,中国小说基本上还处在萌芽状态,到了唐代,中国小说才渐渐发育成形,"具有了比较完备的艺术形式和比较广阔的社会生活内容,而在中国文学史上赢得了不容忽视的地位"②。在这些传奇中,经常出现"胡人"形象,如《古镜记》中便有一位"胡僧",他来到王绩家,要求看一看王绩家里的一面宝镜,后来,他教给王绩保护和擦拭宝镜的方法。王绩照他的方法实行,效果极好。《任氏传》写到郑六从任氏的宅院里出来,天还没有亮,他便来到里门旁休息,等待天亮。门旁便有西域胡人,正点着灯、生着火,制作胡饼,以供这一带人们的早点。在唐传奇中,也有以"胡人"为主角加以描写的,最著名的是裴铏写的《昆仑奴》。这篇小说写唐朝大历年间,有一个姓崔的书生,在一个大官家里见到了一个红衣侍姬。在他告别出来的时候,那红衣侍姬向他竖起三根手指头,又把手掌翻覆了三次,然后指着自己胸前的小镜子说:"记着!"别的却什么也没有说。崔生回到家里,时时念着美丽的红衣侍姬,搞得神迷意乱,失魂落魄,有时连饭都吃不下去了。他身边叫磨勒的昆仑奴看出了他有心事,便向他打问,他便告诉磨勒,自己很想念那位红衣侍姬,因此茶饭不思;同时,又告诉他在告别时,那红衣侍姬的举动。磨勒想了想说:"这个哑谜并不难解,她竖三根指头是说那高官有很多侍姬,她是第三院的;她把手掌翻覆三次,数起来是十五根手指头,表示的是十五日那一天;指胸前的小镜子,是说十五日晚上,月亮明洁如镜的时辰,请你去她那里。"崔生很高兴。磨勒在当夜三更时分,先去把那高官家的一条凶猛的狗打死了。两天以后,正是十五日。这天晚上三更月圆之时,磨勒背着崔生跳入第三进院子,透过窗帘,

① 《原化记》,见《太平广记》卷四〇二。
② 中国社会科学院文学研究所:《中国文学史》。

正看见那红衣侍姬独自坐着,不时地轻声叹气,崔生慢慢推开虚掩着的门,走了进去。红衣侍姬一见,十分高兴,并请磨勒一起进房喝酒。侍姬表示愿意与崔生私奔,磨勒说道:"只要娘子有此决心,其他事情都好办!"他先来回运了三次,把侍姬的细软之物运出院外,最后又将崔生和侍姬一道负在背上,飞跃出围墙。门卫竟一点也没有觉察。第二天,高官发现侍姬没了,知道是侠客所为,也没敢声张出去。后来,侍姬不慎被高官发觉了,崔生无奈,便把磨勒的情况向这高官说明了。这高官十分恼火,一心要除掉磨勒。一天,他令五十名士兵,将崔生的宅院团团围住,想捉住磨勒。可是,磨勒手持匕首,向上一跳,就像长了翅膀似的,飞出了高墙,密如雨点的乱箭,竟没有一支能伤着他,转眼间,磨勒就无影无踪了。十多年以后,有人看见磨勒在洛阳市场上卖药,容貌仍和过去一样,并不显得衰老。这篇传奇反映了豪门贵族的倚势欺人以及封建时代妇女得不到爱情幸福的痛苦。磨勒的形象,正体现了作者的某种人生理想。袁济的《陶岘》,描写的也是昆仑奴的故事。这个故事里的昆仑奴摩诃,比之摩勒,则又是另一种命运:他不仅没有社会地位,有时连生命都毫无保障,这个形象,更接近生活中的昆仑奴。故事是这样的:开元末年,陶岘把家事托付给别人,自己则泛舟游于江湖。他有个亲戚做南海太守,陶岘便前来南海游玩,见有人出售古剑和玉环,他便将这两样东西和海船上的一个名叫摩诃的昆仑奴一起买了下来。他高兴地说:"这是我家的三件宝物呀!"这个昆仑奴"善泅水而勇捷",因此,每当遇到水色可爱之处,陶岘便把玉环和古剑抛于水中,"命摩诃下取,以为戏笑也"。有一次,他把剑与环投入水中,叫摩诃下水去取上来,摩诃下水不久,便找到了古剑和玉环,但是他的一根指头,却被水中的毒蛇咬掉了。后来,他们漂游到西塞山,泊船于吉祥寺。陶岘看这里的江水呈黑色,停滞不流,便说:"水下肯定有怪物。"说完把古剑与玉环扔到水中,命摩诃去取。这一次,摩诃下水很久,才浮出水面,已经筋疲力尽了,他艰难地说道:"剑和环不巧正落在一条长龙面前,我刚想伸手取它们,这条两丈多长的龙就怒目盯着我,我实在是没有办法了!"陶岘说:"你和古剑、玉环是我的三宝,没有了另外两件,留着你还有什么用?你一定要下水把它们给我找回来!"摩诃实在没有办法,头发披散开了,眼眶里也流出了血。他大叫一声,又拼命潜入江水,沉没在波浪中。不久,只见水面上,漂浮着被龙撕裂了的摩诃的尸体,好像是专门让陶岘看一看似的。这个故事是那样沉痛，但摩诃被奴役、被断送的形象却也是栩栩如生的。

总之，"胡人"的形象，涌入作家的笔端；"胡人"的性格，得到文人们的注意；"胡人"的风俗与情趣，也得到一定的表现。这一切，便使唐代的文学作品扩大了题材范围，丰富了形象，有些作品也就具有了一定程度的异域情调。

第四节　绘画及其他

唐代是国内各族人民以及中外各国人民文化艺术交流频繁的时代，"胡人"的形象经常出现在画家和雕塑家的作品里，同时，来自异域的有别于中原的画法、技法，为唐代艺术家所学习、所掌握，从而推动了中国美术的发展。

初唐的著名画家阎立德和阎立本，都极擅长画人物肖像，在他们的作品中，便有不少"胡人"的形象，唐代李嗣真赞扬他们表现外族人物的图画为"备得人情"，即形象逼真、刻画入神。阎立德的《文成公主降蕃图》和阎立本的《步辇图》，所表现的都是唐太宗时文成公主嫁给吐蕃王松赞干布的历史事件。尤以《步辇图》最为著名，它表现了松赞干布派使者禄东赞来迎公主，唐太宗接见禄东赞时的情况。原作已经看不到了，但北宋初年有一幅摹本流传下来，研究者认为，这幅画虽然是摹本，但在主要人物的刻画上，还是表现出了阎立本人物画的成就的。画中藏族使者禄东赞着平顶小帽，穿团花窄袖长袍，拱手向唐太宗致敬。画家借助于服饰和举止，特别是容貌神情，生动地刻画出来自远方的藏族使者。禄东赞宽阔的额头上有着长长的皱纹，这几道简单的线条与他朴质的颜色组合在一起，不仅表现了一个人诚恳、严肃的性格，还表现了藏族所共同具有的某些气质。不同地区的生活习惯所影响于外貌上的特点，透露在画面的形象上，这不能说不是阎立本塑造形象的成功。① 阎立本还有一幅《职贡图》，其中描绘了许多"胡人"形象，②这幅画所表现的是"万国来庭"、"百

---

① 见金维诺《阎立本与尉迟乙僧》。
② 《职贡图》可能是宋摹本，现只有一再经过重新装裱的残卷，残卷上只存波斯、百济、龟兹、倭国等十二国的使者形象。

蛮朝员"的景象,正表现了唐朝与外族的友好关系,和不同民族、地区,不同风貌、服饰的人物,反映了那是一个民族间友好相处的时代。这些前来朝见的外国使者,各有特点,真是"魁诡谲怪,鼻饮头飞之俗"。阎立本之所以能生动地描绘少数民族人物形象,除了他观察细致以外,还从侧面说明了民族间来往的频繁。《西域图》也是阎立本的重要作品之一,其题材与风格与他的《职贡图》都有相似之处。

　　唐初的著名画家尉迟乙僧,是于阗(今新疆和阗)人,唐贞观年间,于阗国王因为他绘画技术高超,所以推荐给唐朝。他入唐以后,授宿卫官,袭封郡公。尉迟乙僧的家庭,是一个丹青之家,他的父亲尉迟跋质那,也是一位有盛名的画家,在隋朝时便来到中原做官。尉迟乙僧因受家庭的薰陶,青年时期就具有很高的绘画水平。他来到长安以后,画名大振,比如唐代盛行一种屏风画,尉迟乙僧画一扇,其价即"值金一万"。尉迟乙僧的绘画题材,主要是佛教题材、人物和花鸟。长安的光宅寺、慈恩寺、兴唐寺、安国寺都有他画的壁画,如晚唐时人们所见到的慈恩寺"塔下南门尉迟画;西壁千钵文殊,尉迟画"。光宅寺内有普贤堂,是武则天的梳洗堂,也有尉迟乙僧绘制的壁画。据看过他绘画的晚唐人说,尉迟的画,皆带有外族的特点,也就是说,他刻画人物,是以西域人的形象为模特儿进行塑造的。朱景玄在《唐朝名画录》里说尉迟乙僧"凡画功德人物,花鸟皆是外国之物象,非中华之威仪"。这里的"功德人物",是指佛教中的天女,或者是供养人;"外国物象"是说画中人物与中原人物形象不同。据说,尉迟乙僧还画过"龟兹舞女图",从题材上看,还是可信的。① 这种内容的绘画,能受到长安人士的欢迎,正反映了唐时民族间经济和文化交流的频繁,同时也反映了人们对反映在绘画艺术中的异域情调已经习以为常了。尉迟乙僧的绘画,在表现技法上也很有特色,他的画风,对中原画风产生了一定的影响。以尉迟乙僧为代表的西域画派,在技法上,较重色彩效果,一方面具有地方色彩、异族情调和独特的设色方法;同时又用与中原相近的线描技术,所谓"铁线描,重设色",说的就是这种画风。这种画法所绘的作品,有凹凸的效果,即能表现出物体的立体感,所以有人评

---

① 见宋末周密《云烟过眼录》。

他画中的人物,"身若出壁"。① 早在魏晋南北朝时,有的画家在色彩上,即吸收外来影响,用心于渲染,获得了凸凹的效果,但这时还不用轮廓线,而完全用色彩画成。尉迟乙僧却将西域画风中较重色彩的特点和中原画风中的线描技术结合起来,使画的色彩既丰富,层次又分明,立体感特别强。这种凹凸风格的西域画法,对唐代画坛有较大的影响,有的画家画花鸟,即采用这种技法,以色彩为主,在晕染的颜色上用不同色度的色线勾画,显得十分形象生动。据史料记载,画家陈庭便拜尉迟乙僧为师,认真学习他所带来的西域画风。因此,无论从绘画的题材、风格,还是从绘画的技法上看,尉迟乙僧的画,都正好说明了唐代画坛所存在的异域情调。

中晚唐以后,异族人物的形象,更频繁地出现在中国绘画中,并出现了专门表现"番族"题材的画家。据《历代名画记》的记载,有一个叫李渐的画家,善于画少数民族人物骑马射猎的形象。他的儿子李仲和也擅长这一类题材,他的绘有少数民族人物与生活图景的画,还为唐宪宗取入宫中,作为珍品收藏起来。还有一个叫齐皎的画家,也以善画胡人胡马而闻名于画坛。晚唐以善画胡人形象而最为著名的是胡瓌。胡瓌本人即出身于少数民族,有人认为他是契丹人,又有人认为他的祖籍是室韦乌素固部落人。但他是少数民族画家则是无疑的。胡瓌的作品专门描写游牧民族的生活,内容有卓歇、牧马、骆驼、射猎等。所谓"卓歇",是游牧民族的一种风俗习惯:在一定的节令,最高统治者带领王公贵族举行渔猎活动,在此项活动结束、返回大本营的途中,要立起帐篷稍事休息,这就是"卓歇"。胡瓌善画少数民族的人物和他们的生活场景,尤以善画胡马而最为人们称道,刘道醇在《五代名画补遗》中评论胡瓌时说:"善画番马,骨格体状,富于精神。"从而使画幅中荡漾着一种来自异域的气息。

壁画是绘画艺术的主流,《历代名画记》所载的二百零六名唐代画家中,有一百一十多人参加了壁画创作。壁画中又以墓室壁画为多,因此随着唐墓的不断被发掘,唐墓壁画也日益为人们所了解。在唐朝壁画中,"胡人"的形象和带有异族情趣的事物,经常在画幅里出现,因为这样的例子太多了,我们这里只能举几个较为突出的例子。如唐李凤墓中有一幅壁画,内容是胡人牵驼,胡人深目高鼻,八字形胡须,口涂浅红色,牙齿

---

① 段成式《京洛寺塔记》:"四壁画象及脱皮白骨,匠意极险,又变形三魔女,身若出壁。"

外露,头戴翻沿虚帽,身穿白色交襟窄袖短大衣,腰束带,足穿红色高筒靴,双手牵驼。唐苏思勖墓室,有一幅"舞乐图",画面当中,一个深目高鼻的胡人,头包白布,身穿长袖衫,系一黑带,脚穿黄靴,正在起舞。在李贤墓中,有一幅"客使图",图中有三个"胡人"使者,前来参加谒陵吊唁的丧礼。图中对外族人物的描绘颇为细致和传神。其他如阿史那忠墓、苏君墓中的壁画上,都有"胡人"的形象。至于李贤墓中的"打马球图",虽然没有胡人形象,但所表现的却是来自异域的一种体育活动。

唐代的工艺美术也有很大发展,原因之一便是吸收了来自异域的各种营养,从而丰富和发展了民族形式。无论是金银器,还是丝织品,以及陶器和铜镜,唐代工匠都采用了具有异域风格的纹饰、图案或造型,从而使这些生活用品更为唐朝人民所喜爱。

从唐代的墓穴中,近年来还出土了大量的陶俑,其中有相当多的"胡人俑"。五十年代,天津军粮城的唐墓中出土一件胡俑,胡人浓眉大眼,高鼻多须,穿翻领长袍,袒胸露腹,足着尖头靴,右手平执胸前,左臂下垂。① 陕西礼泉唐张士贵墓,出土男胡立俑四件,分二式:一种黑折沿帽,翻领窄袖右衽黄外衣,腰束带,袒胸腹,内衣绿色;另一种,翻领短袖外衣,腰束多孔宽带,内穿圆衽窄袖红衫。又出土一种男骑马胡俑,戴折沿帽,面腮无须,右肩不袒露,身后缠一包裹。② 湖南长沙咸嘉湖唐墓出土一件男胡侍俑,头着尖帽,浓眉凹眼,高鼻梁,蓄大胡须,左手架鹰。③ 河南伊川一座唐墓中出土一件三彩胡俑,戴幞头,穿翻领窄袖长袍,腰系带,足着靴。一手握拳向上,一手握拳于胸前,作牵引状。④ 1983 年发掘洛阳偃师县唐李元璬夫妇墓,出土五件牵马俑,全为老年胡人形象。脸削瘦,络腮胡,头戴幞头,身穿圆领窄袖衫,腰束带,右手上曲,卷袖握拳,作牵马状。⑤ 1981年,临潼关山唐墓出土两件胡骑俑,一件头戴皮帽,身穿胡服,深目高鼻;另一件,胡俑也身着胡服,深目高鼻,脸上还带着微笑。还有一件胡人说唱俑,张口大笑,双手交于胸前,身体微向右后倾,身穿右衽长袍,腰间束

① 《考古》1963 年第 3 期:《天津军粮城发现的唐代墓葬》。

② 《文物》1978 年第 3 期:《陕西礼泉唐张士贵墓》。

③ 《考古》1980 年第 6 期:《湖南长沙咸嘉湖唐墓》。

④ 《考古》1985 年第 5 期:《河南伊川发现一座唐墓》。

⑤ 《中原文物》1985 年第 1 期:《洛阳偃师县唐李元璬夫妇墓发掘简报》。

带,脑后辫发盘结。① 1954 年,西安南郊唐代裴氏小娘子墓出土一批文物,其中有一件黑人陶俑。这件陶俑上身裸露,隆乳鼓腹,下身穿一短裤。右臂微屈,手置腰部,左臂下垂,站在一块大致和非洲地形相似的踏板上,显得非常坚强健壮。他全身被染成黑色,头发也是黑色,卷曲成细螺旋状。从肤色、发型、身躯容貌来看,这是一个非洲黑人的形象。② 鲜于庭海墓中出土的载乐舞队骆驼,是一件十分珍贵的文物。骆驼站在长方形的座板上,四肢强劲有力,头颈上扬。驼背平台上四个乐俑分坐两侧,中间为一舞俑。五俑中三俑深目高鼻多须,是胡人形象。1977 年,在昭陵陵园内兴隆村第一号唐墓发现一件骑驼胡俑,骑驼人头戴胡帽,穿敞襟袍,面型与所见的其他胡俑有较大区别,眉棱骨和颧骨特高,下颚骨方而突,可能是波斯人形象。

在唐太宗昭陵北阙左右,当时有石刻外族君长十四人的立像。这十四个立像,分东西两排排列,据说每个石像都高八九尺,比一般人要高大,地座有三尺多高。这些石像是由阎立德、阎立本兄弟起样的,据说它们当时"拱立于享殿之前,皆深眼大鼻,弓刀杂佩"。唐高宗乾陵前,也有六十一尊外族酋长石刻像。乾陵石刻的线雕画,也融合了一些外来的技法,刻划出形神兼备、生气勃勃的形象。

总之,在唐代美术的各个类别里,少数民族和外国人物的形象经常出现,成为一种相当普遍的素材;与此相联系的是,少数民族或外国人们的生活场景、风俗习惯,也在美术的各个类别里得到了再现。同时,来自异域的一些画风和技法,也自然而然地对唐代画家、雕刻家产生影响,并通过他们的作品表现出来。这就使唐代美术的各个类别——雕刻、彩塑、陶俑、绘画、美术工艺——都程度不同地表现出一种异域的情调和风格。

---

① 《考古与文物》1982 年第 3 期:《临潼关山唐墓清理简报》。
② 《文物》1979 年第 6 期:《西安南郊嘉里村唐代裴氏小娘子墓出土一批文物》。

第四章

宗教及宗教文化

第一节　来自西方的宗教

唐朝统治者对社会思想的禁锢不如其他历代王朝那么严格,一般地说,他们允许各种宗教在中国传播。因此,在唐代,除了中国固有的儒、道等思想以外,随着"胡人"的大量涌进,来自西域的各种宗教也不断地传入内地。这些宗教,或大或小,或明显或隐蔽地对唐代社会和唐人思想产生了影响。因为宗教的传播历来是伴随着文化而流通的。

这些新宗教是祆教、景教、摩尼教和伊斯兰教。

一、祆教

祆教,又称火祆教、拜火教、波斯教或琐罗斯德教。相传早在公元前六世纪,为伊兰西部人琐罗斯德所创立。波斯萨珊王朝(226年—641年)奉为国教,始大盛行。根据波斯古经《阿维斯塔》所述祆教的教义为:有两个神灵主宰着整个宇宙,一个名叫阿胡拉·玛兹达(一般简称为玛兹达);另一个名叫阿赫里曼。前者是至高无上的善神,他从不行恶,因此是光明、公正和真理的象征;后者既凶恶又狡诈,执掌着一切黑暗和罪恶势力。这两个神灵之间一直进行着殊死的斗争。虽然他们暂时难分胜负,但最终的结果只能是:光明之神玛兹达战胜邪恶之神阿赫里曼。到那时,整个世界将充满光明。祆教徒认为火是善和光明的象征,因此以拜火为该教的主要形式。此教不仅是波斯国教,而且为中亚各国所信奉。

公元516年信奉天神、火神的滑国(昆都士)使者来到建康,中国才知道中亚各国信奉天神和火神。不久,火祆教即传入中国。北魏人称祆教为"胡天神"。北魏灵太后时(516年—527年)废诸淫祠,而胡天神不在其列,①特别受到了保护。北齐、北周时,仍然崇信祆教。

唐时祆教仍为中亚一带各国如康国、石国、安国、曹国、米国、史国以及于阗、焉耆、疏勒、高昌等地人民所信奉。波斯和西域各族人民相继来到长安,又促进了祆教在中国的流行。唐沿隋制,有专门的管员进行管理,这些官员,全由信教的侨民担任,据《通典》等史书记载:视流内有正五品萨宝、从七品萨宝府祆正;视流外有勋晶萨宝府祆视、四品萨宝率府、五品萨宝府史诸官。萨宝,是回鹘语,原义为队商首领,这里是祆教官职的专称。据各种记载,长安、洛阳等地有多处火祆祠,如长安布政坊、醴泉坊、普宁坊、靖恭坊,崇化坊都有祆祠;②据《唐两京城坊考》,东都洛阳立德坊、会节坊和南市西坊(见《朝野金载》)也有祆祠;凉州、伊州等边地亦有多处祆祠。又据韦述《西京新记》所载,长安礼泉坊"十字街之东"有"波斯胡寺",这是在波斯王卑路斯的奏请下唐朝皇帝特批建立的。因为祆教在当时是波斯的国教,所以这里卑路斯奏请建立的"波斯胡寺",很可能也是祆祠。唐朝政府规定,各处祆祠,每年可以按时祭奉二次。其时颇为热闹,《朝野金载》说,祆教祭奉之时,"胡商祈福,烹猪羊。琵琶、鼓、笛、酹歌醉舞"。唐教坊曲有"穆护砂",原来便是祆教穆护曲的煞尾。其信奉者全为异域的侨民,汉人信奉者极少。

唐武宗会昌五年(845年),祆祠与大多数佛寺一道被毁。祆教、景教及摩尼教徒还俗的有三千多人,但祆教仍被一些人所信奉;1955年冬,陕西省文物管理协会在西安西郊土门村附近发现一汉文与波斯婆罗钵文合刻的苏谅妻马氏墓志。③ 墓志上使用祆历,并以祆教善神为死者祝愿,说明苏谅及其妻马氏皆为祆教徒。苏谅妻马氏死于咸通十五年(874年)二月,上距武宗会昌五年火佛之举,相差近三十年,可见在祆祠被毁以后,祆教仅在唐代的一些波斯或西域人中流行。一直到北宋,祆教仍在一定的范围内流行,北宋张邦基《墨庄漫录》卷四载,宋时镇江尚有祆教祠,可能仍有人信奉;开封城北有祆庙,庙祝姓史,自唐末开始,即世代为祝。另外,祆教仍在西北地区流行,一直到十世纪,如高昌、于阗等地都有祆教

---

① 《魏书》卷十三。
② 见唐书述《西京新记》、宋敏求《长安志》等书。
③ 《考古》1964年第9期:《西安发现晚唐祆教徒的汉、婆罗文合壁墓志》。

寺庙。

祆教的流行,对唐代社会也产生了一些影响,尤其是祆祠较多的地区,如《新唐书·李暠传》所载:当时太原一带有人按祆教之法,人死后不埋葬,而是丢弃在郊外任凭鸟啄兽食,名其地为"黄阬",那里有狗数百头,习惯于吃死人肉。这种方法,引起了一些人的不满,但当地官吏也不敢禁止。李暠来了以后,将群狗全部捕杀,规定了严格的禁令,才除掉了这种风俗。按史书记载,这种风俗,即是祆教的习俗之一,由此可见唐时祆教流布之广以及对唐代社会的影响了。

二、景教

景教,是基督教的一个教派,即聂斯托利派,五世纪时由叙利亚人聂斯托利创建。后被宣布为异端,在东罗马受到排斥,该派遂向东发展,在波斯受到波斯国王的支持。他们在波斯建立总教会,向西亚和中亚传播教义。前后成立了一些大主教区,负责西域一带的传教工作。景教不用偶像,教士分为八级,除主教以上三级外,其余都可娶妻,这是它的特殊之处。

景教传入中国的具体时间不详,据《大秦景教流行中国碑》①的记载表明:唐贞观九年(635年)波斯僧阿罗本抵长安传布景教,唐太宗派房玄龄至西郊迎入宫内,译经传教,时称波斯教。贞观十二年(638年),唐太宗下诏说:"道无常名,圣无常体,随方设教,密济群生。波斯僧阿罗本远将经教来献上京,详其教旨,玄妙无为,生成立要,济物利人。"因此在长安义宁坊建波斯寺一所,收景教信徒二十一人。到唐高宗时,又在诸州建景寺(波斯寺)多处。从现有的记载看来,当时全国波斯寺颇多,《大秦景教流行中国碑》稍带夸张的说:"法流十道,一寺满百城。"唐代长安除义宁坊外,礼泉坊和布政坊也有波斯寺。洛阳修善坊和其他许多州府皆有波斯寺。景教初入唐朝,因阿罗本是从波斯来的,因此景教僧侣,被称为波斯僧;景教寺院被称为波斯寺。随着景教的传播,唐人逐渐知道景教与基督教的关系,所以,天宝四载(745年),唐玄宗下诏令说:"波斯经教,出自大秦,传习而来,久行中国,爰初建寺,因以为名。将欲示人,必修其本。

---

① 此碑于唐德宗建中二年(781年)建立于大秦寺,后被埋入地下。明天启五年(1625年),在西安被发掘出来。现存西安碑林。

其两京波斯寺,宜改为大秦寺。天下诸府郡置者,亦准此。"①也就是说,为了正名,命各地的景教寺,一律改为大秦寺。大秦即罗马,基督教自公元 392 年成为罗马的国教,而景教只是基督教的一个教派。

景教在中国的传播,颇得力于皇帝的支持。唐太宗派人亲迎阿罗本前来传教,并允许其建立寺庙,度人为僧;高宗又特许景教在各州建立寺院;玄宗开元时,曾命宁国等五王亲至景教寺院受洗礼,建立坛场,并亲自为景寺题额,后又为景教正名;肃宗时,景教僧伊斯随回纥、大食军来华,供职于唐代名将郭子仪手下,得以和肃宗接近。《大秦景教流行中国碑》说他官至金紫光禄大夫、试殿中监的从三品高官。他曾向肃宗进言,重建了灵武等五郡的景寺;他热心于宗教事业,"能散禄赐,不积于家",为修建景寺出了大力。代宗也很看重景教,每逢生日,都要向景教僧侣赐天香、颁御馔,待遇等同于佛教僧侣。景教的信徒有不少是汉人,他们大多是贵族或官僚,如唐朝大臣郭子仪等便很信奉景教,故《景教碑》有这样的文字:"和宫敞朗,遍满中土。"可见,景教在当时已颇有影响。到了唐武宗会昌五年(845 年),景教与其他宗教一道遭到禁绝,波斯人中的景教徒纷纷前往广州,那里又成了景教徒的聚集地,三十年后,黄巢攻入广州,外国人遭到驱杀,景教从此绝迹。

《大秦景教流行中国碑》,建于唐德宗李适建中二年(781 年),是至今留存的研究景教的最重要的文物。该碑记述了基督教教义,详细记载了景教传入中国,以及在中国发展的经过。碑下端中部刻有一段古代叙利亚文字,用希腊纪年法,写明了建碑的时间;又写明了建碑的地点和主持建碑的长老姓名。碑侧、碑边以古叙利亚文和中文合璧刻写僧名七十余人,其中有撰写此碑的景净、第一个传教到中国的阿罗本、曾在兴庆宫宣讲景教法理的佶和、在唐政治上颇有地位并曾对灵武一带景寺建设出过大力的伊斯以及主持建碑的耶质蒲吉等。这是研究中西文化交流的十分珍贵的一件文物。

三、摩尼教

摩尼教,在中国亦称明教、末尼教或明尊教。该教是公元三世纪,由波斯人摩尼创立的,它吸收了祆教、基督教、太阳神教等教派的思想而形

---

① 《唐会要》卷四九。

成自己的教义。它宣扬善恶二元论,主张光明与黑暗两相对立,声称摩尼为光明的代表。它认为世界正处于光明与黑暗斗争的阶段,因此,人们应当起来助明斗暗。其教规很严,要求教徒不嫁娶、不肉食、不饮酒、不祭祖、死后薄葬,每年有四分之一的时间绝食,得病不服药①。摩尼教创立后与祆教发生矛盾,公元 272 年,摩尼被波斯王巴拉姆一世处死,该教在波斯被禁绝,教徒多逃往中亚及印度,此后便在西域一带流行。

武后延载元年(694 年),波斯人拂多诞携摩尼教《二宗经》来到唐朝,摩尼教正式传入中国。② 拂多诞是摩尼教经师,汉译为"知教义者",他所带的《二宗经》是摩尼所著的摩尼教的基本经典。开元七年(719 年),吐火罗国献一名通解天文的摩尼教师(慕闍),希望借此推动摩尼教的传布。后在长安、洛阳等许多地方建立了摩尼教寺院。开元二十年(732 年),唐朝廷下诏,一面认为摩尼教"诳惑黎元",因此应该严加禁断;另一方面又允许"胡人"自行信奉:"既为西胡师法,其徒自行,不得科罚"。这就是说,汉人不得信奉此教,而西域人却仍可依旧信奉,朝廷不加干涉。

中唐以后,摩尼教又在唐朝流行起来,其在中国的广泛传播,颇得力于回鹘的势力。安史之乱,回鹘兵助唐平叛,攻占洛阳后,回鹘毗咖可汗受到摩尼法师的教化,遂不信佛教,而改信摩尼教,后携睿息等四名摩尼教师回国。这四名摩尼僧至回鹘国,"阐扬二祀,洞彻三际",③"开正教于回鹘",即在回鹘广泛传教。逐渐使摩尼教成为回鹘的国教,可汗亦自称是"摩尼化身"。因为回鹘助唐平叛有功,受到唐朝的特殊待遇,摩尼教借势,更加流传于唐地,长安的回鹘摩尼教徒也日益增多,有不少汉人也信奉摩尼教。大历三年(768 年)唐朝正式批准信奉摩尼教的回鹘可以在长安建立摩尼教寺,并"赐额大云光明寺"。三年以后,又在回鹘的要求下,于荆州、扬州、洪州、越州等地建摩尼教寺。过了三十余年,又在回鹘使者的要求下,在洛阳、太原建了三处摩尼寺。摩尼僧在回鹘的政治地位很高,俨然是回鹘的国策顾问,因此他们能经常随回鹘使者前来长安,长

① 《佛祖统纪》:"男女不嫁娶,互持不语,一病不服药,死则裸葬。"《国史补》:"其法日晚乃食,敬水,不茹荤,不饮乳酪。"
② 见《佛祖统纪》卷三十九。
③ 二祀、三际:即摩尼教义。二祀,指明暗之说;三际,指过去、现在、未来。

安便需建寺接待。① 摩尼在长安还曾参预过胡商的投机买卖。② 贞元十五年(799 年)四月,因为久旱无雨,曾令摩尼师祈雨。③

唐武宗时,回鹘破亡,依附于回鹘的摩尼教也受到打击。公元 842 年,荆、洪、扬、越诸州摩尼寺被封闭;公元 843 年,长安、洛阳、太原的摩尼寺庄宅钱物被没收,京师处死女摩尼七十余人,存者发配各地。但摩尼教并未彻底禁绝,《闽书》记载因北方无立足之地,有人继续到福建一带传教,一直到宋代,该教仍在民间流行。

摩尼教对唐末、五代的农民起义也产生了一定的影响。明暗相斗的说法,对贫苦百姓有一定的吸引力,被农民起义领袖用来动员民众,唐末、五代时开始发展的明教就是由摩尼教演变成的秘密结社。五代时的毋乙、董乙等人也是利用摩尼教来号召民众,发动起义的。一直到清代,摩尼教对许多秘密的宗教组织都有影响。

四、伊斯兰教

伊斯兰教,为阿拉伯人穆罕默德所创。公元 651 年(永徽二年),伊斯兰教徒所建大食国,即遣使来到唐朝。在此之前,已有大批大食商人陆续来到中国。据波斯人努尔丁的记载,七世纪中倭马亚朝时代初,什叶派遭迫害,很多什叶派穆斯林就逃到中国,"在长安做了牙客"。开元初,大食又曾派使者前来中国。安史之乱,唐朝亦用大食国兵,以收两都,④他们后来有不少人在中国落了籍,但仍信奉伊斯兰教。由于使者经常前来,加之阿拉伯商人和大食兵士的留居,伊斯兰教在唐朝亦逐渐流行起来,伊斯兰教徒也不少,在长安、扬州、广州、泉州等地,都建有清真寺。广州的怀圣寺(又名光塔寺)相传为唐代所建,是最早的伊斯兰教在中国的遗迹。

唐代的伊斯兰教在大食人聚集的地方特别流行。除了长安,阿拉伯、波斯穆斯林多集中在唐代东南沿海,当时有一种称为"蕃坊"的政教合一的组织形式,穆斯林商人在经营之余,也从事着传教的 工作。著名的伊斯兰教徒瓦哈伯,即曾在广州传教。穆罕默德弟广二贤传教于扬州,三

---

① 《唐国史补》:"回纥常与摩尼议政,故京师为之立寺。"

② 《新唐书·回纥传》:"摩尼至京师,岁往来西市,商贸颇与囊橐(勾结)为奸。"

③ 《唐会要》。

④ 《旧唐书·大食传》。

贤、四贤来泉州传教,卒后葬于灵山。[①] 唐朝政府很尊重阿拉伯商人的崇教信仰和风俗习惯。唐宣宗时,大食人苏莱曼来中国经商,写下了《苏莱曼东游记》,书中记广州的情况说:"中国皇帝派一个回教徒,办理(已得到中国皇帝允许而)前往该处经商的回教徒的诉讼事务。每当节期,就由他领导着大家行祷告礼,宣诵训词,并为回教国的苏丹(国王)求福。"皇帝亲自委派伊斯兰教官员,来负责伊斯兰教徒聚集地区的宗教事务,可见唐朝政府对该教的重视。中唐以后,随着大食和波斯商人的不断涌入,加之,穆斯林与汉人的通婚,中国的伊斯兰教徒数量相当多。如乾元元年(758年)发生广州之乱,"波斯与大食同寇广州,劫仓库,焚庐舍,浮海而去",[②]其中想来有不少即是伊斯兰教徒。受其影响,有不少汉人亦开始信奉伊斯兰教,其中多为与伊斯兰教徒通婚的唐朝妇女和他们的子女,当然也有一般的百姓。伊斯兰教的一些风俗习惯也必然给阿拉伯和波斯商人聚集的地区带来影响,他们的一些生活用品,也会随之传入中国,如1980年,扬州出土了一件唐代阿拉伯文背水瓷壶,壶的正面有一组阿拉伯文,泽为"真主最伟大"。这正为唐代伊斯兰教的广泛传播提供了珍贵的实物例证。

第二节　佛教的兴盛

佛教自汉代传入中国,经过魏晋南北朝的漫长时间,得到相当广泛的传播。佛教在中国的地位,于六朝时渐臻稳固。隋文帝继周武帝禁断佛教后,又力倡佛教。他即位初期,便令天下人,可以随便出家事佛,又令计人口收钱,营造经像,当时京城及相州、洛阳、并州等大城市,专门设有写经之处,由政府出资承办,民间所有的佛经,比六经多出数十百倍。佛教因此而再度兴盛,而至唐代则达到了发展的峰顶。

唐朝时,因为国力强盛,中外交通十分发达,许多中国僧人去印度求法,据义净《求法高僧传》,自贞观至武后,由海路和陆路前往印度求法者,就有五十余位。同时,东来的佛学大师也不少,如印度的名僧善无畏、

---

① 　何乔远《闽书》。
② 　《旧唐书·西域传》。

金刚智三藏、不空三藏等也都来到唐朝。随着中外高僧的来往,大量佛经传入中国,如高僧玄奘于贞观初去印度求法,历十七年才回国,带回大量佛经,后译出经论七十五部,共一千三百三十五卷。稍后于玄奘的义净于咸亨二年(671年)冬由南海出发,在外滞留二十余年,证圣元年(695年)始返洛阳,后译出经论六十一部,共二百三十九卷。其他如玄宗时的惠日三藏、慧超、悟空等,也先后前往印度取经。大量佛经的传入,对佛教的发展和传布起了重要作用,从而在中国形成了许多新的宗派,如法相宗、华严宗;一些宗派得到了新的发展,如禅宗;此外如天台宗、密宗、净土宗等也相应地得到发展和传布。

佛教在唐代的兴盛,首先得力于最高统治者的支持。唐高祖早年颇信佛法,太宗九岁时,高祖曾为他祈疾造像;隋末起事之初,高祖还曾在华阴祀佛求福。唐太宗和唐高宗分别作《大唐三藏圣教序》和《序记》,宣扬佛法。高宗武周时期,沙门法明、怀义等十人向武则天进献《大云经》,陈符命,宣称武则天是弥勒佛的化身,应当代唐作阎浮提主。武则天遂下诏,令各州及长安、洛阳各置大云寺,每寺收藏一部《大云经》。武则天还令在全国各处营造大像。义净由印度归来时,她曾亲至东门迎接。中宗也经常到佛寺礼佛,景龙中,又令各地广建佛寺,统名之为"龙兴寺"。中宗与韦后还曾率子女皇戚下发入塔,供奉舍利,以表对佛的信仰。玄宗以后,诸帝仍信佛法,肃宗、代宗在宫内都设有道场,养了数百个和尚在里面早晚念佛。每当边地有外族入侵,则令群僧讲诵《仁王经》,"以驱穷寇",实在荒唐可笑!宪宗时,曾命人于凤翔法门寺迎佛骨,敬宗、宣宗也都信奉佛法。懿宗时,再一次迎佛骨。由于最高统治者的提倡,佛教在唐代十分兴盛。

安史之乱以后,有许多贵族官僚更为信佛,如元载、杜鸿渐、王维、王缙是其中较为突出的。王维"居常蔬食,不茹荤血,晚年长斋,不衣文彩";又在长安"日饭十数名僧,以玄谭为乐"。[①] 临死时,将所居辋川庄舍为佛寺。王缙在代宗朝为大官,他力劝代宗设内道场。他妻子死后,即将住宅舍为佛寺,名为宝应寺,每当各地大官进朝奏事,他便请他们到宝应寺参观,旁敲侧击地劝他们出钱,来帮助自己修缮宝应寺。在他的推动

---

① 《旧唐书·王维传》。

下,长安到处都有佛寺、精舍。其他公主、外戚、官僚亦多有信佛者。《资治通鉴》说当时人们信奉佛教的情况是"中外臣民承流相比,皆废人事而奉佛,政刑日紊矣。"崇佛成为唐代的一种社会风气,这也反映在日常生活中,比如人死后七七和小祥、大祥等场合,都要营斋请僧人参加;僧人还要参加殡葬仪式并为死者举行"十念"仪式,所谓"十念",即念十遍佛。唐代虽然中间也曾发生过禁佛的事,但此风并未因此而减弱,当然也有一些有识之士对此表示不满,但其结局往往十分凄惨,最为著名的当推韩愈了。唐宪宗元和十四年(819年),皇帝遣使迎佛骨,韩愈上了《论佛骨表》,险些丧了命。事情是这样的:长安西凤翔有个法门寺,寺内有个护国真身塔。据传塔里有佛祖的一节指骨,三十年开一次塔供人瞻仰,就可以"岁稔人泰"。元和十四年正月,宪宗派人手持鲜花到法门寺,把这节指骨迎入皇宫供了三天,又送到长安各佛寺供人们瞻拜。这在当时是一件大事,自然全城轰动,《新唐书·韩愈传》说"王公大人奔走膜呗,至为夷法。"①不仅王公大人如此,就是一般的豪绅士女也作了充分的表演,《杜阳杂编》记当时的情况说:"京城耆耋士女,争为送别(指将佛骨送还凤翔法门寺),执行相渭曰:'六十年一度迎真身,不知再见,复在何时?'即伏首于前,呜咽流涕。"韩愈所上的谏表中,这样描写佛教信徒的狂醉之态:"焚顶烧指,千百为群;解衣散钱,自朝至暮;转相仿效,惟恐后时;老少奔波,弃其业次。"甚至有"军卒断左臂于佛前,以手执之一步一礼,血流洒地。至于肘行膝步,啮指截发,不可胜数"。(《杜阳杂编》)正是因为对这种情况十分反感,韩愈才上了《论佛骨表》,其中心思想就是说,拜佛是一种愚蠢的行动,佛并不能保佑人们长生,自佛传入中国以后,信佛的皇帝都没有好下场,信佛越厉害,皇帝的福寿越短,因此佛是根本不值得信仰的。因此他提议:"以此骨付之有司,投诸水火,永绝根本,断天下之疑,绝后代之惑。"在看韩愈的上表之前,宪宗对群臣说:"我夜里看到佛骨大放光明。"群臣听后,都伏在地上向宪宗叩贺,说这是难得的吉兆,只有韩愈一人不表祝贺,宪宗心里十分生气。待看过《论佛骨表》,宪宗跳了起来:"韩愈是个臣子,竟敢口吐狂言,只有杀了他才能解我心中之恨!"若不是

---

① 所谓"夷法",指竞相施舍钱财以及"烧项、灼臂而求供养"。即韩愈谏迎佛骨表之"断臂脔身以为供养"。

韩愈一些在朝任官的朋友为他求情,韩愈就会被立刻斩首,最后他还是受到了严厉的惩罚,被流放到偏远的岭南去当潮州刺史。当他前往潮州经过蓝关的时候写了一首诗,题目叫《左迁至蓝关示侄孙湘》,其中有"一封朝奏九重天,夕贬潮州路八千。欲为圣明除弊事,肯将衰朽惜残年"之句,其感情是十分沉痛的。从迎佛骨和韩愈被贬这两件事上,我们一方面可以了解佛教在唐代的盛行情况,另一方面也可以看出,当时崇佛的势力很强,若是对此提出异议,难免要以身家性命为代价。

佛教的流行,使其从思想上俘虏了一批中国人,他们成为佛教的信徒和奴仆,不论是在生活、礼仪还是思想上,他们完全与天竺佛徒同化,甚至自称为佛子释种,不再承认自己是唐朝人。对多数百姓来说,佛教主要是在思想上产生了重要影响,尤其是佛教所强调的因果报应、与世无争等思想对唐朝一般士庶的影响是巨大和深刻的,晚唐诗人杜牧在《杭州新造南亭子记》里说:佛经宣扬因果报应,说只要能事佛,就可免罪得福,即使做尽了坏事,只要自知有罪,捐出一些财物,便能求得佛的保佑,成为无罪之人。因此有些穷人穷到幼子饿得啼号,偶然得到百钱,却必召一个和尚吃斋,希望得到佛的救助,有一天获福。而与世无争,逆来顺受的思想,使一般百姓不敢与恶势力抗争,其危害是不言自明的。从这个意义上说,佛教是"精神麻醉剂",其主要作用是麻痹人民的思想,无疑是正确的。

中国士大夫本来有两种思想来源,即儒家思想和道家思想,佛教的影响最初并不是主要的。唐朝的时候,佛教中发展起禅宗一派,它吸收了儒家的一些观点,成为适合中国士大夫口味的佛教。中唐柳宗元《送僧浚归淮南序》说:"金仙氏(佛)之道盖本于孝敬而后积以众德,归于空无";《送如海弟子浩初序》说:"浮图诚有不可斥者,往往与《易》《论语》合……不与孔子异道。"可见,即使像佛教这样"神圣"的东西,要想在唐人,尤其是唐代士大夫的思想领域中占有重要地位,就必须经过改造,以适应唐人的需要,否则便不会有市场。具体地说,就是要儒家化,要与中国传统的儒家思想调和,这时的佛教,早已不是照天竺原样搬来的任何佛教宗派,而是中国化了的佛教。因为它与道家、儒家在思想上基本一致,那么它便成为中国士大夫的又一个思想来源,即使像排佛最坚决的韩愈,在潮州(今广东潮安县)与大颠禅师往来,也认为他"颇聪明识道理"。这里所说的"道理",当然是指儒家的道理。佛教的儒学化,使它不仅能在唐朝这块土地上存在和发展,而且其影响也日益深刻。当时的一些知识分子,往往在信守儒家思想的同时,也信奉佛家思想。在他们的思想中,佛家与传统的道家思想也是相通的。从而形成了一种能进身则标榜儒家思想,仕途不畅则自称佛道信徒的思维模式。佛教往往成为他们逃避现实的"圣洁"之地。王维正是这样一个典型,他前期抱着"达则兼济"的理想,对当时权贵敢于提出批评和不满;后期觉得无所作为,转而对现实抱"无可不无可"的态度,每"退朝之后,焚香独坐,以禅诵为事"。他曾赋诗说:"一生几许伤心事,不向空门何处销?"最后成为一个纯粹的佛教徒。白居易也可以算作一个代表,他前期进入仕途后,因看到朝廷的腐败和官僚的卑鄙,十分忧虑,曾与元稹等一道商讨澄清政治的对策,并和宦官及贪官污吏作了一定程度的斗争,后来更屡次上书请求革除弊政,还写作了许多"救济人病,裨补时阙"的讽喻诗。但是,在不断的打击和迫害下,白居易在江州司马任上开始信奉佛教,他在江州庐山香炉峰下东林寺边筑起草堂,修仙学佛,消极思想滋长。他晚年又修香山寺,自号香山居士。信奉佛教,固然使一部分知识分子洁身自好,不与黑暗势力合作,但同时也为他们逃避现实提供了理论和心理依据,其结果只能是任凭恶势力为非作歹,这时,他们已经不只是知其不可为而不为,而是根本就不去想有所作为了。这种消极处世的思想,对唐及唐以后的士大夫造成了极坏的影响。

因为佛教流行,所以寺庙在全国各地几乎处处可见,仅扬州就有四十余所,其他地方亦可想而知了。唐穆宗时舒元舆在《重岩寺碑序》中说,合天下摩尼、大秦、火祆之寺,"不足当释寺一小邑之数"。同时,僧尼越来越多,寺院占有的土地和劳动人手也越来越多。据史料记载,唐玄宗时有佛寺五千三百五十八所,僧七万五千五百二十四人,尼五万零五百七十六人,仅开元二年(714 年),朝廷令天下僧尼中"伪滥者"还俗的就有三万余人;唐武宗时禁断佛寺,毁寺院四千六百余所,勒令还俗者二十六万人,放出寺院的奴婢为两税户者十五万人,良人被奴役的比僧尼加倍约五十万人。每个寺院有自己的僧律、僧兵、僧产,不受国家律令的约束,也不负担国家的赋税徭役,这不仅与封建政府在经济利益上产生了矛盾,而且加重了人民的负担,也造成了社会财富的巨大浪费。唐文宗曾对宰相说,古时三人共食一农人,今加兵佛,一农人乃为五人所食,其中吾民尤困于佛。范文澜同志指出:"上层僧徒过着安富尊荣的寄生动物生活,是剥削阶级里从外国搬来的一个新剥削阶层。"①因此,唐德宗时有人奏称:"凡富人多丁,率为官为僧,"可见官与僧已经成为富家子弟的两条出路,这种僧当然是上层僧徒。孙樵《复佛寺奏》:"若群髡(音坤,僧徒)者所饱必稻粱,所衣必锦縠,居则邃宇,出则肥马,是则中户不十,不足以活一髡……"辛替否《谏兴佛寺奏》里说得更明白:"十分天下之财而佛有七八。"对照史书的其他记载,这并不是夸大之辞。

总之,对佛教的传入与流行,应该给予一个客观和辩证的评价,就佛教本身来看,它的作用主要是麻痹人民的思想,是消极的,同时给社会和人民带来了许多危害,但伴随着佛教的传入,它的哲学思想、文学、艺术等,对中国文化也产生了一些不应忽视的积极的影响。中国文化吸收了佛教文化,丰富了自己,并得到促进和发展。只有站在历史的高度,运用历史唯物主义和辩证唯物主义的观点,才能对佛教在唐代的流行与影响有一个清醒和准确的认识。

第三节　与佛教有关的几种社会风俗

佛教在唐代的流行,不仅影响了人们的思想和心理,也影响了中国的社会风俗,金宝祥同志曾专门著文加以论述,②我们这里即主要参考他的研究成果,结合其他相关材料,对与佛教有关的几种社会风俗作些简单的介绍。

一、寒食扫墓

寒食扫墓是唐代典型的风俗之一,其渊源来自佛教的扫塔。我国古代,在封建帝王和贵族王公的陵墓旁边,往往设有专供祭奠的庙园寝殿,而一般百姓,除将亲人埋葬外,没有扫墓的风气。佛教里,有扫佛塔的习俗。随着佛教由印度经西域传入中国,一些佛家习俗,也随着佛教经义传入中国。在中国的佛家子弟,接受了定期扫佛塔的习俗,渐渐地影响于社会风俗,在唐代出现了扫墓这一社会习俗。唐玄宗开元二十年(733年),曾下"许土庶寒食上墓诏",诏书中说:寒食扫墓,这在中国经典中是没有

---

① 《中国通史》第四册。
② 《唐史论文集》,甘肃人民出版社,一九八二年八月,第一版。

记载的,但是近年以来,这种风气十分兴盛,已经形成为一种社会风俗。士庶百姓,可以借寒食扫墓以表思亲之情。所以,从今允许百姓上墓拜扫,并将其编入五礼,永远实行。① 永贞元年(805年)柳宗元被贬永州司马,曾对别人说:我家祖墓在城南,近来百姓颇兴寒食拜扫之礼,可我已经有四年未去祖坟扫墓了。所以,每当逢着寒食节,我便忍不住面向祖坟的方向而痛哭。② 可见寒食扫墓在唐代是一种新兴起的风俗,而很快又为一般人民所接受。顺便说一句,寒食扫墓的风俗形成不久,有人在祠祷时始焚纸钱,以求祖先保佑,后来寒食扫墓时焚纸钱也就成了一种社会风俗。③

二、割股疗亲

割股疗亲,也是唐代的一种新奇风俗,这种风俗的流行,与印度佛教中关于舍身供养和医理方药的传说有直接关系。

据《新唐书·孝友传》记载,唐代有一个叫陈藏器的人,著有《本草拾遗》,其中说人肉可以"治赢疾",有些人听了他的话,父亲有病则割股肉而进。武则天时人王有贞,母亲生病,医生说需食人肉病才能好,王友贞割股以进,他母亲的病果然好了。④ 其他同类记载还有很多。⑤ 所谓"割股疗亲",其实是一种很残忍而又没有科学根据的传说。它的渊源是印度佛教中的种种神话。据《法苑珠林》引《涅盘经》和《弥勒所问本愿经》说:佛祖释迦牟尼未成佛时,为了达到成佛的目的,曾用自己的血肉作为方药,来医治病人。随着佛教的东传,这种神奇传说,亦传入中国,经过几百年的积渐薰染,到了南北朝时期,随着佛教势力的兴盛,舍身供养也为一般人所信仰和仿效。有的也是在外力逼迫下仿效的,如《宋书·张邵传张畅附传》中说张畅的儿子张淹,在作东阳太守时,竟"逼郡吏烧臂照佛"。逐渐的,舍身事佛成为一种风气,本章第二节所叙述的法门寺迎佛骨中王公士庶的表现即为明证。唐以前,所谓割股,还只限于舍身供养;到了唐代才发生了根本的变化,由舍身供养转化为割股疗亲。金宝祥同志认为

---

① 沼文见《全唐文》卷三十。
② 见《新唐书·柳宗元传》。
③ 见封演《封氏闻见记》。
④ 《新唐书·王有贞传》。
⑤ 如《新唐书·孝友传·侯知道传》:"有何澄粹者,池州人,亲病日重,澄粹剔股肉进。"《北梦琐言》:"母病,全启割肉以馈,其疾果瘳也。"

这时才把中国儒教孝亲思想与古代印度佛教的舍身医理之说合为一事，他还正确的指出："割股供佛以祈福，不如剖股疗亲以尽孝，更符合中国传统礼教。"由此可见，一切外来的东西，无论是好的，还是坏的；也不管是善的，还是恶的；是美的，还是丑的；只要它被输入中国，就一定会受到改造和加工，使之更适合中国百姓的心理和统治阶级的需要。由印度佛教传说中的舍身供养，到唐代割股疗亲的风俗，这个发展过程正说明了这个道理。

三、元夜燃灯

元夜（正月十五日夜）燃灯，是唐代又一新奇的风俗。在封建社会，统治阶级为了歌舞升平，粉饰现实，往往要在正月十五日夜，张灯结彩，并陈鱼龙百戏，自称"与民同乐"。但元夜燃灯这一社会风俗，不是突然出现的，寻根溯源，可以看出它直接来自古代印度佛教寓言中的所谓"大神变月"的燃灯礼佛。

中国历史上以正月十五日即上元为一个特殊的节日，并在当夜燃灯而有文献可考的，当开始于东汉明帝。当时，摩腾竺法东来传教，道家人物出而发难，于是，佛僧便与道士在宫殿里开始了一次法力比赛，僧人烧经像无损而发光，汉明帝闻之十分吃惊，便"令烧灯，表佛法大明"。[1] 佛教教义中把火光比作佛的威神，而灯火的照耀既可破人世的黑暗，又可表现佛的光明，以使人忘掉忧愁和烦恼。故而，灯便是佛教仪式中不可或缺的供具之一。据佛教传说，佛祖释迦牟尼示现神变、降伏神魔是在西方十二月三十日，而西方十二月三十日，正是中国正月十五日。古代印度，每逢这一天夜里，相传天雨奇花，寺塔舍利，皆大放光明，呈现出一片神灵变异的瑞像。这时，各地的僧众，都聚集在寺塔的周围，"树轮灯，散香花，奏乐礼拜，竞相供养"。随着佛教的传播，这一习俗亦随之传来，逐渐成为一种社会风俗。

魏晋南北朝，元宵张灯已成为社会风气，出现了许多歌咏灯彩的诗篇，较为著名的有梁简文帝的《列灯赋》、陈后主的《光璧殿遥吟山灯》等。这时的燃灯已不仅仅具有礼佛的意义，也具有了欢娱游乐的意思了。元宵燃灯，到唐代更成为一种歌舞升乎的活动，其间亦有西域僧人的推动，

---

① 宋高承《事物纪原》引《僧史略》。

100

《旧唐书·睿宗纪》说，先天二年(713 年)正月上元日夜，有西域胡僧向皇帝提出"请夜开门，燃灯百千炬，三日三夜"，"皇帝御延喜门观灯纵乐，凡三日夜"。当时在安福门外作灯轮高二十丈，"衣以锦绮，饰以金玉，燃五万盏灯，望之如花树"，①这里高二十丈的灯轮即来自西域。唐代张说《十五日夜御前口号踏歌辞》极赞西域灯树，其辞云："花萼楼前雨露新，长安城里太平人。龙衔火树千灯艳，鸡踏莲花万岁春。帝宫三五戏春台，行雨流风莫妒来。西域灯轮千影合，东华金阙万重开。"在统治者的倡导和佛教徒的推动下，在唐朝，元宵张灯更成为一项不可缺少的活动，它既是礼佛的需要，又是一种社会性的娱乐活动。参加的人数极多，《朝野佥载》记先天二年正月十五、十六夜，有这样的话："宫女千数，衣罗绮；曳锦绣，耀珠翠，施香粉。一花冠，一巾帔，皆万钱；装束一妓女皆玉三百贯。妙简长安、万年少女妇千余人，衣服花钗媚子亦称是，于灯轮下踏歌三日夜，欢乐之极，未始有之"。这是多么豪华、壮阔的场面！到开元年间，灯火的制作、布置越来越豪华，佛教意味渐渐淡薄而娱乐的意思越来越明显。《明皇实录》记，有一年玄宗在东都洛阳过元宵节，便大陈灯彩，"时有方都匠毛顺，巧思，结彩为灯楼三千间，高一百五十尺，悬珠玉金银；微风一至，锵然成韵，其灯为龙凤虎豹之状"。王仁裕《开元天宝遗事》也记道，杨国忠等人，每次上元夜，都燃红烛千炬，尤为奇者，"韩国夫人置百枝灯树，高八十尺，竖之高山上，元夜点之，百里皆见，光明夺月色"。由这几个突出的实例，我们可以想象唐代元宵时的红火情景了。

当然，元夜燃灯虽已成为一种社会风俗，但因为它与佛教有着天然的联系，因此，佛教的内容也免不了常常表现出来，唐代崔液《上元夜》诗中有"神灯佛火百轮张，刻象图形七宝装，影里如闻金口说，空中似散玉毫光"之句，即可说明这种情况。

以上，我们主要介绍了三种与佛教有关的唐代风俗，可能还有其他一些内容也属于这个范围，这里就不介绍了。②

---

① 《朝野佥载》。
② 这一节的观点和主要材料，皆来自金宝祥同志的《唐史论文集》。

第四节　宗教文化

这里的宗教文化,指的主要是佛教文化。所谓佛教文化,是指伴随着佛教而传入中国的与佛教有关的建筑、艺术、文学、因明学等文化内容,它们对中国文化产生了重要的影响,同时对人们的思想、心理以及社会风俗也产生了不应忽略的影响。下面分别加以叙述。

一、建筑

唐代佛教建筑,以寺院、塔和石窟为主。

寺院是僧众供佛和聚居修行的地方;佛塔起源于印度,亦称"浮图",原来是为存放佛的舍利①和经卷而修建的。后来成为佛的象征,也成为寺院的一部分。建于唐代而留存至今的佛寺,较为完整的只有两处,一处是山西五台县南禅寺大殿,建于唐建中三年(782年),是目前所知的最早的木构建筑。此寺较小,仅有三间小殿堂,殿内有佛像十七尊,大部分是唐塑,还有小石塔和石狮子,都具有唐代风格;另一处是五台山外豆村镇北十里处的佛光寺,这座寺院初建于北魏孝文帝时,后被毁坏,唐大中年以后,才重加修建。此殿有很高的台基,殿正面七间八柱,柱上有斗拱托着飞檐,上面为四坡屋顶,布局颇有气势。殿内有唐塑佛像三十余尊,还有唐代的壁画和题字。唐代的寺院很多,分布在全国各地,长安就有草堂寺、慈恩寺、荐福寺,兴善寺、青龙寺等多处寺院。草堂寺在今陕西省户县境内,是印度高僧鸠摩罗什灵塔所在地。荐福寺在今西安城南约三华里,原为献福寺,武后时改称荐福寺。唐僧义净从印度归来,曾在这个寺院里翻译佛经。寺内有塔,因比慈恩寺内的雁塔小,故称"小雁塔"。此塔建于中宗景龙元年(707年),共十五级,最上两级已颓倒,现只存十三级。小雁塔采用密檐式建筑,秀丽玲珑,风格独特。兴善寺在今西安城南约五华里,初建于隋文帝时,唐代多次修缮,后为西域佛僧主要的居住寺,也是当时长安城内译经的主要场所。西域僧不空曾在此寺传布密宗,这里便成为中国佛教密宗的发源地。慈恩寺系依隋朝无漏寺遗址而建,因为是高宗李治为追念其母长孙后修建的,故名"慈恩"。高僧玄奘曾在此寺从

---

①　舍利:指秆迦牟尼遗体火化后剩下的身骨。

事他艰巨的译经事业。寺内有塔,称为大雁塔,此塔仿西域制度建成,是玄奘用以保存由印度取回的佛经的古建筑。据说雁塔由玄奘设计创建,修塔时,玄奘还曾亲自担运砖石。长安元年(701年)武则天及当时的王公贵族又施钱重新修建。此塔原为十层,后经兵火,现只存七层,共一百九十尺。它通体呈方形角锥状,造形简洁,古朴庄重。塔身及枋、斗拱、栏额均为青砖仿木结构砌成。各层都有较高的塔身,中砌突出的塔柱,形似一个个开间,塔内有梯可盘旋至顶层。每层都有方形塔室,用以存经。四面门楣上有唐刻建筑图和佛像,正面两龛内有褚遂良书写的《大唐三藏圣教序》和《圣教序记》。唐代士子考中进士,按例要到这里题名,称为"雁塔题名"。唐代诗人常登此塔,故有不少吟咏此塔的作品,如章八元有《题慈恩寺塔》诗:"十层突兀在虚空,四十门开面面风。却怪鸟飞平地上,自惊人语半天中。回梯暗踏如穿洞,绝顶初攀似出笼。落日凤城佳气合,满城春树雨蒙蒙。"诗中生动地描绘出塔的高峻和作者登塔时的感受。岑参曾与高适、杜甫等一道登雁塔,他写下了《与高适薛据同登慈恩寺浮图》,其中有这样的诗句:"塔势如涌出,孤高耸天宫。登临出世界,磴道盘虚空。突兀压神州,峥嵘如鬼工。四角碍白日,七层摩苍穹。下窥指高鸟,俯听闻惊风。连山若波涛,奔凑似朝东。青槐夹驰道,宫馆何玲珑。秋色从西来,苍然满关中。"西安兴教寺内也有一方形密檐塔,是玄奘的墓塔,建于唐总章二年(669年);云南大理寺崇圣寺亦有塔,称为千寻塔,建于晚唐,此塔密檐多层,下面有方形座。除寺院与塔以外,唐代佛教建筑还有石窟。石窟在印度原是佛教僧侣的安身之处,一般开凿岩崖成一长方形,入口的地方有门和窗,窟的中央是僧侣集会的地方,两边是住房。后来发展为两种石窟:一种石窟里面雕着佛像,供人礼拜,称为"礼拜窟";另一种石窟专供僧侣修禅和居住,称为"禅窟"。有的石窟里面石壁上有雕凿的佛像;有的在中心石柱或石塔上雕造佛龛;有的石壁四面绘满了壁画。随着佛教的传入与发展,凿石窟、雕佛像、绘壁画以礼拜佛的印度佛徒的风气,也传入中国。中国自北朝开始有了石窟,如新疆的库车、高昌;甘肃的敦煌、天水;大同的云岗;洛阳的龙门;太原的天龙山;四川的广元、大足,都有许多石窟寺,其中有许多是唐代开凿的石窟,如云岗、龙门、敦煌石窟中都有唐代所建的石窟,以敦煌莫高窟为例就可以看出唐窟之多:莫高窟现存佛窟四百八十个,属于唐代的有二百一十三个,大约占百分之四十。又如甘肃永靖县积石山炳灵寺石窟,其中洞窟三十六个,佛龛八十八个,共有龛窟一百二十四个,属于唐代开凿的,就有一百零六个。由此可见,石窟的开凿,在唐代是个兴盛时期。

二、石窟艺术

佛教石窟,既是一种佛教建筑,又是一座精美的古代佛教艺术的宝库。我国的石窟寺,大致有两种类型:在石质可供雕刻的地区,如云岗、龙门等处,石窟中主要的艺术创作是石雕;在石质比较松脆的地区,如敦煌莫高窟、麦积山等处,由于石质不适合雕刻,所以这里石窟中主要的艺术创作是壁画和泥塑。[①]

敦煌莫高窟在今甘肃敦煌市东南二十五公里鸣沙山的断崖上,是世界上现存规模最大的佛教艺术宝库,堪称伟大的古画和雕塑的陈列馆。现存有壁画和雕塑的洞窟四百八十个,唐代开凿的约占百分之四十。隋代以前的壁画,主要描绘佛本生故事,宣扬忍辱和自我牺牲;唐代壁画以经变题材为主,占最大的面积,其中有弥勒经变、华严经变、楞枷经变,因为唐代净土宗风行,所以壁画中“净土变”最多,多达百余壁。“净土”是所谓的西方极乐世界,然而画中的亭台楼阁、奇花异草、歌舞伎乐,却正是现实社会王公贵族奢侈生活的表现,其中保留了不少唐代乐舞的珍贵资料,如二〇五窟(盛唐)北壁第二幅“西方净土变”中,两舞伎在方毯上相对而舞。又如一四八窟(盛唐),“经变画”中亦有乐舞场面,东壁北侧“东方药师变”,两舞者上身裸,下着裙,手持飘带,在方毯上相对而舞;前面有一对美音鸟(即迦陵频迦,人首鸟身)也相对起舞。乐队规模达三十四人。与之相连的东壁南侧“观无量寿变”,舞者二人,乐队三十人,手持各种乐器。佛教绘画中,有种说法图,画中绘出了菩萨、罗汉、天龙八部以及千手千眼观音、地藏菩萨等形象,这些佛教人物往往是艺术家们用现实生活中的人物为模特创作的,如菩萨,正是世俗妇女的真实写照,因此充满了人的气息而少“神味”。在经变和本生故事中,还自然和谐地插入了耕种、狩猎等生产和饮宴等生活场面,是研究唐代社会历史的形象材料。至于出资修窟的供养人像,更是当时现实社会各种人物的真实写照,如张议潮夫妇出行图,描绘了舞女、乐队、卫士、车骑、骆驼等杂然并陈的场面,是

---

① 范文澜《中国通史》第四册。

一幅辉煌的杰作。① 石窟壁画中还有不少西域和中亚各族王子、商人，他们的服饰相貌，各不相同，如初唐二二○、三二五、三三二等窟和盛唐一○三窟的壁画中，即有深目高鼻长髯、头顶椎髻、裸体的人物，他们斜披巾，著短裤，绫锦缠腰，近似印度人；有的面貌紫黑，拳发，裸体，跣脚，披巾，短裤，项饰珠宝璎珞，手脚均佩环钏，一望可知为南海各国的人物。壁画中的飞天，最为奇特，它忽上忽下，左右回旋，在天空中自如的飞腾，给人一种洒脱、自由的感觉，富于动态，充分地表现出当时画工的匠心独造。"飞天"即"香音神"，印度称为"犍他婆"，是能奏乐善飞舞的神，佛说法时散花舞蹈，即"天雨花"。飞天的形象以唐代为最美，如二二○窟（初唐）北壁的飞天，戴宝冠，披洒花长带，左手托莲花，右手高举过头，线条柔和，舞姿安详。② 莫高窟里还有唐代泥塑六百七十个，这些唐塑与壁画交相辉映，成为一个完整的艺术整体。有些石窟，佛及弟子、菩萨、天王是唐塑，这些唐塑，同样来自世俗社会的人物形象，比如天王力士，戴盔穿甲，刚猛威武，劲健雄壮，正取材于那些英勇无畏的唐代武士的形象。艺术家们创造佛、迦叶、阿难等，无一不是参考了现实社会中各种人物的形象和性格，因此他们塑造的人物都很有特色，绝不雷同。

龙门石窟位于河南省洛阳市南郊的龙门口。龙门两山的石质宜于雕作，这便为龙门石窟得以大规模开凿创造了条件。龙门石窟卅凿于北魏，而其最盛时期是唐朝，唐朝所开的石窟、石龛，约占总数的百分之六十以上。

龙门石窟中最大的洞窟是奉先寺，它是唐窟中最有代表性的一处洞窟。这座石窟的开凿，受到了武则天的支持和赞助，其中卢舍那佛座北侧的石碑《河洛上都龙门山之阳大卢舍那像龛记》上记载，此窟开凿于高宗咸亨三年（672年），当时武则天还"助脂粉钱两万贯"。龙门石窟的特点是，窟形比较单纯，少有变化，题材趋向简洁集中，相对地突出主像，隋唐时的主像，大都是阿弥陀佛、弥勒佛，也有卢舍那佛、优填王等。其形制有的极为高大，如奉先寺，开元十年（722年）有铭记说："佛身通光座高八十五尺，二菩萨七十尺，迦叶、阿难、金刚、神王各高五十尺。"可见其规模确

---

① 此画在敦煌一五六洞。
② 《文物》1982 年第 12 期：《敦煌壁画和唐代舞蹈》。

实不同一般。龙门石窟的造像艺术也呈现出世俗化的趋向,主像大多嘴角上翘仿露笑意,穿着汉式服装,很有世俗气。奉先寺唐代卢舍那像龛的群像,好像是当时的君臣披上了袈裟,从宫廷移至佛场:本尊卢舍那佛似帝王;二菩萨似妃嫔;迦叶、阿难似文臣;金刚、神王如武将,他们脸上带着几分尊严,又带着几分"笑意",俯视着芸芸众生。另外,龙门石窟还保留了其他一些艺术珍品,如龙门二十四品、五十品,以及唐代褚遂良书伊阙佛龛之碑,都是无价之宝。

其他各处的唐窟,也都很有特点,比如炳灵寺的第八十号窟北面的文殊像,端坐于两个菩萨之间,显得既庄重又活泼,既富丽又朴厚,不愧是气韵生动的杰作;再如云岗石窟,在佛传和本生故事中,较多大型经变故事,不像龙门石窟那么明显地呈现出主像和胁侍群像。云岗的石窟造像,因为开凿较早,所以带有较多的外来影响,主像大都威严而显得冷酷。

总之,佛教艺术传入中国,也有一个发展过程,在前期还较多地带有印度的特点,不仅佛的形象具有印度人的特征,服饰是偏袒右肩和通肩式的,而且技法也有外来的痕迹,如早期雕刻多用平直刀法,后来才发展为圆刀法。隋唐时代,中华民族的艺术吸收和融化了外来的因素,佛教艺术便越来越具有了中国的民族特点。鲁迅曾说:"在唐,可取佛画的灿烂。"可见在唐代艺术中,佛教艺术是其中最杰出的代表,而敦煌的壁画和龙门的雕刻,又是最具有典型性的创作。

三、寺院壁画及其他

唐代佛教绘画十分流行,寺院壁画极多,如尉迟乙僧就曾在长安光宅寺的东菩提院内,画有《降魔变》等经变壁画;在慈恩寺塔下南门,画过以《千钵文殊》为题材的壁画;在兴唐寺和安国寺、大云寺,都画过菩萨、净土变等佛教题材的壁画。他画的《西方净土变》的壁画,以阿弥陀佛为中心,布陈治泼的乐舞,在装饰着花树禽鸟的七宝莲池周围,绘有人物数百人。此画虽是宗教题材,却充满了世俗气,是现实社会的一幅生活画卷。吴道子在荐福寺画有《维摩诘本行变》壁画,他的《天王送子图》表现的也是宗教题材。《地狱变相图》是他的一幅力作,据说此图虽未画出牛头马面的恶鬼,但整幅画的气氛阴森,看了使人害怕,由此可见他的画技是十分高明的。

唐代还有许多鎏金铜佛像,比如蓝田县和千阳县都曾发现这种铜像。

千阳县一次发现近百件通体鎏金的铜造像,其中有一坐佛,通高七厘米,螺髻,脸庞圆润,高鼻深目,形象端庄朴厚,十分生动。[①]

在雕刻方面,同样有佛教艺术,"如大慈恩寺塔中有阴刻昼,在大理石的弓形门上,镂刻着释迦如来在只园精舍中说法的情景,镂刻非常精巧。又如长安宝庆寺中有美丽的砖塔,名为花塔,刻有十多个精丽的半裸石佛"。[②] 这些雕刻,是唐代的名作,不仅内容上有许多佛教题材,而且在形式上,对唐代一般的雕刻艺术也有影响,如唐高宗太子李弘恭陵的石刻,就融合了佛教雕刻艺术,它别开生面地吸收了佛教艺术形式,如华表下部的莲花座、上部的仰覆莲花饰、顶部火焰宝珠以及石人的仰覆莲台台座,都是佛教特有的艺术形式。[③] 莲与佛教有密切的关系,据传说,当佛教徒念佛时,西方宝池中便会生出一朵莲花,如果佛教徒心诚,则此莲越开越大,所以莲被称为"佛门圣花",经常出现在佛教艺术中。恭陵墓道两旁有三对对面而立的石人,站在方座上。座为方形,上面凸出圆形覆莲,石人足下连带着圆形仰莲,两石相合,石人正好站在束腰仰覆莲台座上。这种形式,也是接受了佛教艺术的影响,将莲花佛座应用到陵墓石刻中来了。另外,帝陵四门列置石狮始于恭陵,石狮最早见于佛教雕刻中,用作佛前守护,是佛教艺术中常见的野兽。陵前置石狮,无疑也是受了佛教艺术的影响。

佛教文化对唐代社会其他一些生活用品的形制和装饰也有影响。如塔是佛教的产物,唐时便出现了按塔的形制制作的罐器,临潼关山唐墓中就曾出土一件塔式罐,这自然与佛教文化是有关系的。[④] 扬州近年发现了许多唐代的青瓷片,有的以宝相花、团形花、四瓣小团花、蔓草莲花、如意头形卷云纹为全体纹饰。[⑤] 这类纹饰在唐代的金银器、铜器和丝织品上也经常能够见到,它与佛教文化也是密切相关的。1983年,扬州发现一批唐代金首饰,其中有一件金栉,"栉上部满饰花纹,中间主线凸起,以卷云形蔓草纹为地,中心饰一组如意云纹,上方錾刻一对奏乐的飞天,身

---

① 《考古与文物》1984年第5期:《千阳县发现人批唐代鎏金铜造像》。
② 韩国磐《隋唐五代史》。
③ 《考古与文物》1986年第3期:《唐恭陵及其石刻》。
④ 《考古与文物》1982年第3期:《临潼关山唐墓清理简报》。
⑤ 《文物》1985年第10期:《扬州新发现的唐代肯花瓷片概述》。

系飘带,其一吹笙,另一手持拍板。卷云形蔓草纹周围饰一圈莲瓣纹带"。① 自然可以看出佛教艺术的影响。

四、变文

唐代新兴起一种文体,叫"变文",它和佛教的传布有十分密切的联系。为了使玄奥的佛理通俗化,招徕更多的信徒,和尚在传布佛经时,便用讲唱的方法,模仿佛经散文和韵文相结合的体裁,并且配有图画,来宣传佛教教义和佛教故事。这种讲唱,就是俗讲;而记录这种讲唱故事的文本,就叫变文。变文的结构是韵文和散文互相间错成文,往往是叙事用散文,而感叹、描写用韵文。

佛教传入中国以后,在魏晋时十分流行,当时出现了转读、唱导等讲经形式,这种形式较为活泼,便于一般听众接受佛理,因此渐渐地被僧人们广泛采用。到了唐代,因为佛教的兴盛和寺院的增多,讲经更成为佛事中一项必要的内容,从而出现了"俗讲"这种形式。因为俗讲的对象是一般百姓,所以它要求通俗、生动,而且要不断有所更新,这样才可能为人们所喜闻乐见。僧侣们为了达到扩大宣传范围和"聚敛财物"、充实"寺资"的目的,便精心选择富有故事性的佛教传说,加以通俗的讲唱。因为这种形式很受社会各阶层人士的欢迎和喜爱,于是便出现了一些专门从事俗讲的僧人。唐人段安节《乐府杂录》记载说,在唐长庆年间,有一位僧人叫文溆,他的俗讲十分成功,"俗讲僧文叙(溆)善吟经,其声宛畅,感动里人"。《因话录》里也记载了文溆的俗讲为一般百姓所欢迎的情况:"愚夫冶妇,乐闻其说,听者填咽寺舍,瞻礼崇奉,呼为和尚。教坊效其声调,以为歌曲。"不仅百姓,就是王公贵族也喜听他的俗讲,唐敬宗在宝历二年(826年)便曾到兴福寺,"观沙门文溆俗讲"。② 据日本僧人圆仁《入唐求法巡礼行记》所说,当时长安专门从事俗讲的和尚不少,其中左街有海岸、体虚,右街有文溆,而文淑堪称第一。唐代长安和其他地方的寺庙也经常有俗讲活动,韩愈的《华山女》描写这种热闹场面说:"街东街西讲佛经,撞钟吹螺闹宫廷"。

变文,是记录俗讲内容的文本,它的出现与绘画中的"变相"同时,至

① 《文物》1986年第5期:《扬州发现——批唐代金首饰》。
② 《资治通鉴》卷二四三。

中晚唐的时候,已经成为一种成熟的文体。唐郭湜《高力士传》中说唐玄宗在安史之乱后回到长安,百无聊赖,终日便是"讲经、论议、转变、说话",这里所说的"转变",即指转唱变文。变文的优点,是能接近群众而不失其自然及真切之美。由唐玄宗对变文的喜爱,可以推断,这种新文体在唐代中晚期一定十分流行。

俗讲最初只是寺院的一项活动,但在发展过程中,它逐渐向世俗的方向转化。首先,僧侣之外出现了一些新的讲唱者,他们是一批以转变为职业的民间艺人,其中还有妇女,如吉师老《看蜀女转昭君变》诗中说:"妖姬未著石榴裙,自道家连锦水溃。檀口解知千载事,清词堪叹九秋文。"这些民间艺人的讲唱,更密切了俗讲变文与社会的联系,受到普遍的欢迎。其次,与此相适应,讲唱和变文的内容也发生了变化,原来僧侣所讲唱的,主要是经文教义,如《维摩诘经变文》、《阿弥陀经变文》、《妙法莲华经变文》以及印度佛教故事,如《太子成道变文》、《八相变文》等;后来也出现了离开佛教题材,以历史事件和民间故事为根据创作的变文,如《伍子胥变文》、《王昭君变文》;还出现了以当代历史事件为根据而创作的变文,如《张义潮变文》、《张维深变文》。这一类变文具有相当强的文学色彩。第三,这时讲唱的场地,也由寺院扩大到戏场等处,还出现了专门供讲唱变文用的"变场"。这些变化,说明俗讲变文越来越与人民的生活贴近了,从而成为人们十分喜闻乐见的文化活动和文学形式。

变文对中国文学影响很大,比如,它对唐代小说即有影响。武后时张鷟作的《游仙窟》,便用韵文与散文排列而成,这种形式唐以前几乎没有,却与散、韵结合的变文形式相同。变文对唐以后的文学发展也有影响,如宋元以后的平话、词话、白话小说、弹词等都可以看出变文的影响。不仅在形式上,有些变文的内容,也在唐以后的文学和民间传说中产生很大影响,如《大目乾连冥间救母变文》便是如此,长时间内,目连救母的故事在中国民间流传,有一些文学作品也改编这个故事。同时,顺便说一句,佛典翻译文学,丰富了中国文学的内容,唐代传奇小说,也受到了佛教故事的影响。这是变文以外的内容,这里就不多说了。

五、因明学

因明学,原是古印度的逻辑学说,在北魏时,有关印度因明学的著作已被翻译为汉文,唐代玄奘又翻译了《因明正理门论》和《因明入正理论》

等因明学著作,并且还专门对僧人和徒众们讲授因明学理论。这以后,因明学说才广为人们所了解,引起了许多人钻研的兴趣,自贞观二十一年至开元年间,为《因明入正理论》作的疏记有二十余部;为《因明正理门论》所作的疏记有近二十部。由此可见当时人们对这种新学说的热情和勤奋研究的精神。随佛教传入中国的因明学,对中国的哲学和逻辑学也产生了重要的影响,这里就不详细介绍了。

最后的几句话

古人说,泰山不让土壤,故能成其大;河海不择细流,故能就其深。唐代之所以能够成为中国封建社会经济、文化发展的一个高峰,除了其他的原因以外,无疑还得力于唐人所具有的一种民族自豪感和自信心,一方面对"自己的文化抱有坚强的把握";另一方面又以积极的态度、恢廓的胸襟来接受外来的思想和文化。如果没有思想的开放和自信,唐代的历史肯定应该重写。当然,这种开放与自信,其基础是国家的统一和强盛。一个弱小、落后和分裂的国家,它的人民的所谓开放和自信又从何谈起呢?

正是基于国家的统一与强盛,唐文化才具有了自信和开放的品格,它对来自异域的哲学、艺术以及各种文化现象,在坚持民族传统的基础上,采取了一种积极的态度,将其中一些优秀的以及有益无害的东西,加以吸收和融化,使之成为传统文化的有机组成部分,从而使传统文化更壮大,更昌盛,更富有生命力,呈现出灿烂辉煌的景象。同时,"我们的祖先",对外来文化"决不轻易地崇拜",其抉择是相当精严的,这便使中国传统文化形成为一个相对稳定的系统。

我们知道,在唐代,以汉文化为主的中国文化,已经发展到一个相当昌盛和成熟的阶段,因此,一切外来的文化因素,都不可能消溶唐文化,"而只能作为一种新养料注入唐文化的整体内。唐代外域文化在中国流行,并不是因为中国的封建文化已然衰老没落,相反,是因为它正在高度繁荣,具有充分的吸收力和消化力"①。那些来自外域的消极的文化现象,也许最初曾相当流行,但因为它与中国优秀的文化传统格格不入,其

---

① 范文澜《中国通史》第四册。

结局也就只能是自生自灭,成为一种历史现象。顺便补充一点:对这些消极的影响,这本小册子也作了一定程度的介绍,但因为篇幅所限,未作更深入地评价与剖析,笔者拟在其他论著中对此加以展开论述。

综上所述,可以得出这样的结论:我们今天所说的传统文化,从来就不是纯而又纯的,它不仅包括汉文化,同时也融合了来自各少数民族和外国的优秀文化;传统文化也从来不是固定不变的,它总是在淘汰旧的僵死的文化因素的同时,吸收新的充满生机的各种文化因素,所以它才能不断更新,不断发展。

智慧的灵光

——中国古代哲学

引　言

　　哲学是世界观,是关于自然知识和社会知识的概括和总结。作为世界文明古国之一,我国的哲学思想发端甚早,几千年来源远流长,内容极为丰富,是一座伟大的思想宝库。

　　我国古代哲学萌芽于原始社会,在奴隶制社会有了较大发展。商周时期,占统治地位的是宗教唯心主义,统治者自认是上帝的子孙,是代表上天来管理臣民的,他们假借"上帝"和"天"的名义来发布命令。因此,崇奉"上帝"的宗教观念和"天命"论成为奴隶主阶级诱惑与威吓被统治者以巩固奴隶制度的工具。

　　在宗教唯心主义流行的同时,出现了朴素唯物主义的阴阳、八卦、五行思想。早在商代,阴阳、八卦观念便已萌芽,在相传成书于殷周之际的《易经》里更得到发展;在相传作于周初的《洪范》里,对早期五行说作了较为系统的记载。虽然从《易经》、《洪范》的整个体系来看,仍然是宗教唯心主义的,但其中毕竟含有大量的朴素唯物主义和辩证法思想的因素,这是与当时流行的宗教唯心主义相对立的。

　　总的说来,商周时期的哲学思想具有两个明显的特点,其一,由于受到生产和科学发展水平的制约,这个时期的哲学思想是在宗教的形式中形成和发展起来的,因而宗教唯心主义是当时的统治形态;其二,哲学还没有从政治学说和伦理思想等意识形态中分离出来,这个时期的哲学思想可以概括为"以天为宗,以德为本"(《庄子·天下篇》)。商周时期哲学思想的这两个特点,对中国古代哲学史的发展产生了深远的影响。

　　虽然在商周时期还没有形成较为独立的哲学派别和较为完备的哲学

体系,但是,中国古代哲学史的序幕已经拉开。从严格的意义上来说,春秋战国时期兴起的"百家争鸣",才宣告了中国哲学史的"正剧"的正式开始。

一 百家争鸣:春秋战国时期的哲学思想

　　春秋战国时期是我国社会由奴隶制转变为封建制的大变动时期。由于社会形态的剧烈变化,奴隶主贵族对思想文化的垄断被打破了,因而出现了思想解放的潮流,各种代表了不同阶级、阶层的思想的斗争十分激烈,各种学派不断产生,形成了"百家争鸣"的局面。

　　所谓"百家",并不是实数,前人为了形容流派之繁多、争论之激烈,故用"百家"称之。就学派而言,班固在《诸子略》中归纳为"十家",主要有六大学派,即儒、墨、道、法、名、阴阳。儒、墨二家产生较早,在春秋末期被称为"显学"。儒家是孔子创立的,到战国时"儒分为八",代表不同倾向的人物有子思、孟子和荀子;墨家是与儒家相对立的一个学派,由墨子创立,战国时期墨家弟子对墨子思想有所扬弃,形成了"后期墨家"。法家也是一个重要的学派,到韩非时更得到了系统的发展。其他如以老子、庄子为代表的道家、以公孙龙、惠施为代表的"名家",在中国哲学史上都曾经产生过重要的影响。另外,兵家、农家、纵横家也都有一些很有价值的哲学思想。

(一)孔子

　　孔子(公元前551——前479年),名丘,字仲尼,春秋末期鲁国陬邑(今山东曲阜)人,出身于没落奴隶主贵族。孔子是儒家学派的创始人,他幼年丧父,家境贫寒,年轻时以替贵族治丧赞礼为生。中年当上鲁国掌管刑法的"司寇",不久即下台了。孔子曾带着学生周游列国,晚年回鲁国,除教学外,还从事文化典籍的整理工作,据说曾删《诗》、《书》,定

《礼》、《乐》,作《春秋》。孔子的思想主要保存在由他的学生记录整理的《论语》一书之中。

孔子是代表奴隶主阶级利益的思想家,政治思想倾向于保守,主张恢复到西周时期的政治局面。但他也在一定程度上看到时代在变革,要完全恢复周礼是不可能的,所以主张采取对旧制度有所损益的改良方法,对新兴势力有所让步,以防止根本性的变革。他力图调和社会变革中的新旧矛盾,这事实上是根本做不到的。因而,他只能以失败而告终,抱着"知其不可而为之"的矛盾心情度过了一生。孔子留下了丰富的思想遗产,在我国历史上产生了巨大的影响。

1. "仁者爱人"和"克己复礼为仁"
——孔子"仁"的学说

为了恢复周礼,孔子提出"仁"的学说,作为礼的理论基础。对于仁,孔子论述颇多,概括起来是这样两段话:

> 樊迟问仁。子曰:"爱人"。
> 颜渊问仁。子曰:"克己复礼为仁。一日克己复礼,天下归仁焉。为仁由己,而由人乎哉?"

所谓"仁者爱人",说的是人与人之间的关系,即要求人们应该互爱,其目的在于调和对立阶级之间和统治阶级内部的矛盾。关于"爱人"的具体内容,孔子未做具体解释,但从他的思想体系来看,无非是忠、恕、孝、悌、恭、宽、信、敏、惠等,这些均可以视作是"爱人"的具体内容。事实上,抽象的"爱人"是不存在的。在阶级社会里,不可能有普遍的人类之爱,阶级利益相反,爱与恨也就不可能一致。如孔子说"己欲立而立人,己欲达而达人"和"己所不欲,勿施于人",前一句是说人们不仅要管自己的"立"和"达",还要想到别人的"立"和"达";后一句是说自己不愿意做的事情,不要强迫别人去做。这种"忠恕之道",是"爱人"的重要内容,却不可能在不同的阶级之间施行,甚至在统治阶级内部也不可能行得通。但孔子借"仁者爱人"提出的社会中人们应该互相尊重对方的愿望和要求的主张,也是对统治者权威的一种限制和否定,自有其积极意义,不应一概否定。正是从"仁者爱人"的命题出发,孔子提出了"举贤才"的主张。在他看来,只有具备了"仁"的品格,才是应举荐的"贤才"。孔子还提出统治者对臣民应该宽厚一点,他认为民不是牲畜,不能任意虐杀,对劳动者应该"先富后教";同时,统治者还应取信于民。当然,孔子不可能超越他的时代和阶级的局限,但他的这些观点却与奴隶主阶级有明显的区别,表达了地主阶级的利益和思想,具有一定的进步性。

所谓"克己复礼为仁",是就个人和社会制度的关系而言的。"克己",是处处要约束自己;"复礼",是事事要依周礼而行。在这里,礼是客观规范,而"仁"则是主观意识,"礼"与"仁"的关系相互统一,而有表里、外内、轻重层次之别。"礼"属于外部强制;"仁"属于内心自觉。在孔子看来,不"仁"的人,是不会正确对待"礼"的,因此他说:"人而不仁,如礼何?"(《八佾》)在孔子生活的时代,"礼坏乐崩",单纯用礼的条目已经不能规范人们的行动,所以他提出"仁",目的在于增强人们守礼的观念。但是,由于社会的发展,在礼都不被遵守的情况下,要人们"克己复礼"是相当困难的。孔子认为做到"仁"虽然很不容易,但只要坚持以恒,发扬主观能动性,还是可以做到"仁"的,即所谓"我欲仁,斯仁至矣"。因此,"克己复礼为仁"的命题,表现出孔子主观唯心主义的倾向。在孔子思想的影响下,儒家人生哲学注重道德修养上的主动进取精神,十分强调内省体察,后来发展为"慎独"学说。

总之,"仁"是孔子世界观的核心。在他的思想中存在着许多矛盾,他的"仁"的学说,尽管其目的是通过加强宗法关系、调和阶级矛盾以维护等级制度,但总的来看,"仁"的学说在当时是具有划时代意义的先进思想。

2."畏天命"和"敬鬼神而远之"
——孔子的天道观

孔子继承了西周以来传统的天命鬼神观念,仍将天命视为冥冥中的主宰。在他看来,"天"是人格神,是宗教的上帝。他认为天是百神之主,得罪了它便要遭报应,"获罪于天,无所祷也"。他之所以不被桓魋所伤害,是天在保佑他,因为复兴东周挽救天下无道的大任落在他的肩上,天才保佑他:"天生德于予,桓魋其如予何!"孔子认为天是最高的权威,天命也自然是不可抗拒的,他自己的政治主张能否实行,全由天命决定,人是没有办法的,所谓"死生有命,富贵在天"便是这个意思。因为天命是不可抗拒的,孔子将"天命"放在"三畏"之首:"君子有三畏:畏天命,畏大人,畏圣人之言。"由此可以看出,孔子具有唯心主义的天命观。

孔子的天道观中同样存在着矛盾,既有消极的一面,又有积极进步的一面。孔子在宣扬天命观的同时,强调要在人事活动中去体认天命。因此,他强调人事有为,如说:"不怨天,不尤人,下学而上达;知我者,其天乎!"这里他强调主观努力从事人事活动,下学而上达,和天沟通,而以人事为主。他相信天命,但又认为贯彻天命却要依靠人的努力,故说:"人能弘道,非道弘人。"在强调人事作用时,表现出对天命鬼神的某种怀疑和保留,如樊迟问怎样才是聪明,他回答说:"务民之义,敬鬼神而远之,可谓知(智)矣";子路问"事鬼神",孔子答曰:"未能事人,焉能事鬼?"又问"死",答曰:"未知生,焉知死?"由此可见,孔子虽然不是无神论者,但却并不提倡迷信鬼神,他主张对待鬼神既要尊敬又要疏远,而要把人事放在首位,这充分表现出他对鬼神抱着一种回避和存疑的态度。这说明孔子也有重人轻神的思想,这无疑是时代思潮影响的结果。"这些思想与春秋时期无神论思潮有联系,在当时是有启蒙作用的,这是理性主义的表现"(肖萐父、李锦全主编《中国哲学史》)。

3."生而知之"和"学而知之"
——孔子的认识论

孔子在认识来源这一认识论的根本问题上,持唯心主义的观点。他认为认识是天生的,即主张"生而知之",他有一段著名的话:

> 生而知之者,上也;学而知之者,次也;困而学之,又其次也;困而不学,民斯为下矣。

在孔子看来,社会中有一种人,即所谓"大人"、"圣人",具有先天的聪明才智,他们的知识是生而具有的,是先于经验、先于实践的,而广大劳动人民则是天生的"困而不学"的下等人。他进而认为"唯上智与下愚不移",不仅"上智"和"下愚"智力不同,而且双方不会发生转变。从这个观点出发,他主张"民可使由之,不可使知之"、"君子学道 则爱人,小人学道则易使也"。孔子认为圣凡贤愚是天生的,这就自然陷入了唯心主义的先验论。

但是,孔子的认识论也充满了矛盾,他虽然赞美"生而知之",但因为除了一些古圣先王以外,现实生活中根本找不到"生而知之"的人,加之,较深入地接触了社会下层和长期的教育工作,使他承认存在着"学而知之"。事实上,在他的教育实践中,强调的是"学而知之"而不是"生而知之"。他说自己"吾非生而知之者,好古,敏以求之者也"。他要人们不要强不知以为知,不要固执己见,同时态度要谨慎谦虚,看到自己的不足。据此,他主张在现实生活中,要善于学习,他说:"三人行,必有我师焉,择其善者而从之,其不善者而改之。"

他认为学习是多方面的,不仅要向"善者"学习,也要从"不善者"那里得到教益。

在强调耳闻目见的同时,孔子还接触到了学与思的辩证关系:"学而不思则罔,思而不学则殆。"孔子这种以学为基础,学思并用的学习方法,是符合唯物主义认识论的原理的。学是思的基础,思是学的深化,学思并重,相互为用。孔子对学与思的论述,在一定意义上已经接触到感性认识和理性认识的关系。孔子还论述了知行关系,他强调知行统一、学以致用,这种观点具有朴素的唯物主义因素。

孔子的认识论具有明显的二元论性质,他一方面提出了一些有价值的唯物主义命题,在人类认识史上产生了深远和积极的影响;另一方面又提出了一些带有唯心主义先验论因素的命题,表现出历史的和阶级的局限,给后人带来了不良的影响。

4. "执两用中"和"过犹不及"
——孔子的中庸之道

孔子在《中庸》里说:"执其两端,用其中于民。"说明他是承认事物都有它对立面的矛盾。他主张在矛盾的两个对立面之间,采取折中的办法,既不要做得太过分,也不要做的不够,从而调和矛盾,维护事物旧质的规定性。

孔子在一定程度上看到社会上对立阶级之间的矛盾是难以消除的,

因而他说:"中庸之为德也,其至矣乎! 民鲜久矣!"但他还是希望用折中的办法使当时新旧之间非常尖锐的矛盾和谐化,就当时的历史现实来看,他的主张自然具有"守旧"的作用。

当然,孔子所要实行的折中、调和并不是没有原则的,而是要以"礼"作标准来调节各方面的矛盾。孔子的学生有若说:"礼之用,和为贵,先王之道,斯为美。"此处所说的"和",即是无过无不及的调和折中,是行礼的根本原则。从本质上说,孔子提倡中庸是由于当时社会变革,"小人"与"君子"对立,肆无忌惮,行为过激,所以他希望通过"中庸之道"调和已经激化的阶级矛盾。一方面为政要"道之以德",另一方面又要"齐之以礼",从而挽救奴隶制的危机。

中庸是哲学上的一个大概念,含义甚丰,学术界也有很大争论。有人认为不能把它狭隘地理解为折中调和,而应当从更积极的意义上去理解,我个人认为,孔子中庸思想的积极方面,是他首先承认矛盾,并把对立的矛盾概括为"两端"。认为如果只注意矛盾的一个方面而忘记另一个方面,则必然造成危害,这是符合人类认识发展逻辑的。但对矛盾的两端,他却用"执两用中"的办法加以处理,否认矛盾对立面的转化,从而使"中庸之道"具有了形而上学的本质特征,但这种形而上学的方法论里也包含着某些辩证法的思想材料,至今仍有一定的理论价值。同时,应该指出,孔子在某些方面也突破了"中庸"的限制,如他认为在学习中"故"和"新"是一对矛盾,要有进步,便要突破"故"而向"知新"方面转化。这些思想是带有辩证法因素的。

(二) 墨子及后期墨家

墨子(约公元前475—前395年),名翟,战国初期鲁国人。自称贱人,巧为车辖、兵器,后成为"上无君上之事,下无耕农之难"的"士",曾做过宋国大夫,是战国初期个体小生产者利益的思想代表。相传墨子早年曾接受孔丘的儒家教育,后来由于反对儒家的政治主张,创立了一个与儒家相对立的学派,即墨家。

墨家是一个具有严密组织的学派性的政治团体,其成员大多来自社会下层,从事过体力劳动,通晓科技知识,其首领称为"巨子",并有自己的法规。

儒墨两家的思想观点是对立的,在当时都很有影响,并称为"显学"。墨翟死后,墨家学派分裂成三派,称为后期墨家。后期墨家活动于战国中、后期,他们继承和发展了墨翟的思想,在中国古代哲学思想史上占有重要的地位。

今存《墨子》五十三篇,是墨翟的弟子根据其言行记录而成的。据考,《亲士》、《修身》、《所染》为后人伪作;《经上》、《经下》、《经说上》、《经说下》、《大取》、《小取》,是后期墨家的作品,其他二十四篇是研究墨翟思想的基本材料。

1. "非命"与"天志"、"明鬼"
——墨子的世界观

墨子世界观的基本倾向是唯物主义的,但他还没有彻底摆脱宗教唯心主义的束缚,因而带有严重的神秘主义因素。墨子的哲学思想中充满了矛盾,其中唯物主义和唯心主义的因素既互相对立,又互相影响。

墨子是有神论者,他相信鬼神的存在,还用许多传说来"明鬼"。他认为鬼神无处不在,"明智于圣人",能在冥冥之中赏贤而罚暴。墨子还相信存在着有意志的"天"。在他看来,天能赏善罚恶,"顺天意而得赏"、"反天意而得罚"。因此,他主张要"尊天事鬼"。但是,在墨子思想中的"天"与殷周时代宗教唯心主义者所讲的"天"有不同的意义,它已经是改造过了的下层劳动者理想的"天","因而'天志'也不是传统意义上的神秘的天命,而是代表下层劳动者的利益与愿望的主观意识的外化,并作为衡量社会上美丑善恶的标准"(肖萐父、李锦全主编《中国哲学史》)。

在墨子思想中,"天志"是判断是非的标准,他说:

> 我有天志,譬若轮人之有规,匠人之有矩。轮匠执其规矩以度天下之方圆,曰:中者是也,不中者非也。

在墨子看来,"天志"是一种工具,犹如轮匠手中的圆规和曲尺,是衡量人的言论行为的"规矩",是以上到下必须遵循的统一原则。墨子正是想借"天志"来推行他的政治主张,实现他的政治理想。

墨子虽然相信有鬼神存在,有意志的"天"的存在,但他在"天命"问题上,却表现出唯物主义的倾向。"天命"是奴隶制社会的统治观念,孔丘及其儒家学派便大力鼓吹"命定论",墨子对此不以为然。他以历史上的治乱变迁来证明"天命"论是没有根据的,命定论只能使人们在自然和社会事实面前无所事事,同时,它还为那些暴君提供了为自己辩护的借口,所以命定论是"凶言所自生,而暴人之道也"。如果真的一切都是"命"中注定的,那么人又能有什么作为呢!

为了反对"天命"论,墨子根据社会实践的经验,提出了"强"、"力"的观点,其目的是为了强调人为的作用。他认为,人之所以与禽兽不同,就在于"赖其力则生,不赖其力则不生",这是对人与动物本质区别的一种朴素而正确的认识。墨子认为,如果讲命定,则必然否定人的努力,会造成"上不听话,下不从事"、"衣食之财不足,而饥寒冻馁之忧至"的恶果。应该说,这种认识是很深刻的。

总之,墨子的世界观里,既保留着"尊天事鬼"的思想,又有"非命"的观点,充满着矛盾。在理论上主张"非命",理应否定"天志"和鬼神,但这两个方面却共存于墨子的思想体系之中,这个矛盾的出现,正说明了墨子所代表的小生产者具有无法改变的落后性与软弱性。

2. "必以众之耳目之实"
——墨子的唯物主义经验论

在认识论上,墨子坚持了唯物主义反映论,他认为人的认识来源于自己的感官所能感觉到的客观实际。他说:

> 天下之所以察知有与无之道者,必以众之耳目之实,知有与亡(无)为仪者也。请惑闻之见之,则必以为有,莫见莫闻,则必以为无。

在墨子看来,只有以众人的闻见感觉为根据才能作为判断有无的方法,不被众人感官所反映的东西就是不存在的。根据这种认识,墨子否定了孔丘"生而知之"的先验论和命定论,认为圣人并非生而知之,他们之所以较常人高明,在于"能使人之耳目,助己视听"。"天命"是不存在的,

"自古以及今,生民以来者,亦尝见'命'之物,闻'命'之声乎?则未尝有也。"

继孔丘提出"正名"之后,墨子首先把"名"、"实"问题提到了认识论的范围,他认为名(概念)是取材于实际的,故提出了"取实予名"的命题,即主张根据事物的实际情况,给予相称的名称。他举盲人为例说,盲人不能区别择取白东西和黑东西,不是因为他不知"白"和"黑"的"名",而是在实际上他们不能分辨白色和黑色。同理,统治者并不是不知道"仁"之名,而是他们不懂得什么是真正的"仁","我曰天下之君子不知仁者,非以其名也,亦以其取也"。这一"以实证名"的观点,表明了墨子认识论具有唯物主义的特色。

由此出发,墨子提出了区别言论真伪的标准问题。他认为言必立仪,检验言论是否正确应有共同的标准,他称为"三表"。

三表,又称三法,即三条标准。前二"表",一指过去"圣王"治理国家的历史经验,一指个人直接经验以外的广大人民亲身的经验。这二"表"涉及的认识论的问题,仅指古今经验的内容,还不是直接的经验。重要的是第三"表",墨子认为明辨言论是非,还要看它用于"刑政"是否符合国家和百姓的利益,只有让言论见之于行动,观其效果,才能鉴别其是与非。这一条是从实际产生的社会效果出发的,包含了用行动来检验认识的思想,带有唯物主义的特色。上述三条标准是统一的,它强调"事"、"实"、"利"作为衡量言论之是非的标准,同时又以间接经验、直接经验和实行效果为标准,排除了个人的主观成见,因而是一种朴素的、唯物主义的真理观,这是墨子对我国古代思想史的一个重要贡献。

墨子的认识论,尽管还存在着矛盾和缺陷,但总的说来却具有唯物主义经验论的性质,尤其是他在中国哲学史上第一个提出了对人们认识事物的正确与否要进行验证并提出了验证的标准,这是对中国古代唯物主义认识论的可贵发展。

3."兼以易别"
——墨子的社会政治思想

墨子生活的时代,正是奴隶制向封建制交替的变革时代,社会上必然存在着明显的等级差别和多种矛盾。为了"求天下之利,除天下之害",

墨子提出了一个根本的办法，即是"兼以易别"。"别"，指各种矛盾，它是一种不正常的现象，要消除"别"，就要用"兼"之法，即所谓不分人我、彼此，一同天下之利害，他认为这是"圣王之法，天下之治道也"。其实，在阶级社会中，要实现所谓"兼君"、"兼臣"，做到"兼相爱、交相利"，是根本不可能的。这种力图抹煞社会矛盾的思想，是唯心主义和形而上学的。

为了以"兼"易"别"，使社会矛盾得以调和，墨子提出了"尚贤"、"尚同"、"兼爱"、"非攻"、"非乐"、"节用"等主张。

"尚贤"，就是任人唯贤，他主张"官无常贵，民无终贱"，政权要向"农与工肆之人"开放，这与孔子"举贤才"的观点不同，反映了当时小生产者的基本要求；"尚同"，是主张社会有统一的是非标准，以免社会混乱，并提出以"天志"为"尚同"的标准，这也反映了小生产者希望出现一个统一、安定的政治局面的愿望；"兼爱"幻想"天下之人皆相爱"，以消除社会阶级矛盾；"非攻"主张废止战争，虽然表达了反对侵略战争的思想，但只看到战争的破坏性的一面，而没有看到战争在一定历史条件下的积极作用，这种战争观是违背历史辩证法的；"非乐"、"节用"主张的提出，均是针对儒家"厚葬"、"久丧"、"撞钟鸣鼓"造成的危害提出来的，有其积极的一面，但不加区别地一概非乐、节用，也反映了小生产者的狭隘性。

4. 墨子思想的修正与发展
——后期墨家的哲学思想

墨子死后，墨离为三，有相里氏之墨，邓陵氏之墨，相夫氏之墨，统称后期墨家。后期墨家活动于战国中、后期，其著作，保留在《墨子》一书中，有《经上》、《经下》、《经说上》、《经说下》、《大取》、《小取》六篇。

后期墨家继承和发展了墨子的唯物主义思想，克服了墨子思想中的一些缺点，而且在取得自然科学成就的基础上，发展了朴素的唯物主义的认识论，建立了比较完整的逻辑学体系。

后期墨家克服了墨子"天志"、"明鬼"的思想，主张破除对鬼神的迷信，如对于知觉与生命的关系，他们指出："生，形与知处也。"表现出反对迷信的倾向；他们否认天能赏善罚恶以及所谓"鬼神之所赏"和"鬼神之所罚"的神秘力量，提出"功，利民也"、"罚，上报下之罪也"等观点。这些主张排除了"天志"、"鬼神"的因素。另外，后期墨家认为君的起源是臣、民共同约定而建立的,这与墨子"尚同"之说有明显的区别,具有了社会契约论的因素。他们还抛弃了墨子的"兼爱"说,代之以"利",他们用"利"来衡量一切,几乎把"利"提高到最高道德规范的地位。

后期墨家哲学观点的主要贡献,是贯彻了一条从物到感觉的唯物主义路线,他们承认物是第一性的,是客观存在的。他们指出物之长短是由物与物相比较而确立的,不能由人们主观随意判定。另外,后期墨家还正确地解决了"所以知"和"所知"的关系,认为认识是人的感官的一种特性;"知,材也。"正如眼睛产生视觉映像一样,是感官对外物的摹写。这正是后期墨家认识论的基础。在这个基础上,后期墨家还揭示了人们认识的生理机能以及某些生理、心理现象,并把反映事物部分属性和反映全体加以区别,分别称之为"小故"和"大故",这种区分自有其合理之处。

后期墨家还纠正了前期墨家感觉论的偏颇,由于他们看到了感性认识的局限,只凭感官"接物"是不能认识所有事物的,所以承认在"五路"感官作用的基础上,还需要头脑发挥其察辨作用,所以他们说:

> 闻,耳之聪也。
> 循所闻而得其意,心之察也。
> 言,口之利也。
> 执所言而意得见,心之辨也。

特别应该指出的是,后期墨家运用唯物主义认识论的原则,建立了一个比较系统的古代逻辑学理论体系,其逻辑理论的基本内容,在《小取》篇中作了总结性的概括:

> 夫辩者,将以明是非之分,审治乱之纪,明同异之处,察名实之理,处利害,决嫌疑。焉摹略万物之然,论求群言之比。以名举实,以辞抒意,以说出故,以类取,以类予。有诸己不非诸人,无诸己不求诸人。

这一段论述涉及了许多内容,包括辩的作用、原则,认识的性质,概念、判断、推理等问题。对这些问题的论述,构成后期墨家逻辑学的基本框架,在具体论述中,他们提出了不少有价值的命题。至于他们对逻辑理论的突出贡献,则主要表现在对概念(名)、判断(辞)、推理(说)的分析研究方面。后期墨家把唯物主义认识论,贯穿到整个过程之中,并在此基础上,发展了墨家一套较为完备的逻辑思想。

总之,后期墨家的思想是很丰富的,其成就也是多方面的,尤其是在认识论和逻辑学方面,更是取得了突出的成就。

(三)老子和庄子

老子和庄子是先秦道家的主要代表,他们的哲学思想既有许多共同之处,而又各有特色。

老子即老聃,生平事迹不可详考。据史书记载,他年稍长于孔子,楚国人,曾当过周王朝的守藏史。今存《老子》一书,基本反映了他的思想,是研究老子哲学思想的主要资料。老子所处的时代,奴隶制已经崩溃,封建制刚刚兴起,他面对社会大变革,既丧失了对旧的奴隶制的信心,又反对新兴封建制度,在社会历史观上,形成了一系列保守、复古、倒退的思想主张,这集中地表现在他对“小国寡民”理想社会的描绘中。在他幻想的乌托邦里,国小,人少,无器物,亦无文字,人们老死不相往来,没有矛盾也没有战争,这实际上反映了没落奴隶主贵族复辟西周奴隶制的幻想。这都表现出老子社会历史观的落后的一面。但是,老子的哲学,是我国奴隶制时代哲学发展的一个总结,其中有许多辩证法思想精华,对中国哲学的发展产生了重要影响。

庄子(约公元前369—前286年),名周,战国时宋国蒙(今河南、安徽交界处)人,曾在家乡作过管理漆园的小官,后隐居,过着穷困的生活。庄子所处的时代,奴隶制已经彻底瓦解,封建制在各诸侯国普遍确立。庄子哲学代表了已彻底崩溃的奴隶主阶级的意识,在他的哲学中,充满了悲观绝望、玩世不恭的厌世思想,这正反映了当时奴隶主贵族无力扭转现状,只能采取消极反抗的态度,否定现世,到幻境中去求得精神上的解脱的精神状态。“庄子哲学把老子的客观唯心主义转化为主观唯心主义,把老子的朴素辩证法发展为相对主义,并以此为认识论的基础,形成了一个庞大的唯心主义哲学体系,成为战国时期道家的一个重要流派”(《中国哲学史》，九所高等师范院校编写组编）。《庄子》一书，今存三十三篇，其中"内篇"七篇以及"外杂篇"中的《知北游》等代表了庄子的思想，是研究庄子思想的主要资料。

1."道,可道,非恒道"与"道"生万物
——老子的客观唯心主义哲学

"道"，本义是人走的道路，后来引申而具有法则、规律之意。老子把"道"作为他哲学的最高范畴，把"道"看作是世界万物的总根源，他以道为中心建立起了客观唯心主义哲学体系。老子说：

> 道，可道，非恒道；名，可名，非恒名。无，名万物之始；有，名万物之母。故恒无欲，以观其妙；恒有欲，以观其徼。此两者，同出而异名，同谓之玄。玄之又玄，众妙之门。

在老子看来，如果能说出的"道"，就不是永恒的道，而叫得出来的"名"，就不是永恒的名。万物的原始是"无"，万物的根本是"有"。所以要没有欲求地观察"无"的妙处，带着欲求去观察"有"的变化。"无"与"有"都称作"玄"，它们是同一来源而有不同的称谓。玄之又玄，便是通向一切奥秘的总门。老子认为，他的"道"是不可用言语表达的永恒的道，它无象、无形、无声，即是"虚"、"无"。老子从具体的变化着的规律和事物后面，抽象出一个不变的、永恒的根本——"无"、"有"这两个概念。"有"与"无"的关系，是老子哲学的一对基本范畴，老子的"道"，正是在这对范畴的基础上建立起来的。

老子认为"道"是虚无的、绝对的本体，是天地之根、"万物之母"。他说：

> 道生一，一生二，二生三，三生万物。万物负阴而抱阳，冲气以为和。
>
> 人法地，地法天，天法道，道法自然。

又说：

天下万物,生于有,有生于无。

在老子看来,"万物"是由"道"派生出来的,它最后却又"复归于无物",仍旧回到虚无的"道"。可见,老子把全部过程归结为:道——万物——道,也就是:无——有——无。至于"道"是怎样进行活动和遵循什么样的法则来行事,老子提出了"道法自然"的命题,在哲学史上也很有意义。

由关于"道"的论述,可以看出,老子的哲学思想属于客观唯心主义。但他的客观唯心主义并不彻底,也不严密,他对于"道"的论述,有些地方便具有一定的唯物主义因素,如他称"道"为"人之道"、"天之道",这与一些唯物主义思想家有关天体运行规律的论述属于同一类型,无疑保留了一些朴素唯物主义的因素。

2. "反者道之动"
——老子的朴素辩证法思想

老子哲学中具有相当丰富的朴素辩证法思想,这正是那个时期尖锐复杂的社会矛盾在哲学中的反映。

老子认为在社会和自然界中,存在着大量的矛盾,因而在《老子》一书中,有许多矛盾概念,如贵贱、大小、善恶、美丑、上下、主客、进退、正反、强弱、长短、曲全、古今、阴阳、兴废、盈虚、生死,由此老子揭示出矛盾的普遍性和客观性。

老子还认识到矛盾双方处在对立的统一之中,它们是互相联系、互相依存的。他认为,当天下的人都知道什么是善,也就知道什么是恶了;知道什么是美,也就知道什么是丑了。因此"有无相生,难易相成,长短相形,高下相倾,音声相和,前后相随",便是永恒的真理。这就清晰地揭示出矛盾对立面互相依存的关系。

老子又提出了一系列矛盾双方互相转化的概念,如"物壮则老"、"曲则全,枉则直,洼则盈,敝则新,少则得,多则惑"。在老子看来,事物向其相反的方向转化是一种普遍现象,这是值得肯定的观点。老子将矛盾双方互相转化的普遍法则,概括为"反者道之动",是颇为精当的。其中还

130

包含了否定是辩证发展的必经环节的思想,认为事物向自己的反面转化,亦即自我否定,是合规律的运动。老子认为事物向对立面的转化,有一个量变的积累过程,他反复论述小与大、难与易、弱与强、柔与刚之间的辩证发展,得出了事物总是发展到一定程度时便会向其反面转化的结论,他说:

> 合抱之木,生于毫末;九层之台,起于累土;千里之行,始于足下。天下难事,必作于易;天下大事,必作于细。

这些具体事例,说明老子看到了事物量变发展到一定限度便会自我否定,发生质变,这确实是难得的闪光的思想。

当然,老子的朴素辩证法也有其局限性,如他讲发展变化不是无限的,而是有起点有终点的,即是由"道"开始,又回到"道"的一个过程,然后就停止了,即所谓"归其根"、"归根曰静",这就陷入了形而上学。又如老子认识到对立面可以互相转化,但却否认转化所必须具备的条件,从而陷入了相对主义。

3. "物物者非物"
——庄子的主观唯心主义哲学

庄子继承了老子关于"道"的学说,仍把"道"作为自己哲学体系的基本概念。在庄子看来,"道"虽然无形无象,却是绝对的精神实体,是第一性的。"道"是比天地更为古老的原始存在,天地万物是"道"化生出来的。他说:

> 夫道,有情有信,无为无形;可传而不可受,可得而不可见;自生自根,未有天地,自古以固存。神鬼神帝,生天生地;在太极之先而不为高,在六极之下而不为深;先天地生而不为久,长于上古而不为老。

庄子认为,道是绝对精神的本体,它是没有内在矛盾的东西,是"无待"的,即不依赖他物而存在的一种"虚无",人只要去掉了生死、是非的差别,消除了对外界的依赖,达到了"无待"、"无己"的境界,便算得了

"道",成了"真人"。与老子不同之处在于,庄子把"道"与行道的"真人"等同起来,因而由老子的客观唯心主义转入了主观唯心主义。

为了说明"道"的概念,庄子歪曲有限与无限的辩证关系,对物质世界的起源作了一番推论:

> 有先天地生者物耶? 物物者,非物;物出不得先物也,犹其有物也。犹其有物也,无已。

宇宙究竟从何时开始呢? 那是永远也推不出头的。这种推论导致庄周对物质世界的客观存在抱绝对怀疑的态度,必然会陷入唯心主义的泥坑。同时,庄子力图找出一个根本不存在的运动变化的主使者、发动者,他借比喻提出了问题:正如箫管需要人吹起来才响一样,大自然这支箫管是谁使它发声的呢? 继而,他又做出了回答:"杀生者不死,生生者不生";"道无终始,物有死生",也自然陷入了唯心主义。

庄子的哲学体系尽管是唯心主义的,但其中也有一些有价值的内容,如他关于天道自然无为的思想,便有合理的因素。再如他认为生死是一种自然现象,也具有朴素唯物主义的性质。

4."齐是非"、"齐万物"
——庄子以相对主义为基础的认识论

在社会大变革的时代,百家争鸣,展开了是非之辩。庄子从对自然、社会和百家争辩的观察、思索中,提出了一套相对主义的哲学思想,反映了没落奴隶主贵族企图否定和取消思想领域里的斗争的一种心态。从理论的继承性来看,庄子的相对主义是对老子朴素辩证法思想中消极因素的发展。

庄子认为谁是谁非没有客观标准,因而也是不能判定的,所以世间根本就没有真是真非。他认为辩论的双方无论谁胜谁负,都难分清谁是谁非。争论双方不能分辨是非,只能请人评判。但第三者不管意见如何,总要同意一方的看法,因此也不能做为评判是非的标准。若是第三者对双方的意见都不同意,便构成了新的一方,当然不能判断双方之是非。若是第三者对双方的意见都同意,也自然失去了辩论和评判的可能。总之,庄子把对是、非的判断局限在主观领域,不承认有客观标准,得出了是非无定的错误结论。在他看来,是非观念是相对的,是因人而异的,即所谓"彼亦一是非,此亦一是非"。其结果,必然走向极端的怀疑主义和不可知论。

庄子还否认世界上一切差别和对立的存在,他从事物的差别的相对性来否认事物的区分,而主张"万物一齐"。庄子"齐万物"的一个主要方法,就是否定事物质的规定性和多样性,抹煞事物的一切差别。如他说:

> 天下莫大于秋毫之末,而太山为小;莫寿乎殇子,而彭祖为夭。天地与我并生,而万物与我为一。

在庄子看来,既然事物的区分是相对的和不确定的,因此可以说"秋毫"是最大的,泰山反而是最小的;"殇子"是长寿的,彭祖反而是短命的。他认为,事物性质、差异的相对性取决于人的认识,是主体赋予客观事物的,从而使矛盾对立面的转化成了纯粹的概念游戏。其结果,事物间的一切差别便被人为的"消灭"了。这当然是十分荒唐的。不过,庄子提出了事物和认识的相对性问题,还是有一定的理论价值的。

庄子从唯心主义和相对主义出发,否认认识的可靠性。他说:

> 夫知,有所待而后当,其所待者特未定也。

在庄子看来,认识需要一定的基础和条件,要有认识的对象,但认识对象却经常处于变化无定之中,所以知与不知是不能证明和区分的。他对人的认识能力也抱怀疑态度,他认为人生与认识都像梦幻一样,根本不可能寻求到真正的可靠的知识。因此,还是应该放弃认识活动,不要用"有涯"的生命去力图穷尽"无涯"的"知",追求知识是徒劳无益的事情。

庄子哲学以相对主义作为认识论的基础,片面夸大事物和认识的相对性,走向了不可知论和虚无主义,作出了许多混淆黑白的诡辩。

当然,应该指出,庄子发现了事物和认识的相对性,提出了一些新的命题,特别是他确认世界上的一切都具有相对性,包含着辩证法的因素。因此,他在中国哲学发展史上的贡献是不应一概抹煞的。

（四）孟子

孟轲（约公元前 372 —前 289 年），战国中期邹（今山东邹县）人，相传是鲁国贵族孟孙氏的后裔，曾受业于子思的门人，故常以孔子学说的直接继承者自居。孟子反对暴力，耻言功利，幻想以仁义平治天下。他发展了孔子的学说，把孔子思想改造发展成适合地主阶级需要的意识形态，使儒家学说更加体系化、伦理化，被后世封建统治者尊封为"亚圣"。

孟子思想的主导方面是为封建制服务的，他的社会政治思想的中心是所谓"仁政"。他认为"仁"的重要内容是"不忍人之心"，从而要求统治者以"仁爱"之心去对待人民，争取民心。由此出发，他提出了"制民之产"的经济方案，即给百姓以私有财产，从而把劳动力固定在土地上，以巩固和发展封建经济；同时，他又提出了"民贵君轻"和"保民而王"的政治理论，主张"以德服人"，反对"以力服人"，这种思想在中国历史上起过积极的进步作用。

总之，孟子继承和发展了孔子的唯心主义思想，建立起一套主观唯心主义哲学体系，在中国哲学史上产生了重要的影响。

1."四端"与"四德"
——孟子人性善的伦理道德观

孟子主张性善论，他认为人具有先验的善性，这是他仁政学说的理论基础。孟子认为人的本性里都有善的萌芽，他称之为"端"："恻隐之心，仁之端也；羞恶之心，义之端也；辞让之心，礼之端也；是非之心，智之端也。"他认为"四端"是先天的，扩而充之，就发展为仁、义、礼、智这"四德"。"四德"是"四端"的发展，所以这"四德"都是"我固有之"的，其原因就在于"仁义礼智根于心"。孟子从抽象的人性出发，引出所谓"四德"，目的在于从人的"善性"来证明宗法道德的合理性。这是典型的主观唯心主义先验论的人性论和天赋道德观。

孟子的道德观念是以他的性善说为基础的。善与恶是各种道德观的基本范畴和论题。孟子把"仁、义、礼、智"说成是人生而具有的"共同本性"，并进而用这四德作为标准来衡量人们的善恶。孟子认为，人只有

"存心"，才能使善性表现为善德，若是"放心"，人虽有善性，却只能表现为恶德。善性之所以丧失，是后天的原因造成的。这说明，孟子认识到客观环境对人的道德观念有影响作用，这一点在孟子天赋道德观中，是有合理性的因素。

孟子从其道德观出发，将"义"、"利"二者对立了起来。他继承了孔子义利观的传统，把义和利看成是矛盾的东西："何必曰利？亦有仁义而已矣"，"上下交征利，而国危矣"。可见他是贵义而贱利的。在孟子看来，利是万恶之源，利就是不道德，因为追求过多的物质利益，会使人失去善性。针对这种情况，他提出一整套修身养性的方法，以"寡欲"为养心的主要内容，只有这样才能保持和发展"善性"。由此可见，从孟子对人性善的论述到他提出道德修养的方法，都充分表现出主观唯心主义的思想特点。

2. 尽心、知性、知天
——孟子的世界观和认识论

孟子继承了孔子的天命思想，他以"诚"为天道，在他那里，"天"作为人世的主宰，具有道德的属性。他承认有一个支配一切、至高无上的"天"存在着。他认为天子传位给下一代，不是由个人意志决定的，他认为"舜有天下"是"天与之"，这是主张君权天授。孟子认为历史上之所以产生重要人物，是"天将降大任于斯人也"，他们是受天命而降临人间的。由此可以看出，孟子与孔子一样，是把天命观同英雄史观结合在一起的。但是，值得指出的是，孟子一方面维护传统的天命观，另一方面又为它增添了一些新的内容，他以"天下之民从之"、"百姓安之"来解释天意，把"民心"和天意结合起来，这是"重民"思想在天命观上的反映。

在人与天的关系上，孟子将天道与人性合而为一，他用心、性来解释天，给天以道德属性，认为"天"的道德属性就包含在"人性"之中。天德根源于人德，从而构成了"天人合一"的哲学体系。在孟子哲学中，沟通"天"与"人"的，是既为"天道"内容又为人类最高德性的"诚"。所谓"诚"，也就是修身养性，肯于内省，达到"至诚"，就可以感天动地，改变事物的发展规律了。他概括"天人合一"的思想说：

尽其心者,知其性也;知其性者,则知天矣。

在孟子看来,认识并不是从物质到感觉和思想,而是开始于自己的内心,最后才能达到"知天"的目的,即所谓"存其心,养其性,所以事天也"。孟子从天人合一的主观唯心主义出发,自然得出了"万物皆备于我"这一个夸大人的主观能动性的唯我论的结论。由此可见,尽心、知性、知天,既是孟子的世界观,又是他的认识论。在他看来,认识只是对自己内心世界的探索,从而完全排除了对客观物质世界的认识。

总的说来,孟子的哲学思想并不丰富,但它的影响却不能低估,如他内省直觉的先验论、英雄史观和历史循环论以及性善论等,在中国哲学史上都曾产生重要的影响。

(五)惠施和公孙龙

在战国时期的"百家"之中,有一个以善长于玩弄名词、概念进行诘辩的学派,即所谓"诡辩学派"。这一派的学者被人们称为"辩者",汉代又称为"名家",它的特点是"苛察缴绕,使人不得反其意,专决于名,而失人之情"(《史记·太史公自序》)。此派学者往往采取夸大、歪曲辩证思维的某些命题的方法,以得出荒唐的结论,难免要陷入形而上学的绝对主义和客观唯心主义。

这一学派的代表人物是惠施和公孙龙。

1."合同异"
——惠施的相对主义哲学思想

惠施(约公元前370—前318年),战国中期宋国人,当过十几年宋国的宰相,主张联合齐、楚,抵制秦的兼并和统一战争。惠施与庄子为友,常相论辩。据说他的著作很多,但都失传了,现在只有一些片断,散见于《庄子》、《荀子》、《韩非子》、《吕氏春秋》等著作中。在《庄子·天下》中保存着他的"历物十事",是研究惠施哲学思想的主要资料。

"历物十事"即十个命题,主要阐明了他"合同异"的观点:

(1)至大无外,谓之大一;至小无内,谓之小一。

（2）无厚不可积也,其大千里。

（3）天与地卑,山与泽平。

（4）日方中方睨,物方生方死。

（5）大同而与小同异,此之谓小同异,万物毕同毕异,此之谓大同异。

（6）南方无穷而有穷。

（7）今日适越而昔来。

（8）连环可解也。

（9）我知天下之中央,燕之北,越之南也。

（10）泛爱万物,天地一体也。

据说惠施"以善辩为名",辩起来遍历万物,没有个完。这十个命题大约是他与人常常相辩的一些内容,从中可以看出他"合同异"的思想倾向,有的已达到完全否认事物相异的程度。这十个命题,一、五、十集中地表现了惠施的哲学观点和逻辑思想,是带有根本性的命题。第一个命题接触到宇宙宏观的无限大和宇宙微观的无限小的问题,推进了人类的辩证思维;第五个命题讲"同"、"异"的关系,"大同"是指同类事物之"同";"小同"是指异类事物之"同",而"大同"则有"小异","小同"则有"大异",他称之为"小同异"。他又认为从事物的整体来看,都可以找到"同"和"异",从都是物这一点看是"毕同",但物与物之间总有差别就是"毕异",他称之为"大同异"。这是一种排除了自身对立面的绝对的"同"和"异",实际上就否定了事物的同、异之别。可见,所谓"大同异"也就是"合同异",自然滑向了相对主义。第十个命题是惠施思想的总结,因为他否认事物之异,容易着眼于事物差别的相对性而取消差别,所以也就认为天地一体,应该无差别的泛爱万物了。

其他七个命题,大体是他基本思想的阐发,即是上述三个命题的原理的具体运用,分别涉及到空间和时间的相对性,其中有一些不仅不是诡辩,而且很有价值。如"无厚不可积也,其大千里",是属于几何学上的知识,反映当时自然科学已发展到很高水平;"日方中方睨,物方生方死",则是对于事物处在不断变化过程中的辩证说明;"南方无穷而有穷"、"我知天下之中央……",反映出当时地理知识的扩大和丰富。总之,从这七个命题可以看出,惠施思想的特点在于强调事物之异的相对性,即通过对事物之异的相对性的夸大,陷入了相对主义。其中虽然有些命题并不完全是相对主义的,但却很容易通向相对主义。当然,应该指出,惠施"历物"是重视对自然事物的观察,这是很有价值的。

2."离坚白"

——公孙龙的绝对主义哲学思想

公孙龙(约公元前 320 —前 250 年),赵国人,是个没落的贵族,曾为平原君赵胜家客卿二十余年。公孙龙的著作,据传共有十四篇,今存《公孙龙子》六篇,是研究公孙龙学说的基本材料。

公孙龙的主要论题是"别同异,离坚白"(《淮南子·齐俗训》)。关于"别同异",尚无可考,而"离坚白"却见于《公孙龙子》之中,是公孙龙的主要论题。公孙龙思想的特点是通过对事物的性质和概念的分析,强调它们之间的差别和独立性,这与同被人们称为名家的惠施是很不一样的。

所谓"离坚白",是说"坚"和"白"这两种属性不能同时存在于具体事物之中,它们是互相分离的,二者又各自独立,离开具体事物而存在。《坚白论》中用主客问答的形式,阐发了他对坚、白、石三者关系的看法,说明了"离坚白"的观点:

> "坚、白、石三,可乎?"
> 曰:"不可。"
> 曰:"二,可乎?"
> 曰:"可。"
> 曰:"何哉?"
> 曰:"无坚得白,其举也二;无白得坚,其举也二。"
> "视不得其所坚而得其所白者,无坚也;拊不得其所白而得其所坚者,无白也。"
> "得其白,得其坚。见与不见。谓之离。一二不相盈故离。离也者,藏也。"

在公孙龙看来,一块坚硬白色的石头并不能称为"坚白石",因为用眼看石,只能得到"白"的印象,却得不到"坚"的感觉,这时便没有"坚"的存在;用手摸石,只能得到"坚"的感觉,却得不到"白"的印象,这时便没有"白"的存在。因此,坚、白、石的性质不共同存在于石头之中,坚、白、石都是孤立的。针对论客关于所谓"离"的结难,公孙龙用"自藏"之说加以解释,充分表现出客观唯心主义的实质。公孙龙的分析是从感觉着手的,的确,人的感官各自反映了物的不同方面的属性,将其综合起来,才能得到完整的认识。公孙龙却把不同感官的不同作用,看成是绝对分离和僵化不变的,表现出形而上学的倾向。

在"离坚白"中,公孙龙提出了一个新的概念,即所谓"指",它其实指的就是"离"于具体事物而"自藏"的"坚"、"白"等一般属性,这便形成了他的"指物论"。根据这种理论,他对一般与个别即"指"与"物"的关系作了进一步的论述。"指"是看不见摸不到的东西,一切具体事物无不由一般的"指"所构成,而"指"本身却是独立存在的,即所谓"物莫非指,而指非指"。公孙龙认为,当"指"独立自藏时,"指"是感觉不到的。但是"物"毕竟是"指"显示为"物指"所产生的,有独立自存的一般的"指"的存在,才有"物指",才有物的具体属性。这就明显地颠倒了一般与个别,共性与个性的关系,从具体事物中抽象出一般、共性,使之成为独立自存的精神本体即所谓"指"。它脱离于具体事物。然后颠倒过来说:这些"指"(即共性)产生了物的属性,即"物指",而"物指"再产生"物"。由此看来,公孙龙的"指"与老子的"道",在本质上是一个东西。

公孙龙还把一般与个别绝然对立起来,认为个别不是一般,不承认二者有辩证统一关系。他的形而上学绝对主义的最好例证便是"白马非马"说。公孙龙不承认马的共性存在于马的个性之中。他认为"白马"是可以感觉到的"物",是"白"和"马"两个概念的显现,"马"则是个抽象的概念,所以白马不是马。可见他把"马"与"白马"割裂开来,认为"马"之一般是不能有颜色的属性,有了白的属性,便不是马了。这种说法虽然有一些合理的因素,但总的说来,他只抓住了一般与个别在现象上的差异性,而否定了在本质上的共同性。他把本质与现象截然对立起来,寻求一种无现象的本质,因此跌入了绝对主义与客观唯心主义的泥坑。

(六)荀子

荀子(约公元前298—前238年),名况,又称荀卿或孙卿,战国末期赵国人,主要活动于齐、楚两国。他站在唯物主义立场上,批判总结百家之学,建立了影响很大的"孙氏之儒"的儒家学派。

荀子社会政治思想的中心是"隆礼重法"。作为地主阶级思想家,荀子对孔丘学说采取批判继承的态度,发展了儒家的礼治学说。他认为礼是"强国之本",但他所说的礼又与孔丘所维护的周礼不同,是为封建经济基础服务的上层建筑。"隆礼"的主要内容,一是实行"贵贱有等"的封建等级制,他主张以是否符合礼义作为划分等级的标准,从而确定物质分配的"度量分界";二是以礼义教化来调节矛盾,防止争端,维护统治秩序。

与"隆礼"相适应,他还提出了"重法"的思想:"法者,治之端也。"在他看来,隆礼与重法的目的是一致的,但二者的地位和作用又有不同。总的说,"礼"是用来节制统治阶级的行为的,"法"则是约束百姓的,这正说明荀子思想代表了新兴地主阶级的利益和愿望。

荀子的哲学思想充满了唯物主义因素,他是那个时代唯物主义思想的集大成者。

1. "明于天人之分"
——荀子的唯物主义自然观

我们知道,唯心主义总是混淆天人关系,在他们看来,天是有意志的,自然界和人类社会都是"天"的安排。针对这种观念,荀子总结和发展了唯物主义的自然观,提出了"明于天人之分"的思想。

荀子认为,"天"就是客观存在的自然界,它有自己的运行规律,存在于人的意识之外,宇宙万物不是神造的,而是自身矛盾运动的结果:"天地合而万物生,阴阳接而变化起。"自然界是客观存在的,有其固有的法则和规律,因此它并不干涉人的凶吉福祸:

> 天行有常,不为尧存,不为桀亡。应之以治则吉,应之以乱则凶。强本而节用,则天不能贫;养备而动时,则天不能病;循道而不贰,则天不能祸。故水旱不能使之饥,寒暑不能使之疾,妖怪不能使之凶。

荀子认为自然界不因人世统治的好坏而发生变化,相反,人们要想取得好的结果,就应该遵循自然规律。基于此,荀子对传统的宗教迷信观念作了批判,他指出:星坠木鸣、日月之蚀、风雨之不时等怪异现象的出现,是天地、阴阳矛盾运动的表现,完全是无意识的。因此他反对用祭祀来求雨解旱,反对"卜筮然后决大事"的宗教迷信活动。他认为自然界和人类社会各有自己的职分和规律:"天能生物,不能辨物,地能载人,不能治人。"天道不能干预人事,自然界是不能给人福祸的,这种"明于天人之分"的认识,是对先秦以来天人关系理论的宝贵发展。

荀子之所以要"明于天人之分",其目的还在于要"役物"和"制天命而用之"。荀子根据唯物主义自然观,提出了要利用自然、改造自然的思想:

> 大天而思之,孰与物畜而制之! 从天而颂之,孰与制天命而用之! 望时而待之,孰与应时而使之! 因物而多之,孰与骋能而化之! 思物而物之,孰与理物而勿失之也! 愿于物之所以生,孰与有物之所以成! 故错人而思天,则失万物之情。

与其迷信天的权威,等待天的恩赐,不如利用自然规律,畜养万物以控制"天"。荀子认为,能正确区别天与人的关系,便会知道该做什么,不该做什么,从而做到"制天命而用之。"

荀子的自然观是唯物主义的,其中充满了闪光的思想。但又有其时代、阶级的局限和学派的烙印,如他把自然界的变化,归结为周而复始的循环:"始则终,终则始,若环之无端也。"又如他认为"制天命而用之",是"圣人"、"君子"的事等等,都是错误的。

2."缘天官"和"征知"
——荀子的唯物主义认识论

荀子从"天人之分"的思想出发,提出了"形具而神生"的命题,在中国哲学史上第一次对精神和物质的关系问题作了唯物主义的回答。荀子肯定精神是物质所派生的,精神不能离开物质而独立存在。荀子是唯物主义的可知论者,他吸取了后期墨家的思想,从认识的主体和客体两个方面论证了世界的可知性:"凡以知,人之性也;可以知,物之理也。"在他看来,万事万物都具有一定的形态,都是可以认识的,就人的本性来说,是能够认识客观事物的。

荀子认为人的认识是从感觉开始的,他把人的认识分为两个阶段,即"缘天官"阶段和"征知"阶段。"天官"即人天然就具有的感觉器官,他认为认识过程开始于"缘天官",即用感觉器官对客观事物的感觉或反映,如"缘耳而知声"、"缘目而知形"。但是,由"天官"得来的感觉,还不能形成正确的认识,还须经过"征知"的阶段,荀子说:

> 心有征知。征知,则缘耳而知声可也,缘目而知形可也,然而征知必将待天官之当簿其类然后可也。

荀子认识到感知活动要受意向活动的支配。心经过对感性认识的"征知","是之则受,非之则辞",才能获得真理的认识。这样,荀子既突出了感觉经验在认识过程中的作用,批判了先验论;又看到了感觉经验的局限,注意到思维的作用。

3."学至于行之而止"
——荀子的知行观

荀子对知行关系也做了深入地探讨,他认为必须通过艰苦的学习和积累才能获取知识。在"知"与"行"的关系中,他认为"行"更为重要:

> 不闻不若闻之,闻之不若见之,见之不若知之,知之不若行之;学至于行之而止矣。行之明也,明之为圣人。……故闻之而不见,虽博必谬;见之而不知,虽识必妄;知之而不行,虽敦必困。

在荀子看来,"行"高于"知",是"知"的目的。反之,如果"知"而不"行",知道的再多也是困惑不解。这样,荀子不仅把"行"看作是认识的来源,而且也看作是认识的目的,具有明显的唯物主义倾向。

当然,荀子所说的"行",并不是指社会实践,而主要是指人的主观的道德行为要符合社会道德原则和各种礼仪规范。这正反映出他阶级的和时代的局限。

除了上面介绍的内容以外，荀子"制名以指实"的逻辑思想，是对先秦名实关系争论的批判总结，在认识论和逻辑思想的发展史上也具有重要的意义。

（七）韩非

韩非（约公元前280—前233年），战国末期 韩国人，原来是韩国公子，因痛感政见不为韩国所用，于是"观往者得失之变"，著书十余万言，即《韩非子》。他后来到秦国，受到李斯和姚贾的妒害，死于狱中。秦始皇在他死后读到《韩非子》，十分赞赏。

韩非集先秦法家思想之大成，继承和发展了前期法家进步的社会历史观，他的进化历史观是先秦时期研究社会历史的最高成果。韩非认为历史是进化的、发展的，不会倒退，因而复古是不可能的。他把人类历史的发展变化过程，分成"上古"、"中世"、"当今"三个发展阶段，具体分析了历史的进步过程，得出了"美当今"的结论。他认为"世异则事异，事异则备变"，复古主义的主张犹如守株待兔，是不可能实现的；历史条件发生了变化，统治措施也要作相应的改革。韩非的社会发展观念，充分体现了新兴地主阶级改革旧制度的进取精神，是符合历史发展的辩证法的。

韩非还在总结先秦法家理论的基础上，全面发展了法家的法治思想，创立了以"法"为本，"法"、"术"、"势"相结合的法治理论体系。他辩证地看到了"法"、"术"、"势"三者之间的有机联系："君无术则弊于上，臣无法则乱于下，此不可一无，皆帝王之具也。"韩非的"法"、"术"、"势"相结合的思想适应了由诸侯割据向中央集权的封建国家过渡的历史需要，在当时是有积极意义的。

在哲学上，韩非是一位朴素的唯物主义者和辩证法思想家，《韩非子》是研究韩非哲学思想的主要资料。

1."道理相应"
——韩非的唯物主义自然观

韩非在继承荀子"天行有常"、天人相分的唯物主义自然观的基础上，提出了"道理相应"的自然观。韩非对老子的"道"和"德"的理论进行了改造,使其具有了客观物质性的内容,又把"理"作为一个哲学范畴提了出来,用"道"与"理"的观念,来说明世界的规律性。

韩非认为,每一具体事物都有特殊的性质和规律,这些叫做"理"。"理"是经常变化的;"道"是存在于天地万物之中、与客观事物相终始的一般本质和规律性。

韩非认为,"道"是完全可以认识的宇宙总规律;"理"是指一事物区别于它事物的具体法则。不同的事物,各自具有不同的规律性。在韩非学说中,道和理的关系就是客观事物的规律性和特殊性的关系。

韩非认为"道"、"理"是完全可以被认识的,他说:"今道虽不可得闻见,圣人执其见功处以见其形。"这就克服了老子"道"的神秘性。韩非研究道与理的关系,其目的在于"体道"、"履理",即遵循客观规律,发挥人的主观能动性,他说:"夫缘道理以从事者,无不能成。"若"弃道理而妄举动者",地位再高,财富再多,都会以失败告终。事情的成功与否,取决于是不是按照客观规律办事,这是一个深刻的唯物主义的见解。

2. 注重"参验"
——韩非的唯物主义认识论

韩非把荀子"天人之分"的思想运用于认识论,提出了检验认识是否符合实际的"参验"方法。同荀子一样,韩非相信人有认识客观事物的能力。他说:

> 聪明睿智,天也;动静思虑,人也。人也者,乘于天明以视,寄于天聪以听,托于天智以思虑。

这里所说的"天",即是自然;"人",指人为。"天聪"、"天明"、"天智"是对荀子"天官"和"天君"理论的继承和运用;指各种器官特性。韩非认为,认识是依靠天生的感觉和思维器官去反映客观事物,事物是可以被认识的,人的各种器官能认识事物,因此事物之理是可以被认识的。韩非反对在没有接触客观事物和认识事物的道理以前,就主观地作出判断。他称之为"前识"。

"前识"其实就是没有根据的随意猜想,是十分愚蠢的。韩非举了一个"詹何猜牛"的故事,说明"前识"是十分荒唐的。

人的认识是否符合实际,怎么进行检验呢? 韩非发展了荀子的思想,提出要"循名实而定是非,因参验而审言辞",即遵循名实相符的原则来判定是与非,用参照验证的方法来辨别人们的言辞是否确当。他提出要把各种情况进行排列、分类,加以比较和研究,进行分析和验证,即所谓"参伍之验"。不仅如此,还要更进一步,从多角度、多方面去进行比较考核,才能检验出认识之真伪。韩非在认识论上的另一个贡献,是提出了以"功用"作为检验认识的标准,判断一个人是不是哑巴,就让他来说话;判断一个人是不是瞎子,就让他来看东西;判断宝剑的利钝,只要实地砍刺一下就知道了。可见,韩非主张通过"行"来验证"知",这无疑是一种极有价值的思想。

3. "事有利害,物有生死"
—— 韩非朴素的辩证法思想

韩非继承和改造了老子朴素的辩证法思想,提出了矛盾的概念,他的矛盾之说虽然同今天辩证法的范畴的矛盾不同,但对辩证法的发展,却有积极的意义,其中包含着较丰富的朴素辩证法的因素。

韩非认识到一切事物都包含着矛盾,都是相反相成、对立统一的。他论述矛盾的普遍性时说:

> 时有虚满,事有利害,物有生死。

韩非认为自然界中,不是只有一面,还存在着反面,人类社会更是充满了矛盾,事物都是相互对立而又相互依存的,但他又认为存在矛盾的双方是不平衡的:

> 凡物不并盛,阴阳是也。

二者必有一方是主要的,所以要权衡利弊、得失,从矛盾的主要方面着眼,"去其小害,计其大利"。

韩非认为矛盾在一定条件下是可以转化的。在解释祸、福的转化时,他指出了矛盾转化的条件性：

> 人有祸则心畏恐，心畏恐则行端直，行端直则思虑熟，思虑熟则得事理，行端直则无祸害；无祸害则尽天年，得事理则必成功，尽天年则全而寿，必成功则富与贵，全寿富贵之谓福。而福本于有祸，故曰："祸兮福之所倚。"

韩非认识到，祸转化为福，要依靠一系列的主观努力，这种思想是符合辩证法的，它克服了老子忽视矛盾转化的条件性的缺点，避免了相对主义错误。

韩非还强调对立面斗争的不可调和性，他通过对许多矛盾现象的分析，得出"不相容之事，不两立也"的结论。另外，韩非还论证了"物极必反"的思想，主张做任何事情，都应适"度量"，这也是很有价值的观点。

总之，韩非的辩证法思想摆脱了天命神学的束缚，是新兴地主阶级激进派的宇宙观、方法论，对先秦辩证思维的发展作出了较大贡献。但它也有严重的局限性，如理论上的抽象概括还很不够、形而上学的因素还明显存在，等等，都是不应忽视的。

二　独尊儒术:两汉时期的哲学思想

公元前221年(秦始皇二十六年),秦灭六国,建立起统一的中央集权的封建专制主义国家。秦的统一,结束了春秋战国时期分裂割据的局面,是社会发展的必然趋势。秦始皇不仅用法家思想建立了新政权,政权建立之后,又采用法家李斯的建议,采取"以法为教"、以吏为"师"的政策。在法家思想指导下,秦王朝对广大农民采取了赤裸裸的暴力统治,使得阶级矛盾日益激化,终于爆发了陈胜、吴广领导的农民起义,推翻了秦王朝的统治。

汉代继秦而兴,汉朝基本上继承了秦的政治制度,但在西汉初年,统治者吸取了秦亡的教训,注意以黄老的"无为而治"思想作指导,在经济上相对减轻了赋税和劳役,采取"与民休息"的政策。在当时,这种政策对于社会稳定和经济发展是有积极意义的,而在文帝、景帝时出现了"文景之治"。汉武帝时,经济得到迅速发展,藩王割据全部被削平,是汉朝的全盛时期。

但是,当汉王朝的政权巩固以后,随着各种条件的变化和矛盾的发展,"无为而治"的思想便日益显露出不相适应的一面。怎样才能使汉王朝长治久安呢? 统治者在寻找适宜的方法,思想家也在积极地思考。陆贾、贾谊等人提出了"文武并用,长久之术"的观点;董仲舒把"文武并用"的主张归结到儒家思想,并吸取了先秦各家学说,构成了一套旨在巩固封建政权的神学目的论。西汉末期,由董仲舒改造了的儒学进一步发展成为神秘、荒唐的"谶讳"学,而它在东汉更为广泛地流行起来。东汉章帝时,在白虎观召集五经博士和儒生讨论经义,实际上是凭借皇权,用谶讳迷信来妄断经义,从此把这种神学经学以法典的形式固定了下来。

由于"罢黜百家,独尊儒术",董仲舒的神学目的论和谶纬迷信在社会上逐渐占据统治地位,成为官方哲学。与此同时,在当时科学发展的基础上,朴素的唯物主义也发展起来了。西汉末到东汉初,扬雄、桓谭以唯物主义无神论思想来批判谶纬说,到东汉中叶,出现了杰出的唯物主义哲学家王充,他对董仲舒以来的宗教神学作了全面、系统的批判,把中国古代的朴素唯物主义发展到了一个新的阶段。

(一)董仲舒

董仲舒(公元前 179 —前 104 年),河北广川人,西汉著名的经学家,也是汉代最主要的唯心主义哲学家,汉景帝时治《公羊春秋》,曾作过官方讲授儒家经典的博士;武帝时,他以三次对贤良策而受到赏识,曾任江都相、胶西王相等职。后家居著书,但"朝廷如有大义",还要派人"就其家而问之"。可见统治者对他是十分尊重的。董仲舒的著作,主要有《春秋繁露》、《举贤良对策》等,是研究他哲学思想的主要材料。

董仲舒生活在封建中央集权的政治大一统局面已经形成的时代,这时西汉统治者迫切需要巩固封建中央集权,以维护西汉王朝的长治久安。很明显,那种"无为而治"、"与民休息"的思想已不符合时代的需要,因为"地主阶级为了巩固自己的统治,需要强化整个封建主义的上层建筑,特别需要在意识形态领域内形成统一的维护封建专制主义的理论思想体系,借以加强对劳动人民的思想控制。……董仲舒以儒家为中心,而又吸取黄老之学,糅合阴阳、名、法各家所精心构成的新的封建思想体系,正是在这种社会条件下应时产生的"(《中国哲学史》)。正因为董仲舒的思想体系,适应了当时时代的要求和统治阶级的政治需要,所以他被汉儒奉为"儒者宗",被他神秘化和系统化了的孔孟儒学也逐渐取得了统治地位,成为汉代的官方哲学。其实,他虽然标榜"罢黜百家,独尊儒术",然而他之"儒"却和先秦的儒学不同,他是摄取了先秦儒、墨、道、法、名等各种学派的思想因素,杂糅了阴阳、五行学说,从而构成了独特的唯心主义体系。因为他的思想体系满足了地主阶级的需要,所以在我国历史上产生了很大的影响。

1. "天人同类"和"天人感应"
——董仲舒的神学目的论

董仲舒继承了子思、孟轲"知人不可以不知天"、"尽性"即可以"知天"的天人合一思想,又利用战国时期被神秘化了的阴阳五行学说,通过对无形之天的神化,来否定荀子"天人相分"、"天命可制"的唯物主义思想,构成了他的以目的论为特征的神学唯心主义体系。

董仲舒赋予天以至高无上的神的性质,把它说成是宇宙间的最高主宰:"天者,百神之君也;王者之所最尊者也";"天者,百神之大君也,事天不备,虽百神犹无益也"。在他看来,"天"是高于百神的神,并具有道德的属性,宇宙间的万事万物都是天创造出来的:"天者,万物之祖也,万物非天不生。"董仲舒认为,天创造了人类,也创造了万物和伦理道德,这都是为了供养人类和规范人心:"天地之生万物也,以养人,故其可食者以养身体,其可威者以为容服。"总之,万物和人类都是"天"有目的创造出来的,君主是天意授命的。这样,天上神权和地上皇权之间密切联系,融通为一,即所谓"事应顺于名,名应顺于天,天人之际,合而为一"。

董仲舒用神秘的阴阳五行说来解释世界的形成,他利用了各种自然科学知识,克服和消除了其中的唯物主义因素。他认为天的意志不是由天本身直接表现的,而是通过阴阳五行之气的变化来表现的,因此人们只有通过阴阳五行的变化,才能观察到难见的"天意"。

他从天人相通的观点出发,认为四时运行,自然物春生、夏长、秋种、冬藏都表现出天和人一样是有意志有感情的。

> 天亦有喜怒之气、哀乐之心,与人相副,以类合之,天人一也。春,喜气也,故生;秋,怒气也,故杀;夏,乐气也,故养;冬,哀气也,故藏。四者,天人同有之。

在董仲舒看来,自然界"气"的变动,都是"天之志",即是天的意志的表现。他认为,天意首先表现为阴阳,阳是天的恩德的表现,阴是天的刑罚的表现:"天地之常也,一阴一阳。阳者,天之德也;阴者,天之刑也。""阳为德,阴为刑,刑主杀而德主生。"他还认为"五行"是"天次之序",其

149

次序是由天安排的,并以之和五方四时相配。这样,"五行"不再是五种物质元素,而成为有意志的"天"用以主理五方、四时的辅助力量。"五行"就是天的五种行为。"五行相生"是体现天的恩德;"五行相胜"是体现天的刑罚。五行次序不能错乱,错乱了,就会引起天下大乱。

董仲舒为了论证"王权神授",将自然之"天"说成是有意志的天,它不仅支配自然界,而且还主宰社会人事。他采取的方法是利用阴阳五行等范畴把自然事物的关系和社会关系加以比附,从而把封建等级关系加以神秘化。他提出了天人同类、"人副天数"的观点:"以类合之,天人一也。"又说:"人之为人,本于天,天亦人之曾祖父也,此人之所以乃上类天也。"他认为人的一切都是天按照自己的样子创造出来的,所以天是什么样,人也就是什么样,天有什么,人也就有什么。他把阴阳、四时、五行与人的喜怒哀乐、四肢、五脏、骨头数目,胡乱加以比附,来说明天是人的正本,人是天的副本,即"天是人的曾祖父"。

这样,董仲舒就很自然地进入了对封建隶属关系是取法天意的论证。既然人是"类天"的,"天"当然要主宰人间的一切,它便给人类社会设立一个拥有最高权力的君主,来代替自己实行赏刑的权威:"受命之君,天意之所予也"、"王者承天意以成事"。他还认为在君主下面,有许多依次从属的等级,也是上天安排的:"天子受命于天,诸侯受命于天子,子受命于父,臣受命于君,妻受命于夫。诸所受命者,其尊皆天也。"他认为,这种种关系是天意决定的,因此是不能违反的。

继而,董仲舒以天人同类为依据,提出了"天人感应"说,他认为人事活动,会从天得到反应。代天而治民的君主,其行为的好坏,能直接影响到天,如能施行仁政,上天会降下"符瑞"以资奖励,如果君主施行暴政,上天就会降下灾异以示"谴告"。

> 观天人相与之际,甚可畏也!国家将有失道之败,而天乃出灾害以谴告之;不知自省,又出怪异以警惧之;尚不知变,而伤败乃至。以此见天心之仁爱人君而欲止其乱也,自非大亡道之世者,天尽欲扶持而全安之。

至于百姓,则更要按天道行事,违背了封建道德,就会得罪天,自然会受到天的惩罚。董仲舒鼓吹"天人感应"论,其目的在于论证君权神授,用神权来提高王权,是为了恐吓人民不要起来反对封建统治,因为君王之权是"天授"的;同时,也是企图告诫统治者勿施暴政,以缓和阶级矛盾,达到长治久安的目的。由此可以看出,董仲舒的神学目的论具有为巩固封建统治秩序服务的明显目的。

2."天不变,道亦不变"
——董仲舒的形而上学思想

为了维护封建统治,董仲舒提出了"君子贱二而贵一"的观点,竭力证明统一体的矛盾是不能转化的,其地位是不能变动的,他的目的在于说明"天不变,道亦不变"。他所说的"道"是封建的政治制度和道德规范,他企图以"道"永恒不变来论证封建制度的永恒合理性。

董仲舒吸收了阴阳家的思想,似乎看到了每一个事物都是由矛盾着的两个相反的方面合成的,他说:

> 凡物必有合,合必有上,必有下;必有左,必有右;必有前,必有后。
>
> 有美必有恶,有顺必有逆,有喜必有怒,有寒必有暑,有昼必有夜,此皆其合也。阴者阳之合,妻者夫之合,子者父之合,臣者君之合。物莫无合,而合各有阴阳。

在这里,他把事物的矛盾现象归结为绝对和合的关系,从而抹煞了作为矛盾关系另一方面的对立面的互相排斥和在斗争中的互相转化。

董仲舒虽然看到了事物含有矛盾着的对立面,它们在性质和地位上是不一样的,如阴阳是矛盾的两个方面,阳为尊,阴为卑;阳为上,阴为下。但他又认为矛盾双方是不能互相转化的,它们的地位和性质是永恒不能变动的:"阳之出也,常悬于前而任事;阴之出也,常悬于后而守空处。"由此可见,"天之亲阳而疏阴,任德而不任刑也"。这就是说,阳和阴这两个方面,双方地位是不能转化的,这是"天之常道"。他把这种形而上学观点附会到社会人事方面,提出了一系列封建规范:"不当阳者,臣子是也;当阳者,君父是也"、"丈夫虽贱,皆为阳,妇人虽贵,皆为阴"、"阳贵而阴贱,天之制也"。因为"君臣、父子、夫妇之义,皆取诸阴阳之道",所以就不能有任何变化,而只能是臣依附于君,君统治着臣;子依附于父,父统治着子;妻依附于夫,夫统治着妻。这样,封建等级制度和宗法制度就是永恒而不可改变的了。这种所谓"三纲"的思想,就是董仲舒形而上学观点的具体体现。

董仲舒还进一步沿着孔子的中庸之道,推出了"天道无二"的论断,他认为"相反之物"只能"一出一人;一休一伏",对立的双方不会构成矛盾,他认为这是"天之常道"。进而又指出:"不一者,故患之所由生也,是故君子贱二而贵一。"由此可以看出,董仲舒在这里用静止和孤立的观点从根本上否定了客观事物内部的矛盾性。

既然客观事物内部没有矛盾性,即所谓"天道无二",那么历史上为什么会有朝代的兴亡呢? 董仲舒提出了"三统"说。这个"三统"说,是由邹衍的"五德始终"说发展来的,表现出董仲舒循环论的历史观。

统治阶级总是企图宣称自己是受天命的"天子",把自己的统治说成是不可侵犯的,但是又不可能保证自己的政权永远稳定。殷周奴隶主在宣扬天命时便遇到这个问题,当时是以"以德配天"来加以解释的。失"德"的旧王朝必然被"明德"的王朝所取代。到战国时,邹衍提出了"五德始终"说,以作为解释天命的依据。他的作法是用五行相胜的理论来说明历史上的改朝换代,即将五行相生相克的物理性能,比附到社会历史方面,如在自然界的五行中是木克土,金克木,火克金,水克火,而土又克水。他认为每个朝代都代表五德中的一德,历史上朝代的交替都是按照这个五行相胜规律来进行。这样,历史的发展就变成了五德的循环。

董仲舒的"三统"说,就是在"五德始终"说的基础上加工改造而成的。他主张以"德"来解释天命,认为"天之命无常,唯德是命",进而提出了"三统"、"三正"的学说。"三统"即黑统、白统、赤统。他认为夏商周三代分别为黑统、白统、赤统,历史上朝代的更替,就是按照这三统的固定秩序循环进行的。照这种说法,因为有这三统的区别,所以改朝换代是"三统之变"的依次循环,"改正朔,易服色",在历法制度、礼节仪式上都作相应的改变,即所谓"三正"(如夏商周三代的正月在历法上规定不同,故称之为"三正")。

董仲舒认为每个新朝代建立,都要进行一些制度上的改变,即所谓"新王必改制",但是这些改制并不是历史的发展,只能限制在形式的改变而不能涉及根本实质方面的改变,比如可以"徙居处,更称号,改正朔,易服色",但至于"大纲人伦、道理、政治、教化、习俗、文义"则必须完全依旧,其结论是:"王者有改制之名,无易道之实。"这正是他"道之大原出于天,天不变,道亦不变"的形而上学思想在历史观上的表现。

董仲舒在当时即有"群儒之首"的声誉,影响是很大的。他创立的以天人感应目的论为中心的神学唯心主义体系,及其以"三纲"为中心的政治纲领,为我国地主阶级提供了较为完备的思想体系。总的说来,他的思想是符合当时的时代要求的,在历史上,他的哲学和政治思想曾起过进步作用,这是应该予以肯定的。尤其是他主张德刑并用,着重于德治;反对分裂割据,主张"大一统";反对奴隶制残余,主张"去奴婢,除专杀之威";主张"限民名田"、轻刑罚、薄赋敛,等等,这些思想有一定的积极意义,被历代地主阶级进步思想家所赞赏和宣扬。

但是,随着封建社会的发展,董仲舒的思想便日益丧失了他的历史合理性,而变成了社会发展进步的障碍。特别是他所宣扬的"天不变,道亦不变"、"天人感应"等观点,更成为统治阶级压制和奴役人民的精神枷锁。

(二) 王充

王充(公元 27—100 年),字仲任,会稽上虞(今浙江上虞)人,汉代重要的唯物主义哲学家。《论衡·自纪篇》说他出身于"细族孤门"的微贱阶层,祖辈"以农桑为业","以贾贩为事",因受豪家欺凌,转徙到上虞落户。史书说他"家贫无书,常游洛阳市肆,阅所卖书,一见辄能诵忆,遂博通众流百家之言"(《后汉书·王充传》)。后作过郡的功曹和州的从事等小吏,但因受到排挤,在任时间都不长。晚年家居,"闭门潜思",从事教学和著书的工作。

在十分艰苦的生活环境中,王充写下了《论衡》、《政务》、《讥俗》、《养性》等著作。在这些著作里,他高举唯物主义无神论的战斗旗帜,向统治者用于愚弄人民的谶讳神学和庸俗经学进行了无情的批判,在中国哲学史上树立了光辉的里程碑。可惜的是,王充的著作保留下来的只有《论衡》,这是研究王充思想的主要材料。

1. "天地合气,万物自生"
　　——王充的唯物主义自然观

　　王充继承了先秦以来的"元气"学说,又批判地吸取了老子的天道自然无为思想,形成了"元气自然"的唯物主义"气"一元论,并运用这一理论,集中批判了天人感应神学目的论。

　　王充认为天与地都是物质的实体,构成万物的基础是"气"。他说:"天地,含气之自然也。"又说:"天地合气,万物自生,犹夫妇合气,子自生矣。"他根据当时天文学中"盖天说"和"宣夜说",主张天和地都是平正的,都是物质实体,认为"日月附天而行"、"天乃玉石之类"。他又说:

　　　　夫天者,体也,与地同。天有列宿,地有宅舍,宅舍附地之体,列宿著天之形。

　　这就是说,天是由气构成的,是物质实体。日月星辰附着在天上,就好像房屋宅舍附着在地上一样,均是自然物。从科学意义上说,王充的观点较之浑天说逊色多了,但他说天是"体",把天看成是物质的天,这就否定了天的神秘性,否定了那种把天说成是有意志的至上神的观点,具有朴素唯物主义思想。

　　王充不仅认为天是物质实体,而且认为天与生物不同,天地是"无始无终"的,既没有生,也没有死。

　　　　天地不生故不死,阴阳不生故不死。死者生之验,生者死之验也。

　　这就否定了天是有意志的观点。他还认为天是没有感觉的,他从天没有感觉器官,来断定它没有观念欲望,又从地没有感觉器官,去类推天没有感觉器官。因此,天是没有情感、思想和目的的:"夫天道自然,自然无为。"物质的天根本不可能有意识地创造人和万物,人与万物都是"天地合气",自然生成的。他说：

> 儒者论曰,天地故生人。此言妄也。夫天地合气,人偶自生也。
> 夫天不能故生人,则其生万物,亦不能故也。天地合气,物偶自生矣。

王充强调,天地万物虽然都是由元气构成的,但由于万物禀受元气的粗精薄厚不同,因而产生了形体上的千差万别。由此可知,万物的差别是自然形成的,并不是"天"安排的。王充从元气一元论出发,认为人与物没有区别,从而批判了把人与万物的关系神秘化的观点。因为人与万物都是"因气而生"的,也就与物没有什么不同,甚至"贵为王侯",其性亦"不异于物"。这种观点对"君权神授"和封建等级观念是有力的冲击。同时,王充还指出了人与物的区别,认为人是动物中最高的一种,与一般动物不同,人有智慧,即有意识。这种观点也是很有价值的。在王充看来,人与万物之间的关系是自然产生的,根本不是天意的统一安排,董仲舒所说的"天之生物也,以养人",是十分荒谬的。

天人感应论者认为,人的善德可以感动天,如果做了恶事,天也会给以惩罚。王充认为,天是没有思想的,根本不能谴告。

> 夫天道,自然也,无为。如谴告人,是有为,非自然也。
> 夫天无为,故不言,灾变时至,气自为之。夫天地不能为,亦不能知也。

王充认为,天是自然无为的物体,它不能施行谴告;灾异的出现,不是天意降下来的,而是"气自为之"。他对日蚀、雷、月蚀、水灾、旱灾,都利用自然科学知识加以说明,驳斥了种种迷信说法,作出了唯物主义的解释。

天人感应说的中心思想是君权神授,它常常利用某些稀奇的自然物,如赤龙、凤凰、芝草等,来说明君主"生而不凡"、"受命于天"。如说后稷的母亲踏了大人的脚迹而生后稷,尧的母亲到野外去,与赤龙感应了才生尧,甚至说刘邦的母亲与蛟龙交感生的刘邦,宣扬这种种神话的目的无非是说帝王是真龙天子,以此来论证"君权神授"。王充对这些传说作了认真的分析,一一给以批驳,他认为"大人迹。土也。……非气也,安能生人?"又说:"物生自类本种"、"天地之间,异类之物,相与交接,未之有也"。他认为那些与人不同类的东西,不可能与人交感,根本不可能生出人来。这就从根本上剥掉了封建统治者身上的一层神圣外衣,在那个时代,这种观点是十分大胆的。

王充批判了神学目的论和谶纬迷信,对唯物主义的发展作出巨大贡献,但他的思想中还存在着宿命论的观点,虽然这并不是他的主要思想,却也应该指出来。

2."世间安得有无体独知之精"

—— 王充的唯物主义形神观和无神论

王充继承了荀子等人在形神观上的唯物主义观点,运用气一元论的理论,对形神关系问题作了较为深入地论述。

王充认为,人是自然的产物;"人,物也,万物之中有智慧者也。其受命于天,禀气于元,与物无异。"人与"虫"类一样,禀气而生,死还为气。人的生死,好像水凝为冰,冰化为水,一点儿也不神秘。

那么,怎么解释人的精神与肉体的关系呢?王充认为人是由阴阳二气构成的,阴气构成人的骨肉,阳气构成人的精神。他采纳前人以蜡烛比喻形体、火光比喻精神的方法,认为烛尽则火灭,形亡则神灭。因此身体与精神这两者是互相联系在一起不能分离的,分离了就会死亡:"夫人所以生者,阴阳气也。阴气生为骨肉,阳气生为精神。骨肉精神,合错相持,故能常见而不灭亡也。"这里说的"阳气",又称为"精气"、"血气",指的是精神。他认为人活着才有精气,人死了,精气也就不存在了,形神之间必须互相保持,人才有生命,也才有精神现象。

王允认为人的形体是第一性的,精神是第二性的,形体决定精神,精神依附形体。他的结论是:

> 形须气而成,气须形而知,天下无独燃之火,世间安得有无体独知之精?

这种观点,坚持了形神关系上的唯物主义一元论。由此必然引出"人死不为鬼,无知,不能害人"的无神论的结论,他说:

> 人之死,犹火之灭也。火灭而耀不照,人死而知不慧,二者宜同一实。……火灭光消而烛在,人死精亡而形存。谓人死有知,是谓火灭复有光也。

基于这种认识,他竭力反对一切鬼神迷信、占卜、祭祀活动。他还从人的生理和心理上解释了鬼神迷信产生的根源,指出所谓"鬼",是人们身体有病,精神衰弱,再加上恐惧,思想上造成的幻觉。王充进一步用元气自然聚散来说明人死无知,不能为鬼的道理,他认为人本是由元气生成的,死后又复归元气。生成人之前的元气和人死之后复归的元气,都是无知的,更不能为鬼。这里接触到物质不灭的思想,是很难得的。他还论述了生与死的辩证关系,指出有生必有死,有死必有生,生死互为效验,这对所谓"长生不死"的迷信是有力的批驳。

3."疾虚妄"、"重效验"
——王充的唯物主义认识论

自董仲舒等人神化孔子和儒家经典以后,汉代学风日趋"浮妄虚伪",一些儒生只以背诵儒经为事,更有人编造出许多"神怪之言"。王充概括此时的文风为"虚妄显于真,实诚乱于伪"。在与天人感应论和谶纬迷信所宣扬的先验主义的斗争中,王充建立了注重效验的唯物主义认识论。

王充认识论的特点是崇实知和疾虚妄。王充认为人的认识对象应该是"天下之事,世间之物",包括天文、地理、政治、学术等,而且包括农夫织妇的生产活动,"把群众的生产经验列入认识范围,也就是把哲学理论的概括面扩大了,使哲学唯物主义的发展,有了更坚实的实践知识基础。这也是王充得以成功地打击官方神学的一个重要原因"(肖萐父、李锦全主编《中国哲学史》)。

王充认为任何人若要获得知识,都必须通过耳目感官去接触外界事物,人们必须通过耳目感官来"定实情",然后才能真正认识客观事物。

所以他说:"如无闻见,则无所状。"如果不通过感官去闻见,就不能获得对客观事物的印象,也就不可能真正认识客观事物。这就肯定了思维是来源于感觉经验的观点。在此基础上,他强调了"心意"即思维在认识中的作用,他认为只停留在闻见这个阶段是不够的,还要上升到理性认识,才能判定事物的真实情况:"苟以外效立事是非,信闻见于外,不诠订于内,是用耳目论,不以心意议也。夫以耳目论,则以虚象为言;虚象效,则以实事为非。是故是非者,不徒耳目,必开心意。墨议不以心而原物,苟信闻见,则虽效验章明,犹为失实。"他认为认识局限于感觉或经验,容易陷入谬误,因为客观事物往往表现为"假象"("虚象"),要想获得正确的认识,还必须用理性认识来加以审查,即所谓"诠订",否则就不能分清是非,判明真伪。

基于这种认识,王充认为汉代流行的圣人"生而知之"或"神而先知"是荒谬的。他说:

> 儒者论圣人,以为前知千岁,后知万世,有独见之明,独听之聪,事来则名,不学自知,不问自晓,故称圣,则神矣。……曰:此皆虚也。

王充认为"生而知之"是虚妄之谈,根本不可信。他承认圣人的知识比常人丰富,圣人与常人在才智上也有上下之分。但圣人的知识也是通过学和问得来的,说他们"不学自知"、"不问自晓",古往今来,是根本就没有的事。这就否定了"生而知之"的先验论。

在检验真理的标准问题上,王充提出了"效验"的概念,来作为检验认识的真理性的标准。他说:

> 凡论事者,违实,不引效验,则虽甘义繁说,众不见信。
> 事莫明于有效,论莫定于有证。空言虚语,虽得道心,人犹不信。

王充反对不以事实作根据的"空说虚言",主张用实际的"效验"来检验认识的真实性。他还以"效验"为武器,对谶讳神学的各种谬说,一一作了检查,特别是他专门写了《问孔》篇,用"效验"这一标准去检验孔子的言行,对孔子这位被神化了的人物提出了许多疑问,这是十分难得的。

当然,王充还不可能认识到检验真理的客观标准只能是实践,但他把客观事实和实际效果作为检验真理的标准,这仍是对唯物主义认识论发展的一个贡献。

需要指出的是,王充的认识论是朴素的和直观的,其中充满了有价值的唯物主义思想,但它也具有相当明显的经验论倾向,就王充所处的时代说来,这是不可避免的。

总之,在中国哲学发展史上,王充占有突出的地位,他提出的元气自然论,他对天人感应论和谶纬迷信的系统批判,他的唯物主义认识论,对后来的唯物主义者都产生了巨大的影响。

三　玄学及其内部争论:魏晋时期的哲学思想

汉末三国时期,世家豪族虽然受到一定的打击,但仍以半独立的封建形式进一步发展起来,形成大大小小的地主集团,在政治上、经济上占有统治地位。由于对土地和劳动力的争夺日益激烈,中央皇权与地方豪族之间的矛盾以及士族大地主与庶族地主之间的权利冲突都激化起来,形成统治集团内部不断互相倾轧的局面,即所谓"魏晋之际天下多故,名士少有全者"。门阀士族的思想代表们,既热衷于争名夺利,又担心朝不保夕,因此急需一种适合他们口味的哲学思想,而玄学正可以满足他们的这种需要。

玄学是三国两晋时期适应门阀士族利益而兴起的哲学思潮,它的兴起与发展,有经济、政治的原因,也有其思想渊源。

玄学是两汉神学唯心主义遭到打击破产后的必然产物。玄学家们面对神学目的论和谶纬迷信失去了欺骗作用的现实,在形式上又复活了老庄思想,形成了较两汉神学更加精致的唯心主义。他们特别推崇《老子》、《庄子》和《周易》,将这三本书合称为"三玄"。因而这种哲学也称为玄学。玄学把汉代"天人感应"的神学宇宙论改变为"有无本末之辨"的玄学本体论,他们主要继承了老庄思想,在政治伦理方面则较多地接受了儒家思想。总之,儒道两家思想是他们借以发挥和论证的主要思想资料。

玄学的发展有一个演变过程,在其发展中也有不同的流派。玄学的主要代表人物是主张"贵无"的王弼和主张"独化"的郭象,而在魏晋时期的嵇康、阮籍等则主张"名教不合自然",成为玄学的"异端";裴頠等人又对前期玄学提出了修正,针对"贵无"思想,提出了"崇有"论。嵇康与裴颐等学者的思想,虽然违背了玄学思潮的主旨,但他们对玄学的批判仅限于玄学内部的一些命题和范畴。因此,这两派的斗争,还只是玄学内部两种思想的斗争。

(一) 王弼

王弼(公元226—249年),字辅嗣,山东金乡人,魏晋玄学的创始人之一,主要著作有《老子注》、《老子指略》、《周易注》、《周易略例》、《论语释疑》等,在我国哲学发展史上有重要的影响。

王弼利用了先秦老庄和儒家的传统思想,通过对贵无、主静、言不尽意的论述,构造了一套颇为系统的唯心主义哲学体系,集中体现了门阀士族阶级的政治要求。王弼对有无、动静、言意等一系列哲学范畴虽然作了唯心主义的解释,但他对这些问题的抽象论证,对于人类思想的发展还是起了一定的积极作用的。

1."以无为本"
——王弼唯心主义本体论

王弼继承了老子的客观唯心主义,他将《老子》哲学中的"有生于无"的论题,作为自己思辨的起点,并给以彻底的唯心主义解释。王弼所说的"无",又称作"道":"道者,无之称也,无不通也,无不由也,况之曰道。寂然无体,不可为象。"他又说:"道无形,不系,常不可名,以无名为常。"这就是说,无就是道,它是现象世界背后的本体,是一切事物产生和生成的根据。在《老子》第一章的注释中,他说:

> 凡有皆始于"无",故无形无名之时,则为万物之始;及其有形有名之时,则长之育之,亭之毒之,为其母也。言道以无形无名始成,万物以始以成而不知其所以,玄之又玄也。

他在这里所说的"无",不具有任何具体属性,它贯通一切事物而自己却没有任何质的规定性,一切事物却都是它的体现。正因为"无"不具有任何具体性质,它听不到,看不到,摸不到,也嗅不到,所以它才能主宰万物的存在和变化。

王弼认为"道"或"无"虽不可为象,但一切有形有象的东西却都是由它派生的,它是世界的本源:"夫物之所以生,功之所以成,必生乎无形,由乎无名。无形无名者,万物之宗也。"王弼认为有生于无,把"无"说成是世界万物的本源,这是典型的唯心主义。

王弼看到了本质和现象的差别,提出了本末这一对哲学范畴,并以此来论证他以无为本的本体论。王弼的"本",是"无为"、"无形"、"无仪"的虚无的本体,即"无";而"末",是有形的具体事物。他认为道与世界万物的关系,就是本和末的关系,犹如母与子的关系一样。道是"本",是母,而世界万物是"末",是子。没有本就没有末,没有母就没有子。因此,要想了解世界万物,就必须把握"本",只有把握了"本"(即"道"),才能认识世界万物。王弼的这个观点具有明显的唯心主义性质,是为他的本体论服务的。但他把本末作为一对哲学范畴提了出来,对哲学的发展还是很有价值的。

2. "静为躁君"
——王弼形而上学的动静观

为了论证"以无为本"的命题,王弼还歪曲了运动和静止的关系。在他看来,"无"是绝对的本体,所以是不动不变的永恒的存在;而"有"属于相对的现象界,则是变动不停的。世界万物的变化只是不变的本体的一种表现。他说:

> 凡有起于虚,动起于静。故万物虽并动作,卒复归于虚静,是物之极笃也。

这就是说,"有"是"无"派生出来的,"动"是"静"派生出来的。世界万物是变化的,但对不变的本体来说,不变是绝对的,而变是相对的。所以,他提出要"反本",即要人们从千变万化的现象中把握不动、不变的本体,动中求静,以静制动。由此可见,王弼阐明的是一种"主静"哲学。

王弼承认现实世界的运动变化,也承认矛盾是变化的原因,其中有一些辩证法因素,但他认为本体世界是绝对的、静止的,因而现象世界中的静止和平衡状态也是绝对的、恒常的,变动和矛盾是相对和暂时的。他不是从发展观上谈动静,而是从他的本体论上论述动静,他所说的静,不是客观事物存在的一种状态,而是主观虚构出来的一种本体。他的这种关于动静关系的观点,显然是形而上学的。从这种哲学出发,他提出了"夫静为躁君,安为动主"的政治哲学的原则,认为统治者应该以静制动,实行"无为"政治,以达到"无为而治"。

3.“言不尽意”和“得意忘象”
——王弼的唯心主义认识论

"言"和"意"的关系问题,早在先秦时期便被人提出来了。《周易·系辞》有"言不尽意,书不尽言"的说法;庄子提出"知者不言,言者不知",把言和意对立起来,认为只有超绝名言,才能"体道"。王弼沿着这一条神秘主义认识路线继续有所发展。

王弼分析了《周易》中卦意、卦象和卦辞的关系,提出了"言不尽意"、"得意忘象"的认识理论。在他看来,言是说明象的,象是表达意(圣人制象之意)的。表达意就要通过象,说明象就要通过言:"夫象者,出意者也;言者,名象者也。尽意莫若象,尽象莫若言。"其中的"象",指《周易》的卦象的象;"言",指《周易》中对象所作的说明。但其理论意义已不单纯是王弼对《周易》的解说,而可看作他所具有的一般认识原则和思想方法。

王弼好像意识到语言和概念有表达思想的作用,是认识事物的工具。他说:

> 言生于象,故寻言以观象;象生于意,故寻象以观意。

在他看来,言是依据象产生的,所以可以按照言的内容去判明象;象是根据"圣人"的意图制作的,因此可以根据象去探究其中的"意谓"。在此基础上,他认为:

> 意以象尽,象以言著。故言者所以明象,得象而忘言。象者所以存意,得意而忘象。

王弼认为，既然言是为了说明象的，因而"得象"可以"忘言"；象是为了保存意的，"得意"可以"忘象"。若是固守着言，就不能得象；固守着象，就不能得意。王弼把"意"（卦意、易理）作为认识的对象，而"言"、"象"作为认识的媒介或工具，将三者明确区别开来，是可取的。但是他夸大了三者的区别，将言、意、象根本对立起来，则是十分荒唐的。他又说：

> 忘象者，乃得意者也；忘言者，乃得象者也。得意在忘象，得象在忘言。故立象以尽意，而象可忘也。

这就是说，因为语言本身不是象，所以要把握象，就得把语言抛弃掉；因为象本身不是意，所以要把握意，就要把象忘掉。这就把"忘言"、"忘象"看作是"得意"的先决条件，把"言"和"象"当作是"得意"的障碍，从而夸大了认识媒介（言、象）在认识过程中的相对局限性，这就把认识的工具和认识的对象原本是对立统一的关系，形而上学地割裂开来、对立起来了。主张抛弃语言概念来求得认识，必然走入神秘主义不可知论的迷途。

王弼为了论证封建制度的必然性和合理性，将哲学思想运用于社会政治领域，提出了"名教出于自然"的思想，表现出他的哲学维护士族地主阶级统治的本质特点。

（二）裴頠与欧阳建

裴頠（公元267—300年）和欧阳建（公元268—300年）是魏晋时期玄学反对者的代表人物，他们从不同的方面批判了玄学唯心主义，推动了唯物主义的发展。

1."至无者，无以为生"
——裴頠的"崇有"论

裴頠原有文集九卷，但已散失，现仅存一篇哲学论文《崇有论》，是研究他思想的主要资料。

裴頠对王弼"以无为本"的思想进行了批判,认为世界万物是客观存在的,它的本体只能是有,不能是无,"无中不能生有"。他指出:

> 夫总混群本,宗极之道也;方以族异,庶类之品也;形象著分,有生之体也;化感错综,理迹之原也。

这就是说,总括万有的根本,就是最高的"道",它不是虚无的;根据万物的不同形象,才可以区分不同的类别;一切生存的物体,都是具有形象的;万物间的相互作用是错综复杂的,是客观规律(理)的根源。总之,裴頠认为世界的根本是有而不是虚无。这就肯定了物质世界的客观实在性,否定了"以无为本"的哲学观。

针对王弼"凡有皆始无"的观点,裴頠指出:"夫至无者,无以能生。"既然承认它是"至无",又说它能产生有,在理论上是说不通的,因此他认为"始生者,自生也",万物最初的产生,是自己生自己,不是无中生有,而是有由自生。裴頠还指出了"贵无"、"贱有"学说造成的危害。他指出,"形器之故有征,空无之义难检",认为客观事物的存在是可以得到证明的,而"空无"创造万物,则难以检验。"无"既不能生有,又对人类生活没有实际作用,在他看来,促进万物的发展、管理百姓,以"无用"、"无为"的办法是行不通的:"养既化之有,非无用之所能全也;理既有之众,非无为之所能循也。"他还举例说,要捕捞深水中的鱼,静卧不动就会一无所得,可见"虚无"一点儿用处也没有,而真正有意义的却是"有"。可见,裴頠反对无中生有的观点是明确的。

当然,裴頠反对"贵无",主张"崇有",在哲学理论上坚持了唯物主义,有其积极意义。但他的根本目的还是为了纠正当时社会由于"贵无"、"贱有"而形成的只图享乐、安逸、不负责任的坏风气,他的着眼点还是为了维护统治阶级的长远利益。

2."名逐物而迁,言因理而变"
——欧阳建的"言尽意"论

欧阳建原有文集二卷,但只流传下来一篇《言尽意论》,这是一篇直接反对王弼"言不尽意"论而写的哲学论文。

　　欧阳建认为事物的性质是客观存在的,并不以人们的"言"(语言)和"意"(思想)为转移。为了反对一些玄学家的观点,他把言意关系还原为心物(名实)关系问题,即认识的主体和客体的关系问题。他说:

　　　　形不待名而方圆已著,色不俟称而黑白已彰。

　　这就是说,客观事物的方圆黑白,是先于名称概念而独立存在的。客观的形色是第一性的,而主观的名称是第二性的。名称概念和语言对于客观事物及其规律(理)的本身,并没有外加任何东西,"名逐物而迁,言因理而变"。作为物之名的"名"和理之应的"言",随着客观的物理的变迁而必然发展变化,这就肯定了唯物主义认识论的基本前提。

　　欧阳建认为事物的存在虽然无待于"言"、"称",但是名言却能反映物理。他说:

　　　　诚以理得于心,非言不畅;物定于彼,非名不辨。言不畅志,则无以相接;名不辨物,则鉴识不显。鉴识显而名品殊,言称接而情志畅。

　　这就是说,言辞可以表达心中懂得的事物之理,名称可以辨别客观存在的自在之物。语言不能表达思想,人们就无法进行交际,名称不能辨别事物,人们的认识就不会明白。欧阳建把名称概念看成是辨别事物、表达思想的重要工具,这就肯定了 通过概念的逻辑认识是可靠的,从而对思维能否反映客观世界的问题作了肯定的回答,从而坚持了唯物主义认识论的基本观点,批判了玄学家的不可知论。

　　欧阳建认为"名"和"物"在一定意义上是对立的,因为事物的名称,规律的解说,均是在人们认识的基础上拟定的,但是只有用不同的名称加以辨别,才能区分不同的事物,表达不同的认识:"欲辨其实,则殊其名;欲宣其志,则立其称。"从这一点看来,"名"和"物"又是统一的。而且犹如"声发响应,形存影附"一样,"名"和"言"的生灭变迁,是以"物"和"理"为其客观依据的,主观与客观"不得相与为二",它们并不是各自独立、可以任意割裂的两样东西,二者在对立基础上有其一致性。由此,他得出了

"言无不尽"的结论,认为如果把语言、概念同它们所反映和表达的客观事物及其规律看作是统一的,那么语言概念就能表达思想、反映事物。欧阳建的论证,虽然还显得过于简单化,但他敢于对"言不尽意"论提出反对意见,还是很有胆识的;他的论证,对中国哲学认识论的发展,作出了可贵的贡献。

(三)郭象

郭象(公元 252—312 年),字子玄。他一方面继承了以向秀(227—277 年)为代表的"儒道合派"的思想,并"述而广之";同时又继承了裴頠为代表的"崇有派"的思想,弥补了王弼以来玄学主流中理论上的不足,完成了自己的玄学本体论体系,因而被称为"王弼之亚"。

1."万物独化于玄冥"
——郭象的唯心主义本体论

郭象作为继王弼之后的玄学唯心主义者,无法正面驳倒裴頠的"无中不能生有"的观点,因而从形式上否定了王弼"有生于无"的思想,提出了"万物独化"的理论。

郭象认为,万有世界并不是由"无"产生的,也不是"真宰使之然",根本就没有"造物主"。他肯定了天地日月的自我运动:"(天)不运而自行也,(地)不处而自止也,(日月)不争所而自代谢也。皆自尔。"郭象认为现象界一切事物都是独立地、孤立地、无所依凭地生成变化的,这便是所谓"独化"。由这种思想出发他提出了"万物独化于玄冥"的理论。在他看来,事物之间没有因果关系,任何事物的产生和存在都不必具备一定的条件,不必遵循任何规律,"外不资于道,内不由于己","突然自生","突然自死",都是偶然的、突发的、无条件的,因此也就是神秘莫测的。这样,就否定了事物之间的因果关系和客观世界的规律性,同时,这种理论否认相对静止,把事物的变化和发展说成是没有相对稳定的过程,从而陷入了唯心主义。

另外,郭象把"万物独化于玄冥之境",看作是"命"的安排,这种所谓"命"是神秘而不可抗拒的异己力量,他正是通过神秘主义的无因论,走向了"命不可违"的命定论。

2. "冥而忘迹"和"冥此群异"
——郭象的神秘主义认识论

同王弼一样,郭象是一个不可知论者,这是他的"独化"说在认识论上的必然反映。他虽然肯定了具体事物各有其自身的特性,但这些具体事物的本质是不可认识的,它们的客观性也是无法证明的。在他看来,一切事物的变化都是"己自生"的,没有原因可以探究,所以是不可知的。客观事物都是"不知其所以然而然"的,所以人们对世界也只能茫无所知。万象世界之所以不能知,他认为一则因为世界万物"各自生而无所出",是从神秘的"玄冥之境"独化出来的,事物之间没有因果关系,没有任何规律可循;再则认为人的认识所能够认识的领域是有限度的,认识能力也是有限的,不可能认识万有;如果"外不可求而求之",便会"学弥得而性弥失",由此,他得出了"冥而忘迹"的结论。

"冥而忘迹",也就是"捐聪明,弃知虑,魄然忘其所为,而任其自动。"他认为世上的事物好像走路留下的痕迹("迹"),另外还有更高的造成这种"迹"的东西,即所谓"所以迹"。这种"所以迹"是认识不了捉摸不透的"玄冥"。他说:"物有自然而理有未极,循而直往,则冥然自合","至理有极,但当冥之,则得其枢要也",若是达到了"玄冥"的境界,就能"无待而常通",把"言"、"意","有"、"无","迹"、"所以迹",全都忘了,这样就可以超绝是非,而"冥此群异",一切差异都在这混沌境界内消失了。如果说,事物间根本就不存在差异了,那么人世间尊卑贵贱的差别是否合理这个问题也就自然取消了。由此可以得出这样的结论:其一,郭象的认识论是依靠纯粹的直觉、取消一切认识的蒙昧主义的理论;其二,郭象认识论的目的在于说明封建制度的合理性,以维护豪强地主阶级永久的统治。

四 佛学与反佛思潮:从南北朝到
隋唐时期的哲学思想

　　佛教大约在东汉时传入我国,当时未引起社会的重视,而且还受到限制,所以它的影响并不大。魏晋时期,人们按照玄学去理解佛教,佛教有了较大的发展,特别是南北朝时期,由于社会的动乱和统治阶级的提倡,佛教空前地发展了起来,其主要标志是出现了许多佛教著作和佛教流派。到了隋唐时期,佛教达到了全盛时期。在佛教的发展过程中,也出现了反佛的人物和哲学派别,其中著名的有范缜和韩愈,唐代的柳宗元和刘禹锡虽然基本上没有把佛教作为批判对象,但他们的唯物主义自然观与佛教唯心主义是根本对立的。

(一) 佛教主要流派及其思想

　　佛教产生于印度,自传入我国以后,虽然也曾受到限制,但到魏晋南北朝时得到了迅速地发展。到了隋唐时期,才形成了中国化的佛教哲学形态。在其发展过程中,自然形成了一些主要的佛教流派。

1. "般若"学与"涅槃"学
　　——南北朝时期的佛教

　　佛教在南北朝时期得到迅速发展,是有其社会和政治的深刻原因的。在魏晋时期,玄学已经成 为统治阶级的意识形态,但它毕竟太"玄妙"了,一般百姓不易理解,而佛教在世界观上与玄学唯心主义有不少共同之处,又有一套愚弄百姓的方法,所以统治者将其视作玄学的附庸和补充,受到保护和有意识地传播。南北朝时期是我国历史上民族大分裂、社会大动乱的时期,人民生活极其痛苦,经常处在朝不保夕的境况。这种状况,构成了佛教传播的必要条件,加之,当时入主中原的部族首领,大都信奉佛教并大力提倡,也促进了佛教的发展。因此,佛教由于适应了统治阶级的需要而风靡一时,取代了玄学,成为南北朝时期的统治思想。

汉魏以来传入中国的佛教,有两大系统,即作为早期佛教的小乘禅学和作为后期佛教的大乘"般若"学,即以《般若经》为中心的大乘空宗。由于后者的理论较接近玄学,加之《放光般若经》及以般若类为主的经书被大量译成汉文,所以在魏晋时期,主要流行的是"般若"空宗学。大乘般若学的基本思想是企图论证客观方面诸法"缘起性空",又认为主观方面的智慧能够洞察这种"性空",二者相结合,便构成了"空观"的理论。这种思想与玄学有相通之处,也有不同的地方,所以在与玄学相汇合时便产生了不同的解释,出现了所谓"六家七宗",其中影响最大的是以道安(312—385)及其弟子慧远(334—416)为代表的"本无"派。

这一派主张"诸法本性自无",他们基本上是按玄学"贵无"派的"以无为本"、"崇本息末"的观点来解释自己的思想的。例如道安说:

> 真际者,无所著也,泊然不动,湛尔玄齐,无为也,无不为也。万法有为,而此法渊默,故曰无所有者,是法之真也。

这里所说的"真际"几乎就是玄学中的"道"的同义语,可见当时的佛学,带有明显的玄学化倾向。如慧远将玄学本体论运用到佛教的出家的宗教活动中,他认为"相信佛教原理的人才不会以生命牵累他的精神;不承认客观事物的差别的人才不致受爱憎感情的牵累,由此就会达到精神绝对平静,对外界无所爱憎的'冥神绝境'的'涅槃'境界"(沈善洪《中国哲学史概要》)。这样说来,佛教与玄学在精神上是一致的,但较之玄学,它的宣传有更大的麻醉作用,因而也更适合统治阶级维护封建门阀制度的需要。

经过一定时期的研究和酝酿,佛学日益明显地摆脱了玄学的影响,走上了独立发展的道路。公元401年,西域名僧鸠摩罗什来到后秦首都长安,邀请许多学者译经,翻译了许多佛教著作,从而把对般若中观理论的译介和研究大大地推进了一步，同时还培养出了僧肇、竺道生等一批学者，其中尤为僧肇的贡献最为突出。

僧肇（公元385—414年）是南北朝时期最重要的佛教哲学家，在参与鸠摩罗什译经的活动中，他对佛教作了深入的研究，批判地总结了魏晋以来玄学与般若学的各种理论，建立了中国化的般若空宗的哲学体系。《肇论》是僧肇的论文集，收有《不真空论》、《物不迁论》、《般若无知论》等论文。在《不真空论》里，作者论证了"即万物之自虚"的本体论，批评了王弼的"贵无"和道安的"本无"。说他抬高了"无"的地位，压低了"有"的地位，他认为般若空宗并不是简单地否认客观事物有"有"或"无"的现象存在，而只是认为无论"有"或"无"的现象存在，都是不真实的。在名实关系上，他认为名与实之间谁也不能代表谁。名是虚幻的，实也是虚幻的，万事万物的存在都是虚幻的。因此人们不应留恋现实世界，只有宗教精神世界才是真实的，不空的，具有永恒、圆满、真实和完美的特色。在《物不迁论》里，作者表达了"即动而求静"的动静观。在他看来，动中有静，变中有常，要把动和静、变和常结合起来观察才是正确的。这种思想包含着一定的辩证思维的因素。所谓动与静，其实就是佛教中的一对矛盾，即一方面肯定人在现实世界中的生死流转，另一方面又要追求永恒不变的涅槃境界。他的"即动而求静"说，就是为了从理论上融合这一对矛盾，但在其具体论证中，却陷入了形而上学的诡辩，如他认为事物孤立地存在于时间的三相，即过去、现在和未来，它们乍生乍灭，没有连续性；又如他把事物在时空中变动的连续性和非连续性，形而上学地割裂开来、对立起来，得出了"事各性住于一世"的结论。在《般若无知论》里，作者集中探讨了认识论问题，中心内容是论证"般若""无知，故无所不知"的思想。在他看来，般若是一种能够洞察真理的特殊的智慧，它以"真谛"为认识的对象，不需要任何感觉与思维。这实质上是神秘唯心主义。

僧肇是般若学的集大成者，他建立的哲学体系具有使佛教中国化的特点，因为其中既有般若空宗的理论思想，又包括老庄玄学的思想资料。继僧肇之后，出自慧远门下的竺道生在宣扬《涅槃经》时，提出了自己的观点，有人称之为"涅槃学"。这种学说与般若学相比，更易为广大人民所接受，因为它宣扬的主要内容是：

第一，人人可以成佛，即所谓"一阐提人皆得成佛"。"一阐提人"指贪欲成性、作恶多端的人。竺道生认为佛性人人本有，不管是谁，只要觉悟了，就可以成佛。

第二，"顿悟成佛"。竺道生认为佛性作为最圆满的精神性的全体，它是不能分批得到的，要想得到它只能一次完成，这就是"顿悟"。

竺道生的主张适应了统治者欺骗下层广大人民的需要，既为那些作恶多端的人打开了佛门，又把"成佛"说成可以"顿悟"，从而否定了那种累世修行、几世成佛的说法，这无疑对一般百姓具有更大的吸引力。竺道生的这些思想，为以后的禅宗所继承和发挥，对隋唐佛学有重大影响。

2. "天台"、"法相"、"华严"、"禅宗"
——隋唐佛教四大宗派

到了隋唐，佛教进入了全盛的时期，形成了中国佛教的四大宗派：天台宗、法相宗、华严宗和禅宗。

(1)天台宗，因寺院而得名。它发源于北齐、南陈，创立于隋初，盛行于隋唐，中唐以后开始衰落。这一派的主要代表人物是：智颛(531—597)，著作有《摩诃止观法门》；湛然(711—782)，著作有《金刚錍》。

天台宗的基本思想是"一念三千"。在佛家看来，整个宇宙分为十界，十界是各各相通的，所以十界就成了百界，百界各有"十如是"，就成了千界。每界又有三种世间，就有了"三千世间"或"三千法界"，即所谓"三千"，也就是佛家心目中的整个世界。这"三千法界"是从哪里来的呢？天台宗认为三千法界都是"心"的创作。智颛说："三界无别法，惟是一心作。心如工画师，造种种色。心构六道，分别校计，无量种别"。由此看来，天台宗认为世界的本源是"心"，世上的一切都是"一念心"的产物，因而是虚幻不实的。

在佛家看来，五光十色的世界，总的说来不外 色、心。智颛推演了印度佛教哲学家龙树的中观学说，提出了所谓"三谛圆融"的理论。他认为人及自然界，都是"无自性"的东西，也就是"因缘所生法"，都是"空"；不仅如此，"心"也是空的："三界无别法，惟是一心作。今求心不可得，即一切空！"但是，色与心尽管均是空的，世界上又有种种色与心的现象存在，这些现象在智颛看来，只是心所立的名字，又称为"假有"。这样，从因缘和合而生着眼，世界的事物都是空，而从都有假象、都有名字着眼，世上万物又可以说是"有"。前者叫"真谛",后者叫"俗谛"。智颛认为不应偏在任何一方,而应"双遮二谛"而入于"中道"。他强调在每一事物上要同时看到空、假、中互相融通无碍,这就是"三谛圆融"。

为了修行到佛国,天台宗提出了止、观的宗教修养原则。止,就是定,即禅定;观,就是慧,即内省反观。他们要人们保持自身固有的真如佛性(本心),医治心中的五欲、六情,从而看破红尘,放弃现实世界的斗争,才能永远解脱三道轮回的痛苦。

(2)法相宗,又称唯识宗。创始人是唐代玄奘(602—664)和他的学生窥基(632—682),代表这一派学说的主要著作有玄奘的《成唯识论》和窥基的《成唯识论记述》。之所以称之为"法相宗",是因为这一学派系统分析了一切现象及其规律(法相)并归结为都是虚幻的;又因为它分析到最后,认为一切"法相"都是由"识"产生的,所以又叫"唯识宗"。这一派较少结合中国社会实际有所发挥,而着重于综合传播印度佛学理论。

唯识宗认为世界上只有两种东西,即"我"与"法",但这两种东西都是不真实的,是人的"识"变现出来的,因此称之为"唯识论"。这个"唯",是"不离"的意思。在他们看来,生生死死的"我"是虚幻的,真正存在的是不死的灵魂,即"识"。"法"包括色法(即指形形色色的外物)和心法(指眼识、耳识等八识),都是不离"识"的。其结论是"实无外法,唯有内识"。

唯识宗认为世界的本原是"识",世界万物都是由"识"变现出来的。他们把人的"识",由浅入深,分为八种:眼、耳、鼻、舌、身、意、末那、阿赖耶。前六识类似我们理解的感觉、知觉和思维,它们只能了境,认识粗相,所以单叫"识";第七识专管思量,故叫"意",它起着维系前六识和第八识联系的作用;第八识是根本,它集中一切识的活动,所以也叫"心",它里面包藏着神秘的"种子",故而又称作"藏识"或"种子识"。"种子"先变为七识,再变现为世界上各种现象,这些现象并不是实有的,而仅仅是一种幻象。由此,他们得出了"唯识无境"的结论。总之,八种识都叫"识",世界上的一切心和物的现象都是"识"变现出来的。这种观点,显然是主观唯心主义的。

(3)华严宗,以阐扬《大方广佛华严经》而得名,其创始人是武则天时人法藏(643—712)。据传法藏曾参加过玄奘主持的译经工作,因意见不合退出,自创宗派。主要著作有《华严义海百门》、《华严金狮子章》等。

为了在物质和精神谁是本原这个问题上得出自己的结论,华严宗提出了一个"一真法界"的概念,它把世界先归结为一个包罗万有的"存在"(即"法界")。在"存在"中,无论是"心"(即主观意识)还是"尘"(即客观现象),无论是时间的长短,还是空间的大小,一切的一切都没有什么真实的差别,而全都呈现为一种互相依存、转化,互相蕴含、同一的关系。在他们看来,宇宙万有是互为缘起的一片"幻相"。世界之所以是"幻相",因为它是没有任何独立的实体,世界万事万物都是"因缘和合"的产物,即所谓"因缘和合,幻相方生"。法藏说:

> 金无自性,随工巧缘,遂有狮子相起。起但是缘,故名缘起。

这就是说,金没有自己的本性,只是随工匠把它造成狮子就是狮子。金是因,工匠制作是缘,因缘和合,才有狮子相。世上万物都是如此。"尘是心缘,心为尘因","尘"是由"心"变现出来的,而尘由心变现出来后又成为"缘"即自心活动的条件,这二者"和合",才会产生现实世界的"幻相"。这似乎是在说明:"心"和"尘"都不是第一性的,世上万物"幻相"的根源是那种"因缘和合"的抽象的关系。其实,在华严宗看来,只有"心"才是世界的本源,世界万事万物都是"心"所变现出来的幻象,物质世界并不是真实的存在。法藏说:"尘相虚无,从心所生;""离心之外,更无一法,纵见内外,但是一心所现,无别内外。"在他们看来,"尘"与"心"之间,是后者决定前者,即精神决定物质,物质世界是"从心所生",因此它没有自己的客观真实性("了无自性"),即使客观和主观的内外区别,全都是"一心所现",这表现出明显的唯心主义立场。

怎样才能沟通心与尘、天国与人类的联系?华严宗提出了"四法界":事法界、理法界、理事无碍法界、事事无碍法界。

所谓"理法界",指纯净的本体世界,这是"一真法界",即心的精神体现;"事法界",指复杂的现实世界,这是"一真法界"即心的具体体现。这两个世界互相融通而不妨碍,称作"理事无碍法界"。事与事(即现象与现象)之间也互相包含融合而不妨碍,称作"事事无碍法界"。在他们看来,"四法界"从根本上说都是由"一真法界"即心的精神所产生的。

华严宗以"四法界"说为纲,从"心融万有"这一基本点出发,对"事法界"和"理法界"作了详细的论证。"事法界"的中心命题是"事事无碍"。华严宗力图通过把事物的普遍联系、互相依存的关系,歪曲为无条件互相含蕴、互相摄入的关系。在他们看来,现实世界中每一事物都是"理"的体现,因为事物之间也是互相包含、融通无碍的,没有差别和对立。为了说明"事事无碍",华严宗提出了"六相圆融"、"一多依持"、"异体相即"、"异门相入"等论题,并作了细致地叙述。其目的在于把客观事物的现实差别性一律归结为抽象的同一性,从而否定了事物的客观性。"事事无碍",实际上把同一性和差别性、相对性与绝对性对立起来了,片面夸大了事物之间的同一性,用单纯的相对排斥绝对,否认相对中有绝对。同时,又否认对立面的互相同一是有条件的,同一性是具体的、相对的。

"理法界"的中心命题是"理事无碍"。华严宗的"事",并不确指客观世界的万物,而大体是指"依心回转"的缘生幻相;"理",主要指佛教哲学所设想的现象背后的"本体"。在他们看来,理与事、本体与现象并不是孤立地存在的,现实世界依赖于本体世界,本体世界即存在于现象世界之中。华严宗认为"全理为事","理"遍在一切事中。神圣的理是一个整体,任何事相中所显现的都是这个"理";而千差万别的每一"事",都是"理"的完满的显现。

"事理无碍"论,涉及到本质与现象的关系问题,以及一般和个别的关系问题,但却将矛盾的双方对立起来,表现出形而上学的特征。

华严宗的学说很适合当时统治者的需要,因而它深得武则天的支持,在中晚唐时期也很流行。它的理论体系、思维路径对宋明理学,特别是对程、朱学派有很大的影响。

(4)禅宗,是我国佛教史上流传最广、影响最大的一个宗派。禅是静坐沉思的意思,是佛教修行的方法。相传南北朝时,印度僧人菩提达摩来到中国传教,他提倡以坐禅的方式进行思想意识锻炼,这个教派因此称为禅宗。达磨死后,这套禅学辗转相传,到弘忍已是第五代了,他的一个弟子神秀在长安很活跃,被称为禅宗的"北宗";弘忍的另一个弟子惠能(638—713)更受弘忍赏识,他得到了弘忍的衣钵,主要在广东一带活动,被称为禅宗的"南宗"。"南宗"最初未受到朝廷的重视,后经其弟子神会(683—760)等人的鼓吹,影响迅速遍及全国,成为禅宗的正统派。禅宗是纯粹中国佛教的产物,它的经典是据惠能的讲述整理而成的《坛经》。唐末五代,禅宗又分为五大宗派,影响仍然很大。

禅宗认为"心"就是"本体",心外别无本体,现实世界的一切,都依存于心,这就明确地说明了禅宗对"本体"与现实世界关系的认识。惠能说:

> 心生,种种法生,心灭,种种法灭;一心不生,万法无咎。

在禅宗看来,所谓"成佛",不在于追求另一个遥远的"彼岸世界",而在于了彻现实世界所依存的"本体",禅宗认为这一"本体",也就是"佛"。所以他们主张"自心是佛"、"本性是佛",认为人性即是佛性,佛性也就是人性,故云:"本性是佛,离性无别佛"。禅宗把人性与佛性统一起来,认为佛性是人的唯一本质,如果自身固有的佛性能觉悟到便可成佛,否则则是"众生",因此禅宗认为:"自性若悟,众生是佛;自性若迷,佛是众生。"由此出发,他们反对坐禅、念经、拜佛,认为只有从内心下功夫才是成佛的好方法。所谓"心即是佛"、"无心之心"的理论,便自然会形成"亲证顿悟"的成佛方法。为了说明这套方法的可信,禅宗作了多方面的论证,禅宗否认人们正常的认识作用,认为一切见闻及语言文字全是障碍"真理"的根源,对于"真理","说即不中",这是一种彻底的不可知论;另外,禅宗认为人们只有通过"顿悟",才可能真正把握"真理",即所谓"一念相应,便成正觉"。因此必须抛弃一般正常的认识能力,才能达到"真理"的认识。这种"顿悟"是由一种神秘的契机而达到的精神状态和认识能力的突变,它的境界只能"亲证"而不能言传。

由此可见,"自心是佛"和"顿悟成佛"都是以主观唯心主义世界观为思想基础的,它十分适合唐王朝日趋反动腐朽的封建统治:一方面,那些压迫人民的封建统治者,不仅可以"放下屠刀,立地成佛",而且甚至可以不放下屠刀,只要念头一转,也可以"立地成佛";另一方面,对于广大劳动人民来说,苦难的根源不是社会制度,而是因为他们自己思想上没有做到"无念",一旦顿悟了自己的本性,便可成佛。他们根本不必要求改变现状,只要一转念,苦难世界便变成了"清净静土",生活在其中便只有安乐了。这一套说教,对人们具有很大的诱惑力和欺骗性,因此受到统治者的赏识和提倡,从而使禅宗的作用与影响大大超过了佛教的其他宗派。

禅宗力图把中国传统哲学中的孔孟、庄周思想融入佛教,从而使宗教唯心主义进一步哲学化了。它的主观唯心主义宗教哲学思想,对宋明理学有很大影响。

(二)范缜

1."盛称无佛"和"日服千人"
——范缜与崇佛者的两次大论战

范缜是南北朝时期反对佛教唯心主义最为勇敢的一位学者,他的斗争事迹在《南史》、《梁书》的本传里都有生动的记载,其中最为突出的是他同权臣及僧侣进行的关于有无因果报应和神灭神不灭的两次论战。

第一次是在南齐武帝时期。萧子良是南齐"一人之下"的显要人物,他常与当时的一些权贵名士,如萧衍(后来的梁武帝)、沈约等一起"招致名僧,讲论佛法"。范缜认为"精信释教"是没有道理的,因而"盛称无佛"、"不信因果"。萧子良为维护佛教,对范缜提出质问:"你不信轮回因果,那世间为什么有富贵,又有贫贱?"他想用富贵贫贱的区分来证明因果报应确实是存在的。范缜巧妙地答道:"人们降生下来,就好像树花同发,随风而坠,有的坠在虎皮席上,有的落在厕所旁边。附在虎皮席上的,就像是您;而落在厕所旁边的就像是我。贵贱虽有区别,却完全是一种偶然,与因果又有什么关系?"萧子良被驳得无话可说,只能"深怪之"。范缜虽然驳倒了"因果轮回"说,但他用的是偶然论,这极易陷入宿命论,也不可能彻底批倒因果报应论。

要想批倒"因果报应",就应从批判神不灭论入手,所以在与萧子良辩论之后,范缜"退论其理,著《神灭论》"。因为《神灭论》击中了佛教的痛处,所以"此论一出,朝野喧哗"。萧子良在公元489年,发动众多的僧侣和名士来反驳范缜,但他们讲不出像样的道理,不可能驳倒坚持真理的范缜。于是萧子良又以高官厚禄加以利诱,但范缜的回答是决不"卖论取官",继续坚持原则的斗争。总之,在论战中,范缜针锋相对展开论战,又不受统治阶级的利诱,他的原则立场和可贵品德,为后世坚持真理的唯物主义思想家树立了榜样。

第二次论战发生在梁武帝时代。萧衍夺得帝位建立梁朝以后,在天监三年宣布佛教为国教。萧衍本人笃信佛教,曾三次舍身到同泰寺为奴,都被朝官用重金赎回。在他的提倡下,佛教势力日益增大,社会上掀起了大规模的崇信佛教的狂潮。这样,范缜写于二十年前的《神灭论》便自然成了崇佛者的攻击目标,因为它危及了佛教存在的基础,所以一场论战便不可避免了。萧衍把朝贵僧侣都动员起来,叫他们着手批驳神灭论。不久,他下了《敕答臣下神灭论》的诏书,其实是围攻范缜的动员令。他说:"有佛之义既彰,神灭之论自行。"可见神灭论是这位皇帝所不能容忍的。同时,他又要求范缜用设宾主的文体把神灭的观点说清楚。范缜毫不妥协,接受了挑战,用有宾有主、一问一答的形式重写了《神灭论》,坚持了自己的观点。"敕旨"发布不久,皇帝亲自出马,纠集六十余人,前后发表反驳《神灭论》的文章七十五篇,但范缜"辩摧众口,日服千人",始终没有屈服。在论战中,崇佛者讲不出什么道理,只是给范缜扣些"背经"、"乖理"、"灭圣"等大帽子,范缜认为不值一驳。他只是针对东宫舍人曹思文的《难神灭论》写了《答曹舍人》一文,给以反击。最后曹思文不得不承认自己的失败,"思文情思愚浅,无以折其锋锐"。

在这两次大论战中,无神论者范缜都取得了胜利,他的《神灭论》对唯物主义的形神论作出了划时代的理论贡献。

2. "形神相即"和"形质神用"
——《神灭论》的主要思想

范缜的《神灭论》,旗帜鲜明,体系严密,紧扣形神关系这一关键问题,对神灭论作了层层深入的论证。

《神灭论》的基本命题是"形神相即",他说:"形神相即也,神即形也。""形"即形体,指有形的物体,包括人体在内;"神",指人的精神,也指宗教迷信所说的"灵魂";"即"是"不可分离"的意思。范缜认为人的精神与形体不是各自独立存在的两个东西,二者是既有区别又有联系的不可分离的统一体,精神是不能离开人的形体而独立存在的。所以他说:

> 神即形也,形即神也。是以形存则神存,形谢则神灭也。

因而,范缜得出了"形谢神灭"的结论,他明确肯定了形体是第一性的,精神知觉是第二性的,他的"形神相即"的命题,表达了唯物主义的形神一元论,这是他《神灭论》全部论证的理论基础。

为了论证形神统一而不可分离的关系,范缜提出了"形质神用"的观点,这是他从一般事物有其质必有其用的"质用"关系着眼提出的。他说:

> 形者神之质,神者形之用,是则形称其质,神言其用;形之无神,不得相异。

这里的"质",有物质实体的意义;"用",是作用、派生的意思。在范缜看来,形体是精神的质体,精神是形体的作用,形体和精神是不能分开的。他认为精神从属于形体,是由形体派生的,并得出了形神"名殊而体一"的结论。针对佛教徒"名既已殊,体何得一"的质疑,范缜以刀利喻形神,恰当地作了回答:人的精神对身体的关系,就像刀的锋利对刀刃的关系一样;人的身体对精神的关系,就像刀刃对刀的锋利的关系。离开了刀刃就没有什么锋利,而离开形体也就没有什么精神。这就生动地说明了形质神用的关系,说明了精神对形体有着不可分割的依赖关系,其结论必然是"形亡而神灭"。

佛教徒反驳范缜神是形之用的观点,把人之质与木之质、生人之质和死人之质形而上学地等同起来,妄图以此否定精神是形体的作用的论点。针对这种观点,范缜指出:

> 今人之质,质有知也,木之质,质无知也;人之质非木质也,木之质非人质也。

这就说明了不同的质有不同的用的观点,人的质体本身是有知觉的,树木的质体是没有知觉的,由于人与树木的形体在本质上是不同的,所以才有了基于各自的本质而产生的"有知"与"无知"的差别。精神现象是人的形体(质)所特有的属性,并不是所有的物质都具有精神作用,不仅木的质不能产生精神,就是人,当死后形质起了变化,就与木之质没有区别,也就是"无知"的了。这就进一步论证了精神依赖于物质的形神一元论,批判了神不灭论。

在佛教徒看来,一切事物都不会有质的变化。范缜针对这种形而上学观点指出:

> 荣木变为枯木,枯木之质宁是荣木之体?
> 生形之非死形,死形之非生形,区已革矣,安有生人之形骸而有死人之骨骼哉?

范缜不仅指出了"用"随"质"变,而且指出物体的变化有其内在的规律性,质变不仅有一定的先后秩序而且还有突变和渐变两种形式:"有歘有渐,物之理也。"这种论述,具有朴素辩证法思想。

除了以上的内容以外,《神灭论》还揭露了佛教造成的祸害,揭露了佛教的欺骗性,就当时的时代看来,这些揭露是十分大胆而尖锐的。《神灭论》是一篇具有强烈战斗性的唯物主义与无神论的论文,在中国哲学史上曾产生过重要的影响。

(三) 韩愈

韩愈(公元768—824年),字退之,河南河阳(今河南孟县)人。他是唐代著名的散文家和诗人,也是唐代一位重要的哲学家。他的哲学论文《原人》、《原道》、《原性》、《原鬼》、《谏迎佛骨表》等是研究他哲学思想的主要材料。

1. "吾所谓道德云者,合仁与义言之也"
——韩愈的"道统"论

韩愈一生是极力反对佛教的,宪宗元和十四年(819),他因为谏迎佛骨,触怒了皇帝,差点儿被杀,可见他反佛是十分坚决的。

在反对佛教的斗争中,韩愈仿照佛教编造的一套传法系统,建立了一套中国儒家的"道统",并以此作为自己思想的理论基础。在韩愈看来,

"先王之道"从尧开其端,一直传到孔孟,从未间断:

> 尧以是传之舜,舜以是传之禹,禹以是传之汤,汤以是传之文、武、周公,文、武、周公传之孔子,孔子传之孟轲。轲之死,不得其传焉。

可见,先王之道有一个传授系统,在时间上看,它的"端"早于佛老,所以比佛老更具有正统的权威性。到孟子死,"道统"断绝了,因而佛老兴盛起来,只有当韩愈自己出现了,这个"道"才又有了继承人。他表示虽然继承道统的任务很艰难,但"使其道由愈而粗传,虽灭死,万万无恨!"自己绝不会"因一摧折,自毁其道以从于邪也"。

在韩愈的哲学思想中,"道"是其最高范畴,其内涵是抽象化了的封建伦理道德规范,即孔孟所讲的仁义道德:

> 博爱之谓仁,行而宜之之谓义,由是而之焉之谓道,足乎己无待于外之谓德。仁与义为定名,道与德为虚位。……凡吾所谓道德云者,合仁与义言之也。

这就是说,仁存于内,义见于行,普遍地"爱人"就是"仁",见之于行动就是"义",按照仁义的法则去做就是"道",内心具备了仁义的本性而获得了内在的自觉就是"德"。在韩愈看来,道德没有具体确定的含义而仁义却有具体确定的内容,仁义与道德之间是虚与实、内容与形式的关系,它们是不能分开理解,而必须联系在一起的。佛道二教就是离开仁义讲道德的,因此他们讲的道德并不是什么好的东西。韩愈说:"老子之所谓道德云者,去仁与义言之也。"而佛之道,也是"必弃而君臣,去而父子,禁而相生养之道,以求其所谓清净寂灭者"。这样的"道"所追求的只是"一人之私言",即个人修养的出世原则,而不是"天下之公言",即治理国家的方针,这都不符合"先王之道"的伦理传统和封建纲常,所以是应该反对和排除的。

韩愈的所谓"道统",在形式上,只是佛教"祖统"的摹仿,仁义道德是一个总纲,它的具体内容无非是封建伦理传统和政治制度。这些思想的提出,虽然是为了批判佛道二教,但其根本目的还是为了维护封建等级制度,其巩固地主阶级对劳动人民统治的本质是很明显的。

2.“性之品有上中下三”
——韩愈的“性三品”说

为了与佛教宣扬的“佛性”说相对立,韩愈提出了“性三品”说。

在韩愈看来,先天的人性分为上、中、下“三品”这三个等级,人如果禀受了先天赋予的“仁”,就属于上等,反之则是下等。“三品”划分的标准,就看是否具有仁、义、礼、智、信这五种道德的内涵。性之“上品”,是十分完善的,因为生来具有五种道德而且纯粹整齐;性之“中品”,可善可恶,因为虽然也具有五种道德,但五德有所欠缺;性之“下品”,是十分恶劣的,因为不具备五种道德。在韩愈看来,人性之不同是由于不变的“道”之有无在人身上的体现,而且人的品性是绝然相反、永远不会改变的,这是明显的形而上学的观点。

韩愈认为人的“情”,也可以分为“三品”。在他看来,“情”是“性”接触外物后产生的,即所谓“情也者,接于物而生也”。情与性是相对应的,具有怎样的“性”,就有怎样的“情”。“性”为上品,则其情表现得恰到好处,亦为“上品”;“性”为中品,则其喜怒哀惧爱恶欲七情表现得不够适中,情为“中品”;“性”之下品,其七情则表现得绝对不恰当,情亦为“下品”。其实,所谓“三品”,指的就是封建社会三个不同层次的人,即封建君主与贵族集团、庶族地主和中下层官吏以及广大劳动人民。在韩愈看来,除了“中品”以外,上品的善性,可以通过封建道德的修养而发扬光大;性恶的下等人,却是“下之性畏威而寡罪”,只能用刑罚来给以惩处,使他们不敢犯罪。这些观点充分表现出韩愈“性三品”说的阶级本性。

3.“如古之无圣人,人之类灭久矣”
——韩愈的“圣人”史观

韩愈的唯心主义形而上学观点被应用到社会历史方面,就自然提出了“圣人”史观,他力图以“圣人”史观来否定佛祖和神仙。韩愈认为,“道统”中那些圣人,如尧、舜、周公、孔子等,都是天生的,上天生下这些大圣大贤是为了让他们建立纲常,施行教化,传授道业。在他看来,"圣人",是"人道"的榜样,圣人和仁义是融合在一起的。有了天生的圣人才有了道统,才有了人类。人类社会的历史,全是圣人安排的,如果没有圣人,人类早就毁灭了。韩愈认为,不是人民创造了历史,而是圣人创造了历史,这是一种英雄史观,是对人类历史的根本歪曲。他这种历史观的提出,虽然是为了对抗佛祖和神仙,但其政治目的却在让人们相信,圣人创造的社会是最合理的,不需要任何改变,人民群众应该忍受封建统治,而地主阶级改革派所提出的改革主张是没有意义的,这与他反对王叔文改革集团的政治立场是一致的。

在佛道十分兴盛的情况下,韩愈敢于站出来加以抨击和反对,是有其明显的积极意义的。但他提出的"道统"论、"性三品说"和"圣人"史观,并不能从根本上触及佛道的神学本质,只不过是以一种唯心主义来排斥另一种唯心主义。韩愈的哲学思想对宋明理学有很大影响,尤其是他的"道统"论,更受到二程和朱熹的重视和发挥。

(四)柳宗元、刘禹锡

柳宗元和刘禹锡都是唐代著名文学家和哲学家,他们的政治态度基本一致,都参加了王叔文等人发起的"永贞革新"。在哲学思想上二人也很接近,都为我国唯物主义无神论的发展作出了重要贡献。

柳宗元(773—819年),字子厚,河东(今山西永济县)人,著作有《柳河东集》,其中《天说》《天对》《贞符》《答刘禹锡天论书》《封建论》等是其主要的哲学著作。刘禹锡(772—842年),字梦得,洛阳人,著作有《刘宾客集》,其中《天论》《因论》等是他哲学代表作。

1."元气自动"
——柳宗元的唯物主义自然观

柳宗元在《天对》中,阐明了他的唯物主义宇宙观和自然观,他认为那些巨神"开天辟地"的神话,均是"诞者传焉"的胡说,昼夜、明暗的交替、万物从混沌中发生和发展,都是因为元气运动而产生的现象,根本就没有什么造物主,只有元气才是宇宙的本原,是世界唯一的物质基础。

他说：

> 本始之茫,诞者传焉。……智黑(黑夜)晰眇(白天),往来屯屯,庞昧革化,惟元气存,而何为焉?

在他看来,宇宙的形成是元气分化出来的阴阳二气运动的结果,所谓"天"和"地",是元气的不同表现形态。他指出：

> 彼上而玄者,世谓之天;下而黄者,世谓之地。浑然而中处者,世谓之元气。寒而暑者,世谓之阴阳。是虽大,无异果蓏、痈痔、草木也。

他认为天地、元气、阴阳都是客观存在的现象,它们虽然巨大无比,但和瓜果草木一样都是自然物,并没有什么不同之处。柳宗元还进一步论述了宇宙无限的理论,他说："天地之无倪,阴阳之无穷。"他认为天体广大、茫茫无边,东西南北,没有止境,因而说天"无中无旁","东西南北,其极无方"。宇宙深远难测,怎么能计算出它的差距和尽头呢? 柳宗元的这种思想,肯定了宇宙的无限性,间接地驳斥了佛教在现实世界之外设想一个彼岸的"真如"世界的观点,包含着朴素的辩证法思想。

柳宗元对元气自身运动的规律也作了探讨,他认为宇宙运动变化的源泉是元气内部阴阳两方面的相互作用,阴阳二气自己运行、休止、流动、冲突,不以人类的意志为转移。阴阳二气交互作用,集合而又分离,吸引而又排斥,犹如轮子和机械那样,不停地运动着,从而形成天地万物的运动变化。他说：

> 山川者,特天地之物也。阴与阳者,气而游乎其间者也。自动自休,自峙自流,是恶乎为我谋? 自斗自竭,自崩自缺,是恶乎为我设?

柳宗元接触到物质运动的原因是内部矛盾性的原理,对于恢复和发展古代朴素辩证法思想,是很有意义的。

2. 天与人"不相预"

——柳宗元的无神论思想

柳宗元在"元气自动"的宇宙观基础上,得出了自然界一切现象变化均与人事无关,更不是神意的支配的结论。针对韩愈等人提出的天能赏罚的神学思想,他指出:

> 天地,大果蓏也;元气,大痈痔也;阴阳,大草木也。其乌能赏功而罚祸乎? 功者自功,祸者自祸,欲望其赏罚者大谬;呼而怨,欲望其哀且仁者,愈大谬矣。

天既然是自然物,也就根本不可能赏功罚祸,人类社会的兴衰治乱、吉凶福祸,都是人们自己造成的,"非天预乎人也"。所以人们呼天怨天,希望得到天的保佑,都是错误的。他进而区分了自然与人类社会的不同:"生植与灾荒,皆天也,法制与悖乱,皆人也。二之而已,其事各行不相预。"在他看来,生植、灾荒是自然现象,法制、悖乱是社会现象,这是性质根本不同的两类现象,它们各有自己的规律,互不干涉。这就否认了超自然力的天命、神权的存在,也否认了所谓"天人感应"关系的存在。

柳宗元专门写了《贞符》一文,对"受命之符"的有神论作了批判,他紧紧抓住"瑞物以配受命"这个要害问题展开自己的论证,他指出:"董仲舒对三代受命之符"的说法,"其言类淫巫瞽史,诳乱后代,不足以知圣人立极之本"。更有"妖淫嚚昏"的"好怪之徒",以"大电、大虹、玄鸟、臣迹、白狼、白鱼、流火之乌以为符",以作为君权神授的依据,是"甚可羞"的! 事实上,如果根据所谓"命符"去进行统治,是不会长治久安的,因为王朝更替的关键在于是否丧失了仁德,"未有丧仁而久者也,未有悖祥而寿者也"。不凭借仁德而凭借祥瑞想保住自己的统治地位是不可能的。可见,他批判的锋芒是直接指向"君权神授"的,当然,他并不反对君权,只是剥去了封建君主的神性,提醒他们多在"仁"字上下功夫。

在《非国语》中,柳宗元批驳了那种"三川地震"是周朝灭亡的预兆的观点,指出地震山崩是阴阳元气相互作用的结果,是一种自然现象,不是什么天意的体现,也与社会治乱没有关系。进而,在《断刑论》中,他指出

"古之言天者,盖以愚蚩蚩耳",古人讲天命神权的目的,就在于欺骗和愚弄广大人民。这就揭露出神学统治思想的本质和宗教迷信的反动政治作用。

另外,柳宗元还注意到有神论产生的根源,他指出:

> 力足者取乎人,力不足者取乎神。

这就是说,当人的力量强大,足以治理国家时,就会相信人自身的力量,反之就会迷信神。这就说明有神论的产生是统治阶级需要它帮助加强自己统治的结果。这种认识是相当深刻的。

特别应该指出的是,柳宗元力图把他的唯物主义自然观和无神论思想贯彻到社会历史领域,他明确地用"势"(即客观的必然趋势)的概念来解释社会历史的发生、发展,从而建立了无神论的社会历史观,这主要集中表现在他的《封建论》之中。这些内容非常重要,但限于篇幅,这里略而不论了。

3. 万物"乘气而生"
——刘禹锡的唯物主义自然观

柳宗元的哲学著作《天说》写成后,刘禹锡认为"非所以尽天人之际",于是写了《天论》三篇,对柳宗元的唯物主义宇宙观作了补充和发挥。

刘禹锡明确地指出,世界的本原是物质性的气。他认为,宇宙间原来充满了不生不灭、无穷无尽的气,这气又分清浊,清者成为天,浊者构成地,天地"两仪既位",相互作用的结果,形成了雨露、雷风。他说:

> 乘气而生,群分汇从,植类曰生,动类曰虫。倮虫之长,为智最大,能执人理,与天交胜,用天之利,立人之纪。

在他看来,元气分为阴阳,阴阳互相作用而生物,开始很简单,以后不断变化,万物按其特点分为多种类别,其中生物又分成植物与动物,而人类不过是动物的一种,是"倮虫之长"。人所不同于其他动物的地方,是

"为智最大",能够制定和掌握法制,利用各种自然资源。即使有一天人类社会消亡了,也只是"复归其始",统一的物质世界仍然是存在的。这就指出了天地万物的产生都是"气"变化的结果,并不是神有意识创造的,从而坚持了气一元论,继承了唯物主义的传统。

针对唯心主义玄学和佛学在"无"、"空"问题上的论点,刘禹锡在《天论》中试图对无形之空作出唯物主义的说明,以驳倒把"空""无"作为世界本原的唯心主义思想。在他看来,所谓绝对虚空是没有的:"若所谓无形者,非空乎? 空者,形之希微者也";"古所谓无形,盖无常形耳"。这就是说,有人讲的那种无形的"空",就其"体"来说,不过是一种稀薄细微的物质,这种"希微"之物的"空","为体也不妨乎物,而为用也恒资乎有,必依于物而后形焉"。它的存在不妨碍其他物体的存在,就其"用"来说,它总是借助于其他有形的物质实体来显示它的作用和形状的。如造房子,就有"高厚之形"的空间;作器皿,就有"规矩之形"的空间。在刘禹锡看来,"'空'只能是具有它本身特点的物质存在的一种空间形式,虽然它看来无形,但和其他物体一样也有着它的客观规定性。"刘禹锡还利用当时的自然科学知识,从认识论的角度作了分析,得出了"乌有天地之内有无形者耶? 古所谓无形,盖无常形耳,必因物而后见"的结论。这种对"空"的理解,与佛教和玄学所理解的"空"、"无"是根本不同的,它肯定了物质世界的客观实在性。刘禹锡的这些观点是很深刻的,柳宗元曾赞道:"所谓无形为无常形者,甚善。"

4."天与人交相胜"
——刘禹锡的朴素辩证法思想

刘禹锡补充和发挥了柳宗元"天人不相预"的思想,进一步探讨了天和人、自然界和人类社会的相互关系,提出了"天与人交相胜"、"还相用"的著名学说。

刘禹锡首先把自然界和人类社会区别开来,力图在唯物主义基础上,区别"天之所能"和"人之所能"。他说:

> 天之所能者,生万物也;人之所能者,治万物也。
> 天之道在生植,其用在强弱;人之道在法制,其用在是非。

187

他认为"天之道",是由阴阳两气作用而发展的,是不受神或人的意志支配的,自然界的根本规律和特点是生长繁殖万物,它是个由发展、壮大到衰老的自然过程。只存在消长胜败而没有是非可言,这就是"天之所能"。而"人之道",即人类社会的特点是有法制,其根本规律是利用和改造自然物来满足自己的需要,同时建立礼法制度,维持社会秩序,这就是所谓"人之所能"。

在区分了"天之所能"和"人之所能"即"天之道"和"人之道"之后,刘禹锡指出了天与人的关系。他说:

> 天,有形之大者也;人,动物之尤者也。天之能,人固不能也;人之能,天亦有所不能也。
>
> 吾固曰:万物之所以为无穷者,交相胜而已矣,还相用而已矣。天与人,万物之尤者耳。

在刘禹锡看来,天与人各有所能,自然界的功能,人类是无法胜任的,而人类的功能,自然界也不能胜任。天与人既相排斥,又互相作用,自然界和人类社会各有自己的特性和规律,二者存在着"相胜相用"的辩证关系,它们既互相斗争又互相依存,既彼此制约,又互相作用。这不仅破除了有神论的干扰,而且强调人若能掌握自然规律,便能"用天之利,立人之纪",使自然为人类所用。刘禹锡的这种思想是对荀子"天人之分"和"制天命而用之"思想的发展。

刘禹锡认为人之所以能胜天,是因为自然界存在着"数"和"势",即客观规律和发展趋势,人只要"理明",即掌握其规律,便能胜天:"天无私,故人事务乎胜也。"同时,人之所以能胜天,还在于人能组织社会,实行法制:"人能胜乎天者,法也。""法大行,则是为公是,非为公非。"只有"人道明",即建立起严明的法制,才能克服人的自然性和生物性,使每个人都受到共同准则的制约,从而达到胜天的目的。刘禹锡在这里不仅论述了客观规律与人的主观能动性之间的关系,而且还分析了"人能胜乎天"的社会原因,把荀子的有关思想向前推进了一步,是十分可贵的。

刘禹锡还深入地分析了有神论产生的根源。他认为当人们对自然规律没有了解,就可能把事物的运动变化神秘化,从而相信天命鬼神,其原因就是"理昧"。他以操舟为例作了生动细致的说明,分析了有神论产生的认识论根源。另外,他还分析了有神论产生的社会根源,他认为如果法制破坏了,是非赏罚颠倒了,人们便不知道吉凶福祸的由来,只好将一切遭遇归于天意,这就是所谓"人道昧而信天"。人道昧,"法大驰",人们只能祈求天的保佑,有神论自然就会滋长蔓延。在这里,刘禹锡对宗教迷信思想产生的根源作了全面的探索,其深度是远远超越前人的。

柳宗元、刘禹锡的哲学思想是唐以前哲学与自然科学发展的积极成果,是先秦以来关于天人关系争论的理论总结,他们不仅丰富了唯物主义无神论的思想,提出了"元气自动"和"天与人交相胜"的观点,而且注意到有神论产生的认识论的原因和社会政治原因,并就此作了深入的分析。他们的学说在中国哲学史上产生了重要的影响。当然,柳、刘的思想也有其局限性,如他们虽然对佛教的一些根本观点直接或间接地作了批判,却又对佛教的某些思想表示赞同,在政治上受到迫害和打击以后,二人都转向佛教,寻找精神上的乐土,这是他们所处的环境和阶级性格所决定的。

五　元气本体论:宋明哲学之一

宋明时期,中国封建社会进入了后期阶段,这个时期在经济关系、阶级结构和社会矛盾等方面,均具有自己的特点。

首先,宋明时期由于土地兼并严重,大量的土地为皇帝和一般官僚地主所霸占,农民受到残酷的剥削,阶级矛盾十分尖锐,农民起义此起彼伏,连续不断;其次,由于皇帝独裁一切,实行高度的中央集权,而事实上权力往往旁落到宦官手里,造成了宦官专权,形成了极端腐败的政治,地主阶级内部的矛盾也随着极端的封建专制制度的发展而日益尖锐;第三,宋辽金元时期,始终存在着紧张的民族矛盾,明末清军入关,民族矛盾又趋于激化。面对社会危机和种种矛盾,地主阶级内部出现了新的政治分化,他们的矛盾与斗争,自然会直接或间接地影响到哲学的发展和哲学思想的斗争。加之,由于生产力和科学技术的发展和进步,向哲学提出了新的科学知识和研究方法,从而促使宋明时期的哲学日益摆脱宗教形态而不断发展其理性思辨。

总的说来,宋明时期的哲学派别,大体可以分为以下三条线索:其一是元气本体论的唯物主义;其二是理学唯心主义;其三是心学唯心主义。这里首先介绍元气本体论的唯物主义哲学。

(一)张载

张载(公元1020—1077年),字子厚,长安人,因家住陕西郿县横渠镇,世称横渠先生。在政治上,张载看到了土地兼并带来的严重社会问题,主张进行必要的改革;在哲学上,他虽被称作是道学创始人的"北宋五子"之一,但其倾向却与一般理学唯心主义者有所不同。他对佛、道理论作了认真研究,发现了许多问题,对传统的"气"的概念作出了新的解释;他还深入研究了《易传》,吸取了古代的辩证法思想,创立了"气化论"的唯物主义体系。张载是宋代重要的哲学家,因他长期在陕西关中生活和讲学,后来称他的学派为"关学"。张载的哲学著作主要有《正蒙》、《易说》、《语录》,后人编为《张子全书》。

1. "虚空即气"
——张载的唯物主义自然观

张载继承和发展了古代唯物主义,系统地阐述了"太虚即气"的唯物主义自然观。

张载认为,世界统一于气,无形的太虚、有形的万物,都是气存在的不同形式。他说:

> 太虚无形,气之本体。其聚其散,变化之客形尔。
> 太虚不能无气,气不能不聚而为万物,万物不能不散而为太虚。

在他看来,万物是气聚而成的固定形状,太虚是气散而未聚的本然状态,太虚、万物是同一物质实体——气的两种存在形态。

张载认为宇宙太空充满了物质的气,凡是感官能直接感知的"象"都是气:

> 凡可状,皆有也;凡有皆象也,凡象皆气也。

在张载看来,"气之本体"虽有聚散却没有生灭,他把气在太虚中的聚合和分散喻为水和冰的关系,认为同冰在水中的凝固和融解一样,是气变化的暂时状态,其本身是不生不灭的。由此他提出了"形聚为物,形溃为原"的命题,这是对物质不灭的一种直觉的臆测,它根本否定了有一个脱离物质而存在的"无",从而驳斥了"无中生有"的唯心主义观点。

从"太虚即气"的观点出发,张载对"天"、"道"、"理"、"神"等范畴都作了唯物主义的解释。他认为"天"是广大无限的宇宙总体,故云:

"由太虚,有天之名。""道",是气的变化过程的总过程:"由气化,有道之名。"气是经常处在运动变化之中的,这种运动变化主要是聚散往来,胜负屈伸,浮沉升降:"太和所谓道,中涵浮沉、升降、动静相感之性,是生絪缊相荡、胜负屈伸之始。"这就是说,太和的气中,包含着变化运动的本性,由此产生了物质运动,其总过程就是"道",离开这个"道",没有其他的"道",他认为物质变化是有规律的,这种规律就是"理":"天地之气,虽聚散攻取百涂,然其为理也,顺而不妄。"这就是说气的运动虽很复杂,却有其必然的规律。而且"理不在人而在物",规律存在于"物"即物质世界之中,而不取决于人。他认为"神"是气的本性,"神化"就是"气化",并用"神化"来强调阴阳二气运动变化的微妙性和能动性,而不是说气外有一个推动和主宰气运动变化的"神":"妙万物而谓之神。"可见他讲的是"气所固有"的"妙万物"的一种物质特性,在这里,"神"还是唯物主义的一个概念。但他所称的"神"的概念中,有时也表现出唯心主义的倾向,如说:"清极则神。""万物形色,神之糟粕。"他认为精神是一种至清的气,万物是粗浊的气,把神看作超出万物之上,这就混淆了精神和物质的界限。

2. "一物两体"
——张载的朴素辩证法思想

为了论证"虚空即气"的唯物主义本体论,张载提出了"一物两体"的观点。

张载继承了《易传》中的辩证法思想,指出任何物和事都是由矛盾构成的,不然就不成其为物和事了。他说:

> 物无孤立之理,非同异、屈伸、终始以发明之,则虽物非物也。事有始卒乃成,非同异、有无相感,则不见其成。不见其成,则虽物非物。

他所说的"同异"、"屈伸"等关系,指的是矛盾,而"相感"则是相互作用。在他看来,任何事物都在空间和时间上处于一定的依存关系之中,没有这种关系,事物就不成其为事物了。因此,这种"相感"乃是自然事物所固有的一种必然的联系。

张载认为事物之所以有运动变化,不仅由于事物之间的外部感应关系,更重要的是由于事物内部矛盾的感应关系,因而他提出了"动必有因"的内因发展观。他指出:

> 凡圜转之物,动必有机。既谓之机,则动非自外也。

他认为"机"即是事物运动的内在动因,一切事物的运动变化,包括寒暑变化在内,都根源于事物内部固有的矛盾。他称这种矛盾为"二端",一切事物产生与变化的内因都是"二端"的相互感应。张载"动非自外"、"动必有因"的观点丰富了古代辩证法思想。

张载将对立统一称作"参",他提出了"一两"学说,分析了矛盾双方相互依存和相互对立的关系。他说:

> 一物两体,气也。一故神(自注:两在故不测),两故化(自注:推行于一),此天之所以参也。

"一物两体"就是统一物中包含了对立的两部分。在他看来,气是统一的物质实体,但它又包含着内在的矛盾。"两"和"一"分别代表了矛盾的对立性和统一性。因为有对立面的统一,所以才微妙不测,他称之为"神";又因为统一中有对立,故而才变化无穷,他称之为"化";既矛盾,又统一,他称之为"参"。他还深刻地论述道:"两不立,则一不可见;一不可见,则两之用息。"他认为,没有矛盾的对立,就无所谓统一;但没有双方的互相依存,矛盾双方的对立作用也就停止了。张载对"两"和"一"即对立和统一关系的论述,是很可贵的。

在分析对立统一的关系时,张载说明了对立双方的相互作用。他说:

> 有两则须有感,然天之感有何思虑?莫非自然。
> 天性乾坤阴阳也,二端故有感,本一故能合。天地生万物,所受虽不同,皆无须臾之不感。

"感"，即对立面的交互作用，有矛盾，就有交互作用，张载认为这是事物发展变化的根本原因。他用乾、坤、阴、阳来概括"两端"的对立，用感应来说明相互作用。他认为对立面的交互作用使万物不断发展变化，"乾坤毁则无以见易"，如果消灭了对立面的作用，就无以见到变化。张载在我国辩证法发展史上，把对立统一学说向前推进了一步。当然，张载的辩证法也有不足之处，如他认为矛盾双方的斗争必然是以"和而解"而告终，便陷入了矛盾调和论。

3. "见闻之知"和"德性之知"
—— 张载的认识论

作为唯物主义者，张载承认感觉来源于外界事物。他指出：

> 有识有知，物交之客感尔。
> 人谓己有知，由耳目有受也。人之有受，由内外之合也。

人的认识和知识，是人与外界事物相接触而产生的。"内外之合"，即主观与客观相符合，其基础在与"物交"，使"耳目有受"。张载把通过耳目感官和外界相接触而获得的知识叫作"见闻之知"。他认为，人的认识依赖于外界事物，"有物则有感"，没有外界事物也就没有认识了。所以他说：

> 感亦须待有物，有物则有感，无物则何所感？
> 心所以万殊者，感外物为不一也。

正因为人接触了种种不同的外物，所以才会产生千差万别的认识，这是符合唯物主义认识论的思想。

张载不仅承认感性认识是必要的，而且看到感性经验有其局限性，所以又提出要真正做到"合内外"，还必须"尽心"、"穷理"。他说：

> 言尽物者，据其大总也。今言尽物者，未说到穷理，但恐以闻见为心，则不足以尽心。人本无心，因物为心。若只以闻见为心，但恐

小却心。今盈天地之间者皆物也。如只据己之闻见，所接几何？安能尽天下之物？所以欲其尽心也。

张载看到天地间之物是无穷的，认识能力也应是无限的，因而如果仅仅局限于个人少量的闻见，就不能获得关于天地万物规律性的认识，因而他主张要充分发挥心的作用，"尽心"而"穷理"："万物皆有理。若不知穷理，如梦过一生。"张载的观点有其合理性，但是他不懂得感性认识和理性认识的辩证关系，企图追求"尽天下之物"的绝对真理，即所谓"德性之知"。他所说的"德性之知"，是关于天地万物规律性的无所不包的认识，要想获得它，其关键在于"尽心"，而"尽心"的要点在一个"诚"字。所谓"诚"就是要达到"天人合一"的神秘境界，只有如此，才能"知性知天"。这就把感性认识和理性认识形而上学地割裂开来，而认为"德性之知"可以不从感性认识得来，它不以感性为依据，而可以"周知万物"，"尽物穷理"。如他说："大其心，则能体天下之物。"这就片面地夸大了理性认识，滑向了唯心主义和神秘的直觉主义。由此可见，在认识论上，张载暴露出他世界观的弱点，这对当时及后世产生了很大的消极影响，如他"自明诚由穷理而尽性"的认识路线，便被程朱理学和陆王"心学"引为同调，并在此基础上有所发展和发挥。

说到张载对理学家的影响，还应该提一下他的人性论和伦理观。他的人性论从元气本体论的观点出发，认为人的本性也就是天地万物的本性，他又把人性分成"天地之性"和"气质之性"，认为前者是善的，后者是杂而不纯的，是可善可不善的，关键在于能不能使"天德"不受物欲的蒙蔽。这种观点，直接为唯心主义理学家朱熹所继承，被评价为"有功于圣门，有补于后学"。在一定意义上说，张载的人性论可说是理学唯心主义"存天理，灭人欲"口号的先导。张载的伦理观，是以认识论中的神秘主义和人性论为基础的，其《西铭》一文，把儒家宣扬的忠孝仁爱思想具体化和理论化了，他要求人们乐天安命，不要违反封建的道德规范。因为他的伦理观完全是为地主阶级的统治服务的，所以得到理学唯心主义者的很高评价："仁孝之理备于此。""孟子以后，未有人及此。"

总之，张载在中国哲学史上占有重要的地位，他的影响是多方面的，比较说来，他对唯物主义和辩证法发展的贡献是主要的，也是极有价值的,应该给予充分的肯定。

（二）陈亮、叶适

陈亮(公元1143—1194年),字同甫,号龙川,浙江永康人,南宋著名的唯物主义哲学家。陈亮生当南宋国势危亡之秋,终生关心国事,他治学反对空谈性命,是柳宗元、王安石等"经世致用"的唯物主义传统的继承者。他的学派,后人称为永康学派。其著作收在《龙川文集》中,新本改为《陈亮集》。

叶适(公元1150—1223年),字正则,号水心,浙江永嘉人,进士出身,曾做过工部侍郎,知建康府兼沿江制置使。晚年受诬罢官,退居永嘉城外水心村讲学和从事著述,人称水心先生。他治学讲求功利,反对空谈道德性命,他的学派称为永嘉学派,是与朱熹理学和陆九渊心学鼎足而三的一个独立学派。著作有《水心文集》、《水心别集》和《习学纪言序目》,后合为《叶适集》。

陈亮和叶适在思想上十分接近,他们都反对空谈性命,提倡功利,是"事功派",的主要代表。在哲学上,他们对唯物主义和朴素辩证法的发展都作出了自己的贡献,成为宋明哲学中的一个重要环节。

1."道在事中"
——陈亮的唯物主义世界观

陈亮从"实事实功"的原则出发,对在物质世界之外虚构精神本体的"理学"和"心学"唯心主义的危害和荒谬作了批判,同时阐明了自己对本体世界的看法。他说:

> 夫盈宇宙者,无非物;日用之间,无非事。
> 夫道非出于形气之表,而常行于事物之间者也。

他认为无处非物,无处非事,事物是宇宙间唯一的客观存在,根本就没有什么精神本体,而道在事物之中,道和事物是不可分离的。在陈亮看来,"道"是天地运行的规律,也指人道,即政治措施和社会制度,因此他主张帝王要通晓治国的道理,顺应民心。这样,他便用"盈宇宙者无非物"的命题,反对朱熹"宇宙之间,一理而已"的命题;又用"明于事物之故",即明了事物的特性和规律的求实精神反对道学家"玩心于无形之表"的理论,指出唯心主义理学家认为道是脱离具体事物而独立存在的形而上学的本体,"不过如枯木死灰",毫无生气,不管是只讲尽心养性的陆象山一派,还是追求"文理密察之道"的程朱理学,都因脱离了具体事物而显得毫无用处。

在陈亮看来,道并不像理学家所说的那么虚无飘渺,它并不是超越一切具体事物之上的东西。他指出:

> 天地之间,何物非道;赫日当空,处处光明。闭眼之人,开眼即是,岂举世皆盲,便不可与共此光明乎!

陈亮认为道是物之道,它并不神秘,人人可以认识它,犹如当空的太阳,其光明人人可见。道其实就是事物发展的规律:"千涂万辙,因来作则。"它就存在于事物之中,只有从事物本身去寻求才能得到它,明了了事物之"道",并按照它来办事,就能"处其常而不惰,遇其变而天下安之"。陈亮提出这些观点,其目的在"明于事物之故"以奏"实事实功"之效,所以他说:"除天下之患,安天下之民,皆吾之责也。"基于这种思想,他对空谈性命的理学十分痛恨,指出其危害道:

> 自道德性命之说一兴,而寻常烂熟无所能解之人自托于其间,以端悫静深为体,以徐行缓语为用,务为不可空测以盖其所无,一艺一能,皆以为不足自通于圣人之道,于是天下之士始丧其所有,而不知适从矣。为士者耻言文章行义而曰"尽心知性",居官者耻言政事书判而曰"学道爱人",相蒙相欺以尽废天下之实,则亦终于百事不理而已。

这段话对理学的批评是符合当时的实际情况的,它反映出两种哲学思想的根本对立。

2."勉强行道大有功"

——陈亮的功利主义社会历史观

陈亮从实事实功的原则出发,在理欲、王霸、义利等问题上同朱熹展开了激烈的争论。

陈亮从自然人性论的观点出发,认为人的物质生活欲望,就是人的自然本性,是不能违抗的。既然"百骸九窍具而为人",就不能"赤立"、"露处",因而自然具有追求"衣"、"食"、"室庐"等物质欲望和产生各种思想感情:因此义利并不是绝对对立的。他把朱熹认为是一切罪恶源泉的"人欲",看成是人性的自然表现,把对物质利益的追求看作是不可去之的本性,这就肯定了人们追求物质利益的满足是正当的合乎人类天性的,从而批判了禁欲主义。

陈亮认为任何仁义都是有功利目的的,没有超越功利的仁义:"禹无功,何以成六府;乾无利,何以具四德?"也没有任何王道是禁绝人欲的:"夫道岂有他物哉?喜怒哀乐爱恶得其正已。行道岂有他事哉?审喜怒哀乐爱恶之端而已。"在他看来,实现功利就是仁义,处理人欲便是王道,即是天下的大公,除此之外,没有其他的仁义和王道。这种"义利双行"思想的提出,在当时是很有现实意义的。

另一方面,陈亮认为人的欲望也不能无限制地任其发展,因此,统治者制定了政治法律制度和道德规范,要求人们都来实行,这样才能达到与天下共其利。王道与霸道,典礼和刑赏,都是为了调节人欲而设立的。其目的是使人们正当的物质欲望得到鼓励,不当的物质欲望受到限制,即:"得其性而以自勉,失其性而有以自戒。"如果君主只是追求个人私欲的满足而实行专制,不去节制、满足人们的物质欲望,其统治也就不会长久。

陈亮还批判朱熹三代以前是"天理流行"的"王道"盛世,三代以后是"人欲横行"的"霸道"衰世的历史退化论。他认为时代变化了,圣人不足以为法,"三代专以天理行,汉唐专以人欲行"也不符合历史事实,何况汉唐建国后,均"传世久远",根本原因还在于"义利双行,王霸并用"。这就从唯物主义功利观出发,批判了荒谬的历史退化的理论。

3."物之所在,道则在焉"
——叶适的唯物主义世界观

叶适认为整个宇宙都是由物质构成的,统一的物有不同的形态,从各种不同的具体事物中找出它的同一性,就是事物发展的规律,事物之所以千变万化,是由它自身的规律决定的。他称事物所具有的客观规律为"理",又称作"道":

> 物之所在,道则在焉。
> 非知道者不能该物,非知物者不能至道。

在他看来,有了事物的存在才有事物的规律,物与道是不能分开的;要想认识事物的本质,就要掌握事物的规律。这种观点是与道学家所鼓吹的离开事物而独立存在的性命道德之说针锋相对的。

叶适认为物的主要形态就是五行和八卦所标志的各种物质,这些物质是人们感官所接触到的物质的具体形态,它们又是由统一的气演化而来的。叶适坚持了朴素唯物主义的气一元论。他说:

> 夫天、地、水、火、雷、风、山、泽,此八物者,一气之所役,阴阳之所分,其始为造,其卒为化,而圣人不知其所由来者也。

八卦中的"八物",最初是气造成的,最后仍然化而为气,气是造化的根本,它本身是没有开始的,故说"圣人不知其所由来者也"。因此,叶适认为理学家在八卦之外再去追求神秘的太极、天极作为宇宙的起源,是很荒谬的。

叶适认为事物的运动变化是由于事物矛盾双方互相作用的结果,在他看来,矛盾对立的现象是普遍存在的。他说:

> 道原于一而成于两,古之言道者必以两。……凡天下之可言者皆两也,非一也。一物无不然,而况万物。

在这里，他发挥了"一两相济"的矛盾统一思想，进一步解释了事物之所以千变万化及其变化的内在因素。"皆两非一"，是说任何一物，都包括着矛盾的两个方面。它认为矛盾运动前后相续，"相禅无穷"，永远没有结束。这是朴素的辩证法思想，是对张载"一两相依"观点的继承和发展。

叶适唯物主义的一个突出特点，是主张"务实不务虚"，他反对空谈仁义，认为"仁人正谊不谋利，明道不计功。此语初看极好，细看全疏阔"，对社会毫无用处。在这一点上，叶适是与陈亮完全一致的。

4."弓矢从的"
——叶适的唯物主义认识论

叶适从道在事中、"物之所在，道则在焉"这个前提出发，在认识论方面也提出了一些有价值的思想。

叶适认为人的认识来源于客观事物，他说："知之至者，皆格物之验也。"他解释所谓"格物"是"以物用而不以己用"，主张主观服从客观，反对主观代替客观。他认为"致知"就是在了解客观情况的前提下对它加以认识，如果"有一不知，是吾不与物皆至"。"不与物皆至"，可能使物来就我，这样自然会破坏对客观事物的正确认识，也达不到认识的目的，所以他认为人的认识是根本不能离开客观事物的，故说：

> 君子不可以须臾离物也。

他把"多闻多见"作为认识的基础。因此反对"以心通性达为学，而见闻几废"的唯心主义认识方法。他说：

> 故观众器者为良匠，观众方者为良医，尽观而后自为之，故无泥古之失，而有合道之功。

他主张在全面的观察以后，还要亲身实践和 创造，这种重视实际经验和效果的认识路线是与道学家的性理空谈完全对立的。

叶适认为要获得正确、全面的认识，就要有一个"内外交相成"的认识过程。首先,经过耳目器官得到的闻见认识,"自外入以成其内",这是感性认识。然后,依靠"心之官"的作用而得到明智的认识,"自内出以成其外",这是理性认识。感性认识和理性认识互相作用才能获得正确的认识。他特别强调"耳目之官"的作用,认为不多闻多见所获得的知识不仅没有实用价值,也经不住实际检验,这是针对"专以心性为宗主"的理学家提出来的。在叶适看来,"内外交相成"是一个艰巨的认识过程,依靠所谓的"顿悟"是不能实现的。他说:

> 夫欲折衷天下之义理,必尽考详天下之事物而后不谬。

这里既说明了必须经过周密的观察,才能获得正确的认识,同时也说明了判断天下义理正误的标准,那就是从效果上来检验其是否"不谬"。经过检验,如果"无验于事者,其言不合;无考于器者,其道不化。论高而实违,是又不可也"。如果理论不符合客观事实,那这种理论就是不正确的。这已经是接近实践是检验真理标准的观点了,他用这种理论来反对程朱理学的"微言大旨"是十分有力的。

在认识方法上,叶适提出了有的放矢的理论。他说:

> 论立于此,若射之有的也。或百步之外,或五十步之外。的必先立,然后挟弓注矢以从之。故弓矢从的而非的从弓矢也。

所谓"弓矢从的",就是要对准"的"来放"矢",要做到这样,首先要对客观实际有清楚的了解,否则所放之"矢"就不会中"的"。这是与朱熹推理于物、陆九渊穷理于心的唯心主义路线对立的认识方法。

(三) 王廷相

王廷相(公元1474—1544年),号浚川,字子衡,河南仪封人。曾任都察院左都御史、兵部尚书等职,因受宦官和奸臣忌恨,历被贬谪,坐过监牢。他对天文学、生物学、音律学有深厚的修养,这与他唯物主义思想的形成有密切的关系。著作有《王氏家藏集》和《内台集》,其中《慎言》、

《雅述》、《横渠理气辩》、《答何柏斋造化论》等，是他哲学的代表作。

1."理根于气"和"气化"
——王廷相的唯物主义自然观和朴素辩证法思想

王廷相认为气是万物的本源，是唯一的物质实体，天地形成之前，只有太空（即太虚），充满着元气，整个宇宙除气之外再也没有其他的东西了。他说：

> 天地未生，只有元气，元气具，则造化人物之道理即此而在，故元气之上无物、无道、无理。

在他看来，万物的本源是气，有形的万物是它化生的。他认为气与万物的关系是："气者形之神，而形者气之化。"他认为气是无限的，它本身不生不灭，虽然从运动形态上有聚、散、化、结的区别；从具体形态上看有雨、水、草、木的区别，但都是由气生化的。他说：

> 气有聚散，无灭息。雨水之始，气化也，得火之炎，复蒸而为气；草木之生，气结也，得火之灼，复化而为烟。以形观之，若有"有"、"无"之分矣；而气之出入于太虚者，初未尝减也。

这是通过具体的例证，说明气作为宇宙的本源，其本身既不能被消灭，又不能被创造。

王廷相以气一元论的唯物主义思想，批判了宋代的唯心主义理学，阐明了他对"理"与"气"的看法。他根本否定了作为精神本体的"理"，认为理学家把"道"作为"气"的主宰的思想是荒谬的。在他看来，离开"气"的"道"，只是一个"虚空无着之名"，所以"阴阳者，气也；所以阴阳者道也"、"未有天地，毕竟是有此理"等观点都是没有道理的，因为理是属于气的，脱离气而悬空独立之理是根本不存在的。王廷相针对理学家认为世界是"理"生出来的这种观点，提出诘问道：

> 不知所谓主宰者是何物事？有形色邪？有机轴邪？

他认为,先于世界的"道"、"理"无形色、无物相,是根本不存在的。只有气,才是"实有之物",它"口可以吸而入,手可以摇而得,非虚寂空冥无所索取者"。只有气才具有阴阳之性、动静之感,才能成为形成事物矛盾运动的最后根源。因此,那种"气根于理"的思想就是"谈虚驾空之论"。相反,他认为"理"是决定于气的。他说:

> 理,生于气者也。
> 理根于气,不能独存也。

王廷相否定了作为精神本体的"理",却肯定了作为气化规律的"理"。他从气决定理的观点出发,认为气的运动状态决定了"理"的多样性和变动性,认为"天地之间,一气生生,而常而变,万有不齐,故气一则理一,气万则理万"。这说明他把理看作是气固有的变化规律,从而在理气关系上坚持了气一元论。

王廷相认为,元气是运动变化的。它之所以会有变化,是由于元气中含有阳气和阴气两个对立面的交感作用而引起的。他发展了张载"一物两体"的矛盾观,提出了"气有偏盛"的气化论。他说:

> 阴阳即元气,其体之始,本自相浑,不可离析,故所生化之物,有阴有阳,亦不能相离。

元气就是阴阳二气的矛盾统一体,由于阴阳二气的交感作用,产生出万物,因此万物也具有阴阳"相浑",不可"离析"的矛盾性质。事物的性质是由阴阳二气中居于主要地位的一方决定的:"气有偏盛,遂为物主矣。"这就是说,阴阳两个矛盾着的对立面是不平衡的,矛盾的主要方面决定事物的性质。他说:

> 阴阳之合,有宾主偏胜之义,而偏胜者恒主之。

在他看来,事物的变化是由于矛盾发展不平衡引起宾主地位发生变化的结果。这是朴素的辩证法思想，较之张载的学说有很大的发展，因此更显得难能可贵。

2."博于外而尤精于内，讨诸理而尤达于事"
——王廷相的认识论

在认识论方面，王廷相坚持了从物到感觉到思维的路线。他认为认识来源于感觉经验，除此之外，没有先验的认识，人们要获得知识，必须首先依靠感官与外界接触，有所见闻才能有知识。他说：

> 物理不见不闻，虽圣哲亦不能索而知之。使婴儿孩提之时，即闭之幽室，不接物焉，长而出之，则日用之物不能辨矣。

又说

> 赤子生而幽闭之，不接习于人间，壮而出之，不辨牛马矣；而况君臣、父子、夫妇、长幼、朋友之节度乎？

人的认识必须通过感觉器官与外界事物相接触才能获得，如果不见不闻"物理"，就是"圣哲"也不能了解它；将一个儿童关在暗室里，不接触外界事物，等他长大了，连日用品都不能辨别，何况君臣、父子等"节度"呢！

王廷相认为，"见闻"虽然是认识的基础，但只有"见闻"还不能形成认识。他认为认识是见闻与思虑的结合："圣贤之所以为知者，不过思与见闻之会而已。"即是说，只有"思"（理性）与"见闻"（感性）相结合（会）才能形成认识。因为见闻之知有其不可避免的局限性，所以既要注意思虑对见闻的依赖，也应注意发挥思虑的作用。只有将"见闻"与"思虑"结合起来，长期积累，才能使知识扩展到"上天下地"的广度，达到"至细至精"的境界。这就正确地阐明了感性认识与理性认识的辩证关系，即"博于外而尤精于内"。他又说：

> 耳目之闻见，善用之足以广其心，不善用之适以狭其心。其广与

狭之分,……在究其理之有无而已矣。

在他看来,正确地运用感性认识,就能开阔心的思虑作用,反之,则会限制心的思虑作用,而其关键,在于在取得感性认识后要对它进行一番“究其理”即理性认识的过程。

王廷相提出“事机之妙得于行”,认为理性认识还必须通过“随事体察以验会通”,即用实践来检验其是否会通。他强调实践在认识中的决定作用,认为所谓“真知”是那些从实践中得来而又见之于实践的认识,这便是“付诸理而尤达于事”。他以人学操舟之术为例加以说明:

世有闭户而学操舟之术者,何以舵,何以棹,何以艪,何以帆,何以引笮,乃罔不讲而预也。及夫出而试诸山溪之滥,大者风水夺其能,次者滩漩汩其智,其不缘而败者几希。何也?风水之险,必熟其几者然后能审而应之,虚讲而臆度,不足以擅其工矣。夫山溪旦尔,而况江河之澎汹,海洋之渺茫乎!彼徒泛讲而无实历者,何以异此!

在他看来,事物不仅是不断变化的,而且其变化的原因和规律不是一下子就可以掌握的,只有在“实践”、“练习”中才能把握。因此光凭口头讲说是不行的,还要于“实践处用功,人事上体验”。

王廷相认为经过实践检验,所谓“天理”、“良知”都是不管用的,因此必须按照认识发展规律,在“见、思、行”三个方面下功夫。他说:

事物之实核于见,信传闻者惑;事理之精契于思,凭记问者粗;事机之妙得于行,徒讲说者浅。

通过“闻见”而接触“事物之实”,通过思考作用而认识“事理之精”,通过亲自实践而掌握“事机之妙”。“这样,认识才能不断深入,主观逐步符合于客观。这种‘见→思→行’的认识公式是对朱熹‘知先行后’说和王守仁‘知行合一’说的批判否定,为明清之际思想家对知行问题的历史总结准备了理论前提”(肖萐父、李锦全主编《中国哲学史》)。

六　理学唯心主义:宋明哲学之二

理学,是合佛道哲理而形成的一种唯心主义体系,在宋、元、明三代影响很大,是当时主要的官方哲学。其主要代表有程颢、程颐和朱熹,故又称为"程朱理学"。

(一)程颢、程颐

程颢(公元 1032—1085 年),字伯淳,号明道。程颐(公元 1033—1107 年),字正叔,号伊川。二程是亲兄弟,河南人,少年时就学于周敦颐,后长期在洛阳讲学,因此他们的学派被称作"洛学"。二程在政治上反对王安石的变法,在哲学上反对张载的唯物主义自然观,而赞成周敦颐的唯心主义思想,初步建立了以理为本的理学体系。他们的著作合编为《二程全书》。

1."惟理为实"
—— 二程的唯心主义本体论

在本体论上,二程受到周敦颐、邵雍的影响,也有所发展和创造。从二程开始,"理"成了道学家哲学的基本范畴。在二程看来,哲学的最高范畴就是"理",或称"天理"。他们说:

> 天下只有一个理。
> 万物皆是一个天理。
> 天下之物皆有穷,只是一理。

> 无非理也,惟理为实。

在二程看来,"理"才是真实存在的唯一本体,而它"只是一理",是精神性的东西,万事万物均从"理"而来。二程虽然吸取了唯物主义气的范畴,而且还进一步认为道与气是不能分离的,但他们却从唯心主义立场出发,对理(道)气的关系作了说明:"有理则有气"、"道自然生万物"。可见,在他们看来,理是先于万物而存在的,气和万物都是从"道"产生出来的。因此他们反对张载的气本论:"凡物之散,其气遂尽,无复归本元之理。"既然气有生有灭,有聚有散,就不是永恒的绝对体,只有"理"既能通过气的往来屈伸而显用,又不因此而改体,所以只有它才是万物之源。这就否定了宇宙统一于气、气是产生万物的根源的唯物主义自然观。

二程认为,"理"是不以人的意志为转移而永恒存在的,它是实有其体的"天下无实于理者"。这个"理","不为尧存,不为桀亡",是一个不能"存亡加减"的实体。这是典型的唯心主义观点。他们提出"理"的实际目的,是为了使人们自觉维护封建伦理纲常,在封建等级制度下安命"尽分"。他们说:

> 父子君臣,天下之定理,无所逃于天地之间。

在他们看来,封建制度规定的伦理关系、等级制度是不容改变、无所逃避的"定理",虽然在必要时可以小有改变,但其根本原则是不能变动的。

在二程的理学之中,虽然也有一些"物必有对"、"物极必反"的辩证法因素,但其体系却仍是形而上学的。二程一方面认为"天地万物之理,无独必有对","天下无不二者",即天地万物没有单一的存在,都是以对立物的形式存在的,但他们不是强调对立中存在着相反的一面,而是只强调相成的一面。他们还认为事物的对立与发展,都是被"理"所决定的,而"理"是永恒不变的:"惟其天理之不可易。"由此可以看出二程理学体系的形而上学性质。

2. "致知在格物"

——二程的认识论

二程通过对《大学》"格物致知"的解释阐明了他们自己的认识论。关于"格物致知",历来有不同的解释,二程作了唯心主义的说明:

> 知者,吾之所固有,然不致则不能得之,而致知必有道,故曰:致知在格物。

在他们看来,人的认识是内心固有的,不是从外面得来的,但是还需要通过格物才能获得。什么叫"格物"呢?"格物"就是"穷理":

> 格犹穷也,物犹理也,犹曰:穷其理而已矣。

既然"格物"就是"穷理",那"理"在何处呢?二程认为理即一切,一切即理,理在心外,又在心中:"在天为命,在义为理,在人为性,主于身为心,其实一也。"他们认为可以借格物而唤醒人心所固有的"天理",通过众物之理与心中之理的奇妙契合,触发出神秘的觉悟。虽然格物还要有一个外求物理的过程,但最终还是"学者不必远求,近取诸身,只明天理,敬而已矣"。这就是他们所说的"物我一理",只要诚敬地进行内心反省,就可以达到"明天理"。

二程讲格物致知的目的是为了明白和实践封建道德的"天理",所以他们很重视知行关系问题。他们很重视"知"的作用,认为知是指导行的,只有先求知以明理,才能循理而行,但却片面夸大了知的作用,表现出重知轻行的倾向,得出了"以识为本,行次焉"的结论。如他们认为人们不吃毒药、不蹈水火,是由于有先验之知,而不是因为实践尝试的结果。这就颠倒了知与行的关系。这是因为二程的哲学并不要人们去接触客观事物,认识它所固有的规律,而只是要人们唤醒心中的"天理"。基于此,他们提出先知后行的观点,就是很自然的了。

二程的"格物致知",实质就是通过道德修养达到"明天理"的唯心主义认识论。在他们看来,作为"天理"的封建道德,是先验地存在于人心之中的，只是碰到外物的引诱才会发生动摇，因此他们提出了"存天理、去人欲"的理欲观。要达到这个目的，就要加强封建道德的自我修养，其关键在于"涵养须用敬"，即全力遵守封建伦理而不要有一点儿背离。他们说：

> 致知在格物，非由外铄我也，我固有之也。因物而迁，迷而不悟，则天理灭矣。故圣人欲格之。

这段话，简明地概括了二程"格物致知"的本意和目的。

（二）朱熹

朱熹（公元1130—1200年），字元晦、仲晦，晚年号晦庵，南宋徽州婺源（今江西婺源）人，出身于"以儒名家"的"著姓"，中进士后在福建、江西等地作过地方官。但仕途坎坷，晚年退居讲学，他的学派被称为"闽学"。

朱熹拜程颐的三传弟子李侗为师，直接继承了程颐的客观唯心主义哲学思想，并对北宋其他理学家的思想都有所利用和采纳。此外，还吸取了一些佛学和道家的思想资料，形成了一个庞杂的客观唯心主义哲学体系。朱熹是继孔子之后，在我国封建社会中影响最深远的唯心主义哲学家。他的著作很多，主要哲学著作有《太极图说解》、《四书集注》、《朱子语类》、《朱文公文集》。

1. "理本气末"和"理先气后"
——朱熹的唯心主义本体论

朱熹继承了二程的理学，也吸取了张载元气论的思想资料，建立了自己的客观唯心主义本体论。

朱熹哲学体系的基本的，也是最高的范畴是"理"和"太极"。他的"理"是继承二程而来的，"太极"则是继承了周敦颐的理论。在他看来，"理"是精神本体，是唯一的存在，是天地万物的产生者。他说：

> 二气五行，天之所以赋受万物而生之者也。自其末以缘本，则五

行之异,本二气之实。二气之实,又本一理之极。是合万物而言之,为一太极而已也;自其本而之末,则一理之实,而万物分之以为体,故万物之中各有一太极。

这便是他的宇宙生成论,"理"可以派生出二气五行万物,而万物又复归于理,这就表现出"理本气末"的观点。在朱熹看来,理不仅是万物的产生者,而且在人消物尽之后,它也永恒地循环往复地运动着,而气则只是形成万物的材料,自然是第二性的。他认为理既然能产生万物,因此"未有天地之先,毕竟也只有理","有是理,后生是气",理是先于物而存在的。他说:

若在理上看,则虽未有物,而已有物之理,然亦但有其理而已,未尝实有是物也。

朱熹把这一观点运用到社会领域,便提出了十分符合封建道德的见解:

未有这事,先有这理。如未有君臣,已先有君臣之理;未有父子,已先有父子之理。

这种客观唯心主义的观点,显然是十分荒谬的。

由以上的分析可以看出,在理气关系上,朱熹坚持了唯心主义的观点。在他看来,张载"太虚太和"的"气"是"形而下"的有形体,不能作为世界的本源("道体"),所以他提出以形而上的"理"来作为"生物之本",当然,他并没有否认"气"的存在,他认为在形成事物中,理与气均是不能缺少的,但"理"是根本,而气只是构成事物的具体材料。所以他说:

气之所聚,理即在焉,然理终为主。

为了论证理与气的主从关系,他又提出了"理气相依"的问题。他认为,从宇宙构成论来看,即"从物上看",每一个具体事物中理与气是互相依存的;而在"理上看",即从本体论上看,理与气又是有区别的,理是气的产生者和支配者。可见,他所提出的"理气相依",并不是平行的关系,而是主从的关系,结果仍然是论证了"理"为本、"气"为末的观点。

朱熹承袭华严宗"一即一切"、"一切即一"的思想,提出了"理一分殊"说。他认为宇宙间只是一个太极,而万物各有一太极,都不过是"太极"的体现,他说:

> 自其本而之末,则一理之实而万物分之以为体,故万物之中各有一太极。

在他看来,万物之理实为一理,所以"万物之一原"即是"理"。他又提出"万个是一个,一个是万个"的观点,认为"万个"事物之理全具"一个"本体之理。他说:

> 人物之生,天赋之以此理,未尝不同,但人物之禀受自有异耳。如一江水,你将勺去取,只得一勺;将碗去取,只得一碗;至于一桶一缸,各自随器量不同,故理亦随以异。

在这里,他通过例证说明了"万个"与"一个"的关系。"源头"只是"一江水",这即所谓"理一"。但由于"器量"不同,水的体尽管没有变化,但水的量却不同了,这即所谓"分殊"。"千差万别的'水'来源于'一江水',这就是万殊归于一理。'一江水'又变成千差万殊的'水',这就是一理化为万殊"。朱熹还引佛教"一月普现一切水,一切水月一月摄"来说明他"理一分殊"的观点,他把"太极"比作天上的月亮,万物之理比作月亮在水中的映像。在每一江湖水中的每一个月亮,都是月亮的整体,而不是月亮的一部分。这就把一般与个别绝对等同起来,从而抹煞了事物之间质的差异性和运动形式的多样性,是典型的形而上学观点。

2. "理主动静"和"定位不易"
——朱熹的唯心主义辩证法思想

朱熹提出了"理生万物"的辩证发展观,从而否定了"理包万物"的形而上学观。在解释《周易》卦象的形成问题时,他认为"两仪"、"四象"、"八卦"不是一次产生的,而是有先有后顺序产生的,这就反映出他思想中具有某些客观辩证法因素。同时,他在这里还指出事物的对立是普遍的,一分为二是自然之理:

> 此只是一分为二,节节如此,以至于无穷,皆是一生两尔。

虽然他回答的是"太极生两仪,两仪生四象,四象生八卦"的问题,但阐述的却是一种辩证法思想。他又在《周易本义》里说:"一每生二,自然之理也。"在他看来,事物对立的双方是互相依存的,世上不存在没有对立面的事物。他指出:

> 东之与西,上之与下,以至于寒暑、昼夜、生死,皆是相反而相对也。天地间物,未尝无相对者。

不仅如此,他还注意到事物内部和对立面一方的内部也存在着矛盾,这就深化了他对矛盾普遍性的认识。他认识到对立与统一是不可分割的,肯定了对立和统一在发展中的作用。他很赞赏张载"一物两用"的矛盾思想,并有所改造。如他说:

> 凡天下之事,一不能化,惟两而后能化。且如一阴一阳,始能化生万物。

在朱熹看来,气是一个可以分成阴阳的统一体,由于阴阳气的一消一长,才能"化生万物"。这是用统一物的互相对立来说明事物变化原因的辩证法观点。

总之,在朱熹的哲学体系中,朴素辩证法的因素是很丰富的,但是这些朴素辩证法思想却受到了他理学体系的局限。如他认为"一分为二,节节如此,以至于无穷,皆是一生两尔"。就把客观事物复杂的矛盾运动简单化、固定化了;又如他虽然对渐变和突变的关系有所认识,但他强调渐变而忽视突变,强调新旧之间的联系而忽视了新旧之间的本质差异,这就必然产生所谓"定位不易"的循环论。在他看来,不变之"常"是绝对的,可变之"用"是相对的,从而否定了矛盾的转化。所谓"常"是什么呢?他说:

> 君臣父子,定位不易,事之常也。
> 三纲五常,礼之大体,三代相继,皆因之而不能变。

可见,朱熹强调对立事物的不能转化,其根本目的还是为了维护封建社会秩序,以适应封建统治的政治需要,他的辩证法之所以很不彻底,其阶级根源就在这里。

3."即物而穷其理"和"心包万理"
——朱熹唯心主义认识论

在认识论领域内,朱熹继承了程颐"格物致知"的观点,他认为"格物之说,程子论之详矣。而其所以格、至也,格物而至于物,则物理尽者,意可俱到,不可移易"。他在《大学章句·格物致知补阙》中,对认识论作了全面的阐述。在这里,他把认识主体与认识对象作了区别。在他看来,人心的知是认识的主体,事物的理是认识对象,"格物"是认识方法,"穷理"是认识目的。认识只有经过格物才能穷理。他认为,"理"是不能离开"物"的,"穷理"就离不开"格物",这种"即物而穷其理"的认识方法有唯物主义因素。基于此,他认为《大学》——

> 不说穷理,却言格物。善言理,则无可捉摸,物有时而离。言物,则理自在,自是离不得。

但是,朱熹所要穷究的"理",不是事物固有的客观规律,而是"在己之理"。他认为心是理的所会之地,"心包万理,万理具于一心","所觉者,心之理也;能觉者,气之灵也"。他的错误在于把认识的主体和客体混为一体,认为主体对客体的认识,只是"理"自身的自我认识,所以他说:"致知,是吾心无所不知"。认识"理"也就不必外求,只是认识我的道理而已,这就把外在事物之理说成是内心之理,把人心(认识的知觉器官)

的可反映性与反映内容混淆起来了。他说：

> 大凡道理皆是我自有之物，非从外得，所谓知者便只是知得我底
> 道理，非是以我之知去知彼道理也。

既然"大凡道理皆是我自有之物"，既然"心包万理"，似乎就不必从物中去"穷理"了，但朱熹认为心中先验的"已知之理"，还要通过"格物"来考察，才能不是"悬空底物"，因此"自家虽有这道理，须得经历过方得"。所谓"经历"即是"格物"。在他看来，通过"格物"，就会使先验的"在己之理"得到印证。朱熹认识到认识有一个由感性认识到理性认识的发展过程。因此，他的"格物致知"论与神秘直觉的"顿悟"论是不同的，但他主张认识是有穷尽的，这又自然陷入了唯心主义和形而上学。

朱熹的认识论在"格物"的认识方法和为学目的之间存在着矛盾。按他所说，"格物"的范围很广，"上而无极太极，下而至于一草一木一昆虫之微"，都"须著逐一件与他理会过"。但他又认为"遍格众物"是不应该的，应该主要去"穷天理，明人伦，讲圣言，通世故"，即自觉去维护封建制度；所谓穷理，就是对纲常伦理穷根究底，"须要穷其根源来处"。他认为在"草木器用"中是"格"不出"圣道"来的，这样做，只能是"炊沙而欲其成饭"，落得一场空。那又怎么穷理呢？朱熹认为理的精华全在圣贤之书中，要想穷理，就必须读圣贤之书："读书以圣贤之意，因圣贤之意以观自然之理。"而书本上的"圣贤之意"则"说尽天下后世无穷无尽底事理"。由此可见，朱熹的"格物穷理"并不是认识物质世界及其规律，而是要达到封建道德的最高修养。

在知行关系方面，朱熹也作了一些论述，他认为"论先后，知为先；论轻重，行为重"。虽然夸大了"知"的作用却也突出了"行"的地位，自有其合理之处。特别是他提出了"知行常相须"的观点，表明他认识到知行不可分割的对立统一关系，这是一种朴素、辩证的认识。

4. "天命之性"、"气质之性"和"存天理，去人欲"
——朱熹的人性论和道德观

朱熹在张载、二程人性论的基础上，提出了"天命之性"和"气质之

性"相结合的人性论。

朱熹认为人生来就具有天命之性和气质之性。所谓"天命之性",又叫"天地之性",是指人生就具有的善的观念,即仁、义、礼、智等封建道德规范之理在人身上的体现。他说:"在人,仁义礼智,性也。""气质之性",是指人禀的气所形成的性,因为气有清浊,所以气质之性有善有恶,"禀得精英之气,便为圣为贤";"禀得衰颓薄浊者,便为愚不肖",禀什么气是由天命决定的。

朱熹在人性上的这种区分,实际上来源于张载,经过他的发挥,更趋完备,较之孟子的性善论,更具有理论色彩。他鼓吹天命之性,无非是为了把地主阶级的道德规范说成是先天人性,是超阶级的,让人人都遵守它,从而巩固封建统治。他宣扬"气质之性",是为封建等级作辩护,同时鼓励人们通过掌握封建道德由"恶性"转变为"善性"。朱熹的人性论是十分荒谬的,但在我国各种唯心主义人性论当中,却又是最完备的,因此最适合封建统治阶级的需要。

在把人性分成"天命之性"和"气质之性"的基础上,朱熹又提出了道心和人心、天理和人欲的关系。

朱熹认为"道心"是由"天命之性"产生的,而"人心"是由"气质之性"产生的。"道心"是"天命之性"感物而动产生的合乎天理的心和情;"人心"是"气质之性"感物而动受到物欲的牵累而产生的不善的心和情。他说:

> 心一也,方寸之间,人欲交杂,则谓之人心;纯然天理,则谓之道心。

在他看来,"道心"是服从于仁义礼智的义理,它能看到"道理之公",是微妙的;"人心"反映了人们对物质的欲望和要求,它只看"利害情欲之私",因而是很危险的。"道心"虽然人人都具有,但它"难明而易昧"。之所以如此,就是因为"人心"以"私利"、"物欲"蒙蔽了"天理"、"道德"的缘故。因此,要以道心主宰人心,克制人心;只有用道心主宰了人心,人心才会是善的。

由"道心"与"人心"的对立,他又提出了天理与人欲的对立,提出了

"存天理,灭人欲"的命题;

> 人之一心,天理存,则人欲亡;人欲胜,则天理灭。未有天理人欲夹杂者。

他认为"天理"与"人欲"是绝对对立的,他不但将其视作是封建道德修养的原则,而且作为他哲学的最后归宿。他说:

> 圣贤千言万语,只是教人明天理,灭人欲。
> 须是革尽人欲,复尽天理,方始是学。

朱熹这一套理论的本质是让人们按所谓"天理"的要求,安于等级差别,不要有非分之想,从而维护封建的宗法等级制度。他把这种理论运用到实践中,更显得荒谬和反动。如他攻击陈亮力主抗战是自私自利,"直到利欲胶漆盆中"。又如他极力赞扬"饿死事小,失节事极大"。这种反动说教不知造成了多少人间悲剧。

朱熹是集中中国封建社会唯心主义思想之大成的哲学家,他的哲学为统治阶级提供了巩固封建专制制度的强有力的理论根据。因此,从南宋末年到清末为止的七百年间,朱熹哲学具有不可动摇的权威,成为各个朝代的官方哲学,其消极影响是相当大的。同时,朱熹在对具体问题的论述中,也提出了一些在认识上有合理内容的思想和命题,对唯物主义的发展也发生了一些影响。

七　心学唯心主义:宋明哲学之三

"心学"和"理学"是我国封建社会后期唯心主义阵营内部的两个哲学派别。陆九渊自称承袭了孟子的道统,是"心学"的创始人。明代王守仁又发挥他的学说,把"心学"发展到更加完备的阶段,史称"陆王心学"。

(一) 陆九渊

陆九渊(公元 1139—1193 年),字子静,号象山,江西抚州金溪人,曾做过几任地方官,晚年在贵溪应天山(后改为象山)讲学,人称象山先生。他的著作由后人收辑在《象山全集》里。

1. "万物皆备于我"和"心即理"
——陆九渊的主观唯心主义宇宙观

因为陆九渊把心作为世界的本体,所以他的哲学被称为"心学"。在陆九渊看来,世界上唯一真实存在的,只有"我"和"我的理性"。他说:

> 四方上下曰宇,往古来今曰宙。宇宙便是吾心,吾心即是宇宙。
> 此心此理,我固有之,所谓万物皆备于我。

陆九渊认为,宇宙即时间和空间,它是人心的体现,宇宙万物是人心的派生物,如果离开了"我"这个中心,宇宙也就不存在了。这是典型的唯我论。

在心与理的关系上,陆九渊与朱熹有所不同。朱熹承认在心(自我意识)外还有个所谓"公共道理",而陆九渊则认为"心即理",在他看来,宇宙是心的体现,心是宇宙的本体,所以事物的理也就在心中了,这就是所谓"容理于心"。他这样说:

> 人皆有是心,心皆具是理,心即理也。

他认为,事物的理是人心的表现,除此之外,宇宙间没有其他的东西了:"满心而发,充塞宇宙,无非此理。"这就是王守仁概括的"心外无物"。同时,他认为心与理是"不容有二"的,不能分成两个东西,这就否定了朱熹认为心外有个"公共道理"的观点,其结论就是理不在物而在人(心),亦即所谓"心外无理"。

陆九渊"心即理"的论断是荒谬的,造成这种论断的原因是他看到了认识的能动性,片面地夸大了这种能动性,从而使主观唯心主义有了寄生之根,得出了荒唐的结论。

2. "切己自反"和"存心去欲"
——陆九渊的先验主义认识论

从"心即理"这个前提出发,陆九渊提出了一条先验论的认识路线。

他认为存立本心是做人的头等大事,"本心"就是真理,"吾之本心"就是认识的源泉,此心此理我所固有,我的"心"本来就是完美无缺的,要了解事物的真面目并不需要向外去寻求。在他看来,到自己心中去求得知识,就是做学问的道理,所以他说自己学问的来源,"不过切己自反,改过迁善"而已。"改过迁善"也就是"发明本心"之善,认识本心之理,只有如此,才能先知先觉,达到道德完善的程度。因此,他对这个"本心"十分重视,提出要"存心、养心、求放心",他说:

> 人孰无心?道不外索,患在戕贼之耳,放失之耳。古人教人,不过存心、养心、求放心。……苟知其如此,而防闲其戕贼放失之端,日夕保养灌溉,使之畅茂条达,……此乃为学之门,进德之地。

陆九渊认为,认识本心的理,就是认识是非的标准,"是,知其为是;

非,知其为非,此理也"。因此,所谓认识就不是通过实践来认识"物理",而是神秘主义的反观内省、顿悟本心了。这就否认了客观实践,否认了认识过程,也否认了认识的客观标准,是一种神秘主义的先验论。

关于存养本心,陆九渊提出了"剥落"物欲的主张。他认为"本心"在未与物接触前是清明的,但一追逐物,物欲便蒙蔽了它的善性,而使本心蒙上灰尘。认识的目的就是去掉这层"灰尘",使"本心"仍然恢复清明的状态,具体办法就是去欲,"欲去,则心自存矣";就是寡欲,"养心莫善寡欲"。他把"心"与"欲"对立起来,主张"存心去欲":

> 夫所以害吾心者,何也? 欲也。欲之多,则心之存者必寡;欲之寡,则心之存者必多。……欲去则心自存矣。

这种思想是与程朱的主张一致的,都是为了加强封建道德教育寻找理论根据,其目的还是为了巩固封建统治制度。

3."鹅湖之会"与书信论辩
——陆九渊与朱熹哲学之异同

陆九渊与朱熹分别代表了唯心主义内部的两个派别,他们二人多次书信往还,进行争辩,比较集中的争辩有两次。

第一次是1175年(宋淳熙二年),吕祖谦邀集朱熹、陆九渊及其兄陆九龄会于鹅湖寺,就治学方法问题展开了面对面的辩论,实际上是关于认识论问题的争论。陆氏兄弟不同意朱熹"格物穷理"的提法,陆九渊从"心即理"的前提出发,认为朱熹提倡的"即物穷理"的办法太"支离"烦琐,不切实用。而朱熹则认为陆九渊的学说太简单,他指出:

> 子静(指陆九渊)之学,只管说一个心……若认得一个心了,方法流出,更都无许多事……所以不怕天,不怕地,一向胡叫胡喊……便是"天上地下,唯我独尊"。

这段话简明地道出了陆九渊认识论的特点,相比较说来,陆九渊的认识论是更为直接、更为露骨的主观唯心主义唯我论。

第二次争论是在 1188 年(宋淳熙十五年)开始的几年书信往还中,由认识论上的分歧深入到本体论问题上,即关于太极无极的争论。陆氏兄弟不同意"无极而太极"的提法,认为不应"以'无极'字加在'太极'之上",因为太极就是道,心就是道,不能心外有太极。朱熹则认为"无极即是无形,太极即是有理",主张在太极之上应有无极,如果"不言'无极',则'太极'同于一物,不足为万化根本"。在朱熹看来,"太极"是"无方所"、无形态、通贯全体、无时不在的绝对体;而在陆九渊看来,"太极"就是"心","太极"就是标志这个"心体"绝对体的最高范畴,"太极"不在别处而就在心里,心之外没有什么"太极",因为心外没有一个"有形而有理"的本体,"心"就是本体。

朱熹的"理学"和陆九渊的"心学",有区别,又相通。从本质上看,二者都是唯心主义的,都主张精神是第一性的,其目的都是在为封建统治寻找理论根据,不过一个是客观唯心主义,另一个是主观唯心主义而已。他们的观点,"你中有我,我中有你",有时又是相同或相似的。在争论过程中,他们对对方的一些批判还是颇能击中要害的,同时也暴露了各自的弱点,这对后来唯物主义批判理学、心学,从而发展唯物主义,还是有积极意义的。因此,朱、陆之争在中国哲学发展史上的价值是不应忽视的。

(二)王守仁

王守仁(公元 1472 — 1528 年),字伯安,浙江余姚人。因创办阳明书院,被人称为阳明先生。出身于官僚地主家庭,官至南京兵部尚书兼都察院左佥都御史。王守仁早年曾学习程朱理学,后接受了陆九渊的学说,发展了唯心主义心学。

王守仁哲学有其明显的阶级与时代色彩。明代中叶,政治极为腐败,社会危机四伏,为了使封建制度"起死回生",王守仁认为程朱理学所提的"格物而求理"是行不通的,只有加强封建道德修养才有出路。他在镇压农民起义的过程中,更感到"破山中贼易,破心中贼难",只有加强封建思想统治,才可能挽救社会的危机。正是从"扫荡心腹之寇,以收廓清平定之功"的目的出发,他继承了陆九渊"心即理"的思想,经过不断扩充,构成了一个完整的体系。

王守仁的著作编纂为《王文成公全书》，其中《传习录》、《大学问》等集中了他的哲学思想，是研究他哲学体系的主要材料。

1.“心外无物”、“心外无理”
——王守仁的主观唯心主义世界观

王守仁继承和发挥了陆九渊“心即理”的思想，认为人心是世界的本源，是宇宙的本体。在他看来，心是无所不包的。他说：

> 心外无物，心外无事，心外无理，心外无义，心外无善。

他认为心外的一切，包含人类社会的道德规范和自然界的一切及其规律，都是由心派生出来的，这是典型的主观唯心主义和唯我论。

为什么“心外无物”呢？王守仁提出了“意之所在便是物”的观点，他沿着从内到外、从心到物的思辨途径，对“心”的能动作用作了夸大。他认为心是耳目口体的主宰：“心者，身之主宰。”他认为独立存在而并不依赖人的“意”的“物”是“意之所在”，“意之所在便是物。”他还说：“有是意，即有是物；无是意，即无是物；物非意之用乎！”在他看来，物不仅是意所加工的对象，而且是意所产生的结果，它是为了让“意”有所加工而创造出来的派生物。他认为，“心之所发便是意”。这就颠倒了思维与存在的关系，得出了“吾心”为万事万物主宰的结论。在王守仁看来，“意之所用，必有其物，物即事也。”物已经不是离“意”而独立存在的自然之物了。

王守仁这些关于“意”与“物”的论述，无限夸大了人的意志的作用，使它绝对化了，从而否定了认识对象的客观独立性，把客观存在变成了主观作用的派生物。

在王守仁看来，只有被心感知的东西才是存在的。《传习录》中有这样的记载：

> 先生（王守仁）游南镇，一友指岩中花树问曰：“天下无心外之物，如此花树在深山中自开自落，于我心亦何相关？”先生曰：“你未

看此花时,此花与汝心同归于寂;你来看此花时,则此花颜色一时明
白起来,便知此花不在你的心外。"

他认为,"我"不见"此花"时,它便归于寂灭而不存在,只有当"我"看
"此花"时,它才是存在的。这是违背常识的唯心主义诡辩。中外主观唯
心主义者,往往都是通过这种"存在即是被感知"来建立他们的哲学体
系的。

朱熹虽然强调主观和客观之间在"心"的基础上的统一性,但为了把
虚构之"理"客观化,他承认存在着"在物之理",要求人们于"事事物物"
上去"穷理"。王守仁从"心即理也"、"万事万物之理,不外于吾心"的观
点出发,批判了朱熹的观点,否定了事物之"理"的客观性。他认为朱熹
的观点是"析心与理为二",把主观和客观对立起来,将可能承认心外存
在着"天地万物之理"。他诘问道:

夫求理于事事物物者,如求孝之理于其亲之谓也。求孝之理于
其亲,则孝之理其果在于吾之心邪? 抑果在于亲之身邪? 假而果在
于亲之身,则亲没之后,吾心遂无孝之理欤。……以是例之,万事万
物之理,莫不皆然,是可以知心与理为二之非矣。

他提出,如果认为忠孝之理只存在于君、亲之身,那君、亲死亡之后,
"吾心"就没有忠孝之理了,岂不是荒谬的吗? 为此,他又提出了"物理不
外于吾心,外吾心而求物理,无物理矣"的观点,否定在主观之外有客观
"物理"的存在。他所说的"理",不是事物的规律,而是先验的封建道德,
即所谓"天理"。他说:

理也者,心之条理也。是理也,发之于亲则为孝,发之于君则为
忠,发之于朋友则为信。千变万化,至不可穷竭,而莫非发于吾之
一心。

由此即可以看出,王守仁鼓吹"心外无理"的目的何在了。

2."致良知"而"不假外求"

——王守仁的主观唯心主义认识论

王守仁提出了"致良知"的主观唯心主义认识论,他说:"吾生平讲学,只是'致良知'三字。"王守仁在宇宙观上,认为心是宇宙的本体,"心即理也",所以他的认识论就只能是向内认识"我心"。这个"心",就是所谓"良知",它即是人心中的"天理",又是天地万物的主宰,它是认识的主体,又是认识的对象。总之,"良知"是神秘而又万能的:"良知是造化的精灵。这些精灵,生天生地成鬼成帝,皆从此处,真是与物无对。"认识就是"良知"的自我认识,"须从自己心上体认,不假外求始得",不必通过外界事物来求得知识。在他看来,认识能力的取得,不是由于"闻见"的经验积累,也不是由于对"事变"的"预先讲求",而是由于先验能力的自然流露。他说:

> 知是心之本体。心自然会知。见父自然知孝,见兄自然知悌,见孺子入井自然知恻隐。此便是良知不假外求。

因此,"致良知"不过是把"心"先天固有的认识能力发挥出来而已。由此出发,他主张排除见闻的认识,"故良知不滞于见闻,而亦不杂于见闻"。"良知"既不能停滞于见闻之知阶段,也不能混同于见闻之知。这本来有一定的合理因素,但他进一步夸大良知对于见闻之知的指导作用,认为良知是可以脱离见闻基础而独立自在的绝对,甚至这样说:"良知之外,别无知矣。"这就用"良知"代替了见闻之知,从而取消了认识,这种观点无疑是典型的蒙昧主义。

王守仁认为"良知"是人人所具有的,但是"私意"障碍着它的"充塞流行","物欲"使它昏蔽而未能"廓然大公",所以要"致"良知,即通过学习,去掉物欲的昏蔽,恢复良知的本性。他所说的"致良知"实际上不是讲认识论问题,而是一种封建道德的修养方法,其实际意义是要求劳动人民破除"私欲",克服反抗思想,从而达到"破心中贼"的目的。因此,王守仁的"致良知"与"存天理,去人欲"其实是一个意思,都是为了使人民恪守地主阶级的封建道德,安分守己,忍受压迫与剥削。

关于如何"致良知",王守仁认为内心修养是最重要的,只有通过内心修养,才能去掉"常人"心中的"私意",但仅此还不够,他认为道德修养仅停留于内省还不行,"人须在事上磨练做功夫乃有益",即不仅要明白去"私意"的必要,而且要落实在行动中,这才是真正的"致良知"。

3. "求理于吾心,此圣门知行合一之教"
——王守仁的主观唯心主义知行观

王守仁认为朱熹知先行后之说把认识和行动脱离开来,造成了恶劣的影响,所以提出了"知行合一"的观点。他的"知行合一"说是建立在所谓"良知"的理论之上的,他说:"外心以求理,此知行之所以二也。求理于吾心,此圣门知行合一之教。"

王守仁认为"知"便是"行","行"便是"知",这是他"知行合一"论的实质。他说:

> 知之真切笃实处,即是行;行之明觉精察处,即是知。知行工夫,本不可离。只为后世学者分作两截用功。失却知行本体。故有合一并进之说。真知即所以为行,不行不足谓之知。

在这里,他认为"真知"就是行,而行即包括在"知"之中,缺了行,知也是不完全的,故云"不行不足谓之知"。他把知和行合而为一,抹煞了知与行的界限。在他看来,知便是行,他说:"一念发动处,便即是行了"。"一念发动"只是行的动机,它可以表现为行,但并不就是行。他之所以以知为行,视"一念发动"为行,其目的在于防患于未然,使人们的人欲或"私意"克服在最初阶段,以达到"破心中贼"的目的。

王守仁还认为"知是行之始,行是知之成"。他强调要用知来指导行,以便"行得是";又要用行来实现知,以便"知是真"。在他看来,知是行的出发点,是行的开始,而行是知的归宿点,是知的完成。他之所以提出"知行合一"说,其目的在于使人们"不善"的念头在萌芽状态就被消灭掉。他说:

> 今人学问,只因知行分作两件,故有一念发动,虽是不善,然却未

曾行,便不去禁止。我今说个知行合一,正要人晓得一念发动处,便即是行了。发动处有不善,就将这不善的念克倒了,须要彻根彻底,不使那一念不善潜伏在胸中,此是我立言宗旨。

对于不利于封建统治的"不善之念",一则要"防于未萌之先";再则要"克于方萌之际",绝不能让这"一念发动处"发展起来。维护封建制度,不仅要防"山中贼",更要"破心中贼",这就是王守仁"知行合一"论的"立言宗旨"。

总之,王守仁的主观唯心主义哲学,是为了挽救封建社会的危机而创立的,它要求把封建道德贯彻到一切领域,适应了统治者的需要,因而它在晚明时期曾经取得支配地位。作为一种哲学思想,王守仁的"心学"在哲学史上具有承前启后的作用,《中国哲学史》(肖萐父、李锦全主编)的一段概括颇为精当:

> 宋明道学唯心主义,以周敦颐的"太极说"开其端,经过程、朱"理学"的建立,朱、陆的争论,发展到王守仁的"心学",走到了它的逻辑发展的终点。而"心学"体系内在矛盾的逻辑发展,在社会矛盾空前激荡的晚明时期,又分化出"异端"思潮,走向了它的反面,为明清之际启蒙思潮的兴起准备了理论条件。

因此,王守仁"心学"的意义与作用是不能低估的。

八　旧哲学的总结:明末清初的哲学思想

我国封建社会发展到明代中叶以后,开始走向衰落,封建制度的腐朽性更加明显地暴露出来。由于政治极端腐败,赋税十分繁重,阶级矛盾十分尖锐;由于商品经济的发展,在封建社会内部已经孕育了资本主义的萌芽,从明代中叶到明末,封建社会的资本主义因素有了进一步的增长。

随着阶级矛盾的激化,1644 年,李自成、张献忠领导的农民起义,推翻了明王朝的统治,但是,农民起义的成果却为清朝统治者所夺取。清朝初期,统治者不仅野蛮镇压了各地的农民起义,而且对坚持汉民族文化传统的人士也进行了残酷的迫害和屠杀。在这种高压政策下,民族矛盾显得特别尖锐,上升为社会的主要矛盾。清朝的统治基本稳定以后,统治者一方面注意吸收一些汉族知识分子参加政权,另一方面继续以程朱理学为官方的正统思想,民族矛盾有所缓和,生产和文化均有所发展。

伴随封建制度的衰落和资本主义因素的增长,出现了一些反映新兴市民阶层要求的初步民主思想。这种思想的代表人物或者对君主专制制度进行了大胆的猛烈的抨击,或者对束缚人民思想的程朱理学展开了激烈的批判。这批杰出的思想家,包括王夫之、黄宗羲、顾炎武和戴震等。在哲学史上最有代表性的是王夫之朴素唯物主义和朴素辩证法相结合的哲学体系和戴震提出的理欲统一观。

(一)王夫之

王夫之(公元 1619—1692 年),字而农,号姜斋,又号船山,湖南衡阳人,晚年隐居在衡阳的石船山,世称船山先生。王夫之青年时曾考取明朝的举人,以博学多识著称。他是个民族主义者,曾在衡山举兵起义,阻击清兵南下。失败后,又到西南参加反清活动,因不满南明腐败政治,受到迫害,经人营救脱险,后隐居不仕,从事著述。

王夫之是中国哲学史上杰出的唯物主义哲学家,他对中国古代哲学作了总结,写作了大量的哲学、政治、历史和文学著作,后人编为《船山遗书》,其中主要哲学著作有《张子正蒙注》、《周易外注》、《尚书引义》、《思问录》、《黄书》、《宋论》等。

1. "太虚一实"、"理依于气"
——王夫之的唯物主义自然观

王夫之对张载"太虚即气"的学说作了修正与发挥,明确肯定了"太虚一实"的唯物主义原则。在他看来,宇宙间除了"弥沦无涯"、"希微不形"的物质性的"气"之外,再也没有别的什么东西,元气是宇宙的唯一存在。他说:

> 虚空者,气之量。气弥沦无涯而希微不形,则人见虚空而不见气。凡虚空,皆气也。聚则显,显则人谓之有;散则隐,隐则人谓之无。

> 阴阳二气充满太虚,此外更无他物,亦无间隙。天之象,地之形,皆其所范围也。

他论述了"气"的永恒不灭性。他认为,客观存在的气,只有聚散、出入、显隐、形不形的不同,而没有所谓"无",它永恒存在,而其聚、散、有形无形,只是气的各种运动形态。他还例举了大量事例来论证物质不会生灭的理论,即元气不灭论,如他指出一车之薪,经过燃烧,化成了烟灰,好像消灭了,其实"木者仍归木,水者仍归水,土者仍归土,特希微而人不见耳"。因此,他得出了元气不会创生和消灭的结论:

> 故曰往来,曰屈伸,曰聚散,曰幽明,而不曰生灭。

运用物质不灭的原理,王夫之批判了佛教的"生灭"说,经过具体的分析,他在逻辑上揭露出佛教"生灭"说的荒唐性。继而,他对程朱理学和陆王心学也提出了批评,"愚以为朱子之说反近于释氏灭尽之言"而陆、王却是"陷于佛者",都是十分荒唐的。

在理气关系问题上,王夫之对宋明理学进行了深入的批判,驳斥了"理主气"、"理生气"的观点,从而坚持了"理依于气"的唯物主义理气论。

王夫之认为,"气者,理之依也",理是依赖于气而存在的,如果像程朱那样,"将理气作为二事,则是气外有理矣"。他认为"理不先而气不后"。"理便在气里面"。理依存于气,"气"外更无虚托孤立之理。理是"不可得而见"的,但它却不能脱离物质实体——"气"而独立存在。在"气"之外,不存在一个虚托孤立的理。这就从根本上驳倒了程朱的客观唯心主义的理学;同时,他还批判了陆王"心外无理"的理论,指出"不可谓即心而即理"。

王夫之还坚持了唯物主义的道器观。所谓"道",指事物的规律和道理;"器",指客观存在的客观事物。在他看来,"据器而道存,离器而道毁",没有某种具体事物就不可能有这种具体事物的规律或道理。道与器是相对的,不能截然分开,所谓"道在物外"、"道在器先"的观点是错误的。他认为,"天下惟器",宇宙间一切事物都是具体的存在,因此可以说"道者器之道",从而肯定了"无其器则无其道"的唯物主义思想。他认为道不是一成不变的,"汉唐无今日之道,今日无他年之道",因此,"道"要因时而变,不同时代有不同时代的"道"。由此出发,他主张对社会之"道"要不断革新,即要"更新而趋时"。这些思想具有朴素的辩证法因素,是很有价值的。

2. "太虚本动"、"气化日新"
——王夫之的辩证发展观

王夫之认识到物质世界时刻在自我运动,物质与运动是不可分割的。他说:

> 天不听物之自然,是故絪缊而化生。

他对运动和静止的辩证关系作了认真的研究,认识到运动是绝对的,静止是相对的。他认为,宇宙作为阴阳变合的运动过程,自身具有动和静两种状态,动固然是动的动,静也是静态的动,故说:"静者静动,非不动也。"他还认识到运动和静止,互相包含而不是互相舍弃。他指出:"方动即静,方静旋动,静即含动,动不舍静";"动静互涵,以为万变之宗。"他认为静止不是绝对的静止,而运动是"太虚"所固有的属性,是永恒和绝对的。"这就更深一步地探讨了动和静的辩证联结,从而既否定了宋明道学的主静论,又堵死了《庄子》、佛教哲学中割裂动静联结的种种诡辩"(《中国哲学史》)。

在肯定事物是永恒运动的同时,王夫之发展张载"气化论"而阐述了"天地之化日新"的观点,认为宇宙运动变化是个不断更新的过程,宇宙的根本法则是"推移吐纳,妙于不静"。大到江河之水,小到人之爪发、肌肉,无时无刻不在变化更新,从来不变的事物是不存在的。"质日代而形如一",即事物的本质在不断更替、日新,而外形却没有变化,始终如一。只有既看见"形如一"又看到"质日代"的人,才有资格来谈论"日新之化",否则是不会理解"日新之化"的道理的。在王夫之看来,"日新之化"是推故致新,而不是旧事物的循环往复,由于事物不断"推故致新",整个宇宙充满生气,新事物不断出现,造成"前此之未有,今日之繁然皆备"的丰富的世界。这种思想是很深刻的。

王夫之继承了张载"动非自外"的思想,明确阐述了事物内部的矛盾性是万物变化源泉的观点。他说:

> 一气之中,二端既肇(始),摩之荡之,而变化无穷。
> 天下之变万,而要归于两端。

在他看来,天地万物运动变化的根源,都包涵在事物所固有的对立面(两端)的摩荡、交感即相互作用之中。这就明确指出了事物运动发展的动力在内部而不在外部,是一种辩证的矛盾观。

王夫之对事物内部"两端"的相互关系作了认真的分析。首先,他认为矛盾的双方是互相依存的、互相渗透的,任何事物都是矛盾的统一体:"合两端于一体,则无有不兼体者也"。其次,他认为矛盾双方的地位是可以转化的,并没有固定不变的主次地位。他认为对立的双方在一定条件下可以互相转化,否定有所谓"截然分析而必相对待之物",如上与下、是与非,都是可以互相转化的。

就矛盾着的对立面之间的本质关系,他作了深入的分析,在张载"一"、"两"学说的基础上,提出了"分一为二"和"合二以一"的命题。所谓"分一为二"是指矛盾双方"相峙而并立"、"判然各为一物"的关系,即矛盾双方是对立的;所谓"合二以一"是指矛盾双方"相倚而不相离"的关系,即矛盾双方互以对方为自己存在的前提,互相依存而不分离的关系。他一方面强调"合二以一"不是消融矛盾的合一,而是对立面的统一,另一方面又指出没有统一性则不能构成矛盾:"非有一,则无两也。"王夫之用"分一为二"和"合二以一"深刻地论述了辩证法的对立统一规律,在许多方面是超过前人的。

3."能必副其所"和"行可兼知"
——王夫之的唯物主义认识论

"能"、"所"本是佛教哲学的范畴。所谓"能",即指认识的主体;"所"指认识的客体。王夫之利用、改造了"能"、"所"的概念,论述了认识活动中主体与客体、主观认识能力和客观认识对象的关系,从而丰富了朴素唯物辩证法能动的反映论思想。

他对"能"、"所"的规定性,作了进一步的论述:

> 乃以俟用者为"所",则必实有其体;以用乎俟用,而以可有功者为"能",则必实有其用。体俟用,则因"所"以发"能";用,用乎体,则"能"必副其"所"。

在他看来,"所"和"能"都是实在的,"所"必须实有其体,才是等待被认识的认识对象;"能"必须实有其用,才能发挥认识的功能。可以看出,"所"是物质实体,"能"是认识作用,前者是第一性的,后者是第二性的。二者的关系,一方面主体的认识要根据客观对象才能产生:"因所以发能。"另一方面,主体的认识必须符合客观对象:"能必副其所。"根据上述唯物主义反映论的原则,王夫之批判了佛学唯心主义和陆、王"心外无物"的观点。

王夫之认为认识是由感官、思维和客观事物三者相遇合而产生的。感觉是由感官与外界事物相接触而产生的,因为色、声、味等是客观事物固有的属性,所以人们会有共同的感觉。由此可见,感觉来源于客观事物。认识的感性阶段,以耳目感官的感性活动为主,但是感官必须有思维的统帅,才能产生认识;在抽象思维阶段,主要靠心官(思维)的作用,但又不能离开感性材料作为基础。一方面,耳目所得到的是表面认识,而思维得到的是较为全面和深入的认识;另一方面,如果离开了所学所问的感性材料,也就失去了"决思辨之疑"的根据。因此,既要重视感性材料,又要努力把闻见认识上升到理性认识。在这里,王夫之初步接触到"人们认识过程中感性阶段与理性阶段既相区别、又相联结的辩证统一关系"。

根据闻见认识和理性认识相互关系的理论,王夫之指出,离开"致知"去"格物",就会迷惑于现象;而离开"格物"去"致知",就会流于空想。只有将"格物"(为探求事物规律而积累的各种知识)和"致知"(通过抽象思维得出对事物内在本质的认识)二者结合起来,注意发挥它们的优长,才能使人们的认识不断提高。这种认识方法,包含着明显的辩证法因素。

王夫之还提出了"知行相资以为用"、"行则知之"的知行统一的思想。他说:

> 知行相资以为用。惟其各有致功,而亦各有其效,故相资以互用;则于其相互,益知其必分矣。同者不相为用,资于异者和同而起功,此定理也。不知其各有功效而相资,于是姚江王氏"知行合一"之说,得藉口以惑世。

王夫之认为,知和行既是对立的,有区别的,又是统一的,互相作用的。知与行各有功效,不应混淆;同时,二者正因为有区别,所以才能相资互用,在人们具体的认识活动中,知和行不可截然分割,行中有知,知中有行,二者始终是不相离的。王夫之还指出,虽然知行并进,但行却是基础,因为只有通过"行",才能获得"知"的功用,所以,"行可兼知,而知不可兼行。"行可以包括知,而知不包括行,知应受到行的检验,行体现出知的效果,行较知更为优越。他特别强调说:

知者,非真知也,力行而后知之真。

由此出发,他对程朱理学和陆王心学以及佛学的"离行以为知"的唯心主义认识论作了深刻的批判。

除了以上介绍的内容,王夫之的"理势合一"、"即民见天"的进步历史观也明显地超越了前人,含有不少民主性的精华,是他哲学思想的重要方面。

总之,王夫之的哲学思想,虽然难免存在着阶级的和历史的局限,但总的看来,在宇宙观、辩证法、认识论和历史观等方面,都达到了古代朴素唯物主义哲学发展的最高水平。

(二)戴震

戴震(公元 1723—1777 年),字东原,安徽休宁(今屯溪市)人。出身于小商人家庭,后师事江永,学识广博,对经学、史学、文字声韵、天文历数等均有深入地研究。他屡试不第,常以教书为生。晚年,参加四库全书的编辑工作,负责编校天文、算学、地理等书籍。

他生活的时代,封建专制制度日益巩固,程朱理学早已成为官方哲学;同时,伴随社会经济中资本主义萌芽的复活和滋长,以反道学为中心的启蒙思想也不断发展。戴震以考据学为阵地,以唯物主义为武器,对程朱理学作了深刻的批判,表现出思想启蒙的特点,因此,他被后人称作是杰出的自然科学家和唯物主义启蒙思想家。戴震被公认为是我国古代朴素唯物主义的最后的重要代表。

戴震的著作,后人编为《戴氏遗书》,主要哲学著作有《原善》、《绪言》、《孟子私淑录》、《孟子字义疏证》、《答彭进士允初书》等,是研究他哲学思想的主要资料。

1. "理者,存乎欲者也"
——戴震的伦理观

针对道学家在理欲问题上的观点,戴震依据自己的自然人性论,提出了"理存乎欲"的进步学说。

首先,他肯定了情欲是自然的、合理的,是人的本性的自然表现。他说:

> 人生而后有欲、有情、有知,三者,血气心知之自然也。
> 欲,生于血气。

在他看来,人的欲、情、知是人生来即具有的自然本性,有了生命,就自然会有各种求生存的欲望和感情。他又说:

> 喜怒哀乐之情,声色臭味之欲,是非美恶之知,皆根于性而原于天。

这里的"根于性",即指产生于人的本性;"原于天",即指出于自然。据此,他提出了"理存乎欲"的观点,驳斥了道学家"天理人欲不能并立"、"天理存则人欲亡,人欲胜则天理灭"的理欲对立的观点,指出:

> 理也者,情之不爽失也。

他认为程朱理学把理欲割裂对立起来,完全是"以意见为理而祸天下",这种"理欲之辨,适成忍而残杀之具"。这就指出了将理欲对立起来不仅在理论上是荒谬的,而且这种理论在实践中也自然成为统治者手中残杀人民的工具。他在历数了理学"以理杀人"的罪行以后,愤怒地指出:

> 酷吏以法杀人,后儒以理杀人,浸浸乎舍法而论理,死矣,更无可救矣!

戴震的理欲观,与朱熹关于理欲对立的观点是针锋相对的,他的学说,对理学"存天理,灭人欲"的禁欲主义作了有力的批判。虽然在他的学说中还有不足之处,如他把人性归结为人的自然情欲,这在理论上是错误的,但他对理学反动本质的揭露和批判,具有明显的启蒙作用,其积极意义是不能低估的。

2.“气化流行,生生不息,是故谓之道”
　　——戴震的唯物主义自然观

　　针对程朱的“理先气后”、“理在事上”的观点,戴震给“道”以新的解释。他认为,“道”是宇宙的物质实体,他说:“阴阳五行,道之实体也。”“道”又是物质世界运动变化的规律:“气化流行,生生不息,是故谓之道。”可见,在戴震的哲学中,“道”把宇宙的物质实体和运动变化统一起来了。为了反对程朱以“理”为实体,别为一物、在气之先的唯心主义说教,他又对道器关系,即“形而上”与“形而下”的问题作了说明。他反对把“形而上”的道和“形而下”的器,截然割裂开来,他认为,“形而上”和“形而下”只是说明气化流行的不同状态、不同阶段,只是物质本身的两种不同形态而已,并不是程朱诡称的在阴阳气化之上、之外另有一个“道”。

　　戴震认为“理”是客观事物运动变化的规律,而朱熹认为“气”是形而下的,“理”才是形而上的,故有理才有气,理即是道,它另是一物,独立于阴阳二气之上。这种“理生气”的观点,在戴震看来是错误的,他进而指出:这种“理生气”的观点之所以错误,在于“其学借阶于老、庄、释氏,是故失之。”

　　戴震不仅严格区分了“道”与“理”,而且还提出了“分理”这个新的哲学范畴。所谓:“分”,指的是具体事物的特殊性。他指出:

　　　　理者,察之而几微必区以别之名也。是故谓之“分理”;在物之质,曰肌理,曰腠理,曰文理。
　　　　得其“分”,则有条而不紊,谓之“条理”。

　　在他看来,客观事物既然是具体的,因此,事物的规律也是个个特殊的。所谓“分理”,就是事物与事物互相区别的根据,千差万别的事物,各有各的“理”。因此他指出:

　　　　分之各有其不易之则,名曰理。……是故明理者,明其区分也。

戴震强调理是事物的特殊规律,把握"事物之理,必就事物剖析至微而后理得"。因此,程朱所说的那种离开万事万物的普遍的绝对的理是根本不存在的。戴震提出"分理"的思想,"试图突破把宇宙作为一个总体来把握的思辩哲学的局限,而侧重于个别和特殊的分析研究"。这种观点是与程朱"理气之辩"、"理一分殊"完全对立的。

千古往事千古书

——中国古代历史学

一　古代史学的童年时期

——先秦至汉初

中国古代史学的历史可谓源远流长。在远古时代,虽然还没有文字,也就谈不上史学,但那时产生的丰富多彩的传说故事,在一定程度上具有历史的性质。在商代,甲骨文和金文的出现为我们留下了一些初步的史料。《尚书》是我国最早的政治文献汇编,《诗经》是我国最早的诗歌总集,其中都保存了一些珍贵的历史记载。到了西周,特别是春秋战国时期,出现了许多史书,而其中的代表之作是孔子删定的《春秋》,它的出现标志着我国真正的史学著作正式出现了。诸子百家在"争鸣"中自觉运用历史知识来阐述自己的政治观点和评论时政,更促进了史学的发展。汉初的政论家如贾谊等人将历史与现实结合起来,阐述自己的政治主张,正是继承了诸子百家"以史论政"的优良传统。

（一）史学的兴起

中国古代的史学产生和兴起于先秦。中国的奴隶制自夏朝开始,但至今尚未发现夏代的文字,因而夏代还不可能有史学。商周出现了甲骨文与金文,也有了历法,开始有了不完备的文字记载。其中的《尚书》和《诗经》保存了一些记录史事和反映历史的内容,说明史学正在产生。

1. 远古的神话

中国的史学虽然在夏商才逐渐出现,但细细追溯起来,叙述它的历史却要从远古的传说开始,正如探寻长江的源头,总要提到从青海省西南边境唐古拉山脉各拉丹冬雪山流出的沱沱河。

我国有许多远古神话传说,被保存在先秦及汉初的旧籍中。这些神话传说难免经过后人的加工,但其中必然有许多是后人无法虚构和加工的内容。因此,虽然它们在严格的意义上说还不能算史学,但通过这些神话传说,我们在一定程度上可以看出远古人们传述历史的一些线索。它们本身在某些方面反映了原始社会的史实,因而具有了某种历史的性质。

神话传说起源于人类的童年。原始人类起初是蒙昧无知的,由于长期的劳动,他们逐渐聪明起来,渐渐地对历史产生了兴趣,出现了一些神话故事,以口耳相授的形式,一代一代地流传着。这些神话传说,主要是氏族社会里英雄人物的故事,如精卫填海和夸父逐日等。虽然这些故事是由人们的幻想构成的,但它们是以现实生活为根据的,因而在一定程度上反映了原始人的客观现实和生活斗争的情况。在长期的生产劳动中,原始人发明和创造了许多器物,如竹弹、弓箭和车船等,又发现了五谷和药草等,懂得了建筑房屋,创制了文字。这些成果是千百万原始人长期努力的结果,而神话传说却把无数劳动人民的经验和智慧加以集中概括,创造出伏羲、神农、黄帝和仓颉等英雄人物。因此,这些有关英雄人物的故事,在一定程度上正反映了一定时期原始人生产劳作的历史真实。

下面介绍几个著名的古代神话传说故事。

女娲补天。传说远古的时候,天的四极塌下来了,洪水泛滥,大火也焚烧了起来,猛兽吞食生民,鸷鸟攫食老弱。女娲适时而出,她炼出五色石,把天补起来,又扑灭了炎火,弄干了洪水,斩断巨鳌的四足,把四极撑起来,从此人们才得以安定地生活下去。这是我国原始社会流传下来的一个最著名的有关开天辟地的神话故事,它反映了原始人对自然做斗争的历史真实和伟大的力量。

后羿射日。传说在尧的时候,十日并出,草木都烧焦了,人们没有食物吃,还有许多凶恶的妖怪残害生民。羿极善射,他引弓射下了九个太阳,并把那些妖怪也消灭了。这是原始社会后期一个为民除害的英雄神话,反映了当时人民与旱灾等自然灾害做斗争的史实。

大禹治水。传说帝尧之时,洪水滔天,鲧奉帝命治水,但是没有成功。其子禹继承父志,继续治水。他创造了疏导的方法,按地势的高低,疏导洪水归入水道,从而使人们摆脱了严重的水害,在平地上居住了下来。在治水过程中,禹不怕辛苦,长年累月在野外操劳,栉风沐雨,手和脚都长满了茧子。这个神话故事反映了原始人与水灾做斗争的历史情况。

后稷耕稼。相传,周的始祖弃从小就会整治庄稼,成人后更喜欢耕田种地。他种的稷、麦和瓜果等都长得很好,别人全模仿他的样子来种庄稼。他又会选用良种,还会把粮食加工为食品。后来尧用他为农师,舜封他于邰。他被尊为农神,号称"后稷"。

黄帝擒蚩尤。蚩尤是古代一个强大的部落联盟的首领,相传他曾带领部落成员攻打黄帝的部落。黄帝得玉女符,又命令应龙攻蚩尤,应龙准备用水来对付蚩尤。蚩尤请来了风伯、雨师,顿时风雨大作,阻止了应龙的进攻。黄帝请来了叫旱魃的天女,制止住了大雨,遂杀蚩尤。这个神话传说是我国氏族社会部落之间相互斗争的反映,也反映了原始社会的父系氏族社会阶段的男首领黄帝等人在部落之间的斗争中的英雄行为和巨大作用。

这些神话传说在今天看来无疑是十分荒诞的,但仍在一定程度上反映出真实的历史情况,同时,这些神话传说也反映出某些原始的历史观念。比如,神话传说中被歌颂的多是在与自然界的斗争中产生的英雄人物,因为这些人物身上集中了广大人民的经验和智慧,他们不怕困难,一心为公,所以他们才受到人们的颂扬。另一方面,这些英雄人物往往被神化,这正反映出当时的历史真实,也折射出原始人类的历史观念。由于生产力极为低下,限制了人们的知识水平,所以他们在与自然做斗争时显得十分无能,便创造出许多神话的英雄人物。从史学产生的渊源上说,远古的神话传说是传播历史知识最原始的形式。就这个意义而论,神话传说在史学史上是有着独特的价值和地位的。

2. 最初的历史记载

有了文字,才可能有历史记载,才可能编纂历史著作,才可能产生史学理论,因此,史学的出现是以文字的产生为其前提条件的。我国文字到底创始在什么时候,目前还不能确知。现在见到的最古老的文字是殷商后期的甲骨文。1898—1899 年,河南安阳县的小屯发现大量龟甲和兽甲的碎片,上面多刻有古代文字。经过研究,知道这是 3000 多年前殷代王室占卜的纪录,故人们称它为"甲骨卜辞"。"这是一种比较成熟的文字,在它前面必然还有一个发展过程。近些年,已发现了不少殷墟甲骨文以前的文字。如不久前在河南舞阳贾湖新石器遗址出土了有契刻符号的甲骨,它早于殷墟甲骨文4000多年。1985年,又在西安市长安县斗门镇花园村的龙山文化遗址中发现了原始时期的甲骨文,比殷墟甲骨文要早1200—1700年以上。但贾湖所出甲骨还只是契刻符号,而花园村发现的原始甲骨文也只是单体字,还不能起表述作用。"(刘重来主编《中国历史要籍介绍及选读》)因此,真正能开始片断记载史事的,还是甲骨卜辞。甲骨文虽然是卜辞而不是有意识的历史记载,但从中还是能够看到殷代的生产状况和社会制度等内容,因而具有珍贵的史料价值。目前出土的甲骨文在4万片以上,记录短的只有几个字,最多的达到100多字,其中有很多记录意思已经不能了解,但也有不少句子比较完整,可以读通。其记载的内容很广泛,有关于天象、气候的,有关于农事、田猎的,也有关于战争、祭祀的,故有相当重要的价值。从现有材料看,甲骨文已应用历法,但是记时还不够完备。如:

    壬午,王田于麦录……在五月。隹(唯)王六祀。

这条甲骨文有时间、地点、人物和事件,已初步具备记事的内容和形式,只是还显得过于简略、零碎,不够完整和丰富。

紧接甲骨文的是金文。金文是刻在青铜器上的铭辞,始于商末而流行于西周。金文铭辞的字数较甲骨文为多,一般在百字左右,也有许多长达500来字。金文有的以记事为主,如《宗周鼎》和《散氏盘》;有的以记言为主,如《大盂鼎》和《大克鼎》。金文大都反映了当时的一些历史情况,有的较详细地记载了征伐、俘获、赐臣仆和赐土田之类内容,为研究西周社会史和军事史提供了重要的历史资料。

《尚书》是我国传世最早的政治文献汇编。从汉朝起,它被列入儒家经典的"五经"之中,称为"书经",其实它只是古代的历史记载。因为它多记古代帝王的训词、公告、誓词和诰令之类内容,故后人也称它为"中国最早的记言的历史"(朱自清《经典常谈》)。《尚书》的内容有些是当代史官所记,有些是后代史官追记的。"这些辞原来似乎只是说的话,并非写出的文告,史官的记录,意在存作档案,备后来查考之用。"根据常理推测,这一类文字应该是很多的,但事实上留传下来的却很少。

传说《尚书》原有百篇,是孔子纂辑的,孔子还为它写了序,说明作意。这是缺乏根据的说法。自汉以来,《尚书》有今文、古文之分。今文是秦焚书后汉初经师保存、用当时通行的隶书书写的;古文是汉武帝时陆续发表的古本,是用"古文"即晚周民间别字体书写的。现存古文 25 篇,是伪作;今文 28 篇,其中包括《虞书》二篇、《夏书》二篇、《商书》五篇和《周书》19 篇。除《虞书》、《夏书》共四篇以及《周书》中的《洪范》等几篇是春秋战国时人根据传说旧闻,综合整理或改写而成外,其他各篇均是商、周时期的作品,是商、周两代统治者的讲话纪录和文件。

《尚书》的《商书》是殷商史官所记的誓、命、训和诰,是被收入殷先人的册典中才保存了下来,因而是研究当时历史的珍贵资料。如《盘庚》(三篇)是殷王盘庚迁都前后对世族百官、百姓和庶民讲的话。由于臣民反对迁徙,盘庚一再进行说服。"这是殷商后期重大的政治文件,对于当时生产力水平、贵族跟'畜民'的对立、统治集团内部的矛盾都有所反映。"(白寿彝《中国史学史》)《尚书》中的《周书》大多是西周初期的文献;《牧誓》是武王伐纣,至牧野誓师之词;《大诰》是周公将讨武庚,大告庶邦之词;《洛诰》是周公营成周,遣使告卜及与成王答问之词。《无逸》和《立政》等是统治集团内部论政之作,也是宗周初年的文献,其价值是不能低估的。

《诗经》是我国古代第一部诗歌总集,共收入 自西周初年至春秋中叶大约 500 多年的诗歌三百 零五篇,分为风、雅、颂三个部分。风包括十五"国风",有诗一百六十篇;雅分"大雅"、"小雅",有诗 一百零五篇;颂分"周颂"、"鲁颂"、"商颂",有诗四十篇。从语言、形式及内容等多方面来分析,大体可以确定:"周颂"全部和"大雅"的大部分是西周初年的作品;"大雅"的小部分和"小雅"的大部分是西周末年的作品;"国风"的大部分和"鲁颂"、"商颂"的全部则是东迁以后至春秋中叶的作品。《诗经》本称《诗》,汉以后才称《诗经》,是具有一定史料价值的文学作品。

《大雅》比较集中地收入了周东迁以前各个历史阶段的史诗。其中有五篇祭歌,即《生民》、《公刘》、《绵》、《皇矣》和《大明》反映周族起源、发展以至建国的情况。《生民》是歌颂周族的始祖后稷;《公刘》是歌颂公刘率领周族人民由邰迁豳的英雄事迹;《绵》是歌颂文王的祖父古公亶父率领周族由豳迁岐的事迹;《皇矣》是叙述太王、王季的德行,描写文王伐密、伐崇的战绩;《大明》是描述武王伐纣的战绩。因为受远古神话传说的影响,《诗经》歌颂英雄人物也有神化的色彩。有些篇章对史事的歌咏较为具体细致,如《嵩高》和《江汉》歌颂宣王中兴多事具其本末,这对于后世的写史无疑有深远的影响。其他如《六月》、《车攻》和《东山》等篇述封国、征伐、讲武和守猎等事,《甫田》和《良耜》等篇言农事,均有一定的史料价值。当然还应该指出,《诗经》中的一些篇章,既无具体的时间和地点,又不免对人和事有所夸张,因此只是较接近于历史现实的记叙,毕竟与真正意义上的史书有明显的不同。

还需一提的是《逸周书》。《逸周书》是与《尚书》类似的文献汇编,本称《周书》,体裁略似金文。《汉书·艺文志》著录《周书》71篇,今仅存60篇。各篇写作时间不一,内容较杂乱,但其中有些文献,如《克殷》和《商誓》等篇可能是西周的文献,反映了当时的一些历史情况。特别是《世俘》一篇,肯定是宗周初年的作品,它记叙武王伐纣及其属国的情况、当时俘获和狩猎的情况、祭祀的情况等等,均是《尚书》中所没有的内容,因而更显珍贵。

3. 最早的史官

我们在上面提到《尚书》及其他一些珍贵的史料都是当时的史官记录下来的。史官的出现是史学兴起的重要标志,也是史学得以发展的重要条件。因此,有必要对商周时期的史官情况作一概述。

我国史官建置极早。周制,王朝及诸侯各国都设有史官,名称有大史、小史、左史、右史等,分工有所不同。《汉书·艺文志》说那时君主有所举动便会有人记录下来,左史着重记君主之言,右史着重记君主所做之事。同时,他们还负责把积累的文字编成册子,保管起来。这种史官的建置是继承了殷商旧制又有所损益而逐步形成的。

我们今天所说的历史的"史",原先的意思是指史官,而不是指史书。甲骨文中有"史"和"作册"等字,金文中有"作册"、"内史"、"作册内史"和"作册尹"等字。据后人考证,这些称呼其实指的都是史官。近人王国维认为,"史"不仅是一种官职,而且是有多种职责的官职,他们不仅负责起草文件,记录某种活动,保存各类资料,而且在一些宗教活动中,还要担任一些重要的职务,即后世所谓"尧舜以降的主天事之官"。随着奴隶社会的发展,史官的职责越来越多地由主"天事"转向主"人事",也就越来越接近我们今天意义的以记载历史为主的史官了。

为什么说"史"最初不指史书而专指史官呢?历来学者多从文字结构的原意上去分析。如汉代的许慎说:"史,记事者也,从又(右手)执中;中,正也。"(《说文解字》)后人大多对这个解释持不同意见,认为"中,正也"的说法不够确切。的确,"又"是右手,而"中"、"正"则是无形之物,怎么可能用手拿呢?所以这里的"中",应该是指简册,即后世的簿书。清代学者江永说:"凡官府簿书谓之'中',故诸官言'治中'、'受中'、小司寇断庶民讼狱之'中',皆谓簿书,犹今之案卷也。此'中'字本义。故掌文书者谓之史,其字从又从中,又者,右手,以手持簿书也。"(《周礼疑义举要》)章炳麟也认为"中"即本册之类,还从字形、字音和字意三个方面对"中"作出了合乎情理的解释(见《文始》卷七)。关于"中"字的解释还有很多,在此似无必要一一介绍。

如前所说,最初的史官并不是专门从事文字记录的人,他们是奴隶社会中掌握文化、从事宗教活动和其他政治活动的积极分子,故后人亦称他们是"与神交通的人"。商周时期,"民神杂糅","家为巫史",史与巫是不分的。史官掌管着祭祀和占卜等事务,凡是战争、狩猎、卜年和王外出等事,皆由史官主持祭祀,占卜吉凶,载于简册。其职责在于沟通神与王的意志,预见天上的吉凶,把神意传达给王。这种情况,一直延续到春秋时代。清人汪中考证的结果是:在春秋时期,史官仍有"司天"、"司鬼神"、"司灾祥"和"司卜筮"等职责。到春秋后期,史官仍然兼做人与神的事情,一方面从事记事编册的工作,另一方面仍从事卜筮和星占等宗教活动。到了秦汉时期,随着社会的发展和史官人数的增多,史官的职责才逐渐转向专门记事修史,也就是今天意义上的史官。

史官的出现与其职责的发展变化,同史学的兴起和发展有着密切的关系。没有最早的史官们的努力和他们的历史活动,我们就不可能看到《尚书》和《诗经》中的珍贵的历史资料,也就不会有那些史料价值极高的甲骨文和金文,我们的历史必然会有更长的空白,那该是多么令人遗憾呀!因此,我们在回顾古代史学的发展历程时,应该向那些无名英雄致以敬意。

（二）春秋战国时的史学

春秋战国时期，"社会急遽变化，阶级斗争复杂激烈，奴隶主贵族日趋没落，地主阶级逐渐兴起。为了维护各自的利益，他们都必须汲取历史的经验教训，国有大事，互相赴告；会盟朝聘，史不绝书；褒善贬恶，直笔不隐。因此各国史官便自觉地积累了大量的档案材料，以备编纂之用"（游国恩主编《中国文学史》）。与时代的剧变相适应，文化不再为奴隶主贵族所独占，学在官府、史在官府的局面也逐渐被打破，私人讲学和修史的风气日益发展起来，原来那种官文书和诗篇的形式也发展为按年代先后连续记载的国史形式了。春秋战国时期，史学发展的步伐加快。不仅周王室有史书，如《周书》、《周志》和《周春秋》，而且各诸侯国也分别有国史，如郑有《郑志》，晋有《乘》，楚有《梼杌》和《楚书》，宋、齐、鲁、燕有《春秋》。据史书记载，墨子曾说自己见过百国《春秋》，孔子曾得"百二十国宝书"，由此可见当时史书编著的盛况。可惜这些"国史"都没有流传下来，只有鲁国的国史，经过后人的修改，有幸保留了下来，这便是《鲁春秋》，又叫《春秋经》或《春秋》。除了国史以外，还有一些史书和具有重要史料价值的其他书籍一直留存至今。

1.《春秋》：标志着史学著作的正式出现

"春秋"本来是古代记事史书的通称。因为那时朝廷多在春秋季节举行朝廷大事，故而记事史书用"春秋"作名字。各国有各国的史书，亦即各国有各国的"春秋"，可是各国春秋后世均未流传，流传下来的只有经后人修改增删的《鲁春秋》，所以"春秋"也便成了它的专名了。

据传说，《春秋》是孔子作的，孟子即有"孔子作《春秋》"的话。据说，鲁哀公十四年（前481年），孔子听说有一个猎人打死了一只独角怪兽，便前去观看。看罢，孔子流下了眼泪，感伤地说："我的主张看来不能实行了！"孔子为什么这样感叹呢？因为那独角怪兽是麟，它的出现是吉祥的象征，只有天下太平它才会来，可当时天下大乱，所以它一出现便被猎人打死了。孔子由不幸的麟想到了自己，虽然做了许多努力，却无法改变现实。因此，他的眼泪即是为麟死而落，也是为自己生不逢时、有志难酬而落。这时,他决心修撰一部《春秋》,让人们从这部书里学到为君为臣的道理。于是,孔子用了九个月的时间编成了这部史书。《春秋》记的是上起鲁隐公元年(前722年),下至哀公十四年(前481年)获麟而止,共二百四十二年的史事。每年都有记载,全书共一万八千余字。

从目前的材料分析,这部《春秋》是孔子根据《鲁春秋》旧文,"约其辞文,去其烦重"整理而成的。以《春秋》与鲁史佚文相校,"其中有袭用旧史者,有修改旧史者,有删烦就简者,有削而不采者"(白寿彝《中国史学史》)。如《春秋》僖公三十二年为"冬十有二月霣霜不杀草,李梅实",即是袭用鲁史之旧,其他例子还有很多,但这并不是说《春秋》全部都是袭用鲁史的。

孔子之所以要编订《春秋》,原因在于"春秋时,周室不振,诸侯争霸,战乱迭起,外族交侵。孔子为维护周王朝奴隶制的统治,主张尊王攘夷,正名定分,企图巩固王朝最高奴隶主政权,使'大一统'局面恢复安定。孔子这种政治主张,通过《春秋》的谨严书法,表现出来,在当时是为日趋没落的奴隶主家服务的"(游国恩主编《中国文学史》)。所以,《春秋》记事往往以周礼为准则。如吴、楚的国君自己称王,而《春秋》却贬其为子;践土之会本是周天子应晋文公之召,而《春秋》却说成"天子狩于汉阳",为其讳。这种情况很多,正反映了孔子的保守思想。

《春秋》所载,主要是鲁国奴隶主贵族的政治事件和人物活动,并涉及周王室和其他诸侯国,包括列国间访聘、会盟、战争以及各国逐君、弑君、争位、筑城等均是记录的内容。此书还记录了一些自然现象,如日食、地震、大水、大旱及其他各种怪异的自然现象。特别值得一提的是,《春秋》所记的鲁国日食,有三十次和西方科学家所推算的相合。由此可见,此书是一部较为可信的史书。

《春秋》记事语言太简单,往往仅有事目,犹如后世的新闻标题,只是片断的记录。有的每条仅有一字,如僖公三年夏六月:"雨";有的每条只有二三字,如襄公九年春:"宋灾"。最多的也只有四十五字。当然,其中也有记得简洁明白的,如僖公十六年作:

春,王正月,陨石于宋五;是月,六鹢退飞,过宋都。

仅有寥寥十余字,却叙述得错落有致,与《尚书》、金文已大不相同。

《春秋》以"属辞比事"为其编撰方法,即很注意编排史事和用字造句。全书的时间顺序很明确,《史记》说它记事"以事系日,以日系月,以月系时,以时系年",一般按年、时、月、日的顺序编排史事,日期不明时有年、时、月,月份不明时有年、时。这样就将二百四十二年的史实系统地编列了出来。另外,《春秋》对史实的记述,有详有略,有取有舍,用字亦有讲究,如记战争就有伐、侵、战、围、入、灭、救、取和败等不同的字眼。后人认为《春秋》比事属辞,寓褒贬于其中,即所谓"微言大义"。其实,《春秋》的"比事",不过是删订鲁史旧文而其属辞亦只是沿袭鲁史用词而已,所以孟子"孔子作《春秋》而乱臣贼子惧"的说法便是十分可疑的了。

总之,《春秋》是我国第一部私人撰写的史书。虽然它没有为后来的编年史建立完美的体例,但它本身却具有了编年体史书所应该具备的基本因素,它的"褒贬善恶"、"微言大义"的笔法和编年体例,对中国封建史学产生了深远的影响。

2.《左传》和《国语》

《春秋》之后,又出现了一些重要的私人撰述,《左传》和《国语》等便是这一类著作。这些著作的产生是当时思想活跃、百家争鸣的结果,标志着中国古代史学逐渐走上成熟的道路。这一类著作有的经过后人窜改,也有的是后人伪作的,还有的是后人从其他书籍中辑得的,但它们毕竟在一定程度上记录了当时的史实,有很高的历史和学术价值。

《春秋左传》简称为《左传》,汉代传说这部书是鲁国的左丘明所作。关于这位左丘明,有的人说是鲁国的君子,有的人说是孔子的门人,又有人说是鲁国的史官。从目前所存的资料看来,左丘明大概是早于孔子的一位学者。《左传》记事止于智伯灭亡,它的作者也可能是战国初年或稍后的人。左丘明是不是鲁国太史,现在已无法知道了,但他一定是一位充分掌握了春秋时代诸侯各国史料的学者。以前人们认为《左传》是《春秋》的辅助读物,所以它与《谷梁传》、《公羊传》合称为《春秋三传》。其实,《左传》与《公羊传》、《谷梁传》阐释的《春秋》微言大义不同,它并不是为解释《春秋》而作。它是独自叙述历史的一部著作。今本《左传》已不是原作,而是经过晋人杜预改编过的本子。

《左传》记载春秋时期的史实,开始于鲁隐公元年,一直到鲁哀公二十七年,共二百五十五年。最后有鲁悼公四年事一条,记智伯之亡。所记晋事最多,鲁事、楚事次之,郑事、齐事较少,而卫、宋、周等各国事则更少。从所记时间上看,《左传》与《春秋》、《国语》相差不多;但从内容上看,它却较之《春秋》更丰富,较之《国语》也更系统而详细。从体裁上看,《左传》是编年体,这与《春秋》一样,但它原来的形式,也并不全是编年体,其中也有传记体和纪事本末体。白寿彝先生在《中国史学史》中举《左传》所记晋公子重耳流亡的经历为例详细作了说明:

那是在僖公四年,重耳投奔狄人。跟随他的人有狐偃、赵衰、颠颉、魏武子、司空季子。

狄人伐廧咎如,得到他的两个女儿,一个叫叔隗,一个叫季隗。重耳以季隗为妻,生了两个儿子。重耳要到齐国去了,对季隗说:"你等我二十五年,我要不来,你再改嫁。"季隗说:"我现在已经二十五岁了,再等你二十五年,还不就死了。我一定等你。"重耳一直在狄住了十二年才离开。

重耳经过了卫国。卫文公不以礼相待。当路过五鹿时,向野人求食。野人给他个土块。重耳恼了,要鞭打他。狐偃说:"这是天给的呀!"恭恭敬敬地接受土块,放在车上。

重耳到了齐国,齐桓公给了他一个妻子,还给了他马二十乘。重耳安心地住下来了。跟随的人都不愿意,在一棵桑树下商量办法,要劝重耳离开。采桑的妇女听见了,把他们的计划告诉重耳的妻子姜氏。姜氏把这个妇人杀了,对重耳说:"你有图大事的志气,我已经把听到这件机密的人杀人。"重耳说:"没有这样的事情。"姜氏说:"你走吧,贪图安逸是没有好下场的。"姜氏跟狐偃商量好,把重耳灌醉了,打发他走。他醒了以后,很不高兴,要跟狐偃拼命。

到了曹国,曹共公招待得很没有礼貌。曹大夫僖负羁的妻子说:"我看晋公子的随从,都是可以办国家大事的人。公子一定能回到他的国内去。回国以后,他一定会受到诸侯的拥护。那时候,公子要惩罚无礼的人,曹将是第一位的。你要早点想办法。"僖负羁给重耳送了吃的,并在盘子上放了一块璧。重耳把吃的收下了,把璧退还。

重耳到了宋国,宋襄公赠给他马二十乘。

重耳到了郑国,郑文公招待得也很没有礼貌。叔儋谏他,说重耳是个很有前途的人。文公不听。

重耳到了楚国，楚子设宴招待他，说："公子如果能回到晋国，要拿什么来报答我？"重耳说："子女玉帛，你有的是。羽毛齿革，是你的土产。晋国的这些东西，都是你所剩余的，我拿什么来报答你呢？"楚子说："话虽如此，你还是要说说如何报答我。"重耳说："如果我沾你的光，可以回到晋国，晋楚两国的军队在中原相遇，我要退避三舍。如果你还不答应，我只有左手拿着鞭子，右手带着装备，在战场上跟你周旋。"楚国执政的人请把重耳杀掉。楚子不答应。他认为重耳一定会有成就，并说："天将兴之，谁能废之！违天必有大咎。"楚子派人把重耳送到秦国。

重耳到了秦国，秦伯给了他五个女子。后来秦伯设宴招待他，赵衰陪他一同去。在宴会中，重耳赋《河水》的诗篇、秦伯赋《六月》的诗篇。《六月》篇里有："王于出征，以匡王国"，"王于出征，以佐天子"的话。赵衰使重耳拜谢。赵衰说："您把辅佐天子的任务交给重耳，重耳敢不拜谢！"

《左传》把僖公四年以后重耳流亡近二十年的经历，都写在僖公二十三年。然后在"僖公二十四年正月"的下面，写了四个字："秦伯纳之。"意思是说，秦伯把重耳送到晋国去了。文章写到这里，算是把重耳流亡近二十年的生活告一段落。像这样，《左传》把近二十年的事情写在一年的下面，总不好说是编年体。它写的是重耳流亡的总过程，可以说是纪事本末体。它写的又是这个重耳的事迹，也可以说是传记体。

由这一大段文字，我们可以看出《左传》在体裁上的特点。编年体自有其长处，主要表现为时间顺序明确、清楚，但也有它的短处，即一些史实如果按年、月、日的顺序，便无法写出来。《左传》在编年体裁之中，也偶尔运用传记和纪事本末体，使编年体避短扬长，确是一个很了不起的创举。

《左传》的内容丰富多彩，它既记载了春秋列国的政治、外交和军事等各方面的活动及有关言论，又记载了天道、鬼神、灾祥、卜筮和占梦之事。总之，凡是作者认为可资劝戒的内容，无不记载。

《左传》通过叙述历史事件和人物言行，表现出明显的进步史观。首先，《左传》流露出进化的观点。作者认为，大国兼并、公室衰微、贵族沦落，是社会发展的必然结果，这是大势所趋，没有什么可以指责的。这一点较之《春秋》不忘周礼的观念确是大大地进步了。如《左传》中有这样的话：

> 社稷无常奉，君臣无常位，自古以然。故《诗》曰："高岸为谷，深谷为陵。"三后之裔，于今为庶。

《左传》还有明显的民本思想。如晋侯认为卫人逐其君太过火了，作者却记师旷的话说：

> 夫君，神之主也，民之望也。若困民之主，匮神乏祀，百姓绝望，社稷无主，将安用之？弗去何为？

又说：

> 天之爱民甚矣！岂其使一人肆于民上，以从（纵）其淫，而弃天地之性？必不然矣。

师旷的这番议论，根据人民的利害来发表政见，有明显的进步内核。

《左传》在许多方面都表现了"重人事"的思想，作者力图把天道与人事杂糅在一起，这虽然仍有局限性，但较之宣扬商周时期传统的天道观又有明显的进步。《左传》中确实还有许多有关预言的记载，它通过卜筮、星占和圆梦等手段的应验，来说明许多人世大事要受一种神秘力量的支配。如鲁昭公九年，郑国裨灶有关陈将复封，受封五十二年就亡的预言，以及魏始封为晋大夫后卜偃关于三家分晋的预言，都被史实所证明，从而宣扬了神秘的宿命观点。但是，《左传》没有停留在这一思想上，而是力图将天道与人事相糅合，努力从人事上解释历史的变化。如书中有这样的话："国将兴，听于民；将亡，听于神。"在《左传》的作者看来，神是"聪明正直而壹"的，它不是仅凭主观意志行事，而是观察国家和个人的行事如何才有所作为的。

《左传》善于描写战争，它十分注意记载战略思想以及对战役的指导作用，注意描写介绍战争的性质、敌对双方的特点、双方胜败的原因。其中有些篇章是相当著名的，如《曹刿论战》便是一篇代表作：

十年春,齐师伐我。公将战,曹刿请见。其乡人曰:"肉食者谋之,又何间焉。"刿曰:"肉食者鄙,未能远谋。"乃入见。问何以战。公曰:"衣食所安,弗敢专也,必以分人。"对曰:"小惠未遍,民弗从也。"公曰:"牺牲玉帛,弗敢加也,必以信。"对曰:"小信未孚,神弗福也。"公曰:"小大之狱,虽不能察,必以情。"对曰:"忠之属也,可以一战。战则请从。"

公与之乘,战于长勺。公将鼓之。刿曰:"未可。"齐人三鼓,刿曰:"可矣。"齐师败绩。公将驰之,刿曰:"未可。"下视其辙,登轼而望之,曰:"可矣。"遂逐其师。

既克,公问其故。对曰:"夫战,勇气也。一鼓作气,再而衰,三而竭。彼竭我盈,故克之。夫大国难测也,惧有伏焉。吾视其辙乱,望其旗靡,故逐之。"

这篇文章表现出作者对"民"的态度,说明了民心向背是战争胜负的根本因素,这是一种进步的历史观。

《左传》是一部历史名著,也是一部文学名著。从文学角度看,它是很有特色的。其一,《左传》叙事富于故事性、戏剧性,有紧张动人的情节。如写晋灵公与赵盾的斗争,其中钼麑行刺、提弥搏獒两个片断十分紧张,故事性极强。又如写晋公子重耳出亡及返国的经过,故事情节复杂曲折,而选材布局却十分恰当。其次,《左传》注意描写生动的人物形象。如对郑庄公、晋文公、赵盾和子产等人,都能写出他们在历史发展过程中所处的地位以及他们的思想特点和个性风貌。其三,《左传》很重视行文辞令之美。如写朝聘、会盟,着意刻画使者的形象和才能,特别突出了使者的辞令之美。这些辞令,首先有充分的理由,如烛之武对秦伯说的那番话:"越国以鄙远,君知其难也。焉用亡郑以陪邻? 邻之厚,君之薄也。"用势事必然之理来劝说秦伯,合情合理,秦伯不得不听。至于一般的叙事记言,《左传》行文往往言简意赅,虽寥寥数语,却常能做到曲而达、婉而有致,富于形象性。如"中军、下军争舟,舟中之指可掬也"(宣十二年)、"鲍庄子之智不如葵,葵犹能卫其足"(成十七年)等,均是很好的例子。

从史学发展的角度看,《左传》发展了《春秋》的编年体。它打破了编年体的限制,其中出现了传记体和纪事本末体的雏形。这些重大的创造,对后代史书的编纂有很深远的影响。

《国语》是一部国别史,分别记载周王朝及诸侯各国的史事,而主要是记言,故叫作《国语》。同《左传》一样,《国语》也被前人视作是《春秋》的辅助读物,所以又称为《春秋外传》,其实它并不是为《春秋》而编撰的。

《国语》编成于战国初期,全书始载西周晚年周穆王征犬戎,而以春秋末年智伯之亡为下限,大约四百年的历史。《国语》共二十一卷,内有《周语》三卷、《鲁语》二卷、《齐语》一卷、《晋语》九卷、《郑语》二卷、《楚语》二卷、《吴语》一卷、《越语》二卷。由此可见,《国语》是依"先王室而后列国、先诸夏而后蛮夷"的次序编排的,表现出尊周的思想倾向;而它不仅记了周史、鲁史,还记了齐、晋、郑、楚、吴、越等国的历史,突破了春秋列国国史的限制,把各国历史汇合到了一起,这又是一个创新。

《国语》的作者是谁?汉朝人断言为左丘明。司马迁《报任安书》说:"左丘失明,厥有《国语》。"后人认为《左传》、《国语》为同一人所作,但《国语》所记与《左传》多有重复、抵触,彼此之间又常常详略互异,这都说明《左传》与《国语》的作者绝非同一人。《国语》的作者到底是谁,现在已不可考知,但他和《左传》的作者一样,也是战国初期一个熟悉历史材料的人,则是没有疑问的。

《国语》记载了许多与重要历史事件有联系的材料。如《国语》记周厉王专制,止谤以至流亡;记宣王不籍千亩,因伐鲁料民而失众;后又记幽王荒淫亡国。这些记载,反映了宗周晚年逐步衰落的过程。同时,作者还在每条记载之后,指出这一事件的历史影响。如《晋语》记文公的霸政,指出"于是乎复霸";记平公的"惑以丧志",指出"诸侯叛晋"。另外,《国语》很注意政治上的选贤任能,如《齐语》将桓公称霸之功归于"唯能用管夷吾、宁戚、显朋、宾胥无、鲍叔牙之属而伯功立"。

《国语》记载了宗周末年以来一些重要的政治言论,也反映了某些进步思想。如祭公谏穆王征犬戎说:"先王耀德不观兵。"又说:"无勤民以远"。邵公谏厉王弭谤说:"防民之口,甚于防川。川壅而溃,伤人必多,民亦如之。是故为川者决之使导,为民者宣之使言。"这些都反映了有价值的进步思想。

《国语》以汇编各国史事为其编纂特点,所以它的时间记载多不详,也没有把各国的史事有机地组织起来，前后往往不能互相联系。因为其材料来源庞杂而又较多地保留了原有材料的形式，所以《国语》还不能算是一部规模完整的史书，这一点较之《春秋》要略逊一筹，但它的内容却比《春秋》丰富得多，思想也较为进步。

从历史文学的角度看，《国语》远不如《左传》，如同样记长勺之战，二书意同而辞异，《左传》所记简炼而生动，《国语》所记则枯槁而平庸。但是，《国语》记言也有相当出色的地方，如《晋语》记姜氏与子犯谋醉重耳一段中，重耳和子犯二人的对话十分幽默生动，而《左传》此处却过分追求简洁，反而不如《国语》。另外，《国语》里多有后人铺张之词，所以运用它的材料应慎重选取。

3. 先秦时期的其他史书

自《春秋》、《左传》和《国语》之后，在战国中叶至秦汉之际，还有多种历史撰述出现。下面对这些著作分别作些简介。

（1）《纪年》

《纪年》是晋代发现的汲冢古书之一，因为文字写在竹简上，所以又叫《竹书纪年》。《竹书纪年》的出土颇有戏剧性。西晋武帝太康二年（281年）汲郡（今河南汲县）人不（姓，音丕）准盗掘魏襄王冢，得到竹简数十车。盗墓人不认识竹简，也不知道它们的价值，便将其点燃照明以盗取宝物，使竹简损失很严重，剩下来的也多残缺零乱了。当时的学者荀勖、和峤和束晳对这些竹简作了考释，写出了释文。唐朝以后，此书及释文都亡佚了。宋元以来流传的《竹书纪年》，近人称为《今本竹书纪年》，是后人从古注、类书所引《纪年》佚文辑录而成的。近世学者另有《古本竹书纪年》辑本多种，而以朱右曾辑录、王国维校补的《古本竹书纪年辑校》为较好。解放后，范祥雍又将《辑校》校订增补，编为《古本竹书纪年辑校订补》。

《竹书纪年》是战国时魏国史书。它记事起自黄帝，下至周幽王被犬戎所灭，详记晋事，于三家分晋之后，详记魏事，止于魏襄王二十年（前299年），称魏襄王为"今王"。《缉年》记事简要如《春秋》，但其中有许多与传统说法不同的记载，颇有参考价值。如果将《纪年》所记与甲骨文、金文对照，则二者往往相合，可证经史之误。因为《纪年》提供了一些新的史料,所以它颇为研究古代史的学者所重视。

（2）《世本》

《世本》是一部有关世系的著作,是我国最早的谱牒之作。据《汉书·艺文志》著录,《世本》有十五篇,记自黄帝至战国末年的史事,并称赵王迁为"今王迁"。此书有《帝系》、《王侯谱》、《大夫谱》、《居》和《作》等篇。

尽管《世本》是一部以世系为主的著作,但它在内容上颇为广泛,不仅记录了帝王、诸侯和大夫的世系,还记载了他们的事迹以及氏姓、都邑宫室和器物制作等,是一部颇有新意的综合性史书。可惜现存佚文太零乱,已看不出原来的面貌了。清代有辑本多种,其中雷学淇的辑本较好。

（3）《战国策》

《战国策》原是战国时期各国史官记载的有关策士们游说各国诸侯的言论资料,是一部分国别、按时间顺序记事的资料汇编。它杂记东西周及秦、齐、楚、赵、魏、韩、燕、宋、卫、中山诸国之事。其时代上接春秋,下至秦并六国,约240（前460—前220）年。

《战国策》有古本、今本之分。今本33卷,基本内容是战国时代谋士说客纵横捭阖的斗争和他们的谋议、辞说,同时也反映各国政治、经济、军事和外交等方面的动态和重大事件。《战国策》的编撰者,今已不可确知,有人认为是蒯通,却没有充分的根据。大概此书并不是成于一人一时之作,而是多人合作的产物。它基本上是战国时期的作品,只有少数作品出现于秦汉之际。《战国策》原有《国策》、《短长》、《国事》、《长书》、《修书》和《事语》等名称,经西汉刘向编校,才正式定名为《战国策》。

因为出于多人之手,材料来源复杂,加之不是系统的编著而是摘抄汇编,所以《战国策》中有些内容不够可靠,其史料价值尚不及《国语》,更不如《左传》。因此有人认为,《战国策》"多浮夸不实之词,还有张冠李戴、以讹传讹等等谬误。全书没有年月记载,甚至连论说者也不详。所以,它既算不上一部完整的史书,也不能当作可信程度较高的史料"（陶懋炳《中国古代史学史略》）。当然,《战国策》毕竟也具有相当丰富的社会内容,在一定程度上反映了战国时期的历史特点,为研究这一时期的历史提供了重要的史料。司马迁修《史记》,司马光编《资治通鉴》,战国部分的资料大都取材于《战国策》。因此,它的史学价值也是不应该低估的。

比起史学价值来，《战国策》的文学价值历来受到人们的极高评价。《战国策》的特点是长于说事，无论个人陈述还是双方辩论，都喜欢渲染夸张，有很强的说服力。如苏秦说赵王、张仪说秦王等，都明白流畅，是以前的历史散文所没有达到的。《战国策》摹状物态颇能曲尽其妙，描写人物较《左传》更生动，更形象。其中如苏秦游说、冯谖焚券和荆轲刺秦王等都惟妙惟肖，栩栩如生，已具备了人物传记的规模。这对后来的人物传记有很大的影响。

《战国策》的古本为西汉刘向所编，东汉高诱曾为之作注，到北宋时已残缺不全，曾巩重新补充编订为今本，南宋姚宏、鲍彪续为校注。元代吴师道参古本、今本之注，又杂引诸书作为补正而成《战国策校注》，通行至今，1973年，长沙马王堆三号汉墓中出土了类似《战国策》的帛书，经整理，定名为《战国纵横家书》。《战国纵横家书》共27章，其中有16章不见于《战国策》，可视作是《战国策》的别本，也是关于战国时期历史的重要资料。

战国秦汉之际，还出现了《公羊传》、《谷梁传》、《山海经》及《铎氏微》、《虞氏春秋》、《穆天子传》、《越绝书》、《楚汉春秋》等许多历史著作。这些著作有的已经亡佚，有的虽有后人的辑本，却已经不是原来的面貌了。还有的尽管有一些脱遗断简，但原来面目似还未有太大的损害，如《山海经》等，则自然保存了可信和原始的材料，因而就具有了极高的史料价值。

（三）诸子百家的史论及其影响

战国时期，百家争鸣，史学也得到了发展。与当时的史书相比，诸子的史学思想要丰富得多，这是了解中国古代史学发展过程所不应该忽视的重要内容。

首先，诸子百家的著作里保留了许多远古的神话传说。尽管他们记载这些神话传说的目的是为了论证自己的观点，因而难免用自己的思想对神话传说作了改造和修饰，但毕竟有许多很有史料价值的神话传说被他们的著作保留了下来，如《韩非·五蠹》里记载的上古之世和圣王尧舜禹汤，就较符合历史真实。当然，诸子笔下的神话传说，有一些出于他们的虚构,并不可信。这一点当时就受到过一些人的批评,今天引用时应细加考辨。

其次,诸子意识到历史知识的重要性,开始在一定范围内进行历史教育,开此风气之先的是孔子。春秋末期,孔子打破了学在官府的局面,从事私人讲学,并以历史知识为教学内容之一。孔子曾说自己"信而好古"。他在对学生的教育中较重视人事,也反对宣传勇力和叛乱。《论语·述而》说:"子不语:怪、力、乱、神。"另外,孔子也看到了历史在变化,即从"天下有道"向"天下无道"变化,这是符合当时历史发展的趋势的,只是他的思想较为保守,对这种变化十分不满,希望能恢复那种"礼乐征伐自天子出"的"天下有道"的局面。值得特别肯定的是,孔子为历史教育开了新风,后来孟子、荀子等也开始对学生进行历史教育,这种情况促成了人们对历史的普遍重视,推动了史学的发展。

第三,诸子纷纷以史论政,展开了历史观点的争鸣。诸子争鸣,往往运用历史知识,针对现实,阐述自己的政治和学术见解,同时也表现出他们不同的历史观。

战国时代,社会急剧动荡,诸子虽然出身不同,立场不同,但为了解决现实问题,他们都从代表各自阶级或阶层的利益出发,纷纷提出了自己的主张。孔子希望天下由"无道"走向"有道";墨家运用吴国有盛衰、智伯的成败的历史,论述战争有害,提倡"兼爱";老庄认为人类文明是罪恶的根源,因而对社会进步持否定态度,希望社会退回到淳朴的原始社会,即所谓"复归于朴",其理想的社会是保持氏族社会状态的社会。如《老子》说:

> 国家要小,人民要少。虽然有日常使用的各种器具,但是不用;使百姓不用生命去冒险,不向远方迁徙。虽有船和车,却不乘坐;虽有兵器,却不使用。使百姓再用古代结绳的方法来记事。吃得香甜,穿得漂亮,住得舒适,过得自在,邻国相距很近,可以互相听到对方的鸡犬之声,但百姓老死也不互相来往。

这里表现出对原始社会的生活状况的深切的怀念,是一种明显的倒退的历史观。

商鞅是法家学派的代表人物。他不同于孔墨,也与老庄不同。他认为历史是不断发展的,政治应当适应历史的发展趋势。他说:"三世不同礼而王,五伯不同法而霸。智者作法,愚者制焉;贤者更礼,不肖者拘焉。""治世不一道,便国不法古。"基于这样的思想,他主张进行变法,促进秦国的富强。商鞅把历史分为上世、中世和下世,阐述了社会发展的观点,这是他提出"不法古"而进行变法的历史根据。

孟子和荀子都是孔子以后儒家学派的代表人物。孟子的历史观念中有肯定历史进化的因素,他承认远古社会是有发展的,具有古代进化论的倾向;但他对尧舜禹以后的历史持一治一乱的历史循环论的看法,所以说:"天下之生久矣,一治一乱。"他认为尧舜以后的历史是越来越糟了,所以要有人出来拯救世界,故有"五百年必有王者兴,其间必有名世者"的观点。孟子在政治历史观上却也有一些进步的思想,如他描述尧舜时期的民主选举,表现了对古代民主生活的向往。当然,他"言必称尧舜",并不是主张回到原始社会和实行愚民政策,这与老庄又有不同。荀子在天人关系的理论上,有重大突破。在荀子看来,天是物质性的存在,天本身并不能决定人的命运。《荀子·天论》说:"天行有常,不为尧存,不为桀亡。"而人事,天也不能过问。因此,荀子主张把自然和人事划分开,即"明于天、人之分"。他说:"人们对流星的坠落和树木发出的怪声都很害怕,其实这是天地阴阳的变化,不过是不常出现罢了,没有什么可害怕的。""如果人们加强农业生产,又节约开支,天就不能使人贫穷;衣食周全,又经常活动身体,天就不能使人生病。如果人们荒废农业生产而又奢侈浪费,天也不能使人富裕;衣食不足而又很少活动,天也不能使人健康。"因此荀子认为,人世的求雨仪式和卜筮等做法都是政治上的文饰,不必以为神,若是真的相信了,则必然带来灾祸。通过这一类论述,荀子得出了"治乱非天"的结论。既然认为社会的治与乱,均是由政治造成的,而与天没有关系,这就在一定程度上批判了天人感应和祥瑞灾异的宗教思想。同时,荀子认为人对于天都是可以有所作为的,他主张利用和控制自然,"制天命而用之"。荀子的这种"人定胜天"的思想是唯物主义的,对当时的思想界产生了很大的影响。荀子倡言"法后王",他的历史观有进化论的因素,但他所说的"后王",其实仍是周文王、武王。虽然在提法上,"先王"与"后王"有所不同,但他在思想上还是不能做到抛弃"先王"。

在这一点上,荀子的弟子韩非就比他前进了许多。

韩非是由儒家转入法家的代表人物,是战国时期法家思想的集大成者。韩非的进化史观和对先王史观的抛弃,在诸子中是十分突出的。他认为历史是进化的。《五蠹》中有这样一段相当著名的话:

> 上古之世,人民少而禽兽众,人民不胜禽兽虫蛇,有圣人作(出现),构木为巢,以避群害,而民悦之,使王天下,号之曰"有巢氏"。民食果蓏蚌蛤,腥臊恶臭而伤害腹胃,民多疾病,有圣人作,钻燧取火,以化腥臊,而民悦之,使王天下,号之曰"燧人氏"。中古之世,天下大水,而鲧禹决渎。近古之世,桀纣暴虐,而汤武征伐。今有构木钻燧于夏后之世者,必为鲧禹笑矣。有决渎于殷周之世者,必为汤武笑矣。然则今有美尧、舜、鲧、禹、汤、武之道于当今之世者,必为新圣笑矣。是以圣人不期修古,不法常可,论世之事,因为之备。

韩非还说过这样的话:

> 上古竞于道德,中世逐于智谋,当今争于气力。

这种将历史分为"上古"、"中古"、"近古"或"上古"、"中世"、"当今"不同阶段的分期,肯定了历史是发展变化的。这种观点在当时是难能可贵的,而对后世影响尤其深远。韩非由以上所列举的史实引出了新的结论。他强调人事要随世界的变化而变化,即所谓"世异则事异"、"事异则备变",生于当今之人,应办当今之事,要想恢复古代的落后状态是可笑的,也是做不到的。他用"守株待兔"的故事说明了这个道理:

> 宋人有耕者,田中有株(树),兔走触株,折颈而死,因释其耒(农具)而守株,冀(希望)复得兔,兔不可复得,而身为宋国笑。今欲以先王之政,治当世之民,皆守株之类也。

韩非认为每一个时代都有自己的特点,不能生搬硬套,这就批判了那种美化古人、企图恢复"先王之政"的复古思想。因为有了明确的历史进化观点,就必然能够否定先王史观。

韩非著作中以史论政的特点十分突出。他在发表政治见解的时候,总喜欢引述大量的史实,用历史人物和历史事件来为自己的观点服务。他不仅认为历史是进化的,而且还进一步分析了历史变化的原因。在他看来,古今之变是由于人口和社会财富的多少而引起的。这虽然不够准确,但他能从人们物质生活的多寡丰薄的角度来论述道德的变化,进而论述历史的变化,确实具有唯物主义的因素。总之,韩非具有突出的历史进化的观点。他提出了"异"和"变"的问题,这带有明显的进步色彩,在史学史的发展中有相当重要的意义。

邹衍是阴阳家,略晚于孟子。他讲历史往往借助于想象和虚构,所以他的学说有"闳大不经"的特点。邹衍把自天地剖判以来一直到他那个时代,按着五德始终的顺序编排起来,用以说明政权的更迭都是因为有一个先天注定的命运。他认为历史是按五德的原理循环转移的,即木胜土,金胜木,火胜金,水胜火,土胜水,这就是一个终始,也就是一个循环。其理论依据是天人合一、天人感应的天命论。因此他认为,黄帝得土德,接着的夏是木德胜土德,代夏的殷是金德胜木德,代殷的周是火德胜金德。依此推测,代周的必将是水德。用五行来解释社会现象,进行生硬的比附,这是十分荒唐的唯心主义,但在当时却很有影响。因为战国末期,七国争雄,各国国君都想知道自己国家的命运,都认为自己是水德将代周,所以邹衍的学说颇受各国国君的欢迎。

李斯是战国末年的法家。他的《谏逐客书》将历史与现实有机地结合起来,也是以史论政的名篇。在这篇文章里,他借秦国穆公、孝公、惠王和昭王四君求士用客,使秦逐渐强盛起来的历史事实,劝说秦王政取消逐客令。秦王采纳了他的建议,照旧任用各种人士,使秦的统一事业得到了进一步的发展。

战国诸子的历史观点内容丰富,既有积极的、有价值的思想,又有消极落后、不符合历史进程的因素。但是经过他们之间互相辩难和争论,史学史得到了发展,古代史学思想得到了充实和丰富。这为后人留下了宝贵的历史遗产。

汉初,将历史与现实结合起来阐述政治见解的人很多,其中的代表人物是贾谊。他对诸子百家"以史论政"有继承,有总结,有发展。因此,将他放在这里加以介绍。

贾谊(前 200 —前 168 年),是汉初杰出的政论作家。他的作品全部保存在《新书》中,共 58 篇,其中以《过秦论》、《陈政事疏》和《论积贮疏》最为著名。

《过秦论》在《新书》以及《史记》、《汉书》所收录时均为一篇,《文选》分为上中下三篇,分别论述秦始皇、二世和子婴三代的历史过失,虽有相对的独立性,但还是作为一篇显得更有气势,也更为完整。在我国史学史上,《过秦论》是第一篇结构完整、论述充分的历史论文。它写作的目的,不是为秦王朝唱挽歌,而是为汉王朝提供历史教训,提醒统治者不要重蹈亡秦的覆辙。因此,贾谊指出:

> 君子为国,观之上古,验之当世,参以人事,察盛衰之理,审权势之宜。

在《过秦论》的开始,贾谊并没有单刀直入地指出秦始皇的过失,而是先肯定了秦的统一结束了分裂战乱的局面,得到了广大人民的拥护。他说:

> 秦孝公据崤函之固,拥雍州之地,君臣固守以窥周室,有席卷天下,包举宇内,囊括四海之意,并吞八荒之心。……及至始皇,奋六世之余烈,振长策而御宇内,吞二周而亡诸侯,履至尊而制六合,执敲朴而鞭笞天下,威振四海。

贾谊接着又指出,秦始皇虽然建立了亘古未有的赫赫战功,成就了统一大业,但他在这种情况下却采取了一系列强化思想和军事统治的措施:"废先王之道,焚百家之言,以愚黔首;堕名城,杀豪杰;收天下之兵,聚之咸阳,销锋镝,铸以为金人十二,以弱天下之民。"这些措施违反了人民的意志,也违反了历史潮流,结果不出几年,陈涉"斩木为兵,揭竿为旗,天下云集而响应,赢粮而景从,山东豪俊并起而亡秦族矣"。为什么颇有威力的强秦会败在各方面均不如六国的陈涉等人手里呢? 贾谊认为其根本原因在于:"仁义不施,攻守之势异也。"在贾谊看来,六国统一之前,秦处于攻势,只能借助于武力才能完成统一大业;而统一之后,秦便自然转向守势,只靠武力和强权根本就不行了。这时正确的方针应该是施行仁政,以取人心,如果民心一失,无论多么强大的政权也难免覆灭的命运。

贾谊在论史之中寓论政,其出发点还是希望汉文帝能在自己的统治中,广施仁义,争取民心,不要以为天下已定可以高枕无忧了。如果像秦始皇那样"不亲士民",像秦二世那样不"轻赋少事,以佐百姓之急",反而严刑重赋,苛剥百姓,像子婴那样不"安土息民"以至"百姓怨望而海内畔",那么,汉王朝的统治也就不会长久。

《过秦论》在文字上十分重视修饰,感情强烈,又善于铺张渲染,好用比喻,文风纵横恣肆,颇有战国纵横家的遗风。

除《过秦论》以外,贾谊的其他许多政论文也往往能巧妙地运用历史知识,在对历史的分析中,总结国家兴亡的规律,为汉初的政治改革提供历史根据。

贾谊之外,汉初政论作家还有陆贾、贾山、晁错、邹阳和枚乘,他们的文章也有一定的历史价值。

二　古代史学的发展时期

——两汉至唐初

　　两汉是中国历史上强大的王朝。随着统一的中央集权的专制政权趋向巩固,封建的政治与文化逐渐发展起来,史学也有了长足的进步,尤其是产生了《史记》、《汉书》这两部杰出的历史巨著,为我国史学奠定了坚实的基础,在史书体裁上确立了纪传体的体例。从此以后,纪传体与编年体并行于世,成为我国史学著作的两种主要体裁。继之又产生了一些价值很高的史书,如《三国志》、《后汉书》,前人将其与《史记》、《汉书》合称为"前四史"。在魏晋南北朝到唐初这一阶段,代代续修和官府设馆撰修纪传体正史已逐渐形成一种风习和制度。在体例上,纪传体正史已逐渐形成了一定的格局,出现了多种"正史"著作。在隋唐以前,史书的官修与私修同时存在,修史往往不能完全符合统治阶级的需要。随着封建专制主义中央集权的进一步加强,统治者对史学越来越重视,至唐初确立了史馆修史的制度。与此相适应,纪传体正史在史坛上逐渐趋于独尊的地位。值得特别注意的是,在唐代出现了我国第一部史学理论的专著——《史通》。它对唐以前的史学作了认真的回顾与总结,提出了许多有价值的理论思想,对我国史学的发展有重要的意义。刘重来主编的《中国历史要籍介绍及选读》这样评价《史通》的意义:"虽然在魏晋南北朝时期,我国史学已发展成为一门独立的学科,然而作为一门科学,还必须具有自己的理论体系。从这个意义上说,我国古代史学到了《史通》产生,才发展成具有真正意义的史学。"总的看,这个评价是比较恰当的。

（一）《史记》：史家之绝唱

1.《史记》的作者

《史记》是我国第一部纪传体通史，原名《太史公书》、《太史公记》或《太史记》，其作者是西汉时人司马迁。

司马迁（前145—前87年?）字子长，夏阳（今陕西韩城）人。其父司马谈是一位有学问的史学家，他曾"学天官于唐都，受易于杨何，习道论于黄子"。他又欲综合诸家，为文"论六家要旨"，批评了儒、墨、名、法和阴阳五家，而完全肯定地赞扬了道家。当然，司马谈所推崇的道术已不是老、庄原貌，而是汉初所行的黄老之术，其中带有应时变革的辩证法思想。同时，他虽批评了儒家，却并不鄙薄儒术，反而非常推崇周、孔。这些思想无疑给司马迁后来为先秦诸子作传以良好的启示，对司马迁的思想及治学态度也带来了良好而深刻的影响。

司马迁原来一直在家乡生活，只是帮别人耕耕田，放放牛，做些农业劳动。汉武帝即位后，司马谈作了太史令，移家长安，司马迁随父到长安。司马迁在来长安前即开始学习当时通行的隶书，到长安后便开始学习古文，并向儒学大师董仲舒学习公羊派《春秋》，向孔安国学习古文《尚书》。二十岁时，司马迁开始了漫游生活，他的足迹遍及了半个中国。他在《史记·太史公自序》里说：

> 二十而南游江淮，上会稽，探禹穴，窥九疑，浮于沅湘；北涉汶泗，讲业齐鲁之都，观孔子之遗风，乡射邹峄，厄困鄱薛彭城，过梁楚以归。

司马迁所经之处，考察古迹，访问遗老，采集传说，开拓了胸襟和眼界，丰富了历史知识和生活经验。他漫游归来以后，应试得高第，作了郎中，又奉使命"西征巴蜀以南，南略邛、笮、昆明"。元封元年（前110年），司马迁完成使命回到长安，正赶上汉武帝要东巡，封禅泰山。封禅泰山，在那个时代被看作是千载难逢的盛典，满朝文武都想参加，司马谈也不例外,何况他是史官,更应该参加这次活动。可是实在不巧,当时司马谈病得很重,不可能去参加封禅泰山的大典。他又急又气,生命危在旦夕。司马迁闻讯忙去看望父亲,司马谈拉着司马迁的手,呜咽着说道:

> 余先周室之太史也。自上世尝显功名于虞夏,典天官事。后世中衰,绝于予乎?汝复为太史,则续吾祖矣。今天子接千岁之统,封泰山,而余不得从行,是命也夫,命也夫!余死,汝必为太史;为太史,无忘吾所欲论著矣。且夫孝始于事亲,中于事君,终于立身。扬名于后世,以显父母,以孝之大者。夫天下称诵周公,言其能论歌文武之德,宣周召之风,达太王王季之思虑,爰及公刘,以尊后稷也。幽厉之后,王道缺,礼乐衰,孔子修旧起废,论《诗》、《书》,作《春秋》则学者至今则之。自获麟以来四百有余岁,而诸侯相兼,史记放绝。今汉兴,海内一统,明主贤君忠臣死义之士,余为太史而弗载,废天下之史文,余甚惧焉,汝其念哉!

听了父亲这一段话,司马迁说:

> 小子不敏,请悉论先人所次旧闻,弗敢阙。

三年以后,司马迁被任命为太史令。他深知肩负的重任,因而"绝宾客之知,亡室家之业,日夜思竭其不肖之才力,一心营职以求亲媚于主上"。他利用职务之便,阅读了许多史籍和别的藏书,开始了历史资料的收集整理工作。当时沿用的秦《颛顼历》,差错很多,甚至"朔晦互见,弦望满亏"。在司马迁的主持下,数十位历法专家制定了一部以正月为岁首的新历,因为这一年改元太初,故名之为《太初历》,即通行后世的"夏历"。司马迁做完了这件工作,便正式开始写作他的不朽之作《史记》。这一年司马迁四十一岁。

正当司马迁以极大的热情从事《史记》撰述的时候,一个巨大的不幸犹如阴影一样向他袭来。事情的原委是这样的:天汉二年(前99年),李陵奉贰师将军李广利的命令,带了五千士兵出塞迎击匈奴,结果为匈奴所包围。后来弹尽粮绝,又不见救兵,李陵被迫投降了。在汉武帝询问有关情况时，司马迁为其作了辩解，武帝听后十分生气，他认为司马迁是为李陵开脱罪责，而且有批评自己亲自选派的元帅李广利的意思。便令人将司马迁抓起来，关在狱中。按当时的法律，司马迁可以用钱来赎自己的"罪"，可是因为他平日敢于直言，得罪了权贵，加之家境贫穷，结果"财赂不足以自赎，交游莫救，左右亲近不为一言"，所以他在天汉三年(前98年)下"蚕室"，受了"腐刑"。这是对司马迁极大的凌辱和摧残。他真想一死了之。但他想到父亲的遗志还没有实现，自己的著作还没有完成，他又想到先圣先贤的所作所为："西伯拘而演《周易》，仲尼厄而作《春秋》，屈原放逐，乃赋《离骚》，左丘失明，厥有《国语》。"于是，他决心忍受极大的痛苦以完成自己的历史使命。受刑后不久，司马迁被任命为中书令。但他对这个颇受宠信的官职没有兴趣，而是一心写作自己的历史著作，终于在太始四年(前93年)基本完成了《史记》。从此以后，司马迁的事迹便不可考了。有人认为他因在《报任安书》中发泄了对武帝的怨愤而被处死了，但学术界对此还没有一致的看法。《史记》后来由司马迁的外孙杨恽流传出来。

2.《史记》是怎样一部书?

《史记》是我国历史学上一部具有划时代意义的伟大著作。司马迁本着"究天人之际，通古今之变，成一家之言"的愿望，先后用了十九年时间，写作了这部体系完整、内容丰富的史学杰作。《史记》的记事，上自黄帝，下至武帝太初(前104年—前101年)年间，全面地叙述了我国上古至汉初三千年来的政治、经济和文化等方面的历史发展，是我国古代历史的伟大总结。

《史记》的史料相当丰富而又可信，其来源大体有这几个方面①：

其一，书籍及档案。汉初，孝文帝开始搜求前代遗书，武帝更广开献书之路，"百年之间，天下遗文古事，靡不毕集"，司马迁居藏书之地，所以能够尽情地遍览群书。宋人郑樵断言司马迁写作《史记》时仅参考了七八种书，这是没有根据的臆测。据今人卢南齐先生的考证，《史记》取材来源多至八十一种书。凡是汉代以前的古书，《史记》几乎无所不采。经

---

① 这里参用了多种史学史著作，特别是柴德赓《史籍举要》的观点和材料。

书、史书和文学作品等都是他写作《史记》的材料来源。这在《史记》的许多篇章里多有说明。如司马迁说："余读《谍记》，黄帝以来皆有年数……于是以《五帝系谍》、《尚书》集世纪黄帝以来讫共和为世表"（《三代世表》）；"吾读管氏《牧民》、《山高》、《乘马》、《轻重》、《九府》及《晏子春秋》"（《管晏列传》）；"余读《司马兵法》，宏廓深远，虽三代征伐，未能竟其义"（《司马穰苴列传》）；"予观《春秋》、《国语》"（《五帝本纪》）；"余读《离骚》、《天问》、《招魂》、《哀郢》"（《屈原贾生列传》）。这些记载说明，司马迁是在广泛收集阅读了当时所能见到的大量书籍资料的基础上从事《史记》的写作的。同时，因为司马氏历代为史官，司马迁又曾任过太史公，所以他能看到当时一般人不可能见到的国家档案材料，如诏令、记功册之类，并可以用为资料来充实《史记》。这在《史记》中也有证明。如《惠景间侯者年表》中说："太史公读列封至便侯"；《高祖功臣侯者年表》中说："余读高祖侯功臣，察其首封，所失之者。"

其二，见闻与游历。对司马迁来说，秦汉史事是近现代史，这一阶段的历史记载往往靠他的见闻加以补充、订正。这在《史记》中也多有说明。如司马迁说："吾闻之周生曰：'舜目盖重瞳子'，又闻项羽亦重瞳子"（《项羽本纪》）；"吾闻冯王孙曰：'赵王迁，其母倡也……'"（《赵世家》）；"公孙季功、董生与夏无且游，具知其事，为余道之如是"（《刺客列传》）。有些人物还是司马迁见过的，更有与他友善的。如《李将军列传》说："吾睹李将军悛悛如鄙人，口不能道辞"；《游侠列传》说："吾视郭解，状貌不及中人，言语不足采者。"又如《张释之冯唐列传》说唐子冯遂"字王孙，亦奇士，与余善"。这些从见闻和交游中得来的材料是相当珍贵的，它们使《史记》的材料来源显得更加丰富广泛。另外，游历也是司马迁获得资料的一个重要途径。他足迹很广，所到之处，访查古代遗迹，收集历史逸闻，这对写作《史记》无疑是很有益处的。

《史记》不仅材料丰富，而且对史料的选择，对史实的考订都十分严谨，尽量不取荒诞浮夸之说。如《五帝本纪》不取关于黄帝的怪异传说，而明言"黄帝崩，葬桥山"；《燕世家》和《刺客列传》都不记载燕太子丹自秦亡归时"天雨粟、马生角"的怪异之说。这说明司马迁写作《史记》是抱着一种严谨和审慎的态度的，从而保证了《史记》的材料具有较高的可信性和可靠性。

资料的丰富和可靠固然是《史记》的突出特点之一，但仅此还不可能成为一部不朽的伟大著作，《史记》之所以能成为一部杰作，还得力于司马迁卓越的史才和具有创造性的编纂方法。《史记·太史公自序》总述全书的内容时这样说：

> 略推三代，录秦汉，上记轩辕，下至于兹，著十二本纪，既科条之矣。并时异世，年差不明，作十表。礼乐损益，律历改易，兵权、山川、鬼神、天人之际，承敝通变，作八书。二十八宿环北辰，三十辐共一毂，运行无穷，辅拂股肱之臣配焉，忠信行道，以奉主上，作三十世家。扶义俶傥，不令己失时，立功名于天下，作七十列传。凡百三十篇，五十二万六千五百字。

这里所说的"本纪"、"表"、"书"、"世家"和"列传"五种体裁，是司马迁在前人学术成果基础上新的创造。《史记》采择以往各体史书之长，首创出一部体例全新的以本纪为纲的综合体史书，后世将其列为通史纪传体，更准确的说法应该是通史纪传表志体。《史记》涉及的内容很多，人物复杂，似乎太分散、零碎了，实际上正是通过这五种不同的体例和它们之间的相互配合和补充构成了完整的体系，形成了纵横贯通的严谨的结构。

本纪，共十二篇，是用编年的形式，记历代"王迹"盛衰的大事。本纪可以分成两类。一类如《夏本纪》《殷本纪》和《周本纪》，是以朝代为主的；一类如《高祖本纪》是以帝王为主的。十二本纪包括五帝、夏、殷、周、秦、始皇、项羽、高帝、吕后、孝文、孝景和今上（武帝）本纪。其中汉朝共五篇，体现了详今略古的精神。值得注意的是，项羽虽然不是帝王，但仍列本纪，这一点受到后代一些历史学家的批评，其实这正表现了司马迁独特的历史眼光。因为在秦亡之后，项羽"封王侯，政由羽出，号为霸王，位虽不终，近古以来未尝有也"，即当时项羽是支配全国、驾驭全局的人物，所以司马迁不以成败论英雄，而从实际出发专列《项羽本纪》，将楚汉战争时期的大事尽收于此。不过，《史记》列《秦本纪》却不够合适，因为秦在统一六国之前只是诸侯国中的一个，所以不应列本纪，列世家才是符合实际的。

表，共十篇，是各个历史时期的简单的大事记。它是全书叙事的联络和列传的补充。表是仿谱牒之类又加以革新而成的。十表大体可以分为两类。一类是大事年表,如《十二诸侯年表》《六国年表》和《秦楚之际月表》,"年经事纬,纵横互订",有重要的参考价值。另一类是人物的年表。司马迁把一些并无重要事迹的侯者、将相置于表内,节省了篇幅;同时,如果对有些人物作传则太繁琐,如果不记则又可能使有些史实被埋没,故用表载之。如《汉兴以来诸侯王年表》和《汉兴以来将相名臣年表》等便是这一类表。这些人物入表而不列专传,既使全书眉目清楚,又表现了司马迁的真知灼见,较之后代"正史"用许多篇幅为那些庸碌无能的高官显宦作传确实高明得多。

书,共八篇,有《律书》和《天官书》等。它们分别叙述典章制度、天文、历法、水利、经济、文化和艺术等方面的发展与现状,与后世的专门科学史相近。"书"的设立,是《史记》的一个创造,后来班固修《汉书》,改书为志。志和书的内容一样,只是《汉书》的志比《史记》的书更为详密,历代史书沿而不改。唐朝杜佑撰《通志》,又把志发展成为书志体的专门著作。

世家,共三十篇,是本纪的雏形,用编年和传记的形式,记述围绕帝王的诸侯和贵族的历史。在三十世家里,先秦占十七篇,列国十六篇而孔子亦称世家,是因为汉武帝时独崇儒术,司马迁也十分景仰孔子。汉以后有《陈涉世家》,表现了司马迁对农民起义的高度评价。其他为汉初宗室如楚元王刘交、齐悼惠王刘肥及功臣封侯的矫矫者,如萧何、曹参等人均入《世家》。所谓"世家",是开国承家、子孙世袭的意思。汉初几度削藩,诸侯王渐渐失去权势,世家也就没有什么意义了,所以班固修《汉书》便不再立世家。

列传,共七十篇,记述了各种不同类型、不同阶层的人物,少数列传则是叙述国外和国内少数民族君长统治的历史。有人认为"列传"是司马迁的一种创新,其实这种说法不够准确,古书中凡是记事、立论和解经的著作本来都称作"传",但这种"传"并不专记一个人的事迹。"其专记一人为一传者,则自迁始"(赵翼《廿二史札记》)。从《史记》全书的编排看,以本纪为纲,即以王朝或帝王为中心,列传只是本纪的传注和补充。

《史记》的列传有两大类,一类是"人物传记",一类是所谓"四夷传"。第一类又可以分成三种。其一是"专传",一人一传叫专传,如《淮阴侯列传》、《李将军列传》及伍子胥、苏秦、吕不韦等人的传记;其二是"合传",两个人或几个人合为一传,如《郦生陆贾列传》和《廉颇蔺相如列传》等,写在合传里的人物,生活的时代大致相同,或者其行事有所关联;其三是"类传",即聚同类者为传,如《刺客列传》列曹沫、专诸、豫让、聂政和荆轲等五人,《循吏列传》列孙叔敖等五人,其他如《游侠列传》和《酷吏列传》等均是如此。第二类是对外国或国内少数民族的记载,如《匈奴列传》和《西南夷列传》等是边疆民族史,《大宛列传》又兼括当时中央诸国史,都是极有学术价值和史料价值的记载。

《史记》创纪传表志体,是我国古代史学编纂的伟大变革。它的五种体例虽各具一定的形式,各有一定的分工,但又有内在的联系,因而显得并不呆板僵化。本纪虽是编年体,但写人同人物传记一样;表的形式十分灵活,根据内容而有所变化;世家既是编年,又是传记;列传不仅有人物传记还有类传。因此,全书虽分为五体,实际上是一个整体,它们共同组成了《史记》这一部伟大的历史著作。

3.《史记》所表现的历史思想

《史记》所蕴含的思想十分丰富,它充满了可贵的科学性和人民性。司马迁虽然接受了儒家的思想,但他并没有把儒家思想放在独尊的地位,他还接受了各家之说尤其是道家的思想。他亲眼看到当时统治阶级的残暴和腐败,理解人民所遭受的痛苦,同情人民的起义,思想中有唯物主义和批判精神。这一点常常受到保守学者的指责,如《汉书·司马迁传》这样指责司马迁:

> 是非颇谬于圣人:论大道则先黄老而后六经,序游侠则退处士而进奸雄,述货殖则崇势利而羞贱贫,此其所以蔽也。

《汉书》想用儒家的标准来衡量司马迁,所以对司马迁颇多不满。这却正好从反面说明司马迁比一般封建文人站得更高。从保守学者的这种指责中,我们正可以看出司马迁思想的进步性。

首先,司马迁提出了"究天人之际"的主张。所谓"究天人之际",就是探究"天"与人的分合关系。通过《史记》这部大书,司马迁阐明了他对

"天人"关系的新的见解。司马迁在天文历算方面有很深的造诣,他曾任太史令,兼管天官之事。他在一定程度上认识到天是能够运动发展的自然物,在一定程度上能把自然现象、自然规律和神秘迷信区别开来。《史记·天官书》虽然表现出他受"天人感应"说一定的影响,但仍闪烁出无神论的光彩。在许多地方,司马迁否定了天象主人事吉凶的说法,同时阐述了不能听天由命的思想。通过对历史的描述,司马迁表明了事在人为的观念。他写夏、商、周三代之兴都是修德的结果,三代之亡都是暴虐失"德"造成的后果;写楚汉成败,主要写刘邦战略正确,项羽不会用人。在司马迁的笔下,"天"实际就是指天下时势和个人际遇,并没有什么神秘色彩。

对所谓的"天道",司马迁抱着一种怀疑的态度。他认为上天不一定能真的赏功罚祸、劝善惩恶。他在《伯夷列传》中对所谓福善祸淫之说提出了指责:

> 或曰:"天道无亲,常与善人。"若伯夷、叔齐,可谓善人者非耶?积仁洁行如此而饿死。且七十子之徒,仲尼独荐颜渊为好学,然回也屡空,糟糠不厌,而卒蚤夭。天之报施善人,其何如哉?盗跖日杀不辜,肝人之肉,暴戾恣睢,聚党数千人,横行天下,竟以寿终,是遵何德哉?此其尤大彰明较著者也。若至近世,操行不轨,专犯忌讳,而终身逸乐富贵,累世不绝;或择地而蹈之,时然后出言,行不由径,非公正不发愤,而遇祸灾者,不可胜数也。

是啊,如果说天道能够赏善,那为什么有人品行端正,却多遭厄运,不能有善终?如果说天道能够罚恶,那为什么有人作恶多端却逍遥自在,无灾无难?这些议论可谓痛快淋漓,闪烁着真理的光彩。"在阴阳灾异之说风靡之际,这种卓越识见宛如在黑暗里出现的熊熊篝火,让人们见到真理的光辉。"(陶懋炳《中国古代史学史略》)

其次,司马迁还提出要"通古今之变"。所谓"通古今之变",就是要弄清历史变化的规律,这与当时流行的"天不变道亦不变"的观点是对立的。它包含着历史进化的思想因素。

《史记》按照古今历史的变化情况,把历史发展划分为五帝时期、夏商周三代时期、春秋战国时期、秦楚之际和楚汉相争、汉兴七十年和汉武帝时期。司马迁对历史的分期，基本符合历史发展的实际情况。由此我们可以清晰地看到"古今之变"的大势：由原始社会末期（五帝时期）进入奴隶制时代（夏、商、周时期），又由奴隶制向封建制过渡（春秋战国时期），继而进入封建制确立的时代（秦汉之际）。汉初至武帝时期，封建制已经形成，国家空前统一，是一个有特殊意义的历史阶段。

司马迁"通古今之变"的方法是"综其终始"，"原始察终，见盛观衰"，其中包含着辩证法的因素。"综其终始"和"原始察终"是注意考察历史事件和现象的起因、经过和结果；"见盛观衰"则是注意历史的转折，如《平准书》写汉初由盛转衰就是一个著名的例子，它鲜明地表现出司马迁能于盛中观衰、察见危机的历史眼光和朴素的辩证法思想。司马迁"通古今之变"的目的是回顾历史，以史为镜，在总结历史的经验中推动历史的进步。

第三，司马迁又提出要"成一家之言"。事实上，他的《史记》也确实是"一家之言"，其中包含着超出同时甚至后代封建文人思想高度的所谓异端倾向。他也因此而受到后世正统的封建文人的指责。这方面的内容十分丰富，这里只能略举几项：

一是司马迁认为民心向背关系着政治的成败。他写秦汉之际的历史，认为秦朝过于暴虐，失去了民心，因而"天下不听"，以至于垮台。陈涉被司马迁看作是一位开辟历史新时代的人物。对他的兴败，司马迁也是从人心向背着眼。《陈涉世家》写陈涉能揭竿而起是因为人民拥护他，"天下云集响应"，而陈涉之失败也是因为他脱离群众，众人"不亲附"。司马迁在记叙了陈涉被害之后，又追叙陈涉称王后与"故人"疏远的小故事，曲折地写出了陈涉仅六个月就失败的原因在于众叛亲离，失去民心。司马迁说，项羽为人粗暴，破章邯，威慑诸将，至新安，"夜击坑秦卒二十余万人新安城南"。他入关中，"引兵西，屠咸阳，杀降王子婴，烧秦宫室，火三月不灭。收其宝货、妇女而东"，最后导致"天下多怨"、"实失天下心"，难免失败。司马迁评论道："身死东城，尚不觉悟，而不自责，过矣！乃引'天亡我，非用兵之罪也'，岂不谬哉！"而《高祖本纪》记刘邦破武关后，约束部伍，不得随意劫掠，因而颇得秦人之心，遂大破秦军；入关中后，又约法三章，百姓十分高兴，都拥护他，所以兴汉。"不嗜杀人者能一之"，"得民者昌，失民者亡"，这是司马迁历史思想中一个重要的观点。

二是《史记》中有许多反映现实、批评现实的"忤时"之论。司马迁对汉武帝专制独行、用人唯亲等提出了批评和嘲讽，这在当时是十分大胆的。如在《酷吏列传》里，他评论一个酷吏时说："其好杀伐行威，不受人如此。天子闻之，以为能，迁为中尉。"说武帝以喜杀人为有才能，讽刺之意自在言外。又如在《平准书》里，司马迁将汉武帝的所作所为与亡秦相提并论，胆量实在非同一般，表现出他反对君主专制的倾向。另外，《史记》在一定程度上反映了当时社会的真实情况，如《平准书》说地方上的寓民"武断于乡曲"，公卿大夫"争于奢侈"，而农民却"力耕不足粮饷，女子纺绩不足衣服"，这些内容反映了汉武帝"盛世"下掩盖着的阶级矛盾。正因为如此，后世有人认为《史记》是一部"谤史"。卫宏的《汉旧仪注》说："司马迁极言景帝与武帝之短，武帝怒而削之。"后来王允要杀蔡邕，蔡邕请求免死以完成汉史的写作，王允以司马迁为例说，当时汉武帝未杀司马迁，才留下了一部谤书，他可不能再犯同样的错误。由此可见，《史记》中对社会的阴暗面所作揭露与鞭挞以及对君主专制制度的抨击，都是后世封建文人所不能接受的。这也正表现出《史记》的进步性。

三是司马迁非常重视人们的经济生活和物质欲望，并认为那种追求物质的欲望是合理的。所以，他说："富者，人之情性，所不学而俱欲者也。"他还运用"天下熙熙，皆为利来；天下攘攘，皆为利往"的谚语来说明人人求利的社会现实，继而指出："夫千乘之家，万家之侯，百室之君，尚犹患贫，而况匹夫编户之民乎？"从而他表达了为平民争取谋生求利之权的主张，同时也抨击了与民争利的垄断政策。在对工商业的态度上，司马迁也与时人有不同的看法。他在《货殖列传》里描写了汉初工商业发展的情况，这种发展对推动社会经济是有益的。他指出："用贫求富，农不如工，工不如商，刺绣文不如倚市门，此言末业，贫者之资也。"这和汉初重农抑商、强本抑末的政策，有很大的不同。同时，他在《货殖列传》里还为商贾立传，表现了重工商的倾向。司马迁还认为，工商业的发展是历史发展的必然结果，出现了新的问题，不能采取抑制工商业的政策，而应采取其他有效的办法。这些思想无疑是正确的，在当时具有一定的进步意义。

四是对历史人物的评价，司马迁力求实事求是，不求全责备，也不以成败论英雄。如《史记》不仅详细记载了陈涉起义的经过，而且把陈涉的功绩与商汤伐桀、周武王伐纣和孔子作《春秋》提到同等高度,认为汉灭秦是"由涉首事也",并将陈涉列入世家,与历代侯王勋臣同列。这一点颇为后代封建文人所不满。如刘知几在《史通·世家》里说:"陈涉起自群盗,称王六月而死,子孙不嗣,社稷靡闻,无世可传,无家可宅,而以世家为称,岂当然乎?"由此可以看出司马迁见识的高明之处。《史记》论曹参多有贬词,如"攻城野战之功,所以能多若此者,以与淮阴侯俱。及信已灭,而列侯成功,惟独参擅其名"。但下文又实事求是地评价道:"参为汉相国,清静极言合道。然百姓离秦之酷后,参与休息无为,故天下俱称其美矣。"《史记》所载人物颇多,仅见于列传的已有二百人,本纪、世家基本也是人物。一方面,司马迁常常在叙述历史事件和人物关系时,表明自己对人物的褒贬;另一方面,他又在每篇之后加一赞语,以"太史公曰"四字为发端,给予正面评论,对许多人物的评价均见于此。从《史记》中对人物的评论来看,司马迁对历史人物的是非功过是较为清楚的,评价也大体能做到实事求是,总的看是较为准确的。

正因为《史记》中蕴含着丰富的进步思想,所以它总是遭到正统学者和达官贵人的种种非议,说它是"大敝伤道"者有之,说它是"谤书"者有之,但这一切不仅无损于《史记》的价值,反而使它显得更加难能可贵。

当然,作为一部史学巨著,《史记》也难免存在着一些缺点和错误。比如,对有些重要人物记载过于简略,如墨派的创始人墨翟,仅在《孟子苟卿列传》中附记了二十多字;弄错了一些人物和史事,如把公元前三世纪初的苏秦,移到了公元前四世纪末,并颠倒了苏秦、张仪登上政治舞台的时间顺序,近年出土的马王堆汉墓帛书《战国纵横家书》证实了司马迁的错误。这些缺点和不足对一部大书来说是难以避免的,白璧微瑕,并不影响《史记》的价值。

4.《史记》:一部文学名著

《史记》不但是一部杰出的史学巨著,也是一部优秀的文学名著。

《史记》是一部以人物为中心来反映历史的著作,因而,人物的真实性与鲜明性就成了全书成败的关键,这一点是司马迁特别注意的,而且获得了成功。事实上,《史记》以擅长描写人物而著称,它一篇篇脍炙人口的传记文学,塑造了各式各样的人物形象,提供了许多成功的艺术经验。

首先,《史记》描写人物,绘形传神,读之使人如见其人,虽记载了数百个人物,但无雷同。比如,《李将军列传》写出了李广勇敢、机智和爱护士兵等品质,塑造了一个真实可信的形象,如李广出猎,"见草中石,以为虎而射之,中石没镞。视之,石也。因复更射之,终不能复入石矣"。写得合情合理而又形象逼真。《万石张叔列传》写汉朝景、武时期的大臣,个个"谨慎"异常,如石庆虽身为太仆,但谨小慎微得可笑,当武帝问他驾车有几匹马时,他本来可以随口就回答上来,却要举起马鞭把马再数一遍,才敢回答:"六马"。这就传神地写出了当时官吏的"谨慎"和武帝的"威严"。

其次,《史记》注意调动一切文学手段来表现各种不同的历史人物。主要表现在以下几个方面:

一是极为注意环境与气氛的烘托,即把人物放在一定的背景上去描写。如《项羽本纪》把项羽破秦放在当时一个非常严重的时刻去写,从而突出了项羽的功绩;《平原君虞卿列传》把平原君放在邯郸被围的背景上去写,从而突出了他的利令智昏和庸碌无能。这种写作方法,不是司马迁随手拈来的,而是出于他创造纪传体史书的需要。既然要"藉人以存史",则自然要在描写人物的同时,写出当时的历史环境,同时,这些历史环境与场面也就是塑造人物所需要的背景。《史记》中的人物之所以往往着墨不多而形象特别鲜明,与这种借助环境与气氛的烘托手法有着密切的联系。

二是在事物的发展和矛盾冲突中塑造人物。如《李斯列传》具体地描写李斯在秦始皇死后谋立胡亥的事件中一步步下水,怎样和赵高同流合污以谋取高官,最后又怎样被赵高杀害的全过程,从而在事物的发展中把李斯这个人物写活了。又如《廉颇蔺相如列传》,正是在矛盾的冲突和斗争中,写出了蔺相如和廉颇这样的典型人物。他们的性格特征,也是在矛盾的冲突与斗争中才得到了揭示和表现。

三是注意细节和心理描写,以突出人物的性格。如《李斯列传》写李斯"年少时为郡小吏,见吏舍厕中鼠食不洁,近人犬,数惊恐之。斯入仓,观仓中鼠食积粟,居大庑之下,不见人犬之忧。于是李斯乃叹曰:'人之贤不肖,譬如鼠矣,在所自处耳!'乃从荀卿学帝王之术。"这虽然仅仅是李斯少时的潜意识,但与李斯的为人、志节和一生的道路有某种紧密的联系,所以司马迁照录不遗。又如《淮阴侯列传》记载了韩信少年时的三个小故事,即"吃白饭"、"受漂母之恩"和"胯下之辱",从而表现了他的性格和品德及其成长过程。后面还分别交代了韩信当了楚王后,对这三件小事中的当事者都有回报,恩怨分明,也更生动地表现了韩信的性格特点。《史记》人物传记中有些篇章还有相当深刻的人物心理描写。比如,《廉颇蔺相如列传》在展示蔺相如和秦昭王在秦国章台宫围绕着和氏璧所进行斗争时,将蔺相如和秦昭王二人的心理活动刻画得十分细致。《萧相国世家》在刻划萧何超凡才干的时候,也同时写出了他为维护自己的地位所做的微妙的努力,出色地写出了刘邦和萧何双方的细微的心理活动。

四是运用对比互照、陪衬烘托的方法来描写人物。如《项羽本纪》在记述项羽大破章邯后,有这样一段描写:"当是时,楚兵冠诸侯。诸侯军救巨鹿下者十余壁,莫敢纵兵。及楚击秦,诸将皆从壁上观,楚战士无不一以当十,楚兵呼声动天,诸侯军无不人人惴恐。于是已破秦军,项羽召见诸侯将,入辕门,无不膝行而前,莫敢仰视。"这一段文字比记交战时情况还多,初看似乎没有必要,但这里有对比,有陪衬,把巨鹿之战所造成的声势、项羽的声威都充分地展示了出来,给读者留下了深刻而又鲜明的印象。又如《伍子胥列传》主要通过与几个人物的对比,来描写伍子胥的形象和独特性格。《史记》不仅常在一篇人物传记内采取对照的手法写人物,而且有时对不同的篇章也用比照法去写,如《李将军列传》和《卫将军骠骑列传》便是如此。这两篇传记通过对比,写出了李广与卫青、霍去病在出身、治军方法和战争经历等方面的不同,也写出了他们所享声名和下场的不同,从而表现出司马迁的褒贬态度。

第三,《史记》在语言上的最大特点是自然流畅。司马迁善于运用符合人物身份的口语来表现人物的神情态度和性格特点。如项羽和刘邦都曾对秦始皇出巡的盛大场面发生过感叹,项羽说:"彼可取而代也!"说得极为坦率,可以想见他强悍爽直的性格;刘邦却说:"嗟乎!大丈夫当如此也!"说得委婉曲折,正好表现出他贪婪多欲的性格。有时,《史记》还直接使用口语,谣谚或民歌。如刘邦骂郦食其说:"竖儒!几败乃公事!"这是乡人骂街的语言,恰如其分地表现出刘邦的性格特点。其他如用"睢水为之不流"形容兵败,用"门外可设雀罗"形容门庭冷落等等,都绘声绘色,生动形象。

总之,《史记》是我国散文史上的一座丰碑,是传记文学的开山祖。它既是"史家之绝唱",又是"无韵之离骚",其文学成就与史学成就一样对后世产生了深远的影响。

5.《史记》的续补及注释

《史记》的出现标志着我国封建"正史"已创建起来。作为我国史学史上的一座丰碑,《史记》的影响是巨大的。但是,《史记》一百三十篇中,在汉代就有些篇已经有录而无书了,《汉书》说缺十篇,却未列举篇目。后人如冯商、刘歆、阳城衡、褚少孙和史孝山等人都曾续补过《史记》,只有褚少孙的续补因为低一格排印,所以可以辨认。

历代有许多人注释《史记》,现存最早的旧注是刘宋裴骃的《史记集解》八十卷,它主要是利用封建经典和各种史书来注释文义,吸取了前人的一些成果。唐朝司马贞作《史记索引》三十卷,既注音,又释义,唐朝张守节写了《史记正义》三十卷,比前两种书在质量上有明显提高。《史记集解》、《史记索隐》和《史记正义》虽然书名不同,其实都是《史记》的注本,后人认为这三部书是《史记》旧注的代表作。因为二千年来有许多人从事于《史记》的注释和研究,所以逐渐形成了一门"史记学"。在《史记》的影响下,后来出现了大量的"正史"和其他史学著作,但在封建时代,还没有一部史书能与《史记》相比。其中既有作者个人素质的原因又有时代和历史的原因,这是一个很值得深入探讨的问题。

(二)《汉书》:第一部纪传体断代史

《汉书》是我国第一部纪传体断代史,在史学史上有一定的地位和影响。它叙事起于汉高祖元年(前206年),终于王莽地皇四年(23年),共二百二十九年。

1.《汉书》的作者

司马迁开创了纪传体的历史学。由于《史记》的杰出成就及其历史记载截止到汉武帝时代,所以后世就有不少学者收集时事来续补《史记》,但这些续补之作大都文辞鄙俗,远不能和《史记》相比。班彪有鉴于此,开始收集前史遗事,傍贯异闻,写作了《史记后传》数十篇,重点叙述西汉后期的历史。《后传》虽然不能独立成书,却成了班彪之子班固修撰《汉书》的重要基础。

班固(32—92年)字孟坚,扶风安陵(今陕西咸阳市东)人。幼年聪慧好学,"九岁能属文,诵诗书",十六岁入洛阳太学,博览群经九流百家之言,"所学无常师,不为章句,举大义而已"。他"性宽和容众,不以才能高人",所以颇为时人所赞赏。其父班彪是一位历史学家,有志于续写《史记》,却只写出《后传》六十五篇。班彪死后,班固仰承父志,于明帝永平元年(58年)开始私自修撰《汉书》。五年后,有人上书明帝,控告班固私改国史,班固有口难辩,被捕入狱。其弟班超上书为他解释,明帝阅读了他著作的初稿,认为写得很好,所以不仅没有处罚他,反而任命他为兰台令史。过了一年班固升为郎、典校秘书,并继续《汉书》的编著工作。经过二十余年的不懈努力,至章帝建初七年(82年)。他基本完成了《汉书》,开创了"包举一代"的断代史体例。和帝永元元年(89年),班固随从车骑将军窦宪出击匈奴,参预谋议,为中护军,得胜而归。后窦宪得罪被杀,班固也受到牵连,被捕入狱,后死于狱中,时年六十一岁。

班固死的时候,《汉书》还有八表和《天文志》没有写成。汉和帝叫班固的妹妹班昭补作,马续协助班昭作了《天文志》。班昭对《汉书》的最后完成有不可泯灭的功劳,她是我国历史上少见的女史学家之一。

2.《汉书》的编纂体例

《汉书》是西汉一代的断代史,它把《史记》开创的体裁进一步完善起来,成为后世"正史"不祧之祖。旧时"史汉"、"班马"并称,是有道理的。

《汉书》在体制上仿照《史记》而又有所变化。因其本身称"书",故改《史记》的书为志;又因汉代已不同于春秋战国,已无列国存在,也就不需要立世家,故省而并入列传;又把《史记》的本纪省称为"纪"。这些变化,被后来的一些史书沿袭了下来。《汉书》与《史记》相比较,最大的变化是改通史为断代史,为封建正史定下了格局。从《汉书》起,后世史书多为断代史。《史通·六家》中有这样的话:

如《汉书》者,究西都之首末,穷刘氏之废兴,包举一代,撰成一书。言皆精炼,事甚该密,故学者寻讨,易为其功。自古迄今,无改斯道。

刘知几对《汉书》的评价是很高的。

《汉书》包括十二纪、八表、十志、七十传,共一百篇,八十余万字,非常详细地记述了西汉二百多年的史事。

十二纪,为西汉历代皇帝编年大事记,记明年月,又多列事目。王莽不列在内,而是置于列传之末,这是因为东汉初年人不承认王莽政权。八表,有异姓诸侯王、(同姓)诸侯王、王子侯、高惠高后孝文功臣、景武昭宣元成哀功臣、外戚恩泽侯六表记其世系,百官公卿表记载秦汉宫制及汉代公卿任免,而古今人物表将人物分为九等,又与断代史体裁不合。八表中,后人最不满《古今人表》,因为它从太昊帝记到吴广,有"古"而无"今",而最推崇《百官公卿表》。这个表首先讲述了秦汉分官设职的情况、各种官职的权限和俸禄的数量,然后又用简表记录了汉代公卿大臣的升降迁免,虽然篇幅不多,却把当时的官僚制度和官僚变迁的情况清楚地记录了下来。

《汉书》的"志"比《史记》的"书"更为系统,还有所发展,新增加了《刑法志》、《五行志》、《地理志》、《艺文志》和《食货志》等。《刑法志》记西周至东汉初年的军制和刑法的变化,第一次系统地叙述了法律制度的沿革和一些具体的律令规定。《地理志》记录了当时郡国行政区划、历史沿革和户口数字,有关各地物产、风习和中外交通的记载尤为引人注意。《艺文志》吸收了《七略》的成果,著录了西汉末年皇家藏书的情况,是我国现存最早的图书目录,还综述了各种学术派别的源流与长短。《食货志》是由《平准书》演变过来的,记述西周至王莽时期的农业、农政、货币与财政情况,是当时的经济专篇。这些详细的记载,在《史记》八书的基础上,把政治史、经济史、文化史和自然史的著述,向前大大地推进了一步。

七十列传基本记述西汉人物的事迹,又有匈奴、西南夷、两粤、朝鲜和西域等传。与《史记》相比,《汉书》的列传在编纂体例上更为系统和科学。如《史记》的专传、合传与类传次序混乱,体例不够严格,而《汉书》全以时代顺序为主,先专传,次类传,再次为边疆各族传,而以《王莽传》居末。《汉书》列传以群雄开始，以贼臣为末，为后世"正史"开创了先例。又如《史记》列传的篇名，或以姓标，或以字标，或以官位、爵位标，体例不一致，而《汉书》除了诸王传外，一律以姓或姓名标题，使体例统一了，后世"正史"均以此为标准。

3.《汉书》的特点和价值

《汉书》是班固在总结前人研究成果的基础上，又收集了大量的文献资料完成的杰出史书。

汉武帝以前的史料，《汉书》绝大部分用的是《史记》的原文，文字略有精简，有些材料重新作了安排和剪裁，大体上还是用《史记》原有的材料。对此，后人颇有不满。如宋代的郑樵在《通志·总叙》中指责班固说："自高祖至武帝，凡六世之前，尽窃迁书。"一个"窃"字，饱含贬意。其实这种指责是不够准确的，因为秦汉时录他人著作是常见的事，与后世的剽窃不能一概而论，何况班固对《史记》还有订正、补充和删改，比如，《汉书》有时虽用《史记》的材料，却把《史记》附入别人传中的材料抽出另立新传，《汉书》有时虽用《史记》旧传名称，却又增加一些史实，如《韩信传》、《楚元王传》和《公孙弘传》等都有增益。尤其值得注意的是，较之《史记》，"《汉书》多载有用之文"。它虽然承袭了《史记》的纪传，但有时又增加了一些文章。如《贾谊传》载《治安策》，《晁错传》载《贤良策》，《路温舒传》增收了《尚德缓刑疏》，其他如《邹阳传》、《韩安国传》和《公孙弘传》等都新载入了一些文章。这些文章都有一定的史学和文学价值，如果不收入《汉书》，也许今天已经失传了。《汉书》还对《史记》作了一些订正。如《史记·李将军列传》记载说，李陵降匈奴后，汉朝听说匈奴以女妻李陵，便杀掉了李陵的母亲和妻子，而《汉书》根据新的材料订正说，汉朝听说李陵教匈奴练兵之法，于是杀掉了他的母亲和妻子，后来查明，教匈奴练兵的人是李绪而不是李陵。这一类订正还有很多。可见，要了解汉武帝中期以前的历史，《汉书》是不可废弃的。

《汉书》中汉武帝以后的史料，主要来源于班彪所作的《史记后传》六十五篇、各家所续《史记》及其他一些记载，是相当充实和丰富的。如《艺文志》采自刘歆的《七略》，不但是目录学的开端，而且是论述古代学术思想源流派别的文化史。这一切使《汉书》成为记载汉武帝中期以后西汉历史最系统、详细和完整的历史著作。《汉书》历来有"文赡而事详"的评价。《后汉书·班固传》将《汉书》与《史记》作了比较：

> 议者咸称二子(司马迁和班固)有良史之材。迁文直而事覈,固文赡而事详,若固之叙事,不激诡,不抑抗,赡而不秽,详而有体,使读之者亹亹而而不厌,信哉其能成名也。

这个评价是比较恰当的。

作为一部历史著作,《汉书》也有它的缺陷,那就是思想的贫乏和保守。从思想内容看,《汉书》远不如《史记》。班固曾批评司马迁"论是非颇谬于圣人",这正反映了两人的思想分歧。班固主张以圣人之是非为准则。他独尊儒家与六经,把诸子诗赋视为"六经之支与流裔";把凡是结宾客、广交游而形成一种社会势力的人都称为游侠,斥责为背公死党。这些正表现出他维护封建专制主义的倾向。班固的是非爱憎不像司马迁那样强烈,明哲保身的思想比较明显,至于《五行志》中有很多谬误,更是《汉书》的一大缺点。其中充满了天人感应论和五行灾异说的毒素,开了后世史书中五行符瑞等志的恶例。另外,《汉书》正统思想非常突出。班固将陈涉、项羽一律入传,并在《叙传》中说:"上嫚下累,惟盗是伐,胜、广燎起,梁、籍扇烈。"这与《史记·陈涉世家》中的评论相差甚远。班固的思想之所以保守、正统,与他本人的家世、家学以及个人性格均有关系,这必然对《汉书》带来消极的影响。

《汉书》的文笔不及《史记》,这是古今一致的看法,但是作为传记文学,《汉书》自有其长处,它有许多传记还是写得颇为成功的。比如,《朱买臣传》写朱买臣失意和得意时不同的精神面貌和人们对他的态度,在具体的描写中,充分揭示出封建社会中的世态炎凉。《陈万年传》运用细节的描写和心理的刻画,描绘出一个不以谄为耻,反以谄为荣,不仅自己谄,还要下一代谄的官僚形象,十分生动。《汉书》里最著名的是《苏武传》,它写了汉朝使臣苏武,出使匈奴被扣十九年,经过千辛万苦,终于回归祖国的全过程。它赞扬了苏武坚贞不屈的民族气节和高尚的品德。其中有些情节写得十分生动,颇撼人心魄。如"北海牧羊"一节：

（单于）乃幽武，置大窖中，绝不饮食。天雨雪，武卧啮雪，与旃毛并咽之，数日不死，匈奴以为神。乃徙武北海上无人处，使牧羝（公羊），羝乳（生小羊）乃得归。别其官属常惠等，各置他所。武既至海上，廪食不至，掘野鼠去草实而食之。杖汉节牧羊，卧起操持，节旄尽落。

再如最后写李陵送苏武返汉时的情景和人物，也十分精彩。作者通过鲜明的对比，反衬出苏武留居匈奴十九年坚持民族气节的高尚品格和英雄气质。

在语言上，《汉书》较为凝练，富有文采。班固是个辞赋家，他行文崇尚藻饰，多用偶俪，所以《汉书》不如《史记》那么简朴自然，却独具一种工丽整练之美。

《汉书》喜用古字古词，比较难读。所以唐以前注解《汉书》的有二十三家，到了唐代，颜师古汇集了前人的注释，纠谬补缺，完成了《汉书》的新注。颜师古注《汉书》，先将前人旧注，各家歧说，详细引证；从"师古曰"以下，断以己意，肯定或否定旧说，有的自己重新注解。清代王先谦《汉书补注》一百卷，是清代有关《汉书》著作最后出的一部大书，有很高的学术价值。

东汉末年，荀悦改编《汉书》而成《汉纪》。此书以编年体写西汉的历史，反映了一批名门世族企图竭力挣扎以维护汉室的愿望。

荀悦（公元148—209年）字仲豫，颍川颍阴（今河南许昌）人。献帝时官秘书监侍中。建安三年（198年）奉命按编年体改编《汉书》，删烦存要，两年后成《汉纪》三十卷，全书十八万字。《汉纪》以《汉书》的帝纪为基础，又吸收传、志、表中的材料，也采用其他某些史料，通比史事，系以年月。《汉纪》发展了前代编年史的体例，创建了编年断代史的范例。它把主要史事一概按年月日顺序编排，又把无年月可考或不宜分散于年月之下的史事作为补充的记事，用连类列齐的方法作了一些安排。这种方法避免了《左传》的庞杂，对后代编年史书的编纂有很大的影响。

荀悦在《汉纪》正文之前说自己选材有"五志"，即"达道义"、"彰法式"、"著功勋"、"表贤能"和"通古今"。所谓"达道义"、"彰法式"是说写史的目的在于宣扬封建主义的伦理、法则；"通古今"是说要总结历史成败的经验;"著功勋"、"表贤能"是说要表彰统治阶级中的代表人物。荀悦认为史学要为政治服务,所以《汉纪》以西汉为正统,充满了封建正统观念。另外,《汉纪》全书尽载西汉灾祥,表明荀悦深信阴阳五行之说,但他关于天人之际的某些言论也有可取之处。

《汉记》文字简净,偶尔也有描写人物的笔墨,如对苏武的有关描写就较为生动传神,因而它能与《汉书》并传于世。荀悦在《汉纪·序》里说,《汉纪》"质之事实而不诬,通之万方而不泥",因而"可以兴,可以治",可以"惩恶而劝善,奖成而惧败"。他阐述的以史资治的意义和所应采取的内容,对后世的封建史家很有影响。

(三)《三国志》

《三国志》,包括《魏志》三十卷、《蜀志》十五卷、《吴志》二十卷,共六十五卷,主要记载魏、蜀、吴三国鼎立时期的历史。作者是晋代人陈寿。

1.《三国志》的作者

陈寿(233—297 年)字承祚,巴西安汉(今四川南充北)人。少时好学,是撰《古史考》的谯周的弟子。谯周兼治经史,还著有《蜀本纪》《五经论》等著作。陈寿在蜀汉做官,历任卫将军主簿、东观秘书郎和散骑黄门侍郎,后因不愿屈事宦官黄皓,屡遭遣贬。西晋既建,司空张华十分看重陈寿,举为孝廉,除著作佐郎。不久陈寿又出为补阳平令。这时期,他撰《诸葛亮集》奏上,被升为著作郎,领本郡中正。晋灭吴后,陈寿搜集三国时官私著作和各种文献资料,历时近十年,撰成《三国志》。时人称赞他"善叙事","有良史之才"。晋惠帝元康七年(297 年)卒,年六十五。

2.《三国志》概述

在陈寿写作《三国志》之前,已出现了一些有关魏、吴的史作。如王沈的《魏书》四十四卷、韦昭的《吴书》五十五卷,都是官修的史书;私家撰述的有鱼豢的《魏略》三十八卷、张勃的《吴录》三十卷,均为纪传体史书。《三国志》中的《魏书》和《吴书》主要取材于这些史书。蜀汉不设史官,无人负责收集材料,编写蜀书。《三国志》中《蜀书》的材料是由陈寿采集和编次的。这些材料的收集十分不易,因此《三国志》中《蜀书》仅有十五卷,数量最少。对于蜀汉史事,陈寿尽量搜求,即使是一些零篇残文也不轻易放过,确实是想尽办法收集了。对于收集到的史料,陈寿作了颇为精密严谨的选择。如《三国志》不取诸如诸葛亮"七擒孟获"和"死诸葛走生司马"之类奇诞之说,表现出不务奇而求实的严谨态度。

《三国志》所叙三国历史,有分有合。分开看,三国各有系统;合并看,又是整体。《魏书》一至四卷为帝纪,其他全是传;蜀、吴二志有传无纪。全书无表、志,是名实相符的纪传体史书。全书写了自黄巾起义至晋灭孙吴近百年间的历史,把这一历史时期的阶级斗争、政治斗争和统一与分裂的矛盾都反映出来了。魏、蜀、吴三足鼎立,陈寿是由三国入晋的人,晋是继承魏而统一全国的,因此他不得不以《魏书》居前,用本纪来记魏国的几代帝王。《三国志》称魏君主为帝,有武、文、明和三少帝纪四卷,称蜀汉二主为"先主"和"后主",对吴却与对蜀有区别,只称孙权为"吴主权",对"三嗣主"则书其姓名,表现出尊魏而抑蜀、吴的倾向。但从全书来看,《三国志》是采用三国并叙的方法;从书名看,三志并列,以示鼎足之势,虽然对蜀、吴二主形式上称"传",但用与本纪基本相同的记事方法,按年叙事,实际上把蜀、吴放在与魏同等的地位,反映了历史的真实情况。《史通·列传》说:"陈寿国志,载孙刘二帝,其实纪也,而呼之曰传。"由此可以看出:陈寿是一位有总揽全局的才识和有创见的史学家。这种编纂体例对后代颇有影响,如唐初的《北史》和《南史》便是仿此体例而稍作变动修撰的。

《三国志》的编纂方法比前代史书有更为精密的地方,主要表现为全书前后贯通,事不重复。史实见于《魏书》,则《蜀书》和《吴书》不重出现,反之亦是如此,因此全书前后矛盾的地方较少。全书叙述史实颇有细密的局度,如《蜀书》先立《二牧传》以说明蜀汉奠基的由来。继《二主》、《后妃》为《诸葛亮传》,突出了诸葛亮在蜀汉政权中的重大作用。

在史书的书法上,陈寿《三国志》有两点值得特别注意。其一是为魏、晋的统治者隐讳,即所谓"回护之法"。对于魏之代汉、晋之代魏,《三国志》写得颇为曲折,虽含有微词,但终因政治压力而不能如实写出。清人赵翼说:"自陈寿作《魏本纪》,多所回护,凡两朝革易之际,进爵、封国、赐剑履、加九锡,以及禅位,有诏有策,竟成一定书法。以后宋、齐、梁、陈诸书悉奉为成式，直以为作史之法，固应如此。"(《廿二史札记》)赵翼断言陈寿为司马氏废弑魏帝作回护，反不如《汉晋春秋》、《魏氏春秋》和《世说新语》记载得真实。当然，作为一个有创见的史学家，陈寿一方面运用"回护之法"，以适应时代和政治的需要，同时也能在某些方面采取实录的方法，做到虽扬善亦不隐其过。如关于曹操杀董承、伏后的情节，他也在《魏纪》、《先主传》中曲折地透露了真相。其二是喜好品评人物。陈寿对人物的评价，着重于人物的才识。他品评人物。名目繁多，有"英雄"、"人杰"、"英杰"、"奇才"、"奇士"、"令士"、"美士"、"才士"、"彦士"、"虎臣"、"良将"和"良臣"等。如评曹操为"超世之杰"，刘备为"英雄"，孙氏兄弟为"英杰"，诸葛亮为"良才"，周瑜为"奇才"。这只是门阀世族风尚的表现而已，其实那么多名目的区别是什么，恐怕陈寿自己也说不清楚。

《三国志》的突出特点是善于叙事，文笔简洁，剪裁得当，对人物情态风貌也很善于描绘。如《蜀志·先主传》记载曹操与刘备论英雄时，通过刘备的"失匕箸"的细小动作，将刘备韬晦的心情生动地描写了出来。又如《蜀志·关、张、马、黄、赵传》，刻画人物性恪也十分生动传神：

> 羽尝为流矢所中，贯其左臂，后创虽愈，每至阴雨，骨常疼痛，医曰："矢镞有毒，毒入于骨，当破臂作创，刮骨去毒，然后此患乃除耳。"羽便伸臂令医劈之。时羽适请诸将饮食相对，臂血流离，盈于盘器，而羽割炙引酒，言笑自若。

《三国志》不仅叙事简要，而且多些议论也很有见地，如评曹操："运筹演谋，鞭挞宇内，擥申、商之法术，该韩、白之奇策，官方授材，各因其器，矫情任算，不念旧恶，终能总御皇机，克成洪业者，惟其明略最优也；抑可谓非常之人，超世之杰也。"又如评刘备："弘毅宽厚，知人待士，盖有高祖之风，英雄之器焉。及其举国托孤于诸葛亮，而心神无贰，诚君臣之至公，古今之盛轨也。机权干略，不逮魏武，是以基宇亦狭。"

再如评关羽、张飞：二人"皆称万人之敌，为世虎臣。羽报效曹公，飞义释严颜，并有国士之风。然羽刚而自矜，飞暴而无恩，以短取败，理数之常也。"这些评语表现出陈寿卓越的识见。

3.《三国志》的地位与影响

《三国志》一出,时人颇多赞扬。与陈寿同时的夏侯湛正在写作《魏书》,看了《三国志》,认为没有必要另写新史,就毁弃了自己的著作。张华特别赞赏《三国志》,对陈寿表示"当以《晋书》相付耳"。后人对《三国志》也特别推崇,认为存记载三国历史的史书中,它可以与《史记》、《汉书》相媲美。因此,其他各家的三国史相继泯灭无闻,只有《三国志》一直流传了下来。

但是,关于陈寿的为人,后人却颇有不满。唐代的刘知几甚至指斥陈寿为"记言之奸贼,载笔之凶人"。其原因是《晋书·陈寿传》记了陈寿的两件事:一、据说丁仪、丁廙二人在魏颇有盛名,陈寿对他们的儿子说:"如果能给我一千斛米,我可以为令尊写一个很好的传。"丁仪、丁廙的儿子不同意,结果陈寿真没有为丁仪、丁廙立传。二、据说马谡为诸葛亮所杀时,陈寿的父亲因是马谡的参军,也受到了处罚,所以陈寿为诸葛亮作传,批评诸葛亮"将略非长,无应敌之才。"后人因为相信了《晋书》的记载,所以特别看不起陈寿。其实,根据有关的历史记载分析,这两条罪状纯属莫须有,是诬蔑之词,实不可信,应予澄清。不过,由此也可以看出,陈寿在晋朝便屡为别人所排挤,在这种情况下能写出《三国志》这样的史书,实属不易。

总的说,《三国志》是一部难得的史学佳作,但它本身也存在着一些缺陷。除了上面已经提到的陈寿爱用"回护笔法"外,《三国志》的记载过于简略,有些重要的历史事件语焉不详。如曹魏屯田,略见于《武帝纪》中,只有一两句话;又如著名哲学家王弼、何晏等人不列专传而仅附于他人传中,而且记叙十分简略。这也许是因为史料不足造成的,但毕竟是《三国志》的一个明显缺陷。

为了弥补《三国志》记载简略的缺陷,裴松之写作了《三国志注》。裴松之收集了丰富的史料,使三国史事丰富起来,所以读《三国志》不能不参看裴注。

裴松之(372—451 年)字世期,河东闻喜(今属山西)人。仕于晋宋之际。宋文帝认为《三国志》太简略了,便命裴松之为它作注。裴松之收集三国史料约一百五十余种,这些史料比陈寿见到的多得多,他完全可以另撰一书,但是皇帝的命令岂能违抗? 所以他只能作《三国志注》。史书上说:"皇上命令裴松之为《三国志》作注,他收集史料,增广异闻,完成了《三国志注》。皇上看了很高兴,说:'这是不朽之作!'"裴松之《上三国志注表》也说:"被诏使采三国异同,以注陈寿《三国志》。"这说明《三国志》在当时已有确定的地位,不必改作,只是它太简略而有脱漏,所以需要补充一些材料。

《四库全书总目提要》从六个方面对《三国志注》作了归纳:"一曰引诸家之论,以辨是非;一曰参诸书之说,以核同异;一曰传所有之事,详有委曲;一曰传所无之事,补其阙佚;一曰传所有之人,详其生平;一曰传所无之人,附以同类。"由此可见,裴注与重在释文义的《史记》三家注和《汉书》颜师古注不同,它主要是增补史实,资料极为丰富。经粗略统计,注中列举魏晋人的著作达二百余种,所截取的史料比较完整,注文条目也相当多,文字比正文多出三倍以上。因此,注中对三国的经济、文化和科技资料都有很多补充。如关于曹魏屯田,裴松之补充了三百余字,较《三国志》原文多了许多,内容更加重要,后世研究曹魏屯田的学者,多用注文。可见,从史料价值看,注并不次于《三国志》。尤应指出的是,陈寿所引史籍文献和注中引用的许多书,现在大部分已经失传,许多珍贵的史料借《三国志注》才得以保存下来,这使裴松之注更为后人所重视。总之,裴松之注《三国志》,着重于补缺、备异、纠谬和评论四个方面,使史注面目为之一新,他的革新之功是不可磨灭的。

(四)《后汉书》

《后汉书》是纪传体东汉史,共一百二十卷,包括本纪十卷、列传八十卷、志三十卷,主要记载了东汉光武帝刘秀到献帝刘协近两百年的历史。纪传九十卷,南朝宋范晔撰;志三十卷,晋司马彪撰。

1. 范晔其人

范晔(398—445 年)字蔚宗,刘宋顺阳(今河南淅川县)人。他是晋豫章太守、《春秋榖梁传集解》作者范宁的孙子,宋侍中、车骑将军范泰的庶子。他"少好学问,博涉经史,善为文章,能隶书,晓音律"(《宋书·范晔传》),堪称多才多艺。宋文帝元嘉中他为左卫将军、太子詹事,在宋武帝的儿子彭城王刘义康那里做官,参议军事,后来因为得罪了刘义康,被贬为宣城太守。他郁郁不得志,开始在任所撰写《后汉书》。后来,刘义康和宋文帝争权夺利,策划政变,谋夺皇位,事情败露,范晔被诬告参与谋议,于元嘉二十二年(445年)下狱被杀。

2.《后汉书》概述

在范晔撰写《后汉书》之前,已经出现了许多记述东汉历史的史书,主要的有:(1)刘珍等撰的《东观汉记》。它是东汉官修史书,各家后汉书皆取材于此。参与《东观汉记》修撰的还有班固、李尤和伏无忌等。(2)谢承《后汉书》,一百三十卷,已亡。(3)司马彪《续汉书》,纪传亡,有辑本,志存,即今《后汉书》诸志。(4)华峤《后汉书》,"起于光武,终于孝献,一百九十五年,为帝纪十二卷、皇后纪二卷、十典十卷、传七十卷及三谱、序传、目录,凡九十七卷。"唐刘知几认为诸家后汉史,"推其所长,华氏居最",今亡。(5)谢沈《后汉书》,今亡。(6)袁宏《后汉纪》。袁宏曾任谢安参军、恒温记事,因不满当时已出的几种《后汉书》,所以继荀悦《汉纪》而著《后汉纪》三十卷。后汉史书流传到今天的,只有范晔的《后汉书》和袁宏的《后汉纪》,所以刘知几《史通·正史》篇说:"世言汉中兴史者,惟袁范二家而已。"《后汉纪》广泛收集材料,抉择取舍,叙事头绪虽然繁多却又有条不紊,人物众多而又各有特色,关系虽然错综复杂却无纷乱之感,写重大历史事件和人物不仅生动传神,而且评价较为准确,所以有很高的史学价值。除此之外,还有袁山松《后汉书》、薛莹《后汉纪》、张莹《后汉南纪》和张璠《后汉纪》,这些书均已亡佚。

范晔写作《后汉书》,可以博采众书,斟酌去取,这是他的有利条件,但诸家后汉史各有所长,行世已久,要想超过前人却也不是一件容易的事。范晔不愧是一位很有才华的史学家,他的《后汉书》简明而又周详,记载有重点而又不遗漏,故而此书一出,诸家《后汉书》逐渐消沉。可见范晔《后汉书》后来居上,自有其过人之处。

《后汉书》博采众书,尤多取《东观汉记》和华峤《后汉纪》的记载,而又多有创新。如东汉一代,殇、冲、质三帝在位时间短促,事迹不多,《后汉书》改《汉书》一个皇帝一篇本纪的做法,从实际出发,把这几位皇帝附在其他帝纪后面。《后汉纪》帝纪之后有后妃,着眼夫妻关系;范书仿效它的体例,但更注意后妃在政治上的作用。本纪的最后一篇是《皇后纪》,相当于《汉书》的《外戚传》。范晔不加区别地把皇后全部写进本纪,正反映了他对君权的尊崇。八十列传依时代先后编次,在《史记》《汉书》已有的类传之外,《后汉书》新创了七种类传,即党锢、宦者、文苑、独行、方术、逸民和列女,把同一类人物纳入一传。党锢、宦者二传,反映了当时地主阶级出身的知识分子反对宦官势力,崇尚名节,结党绯议朝政,遭到宦官迫害和禁锢的矛盾和斗争。《文苑传》与《儒林传》不同,它重在为文学词章之士作传,而不以经学儒术为主。《史记》《汉书》中的文学之士如司马相如、枚乘和扬雄等皆有专传,《后汉书》如张衡、马融和蔡邕等自然有专传,另增"文苑"一目,记杜笃和赵壹等22人。《独行》《逸民》分别记述那些所谓以"特立卓行"获得乡评世誉,进入仕途的人物和脱离当时政治斗争、隐居不仕、自命清高的知识分子。

《后汉书》新增设的《列女传》特别值得注意。单为列女作传,始于刘向。《列女传》所记人物大多数是好的,也有不好的。范晔认为史书不为妇女立传是不对的,因而选择"才行"优秀的各类妇女写了传记,这是在纪传体史书中第一次出现的内容。《列女传》共记述了 17 位妇女的事迹。范晔在序中说:

但搜次才行尤高秀者,不必专在一操而已。

根据这个标准,为人们熟知的蔡文姬就收在《列女传》中。后来有些封建史学家认为蔡文姬先后嫁过两个丈夫,违背了封建礼教,不应收入《列女传》。如刘知几便认为,范晔的《后汉书》为列女作传,却收入了蔡文姬,这是不符合史家的标准的。这也正表现出,范晔是有独到见解和超凡识见的。从刘知几以后,史学家均把《列女传》当作《烈女传》,专从贞节这一点去考虑,把妇女的传记变成了严守三纲五常的贞妇烈女的碑文,这是很荒谬的。

《后汉书》增设的七个专传,除《党锢》和《方术》反映了东汉的特殊情况外,其他各传均为后代史学家所仿效。

在编纂方法上,《后汉书》注意以类相从。清人赵翼说它"有不拘时代而各就其人之生平,以类相从者"。这种方法,本于《史记》而有所发展。如《论衡》的作者王充是东汉初期人,《潜夫论》的作者王符和《昌言》的作者仲长统是东汉末年人,因为他们都擅长著述,又都淡于功名利禄,所以合为一传,反映了当时进步的思想。又如张禹、胡广等以其和光取容合为一传;郭太、许劭等因其有人伦之鉴而合为一传;张纯和郑康成虽不同时,但都以经学见长合为一传。这种方法有时使人感到内容有些凌乱,但以类相从能与时代顺序的记叙互相补充,所以这种方法在编纂学上所起的作用还是积极的,是应该肯定的。

《后汉书》中的"志"是司马彪撰述的。本来范晔是有计划写志的,但没有来得及完成,实在是一件憾事。司马彪,字绍统,晋宗室高阳王司马睦的长子,少笃学不倦,后博览群书,"缀其所闻,起于世祖,终于孝献,编年二百,录世十二,通综上下,旁贯庶事,为纪志传凡八十篇,号曰《续汉书》"(《后汉书》本传)。后来梁刘昭给《后汉书》作注,把《续汉书》的"志"抽出来,加以注释,补入《后汉书》。其中《舆服志》、《百官志》是前史所没有的,前者记载了封建等级制度的车服沿革和式样,后者记述东汉分官设职的情况。但书中没有《食货志》,漏载一代经济制度。这与司马彪离东汉一百余年,经济档案材料不好寻找有关,但更重要的原因还在于他对这个问题重视不够。这是一个明显的缺点。

3.《后汉书》的思想特点与影响

范晔是在屡遭遣贬、郁郁失志的情况下开始编撰《后汉书》的。他的思想感情与司马迁较为接近。他曾说自己对"屈伸荣辱"都深有体会,各种人生滋味都曾品尝过。对于《后汉书》,范晔是十分自负的。他说自己仔细阅读了前人的史书,认为极少满意之作,班固虽有盛名,但《汉书》体例混乱,只有志写得较好,而自己的《后汉书》"杂传论皆有精意深旨","至于循吏以下,及六夷诸序论,笔势纵放,实天下之奇作","赞自是我文之主思,殆无一字空设"。从来也没有一个作者这样来夸许自己的著作,因此后世有不少人讥讽范晔过于浮夸。其实范晔的自许基本符合《后汉书》的实际,不能看作是狂妄。

除了上面曾提到的一些优点以外,《后汉书》的另一个特点是,在整理史事中,渗透了作者的思想感情,表现出爱憎分明的特点。如范晔在

《二王、仲长统传》中，对封建专制君主、权贵豪门作了辛辣的讥讽。又如范晔不为那些虽有高官显爵但没有什么贡献的人立传，有时虽为其立传却又另有含意，如《胡广传》写胡广是一个苟合取容的人，他越糊涂，官却升得越快，这就达到了讽时的效果。对于节义，范晔是大力提倡的。他对东汉外戚宦官等豪强势力欺压人民十分厌恶，因而赞扬了太学生和其他反对豪强势力的人，歌颂了那些刚强正直、不畏强暴的人。这可以《党锢传》为代表，其他如《杨震传》和《孔融传》等都有这样的内容。

《后汉书》各卷大多有论和序，所发议论有独到之处。范晔论史往往能抓住历史矛盾进行具体分析。如论宦官，说他们有"刑余之丑"的特殊身份，所以容易得到君主的信任，而且他们逐渐对朝政事物有了了解，所以"少主凭谨旧之庸，女主资出内之命，顾访无猜惮之心，恩狎有可悦之色"，这就说明了宦官取宠得势的主客观条件；继而又指出他们仗势获得厚利，追随讨好他们的人也就越来越多，形成了一股左右朝政的势力。又如《六夷》诸序论也是很好的史论，其他如论党锢、论外戚和论中兴二十八将等也都很著名。尤其是《云台廿八将传》论任用功臣的弊端，把功臣外戚导致国家内乱的必然性说得清楚而又透彻。与《史记》、《汉书》、《三国志》相比较，《后汉书》中的史论较多也较长。这些史论往往带有朴素的辩证法观点，能从历史矛盾着眼，因而常使人读后精神为之一振。另外，《后汉书》还表现了范晔排斥佛老、宣扬无神论的倾向，这在那个佛教盛行的时代是难能可贵的，其进步性是应该肯定的。对于图谶和阴阳禁忌，范晔更是多方否定，表现出一个历史学家的真知灼见。

关于《后汉书》的注本，此处也作些介绍。《后汉书》中范晔所撰的纪传部分，由李贤作注。李贤是唐高宗第六子，与他一起作注的有张大安、刘讷宫等数人。因为此注出于众人之手，所以成书时间很快。它一方面依据一些史籍，对《后汉书》的史实有所补充；另一方面对名物制度、训诂音义等详细注释。它偶尔也订正了《后汉书》原有的一些错误。这个注本对后人阅读《后汉书》很有帮助。《后汉书》中志的注是南朝梁刘昭所撰。他本来是注全部《后汉书》和司马彪的《续汉书》的，但李贤注本出来以后，刘昭的注不再被人重视，只保留了《续汉书》中志的注，后来补入了《后汉书》。但在宋以前，两书还各自单行。宋真宗乾元元年（1022 年），才有人将两书合并刻印，将八志置于纪传之间，形成了我们今天看到的

《后汉书》。

(五)南北朝的三部史书

南北朝时期所修撰的纪传体"正史"流传至今的,还有《宋书》、《齐书》和《魏书》。这三部史书自然不能与《史记》、《汉书》相比,就是与《三国志》、《后汉书》相比也显得逊色很多。但它们毕竟记载了许多重大的历史事实和历史人物,保留了许多有价值的文献,在体例上也有一些新的创建,因而今天仍是研究南北朝时期历史的重要参考书。

1.《宋书》

《宋书》共一百卷,包括本纪十卷,志三十卷,列传六十卷,叙事始于宋武帝永初元年(420年),终于宋顺帝升明三年(479年),主要记载了刘宋政权六十年的历史。

《宋书》的作者是沈约。沈约(公元441—513年)字休文,吴兴武康(今浙江德清县)人。历仕宋、齐、梁三朝,宋时官至尚书度支郎,齐时历仕著作郎、中书郎、国子祭酒和南清河太守,入梁历仕侍中、扬州大中正和尚书令。沈约十三岁而孤,后发奋学习,年二十时认为晋代没有全史是一件憾事,产生了撰写《晋书》的愿望。经过多年努力,他终于写出《晋书》一百一十卷,《齐纪》二十卷,可惜今皆不传。梁武帝永明五年(487年),沈约受命编写宋史,次年二月完成纪传七十卷,后来续补志三十卷,共一百卷。

沈约之所以能迅速地完成《宋书》的纪传部分,是因为他利用了别人的旧作。他在《上宋书表》中对此有详细的说明。宋文帝时,著作郎何承天开始修撰《宋书》,"草立纪传,止于武帝功臣",但篇幅不多。后来山谦之补续纪传志,未完成就死了。南台侍御史苏宝生继续写作诸传,元嘉时期的名臣传记都是他写的。后来苏宝生因事被诛。宋大明中,著作郎徐爰又奉命续写宋史。徐爰(394—475年)在何承天、苏宝生著述的基础上,删削补续,"勒为一史",起自东晋义熙元年(405年),终于孝武帝大明(457—464年)年间,共65卷。其中臧质、鲁爽和王僧达诸传,是孝武帝所作。沈约修史以徐爰旧本为根据,其自撰部分不过自永光至禅让十四年的史事。他又删去属于晋代的人物十三传,所以成书极快。沈约撰史急于求成,有些记录全出自徐爰旧本而不加订正,这一点由《宋书》中的隐讳即可看出。《宋书》不仅对晋宋禅代多有隐讳,而且对直到孝武时期朝廷的失误与弊政,均采取为之隐讳的态度。清人赵翼《廿二史札记》中有"宋书多徐爰旧本"条,指出:"人但知《宋书》为沈约作,而不知大半乃徐爰作也。观《宋书》者当于此而推之。"

《宋书》的类传大多沿袭前史,但也有自立名目而为前史所没有的,如《恩幸传》和《索虏传》即是如此。《汉书》中的《佞幸传》记述的是以婉媚而贵幸的人物,而《宋书》中的《恩幸传》却主要记载由寒门爬上统治阶级上层的人物。南朝重门阀,门阀世族垄断了经济和政治大权,他们与皇室之间既相勾结又有矛盾。出身寒微的官吏,常常为高门贵族看不起。刘宋时代,出于政治上的考虑,皇帝一度起用这些人来抵制门阀世族,如戴法兴、阮佃夫等人均是这一类人物。《宋书·恩幸传》反映出当时皇帝不信任世族而起用寒人的事实。到了南朝末,寒门知识分子的地位进一步得到了提高。沈约之所以立《恩幸传》,是因为一方面承认这些寒门人士的才能,另一方面也流露出贬抑的态度,由此也可以看出沈约维护门阀世族利益的立场。《索虏传》创自沈约,用以记北魏事迹,但内容多有失实之处,颇不可信。《宋书》中不立《文苑传》,但把许多文士载入列传,而且常常载入整篇文章。如《谢灵运传》和《颜延之传》都独占一卷,地位很突出。这反映出作为文人的沈约对文学之士的重视。

《宋书》列传叙事往往采用带叙的方法,即在一人传中带叙同时有关之人,此人不立专传,他的事迹附在别人的传中,也就是说,"于某人传内叙其履历以毕之,而下文仍叙某人之事"。如《刘道规传》讲到命刘遵为将时,插入有关刘遵历官、身世的一段记叙,然后又重叙刘道规,以完成全传。这样做的好处是,对那些事实较少的人物不另立传,而使他们的史实又不致于湮没,同时可以在不增加传目的情况下,保留更多的历史人物的事迹。但有时带叙所占的篇幅过多,使文章显得不够连贯。如《刘义庆传》带叙鲍照,文字过多,未免喧宾夺主了,不如干脆为鲍照立一专传反而更好。另外,《宋书》中的传记在编排上,次序也有不当而混乱的地方。如何尚之是何偃之的父亲,但偃之在五十九卷而尚之却在六十六卷,这可能是因为急于成书所造成的疏忽。

《宋书》有律历、礼、乐、天文、符瑞、五行、州郡和百官诸志，记述刘宋一代的典章制度，同时也述东西晋和三国。《符瑞志》是新创的，它以满篇的白虎、丹书和甘露之类怪异，与人事相附会，借以神化君权。《五行志》载日蚀和地震的记录，而多荒诞之说。《律历志》和《天文志》记载当时天文数历的情况，是有价值的科技史资料。因为沈约是文学家，又精通音律，所以《乐志》对古代各种乐器作了详细记录，保留了许多古代乐歌歌词。《百官志》详于东汉魏晋，因宋承晋制，改变不大，所以对宋代官制叙述不多，内容颇为简要准确。《州郡志》记述了汉魏以来地理的沿革，有很高的史学价值。因为在晋宋之际，州郡改易频繁，情况十分复杂，这一时期的史料记载，仅有《宋书·州郡志》而已，所以后人修《晋书》，多从《宋书》转录。

在长期的流传过程中，《宋书》残缺较多，后人杂取他书续有增补。虽然它仍是原来的卷数，但它已不是沈约的原书了。在《宋书》问世后，裴子野撰《宋略》二十卷，有人认为这部书是删《宋书》而成的，在当时颇有影响。刘知几在《史通·正史》中说：

> 裴子野删削《宋书》为《宋略》二十卷，沈约读了此书后感叹道：超过我的原作了！从此谈起南朝宋的史书，人们都认为《宋略》第一而《宋书》次之。

此书可惜今已亡佚了。

2.《南齐书》

《南齐书》原名《齐书》，宋代为了与唐李百药的《北齐书》相区别，故称《南齐书》。原书六十卷，包括本纪八卷，志十一卷，列传四十卷，序录一卷。序录一卷已佚，今存五十九卷。此书起于宋顺帝升明（477—479年）年间，终于齐和帝中兴二年（502年），记载了南齐二十多年的历史。

《南齐书》的作者是萧子显。萧子显（489—537年）字景阳，南兰陵郡南兰陵县（今江苏常州）人，为齐高帝萧道成之孙、豫章王萧嶷之子。南齐传六主，实际只有二十三年（479—502年），齐明帝萧鸾杀萧道成子孙殆尽，当时萧子显年仅八岁，幸免于难。齐亡的时候，萧子显已经十四岁。后梁兴起，萧子显仕于梁，历任中书郎、临川内史、国子祭酒、吏部尚书和吴兴太守,后奉命撰修南齐史。除南齐史外,萧子显还撰有《后汉书》一百卷、《普通北伐记》五卷和《晋史草》三十卷,均已亡佚,今只存《南齐书》。

关于齐史,齐梁两朝都有人撰述。南齐初年,萧道成命檀超、江淹等人编写国史。在这之前,沈约撰有《齐纪》,吴均撰有《齐春秋》。此外,熊襄、王逸和萧万各作有《齐典》。萧子显写《南齐书》主要取材于这些著作,但他删削去取颇有见地,所以此书才能超过当时诸家史书而流传至今。

作为前朝帝王的子孙来修撰前朝史书,在史学史上只有萧子显一人。这种身份使他处于很微妙的境地,即既要颂扬父祖,又要为当朝隐讳。在《南齐书》中,萧子显对他的先世父祖极尽回护夸饰之能事。《高帝纪》盛赞曾祖萧承之、祖父萧道成的战功,为萧道成夺取刘宋政权制造历史根据。所以写宋齐革易,只是记述宋废帝苍梧王的恶政,一点也没有篡夺的痕迹。在《高纪·论》中,萧道成被说成是天与人归的圣明君主,没有一丝阴谋家的踪影。豫章王萧嶷按惯例应该编次在《高祖十二王传》中,但萧子显为了突出他父亲,在书中另立一传,把他放在武帝萧赜(ze 责)的长子文惠太子传之后,表示尊崇。萧嶷传长达九千余字,说尽了赞扬的话,甚至说"自周公以来,不知道有谁能与萧嶷相比",确实太过分了。后人曾对此提出尖锐的批评。至于齐梁革易,《南齐书》绝对不敢有一个字涉及篡夺的意思。如萧子显在《东昏侯纪·论》中,特别提到齐亡"亦天意也"。他极写东昏侯荒唐猖狂应被废弃,一方面是为了快己之意,因为东昏侯宝卷是曾杀萧道成子孙的萧鸾的儿子;另一方面也是为了讨好当朝,借以说明梁武帝篡齐乃是应天顺人之举。此外,为了讨好武帝,萧子显在书中佞佛崇道,强调轮回报应之说。这也暴露了南方士族精神上的空虚。

《南齐书》的志是承沈约《宋书》的志而作的,其《天文志》、《祥瑞志》和《五行志》仍是宣扬天命和皇权神授思想的篇章;《百官志》简明地记录了当时的官置变化,有较高的学术价值。读南北朝史常会感到那时官职纷杂,先读《南齐书·百官志》可以大体了解当时官职设立情况的大概。

《南齐书》列传将及二百人,数量相当多,而其中仅后妃及宗室诸王就有近六十人,差不多人人有传,这是和萧子显的特殊身份有关的。《南齐书》类传名目大致与《宋书》相同,也有一些改易,如"良吏"改为"良政","隐逸"改为"高逸","恩幸"改为"幸臣"。萧子显所自创的类传只有《文学传》,共载十人,这些记载对史学史、文学史的研究很有价值。萧子显以当代人记当代事,比较便于搜集和整理史料,这对一些传记的写作很有好处。如《祖冲之传》记载了祖冲之数学、天文学的成就,这是有关祖冲之的最早记录,内容详细可靠,是珍贵的科技史资料。

《南齐书》叙事自称简洁。在笔法上,它同《宋书》一样善于运用"带叙法","既省多立传,而又不没其人"(赵翼《廿二史札记》)。同时,《南齐书》又用类叙法,比《宋书》更为简洁。所谓"类叙法",即是说"每一传辄类叙数人,如《褚澄传》叙其精于医,因而叙徐嗣医术更精于澄"。这些方法的运用,使全书显得条理清晰,详略得当,颇为后代史学家所取法。

3.《魏书》

《魏书》一百三十卷,包括纪十二卷、列传九十八卷、志二十卷,主要记载了魏王拓跋珪登国元年(386年)至东魏孝静帝武定八年(550年)鲜卑贵族政权的兴衰史。《魏书》是现存叙述北魏历史最原始和比较完备的史书,有一定的价值。

《魏书》的作者是魏收。魏收(506—572年)字伯起,小字佛助,北齐巨鹿下曲阳(今河北晋县西)人。少随父赴边,好习骑射,想以武艺谋取功名,后经人劝勉,始用功读书,十分勤奋。他在魏为官,为太学博士,迁散骑常侍,典起居注,与人同修国史。后在北齐为官,任中书令兼著作郎。北齐天保二年(551年),文宣帝高洋命魏收编写魏史,平原王高隆之负总监之名,实际仅是署名而已,参预其事的有房延祐、辛元植、刁柔、裴昂之和高孝干等人,但实际负责的是魏收。《北史·魏收传》说:"其史三十五例、二十五序、九十四论、前后二表一启,皆独出于收。"后来几次修改,也是由魏收总其成的。所以后来史家都不把《魏书》看作是官修史书。

《魏书》撰成,毁者纷起,竟引起了一次很大的风波,这在史学史上是少见的。原来,魏收修史的时候,文宣帝高洋曾对他说:"你好好写史,要秉笔直书,不要有什么隐讳,我保证不像魏太武帝那样诛杀史官!"这本来是修史的一个有利条件,可是魏收想利用修史来酬谢恩人和报复仇家。

他甚至这样对人说:"你小子算个什么东西,敢向我魏收使性子、变脸色。我要想抬举你,你可以上天;我贬抑你,你就得入地!"别人修史,对涉及当代史实总是运用曲笔,加以隐讳,而魏收写当时人物却据笔直书,揭人隐私,贬多而褒少。因为他的立足点未必正确,所以运笔便难免不公,触犯了一些门阀地主子弟。天保五年(554年)书成,这些人到官府上诉,北齐政府用暴力平息了这场风波。如史书记载,太原王松年、闻喜裴庶等,"各被鞭配甲坊,或因以致死,"范阳"卢思道亦抵罪"。唐代刘知几在《史通》中指责魏收太爱记私仇,魏收对与他有矛盾的人,即使是名门望族,也不惜在书中加以丑化,有时甚至污辱他们的祖上;而对那些曾经帮助过他的人,如帮他修史的房延祐等,便为他们的先辈立传,想尽办法加以虚美夸饰。其实,其他封建史家也有类似的情况,只不过魏收做得太明显罢了。"由是世薄其书,号为秽史。"文宣帝高洋死了以后,孝昭皇建元年,"帝以魏史未行(刊印),诏收更加研审(修改)"。魏收奉诏作了修改,才使《魏书》得以行于世。如果不是最高统治者支持魏收,《魏书》肯定要被毁灭。尽管《魏书》能刊行于世,魏收还是遇到了不少麻烦,甚至在北齐亡后,仇家掘发了魏收的墓,弃其尸骨于外。可见当时有人对魏收真是恨之入骨。一位历史学家为修撰一部史书而得到这样的结果,确也使人生出不少感慨。

其实作为一部史书,《魏书》绝不是一无是处,它的纪传记录了不少重要文献,很有史料价值。《魏书》在"本纪"之前,别立一篇"序记",系统地追溯拓跋珪的先世,共列二十八帝,这是以前各史所没有的。需要说明的是,魏收在北齐曾任高官,所以在撰《魏书》时,为了给北齐争"正统"地位,有意不为西魏皇帝写本纪,并贬斥西魏君臣。可见,《魏书》本纪的内容与当时的政治斗争是有着密切的联系的。

《魏书》的列传比较庞杂,多叙谱系枝叶。《北史·魏收传》说杨愔曾对魏收说:"你写的《魏书》实在太好了,可以永远流传下去。只是对'诸家枝叶亲姻'记载得太繁琐了,这与以往史书体例不同。"魏收回答说:"因为中原战乱频仍,人们的家谱都遗失了,所以此书对这方面的内容才记得这么详细,希望你能理解我的初衷。"的确,杨愔的批评是很有道理的,《魏书》的人物传,往往记及家世与族人,一人立传,他的子孙不管有无记述的必要,都附缀在后面,多的竟达数十人,其中有的人只记了二、三行,实与家传无异。如《李顺传》附载子孙和同宗族的人有二十人之多,可以看作是李氏的家谱。这一方面是由于当时重视门第与谱牒,使得取材有局限性;另一方面也与魏收爱憎由己有关,他希望这样能讨好那些附入本传的人,以取得他们的好感与支持。

《魏书》诸传中值得一提的有《外戚传》,它不载后妃,而载后妃家族的男子,这是以前史书中所没有的。《节义传》为《魏书》首创,此传今阙。《岛夷传》与《宋书·索虏传》一样,史料多出自敌国传闻,极不可靠。对十六国的史事,《魏书》有较详细的记载,史料价值很高。

《魏书》十志,有天象、地形、律历、礼、乐、食货、刑罚、灵征、官氏和释老,均颇有史学价值。《魏书》首创《释老志》和《官氏志》,前者是"正史"中最早出现的宗教史,记载了佛教和道教的盛衰,是一篇重要史料;后者先记官,后述氏,重点仍在记官,《姓氏部》列举鲜卑拓跋部所属诸部族、氏的原姓氏和所改汉姓,反映了民族融合的史实。《食货志》记载均田制度,有极高的史料价值。北齐、北周及隋唐均田制度,大致根据北魏而略有变动,所以这是一篇研究均田制的重要历史文献。《灵征志》保存了北魏一百五十年间的地震记录,至今仍有参考价值。

总之,《魏书》虽在历史上曾被人称为"秽史",但它的价值是不容抹杀的。《四库全书总目提要》说:"互考诸书,征其所著,亦未甚远于是非。'秽史'之说,无乃已甚之辞乎?"清代学者王鸣盛认为《魏史》未必比诸史逊色,这却是公允的评价。魏收之前曾有人写过魏史,隋唐时也出现过几种《魏书》,但都没有流传下来。今天所流传的北魏书籍几乎没有一部是完整的,大部分史料都是依靠《魏书》才保存了下来。《北史》中有关北魏的部分,基本上是《魏书》的节录。作为记载北魏历史最多原始材料的史书,《魏书》的史料价值是不能低估的。隋代的时候,魏澹等人受命重撰《魏书》,但改撰之作总是不如魏收原书。由此也可以看出《魏书》自有它存之于世的道理和价值。

《魏书》很早便残缺不全了。据统计,全缺的有二十六卷,部分缺少的有三卷。后人据其他各种书籍作了增补。宋代的刘攽(bān 班)等人校过《魏书》,把增补各卷的来源一一作了说明并在目录中表示了出来。后来传世的各种《魏书》刻本就是在这一基础上形成的。

（六）初唐八史

隋朝史学是北朝史学的延长,成果甚少。除了历史短暂的原因以外,主要的原因是隋朝二主轻视历史经验,忽视史学。唐朝代隋而兴,面临着巩固封建统治的问题,同时,当时社会生产得到一定程度的恢复,海内日益安定,国力日渐富强。这些条件有利于史学的发展。唐初统治者尤其是唐太宗极为重视史学,唐高宗也提倡将君臣功绩载入史册,以达到用史学来维护封建统治秩序的目的。唐朝设馆修史,建立了完整的官修史书的制度。为了总结历史经验,也为了控制修史,唐初统治者前后诏修梁、陈、北齐、周、隋五代史和晋史。这六史有的是史馆官修,有的是奉诏私修而由官府审定。另外,李延寿还编写了南北二史。

贞观三年(629年),于中书省置秘书内省,诏修五代史。姚思廉、李百药、令狐德棻、岑文本和魏征等人参预其事,由宰相房玄龄总领监修,由魏征审定。贞观十五年,五代史纪传修成,太宗十分高兴,嘉奖道:

> 我看前代史书,表扬好人,抨击恶人,可以令后人作为戒鉴。秦始皇为了隐讳自己的恶行,所以才焚书坑儒。隋炀帝虽然喜欢文学,但是轻视史学,前代的事竟没有完成一部史书。我与他们不同,我想以前代君主的得失为镜,以正我的行为。诸位用数年时间完成了五代史,正合我意,实可表扬!

五代史起初没有志。贞观十五年(641年),于志宁、李淳风、韦安仁和李延寿等奉诏修五代史志,历时15年才完成,开始单行,后来置于《隋书》之中,即称《隋志》。

1.《梁书》

《梁书》五十六卷,包括本纪六卷、列传五十卷,记事起梁武帝天监元年(502年)至敬帝太平二年(557年),记载了梁朝56年的史事。

《梁书》为姚思廉所作。姚思廉(557—637年)字简之,历官陈、隋、唐三朝,在唐初任著作郎、弘文馆学士,后为散骑常侍。姚思廉的父亲姚察做过梁、陈两代的史官,于隋文帝开皇九年(589年)受命编写梁、陈两朝史,但没有完成就死了。《陈书·姚察传》说:"梁、陈二史本是姚察所撰,其中序论和纪传还有些没有完成。他在临去世时,还嘱咐其子姚思廉按体例完成全书。"姚思廉编修梁、陈史书,利用了姚察的成果。《梁书》纪传末的"论",凡作"陈吏部尚书姚察曰"的,是姚察原稿,有二十六卷,凡作"史臣曰"的,则为姚思廉自己的著述。另外,姚思廉奉命修史时,魏征任监修官,所以《梁书》本纪部分也有魏征的文字,但数量极少。

《梁书》本纪六卷,一半左右为《武帝纪》,这是因为梁武帝萧衍在位48年,梁朝其他三个皇帝在位时间加起来也只有8年。这样处理是符合实际情况的。但是,也有些重要的史事没有记载,令人费解。如《梁书》没有为昭明太子长子萧詧立传,对其事也避而不谈。萧詧与梁元帝结仇甚深,梁元帝对他恨之入骨。萧詧曾引西魏兵灭梁,使江陵百姓遭了大难。他逃到西魏以后,在魏的扶植下,在江陵建立了后梁,为附庸国,传袭了三世33年,与陈的年代先后差不多。《梁书》不为萧詧立传,又不记载这段史实,实在奇怪。

《梁书》在列传部分,新创了《止足》这篇类传,记载顾宪之等三人。值得注意的是,《儒林传》记载了范缜这位杰出的古代唯物主义者,对他的"神灭论"的主张多所称赞,表现出姚思廉的卓越识见。《梁书》的文字精炼,叙事简洁。六朝和初唐文士叙事议论爱用骈体文,而《梁书》却用简明的散文记述史实,不蹈六朝以来的恶劣文风,所以受到后人的称道。

2.《陈书》

《陈书》三十六卷,包括本纪六卷、列传三十卷,起陈武帝永定元年至后主祯明三年(557年—589年),记载了陈朝33年的史事。作者仍是姚思廉。

《陈书》主要是姚思廉自己的撰述,全书三十六卷中有"陈吏部尚书姚察曰"字样的,只有少数几篇。另外,《皇后传》有魏征的论赞。

《陈书》不如《梁书》那样内容充实,本纪和列传都过于简略,这可能与陈朝只存在了33年,在政治、经济和文化各方面均没有特别的建树有关。《陈书》颇多隐讳,这较宋、齐、梁史更加明显。如《刘师知传》中一点儿也没有他杀梁敬帝的痕迹,《虞寄传》亦多浮夸颂扬之词。其原因是什么呢？赵翼一针见血地指出："这是因为姚氏父子与刘师知和虞寄兄一起在陈做官，入隋后又与虞寄的侄子虞世基、虞世南一起为官，所以照顾私情而为他们'立佳传'"。这正指出了姚氏父子曲笔阿人、顾忌多端的毛病。

与隐讳相联系，《陈书》中有些议论也十分荒唐，其原因是姚氏父子都曾在陈为官，不愿说陈的坏话。如陈朝事实上国威不振，国土日小，《陈书》中连《四夷传》都没法设立，而议论中却说"每年进贡的人成群结队"，实在可笑。另外，有关封爵、册立和谱系的罗列，繁冗芜杂，可是对当时经济、文化状况的记述却极少，这也是《陈书》的一个缺点。同《梁书》一样，《陈书》还有不少地方失于考订，记载不一，并有重复互见的地方。

虽然《陈书》较之《梁书》在各方面都差得多，但是关于陈朝的事迹，别的书籍记载得很少，所以它仍不失为研究陈朝历史的重要史料。

3.《北齐书》

《北齐书》五十卷，包括纪八卷、列传四十二卷。魏永熙三年（534年），北魏分裂，东魏建立。武定八年（550年），高洋推翻东魏，建立了齐，历史上称为北齐。幼主承光元年（577年），北齐亡于周。《北齐书》记载的即是东魏和北齐这四十多年的史事。

《北齐书》的作者是李百药。李百药（565—648年）字重规，定州安平（今河北安平县）人。父亲李德林，为隋内史令。李百药初仕于隋，曾为东宫通事舍人，后出为桂州司马。他入唐后召拜中书舍人，奉命撰《齐书》，书成后加散骑常侍、太子左庶子。

李德林曾经写过《齐书》，李百药在其旧稿的基础上，杂采其他书籍，完成了《北齐书》五十卷。隋代王劭的《齐志》本有三十卷，到唐时只剩下了十六卷，李百药修《北齐书》时曾参考《齐志》，还可能转录了《齐志》的部分内容。

《北齐书》自唐代中叶以后即逐渐残缺。到宋初，原文仅存十八卷，刚过全书的三分之一，即卷四、卷十三、卷十六至卷二十五、卷四十一至卷四十五、卷五十。其余各卷是后人拿《北史》补充的，也有的是用《高氏小史》补充的。今本《北齐书》是原文和其他史书拼凑而成的，所以显得体例很混乱，叙事也时常出现矛盾的地方。《北齐书》运用的口语较为真切生动,这是它的一个长处。

4.《周书》

《周书》五十卷,包括纪八卷、列传四十二卷,记载了北周二十余年的史事。作者为令狐德棻。令狐德棻(583—666年),宜州华原(今陕西耀县)人。唐武德初为起居舍人,迁秘书丞。武德四年(621年)他向唐高祖建议修梁、陈等五代史。贞观三年他受命与岑文本、崔仁师修周史,贞观十年(636年)完成。

《周书》的材料来源主要是西魏史官柳虬(qiú 囚)的《周史》和隋牛弘的《周纪》。刘知几认为《周书》没有广泛收集材料,所以不能写出更有价值的史书。他指出:"令狐不能别求他述,用广异闻,唯凭本书(指柳、牛之作),重加润色,遂使周氏一代之史,多非实录。"的确,《周书》搜求史料不够丰富,对有些较重要的人物常以"失其事"为借口而不为之立传。

当然,从另一方面看,《周书》如实地记录了一些历史情况,有一定的史料价值。它的本纪以西魏、北周为主,还兼述了东魏、北齐和梁、陈,能给人一个关于当时历史的总的概念。列传收近二百人,因隋唐二代与北周有密切关系,这些人的后代在唐朝多居显要的官位,所以这些列传对研究隋唐制度发展情况和人物家世都有较高的参考价值。列传中有《异域传》一篇,分为上下二卷,上卷记载高丽、百济和氏等,下卷记载突厥、吐谷浑和西域诸国,内容广泛,不仅记载了这些国家和地区的政治制度、经济状况和物产风俗,还记载了朝聘往来和道路远近等情况,是了解唐以前国内外商业和交通等发展程度的重要材料。《周书》还记载了有关均田制和府兵制的内容,颇有价值。

《周书》流传到宋初时已多残缺,后人用《北史》及《高氏小史》等补配。今本卷十八、卷二十四、卷二十六、卷三十一、卷三十二等,均不是令狐德棻的原文。

5.《隋书》

《隋书》八十五卷,包括纪五卷、志三十卷、列传五十卷,记隋代自隋文帝开皇元年(581年)至隋恭帝义宁二年(618年)38年的历史。《隋书》由魏征监修,参加执笔的有颜师古、孔颖达、赵弘智和许敬宗等人。

《隋书》的编撰主要参考了王劭的《隋书》和牛弘的《朝仪记》等书。本来,隋距唐时代很近,收集史料应该不是很困难的事情,但是由于隋末战乱频仍,许多文献资料都毁损了,如《开皇起居注》六十卷便是如此,所以,《隋书》的史料并不丰富。如《孝义传》收入的 14 人中有 11 人几乎没有事迹,《刘方传》和《王辨传》均在附传中说"史失其事",可见《隋书》史料之不足。另外,书中也有些自相矛盾的记载,以至记年失检、记事差错和记述人物编次失当,这些缺点也许是多人合写所致。

尽管《隋书》有不少缺点,但它在梁、陈、北齐、周、隋五史中还是比较好的。它的纪传叙事简明,文笔严净,其中当然难免有为隋统治者回护的地方,亦不乏曲笔,但总的看来,这些纪传还可算是据笔直书,特别是其中的一些史论,颇有精采之处。作者注意以隋亡为戒,所以《隋书》详细记载了隋统治者贪残荒淫及农民反抗的史实,叙事及论赞突出人事对国家兴亡的关系,这反映了作者以史为鉴的编史态度。有些列传还保留了珍贵的史料。如《流球传》和《陈棱传》记载台湾居民社会组织、经济生活以及与大陆联系状况、陈棱率兵一万余人出征流球(台湾古称)等史事,都是很有价值的。

前面曾经提到,唐初修撰的五部史书,时人称为"五代史",最初各史都是只有纪传而无志。贞观十五年(641 年),于志宁、李淳风、韦安仁和李延寿等奉命修五代史志,先是令狐德棻监修,后来是长孙无忌监修,魏征也过问过此事,历时 15 年才撰成。开始的时候是单行,后来便置于《隋书》之中,称为《隋志》,它虽然为"五代史"的各志,记载"五代"的典章制度,但是内容详于隋而略于梁、陈、齐、周,有的远溯汉魏,史料价值极高,当时人称为"五代史志"。

《隋志》共三十卷,有礼仪、音乐、律历、天文、五行、食货、刑法、百官、地理和经籍十志。《隋志》颇为后人看重,它对书志体有很重要的发展,对后世典章制度专史的建立起了承前启后的作用。

《隋志》之所以内容丰富,水平颇高,主要是因为参加撰写《隋志》的均是学有所长的专门家,他们都能发挥专长,各尽其才。《隋志》的《食货志》系统地记录了南北朝后期的经济状况,史料极为重要。北朝齐、周、隋三代均实行均田制,制度大体相同,具体情况全赖《隋志·食货志》才保存了下来。另外,有关"租庸调"、"货币"的记载,也极有学术价值。《刑法志》记录五代律书的编制颇为详细,保存了我国较早的一部古代法典——"隋律",是研究中国法制史离不开的材料。《天文志》和《律历志》出于李淳风之手,历来受到人们的称誉。这两志不仅记叙了五朝天文历法的成就,还反映了作者自己独特的研究成果。《律历志》对魏晋以来声律度量的增损情况记载最为详细。《地理志》以炀帝大业五年(609 年)版图为准,记载全国郡县户口及所在山川,又兼录齐、周、梁、陈五代行政区的建置因革,是我国历史地理学上的重要史料。《音乐志》记载了中外音乐和杂技,有很多艺术史料。《经籍志》叙述学术的源流,考证书籍的存亡,概括汉以后六百年来图书情况,是汉以后中国古代书籍的第二次总结。因此,《隋志·经籍志》是继《汉书·艺文志》后一部十分重要的目录书。此志首创四部分类法,把经籍分为四部,即:经、史、子、集。四部之中又各分类,如史部就分成正史、古史、杂史、霸史、起居注、旧事、职官、仪注、刑法、杂传、地理、谱系和簿录等十三类。各类之中又多有附类,各类之中还分小类。四部各书皆著书名、卷数、作者职官、姓名并注明是否亡佚。《经籍志》的分类法一直被沿用到近代,成为旧目录学书籍分类的标准。《经籍志》全志有总序;作者在总序中阐述了研究古代经籍的意义、经籍的产生、历代经籍的遭遇与整理情况,以及本志的编辑过程,为《经籍志》作了必要的说明。各部有大序,各类有小序,论述经籍的源流和各类的特点,大致能反映出学术发展的历史进程。总之,《隋志·经籍志》是记录我国古籍的一部重要文献,在我国学术文化发展史,特别是目录学史上占有重要的地位。

6.《晋书》

《晋书》一百三十卷,包括帝纪十卷、志二卷、列传七十卷、载记三十卷,记载了从西晋武帝泰始元年(265 年)至东晋恭帝元熙二年(420 年)156 年的历史,并追述晋先世司马懿自汉末以来的事迹,旁及十六国君主名臣。所包括年代虽少于两汉,但史事错综复杂,所以《晋书》的编撰不是一件易事。

《晋书》成于众人之手,虽署名只有房玄龄一人,其实房玄龄只不过以宰相领衔监修,并未亲自参与编修工作,真正领导编撰的是令狐德棻,参与编写者有 18 人之多。郑樵《通志》说,《晋书》的体例出于令狐德棻,志由李淳风、于志宁等撰写,纪传由孔颖达等撰写。唐太宗写了宣帝、武帝两纪和陆机、王羲之两传的"论",所以旧本《晋书》又题"御撰"。《晋书》的编纂反映出唐朝初期在学术上的组织能力,其长处是诸家晋史所没有的。

唐初,社会上流行着前后晋史二十余家,最著名的有十八家,如属纪传体的有王隐的《晋书》、虞预的《晋书》、何法盛的《晋中兴书》和臧荣绪的《晋书》,属编年体的有干宝的《晋纪》、孙盛的《晋阳秋》和刘谦之的《晋纪》。这些史书深为唐太宗所不满,所以他在贞观十八年(644年)命房玄龄等主持撰修《晋书》。

《晋书》以诸家晋史中较为完整的臧荣绪的《晋书》为蓝本,参考其他晋书、起居注和杂著,加以剪裁。新的《晋书》修成后,各家晋史便不为人重视,逐渐散失了,只有一些内容为《初学纪》、《北堂书钞》和《艺文类聚》等类书所保存。

《晋书》修撰之时,距晋亡已220年了,所以《晋书》除了因袭旧文以外,很少有意隐讳。帝纪记述史事得失了无回避,与以往官府所修史书不太一样;志叙述自汉末开始,这是因为《三国志》无志,必须补足此段。其材料多采自沈约《宋书》。《地理志》二卷,录自《宋书》,虽作了一些删改却不够精密,如对侨州侨郡诸问题均未详考;《职官志》一卷,却未提及九品中正这一重要史实,令人遗憾;《食货志》一卷,极为粗略,惟其中关于曹魏屯田、兴修水利、发展农业、经营西北以及晋朝占田之制的记载,尽管不够具体、详细,但毕竟是难得的史料。诸志中最为人称道的是《天文志》和《律历志》,这二志是由天文律历专家李淳风所撰。因为李淳风熟悉天文历法,所以二志记载的天体、仪象和星宿位置等较为精确,达到了一定的科学水平。当然,其中还难免杂糅了一些唯心主义的内容,这是应该剔除的。

《晋书》列传七十卷,目录上一共出现了772人,体例颇受《后汉书》的影响,依时间顺序编次,以类相从。功臣、名士和史学家等都分类归并到一起,如列传三至十记开国勋臣,十九、二十记名士,二十一、五十二记史学家;也有高门士族子孙父子集中在一个传里的情况,有的多至十人以上,如桓彝子孙16人、陶侃子孙11人,均分别合为一传,这种写法可以反映当时士族势力的强大。《晋书》的列传保存了许多有价值的历史文献,记载了许多颇珍贵的史实。刘重来主编的《中国历史要籍介绍及选读》对此概括说：

> 《晋书》的列传极为珍贵。如《裴秀传》载《禹贡地域图》的制图六法,保存了我国最古的地图绘制方法。《裴颜传》载《崇有论》,反映朴素唯物论同崇尚"虚无"的颓废唯心思想的斗争。《傅玄传》载傅玄父子上疏请务农功,从侧面反映了"蚕食者多而亲农者少"所引起的社会深刻矛盾。……《阮瞻传》的无鬼论、《陆机传》的辨亡论、《李重传》的论九品中正之弊,提供了研究当时政治思想的材料。《江统传》的徙戎论、《温峤传》的奏军国要务七条,提供了研究汉胡族斗争的材料。……《叛逆传》提供了研究孙恩、卢循、张昌、杜韬、王如、王弥等农民起义的材料。《鲁褒传》收入《钱神论》,对于阶级社会中金钱万能的丑恶现象,作了尽情的揭发。《束皙传》载"汲冢书"的发现和整理经过,是有关古文物的重要资料。《卫恒传》载论书法源流的《四体书势》一篇,亦是极为珍贵的史料。

当然,《晋书》鼓吹忠孝贞烈,为孝子、烈女树碑立传,表现出明显的时代特点,自然是应该批判的。

《晋书》的体例与以往史书的明显不同之处在于,它增设了"载记",分别记载与东晋先后并存的五胡十六国中的前赵、后赵、前秦、后秦、西秦、后蜀、后凉、南凉、北凉、前燕、后燕、南燕、北燕和夏等十四国的人物史事,体例与世家相似,只有前凉和西凉载入了列传。因为前凉的最高统治者张轨原为晋臣,西凉的最高统治者李暠是唐朝皇帝的始祖,所以在作者看来,它们是不宜列入"载记"的。十六国时期的史迹,一向比较混乱,不易搞清楚。《载记》撰成后,"不仅保存了这一历史阶段的复杂史实,且对史实的叙述,比较有条理和系统,可以很清楚地看出五胡十六国的兴灭变迁,可算是一种极宝贵的史料"(《中国历史要籍介绍及选读》)。《载记》叙事详略相间,首尾相次,没有单调刻板之病,《苻坚载记》两卷尤为生动。

《晋书》成于众人之手,又缺乏较严密的检校制度,所以全书各部分不能协调一致,常有重复和互相不能呼应甚至彼此抵触的地方,也有疏漏遗脱之处。如《冯纨传》说"纨兄恢,自有传,"实际上并没有设《冯纨传》;《武帝纪》记载政府命令郡中正用六条标准选拔官吏,这是一件有重要意义的史事,但《职官志》却没有记载。又有一事二见之处。如王坦之、王彪之二传均有不同意降诏使桓温依周公居摄故事,即由于二人姓名相似而造成的一事分系二人的现象。《晋书》所依史料除诸史外,还有《世说新语》《搜神记》和《幽明录》之类,语涉神怪,选材芜杂,不注意史料的甄别取舍,一些荒诞不经的内容也加以收录,损害了全书的史料价值。同时,参加撰写的人大多长于诗赋而不娴史法,所以"竟为绮艳,不求笃实"(《旧唐书·房玄龄传》)。因为片面追求词藻的华丽,所以在典章制度的考核等方面就不够下功夫。如《食货志》关于西晋户调式的记载没有参考其他可靠的资料加以论证、核实,关于占田、课田的记录显得语焉不详,不够清楚。

7.《南史》和《北史》

《南史》八十卷,包括本纪十卷、列传七十卷,记载了南朝宋、齐、梁、陈四代 170 年(420—589 年)的史事。《北史》一百卷,其中本纪十二卷、列传八十八卷,记载了北朝北魏、东魏、西魏、北齐、北周至隋约 230 多年(386—618 年)的历史。

《南史》和《北史》的作者是李延寿。李延寿,字遐龄,生卒年月不详。他出于陇西李氏,世居相州(今河南安阳市)。贞观中,累补太子典膳丞、崇贤馆学士。他参与撰写《晋书》《隋书》和《五代史志》,积功转御史台主簿兼直国史。其父李大师(570—628 年),鉴于隋唐统一后已结束了南北分裂的局面,需要一部"以备南北"的史书以适应统一的形势,着手撰写编年体的南北朝史,未写成就死了。李延寿继承父业,又因参修五代史,掌握了大量的有关南北朝的材料,经过十六年的努力,终于写出了《南史》和《北史》。

《南史》《北史》在原有八史的基础上,"编次别代,共为部帙"。南北二史分记南朝和北朝的历史,帝纪按顺序编列,列传多以类相从,特别注意家传谱系。为了突出门阀士族的地位,作者较多地采用家传的形式,一姓一族,不论时代早晚,集为一篇,子孙后代一律附在父祖的传下,实际上相当于一篇世族大姓的谱牒。作者承认南北分裂的现实,不强调哪一方为顺,哪一方为逆,但又忽略了双方在对立中的关系。关于双方军事上的攻防、政治上的往来以及经济文化上的相互影响,不仅没有专篇记载,就是分散的记载也不多见。作者忽略了南北朝历史的纵横联系,这就很难反映出当时总的历史情况。

李延寿写南北二史,主要是对以前史书删削修改,去除冗长之处,保留史料精华。把原有五百三十七卷之多的八史,删改成一百八十卷的两史,这确不是一件容易做的工作。《南史》主要是在宋、齐、梁、陈四书的基础上删繁就简。四书之中,对《宋书》删削最多,对《南齐书》和《陈书》删削较少。《北史》主要在《魏书》《北齐书》《周书》和《隋书》的基础上删减,删削最多的是《魏书》。这一番删削,简省了大量篇幅。有些内容,如帝纪中的一些禅位文字和列传中的一些诏书,删削得颇为恰当,起到了简洁易读的效果。但是,作者也删去了一些重要史事。如北魏李安世关于均田的奏疏,梁范缜关于神不灭的辩论,均极有史料价值却也被删去了。

南北二史对前史不仅多有删削,而且还增加了一些史料,特别是对梁、北齐、周三朝增添得较多。这些增添的史料,多取之于唐以后不易见到的书籍,因而更有价值。如《南史·临川靖惠王宏传》对《梁书·临川王宏传》便补充了一些有价值的材料。同时,南北二史纠正了前八史的一些错误,对过去史书讳言的地方也能直书其事。应该指出,南北二史在增补史料时,还收集传闻,添加了一些鬼神怪异、荒诞不经的内容。

关于南北二史,后人议论颇多。有人对李延寿及其史书十分不满,如清王鸣盛甚至这样贬低李延寿:"学浅、识陋、才短、位又甚卑,著述传世千余年以来,遂成不刊之作,一何多幸耶!"(《十七史商榷》)但是,能"传世千余年"而且"成不刊之作",这本身就说明了二史自有其不可抹杀的价值。事实上,南北二史的编撰正可与八代史相辅相行,相互参证。齐、周两书后世残缺,多依《北史》缀补,就是很好的证明。研究南北朝史,八史固然要读,而南北二史也是不能不参看的。

(七)刘知几及其《史通》

自从史学发展起来以后,对史学的检讨和总结也就随之兴起,出现了一些较为专门的文章,如班彪的《前史略论》、刘勰的《文心雕龙·史传篇》以及《隋志·经籍志》史部序等。这些文章对前代史学发展、古代史官的建置、史书的源流、撰史的功用与目的等都作了一些论述。这对初盛唐时期的刘知几写作不朽之作《史通》很有影响。

《史通》共二十卷五十二篇(现存四十九篇),是我国古代第一部史学评论专著,也是古代第一部史学史。它对唐以前的古代史学作了系统的检讨和总结,在我国史学史上有着重要的地位。

1.《史通》的作者刘知几

刘知几(661—721年)字子玄,徐州彭城(今江苏徐州市)人。后避玄宗讳,以字行。刘知几自幼喜读史籍,十七岁时已把汉唐之际的主要史籍及唐朝实录窥览一遍。二十岁举进士后入仕,授获嘉县主簿。武后长安二年(702年),他任著作郎,兼修国史;迁左史,撰起居注。次年他奉诏与李峤、朱敬则、徐彦伯、徐坚和吴兢等撰国史,成《唐书》八十卷。中宗神龙元年(705年),他任著作郎、太子中允,兼修国史。次年他又与徐坚和吴兢等人一起修成《则天实录》,景龙二年(708年)他专掌修史,迁秘书监。开元三年(715年)他迁散骑常侍,参预修史,后又撰修《中宗实录》和《睿宗实录》。

自四十一岁起至去世的二十年间,刘知几除个别时间离开史职外,基本上一直担任史官,参与修撰了许多史书,同时自撰家谱《刘氏家乘》和《刘氏谱考》,这种史学实践,使他积累了一套独特的史学理论。

刘知几在史馆中虽然参预了一些史籍的修撰,却也逐渐认识到了史馆监修这一制度的弊端。他在与人的书信中曾从五个方面揭露出史馆监修史书所容易造成的问题。他曾坦率地承认自己与监修贵臣和同事往往不能互相理解,常常发生矛盾,虽然已经尽量"依违苟从",但还是不能令史馆的高官满意。他深感:虽然身任史官,却不能充分发挥自己的才能;虽然能参加撰史,却不能写出自己想写的内容。因此,他"退而私撰《史通》,以见其志"。《史通》的写作用了近十年的时间。全书分内外篇,内篇三十九篇(已佚三篇,即《体统》、《纰缪》和《驰张》),外篇十三篇。全书内容广泛,观点进步,有极高的史学价值。

2.《史通》论述的主要问题

《史通》论述的问题较多。从全书看,内篇多论史籍的源流、体例和修史方法,外篇多论史官建置的沿革和史书的得失。这里只简要地介绍其主要的内容。

(1)论述前代史书及史书体例。

《史通》将唐以前的史著分为正史和杂史两大类。在正史里,刘知几把前代史书分为六家,即《尚书》家、《春秋》家、《左传》家、《国语》家、《史记》家和《汉书》家。清人浦起龙注释《史通》,解释这六家为记言、记事、编年、国别、通史纪传和断代纪传。这是按著作的源流和体裁来区分史书,如果按体例分,则可以分成编年、纪传二体。刘知几认为,由于时移世异,六家发展不平衡,其中只有《左传》家和《汉书》家较为重要。因为这二家能应时变化,所以它们能延续不断。纪传与编年二体,各有所长,均为正宗。刘知几总结了唐朝以前史籍的发展情况,以《左传》和《史记》为例,着重分析了编年、纪传的得与失。编年体的长处是按年代记事,井然有序,"理尽一言,语无重出";缺点是记载人物或有或无,轻重不分,详略失当。纪传体的长处是典章、人物叙述详尽,"显隐必该,洪纤靡失",记载史事全面;短处是记述重复,时间错乱,一事分在数篇,有的时候时间不清楚。最后,作者总结为"各有其美",应当"并行于世"。

刘知几综述古今正史,兼顾纪传与编年二体的史书,这与《隋志》只以纪传体为正史的看法不同。但刘知几是从汉唐之际史学发展中以纪传为主要形式的实际出发来论述史书体例的,因此他以纪传体史书的体例为评述的重点,对于本纪、世家、列传、表和志等五种基本形式,都有所议论。

刘知几认为,在一般的项目之外,还应增加一个"书"的形式,收集君主的制册、诰令和群臣的章表、移檄,名为《制册书》和《章表书》。除此之外,刘知几还论述到体例中诸如论赞、序例、题目、断限、编次、称谓和序传等问题,其中有些是很有价值的意见。如刘知几认为史书须断限分明,以免重复。他批评《汉书》"表志所录,乃尽牺年",与一代之史不符。又如他认为史著的编次要明晰严格,"以简要为主",重在质量。这些论述对我们今天撰写史书仍不失参考价值。

（2）既要广泛收集史料，又要注意选择史料。

刘知几认为修撰史书，必须广泛收集史料。他说："盖珍裘以众腋成温，广厦以群材合构。"因此，作为史学家就要"征求异说，采摭群言"，"博闻旧事，多识其物"。但仅仅如此还是不够的，还有一个"慎择"的问题。刘知几认为，以往的史书因选择史料是否得当而可以分出高下。在他看来，史料大体可以分成原料和次料，原料是指原始文件和亲见身历，次料是指口头传说或得之于传闻的资料，无论是正史还是杂史，他认为都应本于求实的精神来写作。对于即使是一向被奉为经典的《尚书》《春秋》以及各朝正史如《史记》《汉书》，他都认真检视，指出其谬误伪造，从史料价值上论其是非得失，刘知几认为不仅次料可能有误，就是所谓原料如原文也有一个真与伪的区别问题。他将魏晋以下各朝起居注和国史中载文的伪谬，归为五类加以批评，即虚设（"徒有其名，竟无其事"——不真实）；厚颜（自吹自擂，诋毁别人——谎言）；假手（不顾事实，竞为浮词——由文人代笔）；自戾（"愚智生于俄忽，是非变于俄顷"——自相矛盾）；一概（"谈主上之圣明，则君尽三五"——不顾事实的公式化）。刘知几嘲笑说，用这五个方面的过失来审视史书，虽然有许多记载看似真实，其实全是虚假的。就好像雕琢冰块为玉璧，毫无用处；又好像在地上画饼，根本不能充饥。这样的史书在当世流传，则人们都受它的欺骗；传于后世，则人们都能看出它的虚假失实。

在史料的运用上，刘知几主张"学者博闻，盖在择之而已"。杂史虽可补正史之缺，订正史之误，但多芜杂荒诞之处，运用时应特别谨慎，去伪存真。有一些史料，如果与史书关系不大，则应采取"割爱"的办法，不必尽录于著作之中。总之，刘知几关于史料的有关论述，既有广度又有深度，的确是前无古人的。

（3）历史人物的语言，要力争"记其当世口语"。

刘知几认为语言是随着历史发展而变化的，史文也应随着历史的变化而变化，优秀的史家总是能记录当时的言语，反映当时的真实情况。他认为记载口语应该按照不同人物而有不同。他反对"怯书今语，勇效昔言"的做法，指责北朝一些史家，"妄益文采，虚加风物，援引《诗》《书》，宪章《史》《汉》……华而不实，过莫大焉"。因此，刘知几强调撰史者应该"从实而书"，"事皆不谬，言必近真"。这些议论不仅批评了魏晋以来

311

模拟相向的不良文风,把能否如实记言作为实录信史的一项重要标准,而且对后来"文起八代之衰"的古文运动也起了启发和促进的作用。

（4）史书在内容上应该详近而略远。

刘知几认为史书篇幅多少不能由主观决定,而取决于客观情况。古代的一些史书之所以简约,不是作者有意如此,而是因为那时的史料不容易获得。西汉时,国内统一,史料较易获得,所以能"夷夏必闻,远近无隔",记载也就详尽多了,因此,他不满于那种以繁简为标准来评论史书高下的成见。这实际反映了他详今而略古的意见,也体现了进化论的思想,所以十分可贵。

（5）主张修史要用"直笔",做到"不掩恶,不虚美"。

刘知几认为,选择和评价历史人物,应该不论他们是善人还是恶人,因为"其恶可以诫世,其善可以示后"。他赞美那些敢于直书史事的人物,说他们因直笔而遭难,虽然个人遇到不幸,但是流芳百世,受到人们的敬仰。他极力反对曲笔阿世,说这些史家为了自己的私利,任意取舍史料、评价人物,失去了客观标准,这是一种"丑行",必然受到读者的痛恨。在他看来,这类史家真应该斩于大众之前或喂狼虎。可见他对这类人是深恶痛绝的。

本着以上的原则,刘知几对古今史书作了分析,指出这些史书多曲笔讳饰。特别值得注意的是,他在《疑古》《惑经》两篇文章里,举出《尚书》可疑处十二条,说它记二帝三王多所美化,记桀纣之事多有增恶;又举出《春秋》所未谕者十二条,虚美者五条。比如儒家称颂尧舜禅让,刘知几据一些史书记载,通过推理得出结论:尧舜禅让和禹传子,皆经书的讳饰之词,实际都是篡夺。刘知几通过大量史实断言古史之妄,较后世更严重,"推此而言,则远古之书,其妄甚矣"！这种疑古惑经、非议先圣的批判精神是十分可贵的。

对近世讳饰阿世的史书,刘知几更是大胆直言。他认为自汉以来,史书多为本朝及个人恩怨而讳饰,成为通例。他说:"自梁、陈已降,隋、周而往,诸史皆贞观年中群公所撰,近古易悉,情伪可求。至如朝廷贵臣,必父祖有传,考其行事,皆子孙所为,而访彼流俗,询诸故老,事有不同,言多爽失。"刘知几还指出这种情况之所以出现,主要原因之一是史臣宁可顺从而保住身家性命,不敢违忤时人以免带来灾难。另外,对史学领域中的封建专制主义,刘知几在《史通》中也作了有力的抨击,其进步性是明显的。

(6)对文风的有关论述。

《史通》的《浮词》、《叙事》、《模拟》、《核才》和《点烦》诸篇论述了有关文风的一些问题。刘知几认为,优秀的史书必须以求实为前提,在求实的基础上还需要有优美的文采。他强调史文要"文而不丽,质而非野"、"辩而不华,质而不俚"。他认为史书应"以简要为主",做到"文约而事丰",但不能以简要为满足,还要求"用晦",即言简意赅。用晦能"略小而存大,举重而明轻,一言而巨细咸该,片语而洪纤靡漏"。另外,刘知几主张尚质,反对夸饰,对那种为满足读者心理而"虚引古事"的妄饰恶习和骈偶的文风均提出了批评,他还反对不去吸取古人精神实质上的长处,只求形式上的相似,一味模仿。他主张要"貌异而心同",不能"貌同而心异"。

(7)史家三长:才、学、识。

刘知几提出了一个著名的史家须有"三长"的理论,他说:

> 史有三长,才、学、识,世罕兼之,故史者少。夫有学无才,犹愚贾操金,不能殖货;有才无学,犹巧匠无楩柟斧斤,弗能成室。善恶必书,使骄君贼臣知惧,此为无可加者。

这一段话见于《新唐书·刘子玄传》。关于史家之才,《史通》里没有专设篇章,但书中所论无不与史才三长有关。这里论述的就是史学家的修养问题,所谓"史才",是指选择和组织史料的能力,即指历史文学和历史编纂的能力,其中包括搜集考订和编排史料的能力,叙事载言、行文运笔的技巧,以及运用体例、编次内容的方法。所谓"史学",是指掌握丰富的史料,通晓历史知识和有关历史的各种知识。史学家要占有材料,要做到博采和慎择,辨别真伪,组织使用。史学家知识面要广,不仅要精通社会历史,还要掌握天文和地理等方面的知识。所谓"史识",是指史家的历史观点和见解,即史家的理论水平,其实就是指忠于史实的无畏精神和高尚品质。

刘知几认为史学家的职责可分为三等,第一种是能表彰善举、针砭恶人而不怕打击迫害;第二种是能经过努力,编成史书,流传后世;第三种是"高才博学,名重一时"。这三等分别为上、中、下。可见,刘知几在"三长"中最看重"史识",而"史识"又以直书实录为第一要义。他既不忽略史学见解和观点,又强调以"史识"统率"史才"、"史学"。关于"史识",刘知几还有几点要求。其一是应当阅览群书,要在"博闻旧事"的过程中"多识其物";对于那些"异辞疑事",应当善于思考而加以分辨。其二是不要凭个人的好恶来论述史实的是与非,要兼取各家之长,不囿于一家成见,对那些古代的记述,即使是孔子、扬雄所作,也有感情偏向而难以"忘私"。史家记事却不能如此,而应该"爱而知其丑,憎而知其善",做到"兼善"和"忘私",才不致出现大的偏差。其三是后人评论前人著述,往往多用揣想,反而违背了原著的本意,这是不正确的。史家应该独立思考,细加分析,才能得出正确的结论。

刘知几的"三长"之说,对后世颇有影响。章学诚在此基础上加了一个"史德"。其实刘知几所说的"直书"、"兼善"和"忘私"都是有关史德的问题,不过章学诚的阐述更系统,也十分深刻精辟,发展了刘知几的理论,这是应该充分肯定的。

3.《史通》的意义与影响

《史通》对于唐以前的史学,作了历史性的总结。它的许多观点有着明显的进步性,至今仍有极高的学术价值。"《史通》论述的问题,范围很广,包括历史观、史学思想、史学方法、史家修养、史书体例、修史常识以及史学源流等等,差不多囊括了历史学的全部内容,它是对唐以前中国史学的第一次全面、系统的总结,因而在中国史学发展史上具有重要地位。"(《中国历史要籍介绍与选读》)

刘知几的史学思想对史学的发展产生了深远的影响。继《史通》之后,陆续出现了一系列关于历史评论的著作,其中较为著名的有宋代吕夏卿的《唐书直笔》、吴缜的《唐书纠谬》,元代苏天爵的《三史质疑》,清代赵翼的《廿二史札记》、章学诚的《文史通义》等。宋晁公武在《郡斋读书志》中开始把史评列为史部分类的一门。为中国历史评论开辟道路的是刘知几的《史通》,它对中国史学发展的贡献是绝对不应低估的。

关于《史通》的注本,清人浦起龙的《史通通释》,质量较好。一九七八年上海古籍出版社将该书校点重印,书末附有陈汉章的《史通补释》、杨明照的《史通释补》和罗常培的《史通增释序》三种,都是有较高学术价值的著作。

三　古代史学的繁荣时期

——中唐至元

在中唐至元这一时期,不仅统治者特别重视史学,史馆制度得到进一步完善,而且史书的体裁也有了进一步的创新。在记载封建王朝兴亡和封建君臣荣辱的"正史"继续编著的同时,出现了一些立足于"通变"、"借鉴"的通史性质的史学名著。杜佑的《通典》是典制史通史,郑樵的《通志》是纪传体通史,马端临的《文献通考》是仿《通典》之作,这三部著作历来号称"三通"。司马光主编的《资治通鉴》是一部著名的编年体通史。在它的带动下,出现了《通鉴纪事本末》、《续资治通鉴》和《通鉴胡三省注》等一批有价值的史学著作。这一时期还出现了一些颇有价值的地理、方志著作,如《元和郡县志》、《海内华夷图》、《蛮书》和《太平寰宇记》等,都很有影响。中唐至元这一时期十分重视收集史料,尤其是宋代,史料收集得极为丰富,编辑了《太平御览》和《册府元龟》等极有史学价值的类书。总之,中唐至元代,史学名著迭出不穷,史家人才灿若群星,确实是我国史学发展的繁荣兴盛时期。

(一)《通典》:政书体史书的开山之祖

唐自安史之乱以后,一批以天下为己任的士大夫议论朝政,要求改革。当时思想界十分活跃,他们往往借史立论,阐述自己的观点。其中有一批史学家着重研究古代的典章制度,希望从历史沿革方面总结历史经验和教训,以指导现实所面临的改革。其代表人物是杜佑,代表作是《通典》。《通典》是我国历史上第一部政书体史书。它是继编年体、纪传体之后又出现的一种史体。它的出现标志着中国古代史学史又开辟了一条新的道路。

1. 杜佑与《通典》的编撰

杜佑(735—821年)字君卿,京兆万年(今陕西西安市)人。幼时勤奋读书、博览典籍,早年以父荫入仕,初补济南郡参军、剡县丞,后为浙西观察使韦元甫辟为从事。韦元甫移淮南节度使后,杜佑仍随幕前往。杨炎入相,征杜佑入朝。杜佑先后任工部、金部二郎中,并充水陆转运使,改度支郎中并和籴等使,"时方军兴,馈运之务,悉委于佑"。德宗建中后,他历任岭南、淮南节度使、礼部尚书、司空、司徒和同平章事(宰相)等职。元和初他被封岐国公。杜佑历宦代宗、德宗、顺宗和宪宗四朝,后位居宰相,并曾兼理盐铁等使,对中唐的政治、经济和文化情况均十分熟悉。这是与以往史家明显不同的地方。

杜佑出生于唐代的盛世,二十岁目睹了安史之乱。在这个时期,唐朝由盛而衰,政治、经济和军事等方面都发生了巨大的变化。面对这种现实,杜佑倾向于改革。他力图借助于历史的经验来挽回唐王朝已经衰败了的社会局面。他认为:过去的是与非、对与错,可以作为今天的借鉴。他不仅有以古鉴今的愿望,而且具有极有利的条件。首先,他历仕四朝,位至宰辅,对各种典章制度十分了解;其次,他一生好学不辍。《旧唐书》本传说他本性喜欢读书,博览古今典籍,以富国安民为自己的理想。他虽身居高位,但仍勤学不倦。他白天处理公事、接待宾客,晚上则点灯夜读,从不懈怠。朋友们与他谈论学问,都知道他知识渊博,如果有什么疑问,都愿意向他请教。正因为具备了这些条件,杜佑才能撰写出《通典》这样的著作,实现了他自己"立言,见志后学"的愿望。他在《通典·总序》里表明了自己编撰此书的旨趣:

> 找不想探究"术数"之学,也不喜好作诗作赋。因此,我广泛收集材料,悉心研究,编出了《通典》这部书,其目的是给政治家提供借鉴。

这一段自白集中地表现出他以史为鉴的思想,是读懂《通典》的一把钥匙。

2.《通典》在体例上的新贡献

《通典》共二百卷，分为九门，即：食货、选举、职官、礼、乐、兵、刑、州郡和边防，上起黄帝，下迄唐天宝年间。

《食货典》十二卷，叙述历代的土地、财政制度；《选举典》六卷，叙述历代官吏的选拔、考核等制度；《职官典》二十二卷，叙述历代官制的沿革变化；《礼典》一百卷，叙述历代各种礼仪制度；《乐典》七卷，叙述历代乐制；《兵典》十五卷，叙述历代兵略和兵法等内容；《刑典》八卷，叙述历代的刑法制度；《州郡典》十四卷，叙述历代的地理沿革；《边防典》十六卷，叙述历代的边防和四境各族的情况，其实即是周边各少数族及外国传。每一制度都贯通古今，溯源明流，疏通原委，全按朝代顺序排列资料，每典之中细分子目，便于查阅。正文之外，常夹有注文和说明的文字，还有一些作为小结的评论。这种编纂方法开创了政书体通史的先例。

关于《通典》的编撰特点，《四库全书总目提要》是这样评论的：

> 《史通》广泛收集《五经》、群史及汉、魏、六朝人的文集、奏疏中有价值的材料，每事以类相从。对历代沿革均有记载，详而不烦，简要明晰，与单纯记录史料不同。《通典》所记全是有用的实学。对唐以前的有关史料，《通典》收集得太详尽了。

《通典》的体例颇新，却并非杜佑凭空创造。它的出现有其历史的依据。在《通典》之前，战国时代成书的《周礼》是以官职分类来记载典章制度的政书，又称《周官》。《周礼》之后，又出现了《汉官解诂》、《汉宫仪》、《汉旧仪》、《晋公卿礼秩故事》、《晋新定仪注》和《齐职仪》等仿《周礼》体制编纂的政书。这些著作反映了当时正在实行或将施行的一部分典制，却不能反映全部典章制度的历史发展过程。只有到唐玄宗诏撰《唐六典》，才改变了以往政书不载制度沿革变化的状况。除了以往的政书，以前纪传体史书中的"志"，也分别记载了历史上的典章制度。"正史"中的"志"按时间先后，叙述了各种典章制度、艺术和地理等内容的沿革变化，常常能突破断代史的局限，形成接近通史的形式。政书和书志互相补充，共同为《通典》的出现铺平了道路。

说到《通典》的产生,不能不提到刘秩的《政典》。《旧唐书·杜佑传》说:开元末期,刘秩收集经史百家之言,按照《周礼》六官的职务,修撰了"分门书三十五卷,号曰《政典》",受到了时人的称赞。杜佑认真阅读此书后,认为还有许多条目应该列入,因此"加以《开元礼》、《乐书》,成二百卷,号曰《通典》"。虽然《政典》只有三十五卷,与《通典》相比分量相差悬殊,但杜佑毕竟是在《政典》的基础上修撰《通典》的。《政典》的作用自然不应该低估。《政典》今已亡佚,它的内容大约包括在《通典》之中了。

《通典》的编纂虽然是有所依凭的,但它毕竟与以往的著作不同。它使原来散见于各类史书中的历朝典章制度集为一书,系统地记录了这些制度的沿革废置,为专门史的编纂开创了一种新的体例。

3. 杜佑的史学思想

《通典》内容丰富,史料价值极高。同时,其编纂次序的安排以及直接的评议论说,反映了杜佑的史学思想。其中有一些思想是颇有进步性的。下面对此作一简要的介绍:

(1)"教化之本,在乎足衣食"

《通典》的内容编纂次序,与以往纪传体史书的志有很大的不同。它不仅不载天文、五行等与政治经济没有直接关系的内容,而且把《食货典》列在第一,这是前史所从来没有的。杜佑从巩固唐朝统治的角度出发,特别重视农业和土地,认为土地兼并和赋税苛重是社会不安定的因素。他认为,农业是国家的根本命脉,唐朝之所以由盛而衰,最重要的原因就是失去了这个根本。杜佑认识到务农安民的重要性,认为只有将所有的土地都耕种了,天下的仓库都充实了,才可能安定民生,否则国家就不可能富强,而所谓"教化"也就更谈不上了。基于这种看法,他主张均平赋役、轻徭薄赋。他认为只有使农民固定在土地上生产劳动,农业生产才能得到发展。因此,《食货典》将田制列于第一,赋税户口等也被看作是重点。杜佑在《通典·自序》中指出:治理国家的头等大事是"教化"百姓,而只有在"足衣食"的基础上才可能实行"教化"。这种观点和离开实际生活高谈礼乐的思想有显著的不同。这说明杜佑是一个重视人民经济生活的官吏,也反映出他对历史经验教训的正确总结,包含着真知卓识。

（2）针对现实,发表政治见解

《通典》每类都有序论,其中有许多精辟的见解。这些见解大都是针对唐代的实际问题而发的,反映了杜佑"借古鉴今"的思想。如论"选举",杜佑认为今人不比古人缺乏才能,只是因为选才的标准不当,所以今天的有才之士不能有用武之地。本来仅仅"以言取士"已经很不合适,而又提出用辞藻是否华丽来选择人才则就更荒谬了。如果改变取才的标准,人才自然也就会不断的出现。这是他对以诗赋取士的评论。在杜佑看来,以诗赋取士不是一种好的制度,它不能选拔出真正的人才。又如论"职官",杜佑认为安史乱后,百姓流亡,出租赋的人减少了许多,那么"食租赋者"也就应该相应减少。他表达了削减冗官以减轻人民负担的主张。其他如论刑罚、论兵和论州郡等,都有许多借鉴历史经验而针对现实的精辟见解。

（3）历史进化论的观点

杜佑认为人类历史是进化的,所以他敢于是今而非古。对于那些美化远古的说法,他是不相信的。他在《通典》里鲜明地表明了自己历史进化论的观点:

> 汉、隋、大唐,海内统一,生产发展,人口滋殖,是远古三皇五帝的时代没法相比的。

杜佑在许多方面都表达了进化论的思想。如论婚礼,他注意到由野蛮简陋逐步变得文明繁富的过程,就是一个很好的例子。

进化论的历史观点,必然导致因时变革的结论。因此,杜佑强调人事应当适应时势,"随时立制,遇弊则变"。基于此,他对历代的改革家表示了由衷的赞美:

> 根据古代的经验,制定适时的政策,遇到积弊就思考变革,这样才能发展。……回顾历史,这样的人才是不易遇到的。周代妁兴盛得力于太公的努力,齐国称霸应归功于管仲,魏国的富足多亏了李悝,秦国的强大全依靠商鞅的变法,后周有苏绰,隋朝有高颎。这六

位贤才之士,上则成王业,兴霸图,次则富国强兵,都是后人的榜样。除此之外,汉代的桑弘羊、耿寿昌等人,虽然出身低微,执政时多注意从经济上考虑问题,但仍然是很有政绩的。

杜佑将李悝、商鞅与太公、管仲相提并论,并给桑弘羊等以很公允的评价,这是很有见地的。他在评论这些历史人物时,着眼点是他们在经济方面的改革,正反映了杜佑富国强兵、务农安民的思想。

杜佑把历史的发展归于"人事"和"时势",所以《通典》不讲阴阳五行和鬼神,而且特别驳斥了五行灾异的奇谈怪论,这也表明了他具有重人事而轻天命的无神论思想。

(4)详今而略古

《通典》的取材既有前代的各种历史资料,又有当代的文书、奏议以及帐册、大事记、私人著述等,对唐代的典章制度论述最为详细。全书之中,唐代的内容约占四分之一以上,表现出详今略古的鲜明特色。这正反映了杜佑以史为鉴的指导思想。

4.《通典》的影响

《通典》是有开创之功的历史著作。在中国史学史上,它有着极为重要的价值。

当然,《通典》也有一些缺陷和不足。如杜佑重视经济、政治问题,这无疑是有积极意义的,但他忽略了科学文化等内容,致使《通典》不设艺文、天文和律历等典,这较之一些"正史"自然是不足之处。又如记述中有失载的地方,如《钱币》不载陈永定元年制四柱钱法,《榷酤》不载后周榷酒坊法。再如杜佑极力贬低《水经注》为僻书,说它诡诞不经,这是不应有的偏颇。这些不足和缺陷自然不能与《通典》所取得的成就相比,也不可因而磨灭它的开创之功。

《通典》对后世的史学发展颇有影响。后世仿此体例而作的书甚多。如郑樵的《通志》、马端临的《文献通考》以及清代的《续通典》、《续通志》等,都是很有价值的史学著作。《四库全书总目提要》把这类史书列为"政书类",并以《通典》居其首位,可以说明《通典》的地位与影响。

(二) 中晚唐时期的几部地理志著作

中晚唐时期,除了官修实录如韩愈《顺宗实录》和国史,如柳芳所撰《唐史》一百三十卷及《唐历》四十卷、崔龟所撰《续唐历》三十卷等史书以外,出现了几部颇有价值的地理志著作,如《元和郡县志》、《海内华夷图》及《古今郡国县道四夷述》和《蛮书》。

1.《元和郡县志》

《元和郡县志》四十卷、目录二卷,李吉甫撰。李吉甫(758—814 年)字弘宪,赵州赞皇县(今属河北省)人。唐臣李栖筠之子,李德裕之父。他以荫补左司御率府仓曹参军,后任太常博士,官至中书侍郎、同中书门下平章事。

李吉甫曾两任宰相。根据他的政治经验,他认为"成当今之务,树将来之势",没有比版图、地理更为切要的了,因而修撰了《元和郡县图志》。此书图志合一,图在志前,因每篇之前均冠以图,故称"图志"。南宋后,图佚,故仅称《元和郡县志》(元和是唐宪宗的年号)。

《元和郡县志》以道分卷,按唐代的十道四十七镇分篇,而实以府或州为叙事单位,道以下分府、州、县,分别记载府、州、县的户数、区域沿革、山川、道里、贡赋物产、古迹和城邑等项内容。这样的记载,比"正史"地理志所记要详尽得多。读此书,不仅可以知道天下州县沿革,还可考户口盛衰,物产多寡,道里远近。因为李吉甫久任宰相,熟悉当时地理情况,也熟悉当时的图籍,所以记载颇为详赡。它记载了较丰富的自然地理资料,如各县境的山脉走向、水道流经、湖泊分布,以及各种地形特征;在县以下,对当地的水利设施、工矿以及其他经济资料也收集较广。但此书对州、县沿革的叙述似太简略,是一个明显的缺陷。

总之,《元和郡县志》是留传下来编撰的最好的一部总地志,为后世研究唐代历史和中国历史、地理沿革留下了宝贵的地理资料。因为它开创了我国总地志这一体裁,所以它一向为后人所推重。后来有些地志著作也依照《元和郡县志》的体例来编撰,如宋代的《太平寰宇记》和元、明、清的《一统志》都是在此书的影响下产生的。

在长期流传的过程中，《元和郡县志》不仅图亡了，而且文字也残缺不全，现仅存三十四卷，其卷十九、二十、二十三、二十四、三十五、三十六已缺全卷，卷十六、卷二十五缺一部分。其他如文字讹舛衍脱更比比可见。后人对此书做了一些辑补工作，对读者很有帮助。

2.《海内华夷图》及《古今郡国县道四夷述》

贾耽（730—805 年）字敦诗，沧州南皮（今属河北省）人。唐代宗大历时，他任鸿胪卿，因而有机会了解外国地理情况。德宗贞元时，他升任宰相，可以看到全国各地的图经。自吐蕃占据陇右后，旧时镇戍不可复知，他画出《关中陇右及山南九州等图》一轴，并撰《关中陇右山南九州别录》进呈。贾耽撰绘图志的目的，是为了有利边防的安定。贞元十七年（801年），他绘出《海内华夷图》一幅，撰《古今郡国县道四夷述》四十卷进呈。他在进书表中介绍了自己撰绘图志的艰辛和目的。因为《古今述》卷帙较多，观览太费时间，他又"提其要会，切于今日"，为《贞元十道录》四卷。其图广三丈，纵三丈三尺，率以一寸折成百里。在绘图方法上，贾耽继承裴秀的"六体"而又有创新。他将古今作了区分，"古郡国题以墨，今州县题以朱"，这是我国地图绘制方法上一个新成就。图志内容丰富，所载多至数百国。原图已佚，今西安碑林所藏《华夷图》、《禹迹图》，是后人参考《海内华夷图》仿制缩绘的。

3.《蛮书》

《蛮书》，即《云南志》，十卷，樊绰撰。樊绰在唐懿宗时任安南都护、经略使蔡袭从事，曾潜入南诏辖地，侦查军事虚实，后为夔州都督府长史。他深感南诏问题对唐朝安危有很大关系，因为当时南诏日渐强大，不断侵扰唐朝剑南、播州（今贵州遵义）、邕州（今广西南宁）以及安南等地。他在安南对南诏作了许多调查研究，参考了唐人的《云南记》、《云南行记》和其他一些史书，撰成《蛮书》十卷。

《蛮书》分为十个部分，即云南界内途程、山川江源、六诏、名类、六睑、云南城镇、云南管内物产、蛮夷风俗、南蛮条教和南蛮疆界接连诸番夷国考等，对南诏的情况记载最为详细，是一部系统记载云南地理与历史的著作。因为《蛮书》对唐朝内地与云南的交通途程、云南的山川形势、军事政治情况以及南诏的政治机构、财赋法律、各族习俗、云南的物产和经济状况都有很系统的记录,所以它具有极高的史料价值。

除以上诸书之外,唐代玄奘的《大唐西域记》是记载古代中外交通以及中亚、天竺一带历史地理的重要文献,有极高的学术价值,限于篇幅,这里就不详细介绍了。

(三)北宋的几部正史

唐末五代,内地兵祸连结,文人四处避难,学术文化自然难以发展,史学亦是如此,虽然仍有一些实录、起居注之类的著作,但是没有出现史学名著。北宋建国后,经济逐渐得到恢复,出于统治阶级维护封建统治的需要,史学日益受到最高统治者的重视。这时出现了标志着我国古代史籍中会要体史书正式形成的《唐会要》《五代会要》和我国地志划时代之作《太平寰宇记》等史书。《太平御览》《文苑英华》《太平广记》和《册府元龟》也先后修成,保存了大量的史料,对史学史的研究极有价值。特别应该注意的是对唐史和五代史的重新修撰,产生了《新唐书》和新、旧《五代史》。

1.《旧唐书》和《新唐书》

《旧唐书》二百卷,包括本纪二十卷、志三十卷、列传一百五十卷,记载了自高祖武德元年(618年)李渊称帝,至哀帝天祐四年(907年)朱温灭唐共二百九十年的史事。本称《唐书》,宋朝宋祁、欧阳修等编写的《新唐书》问世后,才改称《旧唐书》。

后梁篡唐之后,由于战乱不停,唐史还来不及修撰。直到后梁末帝龙德元年(921年)开始为修唐史作准备,收集了一些材料,但还没有正式修史后梁就亡了。后唐明宗时,重提修史之事,收购了一些遗书残史。到后晋天福六年(941年),石敬瑭从贾纬之请,命张昭远、贾纬和赵熙等人编修唐史,以宰相赵莹为监修。四年后,《唐书》编撰完成。当时赵莹罢相,刘昫以宰相兼领监修,将此书奏上。因此,《旧唐书》的作者署名"刘昫"。实际上,刘昫对这部史书没有做什么工作,而张昭远、贾纬等人才是真正的作者。清人赵翼说:

《旧唐书》之成,监修则赵莹之功居多,纂修则张昭远、贾纬、赵熙之功居多,而《刘昫传》并不载经划修书之事。今人但知《旧唐书》为昫所撰,而不知成之者乃赵莹、张昭远、贾纬、赵熙等也。

《旧唐书》主要取材于实录、国史和野史。但由于唐朝前期史料较丰富,而后期处于兵荒马乱的年代,史料无人整理,所以《旧唐书》前半选材适当,剪裁亦得体,文字也较为简洁。这一部分主要参考了唐玄宗时人韦述所修撰的《唐书》一百十二卷,有些地方就是抄自《唐书》,如《唐书》中写的"我开元……"之类也径抄在《旧唐书》中了。同时,前期修的一些实录,也可供采摘。后一部分则因为史料不足,如宣宗以后无实录,穆宗以下又无国史,全靠作者采访编辑,所以内容明显芜杂,记事矛盾的地方也很多。列传部分多叙官资宠遇,却缺乏事实,而且有一人两传、一事两见的现象。如卷一百二十二有《杨朝晟传》,而卷一百四十四又为其立传;卷一百〇二附有《萧颖士传》,而卷一百九十《文苑传》又有他的传记。前后表疏也有重复的。这种情况是因为书成众手而且编撰仓促不及检查、校阅造成的。《历志》和《经籍志》只叙述到唐玄宗时期,其后便没有记载了。

但是,《旧唐书》也有其价值,所以能流传至今。《旧唐书》最突出的优点是保留了许多有价值的史料。它修撰时离唐亡仅四十年,作者多为当代人或去之不远者,有条件看到并收录大量的原始记录。中唐元和以前的许多国史、实录,经过后梁、后唐大规模的搜集,大多保存了下来,为《旧唐书》的修撰提供了极有利的条件。后半部由史官杂取史料重新撰著,从而保存了原始史料的真实性。如《懿宗本纪》、《僖宗本纪》中有关于庞勋起义和黄巢起义的记载,是比较真实而原始的史料。列传中对我国少数民族有详细的记载,尤以突厥、回纥和吐蕃等民族的史料最为详尽,超过了以前各史。列传记载了1180余人,其中对思想、文化和科技等领域的代表人物记载较多。《食货志》记载唐代的土地制度和赋税制度都很详细,颇有史料价值。《旧唐书》还把许多诏令、奏疏和书信都原封不动地抄录下来,保存了丰富的原始资料,其积极意义是不应低估的。司马光修撰《资治通鉴》对新旧《唐书》均采用,但用《旧唐书》材料较多。由此亦可以看出《旧唐书》的地位和价值。

《新唐书》问世后,《旧唐书》几乎无人问津,以致一度摈弃而渐散佚。《经史百家制度》说:自从《新唐书》刊行至今已数十年了,《旧唐书》已没有人阅读,只能堆在墙角,或者用来盖腌菜缸的口。许多成年人竟然不知道历史上曾经出现过《旧唐书》。这里记载的情况,正反映出《旧唐书》被冷落的史实。到了明嘉靖年间,《旧唐书》才为人重视,有人搜集校对,重新刻印,使它重新流传开来。至清修《四库全书》,它才被列入"二十四史"之中。

《新唐书》共二百二十五卷,包括本纪十卷、志五十卷、表十五卷、列传一百五十卷,记事时间与《旧唐书》大体相同。

宋仁宗庆历四年(1044年),贾昌期疏请重修唐史。仁宗认为《唐书》太浅陋,同意重修,遂命欧阳修、宋祁重修唐书,参预其事的有范镇、王畴、宋敏求和吕夏卿等人,宰相曾公亮先提举其事,后为监修。宋祁负责先撰列传,后来欧阳修负责主撰本纪、表、志,两人同时完稿,前后历时十七年。

《唐书》重修时,不仅参加撰写的人都各有专长,而且自宋朝建立后,各种史料不断被发现,这为重撰唐书提供了丰富的史料。清人赵翼说:

> 《旧书》当五代乱离,载籍无稽之际,掇拾补葺,其事较难。至宋时文治大兴,残编故册,次第出见。观《新唐书·艺文志》所载唐代史事,无虑数十百种,皆五代修《唐书》时所未尝见者,据以参考,自得精详。又,宋初绩学之士,各据所见闻,别有撰述,如孙甫著《唐史记》七十五卷,每言唐君臣行事,以推见当时治乱,若身历其间,人谓终日读史,不如一日听孙论也。又赵瞻著《唐春秋》五十卷,赵邻几追补《唐实录》会昌以来日历二十六卷,陈彭年著《唐纪》四十卷。诸人皆博闻勤采,勒成一书,必多精核。欧宋得藉为笔削之地。

因此,较之《旧唐书》,《新唐书》有许多长处,也有一些短处。新旧二史各有短长,不可偏废。《新唐书》的长处主要表现在以下几个方面:

(1)较之《旧唐书》,《新唐书》增加了许多史实。因为《旧唐书》后半部史料缺乏,《新唐书》就此作了一些补充。如《黄巢传》,《新唐书》在篇幅上几乎增加了一倍。列传增加三百三十一传,为不少晚唐人物立了传。

又如《食货志》有关授田情况和租庸调的记载,比旧志丰富了许多。《艺文志》在《旧唐书·经籍志》之外,增收了许多图书,仅唐人文集就由一百余家增至六百多家,如旧志所没有著录的李白、杜甫、韩愈和柳宗元等文化巨人的著述均在其中,弥补了旧志的一个重大缺陷。《地理志》不仅对各种材料的处理很得体,而且还记载了贾耽地理学的成果。

(2)较之《旧唐书》,《新唐书》在体例上也有创新。针对唐代社会特有的现象,《新唐书》创立了《仪卫》、《选举》、《兵》三志和《藩镇》、《公主》、《藩将》和《奸臣》四传。《选举志》记载了唐代的科举制度,《兵志》十分详细地记载了府兵制。另外,《新唐书》继承《史记》、《汉书》的传统,在魏晋以来正史都不列表的情况下,又新编写了表。它的《宰相表》、《方镇表》、《宗室世系表》和《宰相世系表》,都编得有一定特色,很有价值。其中尤以《方镇表》最佳,为了解唐代方镇势力的消长提供了珍贵的线索。

(3)较之《旧唐书》,《新唐书》在文字上较为简洁。旧书约一百九十万字,新书仅一百四十万字,可见确是简洁多了。针对《旧唐书》繁复杂乱的缺陷,新书注意繁者简之,杂者删之。《新唐书》不仅没有一人两传的现象,就连一事分见数处、一文别见数卷的现象也尽量减少,或采用互相参见的方法,以达到文笔简洁的效果。但就《新唐书》本身而言,因为宋祁较刻意追求简古,所以列传语义颇为晦涩,不如纪、志文笔通畅。

《新唐书》虽弥补了《旧唐书》的一些缺陷,但还并不能取代《旧唐书》,因为它也有一些短处。首先,为了达到"其文则省于旧"的目的,《新唐书》对《旧唐书》作了许多删削,有时不免失之于太简略,有一些极有价值的文献也被删削了。如狄仁杰《谏太后营大像疏》、陆贽《代德宗罪己诏》等在唐代极有影响的诏疏都被删掉了。有些传记不应删而删去了,如列传中删去了玄奘、神秀和一行等人的传记。这些都是很不恰当的。其次,新书对旧书的史料加以改写,也多有不当之处。为了浓缩史料,精练文字,《新唐书》所述事实也较《旧唐书》显得有更多的疏略之处,有些帝纪被删减得太多。如《哀帝纪》,旧书一万多字,新书仅千字上下。这样大量的删改,失去了许多宝贵的史料。另外,《新唐书》有时还把原诏令、奏议中的骈文改写成散文,减弱了原有史料的价值。《新唐书》为了行文方便,常削删年代、数字和官爵等内容,使人不能了解具体的史实。《新唐书》刚修撰完成,吴缜即撰写了《新唐书纠谬》,共四百六十条,分二十门,指出《新唐书》有多采小说而不精择、因袭旧文而不推考等失误。有些意见是很有价值的。

由以上的介绍可以看出,《新唐书》自有其价值,但《旧唐书》也并非一无是处。正确的评价应该是:二书各有千秋而不能偏废,都是研究唐代历史的宝贵资料。

2.《旧五代史》和《新五代史》

《旧五代史》一百五十卷,另有目录二卷,其中本纪六十一卷、列传七十七卷、志十二卷,记载了自后梁建立(907年)至后周灭亡(960年)五十余年间"五代十国"的历史。原名《五代史》,又称《梁唐晋汉周书》,后来为了与《新五代史》相区别,改叫《旧五代史》。

北宋开国后,即于开宝六年(973年)诏修五代史,命宰相薛居正监修,参预编修的人有卢多逊、扈蒙、张澹、李昉、刘兼、李穆和李九龄等。次年闰十月编撰任务便完成了。成书如此之速,是因为它有各朝实录可资利用,并以范质《五代通录》为蓝本,以及修史诸人与五代时代相近,对当时的掌故和史实多能了解。

《旧五代史》的编纂方法效法《三国志》,五代各自成书,每书有纪有传。梁书二十四卷,唐书五十卷,晋书二十四卷,汉书十一卷,周书二十二卷。五书合称为五代史。十国的史事分别记入《世袭别传》和《僭伪列传》,契丹、吐蕃等则为《外国传》。

《旧五代史》成书仓促,对史料的整理、对文字的加工都欠功力。但因为作者大多经历过五代,了解当时的掌故和史实,所以记事较为详细,保存了许多有价值的史料。

《旧五代史》修成后约八十年,欧阳修编撰了《新五代史》,二书并行于世。至金章宗泰和七年(1207年)诏令学官专用《新五代史》,《旧五代史》逐渐湮没无闻。自明中叶至清乾隆约二百年间,很少有人提到《旧五代史》。《永乐大典》虽多载其遗文,但原书因被割裂而非旧貌了。到清乾隆年间修《四库全书》,因为找不到旧史原本,邵晋涵等人乃从《永乐大典》中辑录原文,又以《册府元龟》等书引用《旧五代史》的史文作补充,同时还以其他典籍文物进行考订,才大致恢复了原书的面貌。乾隆四十年

(1775 年)，它被作为《四库全书》中的一种，缮写进呈，这便是我们今天看到的《旧五代史》辑本。需要说明的是，清朝对于辑录本中有犯忌讳的文字，如虏、戎、胡、夷狄和伪等称谓，多所窜改。陈垣先生曾在《旧五代史辑本发覆》一书中加以揭露和考证。

《新五代史》，七十四卷，包括本纪十二卷、列传四十五卷、考三卷、世家及年谱十一卷、四夷附录三卷。原名《五代史记》，欧阳修撰。

欧阳修（1007—1072 年）字永叔，江西庐陵（今江西吉安）人。曾任枢密副使、参知政事。他是著名的文学家，曾倡导诗文革新，写下了许多优秀的诗文。他在奉命编写《新唐书》之前，大约用了二十年的时间，独自撰写了《新五代史》。

在体例上，《新五代史》与《旧五代史》不同，它取法《南史》和《北史》，打破朝代界限，把五朝的纪、传综合在一起，按时代先后排列。本纪之后是列传。《新史》的列传与《旧史》多有不同，它列了不少类传，如《家人》、《死节》、《死事》、《一行》、《唐六臣》、《义儿》、《伶官》和《宦者》，历官数朝的人则编在《杂传》。

本来《旧五代史》有《礼》、《乐》、《食货》、《刑法》、《选举》和《职官》等志，内容虽然失之于单薄，但仍能从一些侧面反映五代时期的社会生活。可是，欧阳修认为五代典制没有什么特点不值得专门论述，所以不作志，只作了《司天》和《职方》二考，以记五代的天文与地理。这是《新五代史》一个很大的不足之处。

《新五代史》纠正了《旧史》的许多不正确的记载，如实地记载了朱温家世，不立《唐武皇（李克用）纪》，而将其事载之于《庄宗纪》内，这些地方处理得都很好。另外，《旧五代史》载十国史实大多不够详细，《新史》作了许多补充，虽然仍难免显得简略，却也首尾有序，比《旧史》前进了一步。《新五代史》中的《世家》专记十国政权的兴衰，《四夷附录》主要记载契丹等少数民族的历史，是《旧五代史》所没有的。但欧阳修行文讲究简洁，有时难免简而失当，往往删去了《旧五代史》中的一些有价值的史料。单就史料价值来看，《新五代史》反不如《旧五代史》。

欧阳修编《新五代史》，特别着意于"书法谨严"。他特别注意"褒贬义例"，喜欢作所谓《春秋》笔法，即用规定有特定含义的字词表达对人和事的态度。如"攻"，指两个地位平行的封建国家或政治集团互相作战;"征",指皇帝亲自率军作战;"杀",指无罪被杀;"伏诛",指有罪当杀,等等。欧阳修列的类传,如《死节传》、《唐六臣传》和《杂传》等都寓有褒贬之意。论述中也多封建教条的说教,表现了他维护"君君、臣臣、父父、子子"封建秩序的立场。

徐无党是欧阳修的学生,他为《新五代史》作了注。徐无党的注主要是解释书法义例,对读者很有帮助。

《新五代史》与《旧五代史》相比,确实有许多长处,所以成为"二十四史"中自唐朝以后唯一的一部私修史书。但两部《五代史》同两部《唐书》一样,互有优劣,各有短长,不能偏废,都是研究五代十国历史的主要资料。

（四）司马光和《资治通鉴》

司马光是我国古代史学史上屈指可数的杰出人物,他主持编撰的《资治通鉴》是我国第一部编年体通史,共二百九十四卷,上起周威烈王二十三年(前 403 年),下至后周世宗显德六年(959 年),记载了战国至五代末 1362 年间的历史。

1.《资治通鉴》的作者及其编撰过程

《资治通鉴》的主编是司马光。司马光(1019—1086 年)字君实,陕州夏县(今属山西)涑水乡人,所以人称"涑水先生"。他出生于一个官僚地主家庭,自幼聪明过人,"司马光砸缸"的故事几乎是家喻户晓的。20 岁中进士,后至京师汴京(今河南开封)做官。他经历甚广,做过地方僚佐,又在朝廷里作过礼官、谏官,还任过国子直讲,修起居注、馆阁校勘。神宗朝,他被擢为翰林学士兼侍读学士、御史中丞。宋哲宗即位后,高太后听政,司马光应召入京,主持政事,任尚书左仆射兼门下侍郎(宰相),不久病逝。

司马光自幼嗜好史学,做官以后,对史学的意义有了更为深入的认识。他认为,国家安定还是败乱的根源,古往今来是大体一样的,这些内容都记载在史书上,不能不经常思考。但是,当时阅读史书有许多困难。其一,活字印刷术发明以前,图书流传不广,民间难以找到有价值的史书,毕升发明了活字印刷术以后,宋仁宗下令校定、摹印"正史",但活字印刷术的普及、推广以及书籍的流传,还要有一个过程。其二,史籍繁多,浩如烟海,仅"十七史"就有一千五百卷,全部读完要用好多年的时间。这些都造成了阅读史书的困难。

司马光认为史书中记载的古今兴衰治乱的道理和原因,皇帝是应该知道的。为了给皇帝提供一个少而精的史学读本,他决定"上自战国,下至五代,正史之外,旁采他书,凡关国家之盛衰,系生民之休戚,善可为法,恶可为戒,帝王所宜知者,略依《左氏春秋》体,为编年一书"。由此可见,他编撰史书的目的是希望皇帝能观古知今,以史为镜,从历代治乱兴衰的历史经验教训中受到启发,以巩固封建统治。

在正式编撰《通鉴》之前,司马光在英宗治平元年(1064年)编成了一部按年代顺序,谱列每年大事的《历年图》。它的起迄时间与《通鉴》大体相同,可以看作是《通鉴》的雏型或提纲。两年以后,司马光又完成《通志》八卷,起周威烈王二十三年(前403年),止秦二世三年(前206年),即后来的《通鉴》的前八卷。英宗读了《通志》后十分欣赏,并让司马光继续编撰下去。由于这一工作复杂繁重,非一人之力所能胜任,英宗答应司马光设立书局的请求,并让他自选助手。第二年英宗去世,神宗同样支持这件工作,并正式把书名定为《资治通鉴》,还预写了一篇序言以示支持。最高统治者的关心和支持,无疑是《通鉴》能够顺利进行编撰的有利条件。

正式设局修史的前期,司马光的主要助手是刘恕和刘攽,后来刘攽调离汴京,范祖禹又来到书局。在编写过程中,由司马光制订凡例,再由刘恕、刘攽和范祖禹等分段撰成长编(初稿),最后交司马光统一考订、增删、润色和定稿。刘攽主要负责两汉部分的起草,刘恕主要负责魏晋南北朝至隋代这一段的起草,范祖禹主要负责唐代部分的起草,并整理了刘攽没有完成的五代部分的遗稿。刘攽、刘恕和范祖禹都是当时著名的史学家,他们对《资治通鉴》所做出的贡献是不应被埋没的。

《资治通鉴》采用先由专人起草,再由主编定稿的编撰方法,既可以尽众家修史之长,又能使全书尽可能做到统一,开创了修撰史书的一种新的途径。起草各部分的工作当然是艰苦的,而最后删改定稿却也非易事。据说唐五代的长编共六百多卷,经删削成书,仅存百余卷。《通鉴》编成时,司马光洛阳旧居所存残稿尚有两大屋之多。由此可见,《资治通鉴》的编撰者为这部不朽的史学杰作倾注了多少心血!所以司马光在《进通鉴表》中说:"臣之精力,尽于此书。"这是十分恰切的自白。

《通鉴》一书在集体的努力之下,前前后后用了十九年的时间,终于在神宗元丰七年(1084 年)全部完成了。为了便于阅读和查考,编撰者又附编了《资治通鉴目录》三十卷、《资治通鉴考异》三十卷等辅助读物。《通鉴》编成后,司马光感到无比欣慰,所以说道:"虽委骨九泉,志愿永毕矣。"

元丰八年(1085 年)九月,范祖禹、司马康、刘安世和黄庭坚等人又把《通鉴》重新校定了一遍,第二年才将定本交杭州雕版,可惜司马光已经在一个月前去世了,他没有见到《通鉴》的刊本。

2.《资治通鉴》的编撰特点和历史价值

《资治通鉴》的编成是我国史学上的一大创举。它弥补了自《史记》之后千年无通史的空白,对我国史学的发展做出了重大贡献。下面扼要地介绍一下《通鉴》编写的特点和它的历史价值。

(1)史料丰富,取材广博

据一些记载来看,《通鉴》写作中参考了大量的书籍,真是"简牍盈积,浩如烟海",除了十七"正史"之外,仅杂史就有三百二十二种。虽然它仍以"正史"为主,但它注意博采兼收,对一事往往参用多种资料择善而从。司马光认为,"'正史'、实录未必皆可据,杂史、小说未必皆无凭"。这种对史料具体分析、去取精审的态度是《通鉴》史料丰富的重要原因。

《通鉴》继承了详今略古的优良传统。全书二百九十四卷中,战国至三国,有六百四十六年,仅记七十八卷;西晋至隋,有三百五十三年,记一百零六卷;唐五代,有三百四十三年,记一百卷。由此可见,此书略于古而详于今,自古至今逐渐加详。《通鉴》史料后世多于前代,这是它详今略古的一个客观原因,但也有作者的主观原因在起作用。从史料价值看,越往后史料价值越高。唐五代部分取材尤为丰富。特别看重柳芳的《唐史》和《旧五代史》,也广泛采用实录和野史。今本《旧五代史》即多由《通鉴》辑出复原。由此可见,编撰者取材不仅着眼于"正史",而且对杂史亦不轻易放过。这不仅对"正史"有所补充,而且还保留了大量已亡佚的史书的部分内容和片断。

《通鉴》主要是一部政治史,着重记载历代的兴亡盛衰和政治经济的斗争,同时对某些经济制度的沿革,水利和民生等方面的内容也作了一些记载,更增强了它的史料价值。

(2)编年纪事,颇有创新

《通鉴》虽属编年体著作,但与以往《左传》、《汉纪》等编年史书有所不同,它充分运用追叙、并叙和补叙的方法,遇到重大事件,必记其来龙去脉,交待其前因后果,记人们的共同活动,以增强写人写事的完整性,这就避免了其他编年史"或一事而隔越数卷,首尾难稽"的缺陷。如记汉灵帝建宁二年的党锢事件,就集中地描写了事件的过程,也记了事件中的人物。

(3)考辨史实,力求真实

在编《通鉴》的同时,司马光撰写了《通鉴考异》30卷,其特点是说明各种史实的异同,辨论是非。考辨的办法,或以书本互证,或以金石引证,或以事理推断。无法考辨者,则"疑难传疑"。因此,全书对符瑞、灾异几乎不加记载,减少了过去史书上常常表现出来的迷信色彩。对史实的考辨,使《通鉴》的记事较为真实可信。《通鉴考异》一方面纠正了以往史书的许多错误,同时说明了史实取舍的原因,这是以往所从来没有的。这种"考异法"的创立,对后代史学家产生了重要的影响。《考异》原为单行本,胡三省为《通鉴》作注时,才将其散入有关的正文之下。

(4)直笔实录,以鉴兴亡

《通鉴》的编撰本来就是为了给统治者提供借鉴,因此司马光能比较如实地直笔实录。他在《通鉴》卷六十九"论刘备即皇帝位"中强调指出:"臣今所述,只欲叙国家之兴衰,著生民之休戚,使观者自择其善恶得失以为劝戒。"本着这个原则,他往往据实直书,而让读者根据历史事实去自行判断,以便总结经验教训。至于司马光自己对历史事件和人物的评价,却主要放在论赞里去写。作者在《通鉴》里记录了许多以往史家极力回避的史实。如对有关封建帝王荒淫无耻、误国害民的罪行,有关"官逼民反"的史实,以及有关历次农民起义的原因、经过等,他都做了详细的记录,体现出直笔实录的精神。

（5）文字优美，叙事生动

《通鉴》兼有文学与史学之长。文字优美，叙事详尽，层次分明，人物刻画细致生动，特别是对某些战争过程的描写，最能表现出它的这个特点。如写赤壁之战，经过对各种史料的剪裁、润色、叙述和穿插，不仅把这次战争的缘起、经过和结局交待得明明白白，而且把不同的历史人物描绘得栩栩如生。其中诸葛亮、鲁肃和周瑜的谋略，联军的火攻，曹军的失败，都写得有声有色。关于淝水之战的描写，也是不可多得的佳作。

《通鉴》虽是多人合作而成，但因为组织严密，主编又作过一番认真修改、锤炼加工，所以语言流畅，文字风格前后统一，这对一部三百万字的大著作来说，确实是不容易的。

3.《资治通鉴》的缺点与不足

作为封建时代的一部大史书，《通鉴》难免存在着一些缺点和不足。

（1）司马光的封建正统思想在《通鉴》中得到了充分的表现。《通鉴》共有附论二百一十八条，除引前人之论外，尚有一百一十九条，这些附论多是宣扬封建主义的政治原则和伦理道德的。如司马光在周威烈王"初命晋大夫魏斯、赵藉、韩虔为诸侯"这件事的下面写了第一篇论赞。他在这里强调了儒家的纲常名教，认为只有天子统临天下，"贵以临贱"，"上之使下"，才能"上下相保，而国家治安"。在这里，他抨击的是周朝天子，实际却是警告后代皇帝要严上下界限，讲究纲常名教。他也正是以封建伦理思想为标准来辨别善恶的，这在《通鉴》中表现得很充分。

（2）司马光在政治上持保守观点。他主张维持现状，反对变革，对历史上许多作出过重大贡献的改革家，隐善扬恶，评价颇为不公，对那些他认为急进冒险或不够稳妥的事，往往加以反对。与此相关，他在《通鉴》中还不乏隐寓反对王安石变法之意。他往往借古讽今，表达他对王安石变法的不满。引古喻今是违反科学的一种方法，司马光把它发展到了一个新的高度，实不足取。

（3）在内容上，《通鉴》主要是一部政治史，对历代典章制度虽有叙述，但不够详细，也不够系统，对经济和文化学方面的收录尤为缺乏，正所谓"详于治乱兴衰，略于典章制度"。而且《通鉴》不叙文人，对像屈原、李白这样的大诗人竟都不载，令人遗憾。

（4）在体例上，《通鉴》也有一些缺陷。如纪年方法还有不够恰当的地方。此外，一人两名，甚或误为二人，一事重见，年月错误等，虽然为数不多，却也不容忽视。

尽管《通鉴》存在一些缺点和不足，但就全书而论，这些缺点和不足确是瑕不掩瑜，并不能否定它所具有的学术价值。

4.《资治通鉴》的影响及注本

自从《通鉴》问世后，不仅有许多人研究它，注释它，还出现了它的补编、续编、改编和简编。如北宋刘恕的《通鉴外纪》、南宋李焘的《续资治通鉴长编》、宋末元初金履祥的《资治通鉴前编》和清代毕沅的《续资治通鉴》、夏燮的《明通鉴》都是《资治通鉴》的续补本，它们把《通鉴》从上古一直延续到明末清初。这样，以《资治通鉴》为发端，逐渐形成了一套贯穿古今的编年体史书，在纪传体之外又出现了一个新的体系。在改写和节本方面，南宋的朱熹把《通鉴》提纲挈领，编为《通鉴纲目》。它进一步发展了编年体裁，有人称之为"纲目体"。它有纲有目，眉目清楚，对后代史书的修撰很有影响。南宋袁枢的《通鉴纪事本末》把《通鉴》中的史实，归纳为二百三十九个事目，依次叙述每一事件的发生、发展、经过和结束，形成了我国古代史书编纂的一种新的体裁——纪事本末体。刘重来主编的《中国历史要籍介绍及选读》评论《通鉴纪事本末》说：

> 纪事本末体是我国古代史书编纂的三大体裁之一。这以南宋袁枢的《通鉴纪事本末》为代表作。袁枢将司马光的《资治通鉴》进行了改编。这种改编的特点是，它按照历史事件为纲，按类组织史料，每一类记一个大的历史事件，独立成篇，每篇又按历史发展顺序记事，连贯完整，既无遗漏，又作到语无重出，克服了编年体"或一事而隔越数卷，首尾难稽"和纪传体"或一事复见数篇，宾主莫辨"的缺陷。它综合了两种史体之长，更接近现代史书体例"章节体"。所以，纪事本末体是我国历史编纂方法上的一大发展，将我国史书编纂提高到一个新的水平。

《通鉴》问世后，为它作注的有好几家，其中最为突出的是宋末元初胡三省的《资治通鉴音注》。胡三省(1230—1302 年)字身之,台州宁海(今属浙江)人。他早年十分喜欢读《资治通鉴》。他的父亲在临死前鼓励他对《通鉴》予以刊正。他接受了父亲的遗训,决心用毕生精力研究和注释《通鉴》。因此,即使是游宦在外,他也随身携带书稿,遇到学有专长的人便虚心求教,发现了异书便尽量搜求。经过长期不懈的努力,胡三省摘取《通鉴》的疑难字句加以解释,作成广注九十七篇,著论十篇,后又作《雠校通鉴凡例》。可惜这些书稿全在战乱之中散失了。

书稿虽然丢失了,但胡三省的决心没有动摇。他又重新开始这项工作,购置其他的本子作注。这次他改变了方法,不再把注与原文分开,而是将《通鉴考异》和他自己的注散入《资治通鉴》的原文之下,合为一编。为了完成这件工作,他先后用了三十年的时间,手自抄录,就是严寒酷暑也不停止。为了纠正史炤《释文》的错误,他又写了《通鉴释文辩误》,附在书后。书成之后,他又作了多次修订,最后终于实现了自己"吾成此书,死而无憾"的愿望。

胡三省注有许多优点,略而言之,有以下几点:

(1)名为音注,实兼校勘。胡三省对《通鉴》原书有错误的地方,均一一加以校正。他用的校书方法,偏重于校理,也难免有一定的局限性,但其成就还是主要的。

(2)名为注书,实为著作。胡三省学问渊博,注释的范围相当广泛。他对《通鉴》所载的有关典章、制度、音韵和训诂都作了详细注解;对郡县沿革、民族来历和姓氏渊源等都认真研究,作出恰当而详尽的注释,特别是对官制、地理的考证,最为精详。所以后人多认为胡三省是一位杰出的地理学家。其实,何止地理,胡三省确是一个博学而有识见的学者,他的注本身便是一部学术价值很高的著作。另外,胡三省对前人注释中的错误,也作了详细的辨正,解决了许多过去没有得到解决的问题,表现出他的卓越见识。

(3)注释细致,别开生面。《通鉴》是编年体史书,一事分系于若干年。胡三省注书时,注意说明前后的关联与照应,注意标明其连串,使读者便于寻阅前卷。凡是涉及以前史实的,便注明见某卷某年。如《通鉴》卷一八八载李密旧部杜才干杀邴元真为之复仇事,注云:"(元真)叛密事见一百八十卷元年九月。"凡是与以后史实有关的,便注明为某人某事张本。如卷一九七载唐太宗欲易吴王恪为储,遭长孙无忌劝阻,注云:"为后无忌杀恪张本。"这样,一些史实的因果关系便自然地表现了出来。胡三省这样作注,眉目清晰,先后有序,对读者很有帮助。这种别出心裁的注释方法,大概是注释编年体史书最好的方法之一了。

(4)注中有评,言简意赅。胡三省注与以往的注书之作不同,它不仅作注释,还发表言赅意深的评论,虽只寥寥数语,却耐人品味。胡三省生当元兵南下、南宋灭亡的时代,在这生死存亡之际,他往往在注中发表议论,画龙点睛地提出兴亡之鉴,表现出深沉的爱国思想,这说明胡三省是一位很有民族气节的学者。

在胡三省之前,只有"前四史"有注释,《晋书》以下概无注释,因此注《通鉴》时必须另起炉灶,以胡三省一人之力而注《通鉴》,其工程是相当艰巨的。胡注对后人阅读和研究《通鉴》极有帮助,所以胡三省被称为《通鉴》的功臣。当然,胡注也不可能没有错误与不足,但与成就相比,就实在是微不足道的了。

在清代,研究《通鉴》胡注的著作,主要有陈景云《通鉴胡注举正》、钱大昕《通鉴注辨正》和赵绍祖《通鉴注商》等。这些著作均以考证地理为主,对胡三省史学思想中的精采之处几乎毫不留意,也没有加以探讨。近人陈垣的《通鉴胡注表微》是一部重要的著作,学术价值极高。

(五)南宋史著:《通志》及其他

南宋时期,国力虽然脆弱,但科学文化的进步、经济的发展却胜过北宋。在史学领域,这个时期出现了许多史学家和史学著作,较之北宋,更呈现一种繁荣的景象。

1.《通志》:南宋最著名的一部史书

《通志》是一部综合宋以前历代史料而成的纪传体通史,全书分为本纪十八卷,世家三卷,列传一百○八卷,载记八卷,四夷传七卷,谱四卷,二十略五十二卷。其记事断限,大体说来,"本纪"从三皇到隋,"列传"从周到隋,"二十略"从远古到唐。

《通志》的作者是郑樵。郑樵(1104—1162年)字渔仲,福建路兴化县(今福建莆田县)人。郑家本为世家大族,自郑樵的父亲一辈,家道衰落。郑樵成年后不应科举,居夹漈山(今福建莆田县西北的西岩)中读书、讲学三十年,学识渊博,人称"夹漈先生"。宋室南迁,他曾致书南宋官员以自荐,却未被任用。绍兴中,他以荐召对,授右迪功郎、礼兵部架阁,后受排挤回家。他返家后即开始编撰《通志》,书成后又被任命为枢密院编修官,兼摄检详诸房文字,不久又遭劾罢去。绍兴三十一年(1160年),高宗命将《通志》进上,并授给郑樵官职,但诏命刚下,郑樵已经病逝了。

郑樵刻苦撰述,一生著作很多,可惜多已散佚,今存者除《通志》外,还有《夹漈遗稿》、《尔雅注》等。郑樵标榜"会通",即要贯通今古,融会百家,而成一家之言,所以《通志》不仅包括历史,也汇集了天文、地理、文字、音韵、植物和动物等方面的学问。同时,郑樵认为历史是"实学",故强调"核实",不盲从传统,不空谈义理,玩弄词藻;要求认真调查研究,对各种事物既知其名又识其实。在具体笔法上,郑樵主张要直笔实书,反对任情褒贬,反对用灾异迷信附会人事,斥之为"欺天之学"。这些都是值得肯定的进步的史学观点,对《通志》的撰写无疑是有积极意义的。

从"会通"的观点出发,郑樵主张通史,反对断代,他想"集天下之书为一书"。因此,他以本纪、列传、年谱和略等体,把《史记》以下十五部"正史"的内容进行改编,并兼采其他典籍材料而编撰成《通志》。《通志》名义上是一部通史,但可惜没有宋代史实,所以难免"名不符实"的批评。

《通志》中的纪、传大体是汇集旧史,大量删削,连缀成书,"即其旧文,从而损益",止于隋朝。这些内容,新意不多,价值不大。正因为《通志》的本纪、列传参考价值不高,所以《四库全书总目提要》将它列入"别史类"。

《通志》中的二十略是全书的精华,也是郑樵一生精力之所在。他在《通志总序》中不无得意地说:

> 总天下之大学术,而条其纲目,名之曰略。凡二十略,百代之宪章,学者之能事,尽于此矣。

就《通志》的实际情况来看,郑樵的自得不是没有道理的,所以《四库全书简明目录》也说《通志》"迹其精华,惟二十略"。

《二十略》的编纂以区分类例、考镜源流为基本方法。根据这个方法,它分门别类综合历代典章制度、学术文化,以探求源流。诸略既有一定的体系,也能分门别类,纲目清楚。大致说来,诸略有这样几种情况:

其一,氏族、六书、七音、都邑和草木昆虫五略是以前"正史"所没有的。其中氏族、都邑和草木昆虫三略,其源本于《史通·书志篇》。《氏族略》是记述姓氏来源的氏族谱系之学,不但类列三十二种姓氏的来源,还说明其演变过程,纠正了前人的一些错误说法;《六书略》把六书的发展以图分解,说明文字由简到繁、由少到多的梗概,突破了《说文》的成就;《都邑略》记述历代建都(止于隋朝)的地点、方位、形胜、建都原因及其得失。除此之外,又有四夷都,涉及今少数民族地区部族与中国周围一些国家,远至于大秦、大食和天竺;《草木昆虫略》以各种方言异名,汇释草木虫鱼的名称。

其二,天文、地理、礼、谥、器服、乐、职官、选举、刑法、食货和灾祥等略,基本上采之于以往的"正史",有的如礼、乐和职官等亦本于杜佑的《通典》。其中《职官》一略,郑樵考证较多,故卷数亦多,虽未论及宋代情况,有其局限性,但可以看出郑樵对职官还是下了功夫研究的。

其三,艺文、校雠、图谱和金石等四略,是在"正史"《艺文志》的基础上发展起来的。

总的看,二十略的内容很丰富,发凡起例亦颇有新意,如其中六书、七音、艺文、校雠、图谱、金石和草木昆虫诸略都是有关文化史和学术研究的材料,郑樵能注意到这些内容,是应该充分肯定的。但是,因为门类太多,一人之力有限,要做到每一略都很充实,是极困难的,所以《通志》也难免存在着一些缺陷。上面已有涉及,这里就不重复了。

《通志》问世以后,对后人颇有影响。宋元之际的马端临撰《文献通考》,在体例上就吸取了《通志》的成果而有所发展。清乾隆年间,官修了《续通志》和《清通志》。《续通志》是《通志》的续作,体例与《通志》大致相同,但缺"世家"、"年谱"两项。此书内容与《通志》衔接,止于明末,共640卷。"略"的部分有所补充和订正,有些篇目亦有增删。《清通志》126卷,与《通志》体例相仿,但因"纪传"、"世家"和"年谱"已存于实录、国史之中,所以没有撰述,只撰写了二十略。与《通志》相比较,细目及内容均有增削,可互为补充。

2. 南宋的其他几部史书

南宋时期,一些学者文人、爱国志士为了抒发爱国热情,寻求兴亡盛衰的规律,写作了许多史学著作。其中较为重要的有李纲《靖康传信录》、汪藻《金人背盟录》)以及《续资治通鉴长编》、《三朝北盟会编》、《建炎以来系年要录》、《建炎以来朝野杂记》、《东都事略》,还有地志著作《东京梦华录》、《临安志》等。下面选择几种最有代表性的著作加以简介。

(1)《续资治通鉴长编》

《续资治通鉴长编》,南宋史学家李焘(1115—1184 年)著。此书采用《通鉴》的体例,上起宋太祖建隆元年(960 年),下迄钦宗靖康元年(1126年),记载了整个北宋九朝共 168 年的史事。李焘以一人之力,用了 40 年时间,广征博引,引书数百种,并认真考订史实,编出了这部九百八十卷的大书。

李焘是宋人。为当代编史,有利的条件是史料较易获得。所以《长编》资料丰富,有许多史料幸好依赖《长编》才保存了下来。此书一出,可以在许多方面弥补《宋史》的缺漏。为当代编史,不利的方面是写史者要有胆略,弄不好则可能引来杀身之祸。李焘颇能据笔直书,确是难能可贵的。所以宋人周必大评论此书说:《左传》记载诸国的史实,《史记》记载上下数千年的历史,"是是非非,利害不专及当世",李焘续司马光的《资治通鉴》,"上关国体,下涉诸臣之家,非异代比"。这个评论是比较确当的。《长编》的缺点是详前略后,有些记录有失实之处。

据说,《续资治通鉴长编》没有刻本,所以南宋以后,传本日稀,清朝修《四库全书》时,才从明《永乐大典》中辑出五百二十卷(其中尚缺英宗治平四年四月至神宗熙宁三年三月、哲宗元佑八年七月至绍圣四年三月和徽宗、钦宗各卷)。

(2)《建炎以来系年要录》

与《续资治通鉴长编》一样,《建炎以来系年要录》也是一部重要的编年史,二书都是研究宋史的必读书。此书共二百卷,记宋高宗时的史事,起建炎元年(1127 年),止绍兴三十二年(1162 年),共三十六年,上与《续资治通鉴长编》相续。李心传(1166—1243 年)撰。

此书仿《资治通鉴》的体例,编年系月,以国史、档案为主要材料,兼采奏议、案牍及各家野史、文集、碑铭、志诔等汇集而成。这部著作资料相当丰富。《四库全书总目提要》评价它"文虽繁而不病其冗,论虽歧而不病其杂"。在宋代的野史中,此书是最有参考价值的一种。

《建炎以来系年要录》早佚,今本是后人从《永乐大典》中辑出整理而成的。虽然它不是足本,但史料仍很丰富。

李心传又有《建炎以来朝野杂记》四十卷,体例与会要基本相同,正与《要录》相经纬,也是研究南宋历史的重要资料。

(3)《三朝北盟会编》

《三朝北盟会编》二百五十卷,南宋徐梦莘(士124—1205年)撰。

为了探讨世乱之由,徐梦莘广泛搜集资料,撰成此书,专记徽、钦、高三朝宋金交涉的史事。《三朝北盟会编》记起于政和七年(1117年)海上之盟,迄于绍兴三十二年(1162年)完颜亮侵宋败盟,共四十六年的历史。

此书是研究两宋之际史事,尤其是宋金关系史的基本史料。它取材十分广泛,凡敕、制、诰、诏、国书、书疏、奏议、记序和碑志等都在收集之列,"所出书一百二种,杂考、私书八十四种,金国诸录十种,共一百九十六种,而文集之类尚不数焉"(《四库全书总目提要》)。足见此书材料来源相当丰富。

此书编纂方法以编年叙事,年经月纬,按日记载。全书分上、中、下三帙,上帙为政和、宣和二十五卷,中帙为靖康七十五卷,下帙为高宗建炎、绍兴一百五十卷。靖康中帙之末,有诸录杂记五卷,无年月日可系者附之于后,这是仿照《资治通鉴》的体例安排的。其所以名为"会编",即是因为此书引征材料均全录原文,无所去取,也不加更改,使其是非并见,同异互存,留待史学家选择取用。因此,它的史料价值是极高的。史学前辈陈乐素在《徐梦莘考》里这样评价此书:

> 二百余种之原始史料,不特为研究宋辽金当时国际上之外交与军事关系最重要之根据,且三国当时之政治上、经济上、地理上、民俗上、社会上,以至一部分人之个性、私生活及特殊事件之经过等种种材料,蕴藏于其中者亦极丰富,留以待今日史家之开发。

虽然此书所记有些因据之传闻而有失实之处，但以当朝人记当朝事，其价值是不能低估的。因此，《四库全书总目提要》认为在南宋诸野史中，"自李心传《系年要录》以外，未有能过之者"。

（六）元代官修史书与马端临的《文献通考》

1. 元代的官修史书

元朝史学已经衰落，但也不是毫无可述。如元朝修撰的典章制度、地理等书以及诸帝实录、起居注等，在史学史上也有一定的价值。特别值得一提的是官修辽、金、宋三史。

至元元年（1264 年），元世祖从王鹗奏请，设馆撰修实录及辽、金二史。至元十六年（1279 年），元灭宋后，又命史臣撰写宋、辽、金三史，后来仁宗、文宗也曾下诏修史，但各史都没有修成。当时元朝臣僚对修史体例有两种不同的意见，一派主张用《晋书》之例，以宋为本纪，而列辽、金为载记；另一派主张以《北史》、《南史》为例，以辽、金为北史，宋太祖至靖康为宋史，建炎以后为南宋史。这场有关王朝正统的争论长期不能得到解决，加之元朝又多忌讳，所以修史时兴时停，拖延了六十多年。到元顺帝至正三年（1343 年），决定宋、辽、金三国各为正统，各系其年号，各为一史，命执政大臣脱脱为都总裁，铁木儿塔识、贺惟一、张起岩、欧阳玄和吕思诚等为总裁官，主持修史，实际上的总负责人是欧阳玄。至正四年（1344 年）春，《辽史》修成；当年冬，《金史》修成；第二年冬，《宋史》也修成了。不久，三史一起印行于世，列入"正史"。

（1）《宋史》

《宋史》四百九十六卷，其中本纪四十七卷、志一百六十二卷、表三十二卷、列传二百五十五卷，记载了宋朝三百多年（960—1279 年）的历史。

《宋史》是"二十四史"中篇幅最多的一部史书。这是因为赵宋政权存在的三百多年间，经济、文化较为发展，印刷术已经推广，大大促进了书籍的印制和流传。元朝编修《宋史》时，有大量的资料，如当时的日历、实录、国史和宋人文集、笔记可以参考。因此，《宋史》不仅能在两年多的时间里得以完成，而且还是"正史"中卷帙最多的一部。

《宋史》的志相当多,几乎占了全书的三分之一。仅《食货志》就有十四卷,《礼志》二十八卷,相当于"二十四史"中其他各史《礼志》的总和。《宋史》的志,系统而又详细地叙述了宋代的典章制度和各种社会资料。如《食货志》分别叙述了宋朝的农业、盐业、茶业和手工业的概况,还记载了宋朝的货币制度和赋役制度,材料极为丰富。在诸志之中,地理、职官、食货和兵等志最为重要。《地理志》系统地记载了宋代地理建置及各地人口情况;《职官志》系统地记载了宋代的官僚机构和组织概况;《兵志》记述了宋代军队的种类和招募、拣选、训练和器甲等制度。《艺文志》却显得过于草率,文字罗嗦,重复之处很多,不过它分经、史、子、集四类记载了宋代藏书近一万部的书名、卷数和作者情况,也很有价值。

　　《宋史》列传共二百五十五卷,约二千八百多传,其中创立了《道学传》,置于《儒林传》之前,记载了周敦颐、程颢、张载、邵雍和朱熹等人的事迹。这一方面反映了宋朝的社会现实和学术特点,同时也说明了元朝统治者推崇道学,企图继续以道学作为统治人民的精神枷锁。列传中还有"世家"一目,记载十国投降宋朝的李煜等人,其实同列传一样。

　　因为《宋史》成书仓促,修史者对史料缺乏剪裁熔铸之力,加之当时社会矛盾尖锐,政局动荡,所以撰史者大都草草从事,致使《宋史》存在着许多错误和不足。主要的有:其一,详略不当。《宋史》记事,北宋部分比较详细,南宋部分较为简略。如《文苑传》记北宋文人八十一人,而南宋仅十一人。列传本于实录、国史,所以详记京官而略记地方官,对有些十分著名的官吏也未记载,甚至对发明活字印刷术的毕昇竟无一字提及。其二,重复混乱。《宋史》中常有一人两传的现象。如程师孟列在列传第九十,而《循吏传》又有程师孟,两篇传无一字不同。其他如李孟传和李熙靖等都是一人两传。《宋史》在编次方面存在着前后失当的现象,在议论记事中时常出现矛盾,以至有目无文的疏忽;这一切都造成了混乱的情况。

　　《宋史》虽然向来被人批评为过于繁芜,但是保留了大量的史料,所以仍是人们研究宋代历史的一部必要的参考书。后代有不少人重修和改修《宋史》。如明代有柯维骐撰《宋史新编》二百卷,钱士升撰《南宋书》六十八卷,王洙撰《宋史质》一百卷,王惟俭撰《宋史记》二百五十卷;清代有陈黄中撰《宋史稿》,陆心源撰《宋史翼》。这些著作虽能改订元修《宋史》的一些错误和不足,但其史料却不如《宋史》丰富、充实,所以它们不能代替《宋史》。

（2）《辽史》

《辽史》一百一十六卷,包括本纪三十卷、志三十二卷、表八卷、列传四十五卷、国语一卷,记载了辽政权二百多年的史实,也兼叙了辽建国以前契丹族和辽末耶律大石所建西辽的历史。

元顺帝至正三年(1343年),在脱脱主持下,《辽史》由廉惠山海牙等四人分工负责。编纂者主要根据辽耶律严的《辽实录》和金陈大任的《辽史》,并兼采其他材料,稍加整理修订,仓促修撰而成,仅用了十一个月。所以此书质量不高,后世学者有人认为它是"正史"中最差的一种。

《辽史》也有其长处。它的志适应契丹贵族建立的政治和军事组织的特点,新创了《营卫志》和《兵卫志》。《营卫志》叙述了辽政权的"营卫"、"行营"概况和部落建置、分布;《兵卫志》叙述了辽军事组织。其他如《礼志》反映了契丹族的游牧风习;《百官志》记载了辽朝官分南北、"南府治民,北府治兵"的制度;还有《游幸表》和《部族表》也是新设立的,都具有其独特的史料价值。尤其是其中的"表",占用篇幅不多,却记载了许多人和事,对纪、传部分有一定的补充作用。

《辽史》的列传颇为简略,有《后妃传》、《宗室传》、《外戚传》和《类传》,内容不够丰富,主要是表扬功勋,指斥奸逆。

《辽史》的最后一卷是《国语解》,对于用契丹语记载的姓氏称谓、官名、部族名和地名等都一一作了注解,有助于人们阅读《辽史》和研究契丹的语言文字。但译音存在一些讹舛。

除了主要记载契丹族的历史外,《辽史》也对蒙古、西夏和女真等族的历史作了一些记载。《二国外记》等篇还记载了高丽和新罗的情况。

《辽史》历来被认为是一部粗疏之作。这一方面是因为编撰者草率从事,未做认真的考订;另一方面也是因为辽人著述较少,加之辽王朝控制文化甚为严厉,规定了辽人著作,只能在辽境刊行,如果传出,罪当处死,这就使《辽史》取材十分困难。不管怎样,《辽史》仍不失为比较系统地记载辽政权兴亡的一部有价值的史书。

（3）《金史》

《金史》一百三十五卷,包括本纪十九卷、表四卷、列传七十三卷,最后附有《金国语解》,主要记载了女真贵族所建立的金王朝一百二十年

（1115—1234年）的历史。

金的文化较契丹为高，所以自太祖、太宗以后，各朝均有实录。金章宗喜好文学，所以世宗实录修撰得最为详细。金亡，元帅张柔收集金实录，于中统二年将实录送至史馆，后来，王鹗修成了《金史》。因此，阿鲁图在《进金史表》中说："张柔归金史于其先，王鹗辑金史于其后。"王鹗的《金史》有"帝纪、列传、志书，卷帙皆有定体"，是一部比较完整的著作。在王鹗之前，专记金事的书有刘祁的《归潜志》和元好问的《壬辰杂编》，均已行世。脱脱等人修《金史》，主要以王鹗《金史》为蓝本，并参考刘祁、元好问的史著笔削成书。除此之外，杨奂的《天兴近鉴》和王鹗的《汝南遗事》也是有价值的参考书；元好问《中州集》所采金人诗作，有作者小传，也是修《金史》时的重要资料。可见，《金史》的材料较《辽史》丰富得多。在宋、辽、金三史中，《金史》较得好评。《四库全书总目提要》说它"首尾完密，条例整齐，约而不疏，赡而不芜"。的确，在体例、史料整理和记事文笔等方面，《金史》在三史中较为突出。

模仿《魏书》，《金史》的本纪部分先有一篇《世纪》，追述金太祖的先世，后有一篇《世纪补》，叙述后来追认的几个皇帝。这是《金史》首创的一种体例，后来的《元》、《明》二史都曾取法《世纪补》。

《金史》的志有十四篇，价值较高的有《食货志》五卷，《选举志》、《百官志》各四卷，《地理志》三卷。诸志较详细地记载了金的典章制度。如《食货志》内分户口、通检推排、田制、租税、牛头税、钱币、盐、酒、醋税、茶和诸征商税等许多细目，对金朝经济的各个方面均有反映。

《金史》创制了《交聘表》，把金与宋、夏、高丽的和战庆吊交往都记载了下来，事件交待得十分清晰。后附的《金国语解》按"官称"和"人事"分为两类，它的性质和作用与《辽史》的《国语解》相同，虽然其中难免有不少错误，但其价值是不能低估的。

《金史》也存在体例欠当的毛病，有些内容亦失载。如杨朴佐太祖开基，《金史》却不为之立传。《金史》列传人名极复杂，译名多混乱，不知是一人还是二人，不易分别，如"阿忽带"又译作"阿虎带"、"阿鲁带"等。

清代研究《金史》成绩最为突出的是施国祁，他治《金史》三十年，著有《金史详校》、《金源札记》和《礼耕堂丛说》等，可供阅读和研究《金史》参考。

2. 马端临的《文献通考》

《文献通考》是继杜佑《通典》、郑樵《通志》之后,又一部论述历代典章制度的专史。全书始自上古,终于南宋宁宗嘉定(1208—1224 年)年间,共 348 卷。宋末元初马端临撰。

马端临(约 1254—1323 年)字贵与,号竹洲,饶州乐平(今属江西)人。其父马廷鸾,在南宋时做过史官,一度为右丞相兼枢密使,后辞官在家,专心著述。他尤爱史学,著作甚多,有《六经集解》、《读史旬编》和《遗老斋杂志》等。马端临十九岁以荫补承事郎,二十岁漕试第一,后随父家居不仕,二十三岁宋亡,遂绝意仕进,专心读书著作。后为慈湖和柯山二书院山长,教授台州路学,不久辞职而归。马端临早年即有撰写《文献通考》的计划,多年来收集了许多资料,这时便正式投入写作,历时二十余年,终于完成了《文献通考》这部典章史通史。

马端临修撰《文献通考》的目的是贯通古今,即所谓"会通",所以他强调"变通张驰之故,非融会错综、原始要终而推寻之,固未易言也"。在他看来,"理乱兴衰不相因"而"典章制度实相因"。司马光《资治通鉴》"详于理乱兴衰,而略于典章制度",杜佑《通典》则"未为明备","末为集著述之大成"。马端临撰修《文献通考》就是要成《通鉴》之所无,备《通典》之所缺。

《文献通考》不仅吸收了《通典》的长处,而且上承"正史"志表,下取会要的积极成果,综合而更完备,成为一部"贯串二十五代",统纪历代典章制度的巨著。全书共分二十四个门类,计有田赋、钱币、户口、职役、征榷、市籴、土贡、国用、选举、学校、职官、郊社、宗庙、王礼、乐、兵、刑、经籍、帝系、封建、象纬、物异、舆地和四裔等,每门再分子目。其中经籍、帝系、封建、象纬和物异五门是采"正史"、会要的编排而加以改易新创设的。《经籍考》著录历代书目,《帝系考》叙述历代帝王,《封建考》叙述历代封爵建国,《象纬考》叙述历代天象,《物异考》叙述历代灾异变化。其他十九门,皆仿照《通典》,但分门别类更为精细合理,《通典》虽列《食货志》为第一,但分量只有七卷,而《通考》把属于"食货"的内容分成八门,即田赋、钱币、户口、职役、征榷、市籴、土贡和国用,共二十七卷,比《通典》的内容丰富得多,为研究历代经济史提供了更为丰富详实的材料。《通典》

的《刑典》有论兵的内容,但只叙述了战略战术思想,而不及兵制变化。《通考·兵考》则以历代兵制变化为主,弥补了《通典》的不足。由此可以看出,《文献通考》的门类设制,既吸收了《通典》、《通志》的长处,又有所增损删削,是值得肯定的。

《文献通考》的编纂方法也很有特色。马端临在《自序》中解释"文"和"献"时说:

> 凡是叙事,则本之于经史,还参考历代会要及百家传记之书,如果真实可信就采取而用,如果因怪异而有疑问,则弃而不录,这就是所谓的"文";凡是论事,则先采用当时大臣官僚的奏疏,然后收集近代学者的评论,以及有名人文士的闲谈、无名氏的杂记,凡是能订正典故失误、证明史传不当的,即使是一话一言也尽量采录,这就是所谓的"献"。对于诸史传的内容有所怀疑,对先世学者的评论有不同意见,经过自己认真的钻研思考,自认有独特的心得,便把自己的意见附在后面。

这篇《自序》是全书的纲领。他在这里不仅阐述了自己的历史观点,还说明全书的编撰方法。在编纂上,此书先列"文",即"叙事"部分,根据各种典籍记载,顶格排行;再列"献",即"论事"部分,取之于别人的奏疏和议论,低一格排行;再列考,有诸儒的议论,亦附自己的意见,低二格排行。这样排列,条理清楚,有条不紊,便于翻检。这种方法一方面总结了别人修撰史书的经验,另一方面对后代的历史考证学有很深远的影响。

《通考》较之《通典》简严稍逊,但它分类更详细,史料更丰富,体例亦多有创新,价值是很高的。它沿袭了"详今略古"的传统,记载宋代的典章制度颇为详尽,许多内容是后来成书的《宋史》都没有收存的。另外,马端临的按语有许多能从历史事实出发,贯通古今,有许多精彩论述,如对兵制沿革的叙述便是如此。当然,《文献通考》在许多方面亦存在着不足。如其中夹杂着作者的迂腐之论,史料疏于审核,等等,都是明显的不足。《四库全书总目提要》评论此书说:

大抵门类既多,卷繁帙重,未免取彼失此。然其条分缕析,使稽古者可以案类而考。又其所载,宋志最详,多《宋史》各志所未备。案语亦多能贯穿古今,折衷至当,虽稍逊《通典》之简严,而详赡实为过之,非樵《通志》所能及也。

《文献通考》较《通典》、《通志》晚出,后来居上是必然的事情,但历来对"三通"的优劣多有争论,其实,"三通"各有所长,不能扬此抑彼,这才是公允的态度。

《文献通考》行世后,明清两代有人作《续文献通考》,清朝还有《清朝文献通考》和《清朝续文献通考》。明王圻的《续文献通考》,共三十门,二百五十四卷。其记事年代紧接《通考》,上起宋嘉定之末,下至明万历三十年(1602 年)。书中收录资料较多,有较高的史料和学术价值。清朝官修《续文献通考》,修于乾隆十二年(1747 年)。此书根据王圻《续通考》加以改编而成,在《文献通考》的基础上增郊祀、群庙二考,共二十六考。后经纪昀等校订,合二百五十卷。记事上起南宋后期,下迄崇祯末年(1643 年),引证了不少史料,对《通考》亦有补正,对研究辽、金、元、明四朝的历史有重要的参考价值。《清朝文献通考》原称《皇朝文献通考》,修于乾隆年间,三百卷,体例与清官修《续文献通考》相同,共二十六考,细目则根据实际情况而有所增改。此书记事起于清开国元年(1616 年),迄于乾隆五十年(1785 年),取材多据档案、国史、实录、起居注、官修诸书、省修诸志及私人文集。它对清前期、中期主要行政典章制度的文献收集得较为丰富,是研究清代历史的重要参考书。《清通典》和《清通志》两书的材料均录自此书。《清朝续文献通考》,近人刘锦藻撰。此书记事上接《清文献通考》,起于乾隆五十一年(1786 年),下迄宣统三年(1911 年),详述了清后期七朝一百二十六年的典章制度的沿革。

在这一节将要结束的时候,我还要介绍一个史学史专用术语:"九通"。"九通"是指《通典》、《通志》和《文献通考》"三通"加上仿这"三通"的《续通典》、《续通志》、《续文献通考》(清代官修)、《清通典》、《清通志》和《清朝文献通考》"六通",合称"九通"。"九通"之外,再加上《清朝续文献通考》,合称"十通"。"十通"记载了我国自上古至清末的各种典章制度,其史料价值和学术价值是很高的。

四　古代史学的衰落时期

——明清(鸦片战争前)

　　明清两代的封建统治者为了维护自己的统治,把封建专制主义发展到了登峰造极的程度。这一时期,封建经济发展到了顶点而表现出停滞的趋势。思想禁锢日益严重,科学文化受到不断的打击和摧残,这一切标志着我国封建社会已走向没落和崩溃的历史时期。

　　与这种特定的历史时期相适应,中国古代史学也进入了一个衰落时期。这个时期虽然仍然出现了大量的历史书籍,但在史学思想和编纂方法上都缺乏创新,表现出一种龙钟的老态。当然,"我们说它衰老,不说它是解体,就是说它已经失去了旺盛的生命力,但生命力还是有的,甚至还相当顽强。这种特点反映在史学上,一方面是因循保守气息的充斥,另一方面是反映时代抗议精神的优秀作品在不断地问世"(白寿彝《中国史学史》)。值得特别提出的是,明清之际出现了一批进步的思想家和史学家,他们提倡"经世致用",反对封建专制,使我国史学在迟滞中显示出活跃气象,在暗淡中放出奇异的光彩。后来乾嘉学派的学者,在史籍注疏、考据和修补等方面也取得了前人没有取得的成绩。虽然他们的学术研究,是清统治者对学术文化实行高压政策的畸形产物,但他们的努力,在客观上为古籍的整理和研究做出了值得肯定的贡献。章学诚的《文史通义》是继刘知几《史通》之后又一部回顾和总结史学的杰出著作。它的出现标志着中国古代史学的终结。在它之后,中国史学史进入了近代和现代。

（一）明清官修史书

明朝的史学著作极多，《明史·艺文志》分史书为十类，即正史、杂史、史钞、故事、职官、仪注、刑法、传记、地理和谱牒。清代也有不少史学著作。这一时期，史书虽然数量极多，但学术价值和史料价值较高的著作并不多见。下面先介绍几部官修史书。

1.《元史》

《元史》二百一十卷，包括本纪四十七卷、志五十八卷、表八卷、列传九十七卷，始自成吉思汗元年（1206 年），迄于顺帝至正二十八年（1368 年），共计约一百六十余年的历史。

洪武元年（1368 年），明将徐达北伐，攻下大都，得元代十三朝的实录及《经世大典》《大元大一统志》等书。这年十二月，朱元璋为了证明天命归己，并以元代史实为借鉴，命李善长为监修，宋濂、王伟为总裁，编撰《元史》。次年二月，设史局于天宁寺，以汪克宽、胡翰等十六人为纂修，仅半年就修成帝纪三十七卷、志五十三卷、表六卷、传六十三卷，因为缺元顺帝一朝实录，这次修撰未能定稿。随之命欧阳佑采集史料，洪武三年（1370 年）二月重开书局，七月续成全书。《元史》的写作前后仅用了三百三十一天，成书可谓迅速。

《元史》本纪大事记得详细，多载诏令奏疏，但是各帝纪详略不一。太祖、太宗和定宗、宪宗三卷本纪，因缺乏史料，叙事非常简略，自世祖以下，记事颇为详细，《世祖纪》竟多达十四卷，《宁宗纪》多达十卷。

《元史》的志保存了许多有价值的史料，反映了元代社会的许多方面的内容。这些史料，今天已经不可能从其他来源获得了。志中尤以《天文》、《历》、《地理》和《河渠》等最有价值。如《天文志》和《历志》记载了郭守敬的科学成就和贡献，《河渠》记载了元代的河道、水利和漕运等情况。其他如《百官志》、《选举志》、《刑法志》、《兵志》和《食货志》也很充实，不仅反映了元代社会的阶级状况和阶级斗争情况，而且也是了解蒙古贵族统治下民族矛盾和民族压迫的珍贵材料。今天实录与《经世大典》均已佚，所以《元史》志的价值就显得更高了。

《元史》列传部分取材于实录,史料较丰富,但问题较多,内容重复,记事歧异,以至于一人二传。顾炎武《日知录》说:"《元史》列传八卷速不台,九卷雪不台,一人作两传。十八卷完者都,十九卷宏者拔者亦一人作两传。盖其成书不出一人之手。"表的部分也较为粗糙,世系表于元初较为简略,"宰相表或有姓无名,诸王表或有封号无人名"(钱大昕《十驾斋养新录》)。《元史》各篇没有论赞,原因是修撰者担心触犯皇帝的淫威,不敢轻易发表议论。

《元史》仓促成书,未能广泛搜集材料,珍贵的元朝秘史也未能采用。全书文字芜杂,考订疏漏,剪裁粗略,编次失当,错误较多,故后人指责颇多。后代有不少改编《元史》之作,较著名的有清末屠寄的《蒙兀儿史记》及近人柯邵忞的《新元史》。

2.《明实录》

实录是编年体史料长编。史馆在每个皇帝死后,便用有关的"日历"、"起居注"、"时政记"和其他档案材料,按年月编写实录,以备修撰国史参用。自南北朝起,历朝历代都有许多"实录",其中比较完整而留传至今的,只有《明实录》和《清实录》。

明诸朝相继,二百余年间撰成自太祖至熹宗十三朝实录,记载十五帝事迹,总称《明实录》(原称《大明实录》),俗称《皇明实录》。它们是:(1)《太祖实录》257卷,起元至正十一年(1351年),迄洪武三十一年(1398年),共四十八年,曾三次全修,最后一次重修由胡广、杨荣等为总裁;(2)《成祖实录》130卷,起洪武三十一年闰五月,迄永乐二十二年(1424年)八月,由杨士奇、杨荣等为总裁;(3)《仁宗实录》十卷,起永乐二十二年八月,迄洪熙元年(1425年)五月,由杨士奇等为总裁,(4)《宣宗实录》115卷,起洪熙元年六月,迄宣德十年(1436年)正月,由杨士奇等为总裁;(5)《英宗实录》361卷,起宣德十年正月,迄天顺八年(1464年)正月,其间附景泰帝事迹87卷,由李贤等为总裁;(6)《宪宗实录》293卷,起天顺八年正月,迄成化二十三年八月,由刘吉等为总裁;(7)《孝宗实录》224卷,起成化二十三年八月,迄弘治十八年(1505年)五月,由刘健等为总裁;(8)《武宗实录》197卷,起弘治十八年五月,迄正德十六年(1521年)三月,由贾宏为总裁;(9)《世宗实录》566卷,起正德十六年三月,迄嘉靖四十五年(1566 年)十月,由徐阶、张居正为总裁;(10)《穆宗实录》70 卷,起嘉靖四十五年十二月,迄隆庆六年(1572 年)五月,由张居正总裁;(11)《神宗实录》596 卷,起隆庆六年五月,迄万历四十八年(1620 年)七月,由叶向前、顾秉谦等总裁;(12)《光宗实录》八卷,由叶向高为总裁;(13)《熹宗实录》八十四卷,起泰昌元年九月,迄天启七年(1627 年)七月,由温体仁为总裁。此外,还有《崇祯实录》十七卷(系后人补辑而成)、《宏光实录》四卷、《鲁纪年》二卷、《隆武纪年》一卷、《永历实录》二十三卷和《永历纪年》一卷。

《明实录》内容极为丰富。它记录了明代的各种政治措施、军事行动、经济措施和社会情况,还选载了一些诏令、奏议、百司重要案牍和大臣生平事迹等。这些材料很有参考价值,后人多依明代实录研究明史,或从明实录中摘出各种专史资料。当然,实录其实是官修的,它的记事并不实,因为明朝历代皇帝对封建文化采取严厉控制的政策,官员文士动辄得咎,哪还敢据笔直书? 因此,纂修实录颇有曲笔,以致引起矛盾,有时甚至要多次修改。如明朝的《太宗实录》前后三次重修,其中明初韩林儿被沉于水的事件,洪武十三年后以"胡党"、"兰党"两案杀戮功臣的事件,实录全隐而不书。又如《英宗实录》极力为英宗"夺门"复辟辩护,多不实之词。这样隐讳、伪饰的结果,弄得是非真伪难以分辨。

3.《大明会典》

《大明会典》是明朝官修史书的重要成果之一。明以前的《会典》之作,有唐玄宗时官撰《唐六典》三十卷、元朝官撰《元典章》正集六十卷,都是记载一代典制史的重要著作。

明代的《会典》前后经过三次修纂。它初修于明孝宗弘治十年(1497年)三月,由吏部尚书徐溥主持其事,至弘治十五年(1502 年)十二月撰成,后又经杨廷和重校,在正德六年(1511 年)颁行,称为《正德会典》,共一百八十卷。明世宗嘉靖初,改修《正德会典》,至嘉靖二十八年(1549年),修成《续修大明会典》五十三卷。明神宗万历四年(1576 年),由张居正领衔,申时行等于万历十五年(1587 年)修成《万历重修会典》222卷,即《大明会典》。

初修《正德会典》时,以明洪武二十六年(1393 年)诸司职掌为主,参考了《皇明祖训》、《御制大诰》、《大明令》、《大明集礼》、《洪武礼制》和《大明律》等当代有关典制的史籍。这次修纂奠定了全书的体例、规模和内容，以后两次重修只是在这个基础上有所删改而已。此书分列文职、武职两衙门，文职为吏、礼、兵、工、户、刑六部、都察院、九卿及各司，武职为五军都督府、锦衣卫，都附南京的职官。《大明会典》汇集了丰富的史料，其中有许多内容是《明史》诸志记载不详的。因此同《明实录》一样，它也是研究明史的重要参考书。

4.《明史》
——"正史"的殿军

《明史》三百三十二卷，包括本纪二十四卷、志七十五卷、表十三卷、列传二百二十卷，记载了明朝二百多年（1368—1644 年）的历史。《明史》初修于顺治二年（1645 年），乾隆四年（1739 年）才告完成，前后用了九十五年，参修人员达数百人，这是中国设馆修史的历史上所仅见的。

顺治二年，明史馆正式设立，但因政局不稳定，修史工作没有正常进行。康熙十八年（1679 年），重开史馆，以徐元文为监修，张玉书等为总裁，万斯同以"布衣"身份参加编写工作，实际上是不署名的总裁。这次开馆有大量汉族知识分子参与修史，尤其是得到徐乾学、潘丰、黄宗羲和顾炎武等著名学者的配合，又集中了明朝和清初官修私撰的实录、明史、典志及各类杂史传记一万多卷，参考资料甚多，在万斯同的主持下，于康熙三十八年修成初稿五百卷。万斯同去世后，王鸿绪在雍正元年将初稿删减为三百一十卷，取名《明史稿》，奏呈给皇帝。第二年，张廷玉受诏为总裁，在《明史稿》的基础上加以审改，于乾隆四年最后定稿，取名《明史》。

因为有一些名家参加讨论体例并参加撰写，又经过反复多次修订改编，所以《明史》的体例严谨，材料丰富，文笔洁净，内容抵牾较少，基本上反映了明朝社会的真实情况，与其他"正史"相比，颇为突出。所以清赵翼评论说：

> 近代诸史，自欧阳公《五代史》外，《辽史》简略，《宋史》繁芜，《元史》草率，惟《金史》行文雅洁，叙事简括，稍为可观，然未有如《明史》之完善者。

这个评价是相当高的。

《明史》的志，名目齐全，内容充实，编次也较为合理。《历志》详细记载了明人所用的《大统历》，并指出了它的缺陷；《天文志》和《河渠志》包含了不少科学技术方面的资料；《食货志》详细地记载了明代的"一条鞭"法；《艺文志》与前史古今同列的方法不同，只记载明朝人的著述；《刑法志》详述了明朝厂卫制度的情况及其作用。

列传是《明史》的主干。类传分二十类，其中后妃、诸王、公主和循吏等十七类传是依旧史之例设立的。《明史》只新创了三个传目：《阉党传》、《土司传》和《流贼传》。在已有《宦官传》的情况下另立《阉党传》是为了记载宦官党羽的事迹，从中可以看出宦官集团的残暴和腐败；《土司传》则分别记载湖广、四川、云南、贵州和广西等地区少数民族的情况，并记载各族首领"土司"的统治及其与中央政权的关系，在一定程度上反映了明朝民族压迫的残酷性；《流贼传》专叙明末农民起义领袖李自成、张献忠等人，因为他们领导的农民军"至于亡明，剿抚之失，足为炯鉴"，较之其他一些农民起义规模大得多，"亦非割据群雄可比，故别立之"。把炳彪史册的明末农民起义领袖编入《流贼传》，暴露了作者对农民起义的仇视。

《明史》的表有五种，其中四种因袭前史，新创的表是《七卿表》。此表列受皇帝直接控制的执掌行政和纠察大权的六部尚书和都御史等"七卿"。明朝虽有"九卿"之名，但通政使和大理寺卿的权力比不上"七卿"，所以《七卿表》把这二者排除在外，这反映了明代封建专制主义下官制的实际情况。

作为一部官修"正史"，《明史》也有不可避免的缺陷。如它多为统治者隐讳历史，对于建州女真与明朝的关系，后金骚扰关内以及南明史实，更是极力回避。《明史稿》原已为南明三王立传，张廷玉定稿时把它删削，这也是为了清朝政府巩固统治的需要。这些史料不足，可以通过参阅《明实录》、《小腆纪传》和《明通鉴》等资料来弥补。另外，《明史》大肆诋毁农民起义，强调君主集权，处处宣扬封建纲常，而对生产和科学技术的记载却很少。如对郑和下西洋这样重大的历史事件，《明史》也记载得十分简略。这些方面的情况，也只有参阅其他史料才能获得较为全面的认识。

《明史》是我国"二十四史"这一套纪传体正史中的最后一部,它的出现自有其重要的史学意义。

(二)明清之际的著名史学家及其著作

明清之际是中国封建社会天崩地解的时代,这时出现了三位时代进步思潮的杰出代表,即黄宗羲、顾炎武和王夫之。

1. 黄宗羲与《明儒学案》

黄宗羲(1610—1695 年)字太冲,号南雷,又号梨洲,学者称"梨洲先生"。浙江余姚人。早年曾参加东林党反对阉党的斗争,为复社领导人之一。清兵南下时,他回乡后纠合黄竹浦子弟数百人,号"世忠营",抗击清兵,后结寨四明山,奔走于四明、舟山之间,坚持抗清。顺治六年(1649年),他抗清失败后改换姓名,潜返故乡,密图再举,但为人告密,侥幸逃脱。此后,他致力于著述讲学,屡辞清朝征聘。他在政治、经济、军事、文化和历史等方面颇多建树,思想学说蔚为一代之宗。主要著作有《明夷待访录》、《明儒学案》、《明史案》、《明文集》和《南雷文定》等。

《明儒学案》六十二卷,是黄宗羲历史著作的代表作,又是我国古代第一部学术史巨著。

《明儒学案》记载了明代二百余年学术思想的发展概况。黄宗羲博览明代学者的文集和语录等材料,在此基础上,对各家的宗旨与流派作了认真的分析,因而按学术传授系统,把明代二百多名学者分成不同的学派,立了十九个学案。全书分三个时期,四个部门。初期叙程朱理学,共九卷,立了《崇仁学案》、《河东学案》、《白河学案》和《三原学案》。黄宗羲认为这一时期是以程朱理学为主的阶段。明中叶以王学为中心,立《姚江学案》,叙述这个学派的开创者王守仁的学术思想,认为王守仁是明代学术的"大宗"。然后分述王学流派:浙中王门(《浙中学案》)、江右王门(《江右学案》)、南中王门(《南中学案》)、楚中王门《楚中学案》)、北方王门《北方学案》)和粤闽王门(《粤闽学案》),这些均是王学的正宗流派,而对出于王学而各立宗旨的流派,如《止修》、《泰州》和《甘泉》三学案,不标"王学"二字,以示区别。明中叶之下,立《诸儒学案》以收各学派之外的学者,上起方孝孺,下迄孙奇峰,共四十三人。末期则立《东林》和《蕺山》两学案,前者以顾宪成、高攀龙为首,后者仅叙刘宗周一人。此期务在修正王学末流之弊,开浙东史学之端。

《明儒学案》在写作上很有特点。它以王守仁、刘宗周为中心,前后照应;对各家的学说,能本着较客观的态度加以分析,用精炼概括的语言,叙述其学术宗旨和学术传授,在分析、叙述各个学派和每位学者时,注意各家的"一偏之见","相反之论",不以好恶而去取。同时,它对诸家著作,精选细抉,仔细分析,注意寻求每位学者思想前后变化的脉络。近代梁启超在评论《明儒学案》时指出:

> 著学术史有四个必要的条件:第一,叙述一个时代的学术,须把那个时代重要的各学派全数网罗,不可以爱憎为去取。第二,叙述某家学说,须将其特点提挈出来,令读者有很明晰的观念。第三,要忠实传写各家真相,勿以主观上下其手。第四,要把各个人的时代和他一生的经历大概叙述,看出那人的全人格。梨洲的《明儒学案》,总算具备这四个条件。

这里的分析和评价还是比较恰切的。

《明儒学案》也有其缺陷,但总的看,它较全面地反映了明代学术的特点和许多学者的思想,确实是一部学术史佳作。

黄宗羲还撰有《宋元学案》,但他仅写了十七卷,便逝世了。其子黄百家续撰,也未成而亡。后来全祖望(1705—1755 年)历时十年,全力补撰《宋元学案》。此书记述了宋元时期九十一个学案,共列出宋元学者二千余人,也是一部有相当价值的学术史著作。

2. 顾炎武与《日知录》

顾炎武(1613—1682 年),初名绛,字忠清,清兵南下,改名炎武,字宁人,曾自署蒋山佣。昆山亭林镇(今属江苏)人,人称"亭林先生"。少年时参加复社,反对宦官擅权。明亡后,他亡命北方,联络遗民,谋图兴复。他多次严辞拒绝清廷纂修《明史》诏令。顾炎武是明末清初著名思想家、文学家和历史学家,他刻苦钻研,数十年如一日,一生著述甚多,有《天下郡国利病书》、《肇域志》、《音学五书》和《日知录》,还有后人搜集成的《顾亭林集》。

《日知录》三十二卷,是一部极有学术价值的读书笔记。顾炎武自己说他"有所得,辄记之,其有不合,时复改定。或古人先我而有者,则遂削之。积三十余年,乃成一编"(《日知录·目录前序》)。他又说:"所著《日知录》三十余卷,平生之志与业,皆在其中"(《亭林文集》卷四)。《日知录》内容丰富,考证精确,思想深刻,确是一部能代表顾炎武学术思想水平的佳作。

《日知录》多属考据文字,不分门目,编次先后,以类相从。内容涉及政治、经济、哲学、宗教、历史、典章制度和天文地理等,十分广泛。它对这些内容均一一探究根源,考正得失,论据精详,其中特别用了大量篇幅来研讨历史问题和有关的文献学、沿革地理等。《日知录》不仅论述了历代史书、史学家及各种史体长短得失,而且能注意那些为一般人所忽略的史实。

顾炎武反对明人空言心性的治学态度和方法。他研究古书是为了论证古制,所以尤讲究考据。潘耒为《日知录》作序时指出,此书对经义、史学、官方吏治、财赋、典礼、舆地和艺文等内容,都"一一疏通其源流,考正其谬误"。出现疑义,便反复研究,一定要得出正确的结论;如果有了独特见解,便援引史料,"必畅其说而后止"。

顾炎武强调六经都是历史,读经治史都是为了"引古筹今",要改空谈而为实学。因此,顾炎武的考据是为了经世致用。他认为明代士人崇尚空谈,不思匡救国家,结果国破家亡。因此,他强调"唯君子为能体天下之物",要研究古今之变,化成天下有益之学,即所谓"博学于文"。

顾炎武晚年治经,侧重考证,开清代朴学风气。他的学术思想对后人有相当大的影响。

3. 王夫之与《读通鉴论》

王夫之(1619—1692 年)字而农,号姜斋,湖南衡阳人,晚年隐居衡阳湘水西岸石船山,学者称为"船山先生"。王夫之幼承家学,崇祯十五年(1642 年)中湖广举人。清兵入关南下,他在衡阳举兵抵抗,曾任南明桂王朝廷行人司行人。后来他被陷害入狱,幸亏有人相救,才免于一死。他出狱后隐迹湘西山中,晚年才回衡阳,隐居于石船山。王夫之辛勤著述四十年,著书百余种,约三百余卷,主要著作有《周易外传》、《老子衍》和《楚辞通释》,而《读通鉴论》和《宋论》是他的史学代表作。

《读通鉴论》是一部史论著作,它是王夫之读《资治通鉴》时的一些感想,每篇并无特定的标题。全书三十卷,以朝代分卷,再按历代帝王系统分为八十五篇,有选择地评论自秦至五代历代的史事,卷末附叙论四卷。此书通过对历史人物和事件的评论,阐述了王夫之的历史观点和政治思想倾向。

王夫之认为,研究历史的目的在于经世致用,所以对古代的文化遗产应该采取正确的态度。他反对因袭成说、千篇一律,以博学自炫、以正论自夸,认为这样研究历史不足以经世致用。他认为,论述历史应该"推其所以然之由,辨其不尽然之实。均于善而醇疵分,均于恶而轻重别。因其时,度其势,察其心,穷其效"。不但要知其然,还要探讨其发展规律,知其之所以然。这种研究历史的观点是很有进步性的。总之,王夫之认为写作史书不能追求记载繁富,而是要表达经世大略,通过写史来启发后人,他在《读通鉴论》里说:"为史者,记载徒繁,而经世之大略不著,后人欲得其得失之枢机以效法之无由也,则恶用史为?"

王夫之不相信理学家"天理"史观的论点,而是继承并发展了柳宗元关于"势"这一抽象的社会历史概念,加以具体规定,并与自己提出的有特定含义的"理"这一概念结合起来,阐述了"理势合一"的历史观。他试图以此来揭示历史运动的规律和本质。所谓"势",就是历史发展的必然趋势;所谓"理",就是历史发展的规律性。工夫之用这个理论为武器,批判了所谓"三代盛世"的谬论,描述了历史进化、发展的过程。他认为在历史发展的必然趋势中,就蕴藏着历史发展的规律,因而提出了"理者,势之顺也"、"在势之处必然见理"等看法。在进步历史观的基础上,王夫之反对守旧复古,阐明了"事随势迁而法必变"的理论,强调政治制度应随时代的变化而发展。他还主张著史必须有实录精神,反对出于私心而伪造历史。

基于强烈的民族主义思想,王夫之反对民族侵扰和民族压迫,认为"夷夏之辨"是"古今之通义"。他以此作为评论历史人物和评论政治得失的一条标准,故谴责民族败类桑维翰、秦桧之流为"万世罪人"。他从民族利益的角度来权衡利害得失,甚至触及君臣大伦这个封建伦常的根本问题也不回避。如他评秦桧害岳飞说:

> 秦桧之称臣纳贿而忘仇也,畏岳飞之胜而夺宋也,飞亦未决其能灭金也。飞而灭金,因以代宋,其视囚父俘兄之耻奚若?

这种议论确实是以前史家所不敢或没有表述过的,其中充满了民主性的精华。

总之,因为受历史和阶级的局限,王夫之的思想体系是唯心主义的,但他的历史理论中确实存在着不少唯物主义和辩证法的因素。他的历史观里有许多进步而可贵的内容,这是应该充分给以肯定的。

(三)乾嘉学派:清代三大考史名著

清朝统一全国以后,特别是平定三番之乱以后,便抽出手来大兴文字狱,以残酷的手段镇压怀有民族气节的汉族知识分子。在这种情况下,学者们不敢触及社会现实,纷纷专心于考据文字,所谓"乾嘉考据学派"的出现,就是这种社会现实的产物。对这种历史事实,鲁迅先生有精辟的评述。他说:

> 到乾隆年间,人民大众便更不敢用文章来说话了,所谓读书人,便只能躲起来读经、校刊古书,做些古时的文章,有些新意,也还是不行的。(《鲁迅全集》第四卷)

乾嘉学派的学者,主要从事于校注古籍、考证旧史和修撰方志、谱牒的工作。虽然他们在思想上一派死气沉沉,但他们在整理和研究古籍方面毕竟也取得了独特的成就。鲁迅先生指出,这个时期"解经的大作,层出不穷,小学也非常进步;史论家虽然绝迹了,考古家却不少,尤其是考据之学,给我们明白了宋明人决没有看懂的史书"(《鲁迅全集》第五卷)。乾嘉学派的突出代表是清代三位著名的史学家王鸣盛、钱大昕和赵翼。

1. 王鸣盛及《十七史商榷》

王鸣盛(1722—1797 年)字凤喈,号礼堂,又号西庄,晚年又号西沚居士,江苏嘉定(今属上海市)人。四十岁以后绝意仕途,专心于学术研究。主要著作有《尚书后案》、《十七史商榷》以及《蛾术编》、《西庄始存稿》、《西沚居士集》等。

《十七史商榷》是一部史考专著,它的体裁类似于笔记,校勘每条都有题目,每条文字少的仅有几字,多的有好几千。此书的特点是将考证与议论结合起来,在考证和校勘的同时,也不时地发表对历史人物和事件的看法。

此书研究的史书,从《史记》、《汉书》开始,止于《新唐书》、《新五代史》,但其所校有《旧唐书》,并用《旧五代史》传抄本与《新唐书》、《新五代史》互校,所以它实际涉及的是十九部史书。作者本着认真考察史料、准确掌握史实的精神,对十九史作了文字校勘、补正讹脱和考证的工作。他在《自序》中认为,研究学问"求于虚不如求于实",因此要从实处下功夫,"作史者之所记录,读史者之考核,总期于得其实而已矣"。其实,《十七史商榷》虽然以校勘为重点,对典章制度、人物事迹的考证均极有见地,但它也常常针对古籍或历史人物发一些议论。如作者评王导说:"看似煌煌一臣,其实乃无一事,徒有门阀显荣、子孙官秩而已。"这一类评论都是颇有新意的。在《十七史商榷》中,作者还阐述了他的治学方法,其中也有一些极有价值的意见。

2. 钱大昕与《廿二史考异》

钱大昕(1728—1804 年)字晓征,号辛楣,又号竹汀,江苏嘉定(今属上海市)人。乾隆进士,累官少詹事,提督广东学政。四十八岁退隐,主讲钟山、娄东和紫阳等书院。钱大昕长于对历史文献进行考证,所著《廿二史考异》是其史考的代表作。

钱大昕反对当时颇有影响的重经轻史之论。他认为不研究历史便不能成"通儒",即知识全面的人,因而提倡用研究经书的方法来研究历史。在他看来,经史本是一源,实为"二学"。这种看法是符合学术发展的实际的。

钱大昕对元史用功最深,对宋金辽史也有深入的研究。《廿二史考异》中所涉及的史书是除《旧五代史》和《明史》以外的其他"正史"。对历史古籍的考证,钱大昕把重点放在官制、地理和氏族等方面。他认为如果对史实不认真研究,辨明其正误,就不免总出差错。历史学家首先要精通官制,其次要熟悉地理学,最后还要精于氏族之学,"否则,涉笔便误"。《廿二史考异》确实体现出钱大昕的长处和重点。如他对秦汉的尚书和中书、唐朝的三省六部等官职制度方面的内容,对秦汉的郡国、魏晋南北朝的侨置州郡等地理方面的内容,对魏晋南北朝的门阀和谱系,辽金元的族、姓等氏族方面的内容,都作了详细的考证。《清史稿·钱大昕传》说他对"古人爵里、事实、年齿,了如指掌,典章制度,昔人不能明断者,皆有确见"。因为钱大昕精通历算,对天文也很有研究,曾撰有《三统术衍》和《四史朔闰考》等书,所以他在《廿二史考异》中对诸史的《律历志》也作了一些考证,颇有新见。

《廿二史考异》所用的考证方法,主要是:其一,在汇集大量材料的基础上,采用综合之法,先排比历史现象,然后分析其异同,再研究它们先后的联系,最后将研究所得写成许多专条;先标明这些问题由某篇史书引起,然后收集许多史料加以说明。这就需要读许多书,收集许多资料,否则是做不到的。其二是进行专题研究,写出专文,如卷九《汉侯国考》和卷十五《裴松之〈三国志注〉所引书》等,都是针对历史中的一些具体问题,作专题研究的成果。首先把材料整理清楚,然后作深入的研究,这种方法在当时的校勘家、考证家中是不多见的。

《廿二史考异》反映了钱大昕严谨认真的治学态度和精神。虽然他只是博古而并不通今,对所考证的典章事实未作系统的分析与研究,但他在历史文献考证方面所取得的成绩还是相当突出的,也应该得到科学的和符合实际的正确评价。

3. 赵翼与《廿二史札记》

赵翼(1727—1814 年)字云崧,又字耕松,号瓯北,江苏阳湖(今常州市)人。乾隆二十六年进士,授翰林院编修,参与修撰《通鉴辑览》,历官广西镇安知府、广东广州知府和贵州贵西备道等职。四十六岁辞官还乡,在家讲学著述。著作主要有《廿二史札记》、《陔余丛考》、《皇朝武功纪盛》和《瓯北诗话》等。

《廿二史札记》三十六卷,有五百七十八个条目,考证由《史记》开始至《明史》为止的二十四部"正史"。因为当时清廷尚未将《旧唐书》、《旧五代史》列入"正史",所以此书虽然考证的是二十四史,但仍称"二十二史"。

此书采取以史证史的方法,基本上是以"正史"证"正史",兼用本证、互证和理证,虽然有时也引用杂史来考证典章人物,但为数极少。赵翼从各史的编撰人员、时间、材料来源、编撰方法的优劣和史料之真伪等诸多方面,对二十四史作了研讨和介绍,表达了他对修撰的取材、文笔和史家品德等方面问题的看法,颇多进步观点。如他认为好的史书,取材应该精审,文笔应该简净,应直笔实录而不应曲笔讳饰。这都是很有价值的意见。

《廿二史札记》还综合了重大史实,对历代政治发表了评论。作者往往能在对史实的综合比较中,探讨历代盛衰治乱的原因,所论大多能抓住历史上政治制度的特点。如评论汉代的外戚、宦官、党锢和经学,明代的刑狱、朋党和农民起义等,都是针对政治重大问题来发表议论。

在评论历代政治得失时,赵翼特别强调要达到政治清明,不仅要有好的政策,而且还要有好的官吏去执行。以往各代,多有弊政,又多贪官,所以难以形成清明安定的局面。他还特别汇集了历代统治者的贪残、暴虐的种种劣迹,揭露出历史上黑暗统治的真实内幕。赵翼这样做的目的,自有企图以史为鉴的想法,但因为当时封建专制主义压力很大,所以他行文处处小心,不敢涉及时政,论事往往多有顾忌而喜用曲笔。这是在读《廿二史札记》时应该留意的。

《廿二史札记》是一部读史笔记。赵翼自己说他"闲居无事,翻书度日,而资性粗钝,不能研究经学,惟历代史书,事显而义浅,便于流览,爱取为日课,有所得辄记别纸,积久遂多"(《廿二史札记·小引》)。在这部笔记中,作者常常通过考证和评论史书,阐发自己的历史观点,其中有不少新鲜的意见,对读者很有启发。因此,《廿二史札记》是读者阅读和研究二十四史时的重要参考书。

王鸣盛《十七史商榷》、钱大昕《廿二史考异》和赵翼《廿二史札记》合称清代三大考史名著,它们虽然方法各异,观点不尽相同,但可以相互补充,对学习和研究中国历史典籍都有较高的参考价值。

（四）古代史学的句号：章学诚的《文史通义》

《文史通义》是十八世纪出现的一部堪称中国古代史学殿军的文史理论专著，在我国古代史学史上占有极为重要的地位。

章学诚(1738—1801年)字实斋，浙江会稽(今浙江绍兴市)人。少年勤奋学习，二十岁时即"纵览群书"，对历史尤有兴趣。乾隆四十三年(1778年)中进士，自知不合时好，故"不敢入仕"。他先后主讲定州定武、保定莲池和归德文正等书院，又入湖广总督毕沅幕，参与修撰《续资治通鉴》，主编《湖北通志》。他一生多寄人篱下，迫于生计，四处奔波，但撰述不断，著作很多，以《文史通义》最为著名。《文史通义》的撰述始于章学诚三十五岁时，前后用时三十余年，到他去世时还未全部完稿。全书共一百五十余篇，包括内篇六卷、外篇三卷、补遗和补遗续各一卷，汇集了作者研究文史学问的心得，是一部综合论述文学和史学的极有价值的著作。

章学诚生在乾隆之世，但他对当时"汉学家"专门从事考据和"宋学家"热衷于空言性理的风气十分不满，对两派的门户之争和学术倾向多有讥讽。他写作《文史通义》就是要不趋附世俗而发"有为之言"。章学诚在《与汪龙庄书》中坦率地说："拙撰《文史通义》，中间议议开辟，实有不得已而发挥，为千古史学辟其榛芜。"他在《又与朱少白》中更明确地表示自己之所以写作《文史通义》，就是为了针砭时俗"颓风"，故而"多有为之言"，不是泛泛地议论。

《文史通义》反映了章学诚丰富的史学思想，此处择其要点加以介绍。

1. 研究历史，要以经世致用为宗旨

章学诚既反对"务考索"，又反对"腾空言"。他认为"务考索"容易脱离实际，走入繁琐考证的死胡同。他批评专尚考据的学风说："近日考订之学，正患不求其义，而执形迹之末，铢黍较量"(《说文字原课本书后》)；"近日学者风气，征实太多，发挥太少，有如桑蚕食叶而不能抽丝"(《与汪龙庄书》)。他认为专重考据的学者太注意那些细枝末节，却不能阐发自己独特的见解，这是不足取的。章学诚不仅反对繁琐的考据之学，而且不

满于空谈性理之学。他对这种不良学风也发表了许多批评意见。与此相联，章学诚提出了"六经皆史"的看法。他认为"史的原起，实先于经"，并反复强调应该"切人事"，要"经纬宇宙"。他认为六经之用最根本的在于经世。基于这个看法，章学诚批评考据之学为"舍今求古"之学，又批评空谈性理的理学家"舍人事而言性天"的谬误。他指出："史学所以经世，固非空言著述也。……后之言著述者，舍今而求古，舍人事而言性天，则吾不得而知之矣"（《浙东学术》）。只有明白了研究历史要立足于经世致用，才算真正懂得了研究历史的意义。"六经皆史"的看法把史学范围空前扩大了，以至于古代经典、州县志书、官府案牍、金石图谱、歌谣谚语和私家著作，统统被划入了史学的范围，这不仅奠定了史料学的基础，而且打破了封建经典的独尊地位。

2. 史学三要素，以"义"为贵

章学诚认为史学中有"事、文、义"三个要素，在三个要素中又以"义"为贵。他指出："史所贵者，义也；而所具者，事也；所凭者，文也"（《史德》）。所谓"义"，即是指历史理论与见解；所谓"事"，即是指历史事实；所谓"文"，即是指历史文学。虽然章学诚主张事与义的结合，也肯定史文的重要性，认为"良史莫不工文"，但他更强调"义"的重要，认为在事、文、义三者之中，"义"是最重要的。因此他说："作史贵知其意，非同于掌故，仅求事、文之末也。"章学诚提倡突破成规的常例，做到通古今之变，成一家之言，这样以"史义"为核心的史学研究才是真正有价值的。他说，好像人的身体，"事"是骨头，"文"是皮肤，而"义"则是精神。章学诚的这个比喻是很恰切的，生动地说明了史学三要素的相互关系和不同的作用。

根据以"义"为贵的思想，章学诚不仅在评论"一家著述"时，总是特别注意其史义（即史意），而且还把史籍区分为"撰述"和"记注"两大类，或称作"著作之史"和"纂修之史"。他说：

> ……史家又有著作之史与纂修之史，途径不一。著作之史，宋人以还，绝不多见。而纂修之史，则以博雅为事，以一字必有按语为归，错综排比，整炼而有剪裁，斯为美也。

所谓"撰述"（著作之史），是指那种"独断于一心"，"成一家之言"的著作，如班固的《汉书》、司马光的《资治通鉴》等；所谓"记注"（纂修之史），是指那些排比材料的纂辑之作，如刘歆、贾护的《汉纪》，刘恕、刘攽、范祖禹的《长编》等。章学诚这种按史籍的功用来划分史体的方法，是很有新意的。他一方面指出二者各有用处，不能偏废，同时又肯定"撰述"的价值较"记注"为高。

3. 方志为史

章学诚是我国方志学的奠基者，他反对那种把方志列为地理书的意见。他说："地理之学，自有专门，州郡志书，当隶外史"（《释通》）。又说："方志如古国史，本非地理专门"（《章氏遗书·记与戴东原论修志》）。章学诚认为，方志是以地区为中心的史书，与国史有着密切的联系，只有把地方志书编撰完备，修撰国史才有充裕的资料来源，以供选择，从而保证国史的质量。他提出方志的内容应以历史文献为主，进而对方志体例提出了设想。他认为，方志"必立三家之学"，应当"仿纪传正史之体而作'志'，仿律令典例之体而作'掌故'，仿《文选》、《文苑》之体而作'文征'"。他还建议各州县设立"志科"，负责编写地方志并保管有关方志的资料。以备修史时用。

章学诚把方志学作为史学的一个组成部分。他的论述提高了方志在史学中的地位，阐明了方志的内容、性质和体例。这表现出他卓越的历史见解。

4. "三长"之外，还有史德

章学诚认为，治史者不仅应该具备刘知几提出的才、学、识"三长"，而且还应有"史德"。所谓史德，是指史学家作史时应该具有的忠实于客观事实，做到善恶褒贬力求公正的一种品德。

章学诚指出："能具史识者，必知史德。德者何？谓著书者之心术也。……善欲为史者，当慎辨于天人之际，尽其天而不益人也。……而文史之儒，竞言才学识，而不辨心术以议史德，乌乎可哉？"（《史德》）他所提出的史德和心术，实际上超出了道德品质的范围，而着重于撰史者的主观世界和客观世界的统一，即所谓"情本于性"、"气合于理"，实际上就是要求撰史者主观与客观相符合,要尊重客观事实而不掺杂主观偏见。这是一种具有辩证法色彩的史学思想,比刘知几的"直书"论前进了一大步。

5. 其他一些史学观点

章学诚还有一些值得肯定的史学观点。如他认为历史是前进的,史学也要随之向前发展,要"传古"、"通今",对过去的遗产应采取批判继承的态度,中国历史著作的体裁,也应随历史的发展而不断改变。又如他承袭前人的优良传统,强调撰史必须详今略古。他说:"历观前史记载,每详近而略于远事。刘知几所谓班《书》倍增于马,势使然也"(《刘氏三世家传》)。这正反映了他通古博今的历史观。

上面概要介绍了章学诚史学思想中一些有价值的内容。这些思想对今天的史学工作者很有启发,其积极意义是明显的。当然,《文史通义》中也有不少封建性的糟粕,有些篇章表现出明显的阶级偏见和历史局限性,反映出章学诚思想中所具有的儒家传统观念与道德标准,这是不应忽视的。

总之,《文史通义》的出现,标志着我国古代史学的终结。作为古代史学的殿军,《文史通义》的历史意义是应该充分给以肯定的。

五 尾声:近、现代史学概说

中国古代史学,按一般的看法,到鸦片战争就结束了。1840年的鸦片战争是一个重要标志,由此中国史学史进入了近代和现代。自鸦片战争至1919年"五·四"运动,一般称作"近代";自1919年至1949年中华人民共和国成立,一般称为"现代"。

随着时代的发展,近现代时期的史学与古代史学在许多方面出现了明显的不同。无论是在研究历史的指导思想、史料的来源,还是在编撰史书的方法等方面,近现代史学,尤其是现代史学与古代史学都有种种不同的特点,甚至有了根本性的改变。但是,近现代史学毕竟是古代史学的延续和发展,它们必然还有许多共同点。为了使读者对中国史学有一个全面的了解,我在此对近现代史学发展的情况作一个概括的介绍。

在鸦片战争前后,各种矛盾日益尖锐,作为史学家,龚自珍和魏源首先从历史角度表达了民族危机的紧迫感。龚自珍批判了烦琐考据的学风,主张学以致用,从事"天地东西南北之学"。从实际需要出发,他对西北边疆史地作了深入研究。魏源试图总结鸦片战争的经验教训,寻找御侮图强的办法,积极写作当代史,写下了《圣武记》、《道光洋艘征抚记》和重要的世界史地巨著《海国图志》。鸦片战争之后,记述鸦片战争经过的历史著作还有梁廷楠的《夷氛闻记》和夏燮的《中西纪事》,研究边疆史地的著作还有张穆的《蒙古游牧记》和何秋涛的《朔方备乘》等。

太平天国运动以后,资产阶级改良派登上了历史舞台,他们将史学作为工具,来宣扬变法维新的主张。王韬著有《法国志略》,介绍法国的历史现状,批判君主专制;黄遵宪著有《日本国志》,详细介绍了明治维新以后日本在各方面的变革与发展情况。王韬和黄遵宪希望以外国的先进经验来做变法的依据。改良派以变法为目的,大力宣扬历史必变的思想,指出"变"是古今中外的普遍规律,只有变法图强中国才有出路。康有为撰写《孔子改制考》、《春秋董氏学》和《论语注》等书,阐述了作为变法理论根据的历史进化观;梁启超撰写《变法通议》,宣扬了变法思想;谭嗣同撰写《仁学》,用具体史实论证了"变"的必然性。

戊戌变法的失败证明改良主义的道路是行不通的。在与改良派的论争中,资产阶级革命派运用历史事实,宣传用暴力手段推翻清朝统治的必要性和重要意义。代表人物和主要著述有陈天华的《猛回头》、《警世钟》、《中国革命史论》,章太炎的《驳康有为论革命书》、《革命之道德》,孙中山的《太平天国史·序》等。他们在这些论著里有力地阐述了革命派的历史观,说明和论证了革命是历史的必然。

关于"近代"史学的成就和意义,白寿彝先生《中国史学史》作了很好的概括:

> 鸦片战争到辛亥革命前后救亡图强的爱国主义史学思潮,反映了旧民主主义革命时期的社会矛盾和时代要求,鼓舞人们反抗侵略、挽救危亡,对于封建主义进行了多方面的深刻批判,从而为"五四"时期史学的近代化和马克思主义史学的建立准备了条件。

当然,在近代史学中,封建的旧史学仍在一定范围内以一定的形式延续着,如一些实录的编纂、旧史的修补和改编以及《清史稿》的修撰等都是证明,但旧史学毕竟日益受到冲击和批判,在史坛上已经没有什么地位了。

"五四"以后,我国历史进入了一个新的时期,史学也发生了巨大的变化,出现了许多新的情况。不仅史学研究的对象有所转变,一些历史观点受到批判,而且有大量的史料被发现并得到广泛的运用,出现了各种专门的历史研究著作和历史刊物,呈现出一片繁荣的景象。尤其是马克思主义的传入,对中国史学研究产生了重要的影响,出现了一批运用马克思主义理论写成的史学著作。

李大钊是我国马克思主义史学最初的奠基人。他积极地传播马克思主义的唯物史观,并自觉地把唯物史观引进史学领域,其《史学要论》是为我国马克思主义史学开辟道路的名著。蔡和森的《社会进化史》,"是我国

第一部用唯物史观和社会经济形态理论写成的社会发展史"。郭沫若的《中国古代社会研究》，"是中国学者用马克思主义理论系统地阐述中国历史的第一部书"。继之，在社会史方面，吕振羽写了《史前期中国社会研究》和《殷周时代的中国社会》，邓初民写了《社会史简明教程》和《中国社会史教程》，侯外庐写了《中国古代社会史》，这些都是运用马克思主义理论研究中国社会发展史的著作。在通史方面，范文澜《中国通史简编》（上、中册）和翦伯赞《中国史纲》（第一、二卷），是运用马克思主义观点，系统地叙述中国古代历史的著作。在思想史方面，吕振羽有《中国政治思想史》，侯外庐有《中国古代思想学说史》、《中国近世思想学说史》和《中国思想通史》（第一卷），这些著作运用马克思主义理论对思想史作了认真的研究。

"五四"之后，还有一批学者主要运用考据的方法来研究历史，后人称为"考据学派"。这些学者的史学著作，也是近现代史学的重要研究成果。顾颉刚编著的《古史辨》，以疑古为手段而以考古为目的，是考辨古史的名著。王国维在历史考据方面作出了重要贡献，尤其是对甲骨文的研究成就最为突出。他注意将新发现的史料与古籍结合起来考证古史，其学术论著结集为《观堂集林》。陈寅恪对南北朝、隋唐和明清历史用力尤多，其《隋唐制度渊源略论稿》、《唐代政治史述论稿》和《柳如是别传》都是很有价值的著作。陈垣对中国宗教史的研究最为深入，《古教四考》是填补古代宗教史研究空白的力作。在历史文献学方面，陈垣也有许多著作，如《中国佛教史籍概论》和《中西回史日历》等都有很高的学术价值。

除了以上提到的一些著作以外，近现代还有一些著作虽然存在着某些缺陷与不足，但仍不失为有较高学术价值的著述。如夏曾佑《中国古代史》、吕思勉《白话本国史》和《秦汉史》、李剑农《中国经济史讲稿》、冯友兰《中国哲学史》、柳诒徵《中国文化史》、汤用彤《汉魏两晋南北朝佛教史》、白寿彝《中国交通史》、向达《中西交通史》和《唐代长安与西域文明》、冯承钧《中国南洋交通史》，以及其他文学史、艺术史和科技史著作，都是近现代史学的重要成果。

总之，近现代史学与古代史学既有联系，又有区别，其内容是相当丰富的，这里只能勾勒出大概轮廓。要对近现代史学做出详细的评述，自然不是这本小书所能胜任的。

1993 年 3 月 9 日

中国文史人物故事(三篇)

苏武和李陵

前　言

苏武和李陵都是汉朝人：他们本是朋友，后来却走了不同的道路，成为两种不同类型的历史人物。

苏武奉命出使匈奴（我国古代北方一个强大的游牧民族），被扣留下来，匈奴统治者想尽办法威逼他投降，但是苏武宁死不屈，在匈奴度过了十九个年头，终于又回到了汉朝。千百年来，苏武一直活在我国各族人民的心中，他的爱国主义精神和高尚的民族气节，受到我国历代人民的爱戴和敬仰。

李陵是汉朝有名的将领，在与匈奴的一次战斗中，他带的部队弹尽粮绝，他自己也被敌人俘虏。面对匈奴统治者的威逼利诱，他忘记了国家的利益，竟向匈奴屈膝投降，在历史上留下了不光彩的形象，受到后代人民的痛恨和责骂。

苏武和李陵生活的时代较早，关于他们的材料并不多，这本小册子主要参考了《汉书》和其他一些历史材料，力图描写出真实可信的历史人物的形象，但是否能尽如人意，还要请读者评判。

一 不眠之夜

公元前一〇〇年(天汉元年)一月的一个夜晚,月亮像往常一样悬挂在长安城上空。

这时,城西苏家宅院一片寂静,只有书房里还亮着灯火,一个中年男子毫无睡意地正在桌前读书,他中等身材,面庞显得很消瘦,两只眼睛却很有神,他就是苏武。苏武非常喜欢读书,因为在朝里做官,白天事情很多,每当夜深人静的时候,他才能安下心来读一点书,对他来说,这真是人生难得的享受!

此刻,苏武正被书中的内容所吸引,几乎忘记了一切,女仆送上来的热汤已经凉了。这时,夫人又把汤热了一遍,端了上来,她劝苏武道:

"大人,请用热汤吧,劳累了一天,也该休息了。"

苏武接过碗,说:"好,夫人,你先去休息吧。"

"大人……"

"怎么?"

夫人心疼地说:"夜已深了……"

苏武摇摇头,指指手上的书说:"每次我捧起这本书,心情就不能平静,根本睡不着觉呀!"说着,他喝了一口热汤,又说:"屈原真是个了不起的人物,他对国君真是一片忠心呀!他的《离骚》写得实在太好了!"说着,他随口读起《离骚》里的诗句,夫人听了,点着头说:"真是个忠臣呀!"

"是呀,每当读这本书,我就想,我们苏家也多蒙皇上的照顾,我父亲做了将军,被封为平陵侯;我们兄弟三个先后做了朝里的郎官,都是皇帝的近臣。父亲在世时,就常常教育我们忠心报国,报答皇上的大恩大德,可是,我已经四十八岁了,日月如梭,我什么时候报答皇上的恩德呢!"说完,他长长地叹了一口气。

夫人知道苏武的心思,忙劝解道:"只要大人有报国之心,机会总是会有的,大人不必着急。"

"可是,我终日在皇上身边,事情虽说很重要,可又太琐碎了,什么时候才能有立大功的机会呢?"

"大人,只要你能保养好身体,为皇上尽忠的机会一定会有的!"

"但愿如此!"

正在这时,丫鬟芳儿悄悄走了进来,小声说:"大人,有人来见您。"

"这么晚,是谁呢?"

芳儿说:"大人,是李陵先生。"

"李陵?"夫人一愣,看着苏武。

苏武听说李陵来访,也是一愣,他转念一想:李陵这么晚了前来相见,一定有什么要紧的事。想到这,他忙叫芳儿去请李陵进来。芳儿退了下去,苏武和夫人站在门口,等着李陵。

一会儿,李陵走了进来,他身材很高,虽然早已年过四十,但却显得很年轻,很精干。李陵的爷爷是汉代有名的"飞将军"李广,人们都说李陵为人豪爽,敢作敢为,很像李广。李陵同苏武一样,一直在汉武帝身边任职,也很受重视。李陵和苏武是一对很要好的朋友,他们常常一道饮酒谈天、诵读诗书,两人几乎无话不谈。

"苏兄,夫人,深夜来访,实在抱歉!"

"没什么,没什么,"苏武夫人知道李陵一定有什么重要的事情要告诉苏武,便关上门离开了书房。

"苏兄,这么晚了你还没有睡?"李陵坐下一边问,一边翻着桌上的书说:"苏兄正在读《离骚》呢,屈原忠心为国,真使人敬佩呀!"

"是呀,"苏武也坐下下来,问道:"李陵老弟,这么晚了,你来找我,一定有什么要紧的事情吧?"

"苏兄说得不错,我给你带来一个好消息……"

"好消息?"

李陵笑笑:"苏兄请听我说,我一向知道苏兄有报国报君之心,总是难寻机会,今天晚饭后我听到一个消息,说是皇上要派苏兄出使匈奴,不知苏兄是不是已经知道这个消息了?"

"真的?"苏武一听,十分兴奋,可是过了一会儿,他摇摇头。

"怎么,苏兄不信我的话?"

苏武摇着头说:"李陵老弟,你别开玩笑了,你也不是不知道,现在我大汉朝与匈奴关系紧张,已经近十年没有什么来往了,虽然近来两国关系有缓和的可能,可是事情不会发展得这么快吧。"

苏武的怀疑是有根据的。本来汉朝和匈奴的关系还比较平和,但那种平和是不平等的。匈奴是一个强大的游牧民族,从汉高祖时起,就经常进攻汉朝,有时它的前哨甚至敢到长安附近游荡。由于当时汉朝刚刚建立,国家空虚,屡战失利,所以一直对匈奴采取"和亲"的政策。所谓"和亲",就是把汉朝的公主嫁给匈奴单于(chán yú 蝉于,匈奴语"天子"之意),并赠送许多金钱、丝绸等贵重物品。汉初的几个皇帝一方面与匈奴保持不平等的和平的关系,一方面努力恢复和发展社会经济,经过六、七十年的恢复和发展,到汉武帝时,国家兵强马壮、财力有余,已经不怕匈奴的侵犯了。而匈奴贵族,总想向汉朝索取更多的财富,因而继续连年侵扰汉朝边境地区,掠夺人口和财物。针对这种情况,汉武帝决心改变对匈奴的策略。公元前一三三年(元光二年),汉武帝调集骑兵、步兵和战车,共三十多万人,埋伏在马邑(今山西省朔县)附近的山谷里,想把匈奴的主力全部消灭掉,可是这些伏兵被匈奴骑兵发觉了,匈奴主力急忙后退,汉武帝的计划落空了。就这样,汉朝和匈奴双方长期维持的"和亲"局面终于结束了,从此进入了战争状态。由于长期的战争,汉朝皇帝和匈奴单于关系十分紧张,他们互相提防,互不信任。为了刺探对方的军事情报,他们多次派遣使者,趁机到对方那里去观察形势,双方也往往把这些使者扣留起来。公元前一一〇年(元封元年),汉朝派郭吉出使匈奴,被扣留了;公元前一〇七年(元封四年),汉朝派路充国出使匈奴,又被扣留了;不久,匈奴单于去世,汉朝派人去吊丧,也被匈奴扣留了。这样,汉朝使者被匈奴扣留了十几人,同时,匈奴派到汉朝来的使者,也往往被扣留。因此,双方的关系更恶化了。

在这种情况下,怎么可能还派苏武出使匈奴呢?难怪苏武对李陵带来的消息要摇头表示怀疑了。

李陵见苏武摇头,喝了一口水,笑道:"苏兄,我这可是从宰相府里听来的可靠消息呀,你知道,赵宰相的公子是我十分要好的朋友,我和他也是无话不谈的。"

"可是……"苏武还是半信半疑。

李陵放下水杯,说道:"苏兄,情况是这样的,去年春天,贰师将军李广利远征大宛(在前苏联费尔干纳盆地),大宛战败,被迫同大汉朝订立了盟约,这件事震动了西域,你也是知道的。去年年底,李广利班师回朝,沿途各小国纷纷派王室子弟跟着来长安,朝见皇上,这一切使匈奴十分害怕。前不久,匈奴且鞮(jū dī 驹低)侯单于即位,皇上想借着西征大宛的声威,对匈奴采取行动。且鞮侯单于深怕汉朝派兵征讨,便主动提出把以前扣留的路充国等人送回汉朝……"

"真有这事,那太好了!"苏武兴奋地站了起来:"路充国他们回到长安了吗?"

"没有,据说还在路途中呢。"李陵继续说道:"匈奴且鞮侯单于还按着胡汉和亲的旧例,自称是当今皇上的晚辈。皇上对且鞮侯单于的这些言行非常满意,多次对宰相们说这个匈奴王还真懂道理。"

"皇上有什么打算呢?"

"为了改善大汉王朝和匈奴的关系,"李陵笑笑,说道:"皇上决定把以前扣留在长安的匈奴使者全部送回去。"

"太好了!太好了!这样一来,大汉朝和匈奴又要和好了,老百姓知道了一定会高兴的,李陵老弟,你说是不是?"

"那当然了,"李陵又讲道:"可是派谁去送还匈奴使者呢?赵宰相提了一些人选,皇上都没有同意。"

"那……"

"苏兄,你别急嘛!皇上向来知道你为人忠厚,忠于职守,是个忠臣,便提出派你去完成这个使命,赵宰相他们全都了解你,都说你一定会圆满地完成任务,今天晚朝的时候就作了决定,明天早朝的时候皇上就要宣布诏书了。"

"真的吗?"苏武激动地站了起来,两只手兴奋地互相搓着,他对李陵说:"真得感谢你带来这么一个好消息!"

"我早点来告诉你,好让你有所准备,待你功成归来时,再为你备酒祝贺吧!"

"太谢谢你了!"由于激动,苏武不小心把桌子上的茶杯碰到了地上,夫人闻声推门走了进来,不安地看着苏武,她生怕李陵带来什么坏消息。见了夫人,苏武觉得自己有点儿失态,忙坐了下来,他对夫人说:"夫人,李陵老弟今晚给我带来了一个喜讯!"

"什么喜讯?"

"皇上决定派我出使匈奴,也许过几天就要出发了。"

"啊!"听了苏武的话,夫人心里一沉,她知道,出使匈奴正是苏武长期盼望着的那个忠君报国的好机会,可是,以往从长安去匈奴的使者有十几批都被匈奴王给扣留了,若是丈夫也同他们一样,被长期扣留在匈奴,那该怎么办呀?

李陵见苏武夫人呆呆地站在那里,笑道:"嫂夫人,你放心吧! 这回苏兄是个和平使者,他的使命是把以前扣在长安的匈奴使者全部送回去,匈奴王是不敢扣留他的!"

听了李陵的话,苏武夫人不好意思地笑了。

苏武沉吟了一会儿,若有所思地说:"匈奴人历来不讲信用,他们什么事都会干出来的,我看这件事也不能太乐观。不过,不管怎么说,这都是我报答皇上恩德的一次好机会呀!"

说完,苏武的脸上浮现出一丝由衷的微笑……

二　出使匈奴

离开长安,出了汉界,越走越荒凉。经过一个多月的长途跋涉,苏武和副使张胜带领着属员常惠等一百多人,终于来到了匈奴王庭。

这一天,匈奴单于召见苏武。只见匈奴单于居住的帐篷外面,排列着许多手持刀剑的匈奴士兵,用羊皮做成的旗子在风中飘扬。天气阴冷,几只大雁孤零零地从灰暗的天空飞过。这里的一切都显得那么寂静和荒凉。

随着一阵鼓声,苏武和张胜被引到了单于的大帐篷里。苏武的手里拿着"使节"。在古代,凡是朝廷派出的使者都要携带一种凭信物,名叫使节,是一根八尺长的竹竿,悬挂着一串用旄牛尾做成的穗穗。匈奴单于两边分站着文臣武将,气氛十分严肃,还带着几分紧张。苏武定神把帐篷里打量了一遍,然后同张胜一起向前一步,向匈奴王施礼道:

"大汉使者苏武、张胜拜见大王!"

匈奴单于随口说道:"好了,免礼吧!"

苏武和张胜被让到两块毡毯上坐下。苏武仔细打量着匈奴单于,只见他不过三四十岁的年纪,两撇小胡子又浓又密,眼睛不大,却很有神,总是射出两道凶光。匈奴单于干咳了一声,问道:"大汉天子一切都好吧?我料到他会把我大匈奴的使者送回来!"

苏武和张胜听了这话,都吃了一惊,他们两人都想到,来的时候,皇上说匈奴王诚心求和,看这样子,他真够傲慢的,莫不是又想反悔吗?

张胜看了苏武一眼,苏武向他微微点点头,站起身说道:"是呵,大汉天子知道单于已经先把汉朝使者送回去了,又见大王的书信中自称子侄,十分高兴,对我们说,有来有往,这是我们汉人的信条,所以派我们将全部匈奴使者送回来,请大王不必客气了!"

苏武的话虽然不多,但却话中有话,十分威严,匈奴单于的脸色一下子变了,可是他又不好发作,只是在心里说:"此人果然不一般,看来大汉确实大有人才呀!"

过了一会儿,单于看看身边的文臣武将,态度缓和下来,又问道:"不知近来汉朝的情况如何?"

苏武说:"自从去年李广利将军西征大宛,取得了全面胜利,西域为之震动,各个小国纷纷投降,大汉的边防有重兵把守,十分巩固。因此,大汉天子更用心于国内治理,他整顿朝政,使百姓安居乐业。这感动了上天,上天赐福,连续几年风调雨顺,粮食年年大丰收,大汉还从来没有像现在这样国富民强呢!"

匈奴王还未说话,他身边的一个文臣先"哼"了一声,苏武顺着声音看去,见此人四十三四岁年纪,脸皮白白的,有几分文气。苏武心想:这人也许就是卫律吧?他知道,卫律是个匈奴人,原来生活在长水一带,后来随着他的父亲到了长安,做了汉朝的官。有一次,需要派一个朝官出使匈奴,汉朝天子觉得卫律是匈奴人,知道匈奴的礼仪,便派他为使者前往匈奴。谁知,卫律这一去就没有再回来,他被匈奴单于扣了下来,不久,便投降了。因为卫律在汉朝生活了许多年,精通汉话和汉字,读了许多汉人的书籍,加上本人聪明狡诈,很快便得到匈奴单于的赏识,后来他被封为丁灵王,成了匈奴王的得力助手。

匈奴单于摆了摆手,没有让卫律讲话,他口气缓和地说道:"二位使者不远千里,从长安来到我匈奴王庭,一路辛苦了。我看,你们先休息几天再回汉朝吧!"

苏武和张胜站起身来,施礼道:"谢谢大王的关心!大汉天子叫我们带来一些礼物进献给大王,也请大王收下。"说着,苏武一招手,六个汉朝随员搬着三口红色的木箱,缓缓地走到帐篷中间。苏武走上一步,将箱盖一个个打开,请匈奴单于和文臣武将们过目。第一只箱子里装的全是金银首饰,一件件闪着诱人的光亮;第二只箱子装的是金银制成的日用物品,有金制酒杯、酒壶,银制刀叉、盘子,一件件也是光彩照人;第三只箱子里装的全是骏马身上用的小装饰品,一件件小巧精制,十分好看。

匈奴单于见了这些礼物,乐得嘴都合不拢了,他笑着说:"二位使者回去以后,代我向汉天子表示谢意。"

"我们一定把大王您的意思转达给汉天子!"

单于停了一下,又说:"我也准备了一些礼物,都是我们匈奴这里的特产,你们回去的时候也给汉天子带上吧!"

"是!"苏武和张胜知道拜见结束了,便向匈奴单于施礼告辞,在匈奴侍从的引领下,他们走出了大帐篷。

望着灰蒙蒙的天,苏武轻轻地舒了一口气,他心里说:"总算没有辜负皇上的信任,虽然跋涉千里,还是值得的!"

苏武身边的张胜小声问道:"苏大人,我们什么时候起身回去呢?"

苏武想了想说:"大家走了几十天,真是人困马乏了,我看还是先安心休养一段时间吧,你说呢?"

"我看就这样吧,"张胜点点头:"那我们就先休息一个月吧!"

"先休息二十天再说吧。张大人,你先告诉大家,一切要按照匈奴人的风俗习惯,不许随便外出游玩,也不许随便和匈奴人说话,要一心一意地休息,千万不能给匈奴人留下任何借口,不然的话,还真不知道要出什么事呢,告诉大家一定要千万注意!"

"是呀,我看匈奴单于的态度够傲慢的,还有那个卫律,我早听说,就是他挑唆匈奴单于和我大汉朝对立的,我真担心他会生出什么坏心思来!我看……"

苏武见一个匈奴大臣走了过来,忙打断张胜的话,说道:"张大人,我看还是尽量让大家吃好休息好,养足体力和精神,回去的路程还很艰难呢!"

"对,我马上去告诉大家。"说着两人向汉朝使者住的帐篷走去。

张胜虽然年龄比苏武大,但官职却比苏武小,他早就心怀不满,可是又不能表露出来。自从听说让他同苏武一道出使之后,他便想:如果能找一个机会,为皇上立下奇功,还怕不能升官吗?因此,他虽然同苏武一样对这次出使表现得特别积极,可两人的动机却又不一样,苏武是为了报答汉天子对他们苏家的恩德,而张胜呢,却是寻找一个立功升官的机会。

这天,张胜吃过晚饭,在外边转了一圈,便回到自己住的帐篷里。实在闲得无聊,张胜正想脱衣睡觉,忽听有人拍门,他忙重新系好扣子,问道:"谁呀?进来!"

门轻轻地开了,悄悄闪进一个人来,这人一身匈奴装束,只是他的相貌,告诉别人他是一个汉人。张胜愣住了,一时没有认出这位来人是谁。

"张大人,你不认识我了吗?"来人摘掉帽子,凑到蜡烛跟前,一双小眼死死地盯着张胜,好像生怕张胜跑了似的。

张胜仔细打量面前的这个人,忽然惊叫道:"哎呀,这不是虞常老弟嘛!你……你怎么在这呢?"

"唉,一言难尽呀!"虞常小心地回头朝门口看看,轻声说:"张大人,我今天找你来,是有要事与你相商。"

"要事?什么事?"张胜情不自禁地紧张起来,他又追问一句:"你怎么也在匈奴这里呢,到底出了什么事?"张胜和虞常算不上老朋友,但他们都与朝中赵宰相的公子有交情,在宰相府他们多次在一起饮酒赋诗。后来张胜再去宰相府就没有再见到虞常,因为两人关系一般,他也就没有在意,谁知今天在这里却与虞常相遇了,张胜在吃惊之余自然也有些警惕。

虞常笑笑说道:"张大人,事情是这样的,几年前,我同卫律一道出使匈奴,在匈奴单于的威胁下,卫律投降了,我们这些随员也没有别的办法,只得表面上跟着卫律投降匈奴,不然的话,我们是活不了的。"

"噢,是这样……"张胜点了点头。

"张大人,你看我该怎么办呢?"

"这样吧,"张胜在地毯上走了几步说:"你干脆向卫律提出,这次同我们一起回汉朝去!"

"可是……"

张胜想了想,又说:"你要不好提,我向卫律提出怎么样?"

虞常停了一会儿说:"张大人,我就这样回去,汉天子一定不会饶了我,我怎么敢无功而归呢?"

"那依你的意思……"

"所以我说有要事与张大人相商。"

"你说吧,什么事?"

虞常小声说:"如果此事能成,张大人就为汉天子立了大功,回去以后,还怕不能升官发财吗!"

这一句话算说到点子上了,张胜的注意力立刻集中起来,急忙问道:"你快说,到底是怎么一回事?"

"是这样的,"虞常讲道:"緱(gōu 勾)王是匈奴浑邪王的外甥,二十年前他就投降了汉朝,大前年,他随汉朝大将赵破奴进攻匈奴,结果兵败被俘,他一心还想回到汉朝去,便与我相商,准备一起谋反。"

"你们准备怎么干?"

"我们一起联合了卫律的一些随从,大约有七十人,准备把且鞮侯单于的母亲劫持到汉朝去,听说汉天子对卫律这个叛徒十分痛恨,我们也想把他射死。这样,我们就可以立功归汉了!"

"噢,"一听是这么回事,张胜心里先是一惊,心里说:这可是够危险的,万一出了事,可是要搭上性命的呀。他转念又一想:我不正愁没有机会为朝廷立下大功,以便邀官请赏吗?这可是个机会,如果此事真能办成,我……想到这里,他又问道:"这件事情,你们什么时候开始筹划的?"

"已经有好几个月了,我们已经一切都准备好了,只等待合适的机会就动手,我保证此事万无一失!"

"那你跟我说这些的意思是……"

"只希望张大人了解这个情况,必要时给我们支持,将来在朝廷上,能为我们说几句好话,其它事情什么也不需要张大人去做。"

张胜想了想说:"从表面看,现在大汉和匈奴的关系缓和了,其实根本不是那么回事。那天我和苏大人去拜见匈奴单于,他就很傲慢,卫律这家伙也很傲慢,你们要真能把这件事办成,汉天子一定会重重地赏你们,那时,我一定替你们说话,你就放心吧!"

"谢谢张大人!"

张胜摆摆手,又问:"你们具体定在什么时候动手呢?"

虞常答道:"张大人,我们知道,过几天匈奴单于要带人出去打猎,那时王庭里剩的兵士就不多了,那时我们可以趁机起事!"

"很好,一定要计划周密、行动果断,不然的话,这件大事是办不成的!"

"放心吧,张大人,我这就去见緱王,把你的话转告给他。"

虞常告别张胜,消失在夜幕之中。

三　祸从天降

十几天静静地过去了。

这天早上,苏武刚刚起床,忽听帐篷外一片混乱,人喊马叫,好像出了什么大事。苏武忙把常惠叫来,命他出去了解一下情况。

过了一会儿,常惠回来了,他向苏武报告了外面发生的事情:

"昨天匈奴王带着大队人马出去打猎,王庭里兵员空虚,缑王和虞常想趁机起事,把单于的母亲劫持到汉朝去,还要杀掉卫律。他们商定今天晚上动手,可是,昨天晚上,虞常的一个随从因为得罪了虞常挨了一顿打,一气之下,他便骑马跑去追上匈奴单于,报告了缑王和虞常的密谋,匈奴单于连夜传令王庭周围的武将,立刻向缑王和虞常发动进攻,今天早上,缑王和虞常被抓住了,匈奴单于的军队已在搜索其他参与叛乱的人,所以王庭里一片混乱。"

听了常惠的报告,苏武说:"看来匈奴内部并不安定,也不知这件事会不会影响我们按时出发,按原计划,再过几天,我们就该上路了,但愿不要出什么意外才好!"

常惠点点头,说:"刚才我听说,单于今天中午就会赶回来,大人是不是当面恳请早些离开匈奴王庭。"

"对!"

"依小人之见,这里很不安全,还是越早离开越好,万一有什么变化……"

苏武点点头说:"你想得很对,匈奴人历来是不重信用的,他们办事总是喜怒无常,稍一不慎,就可能得罪他们,我们就可能永无回汉之日了!"

"大人说得很对!"

"不过,"苏武又问道:"常惠,你一会儿去看一看,我们的人是不是休息好了? 不是有几个人病了嘛,你去看一看他们好了没有? 如果没有好,就叫咱们的医生抓紧治疗,我们不能丢下一个人。"

"大人,病的几个人差不多全好了,只有一个原来病得很重,这两天也好多了,我看,再过两天他肯定也能好。"

"那好,"苏武严肃地说:"传我的命令,叫大家做好准备,待我向匈奴单于说明我的想法,我们就可以回去了。"

"是!"常惠转身想走,苏武又叫住他问道:"你见到张大人了吗? 见到他,请他到我这来一趟。"

"是!"常惠行了礼,退了下去。

过一会儿,张胜悄悄走了进来,苏武招呼他说:"张大人,请坐。"张胜也不客气,一边坐下,一边急切地问:"苏大人,你可知道匈奴王庭发生了叛乱?"

"我知道了,所以才叫常惠请你来一道商议一下。"

"情况怎么样? 是谁领头叛乱的?"

苏武说:"刚才常惠出去打听到一些情况,是缑王和虞常发动的叛乱。"

"那……"张胜一下子竟说不出一句话,"那……"

"怎么了? 张大人。"

"没,没什么。"

"那你脸色怎么这么白呀,看,还一个劲发抖,你到底怎么了?"

"我……苏大人,叛乱平息了吗?"其实,张胜来的时候就看出叛乱被控制住了,但是他此刻还对虞常抱一线希望,所以不自由主地这样问道。

"听常惠说,昨晚匈奴单于就发现了缑王和虞常的密谋,下令王庭周围的军队把叛乱平息了。"

张胜稳了稳神,又问道:"苏大人,缑王和虞常有下落吗?"他一心希望两人最好都能被杀掉,特别是虞常,因为,死人是不会开口说话的,否则,万一虞常说出自己与这次叛乱的联系,别说回汉朝,自己怕是性命都难保了! 可是,苏武却说:"听常惠讲,这两个人都被抓住了,匈奴单于的人正在搜寻其他参与叛乱的人呢。"听了这话,张胜长叹一声,好像被人当头打了一棍子似的,觉得眼前一黑,摔倒在大花地毯上。

"来人!"苏武不知怎么回事,忙叫仆人递过水来。张胜喝了一口水,清醒过来,他挥挥手叫仆人下去。

"张大人,你怎么了?"

"唉,……"张胜出了一口长气,停了一会儿,他说道:"苏大人,事已至此,有些情况不告诉你是不行了。"说着他便把那天晚上虞常怎样找到他,对他讲了些什么,他是怎样表态的,全都告诉了苏武。苏武一听,也惊呆了,他手指着张胜,半天说不出话来。过了一会儿,苏武长叹一口气,坐了下来。

"苏大人……"

"张大人,皇上派我们来是为改善和匈奴的关系,你怎么能参与这种事呢?要是因此影响了大汉和匈奴的关系,你可担当不起呀!"苏武气得真想骂张胜一顿,可是他想:事情已经这样了,骂又有什么用呢?便没有多说什么。

"苏大人,这件事我处理得是太轻率了,你看怎么办呢?"

苏武默默地坐在那里,好像什么也没有听到似的。

"苏大人,快想个办法吧!"张胜说着眼泪竟流了下来。

苏武站起身,想了好一会儿,果断地说:"张大人,这件事我虽然事前不知道,但我是正使,你和虞常的密谋一定会被单于查出来,最后也一定会牵连到我,如果我因此被审问、被侮辱,甚至危及生命,那不是辜负了当今天子的愿望了吗?"

"苏大人……"

苏武继续说道:"如果是那样,我为什么还要活着呢?"说着,他拔出身上的佩剑,就要自杀,张胜眼急手快,一把拉住了他。正在这时,常惠进来报告情况,见到这情景,也急忙上前帮助张胜拉住苏武,苏武把佩剑扔在地上,长叹一声:"真是祸从天降呀!"

不到中午时分,匈奴单于便带着人马赶回了王庭,他命令卫律亲自处理审问缑王和虞常谋反之事。在严刑拷打下,虞常果然交待说他曾与张胜一道商量谋反,张胜对他还表示鼓励,并答应回汉朝以后在汉天子面前为他说好话。卫律得到这个情报十分高兴,他本来就怕汉朝和匈奴改善关系,如果那样的话,他的地位就不会像现在这样稳固了,何况他也知道汉天子对他早已恨之入骨,如果汉匈和好,对他只会更加不利,因此他一直在匈奴单于耳边说汉王朝的坏话。他曾对匈奴单于说:汉朝现在是因为没有力量灭掉匈奴,因此才采取了"和亲"的政策,所以,汉朝的友好态度是假的,其实,汉天子一时一刻也没有放下灭掉匈奴的念头,他还举边界最近发生的几起小磨擦为例证,企图劝说匈奴单于不要和汉朝友好。对他的话,匈奴单于也是半信半疑,卫律对匈奴单于的这种态度感到不满,可又不敢说出来。"现在,终于发现汉朝使节和虞常勾结要发动叛乱,这正好证明了我的话,难道匈奴单于还要怀疑吗?"——卫律一面这样想着,一边急急忙忙去见匈奴单于。

"卫律,情况怎么样?"一见卫律,匈奴单于便迫不及待地问道。

"报告大王,事情真是出人意料!"

"怎么?"

"报告大王,据查,汉朝使节张胜也参与了密谋!"

"什么?"匈奴单于一听,几乎跳起来:"好哇,他们不是前来表示友好的吗? 原来是到我这里来搞叛乱呀!"

卫律站在那里什么也没有说。

"虞常是怎么讲的?"

卫律把虞常的供词复述了一遍,有些地方根据他的需要故意作了夸大。

听了卫律的报告,匈奴单于气得胡子都竖起来了,他连声叫道:"杀、杀、杀,全都给我杀了!"

这时,一个匈奴大臣站了起来,他劝匈奴单于道:"大王,依臣之见,还是慎重为好。"

"慎重?"卫律素来与这个大臣有矛盾,一听这话,他不满地说道:"虞常密谋叛乱,自然应该杀头,像张胜这些使节,他们到我们这里来,打的是友好的旗子,其实是别有用心的,如果我们不杀这些人,那么我们还怎么对待他们呢? 如果放了他们,汉朝人一定会小看我们,说我们软弱可欺!"

那位大臣反驳道:"依我看,苏武他们来了以后,所作所为,还是想和我们友好的,不能说他们是别有用心,是专门来发动叛乱的。"

"事实上张胜确实参与了叛乱!"

"张胜参与了叛乱,还不能说明苏武也参与了,所以我看还是要慎重。"

卫律气急败坏地说:"张胜是副使,他参与了虞常的密谋,正使苏武能不知道? 我想,苏武一定知道这件事,只是他没有出面罢了,若是我们手软,他们说不定还会得寸进尺呢!"

"卫律大人,据我所知,虞常原来是你的部下,他发动叛乱,主要是想谋杀你,如果要谋杀你就要全部杀掉,那么有人要谋害大王,又该用什么刑法呢?"

"此话有理!"

"是这么个道理!"

"对呀!"

一直在旁边听着卫律和这位匈奴大臣争论的其他文武官员纷纷点头,认为如果不顾后果,把苏武他们全都杀了,确实太重了一些。

匈奴单于也觉得那位大臣的话有道理,便点点头,问道:"那怎么处置苏武呢? 你们都说说自己的意见。"

一位大臣站出来,说道:"听说苏武是一个很有才学的人,汉朝天子很看重他,依臣之见,不如让他投降,留在我们这里,为我们所用,大王,您看……"

匈奴单于听了这位大臣的话,觉得很有道理,他点点头说:"好,就这么办!"他又转头对卫律说:"你还继续负责这件事,一定要让苏武他们全部投降!"

"是!"卫律点了点头。

匈奴单于站起身,说道:"诸位大臣,为了庆祝平息了叛乱,今天我们大家要一醉方休!"单于的话刚落,仆人们便摆上了酒肉,舞女和歌女也缓缓地走了进来……

四　宁死不屈

　　苏武知道虞常的案子一定会牵连到自己,他的心情很不平静。本来,他奉命出使,是为了报答皇上的恩德,经过千余里的奔波,他终于把匈奴使节全部送回了匈奴,又把汉天子的礼物尽数转交给了匈奴单于,自己的使命已经完成了。匈奴单于虽然为人傲慢,但苏武义正辞严,保住了大汉王朝的尊严。眼看时间一天天过去了,随员们的身体得到了休养,马匹的体力也恢复了,马上就要踏上归家的路程了。可是,正在这个时候,出了虞常这件事,张胜看来是跑不了的,自己也难免受牵连,这一切真使苏武和随员们感到焦急和不安。

　　常惠见苏武沉思不语,便安慰道:"苏大人,这件事明明与您无关,也许单于不会找您的麻烦吧?"

　　苏武头也没抬,只是小声说:"常惠呀,我个人其实也没有什么,但是,我是代表汉朝天子到这里来的,如果我受到侮辱,那可不是我苏武一个人的事,这你明白吗?"

　　"大人,我明白,可是……"

　　苏武又说:"我们一离开汉土,就成了汉天子的当然代表,皇上对我苏家一向优厚,我不能为皇上报恩,反而要为汉朝招来羞辱,这怎能叫我心里平静呢?"

　　张胜听了苏武的这些话,也觉得心乱如麻,一句话也说不出来。

　　停了一会儿,苏武又说:"常惠,我和张副使也许要为这件事留在匈奴了,万一匈奴单于放你们回去,你要领着大家平平安安地回到长安!"

　　"苏大人……"

　　"不仅是你们的妻儿老小盼着你们回去,满朝的文武更盼着你们回去,天子也盼着你们回去呢!"

"苏大人,我……"

"你们回去以后,把这里的详细情况报告给皇上,就说我苏武虽然没有才能,但绝不会有辱于天子的使命!"

"大人!"常惠一下子跪在苏武面前,泪流满面。

"还有,"苏武继续说道:"你们要到我家去告诉我妻子,叫她放心,我绝不会干有损于我们苏家声誉的事,告诉我的孩子们,叫他们继承父业,一心报答皇上的恩德!"

"大人,您放心吧!"

停了一会儿,苏武长叹一口气说:"当然,也许你们大家同我一样,也要受这件事的牵连,暂时不能离开匈奴王庭,那也没什么,你告诉大家,一定要忠于长安的天子,千万不能投降匈奴,若是一步走错,那可对不起大汉王朝,也对不起自己的祖先呀!"

常惠哭出了声,他大声说:"苏大人,我一定把您的活告诉大家,让大家做好各种准备,您可要多多保重呀!"

正说着话,仆人进来通报说:"苏大人,匈奴丁灵王卫律来了。"话音还没落,卫律已经冲进了帐篷,他的身后是八个身强力壮的匈奴勇士,每个勇士的背上都斜挎着一把亮闪闪的大刀。

苏武看着卫律,一言不发。一时,帐篷里异常安静。

过了好一会儿,卫律才说道:"苏先生,匈奴单于有请!"

"卫律大人,什么事?"

"先生去了就知道了!"

"请你告诉我,到底是什么事?"

"嘿嘿嘿!"卫律假笑了几声,说道:"难道苏大人真的不知道吗?那么好吧,我可以告诉你,你们汉使与虞常勾结,想趁机发动叛乱,现在虞常已经全部招供了!"

苏武冷笑一声:"你们有什么证据,为什么要叫我去呢?"卫律说道:"你是正使,这件事怎么会跟你没有关系呢?还是快点跟我走吧!"

"跟你走?"

"对,快走吧!"

"干什么?去哪里?"

"匈奴单于正等着审问你呢!"

"审问我?"苏武愤怒地瞪圆了双眼:"你难道不知道我是汉朝的正式使节吗?你这样也太放肆了吧?"

"苏先生,不必再说了,快跟我走吧!"卫律说着话,向那八个士兵使了个眼色,意思是如果苏武还不走,就叫他们把他拉出去。

苏武知道今天卫律是不会罢休的,便大声说:"如果侵犯了我的人格,有辱了我的使命,即使让我活着,我也没有脸回汉朝去面见天子呢!"说完,他迅速拔出佩剑,向自己身上刺去,卫律吃了一惊,忙上前阻止,但苏武动作很快,身上早已被刺中,鲜血立刻流了出来,苏武昏迷过去,摔倒在地上。一见这种情况,卫律吓坏了,他生怕万一苏武有个三长两短,匈奴单于怪罪下来,说他有意杀掉苏武,他可就说不清了。想到这,卫律急忙叫手下人去叫王庭里最有名望的医生尽快赶来。

一会儿,医生急匆匆地赶来了,他查看了一下苏武的伤口,便叫人把苏武抬出了帐篷,又叫人在地上挖了一个土坑,往里填了一些干牛羊粪,点着火,叫人把苏武脸朝下放在土坑上,一边烤,医生一边轻轻地叩敲苏武的脊背,眼看着苏武身体里的淤血一滴滴流了下来。这样烤了好长时间,苏武才慢慢醒过来。

此时,苏武仍然感到身体虚弱,头昏眼花,他慢慢地睁开眼。卫律伏下身子小声说:"苏先生,好些了吧?"

"卫律先生,"苏武狠狠地瞪了卫律一眼:"你不必费心了,还是让我死了吧!"

"苏大人!"

常惠等人跪在苏武身边,大声地哭了起来。卫律看今天这个样子是不能再审问苏武了,便叫张胜等人把苏武抬回帐篷,并叫医生每天去给苏武治伤。安排好这些事,他便去见匈奴单于,把这些情况向匈奴单于作了汇报。单于听了以后,对苏武十分钦佩,心里说:"这样一个忠臣,要是能够投降,为我所用,那该多好!"这更促使他下决心想尽一切办法让苏武归顺自己。他叫卫律留心苏武的身体,并且每天派人去探望。过了几天,匈奴单于叫人把张胜抓了起来,关在死囚牢里。

时间一天天过去了,一晃又是十几天,苏武的伤势渐渐好了。匈奴单于每天派人给苏武送来许多营养食品,卫律隔两天也到苏武这里来一次,每次来他都劝说苏武回心转意,归顺单于。苏武不是一言不发,就是生气地说:"不必费心思了,我苏武是不会走那条路的!"匈奴单于知道了这些情况,心里十分着急,他认准苏武是一个难得的有气节的人,他知道,越是这样的人,越难使其投降,如果他一旦投降了,那就是一个难得的忠臣,正像草原上的马一样,越是不同一般的骏马越难降服,如果降服了,那它会为主人出生入死,因此,苏武越是不肯归顺匈奴,反而却更激发了匈奴单于想叫他归顺的念头。

这一天,苏武被匈奴士兵带到卫律的大帐里,这里早已戒备森严。墙上的蜡烛,被小风一吹,一闪一闪,好像鬼火似的。匈奴士兵,一个个膀大腰圆,手持刀剑,个个都像凶神一般。卫律坐在大桌子后头,桌子上摆满了各种刑具。

苏武甩开匈奴士兵的手,大义凛然地站在那里。他环视四周,不由地冷笑一声,知道卫律是想用这阵势吓住自己,他用手拍拍衣服上的尘土,直视着卫律,他虽然什么也没有说,可这种威严却使卫律心里一阵紧张,产生了几分恐惧。

卫律站了起来,大声叫道:"带人!"随着卫律的喊声,虞常和张胜被带了进来。

卫律走到虞常跟前,问道:"虞常,你把事情从头说一遍!"

经过严刑拷打,虞常早就全招供了,现在见苏武和张胜也在这里,知道卫律带他来是为了让苏武和张胜投降,便把说了多次的供词又重复了一遍:

"缑王与我商量,想趁单于出外打猎的机会发动叛乱。这件事我对汉朝副使张胜说了,他表示赞成,并叫我谨慎从事,还说,如果成功了,就在汉朝天子那里为我说好话。"

"是这样吗?"卫律明知故问。

"报告大王,小人不敢说一句假话,我正是听了张胜的话,才下决心叛乱的!"虞常突然跪了下来,叫道:"大王,看在我跟随你多年的情份上,饶了我吧!"

卫律脸色阴冷;"是呀,你是跟随我多年了,有十年了吧?"

"报告大王,十二年了。"

"跟了我十二年,还要谋杀我,我哪一点亏待你了?"卫律伸手打了虞常两个耳光,嘴里骂个不停。

"大王,是我鬼迷心窍!"

"哼!"

卫律慢慢走回自己的座位,他突然转过身来,用力拍了一下桌子,大声叫道:"拉下去,立即斩首!"

"大王,大王……"虞常一边凄惨地叫着,一边被拉了出去。

卫律把手一挥,两个匈奴士兵把张胜推上前来。张胜这时早已吓得浑身发抖,好像傻了一样。卫律把宝剑放在桌子上,问道:"张胜,刚才虞常的供词是不是实话?"

"不……不……"

"说,是不是实话?"说着,卫律拍了拍桌子上的宝剑。

"是,是……是实话。"

卫律拿起宝剑,故意不看张胜,而是盯着宝剑闪闪的刀锋说:"张胜,你参与了谋杀匈奴大臣的密谋,跟虞常一样犯了该死的罪,应该杀头!"

"大王!"张胜吓得跪在地上,身子一个劲地乱抖。苏武一看张胜这个样子,大声骂道:"张胜,你这个软骨头,你给我站起来!"苏武真想上前踢张胜一脚,可是他却被两个匈奴士兵紧紧地抓住了。

卫律用宝剑指着张胜的头说:"按说应该杀了你,可是匈奴单于有令,你要是愿意投降匈奴,就饶你一命,如果你不投降,那就别怪我不客气!"

"大王!"张胜跪在地上一个劲地磕头:"饶了我吧,我愿意投降,永远做单于的臣民。大王饶了我吧……"

"哗啦",卫律把宝剑插入剑鞘,说道:"张胜,你还是很聪明的,我今天就不杀你了,你以后要忠心耿耿,若有二心,我决不会饶了你,你听到了吗?"

"是,大王!"张胜爬了起来,嘴里不住地说:"谢谢大王! 谢谢大王!"

卫律见张胜已经投降了,十分得意,他对身边的侍从说:"把张先生带下去,备些酒菜为他压惊。"张胜连滚带爬地退了出去。

卫律有意沉默了好一会,才对站在大帐中间的苏武说:"你的副使张胜犯了死罪,你也跑不了!"

苏武瞪了他一眼,冷冷地说:"我本来就没有参与谋反,这件事我只是后来才知道的,就算张胜有罪,跟我也没有关系!你为什么一定要牵连上我呢?"

工律一时答不上话来,他抽出宝剑,在苏武眼前比比划划,摆出一副要杀苏武的样子,苏武闭上眼睛,一句话也不说,只静静地等待着那最后时刻的到来。

可是,卫律只是吓唬苏武,并不敢真动手,不是他不想杀苏武,是他不敢那样做,他知道单于非常欣赏苏武,一心想降服他,若是自己杀了他,单于怪罪下来可不好交待。因此,他见硬的不行,便强压住火气,收起宝剑,陪着笑脸说:"苏先生,你知道,我也是从汉朝过来的,自从我过来以后,匈奴单于非常看重我,封我为丁灵王。我手下有好几万士兵,漫山遍野都是我的牛羊,我有享不尽的荣华富贵!你今天投降匈奴,明天就会像我一样享乐无穷,苏先生,怎么样?"

"像你一样?"

"是呀,我保证你像我一样有地位,有财富!"

"哼!"苏武轻蔑地看着卫律。

"苏先生,你若不投降,就会死在这里,你白白地死在草原,又有谁知道你、了解你呢?"

苏武不想再和卫律说话,只是闭着眼睛沉默着,卫律以为苏武动心了,便靠近一步,讨好地说:"苏先生,如果你能听我的劝告,投降匈奴,我们就结拜为兄弟;否则,以后你恐怕再想见我都见不着了!"

卫律越说越得意,苏武越听越生气,他不待卫律说完,就指着卫律大声骂道:"你身为汉朝的臣子,却投降了匈奴,我根本不想再见到你,你快滚吧!"

"你……"卫律愣在那里一时说不出话来。

苏武又骂道:"卫律,匈奴单于信任你,重用你,让你有生杀大权,亲自处理案件,你不但不主持公道,反而在汉朝和匈奴之间制造不和,挑起事端,你真是胸藏祸心的小人!"

"住口,苏武,你别太放肆了!"

"卫律,你明明知道我不会投降,却偏偏来逼我,你如果让大汉和匈奴发生了战争,就会给匈奴带来巨大的灾难,这对你也毫无好处,你却要因此成为千古罪人!"

卫律真恨不得抽出宝剑把苏武杀了,可是他实在不敢。苏武的这番话,让卫律威风扫地,他抽出宝剑,疯狂地喊道:"带下去!带下去!"手起剑落,大桌子被卫律砍掉了一个角。

苏武大笑着走出了大帐。

五　坚持斗争

卫律气冲冲地离开自己的大帐,忽匆匆地向匈奴王庭走去。自从卫律投降了匈奴,当上了丁灵王,还没有人敢当面痛骂他,可是今天,苏武可让他在手下兵士的面前丢尽了面子,他真是恨死苏武了。要是依着他,早就把苏武杀了!可是……

匈奴单于见了卫律,急切地问道:"卫律,怎么样?情况如何?"

卫律行过了礼,脸上堆着媚笑说道:"报告大王,我让虞常和张胜、苏武当面对质,他什么都说了,已经遵照您的旨意,把虞常杀掉了!"

"好,张胜和苏武呢?"

"报告大王,张胜在事实面前无法狡辩,已经投降了,他表示要忠心为大王尽力,我叫人把他带走了。"

匈奴单于的脸上露出了笑意,他满意地点了点头。但是对单于来说,他更关心的是苏武,便又急忙问道:"卫律,那个苏武怎么样,他降了没有?"

卫律脸上的媚笑消失了,他恨恨地说:"大王,苏武可真不好对付,我来硬的吓唬他,他根本就不怕,我又用好话劝说他,可是他态度强硬,就是不投降,反而辱骂我。依我之见,他是不会投降的!"

"噢?"匈奴单于摸着胡须,很长时间没有说一句话。

卫律一心希望匈奴单于下令把苏武杀了,那样,一方面可以解自己心头挨骂之恨,让人们都知道,谁要敢得罪我丁灵王,就没有好结果;另一方面也可以排除苏武对自己的威胁。是呀,现在看苏武是不会投降的,可是如果苏武真的降了,他的品德和才能都超过了自己,单于对他特别赏识,那时自己的地位可就不稳固了。想到这,卫律觉得应该刺激一下匈奴单于,使他早下决心,便编造假话说:"大王,苏武不仅辱骂我,他……他还胆大包天! 攻击大王您呢!"

"他说什么?"

卫律装出一副恐惧的样子,小声说:"我不敢重复。"

"你说嘛!"

"是……"卫律说:"他说大王根本不是真想和汉朝和好,大王对汉王自称子侄也是骗人的,他还说,大王是不讲信用的……"

"哈哈哈!"出乎卫律的意料,听了这些话,匈奴单于不仅没有发怒,反而大笑起来:"这个苏武,不仅胆大包天,看得也很准嘛! 我就喜欢这样忠心耿耿的臣子,看来苏武还真是个人才呢!"

"大王,您……"听了单于的话,卫律一时不知道该说什么好了。

停了一会儿,单于问道:"卫律,依你之见,怎么处置苏武呢?"

"大王,"卫律迫不及待地表明了自己的看法:"依臣之见,干脆把苏武杀了算了,反正汉朝的副使已经投降我们了,苏武投降不投降也没什么关系。"

匈奴单于站起身,来回踱了几步,没有说话。

卫律继续劝道:"大王,苏武态度傲慢,这明明是看不起我们匈奴人嘛,把他杀了,对汉人也是个警告,说明我们匈奴人并不怕汉人;若是不杀苏武,叫各位王爷知道了,怕会有意见吧?"

听了卫律的话,单于还是什么也没有说。他虽然信任卫律,但对卫律还是比较了解的,知道他为人心胸狭窄,容不得人,因此对他常常有所提防,现在见卫律一心主张杀掉苏武,他便明白了卫律的打算。单于虽然没有当面指责卫律,却已打定主意不按卫律的建议行事。自从单于懂事以来,匈奴扣留了许多汉人,这些有的官比苏武大,有的年龄比苏武高,但还没有谁像苏武这样软硬不吃,死不投降的,这一方面更激发了单于想征服苏武,使他俯首称臣的愿望;另一方面又使他特别想得到这么一个有胆有识、忠心耿耿的人才。基于这些想法,单于是不准备杀死苏武的,可是,不杀苏武,又怎么办呢?

"卫律,"匈奴单于问道:"除了杀掉苏武以外,你还有什么办法吗?"

卫律一听,知道单于已经决定不杀苏武,心里顿时凉了一半,可是他又不敢表示出来,只是说:"大王,依臣之见,这苏武怕是永远也不会投降的……"

"哼！我就不信!"单于瞪圆双眼,半天没再说话。

"大王,"过了一会儿,卫律小心翼翼地说道:"要不然就给苏武用大刑,一直到他投降为止!"

"用大刑?"匈奴单于摇摇头。

"要不就把他关在死囚牢里,什么时候投降了,什么时候再放他出来?"

匈奴单于想想这也是个办法,便大声说道:"卫律,你去把苏武关在地窖里,不要给他吃的,喝的,看他能顶几天!"

"是!"卫律行了礼,急匆匆地走出了王庭,向囚禁苏武的地方走去。

当苏武被几个匈奴士兵架着扔在这个地窖里的时候,他又一次想到了死。他知道自己痛骂了卫律以后,卫律是不会轻易放过他的,可是他没有想到卫律要采取这种办法来对待他。苏武自认为是不怕死的,要不,他不会连续两次自杀,他想:如果能以一死来保住自己的节操,死又有什么可怕呢? 可是转念一想:自己是大汉的使者,应该活着回到汉朝去,要把这里的情况报告给汉天子。想到这些,他下了活下去的决心,他知道,在这种环境中,活下去比死更艰难,更需要勇气,也是更大的考验,"我一定要顶住任何磨难,活着回到汉朝!"——他在心里一遍又一遍地这样鼓励自己。

这个地窖是匈奴单于过去储存奶酪的地方,已经多年不用了,里面又阴暗又潮湿,在里头呆一会儿,便感到寒气逼人。在大帐篷里,匈奴人围着火堆还嫌太冷,而苏武却盘腿坐在这寒冷破烂的地窖里。坐得时间长了,苏武感到腿有些麻木,忽然一个念头在他脑中闪过:这样下去,我一定会被冻成残废的! 这个念头像是一声响雷,在他头顶上炸开,使他一跃而起,不停地在地窖里跺着脚,渐渐地,竟有些暖和了。苏武就这样,冷了就跺跺脚,累了就歇一歇,渴了就吃一把从窗口飘进来的雪片,饿了就撕一把地窖里遗留的毡毛充饥……

就这样,三天过去了……

因为独身一人被关在地窖里,苏武失去了人身自由,身边连一个说话的人都没有,他感到非常寂寞,可是,在地窖里,苏武的思想却异常活跃,他的思绪飞得很远很远,他想了许多许多——

他想到,那一天在朝廷上,汉天子亲自把使节授给他,并吩咐他:"一定要把匈奴使者全部送到,不得有误!"他跪在地上向皇上保证:"请圣上放心,苏武一定不负使命!"

他想到,那一天在长安西城门前,赵宰相亲自为他送行,并叮嘱他:"你这次出使匈奴,要仔细观察一下,匈奴是不是真心与大汉和好。"他向宰相施礼,表示一定完成任务。

他还想到,在出发的前一天晚上,妻子和孩子们围着自己,孩子们一个劲地问:"爸爸,你什么时候回来?"他说:"爸爸完成了皇上的使命就回来,你们要好好地听母亲的话,认真读书,不许到处乱跑。"也不知妻子和孩子们是否一切都好?

不知怎么,苏武想起了父亲,想起了儿时的一件往事——

那一年,父亲随大将军卫青出征去进攻匈奴,他带领了三千骑兵,半路上,遇到了匈奴的主力,双方激战了一天多,直杀得天昏地暗,人仰马翻。父亲手下的士兵,逃的逃,死的死,已经溃不成军了。在后退时,父亲被摔下了一个悬崖,当时他就昏了过去。两天过去了,父亲渐渐苏醒过来,他的腿摔坏了,根本不能继续行走。父亲辨明了方向,毫不犹豫地向汉塞爬去,不管是渴还是饿,他都吞吃身下的白雪。就这样,爬了好长时间,终于靠近汉朝边界了,可是他却一点力气也没有了,一下子昏死过去,幸亏巡逻的士兵眼尖,发现了他,才把他救了回去。

父亲养伤的时候,苏武在他身边侍候。有一天,苏武问父亲:"父亲,您当时腿已经伤了,怎么还有那么大的力气爬回来呢?"

父亲笑笑:"孩子,因为我是汉朝的大将,我必须回来,你明白吗?"

苏武似懂非懂地点点头。

后来,父亲告诉苏武:当时自己就知道,匈奴人非常想得到他,如果他大喊一声,悬崖上的匈奴人就会听到,也就会把他救回去,他一定会享受特别的待遇;可是,如果他回到汉朝,汉天子一定会追究他兵败之事,他很可能要被杀头,最少也会被免官。但是,他当时心中只有一个念头,我生是大汉的人,死也是大汉的鬼!就是在这种信念的鼓舞之下,他才终于爬了回来。皇上念他忠心可嘉,加上过去多次立功,便只是免了他的官,并没有从严治罪。对此,父亲毫无怨言,反而感到十分满足。

父亲的伤终于好了,这时边塞战斗更加激烈,父亲向皇上提出要戴罪立功,皇上批准了他的请求,又让他上了前线。父亲临行前,摸着苏武的头说:"孩子,要记住皇上对我们家的恩德,我们世世代代也报答不了,你快长大吧,一定要为大汉的史册添光增彩呀!"

苏武点点头,他好像一下子长大了许多,明白了许多道理。

父亲那次一走,就再也没有回来,他的血洒在了大汉的边塞上……

想到父亲,苏武感到心里的信念更加坚定了,他默默地说道:"父亲,您老人家若是地下有灵,就请你放心吧,您的话我一直记着呢!"

这就样,又过去了两三天。

这天,单于叫过来一个随从,对他说:"卫律将军告诉我,苏武这些天不吃不喝,仍然不肯投降,说他活得好好的,我不相信,已经五六天了,他不吃不喝还能活得好好的?你去看看,有什么事快点回来报告我!"

这个随从行了礼,急匆匆向关押苏武的地窖走去。远远地他听到了苏武大声读着什么,在这冰天雪地里,这声音显得那么浑厚、有力,他愣住了,不由地放慢了脚步,只听从地窖里传出这样的读书声——

"岁寒,然后知松柏之后凋也!"

随从来到地窖跟前,见苏武昂着头站在地窖中间,大声朗读着,他的脸上充满了自信和自豪的神态,几乎没有一点疲倦之色。见到这种情况,这个随从转身便走,见到匈奴单于以后,他把自己看到的情况详细地作了汇报。

"真的?"听了这个随从的报告,单于愣住了,他长叹一口气:"难道苏武有神灵保佑吗?"说完,他无力地坐了下来。

六 北海牧羊

苏武宁死不屈的行为,使单于既敬佩又害怕,他把大臣们叫到一起,询问他们对处置苏武的意见,大臣们你一言我一语,议论纷纷,有的主张干脆把苏武杀了算了;有的主张将苏武长期关在地窖里,看他能活多久;有的提出,还是把苏武打入死囚牢,让他永不见天日,看他怎么办!

这些意见都不合单于的心意,他见大臣们争论不休,各说各的道理,自己也陷入了沉思。单于心情是矛盾的,一方面,他认为苏武宁死不屈的行为非常可贵,若是自己的大臣有这种精神,那该多好;另一方面,他对苏武又充满了仇恨,这么顽固,明明是看不起我匈奴单于嘛!干脆杀了他算了!可他转念一想:还是不能杀他,万一有一天,他看回汉朝没有希望了,说不定会投降呢!想到这,单于拍拍桌子,大臣们顿时停止了争论,一起看着单于,等着听他的决定。

单于看看众位大臣,说道:"诸卿不要再争了,本王已做了决定,我看还是把苏武放逐到北海去放羊吧,他要是死不投降,那就让他在北海放一辈子羊,永远也不让他回汉朝去。你们看,这样如何?"

卫律一听,知道单于主意已定,忙讨好地说:"大王向来考虑问题比我们周全,我看这是一个好办法。"

"好,那就这么办!"

第二天,匈奴单于叫人把苏武从地窖里拉出来,又叫人赶来一群公羊。苏武愤怒地看着单于,什么也没有说。单于勉强笑道:"苏先生,我看你在地窖里也过得很好嘛!"

"哼!"苏武转过头去,望着那辽阔无边的草原。

停了一会,单于又说道:"苏先生,我知道你一心想回到汉朝去,我是会成全你的。这样吧,"他指一指前面的那群公羊说:"等这些公羊生了小羊,你就可以回汉朝去了!"说完,就带着卫律和随从们走了。

苏武拖着瘦弱的身体,手持汉朝的使节,迈着沉重的脚步,赶着那群公羊,向北走去,他要到北海去牧羊呀。为了能活着回到汉朝去,死都不怕,还怕去北海牧羊吗——苏武一边走一边想着。

路,越走越远,渐渐地已经没有了路,眼前的景象,也越来越荒凉了。

时间一天天过去了,苏武终于来到了北海(即前苏联贝加尔湖)。北海是匈奴单于打猎和流放犯人的地方。苏武到这里来的时候,正是冰天雪地的季节,这里的气候十分恶劣,天气说变就变,又十分寒冷,因此,这里长年没有一个人影。

到了北海,苏武靠着羊群过了几个晚上,便先构筑了一间小土屋,勉强安下身来,他知道:漫长而又艰苦的生活,这才刚刚开始!每当抚摸着手里的使节,苏武就不由地一阵心酸,他的心常常飞回渭水边的长安城,常常飞到雄伟的宫殿里,也常常飞到家乡的亲人身边……

"我一定要活着回去,一定!"苏武总是在心里这样一遍又一遍地鼓励着自己。

就这样,在这荒无人烟的地方,有一位汉朝使者,过着他那艰难而又漫长的生活——

春天,风吹草低,伴着羊群,草原上闪现着苏武不屈的身影;

夏天,狂风暴雨,闪电雷鸣,更燃起了苏武一心归汉的热情;

秋天,草肥羊壮,大雁南飞,带走了苏武对祖国和亲人的无限思念;

冬天,冰天雪地,北风寒冷,茫茫北海留下了苏武坚定的足迹……

时间一天天、一年年地过去了,苏武历尽艰难困苦,饱经雨露风霜,他头上的白发越来越多。在北海,生活对苏武是严峻的,他经常得不到食物,挨饿受冻是经常的事。有一天,苏武偶然发现地上有一个洞,他知道这是野老鼠的藏身之处,他便用随身带着的一把旧刀使劲挖洞,终于发现在老鼠洞里有许多草籽,他把这些草粒取出来,煮成稀饭喝了。从此,他便有意地寻找野老鼠的洞穴,用洞里老鼠准备过冬的草籽充饥,如果能抓住野老鼠,对苏武来说,那便是一顿美餐了。

苏武几乎天天都在生死线上挣扎,可是,不管多么艰难,穗穗已经一点点脱落了的使节却每时每刻都拿在他的手里,对他来说,这可不是一般的使节呀,它是苏武最亲密、唯一可以信任的朋友。在使节上,寄托着苏武对汉朝的无限忠诚和怀念,而使节呢,又给苏武以鼓舞和力量。他坚信,总有一天,自己会手持使节回到故乡,回到汉朝去!

就这样,不知不觉,苏武在北海度过了整整十年的光阴。

这一天,草原上忽然人喧马叫,充满了生气,苏武还不知道是怎么一回事呢,却见从远处有一队人马奔跑过来。这队人马来到苏武跟前停了下来,为首的是匈奴单于的弟弟於靬(wú jiān 乌坚)王,他率先跳下马,走到苏武面前问道:"你就是汉朝使者苏武吗?"

"我是苏武,你是……"

"我是於靬王,今天带人来北海打猎,也想顺便见见你!"

苏武一听,心想:莫不是汉朝有人来匈奴,召我回去吗?是呵,已经十年了,什么事情都可能发生。他忙问:"大王找我有什么事吗?我就是苏武。"

"噢,"於靬王笑笑,"也没什么事,我从单于那里听说你有骨气守气节,十分佩服,所以想来见见你!"

听说是这么回事,苏武心里难免有一丝失望,但他通过几句话,看出於靬王为人豪爽,心想这人一定很重义气,这倒和自己有几分相似,便答道:"谢谢大王的关心!"

"没什么!"於靬王叫人在附近安下帐篷,他指着一顶大帐篷说:"苏先生,你独自在北海一定很艰难,那顶帐篷送给你吧!"

"谢谢大王!"

"不必客气,苏先生,你也该有个安身之处呀!"

在於靬王的陪同下,苏武走进那顶大帐篷,顿时感到暖和多了。兵士们用牛羊粪在帐篷里升起了火,火上烤着於靬王刚才打来的野兔,香味四溢,也许是与世隔绝的时间太长了,见了这情景,苏武感到又亲切又陌生,眼睛又潮湿了。

"先生请坐!"於靬王自己坐下,又招呼苏武坐下。待苏武坐下以后,於靬王说道:"不瞒苏先生,我虽然是匈奴人,但是对汉人的风俗和文化很感兴趣,我还到长安去过呢!"

"是吗?"苏武惊奇地看着於靬王。

"是呀,那还是我小的时候,"於靬王停了一会儿,又说:"真是了不起,那么大一座城,城里得有好几万人吧?"

"少说也有三五十万!"

"啊,真了不起,"於軒王笑笑:"可是,我们匈奴不能那样生活,我们喜欢骑马打猎,只有在这辽阔的草原上,我们才会感到心情舒畅,要是像汉人那样住在城里,非闷死不可! 哈哈,苏先生,你说是不是?"

"是呵,汉人和匈奴人有不同的生活习惯嘛。"

"你对我们匈奴人的生活也不习惯吧? 何况你又是独身一人,我想你一定够苦的。"

"也没什么,"苏武淡淡地说。

於軒王又说:"苏先生,我知道你不愿意投降我们匈奴,我也不是来劝你投降的,我只是要你注意自己的身体。"

"谢谢大王的关心。"

於軒王感慨地说:"苏先生,依我的看法,你真是汉朝难得的忠臣呀!"

苏武摇摇头说:"大王过奖了,苏武只是做了一个汉臣应该做的事,说起来,也没有什么了不起的。"

於軒王抚着苏武手里的使节,若有所思地点了点头。

一会儿,野兔烤好了,於軒王叫人拿过酒来,又递给苏武一把小刀,两人一边喝着酒,一边用刀削着兔子肉,热烈地交谈起来,两个人都很高兴。

正在这时,一个匈奴军官走了进来,问於軒王道:"大王,有些弓箭和猎网坏了,一时修不上,是带回去呢还是扔了?"

"扔!"於軒王头也没抬。

那军官转身要走,苏武站起来说:"大王,你今天给草原带来了生气,也给我苏武带来了欢乐,我想为大王尽一些力,不知大王允许不允许?"

"苏先生,有什么要求尽管讲,千万不必客气!"

"大王,我在汉宫当过移(yí 移)中厩(jiù 旧)监,就是替汉天子掌管马厩的官,专门给皇帝管理鞍马、弓箭等射猎用具,因为职务的关系,对这些用具,我也会修理。"

"你的意思是……"

"大王到北海来打猎,弓箭、猎网难免要出一些问题,我愿意为大王修好它们。这样,大王离开北海在回去的路上可以继续使用它们!"

402

"那太好了!"於轩王用桌上的布擦擦嘴,又擦擦手,对那个军官说:"你去吧,把用坏的弓箭、猎网送到这里来,请苏先生修理!"

"是!"

没有多长时间,那军官和几个士兵便把用坏了的弓箭、网具送进了大帐,苏武站起身,逐件检查了一遍,虽然他已经多年没有干这些事情了,可是稍稍熟悉一下,就很快恢复了当年在宫中时的那种熟练程度。时间不长,送来的弓箭、猎网便全部修理好了。

於轩王拿起一张刚刚修好的弓,试了试,赞叹道:"苏先生,你的技术真不简单呀,这弓修得真和没有坏过一样!"

"大王过奖了!"

就这样,苏武和於轩王成了好朋友。从那以后,於轩王常常到北海来打猎,每次来他都给苏武带来许多食物和衣服,他还送给苏武许多牛羊马匹,这样,苏武的生活便不像以前那么艰难了。

七　草原春意

　　有一天,苏武刚要去放牧,於軒王来了,这次他带来了他的女儿於軒公主。於軒公主看起来不到二十岁,长得十分漂亮,一身匈奴装束,真是英姿飒爽。

　　见了苏武,於軒王笑道:"苏先生,大汉的许多至理名言我是很欣赏的,我也很想让小女多少学一些,不知苏先生肯不肯教呀?"

　　不等苏武答话,於軒公主便说道:"苏先生,我爸爸总是提起你,他对你可佩服呢。有一回,我听单于说,你被关在地窖里,几天没吃没喝,竟没有死,莫非有神灵保佑你吗?"

　　苏武笑笑:"这也没有什么,只要心里有一股浩然之气,就什么苦都能吃了!"

　　"浩然之气?"

　　"是呀,也就是把生死看得很轻,一心为国尽忠的气节呵!"

　　於軒王看看女儿,点了点头,於軒公主若有所思地望着苏武。

　　说着话,於軒王叫人把刚才猎到的一只小鹿杀掉,煮一些鹿肉来喝酒。一会儿功夫,肉煮好了,酒也摆上了。於軒王对苏武说:"苏先生,今天是小女的生日,请你陪着我喝几杯,不知苏先生愿不愿意?"

　　苏武笑了笑,说:"大王,自从与你相识,总是得到你的帮助,我实在是很感激的。正巧今天是公主的生日,我当然愿意为大王和公主干一杯了!"

　　"好,干杯!"

　　苏武和於軒王对饮起来。过了一会儿,於軒王对女儿说:"孩子,今天我高兴,苏先生也高兴,你给我们唱个歌吧!"

公主笑笑:"爸爸,你说唱哪个歌呀?"

"就是那个你平常最爱唱的……"

"好吧!"公主站起身,先为於轩王和苏武斟上酒,然后唱道——

> 草原辽阔,草原辽阔,
> 草原上飞着我的歌;
> 我是天上的云朵,
> 我是草原的花朵,
> 牛呵羊呵,是我们匈奴人的伙伴,
> 风呵雨呵,是我们匈奴人的常客。
> ……

苏武自从来到匈奴,已经有十年没有听到这么动听的歌声了,因此,当於轩公主的歌声一停,他便拍手夸赞道:"公主,不是我专说好听的话,你唱得真是太好了,简直可以和汉宫里的歌女比美了! 不过……"

"苏先生,不过什么?"

苏武笑笑:"你们又有不同,汉朝宫女的歌是那么甜美,而你的歌呢,却十分豪爽刚健,别有一种风味!"

"真的吗?"公主兴奋地跳起来,顺势转了几圈。

"真的,我怎么会骗你呢?"

於轩王听着苏武和女儿的对话,哈哈大笑道:"苏先生还不是想让你生日高兴嘛,你还当真了!"

於轩公主笑了,对苏武说:"苏先生,该你唱啦!"

"我?"

"对,该你唱了,你不能只是听呀!"

苏武还要推辞,於轩王开口了:"苏先生,你也唱一支歌吧! 怎么样?"

苏武想了想说:"我实在唱不好,要不我朗诵一首我最近写的诗,行不行?"

於轩王和公主都点了点头。

苏武站起身,饱含感情地朗诵道——

大风起呵云飞扬，
　　风吹草低见牛羊。
　　春夏秋冬苦度日，
　　北海辽阔又荒凉。
　　云中的大雁呵，你停一停，
　　何日带我归故乡！

　　苏武的声音低沉、浑厚，於軒王父女被深深地感动了。苏武脸向南方，久久地伫立在那里，他的心早已飞回了大汉……

　　此后，於軒公主又随父亲到苏武这里来过几次，每一次来，她都静静地听苏武向她爸爸讲孔子、孟子和屈原的故事，她常常听得入了迷。她真不明白苏先生怎么那么有学问，天文地理他没有不懂的，他讲的故事又总是那么有意思。在她的心里，苏武不是什么犯人，而是来自远方的朋友。

　　有一次，於軒公主问苏武道："苏先生，我知道你不是什么犯人，你也没有做什么错事，单于为什么要把你流放到这里来呢？"

　　苏武点点头说："是呵，我确实没有犯罪，可是和我一起来的人做了错事，他们连累了我，这我也是没有料到的。"

　　"苏先生，你没有犯罪，就不是囚犯，但你却在这荒凉的地方度过了十年艰苦的生活，你的遭遇真叫人同情！"

　　"公主，我十分感谢你，也十分感谢你父亲，我虽然没有犯罪，可是，我同别人不一样……"

　　"是的，你跟别人不一样！苏先生，我就是佩服你同别人不一样，我爸爸也特别敬佩你！"

　　"什么？"於軒王从帐篷外走进来："女儿，你又说我什么呢？"

　　公主笑笑说："爸爸，我说你特别敬佩苏先生，这话不对吗？"

　　"对呀，还是我女儿了解我嘛！"於軒王和公主都笑了起来。

　　苏武被於軒王和公主的父女情感动了，不由地想到了自己的孩子，十年了，他们现在怎样了呢？一想到孩子们，苏武便自然地想到了妻子和家人，想到了自己朝思暮想的长安，他的心情又沉重起来，脑子里好像一下子变成了一片空白。

"苏先生，苏先生，你……"於靬公主见他呆呆地望着远方，忙连声叫道。

苏武像是才从梦中惊醒似的，有些不好意思："呵，公主……"

"苏先生，你想什么呢？"

苏武只是长长地叹了一口气，什么也没说。

"苏先生一定又想到了家乡和亲人，"於靬王对女儿说："你自己到外边玩会儿吧。"

"不，我要陪苏先生说话，看他那么难受，我心里也不是滋味。"

於靬王笑笑说："好吧，那你就向苏先生请教吧，我也不往外赶你了。"

听了他们父女的对话，苏武也笑了。

在孤独的、寂寞的生活中，忽然有了於靬王父女这两位常客，对苏武来说，真是一件高兴的事，他很愿意和这父女俩说话聊天，对他来说，这是难得的一种享受。因此，他常常盼着於靬王他们能到北海来打猎。接触的时间多了，於靬公主对苏武的感情也发生了变化，由同情到敬佩发展为爱戴，她为苏武宁死不屈的品德和有问必答的学问所折服。虽然苏武已经五十几岁了，头发也白了，但他身上有一种於靬公主也说不清的精神，强烈地吸引着她，好像有什么东西拉着她，使她常常想到北海那个孤独的人。

这一天，於靬公主自己来到了北海，她告诉苏武："我爸爸被单于召去了，我在家里也没事干，就自己跑来了！"

苏武笑笑说："你是公主，谁又能管得了你呢？"

公主也笑了。

两个人聊了一会儿，公主问了许多关于汉人风俗和习惯的事，苏武认真地作了回答。突然，公主问道："苏先生，不知汉人的婚嫁之事是怎么办的？"

苏武说："在我们大汉，按规矩，男女双方一到成年就不能再在一起玩了，他们的婚姻之事，全由父母作主，他们自己是不能随便相好的。"

"那……他们的父母自己到对方家里去提亲吗？"

"不，他们要请一个媒人，然后让这个媒人去对方家里说亲。"

公主笑了："汉人真不怕麻烦！我们匈奴人就没有那么多事。"

"是呵,大汉有大汉的风俗,匈奴有匈奴的习惯嘛,我到匈奴已经十多年了,匈奴的风俗我也知道一些,是和大汉不一样呀!"

"苏先生,你说是大汉的方法好,还是匈奴的方法好呢?"

"这个嘛,"苏武笑笑:"都有道理,依我看,还是大汉的方法好,大汉到底是礼仪之邦嘛!"

公主站起身,笑着说:"苏先生,那我就按汉人的方法行事了!"说完,她转身冲出了帐篷,苏武愣在那里,一时没明白是怎么回事……

几天以后,於靬王的管家前来找苏武,先说了一阵别的以后,老管家对苏武说:"苏先生,我这次是奉於靬王之命前来与你商量一件事的。"

"什么事?"

"是这样的,我们公主很喜欢苏先生,想永远陪伴在先生身边……"

"噢,这……"

老管家又说道:"这件事我们於靬王是同意的,所以按汉人的方法叫我前来说亲,不知苏先生怎么想?"

苏武沉吟了一会儿说:"我是一个囚犯,怎么能连累於靬王呢? 何况公主又那么年轻,我不能同意!"

"苏先生,於靬王对你十分敬佩,公主也是……"

"是呵,於靬王对我的照顾,我从心里表示感谢,可是……"

老管家生怕苏武拒绝这件事,有些着急地说:"苏先生,我只问你一句话:你喜不喜欢我们公主?"

"我……"苏武点点头:"要说心里话,我也很喜欢公主,那我更不能连累她!"

"好,有这句话就行了,苏先生,我走了!"老管家笑着骑马走了。

就这样,一个月以后,苏武和於靬公主结成了夫妻。在於靬公主的照料下,苏武的身体好多了,他的生活也逐渐安定下来。

不久,於靬公主生了一个儿子,苏武给他起了个名字叫苏通国。

八　祸不单行

可惜,好景不长。

这天,苏武心神不安地坐在帐篷里发愣,几天前於轩王的管家深夜赶到这里,说於轩王得了重病,於轩公主慌忙带着孩子回王府去了。几天过去了,却一点音讯也没有。苏武闷得发慌,便站起身,来到帐篷外,忽见远处有一匹骏马奔驰而来,待马跑近了,苏武看出骑马的是於轩王的贴身随从朱乌,便迎了上去。来到苏武跟前,朱乌翻身下马,他脸上带着悲伤之色,对苏武说:"苏先生,不好了!"

"怎么了?"苏武一惊。

"於轩王升天了!"

"啊!"苏武惊呆了,他的脑子里顿时一片空白。於轩王虽然是个匈奴人,但他和苏武情谊相投,两人很谈得来,加上公主的关系,他们实际已经是亲戚了。这二三年以来,他对苏武的生活提供了许多帮助,在精神上,也使苏武不感到那么孤独和寂寞。真不能想象,若是没有於轩王的照顾和帮助,苏武该怎样度过那艰难而又漫长的时光。

朱乌说:"苏先生,於轩王病重时,特别嘱咐我来看看你,并给你再送些食物来,因为这两天王府里的事太多,我今天也没有顾得上把东西带来,过两天会有人给你送来衣服和食物的!"

"谢谢你们,於轩王……"苏武的眼睛湿润了。

停了一会儿,苏武问道:"公主呢,她一切都好吧?"

"她很悲伤,整天不停地哭……"

"那,那她什么时候回来呢?"

朱乌犹豫了一下,好像是有什么不好说的话。

"朱乌,你说呀! 公主什么时候回来?"

"苏先生,公主回不来了!"

"啊? 你说什么?"

"公主回不来了!"朱乌又重复了一遍。

苏武急忙问道:"这是为什么呀? 朱乌!"

"苏先生,"朱乌说道:"单于已经下令了,不许公主再回北海!"

"啊!"苏武忽然感到一阵晕眩,差点摔倒在地上。

朱乌一边扶着苏武,一边又说道:"苏先生,於轩王升天了,单于把我们都分到了别的部落,以后就不能再来照顾苏先生,请你自己多多保重吧!"

苏武没有说话,只是点了点头。

"好吧,苏先生,再见!"朱乌翻身上马,骏马像一支利箭,射向远方。苏武站在那里,一直到朱乌在他的视线里完全消失,他才拖着沉重的脚步,慢慢走回帐篷。

真是祸不单行。

在於轩王去世后不久的一天夜里,草原上刮起了一阵大风,伴着狂风,闪电在空中划过,惊雷在天空炸响。

此时,苏武坐在大帐篷里,他手抚汉节,呆呆地愣在那里,在他的脑海里出现了一幅幅生动的图画——

一会儿,是皇宫里高大的围墙和长安宽阔的街道;

一会儿,是汉武帝魁伟的身影和父亲慈祥的面庞;

一会儿,是夫人深情的目光和孩子们可爱的笑脸;

……

伴着狂风,伴着闪电,苏武那一颗心呀,又飞回了长安!

正在这时,忽然一阵喧哗,苏武还没有明白是怎么一回事,一群人已经冲进了帐篷。他们个个身强力壮,手里提着大刀和宝剑,其中两个人分别抓住了苏武的两只胳膊,苏武知道这是遇到强盗了!

为首的是一个三十四五岁的汉子,他走到苏武跟前,手里挥动着亮闪闪的刀说:"你是什么人? 为什么独自一人在这里居住?"

"快说! 快说!"强盗们齐声叫道。

苏武甩开两个强盗的手,面不改色地说道:"我是大汉使者苏武,匈奴单于不让我回汉朝去,便让我一个人到这里来放羊。"

"你就是那个姓苏的汉人?"

"是的,我是苏武,你们是谁,干什么的?"

"我们?"为首的汉子哈哈笑道:"我们是草原风!"他环顾一下帐篷说:"看来单于对你不坏嘛!"

苏武沉默不语。

为首的汉子又叫道:"弟兄们,这里全是单于的东西,统统收走!"

一声令下,帐篷里乱作一团。强盗们有的卷起衣服,有的收拾粮食,一会儿功夫便把帐篷里抢劫一空。强盗头子又下令道:"弟兄们,别忘了圈里的牛羊,去,统统赶走!"几个强盗应声跑出了帐篷。

离开帐篷的时候,强盗头子对苏武说:"我们从朋友那里,听说过你这个姓苏的汉人,知道你是个有骨气的人,不然的话,我们就是不杀你,也要把你的这顶帐篷带走!念你是条好汉,这顶帐篷还是留给你吧。"

苏武虽然大声责骂,全力抗争,可是他身体虚弱又势单力薄,哪里是这帮强盗的对手? 他只能眼睁睁地看着这群强盗扬长而去,消失在风雨交加的夜色之中。

苏武站在大帐中间,像一座雕像一样,一动不动,他知道:真正艰难的生活又要重新开始了!

正在这时,又一个巨雷在苏武头顶上炸响,他面对苍天,大声喊道:"老天呀,你要是有眼,就叫我早日回到大汉去吧!"

九　李陵被俘

正当苏武重新陷入困境的时候,他的老朋友李陵突然出现在他的面前,这使苏武又惊又喜,几乎不敢相信自己的眼睛。

李陵是怎么来到匈奴的,他又为什么前来北海呢?

事情还得从头说起——

在缑王、虞常等人谋反失败以后,曾经跟缑王一起被匈奴活捉的汉朝将领赵破奴,趁着混乱,逃回汉朝。他向汉武帝报告了苏武等人被扣留的情况,汉武帝非常生气,决心用武力来制服匈奴。

第二年(公元前九九年)夏天,汉武帝派贰师将军李广利率领三万骑兵从酒泉(今甘肃省酒泉县)出发,在天山一带进攻匈奴。一开始战斗很顺利,消灭了匈奴士兵一万余人,李广利十分得意,正想往回撤军,可是汉军没有往回走多远,就又被匈奴骑兵包围了。汉朝士兵几天几夜没有睡过一个好觉,没有吃过一顿饱饭,战斗力大减,死伤很多。幸亏李广利的部将赵充国是一员敢打敢拼的猛将,他带着一百多名汉军勇士,东拼西杀,好不容易才杀出一条血路,李广利跟在他们后面狼狈逃跑,才捡了一条性命。

就在李广利这次出师以前,汉武帝曾经派李陵去给李广利的军队押运兵器和粮草,李陵少年气盛,知道因为李广利的妹妹李夫人是汉武帝的宠妃,李广利才受到重用的,所以他很看不起李广利,不愿意担任为李广利护送粮草和兵器的后勤官。

李陵在朝见汉武帝的时候,对汉武帝说:"皇上,我手下的士兵,个个都是勇士,他们力大无比,可以捕捉猛虎,打起仗来可以以一当十;他们箭法超群,可以百发百中,希望皇上能另外派给我任务。"

汉武帝见李陵不愿和李广利一起出征,不太高兴,问道:"李将军,说说看,你到底想干什么呢?"

"皇上,"李陵说:"能不能交给我一支人马,叫我独当一面。我可以去牵制匈奴的兵力,使李广利将军能更顺利地进攻匈奴。"

汉武帝沉吟了一会儿,为难地说:"李将军,你还不知道,我派出去了那么多兵马,已经没有骑兵叫你指挥了。"

李陵应声答道:"皇上,请你放心,没有骑兵就给我五千步兵吧,我可以以少胜多,一定要踏平匈奴王庭!"

汉武帝一听李陵这些话,心里的不愉快顿时烟消云散了,他高兴地说道:"好,李将军,你很有气魄,这正合朕意。那么,就这么定了吧!"

这年九月,按照汉武帝的指示,李陵率领五千步兵,从居延(今内蒙古自治区额济纳旗北)出发,向北行军三十天,顺利到达了预定地点浚稽山(约在今蒙古人民共和国土拉河与鄂尔浑河之间),李陵派一名叫陈步乐的军官将沿途绘制的山川地形图送回了朝廷,汉武帝见了非常高兴,重赏了陈步乐。

很快,匈奴单于知道李陵率军到了浚稽山,便派三万匈奴士兵将李陵的军队团团围住了。李陵查看了地形以后,下令用大车扎下营寨,然后在营外摆好阵势。根据汉军的兵力和特点,李陵又把步兵分成两部分:前面的军队一律使用长戟和盾牌,后面的军队一律使用弓箭。李陵命令汉朝官兵,做好准备,迎接血腥的战斗。

匈奴单于见汉军人少,便下令叫骑兵大胆猛冲,可是他们在汉军营前却遇到顽强的抵抗。汉军待匈奴士兵靠近以后,前排士兵奋勇冲杀,和匈奴骑兵短兵相接,展开了激烈的肉搏战;后排的弓箭手一齐猛射,匈奴骑兵纷纷中箭摔下马来。单于看到这种情况,慌忙下令撤退,匈奴士兵如海水退潮般向后退去。李陵指挥汉军,杀出营寨,乘势追杀,又杀伤了几千匈奴士兵。

匈奴单于在战地召开了紧急军事会议,经过研究和争论,最后决定再派援军前来围攻汉朝军队。不久,八万匈奴士兵又被调来进攻汉军。李陵知道自己士兵太少,不能硬拼,便率领汉军边战边走,向南撤退。

经过几天的激战,汉兵死伤很多,但他们也杀伤了三千多匈奴士兵。这一天,李陵带着部队走进了一片沼泽地里,那里长满了茂密的芦苇。李陵刚想叫士兵们在这里休整一下,忽然浓烟滚滚,他知道匈奴一定是从上风点起了火,便马上叫士兵们就近点燃了苇塘,以切断火势。一时间,黑烟弥漫,火光冲天,汉军趁机继续向南撤退,来到一个山脚下。

匈奴单于上山观察,发现了李陵,便命令一部分匈奴骑兵快速追击。这时,李陵带着汉军又钻进了一片树林,匈奴骑兵没法骑马进来,只得下马进入树林,汉军趁势与其展开近战,匈奴又损失了好几千士兵。

这一天,汉军俘虏了几个匈奴士兵,李陵决定亲自审问他们。在审问中,一个匈奴士兵说:"报告大汉将军,我们单于说你们这些汉军很不好对付,一定是汉朝的精兵,你们边打边跑,而且一路向南撤去,很可能有埋伏。"

"噢?"

那个士兵继续说:"所以,我们单于想放走你们,不再追了。"

"是吗?"李陵心里一动:"那到底还追不追? 你可要说实话,不然……"

"报告将军,单于是不想继续追了,可是我们的许多首领却不同意。"

"为什么?"

"他们说,我们这几万骑兵还消灭不了这几千汉兵,以后汉朝更瞧不起我们了,因此,一定要把你们全部消灭不可!"

李陵的心里又是一沉,他知道,恶仗还在后头,真不知道结果会是怎样的。这时,那个匈奴士兵又讨好地说:"将军,单于已经下令,再在山谷里转战四五十里,前面就是一片平川,如果到了那里,还消灭不了这些汉兵,就撤兵回去了。"

听了这话,李陵马上召集军官们开会,叫他们转告士兵们,只要再坚持几天,走出那片平川,就算战斗胜利了,士兵们听了这个消息,都决心背水一战,无论如何也要闯过那片平川。他们有的包扎伤口,有的收拾武器,军营里一片肃穆紧张的气氛。

谁知,就是在这天晚上,汉军有一个小军官,因为受了长官的责骂,一气之下投降了匈奴,他对匈奴单于说:"李陵带的是一支孤军,前面根本没有救兵,更没有伏兵,他们的箭也快用完了,兵也不多了,李陵和校尉韩延年各自率领八百精兵冲杀在前,并用黄旗和白旗做标志,大王只要派精锐骑兵把李陵和韩延年射死,汉军就算完了!"

"太好了!"听了这些话,单于喜上眉梢,他立即传令,派重兵夹攻李陵和韩延年。匈奴士兵一边进攻,一边高喊:"李陵,快投降吧,我们单于知道你们兵力不多,已经没有箭了,快投降吧!"

这喊声在深夜的山谷里回荡,显得特别响亮,传得也特别远。

李陵知道匈奴已经掌握了汉军的实力,血战又要开始了。他想了想,换上了便衣,走出营地,有几个士兵紧紧地跟着他,生怕他出了意外。李陵对这几个士兵说:"你们回去吧,我自己出去一趟。"

"将军,你……"一个士兵不解地问。

"放心吧,我一会儿就回来!"

"将军!"几个士兵站在那里,并没有回去。

李陵勉强笑笑说:"我一个人也要把单于的头提回来!你们回去吧,告诉韩将军注意防守,别让匈奴士兵趁夜色冲上来。"

"是!"

李陵提着宝剑离开了汉军营地,可是,只一会儿功夫,他又回来了。是呵,四面全是匈奴士兵,他到哪去找单于呢?李陵见到韩延年,仰天长叹道:"完了,这次我们怕是出不去了!真辜负了皇上的一片苦心呀。"

韩延年上前一步,劝解说:"李将军,这次汉军只有五千人,却威震匈奴,使匈奴单于胆战心惊,这功绩是了不起的,最后落得这个结果,全怪我们命不好!"

"韩将军,依你的意见,我们该怎么办呢?"

韩延年犹豫了一下,小声说:"李将军,我看可以先投降匈奴,以保存实力,以后再设法逃回去,我想皇上是会原谅的。"

"住口!"听了这话,李陵生气地瞪着韩延年:"我不战死,就不是'飞将军'李广的后代,就不是真正的好汉!"

接着,李陵让士兵们把汉朝的旗帜砍断,把值钱的东西收集起来,一起埋在地下。李陵把士兵们召集起来,对他们说:"如果我们再有几十支箭,我就能带领你们突围,可是我们现在没有一支箭了,人也剩得不多了,如果按兵不动,天一亮匈奴就一定会大举进攻,我们只能当俘虏。"

"李将军,你说该怎么办?我们一切听你的!"士兵们喊道。

李陵说:"我看不如我们现在各自散去,自己去逃命,说不定还能逃出去几个人,去给皇上报信!"说完,他让士兵们各人带二升干粮,一块冰,约定逃出后在遮虏鄣(即居延塞)会合。

到了半夜,李陵下令击鼓助威,可是那些战鼓,有的破了,有的潮了,怎么敲也敲不响。这时,天色漆黑,狂风大作,李陵和韩延年跨上仅有的两匹战马,后面跟着几十个勇士,向南边突围。匈奴士兵听到动静,一起赶了上来,有的在后面追,有的在前面堵,把李陵他们死死围住,根本不能脱身,韩延年被乱箭射死,李陵身边的士兵也一个跟着一个倒下了。见到这种情况,李陵知道出不去了,便跳下马,大声哭着说:"我没有脸回汉朝再见皇上了!"匈奴士兵一拥而上,把李陵捉走了。

后来,因为种种原因,李陵终于投降了匈奴,匈奴且鞮侯单于很赏识李陵的才干,把自己的亲生女儿嫁给了李陵,并封他为右校王。遇到重要的事情,单于都要把李陵请去,征求他的意见。李陵觉得自己已经不可能再回汉朝去了,便一心一意地投降了匈奴。

李陵一到匈奴,就听人说起过苏武,他们过去同在皇上身边做侍从,既是同事,又是朋友,谁知命里注定,现在他们又都生活在匈奴的领土上。可是,他们的身份是不同的,一个是宁死不屈的囚犯,被流放在荒凉的北海;一个是有权有势的右校王,终日享受着荣华富贵。李陵听说苏武在北海放羊,很想去看看他,可是,他觉得苏武对汉朝真是一片忠心,任凭威逼利诱,都毫不动摇,而自己呢,早已不是汉朝的忠臣,而成了匈奴单于的女婿和心腹,他心中有愧呀!因此,李陵既想见苏武,又怕见苏武,所以一直也没有去北海。

十多年过去了,匈奴单于并没有忘记苏武,他想在那荒凉的北海,过着孤独艰难的生活,完全没有了回去的希望,苏武也许会回心转意吧?便决定利用李陵和苏武过去的关系,叫他到北海去劝苏武投降。李陵开始仍有些犹豫,想找借口不去,匈奴单于看透了他的心思,对他说:"你还是去看一看苏武吧,你们是老朋友了。这么多年了,你不去看看他也实在说不过去,在看他的时候,你可以趁机劝降。"

"可是……"

"不用怕,我叫你去自有我的道理,我看你去有三个有利条件。"

"请单于明示!"

单于笑笑说:"一嘛,你和苏武是老朋友,可以以友情相劝,你的话他是比较容易相信的;二嘛,你比他晚到匈奴,知道许多情况,他是不知道的,比如他家里的情况,你可以用这一点去打动他,使他断了后顾之忧;第三嘛,你可以做他的榜样,只要苏武肯投降,我也会重用他的,这一点你叫他放心!"

就这样,李陵来到了北海。

十　老友劝降

　　苏武一见李陵,先是一喜,是呀,多年不见的朋友,忽然在这荒无人烟的地方相遇,真是一件令人高兴的事,苏武那颗孤独寂寞的心,多么需要得到朋友们的安慰呀! 继而,苏武又是一惊,因为李陵穿的不是汉服,他一身是匈奴人的打扮,还带着歌女、舞女和许多随从,苏武不知道李陵现在到底是什么人,所以只能压住心中的兴奋,只是叫了一声"李陵老弟!"便什么也没有再说。

　　李陵一把拉住苏武的手,细细地打量他,心里说:这哪是当年那个精力充沛、体格健壮的苏武呀,看他这么瘦弱、衰老,头发已经全都白了,只有十几年不见,他怎么老成这样了呢? 他不由地叹了口气,说道:"苏武兄,在这荒凉的北海,实在是太难为你了!"

　　这时,一个随从走上来问道:"右校王,筵席就摆在这里吗?"

　　李陵点点头:"就摆到苏先生的大帐里吧。"

　　"右校王?"苏武站起身:"李陵,莫非你已经投降匈奴了? 还被称为什么右校王?"

　　"唉! 苏武兄,一言难尽呀!"

　　苏武什么都明白了,他默默地坐了下来,一句话也没有说。

　　李陵勉强笑笑,说:"苏兄,匈奴单于听说我与你有很深的交情,特地叫我来看看你,不知你有什么需要我帮助的?"

　　说着话,随从们摆上了丰盛的筵席,舞女们跳起了胡舞,李陵请苏武一边饮酒一边叙谈。苏武看了看李陵,将一杯酒一饮而尽,李陵忙又为他斟上一杯。

　　苏武把酒杯重重地放到桌子上,问道:"李陵,你家几代都是汉朝的名将,你怎么会……"

"唉!"李陵又是一声长叹,把十几年前自己怎样带兵出征,怎样被匈奴重兵包围,后来怎样战败被俘的经过讲了一遍,讲着讲着,竟落下泪来。

听了李陵的叙述,苏武的心里对他也产生了几分同情,不由地问道:"你一被俘就投降了吗? 你这样做怎么对得起大汉天子呢?"

"苏兄,这是天命呀!"李陵继续讲道:"我被俘以后,并没有立刻投降。后来,皇上派公孙敖率领骑兵一万,步兵三万,从雁门(郡所在今山西省右玉县南)出发,向匈奴进攻。半路上,公孙敖碰上了匈奴左贤王的大批军队,不得不仓促应战,结果被打败了。在战斗中,抓住了一个匈奴兵,这个匈奴兵对公孙敖说:匈奴军队之所以能打败公孙敖,是因为汉将李陵给匈奴单于出主意,教他训练兵马,对付汉军。公孙敖正想掩盖自己的无能,回到汉朝以后,便把这个匈奴士兵的话报告给皇上,并说因为我帮助匈奴训练兵马,他才出师不利,大败而归,这兵败的责任在我身上!这……"李陵泪如雨下,讲不下去。

"那后来呢?"

李陵停了一会儿又说:"皇上听了公孙敖的话以后非常生气,也没有进一步调查,就把我一家老小全都杀掉了!我那八十岁的老母亲,也没有……"

苏武问道:"那是不是你帮助匈奴训练士兵来对付汉军呢?"

"唉,苏兄,你想我能做那样的事吗? 帮助匈奴训练兵马的是李绪呀!他是一个都尉,原来驻扎在奚侯城,后来投降了匈奴,便当了训练匈奴士兵的教官。"

"唉!"苏武也长长地叹了一口气,对李陵更多了几分同情,他问道:"李绪现在在哪呢?"

"早被我杀掉了! 是他害得我家破人亡呀,为这事,有些匈奴大臣主张把我也杀掉,幸亏单于保护了我,我才能活到今天!"

"唉!"

"苏兄,你说,皇上这样办事,还怎么能叫我回去呢? 我也实在没有脸面回去了呀!"停了一会儿,李陵又说道:"我知道你总想着回到汉朝去,其实这是不可能的。你在这荒凉的草原上吃尽了苦头,真是白受罪,你的一片忠心又有谁知道呢!"

苏武好像没有听到李陵的话,仰头又喝了一杯酒。

李陵以为苏武动心了,又对苏武说:"苏兄,你家里的情况你还不知道吧。"

苏武一直关心牵挂着自己的亲人,所以听李陵说到家里的情况,便放下酒杯,急切地问道:"我到匈奴已经十几年了,家里的音信早就断了,你知道些什么情况,快些告诉我吧!"

李陵呷了一口酒,说道:"你兄长苏嘉已经不在人世了,有一次,他跟随皇上出去,在扶着皇上的车辇(niǎn 捻)下台阶的时候,不小心,车辇碰到柱子上,车辕碰断了,他害怕皇上治罪,就拔剑自杀了。"

"啊!"苏武呆住了,又忙问:"我弟弟苏贤怎么样?"

"他早死了!"

"啊!怎么……"

李陵讲道:"有一次,苏贤跟随皇上去祭祀土地神,在过河的时候,有个军官跟别人争船,把人家推到河里淹死了。那军官见闯了祸,便逃跑了,皇上让苏贤去追捕这个军官,可是人海茫茫,叫苏贤去哪里追捕罪犯呢?苏贤一心想完成皇上交给的任务,可是大汉这么大,他实在没有办法,怕皇上怪罪下来,他吓得服毒自杀了。"

"那……"

"还有,你的母亲早已离开人世,她老人家去世的时候,我还亲自去为她送葬,因为没有人给她操办,葬礼办得十分简单。"

"母亲大人!"

"我还听说,你的妻子也染病死了,就这样,好端端的一家人,现在只剩下你的两个女儿,一个儿子了。这么多年过去了,他们是死是活谁也不知道!"

这么多年,苏武一点儿也不知道家里的情况,在那孤寂的夜晚,他常常与亲人们在梦中相会,谁知现在苏家已是家破人亡了!特别是想到老母去世,自己不能亲自为她老人家送葬,更是心如刀割,想着想着,苏武的眼泪流了下来,打湿了他的衣襟。

李陵见到这种情况,觉得时机成熟了,便继续说道:"苏兄,人生就像早上的露水,太阳一出来,很快就完了,你何必这样自讨苦吃呢?"他见苏武没有答话,便又说道:"我刚刚来这里的时候,也难受得像疯子一样,你不想投降匈奴,难道我当初就想吗?"

苏武看看他,还是没有说话。

李陵又说:"现在皇上年纪老了,朝廷里法令变化无常,朝廷大臣不知为什么就被全家杀掉的有好几十家,真是生死难保呀!再说,你现在已经无牵无挂,还为谁考虑呢?还是听我的劝告,投降匈奴算了!"

苏武抬起头,一字一句地说:"你知道,我们苏家父子,虽然没有什么功德和才能,却得到了皇上的封赏和重用,有的被封为将军,有的被封为侯,都是皇上身边的近臣。我平时就常常想,为了报答汉朝,就是抛头颅、洒热血,也是应该的。现在,有了这样的机会,就是上刀山,下火海,我也心甘情愿!"

"苏兄,可是……"

苏武打断李陵的话,继续说:"臣下对待国君,就应该像儿子对待父亲一样,做儿子的,为了父亲去牺牲自己,又有什么可遗憾的呢!"

"苏兄……"

"请你不必再说了,我的决心早已下定了,这么多年,就是靠了这决心,我才活了下来!"

李陵见话不投机,便没有再说什么,只是不断地劝苏武吃菜饮酒。为了能说服苏武,李陵留下陪苏武住了几天,以便能有机会继续劝说苏武投降。

几天很快就过去了。这天,李陵要回匈奴王庭了,他又设宴招待苏武。几杯酒下肚,两人的话渐渐地多了起来。苏武讲起自己初到北海时以草籽充饥的情况,还叙述了那个雨夜被强盗抢劫的情景,不由地笑了起来。李陵却趁机劝道:"苏兄,你在这里的生活太艰苦了,又那么危险,还是听我的劝告,投降匈奴吧!"

听了这话,苏武知道李陵的心还没死,便把酒杯重重地放在桌子上,大声说:"我苏武早就做好了死的准备,再苦的生活我也能顶过去,你不必多说了!"

"苏兄,你听我说,你……"

"大王!"苏武不叫李陵的名字,而称他为"大王",李陵听了觉得十分刺耳,一下愣住了。苏武说道:"大王你一定要劝我投降,那么,咱们的交情就到此为止了,我今天就死在你的面前!"

李陵见苏武态度坚决，大义凛然，想到自己，顿时感到脸红心跳，觉得真是天地难容。他长叹一口气，说："苏兄，你真是个忠臣，我和卫律才是天大的罪人呀！"说着，两行热泪滚了下来。

　　李陵走了以后，苏武又开始了牧羊生活，李陵总是惦记着苏武，可又觉得自己没脸去见他，便常常派人给苏武送一些粮食和衣物，有一次，还让他妻子给苏武送去了几十头牛羊。

　　过了很久，有一天，苏武刚刚放牧归来，忽见李陵带着一些随从骑马急奔而来，来到苏武跟前，李陵翻身下马，一把拉住苏武的手说："苏兄，我带来一个坏消息。"

　　"什么消息？你说吧！"

　　李陵声音低沉地说："我昨天才听说，皇上升天了！"

　　"啊！"这突如其来的消息，像一声惊雷，在苏武头上炸开，他好像挨了重重的一击，摇摇晃晃几乎摔倒，李陵急忙扶住他。停了一会儿，苏武甩开李陵的手，面朝南方跪在地上，放声痛哭起来。在这辽阔的草原上，苏武的哭声传得很远很远……

十一　夜访汉使

汉武帝去世以后,汉朝大臣霍光、上官桀等人拥立汉武帝的小儿子弗陵继承了皇位,称做汉昭帝。这时,匈奴且鞮侯单于也去世了,在汉昭帝即位的第二年,即公元前八五年(始元二年)壶衍鞮单于即位。

在汉武帝时期,汉朝和匈奴之间,由于连年战争,消耗了大量的人力和物力,劳动人民也蒙受了很大的损失。尤其是汉武帝晚年,多次兴师动众,使汉朝国库空虚,费用耗竭,人口几乎减少了一半。匈奴因为长期转战,动荡不安,牲畜的繁衍受到相当大的影响。加之,匈奴贵族争权夺利,内部分裂,很不团结,已经没有力量再跟汉朝打仗了,很希望与汉朝和好。而汉朝的昭帝为了自己的统治,也想让人民有个休养生息的机会,以便恢复和发展生产。这样,希望和平、安定,厌恶战争,就成了各族人民的共同呼声,也成了汉朝和匈奴统治者的愿望。昭帝即位的第二年,汉朝和匈奴议和,彼此恢复了和亲和正常往来。

一次,又有一个使者要去匈奴,昭帝把他叫到大庭里。使者施了礼,肃立在那里。昭帝对使者说:"你这次去,除了把朕赏赐给匈奴单于的东西交给他以外,还要办一件事。"

"请陛下明示!"

昭帝沉思了一会儿说:"先皇在世时,苏武等人出使匈奴,至今已有十多年了,也不知道他们现在怎么样了,你这次去,要留心打探一下苏武的消息。"

"诺!"

昭帝自言自语道:"我多次听先皇说过,苏武在匈奴时,坚守归汉之心,不管匈奴怎样威逼利诱,他都坚决不投降,这样的忠臣太难得了!"

霍光在一边说："是呵,苏武确实是个难得的忠臣呀! 是个人才!"

昭帝点点头："所以我想尽一切办法,向匈奴把他要回来!"

"皇上圣明!"

汉使来到匈奴以后,到处打听苏武的消息,因为匈奴封锁得很严,汉使什么消息也没有得到。在离开匈奴前一天的宴会上,汉使先向匈奴单于敬上一杯酒,然后问道:"单于,现在大汉和匈奴又恢复了友好关系,我有一件事想请问单于,不知可以不可以?"

匈奴单于把酒一饮而尽,望着汉使说道:"先生是汉使,在这里就是汉朝天子的代表,有什么要求尽管提吧!"

"多谢单于!"

"先生请说吧!"

汉使目不转睛地看着单于,问道:"大王是否可以告诉我,先皇时派出的汉使苏武现在在什么地方?"

"苏武?"单于听了这个名字,不由地心里一惊,他不自然地看看身边的大臣们,又勉强笑道:"你是问苏武呀,实在太不幸了,他早就死了。"

"大王,苏武……"

单于打断汉使的话:"先生,一提起这件事,我就感到很不愉快,现在我们双方友好了,就不提那些了吧,来,我们还是喝酒吧!"

"单于,可是……"汉使还不死心,又问道。

单于又一次打断汉使的话,提高嗓音道:"来吧,为了匈奴和汉朝的友好关系,我们还是来干杯吧!"

汉使没有机会继续问有关苏武的事,只得随着单于喝起酒来。

回到汉朝以后,汉使把匈奴单于的话转告给昭帝,听说苏武早已死了,昭帝感到非常伤心。霍光详细询问了汉使,汉使又把单于在酒宴上的话详细地复述了一遍,霍光听了点点头,对昭帝说:"皇上,我看匈奴的话不能全信,说不定苏武并没有死,只是匈奴不想让他回来罢了。"

"要是这样就好了,"昭帝吩咐道:"霍将军,这件事你多注意一点吧。"

"陛下,您放心吧!"

"只要苏武没死,就要想尽一切办法把他接回来。"

"诺!"

汉昭帝一直惦记着苏武,但是因为不知道他的真实下落,所以救他归汉的事就又拖了下来。一拖,又是两年。

当年同苏武一起被扣留在匈奴的常惠,因为不是什么大官,虽然他没有投降匈奴,匈奴也没有杀他。十几年以来,他一直生活在匈奴人的监视之下,像一个奴隶一样,干着各种粗活。

一天晚上,常惠刚刚干完修理牛羊圈的活,正躺在干草上休息,窗外传来两个看守的对话,吸引了常惠的注意:

"喂,你听说了吗?"

"什么事?"

"又有一个汉使来我们匈奴王庭了。"

"那又有什么新鲜的,这两年不是常有汉使来吗?"

"听说这个汉使是专门来找一个人的。"

"谁呀?"

"一个叫苏武的汉人,说是十几年以前就到我们这来了,现在还在北海牧羊呢。"

"单于不是早就下令了吗? 叫我们严守秘密,不许对汉人说实话吗?"

"是呵,单于一直都对汉使说苏武早就死了,可是汉人好像不太相信。"

"不相信,也不能告诉他们实话,你忘了,老单于临死的时候还特别吩咐,不能叫苏武回汉朝去呢!"

"是呵。"

对两个看守来说,这是一阵闲话,可是对常惠来说,这却似二月的春风,又像天旱时的细雨,他一翻身,从干草堆上跳起来,用手拍着胸口激动地自言自语:"太好了,皇上没有忘记苏大人,没有忘记我们!"

夜深人静的时候,常惠经过反复考虑,一个计划在他心中成熟了。

几天以后,常惠听说汉使已经来了,就按捺不住激动的心情,决定第二天冒一次险。

这天晚上,草原上吹着微风,送来一阵阵草花的香味;天幕上,群星闪闪,像是一只只明亮的眼睛。常惠像往常一样,吃完晚饭,便早早地躺在干草堆上,静静地等待着。时间一分一秒地过去了,常惠悄悄翻身起来,他从门缝向外望去,四周一片寂静,除了两个看守的身影以外,附近没有其他人。因为长年看守着常惠,两个看守的警惕性早就没有了,此时,他们两个正坐在门前的小山坡上热火朝天的聊天呢。

常惠轻手轻脚,把门开了一条小缝,迅速闪身出去,趴在地上,两个看守仍在热烈地交谈,什么也没有发现。因为在匈奴王庭已经生活了十几年,常惠对这里的地形十分熟悉,他一会儿急走一阵子,一会儿又在路边躲一阵子,走走停停,一顿饭的功夫,就来到了匈奴单于安排汉使住宿的地方。常惠躲开护卫,迅速地闪进门去。

"谁?"汉使听到有动静,吃惊地问。

"我,常惠!"

"常惠?"汉使心里一动,他从别人那里听说过常惠这个名字,知道他是苏武的属员,忙站起身来。

"你是汉使吗?"

"是,我叫王林,先生就是常惠常先生吗?"

"我就是!"常惠的眼睛湿润了:"总算把你盼来了!"

"常先生,皇上令我这次专门来寻找苏武先生和你们,你们……"

常惠的眼泪流了出来。

汉使停了一会儿,说:"每次汉使来,匈奴单于都说苏武已经死了,可是皇上和霍将军觉得单于的话不可靠,总是叫我们仔细寻访。常先生,苏武先生死了吗?"

"没有!"

"没有? 那苏先生现在在哪里呢?"

"他现在还在北海牧羊呢。"

"北海?"

"对,很偏远,从这走,还要走几天几夜才能走到。"

"那单于说的是假话了,他为什么要欺骗我们大汉呢?"

"是这样的,"常惠说,"老单于临死的时候特别吩咐过,不让苏武回汉朝去,所以现在的单于便千方百计地欺骗皇上。"

"真可恶!"

"是呀,你是汉使,你看该怎么办?"

"皇上很惦记苏先生,只是没有准确的消息,你提供的情况太重要了,皇上知道了,一定会很高兴。"

　　常惠兴奋得脸都红了,他沉思道:"怎么才能戳穿单于的假话呢?"

　　"是呀,"汉使也沉思着,"既要说出苏武还活着的事实,又要让单于相信我们是有办法了解事实真相的。"

　　过了一会儿,常惠笑着凑到汉使耳边,悄悄地说了几句话,问道:"这样怎么样?"汉使听了,连连点头道:"好,好,就这么办! 就这么办!"

　　当常惠悄悄离开汉使的帐篷时,天已经快亮了。

十二　光荣归汉

　　第二天,汉使拜见匈奴单于,在接见快要结束的时候,汉使突然问道:"大王,不知苏武近来可好? 我们皇上这次派我来,就是专门来接他的!"

　　匈奴单于对这个话题早已熟悉了,他说:"每次汉使来都要打听苏武的情况,我每次都要告诉他们,苏武早死了! 难道汉天子不相信我的话吗?"

　　汉使追问道:"大王千万不要生气,我还是要再问一句,苏武真的死了吗?"

　　匈奴单于十分不满地说:"看来你们真的不相信我呀,其实,我们匈奴人是最讲信用的,我说他死了,他就是死了,你也不要多问了。"

　　汉使摇摇头说:"大王,你手下的人骗了你你还不知道呢!"

　　"什么?"

　　"因为苏武根本没死,他现在还在北海牧羊呢!"

　　"你……"单于吃了一惊。

　　汉使看匈奴单于真着急了,知道常惠讲的情况果然是准确的,心里觉得踏实了许多。他装作若无其事的样子说:"大王,事情是这样的:有一天我们汉天子在上林苑里打猎,突然见一只大雁腿上绑着一封信,弓箭手将大雁射了下来,把书信递给汉天子,汉天子一看,原来是苏武的亲笔信,信中说他在北海牧羊,已经十九年了,请皇上派人接他回来!"

　　"啊?"单于听了使者的话,十分吃惊。

　　汉使趁势继续说道:"就是得到了这封信,汉天子才知道苏武并没有死,这才派我前来接他回去。"

　　匈奴单于看看左右大臣,无可奈何地说:"苏武可能确实没死,可是……"

"大王,为了汉朝和匈奴的友谊,请你从大处考虑,就允许我这次接苏武回汉朝去吧!"汉使恳求道。

单于沉吟了一会儿,点点头说:"好吧,我马上叫人把苏先生请来,等你回去的时候,让他同你一起回去吧。"

"太好了,谢谢大王! 我代表汉天子再一次对大王表示感谢!"

"不必客气了,"单于无可奈何地挥挥手,"这都是为了匈奴和汉朝的友谊嘛。"

几天以后,苏武被接到了匈奴王庭,他一见汉朝使节,便痛哭失声。苏武的头发已经全白了,草原的风风雨雨在他的脸上留下了深刻的印痕。此刻,苏武终于熬过艰难的岁月,又见到了来自祖国的亲人。只有在亲人面前,苏武才会这样无所顾忌地放声痛哭。

汉使扶住苏武,激动地说:"苏先生,汉天子和霍光将军都急切地盼着您回去呢!"

苏武拉着汉使,手在不停地发抖,却一句话也说不出来。

汉使仔细打量着苏武的使节,见上面的穗穗都脱光了。他不由地在心里感叹道:这不寻常的使节呀,是苏武高尚品格的象征! 汉人中出了这样一个人物,真是我们大汉臣民的光荣!

在王庭里,苏武休养了几天,身体和精神都好多了,他本来想提出见见於轩公主和儿子通国,后来还是打消了这个念头,他想:只要有机会我一定会来接我的妻子和孩子。

明天,就要出发了,苏武一直处在高度兴奋的状态,一晚上竟毫无睡意,他想起了十九年前自己初到匈奴时的情景,想起了那个破烂潮湿的地窖,想起了北海的一草一木、春夏秋冬,想起了於轩王豪爽的笑声,也想起了那个强盗冲入帐篷、将自己抢劫一空的夜晚……

天还没亮,苏武就起了床,他收拾停当便坐在那里,等李陵的随从来请他。今天李陵专门为苏武准备了丰盛的酒席,为他送行。

两位旧时的老友今天在这里送别,心里都有千言万语,却又不知道该从哪里说起。喝了好一会儿酒,李陵叹道:"唉,苏兄,你要走了!"

"是呵。"

两个人都没有多说话,但在这简单的对话中,又有多少感慨呀! 苏武看着李陵,小声说:"李陵老弟,你虽然已经投降匈奴了,可那是因为有人误把你当作了李绪,皇上错杀了你的家人,只要对朝廷说清楚,我想当今圣上是不会怪罪你的!"

"我……"

"何况,在匈奴这十几年,你对大汉朝廷并没有做什么坏事,反而为大汉和匈奴的和好做了不少事,这一点当今天子一定是知道的,我也可以向皇上报告。"

听了苏武的话,李陵感慨地说:"苏兄,你坚贞不屈,在匈奴扬了名,在汉朝立了功,就是古书上记载的那些英雄人物,也没有人能比得上你,可是我,唉,一切都晚了!"

苏武又劝道:"李陵老弟,这次你要不走,我也不能强迫你,但是以后若是有机会,我看你还是回来吧,你毕竟是汉朝的臣子呀!"

李陵摇了摇头:"当初,要是皇上宽大一点,不要杀掉我的全家,让我有个立功赎罪的机会,我也会尽力报答汉朝的恩德的。可是,我现在回汉朝干什么呢?我已经没有一个亲人了,唉!"

苏武继续劝道:"那里是生你养你的地方,那里有你的祖坟,那里有你熟悉的一切呀!你难道一点儿也不怀念那里吗?"

"我,"李陵掉下泪来:"我也是一个五尺高的汉子,当年我战败被俘,已经受尽了侮辱,如果今天回去,真不知又会有多少人在我背后指指划划,我何必要再受一次侮辱呢?苏武兄,你还是多多保重自己吧!"

苏武知道劝不动李陵,长长地叹了一口气,摇了摇头。

停了一会儿,李陵说道:"苏兄,我把自己的心里话告诉你,只是让你理解我罢了,我已经不是汉朝人了,我们从此永别吧!"说完,李陵拔出宝剑,在酒桌前舞起来,一边舞剑,他还一边悲哀地唱道——

> 行程万里呵渡过沙漠,
> 为了汉朝呵与匈奴拼搏。
> 退路断绝呵弓箭折断,
> 投降匈奴呵名声损坏,
> 老母已死,我永远也不能再回祖国!

这歌声,透着感伤和悲哀,使人听了便想落泪。

苏武知道李陵的歌是在为自己投降匈奴的行为辩护,但对他的不幸遭遇还是同情的。他举起酒杯,对李陵说:"李陵老弟,我在北海期间,多蒙你的照顾,这一杯酒,就聊表我的谢意吧!"

李陵接过酒杯,一饮而尽。

两位朋友又说了一会儿话,常惠来请苏武,说是马上就要出发了。李陵紧紧拉住苏武的手,哽哽咽咽地说不出话来,他一直把苏武他们送得很远、很远……

十三 尾 声

经过一个多月的长途跋涉,苏武一行终于回到了长安,当年随苏武出使的一百多人,死的死,降的降,回来时只剩下九个人了,这使苏武感慨万端。

一进入汉朝的边境,苏武就觉得那一草一木是那样的亲切,他伏在地上,捧起一把土,紧紧地贴着自己苍老的面颊,眼泪又不由自主地流了下来,落在地上。

是呵,光阴如梭,一切都在变呵。长安,这座常常出现在苏武梦中的大城市,不也变得让苏武几乎认不出来了吗?十九年,这是一段使人感叹的时光呵! 一进长安城,苏武就感到了欢乐的气氛,老百姓围在城门四周,在那里等着苏武。他们从不同的地方,听说了苏武宁死不屈的事迹,对他充满了敬佩和爱戴的感情,都想亲眼看一看这位有骨气的英雄。

到了长安,苏武首先去拜见了汉昭帝,汉昭帝看到苏武使节上的穗穗全部脱落了,十分感动,他对苏武说道:"苏先生,你真是我大汉的忠臣,你的事迹一定会在历史上大放光彩的!"

汉昭帝特意颁发诏令,让苏武去祭祀汉武帝的陵庙。在汉武帝的陵庙前,苏武的心情就像大海的潮水似的上下翻腾,他默默地在那里站了好一会儿,他在心里说道:"陛下,你的臣子苏武回来了! 为了表示对你的忠心,我在匈奴吃尽了人间的苦,受够了人间的罪,今天,我终于回来了!"想着想着,不禁老泪纵横,低下了头。陪同苏武一道来祭祀的人,见到这情景,又难过,又高兴,有的也跟着流下了热泪。

为了表彰苏武的功绩,汉昭帝封苏武为典属国,这是掌管少数民族和属国事务的高级职务,并赐给他钱二百万,田两顷,住宅一所。跟苏武一起回来的常惠、徐圣、赵终根三人也都分别封了官,每人赏给绸缎二百匹。其他六个人,每人赐钱十万,并免除他们终身的徭役,让他们告老还乡。

后来,汉宣帝即位,封苏武为关内侯,还派人与匈奴交涉,把苏通国从匈奴接了回来,并封他为郎官。公元前五十一年(甘露三年),汉宣帝把当世知名的十一名大臣的像,画在未央宫麒麟阁,并写上他们的官爵和姓名,以示表扬,苏武就是其中之一。

千百年来,苏武作为我国古代大义凛然、浩气长存的民族英雄,一直受到我国人民的爱戴和敬仰,有一首苏武牧羊歌,曾经家喻户晓,广为流传,歌词中的一阕是这样写的——

苏武留胡(指匈奴)节不辱,
雪地又冰天,
苦忍十九年,
渴饮雪,饥吞毡,
牧羊北海边。
心存汉社稷,
旄落犹未还。
历尽难中难,
心如铁石坚,
夜在塞上时听笳声入耳动心酸。
......

这支歌由衷地歌颂了苏武的爱国主义精神和高尚的民族气节,作为坚贞不屈的英雄,苏武的形象一直活在我国各族人民的心里。

一九九零年三月三日于北京

唐玄宗与杨贵妃

前　言

　　唐玄宗李隆基与杨贵妃的故事,千百年来在我国流传很广。早在唐朝,诗人白居易就写下了长诗《长恨歌》,对李杨真挚的爱情生活作了描写和歌颂。与白居易同时代的陈鸿,写下了《长恨传》,以传奇的形式记录和描绘了李杨之间的爱情。对李杨的爱情,唐人的许多笔记里也有描写,如《明皇杂录》、《安禄山事迹》、《开元天宝遗事》、《国史补》等,都曾涉及到,其中有些情节为一些正史所吸取。宋代的乐史根据前人的记载,编写了《杨太真外传》,把众多的故事编排在一起,使情节更加丰富。元代白朴的杂剧《唐明皇秋夜梧桐雨》,生动地塑造了李隆基和杨贵妃的形象。清朝洪昇创作的《长生殿》,将李杨爱情放在安禄山叛乱的背景下加以描写,更显得深刻和生动。

　　这本小册子即以这些资料和作品为依据编写而成,希望读者通过它,对李隆基和杨贵妃以及他们之间的爱情悲剧有些初步的了解。

　　当然,李隆基和杨贵妃作为封建帝王和后妃,有其应该否定的一面,但是他们之间的感情是值得赞赏的,他们的爱情悲剧也是值得同情的。

一 贵妃入宫

浓重的夜幕早已降下,唐代京城长安(今陕西西安)城里一片寂静,只有城墙上巡逻的更夫的叫声隐约可闻。偶尔,不知从哪家院子里飘出一阵清脆悦耳的笛声,使人产生清幽安闲的情思。月亮在云层中穿行,它一会儿隐藏在云层中,一会儿又把那皎洁的光辉洒向城墙,洒向院落,洒向水塘……

皇宫里也已进入了寂静,该灭的灯早已灭掉了,似乎这里的主人已经进入了梦境。其实,当朝皇帝李隆基却还没有睡觉,他此时正靠在床上,看着窗户上雕刻的花纹,想着心事。白天,他发布一道道圣旨,接见一个个大臣,显得十分忙碌,时间也就过得特别快。可是一到晚上,他便感到闷闷不乐,自从元献皇后、武淑妃相继去世,他常常感到心中有难以排遣的孤寂,他也曾想在后宫众多美女中选一两个自己真正喜欢的人,却总也找不到。想到这些,他不由地长叹一口气说:"真没想到,堂堂的大唐天子,宫女三千人,竟没有一个让我真正动心的!"

李隆基二十多岁登上帝位,一直很用心于政治,他特别重用了贤相宋璟和姚崇,在他们的帮助下,施行了许多有利于生产的办法,很受百姓的欢迎。四十年下来,国家十分富强,人民生活也比较稳定。行人出门可以不带粮食,各处都有官办的驿站和旅舍。社会安定,行人也不必带武器自卫。米的价格相当便宜,官仓和私仓都很充足。这一切使李隆基感到特别自豪和满足。自从李林甫当了宰相,李隆基便把大权交给他,自己呢,想好好享受一番。富贵的生活虽然使李隆基得到了享受,但是他仍然觉得还缺少什么,他自己心里很清楚:他缺少一位能与他形影不离、朝夕相处的真心相爱的人。宫中美女成群,但却没有一个是他真心爱着的。这对李隆基来说,不能不是一种深深的遗憾。李林甫是一个很有心计的人,他早看出了李隆基的苦闷心情,所以十天以前,劝说李隆基下达了一道圣旨,叫各地官吏广泛搜罗美女进献,说不定其中便有使皇帝满意的人呢!如果皇帝能找到一个称心的美人,一定会放松对国家的管理,自己不就可以独掌大权,想干什么就干什么了吗?因此,李林甫在这件事情上特别卖力气,他还亲自指示手下的人前往全国各地,想尽一切办法搜罗美女。正是功夫不负有心人,这天早朝时,李林甫向李隆基报告道:"陛下,据下官所知,有一位美人十分出众,不知皇上圣意如何?"

李隆基一听,忙问道:"噢,她叫什么名字?什么地方人呀?"

"她叫杨玉环,生于蜀中,自幼父母双亡,她生长在叔父杨玄珪家。"

"杨玄珪是干什么的?"

"他是河南府的小官吏。"

李林甫看了李隆基一眼,小心翼翼地说:"杨玉环本来是准备献给寿王作妃子的,可下官见了她一面,觉得……"

李隆基看看李林甫,示意他说下去,李林甫接着说:"下官认为,杨玉环天生美丽超人,而且生性活泼,善于唱歌跳舞,也许正是皇上所喜欢的那一种美人吧!"

唐玄宗李隆基有些动心,问道:"此女现在在什么地方?"

"报告皇上,杨玉环早就被接到长安了。因为原来是准备作寿王妃子的,所以奴才安排她暂时出家,现在正在玉真观里,如果陛下有意,从玉真观直接召她进宫比较合适。"

唐玄宗想了想,打个手势,示意满朝文武大臣退下朝去,独独留下了李林甫,他对李林甫说:"你快叫杨玉环进宫见我!"

"奉旨!"李林甫行了礼,退了下去。

唐玄宗也离开正殿,来到了西宫。一会儿,杨玉环便被几个宫女簇拥着来到了西宫最外边的一道大门跟前。一个宫女高声叫道:"杨玉环宫外候旨!"

老太监高力士来到大门口,也高声叫道:"皇上令杨玉环进宫!"说完,招呼杨玉环跟着他向宫里走去。杨玉环生性聪敏,忙紧走几步,跟上高力士。高力士打量一下面前这位年轻女子,不由地叹道:"真是绝代佳人,难道是从画上跳出来的吗?这回皇上该满意了。"杨玉环见高力士看着自己,脸一红,低下了头,她轻轻地说:"高公公,让您老人家费心了!"高力士笑笑,没有说话。杨玉环早所人家说过,面前的这个老太监,自幼就在皇上身边侍候,所以他不是一般的太监,正因为他终日不离皇上左右,所以他在无形中能对皇上产生很强的影响,有时还能决定其他人的性命和官职。杨玉环从叔父那里就听到过这样一件事:李隆基还没有当皇帝的时候,他身边有一个亲信叫王毛仲,王毛仲每天与李隆基一起饮酒听乐,两人关系特别好。后来李隆基当了皇帝,王毛仲也随之当了大官,他常常仗势欺人,什么坏事都敢干,许多人都是敢怒不敢言,拿他也没有办法。一天,王毛仲的妻子生了个男孩,唐玄宗叫高力士带着一些酒菜、布匹赏给王毛仲,并封他这个刚出生的儿子为五品官。高力士从王毛仲家回来以后,玄宗问他:"王毛仲说了些什么? 他一定很高兴吧?"高力士一直与王毛仲关系不好,便借这个机会夸大事实道:"王毛仲让奴才看他的儿子,并说这个孩子难道不该给个三品官吗?"玄宗一听这话,脸色大变,叫道:"这个不知礼义君臣的家伙,真是胆大包天!"从此,玄宗再也没有召王毛仲进宫,王毛仲想进宫来向玄宗解释解释,也得不到允许。正因为知道高力士在皇宫中的实际地位,杨玉环才不敢对他有丝毫的怠慢。她一边跟着高力士向宫里走去,一边心里想道:"今后可要特别留心,这种人万万不能得罪!"正想着,她来到了西宫,远远地见一个人正随意地坐在屋子正中的一把大椅子上,知道这正是当今皇上,忙跪倒在地,细声细气地说:

"民女杨玉环拜见陛下!"

"免礼!"

"奉旨。"杨玉环站起身,恭恭敬敬地接受玄宗的审视。

刚才,杨玉环一出现在玄宗面前,玄宗的眼睛就忽然一亮,他仔细打量面前这位妙龄女子,只见她体态丰满,眉如柳叶,脸似红桃,更有一头黑黝黝的秀发……玄宗确实有些吃惊,心想:这样的美人,是从哪里找来的呢? 莫非真是仙女下凡不成?

玄宗见杨玉环微微低着的脸上带着娇羞之色,笑了笑,问道:

"杨玉环,你多大了?"

"回陛下,民女今年十八岁。"

"噢,"玄宗点点头,挥了一下手,高力士和其他宫人悄悄退了出去。

玄宗又问道:"杨玉环,你可愿意侍奉在朕的身边吗?"

杨玉环极力控制住自己的惊喜之色,尽量用平静、礼貌的口吻说:"能侍奉在皇上身边,正是民女杨玉环的幸事!"

"好! 从今天开始,你就是我的人了!"

"多谢陛下大恩!"杨玉环又跪倒在地。

自从得到了杨玉环,玄宗高兴极了,连着三天,玄宗因为贪恋杨玉环的美色,没有上朝。杨玉环知道宫中有美女三千人,自己能得到玄宗如此的恩宠是相当不容易的,因此她千方百计、想尽一切办法来赢得玄宗的好感。她的努力没有白费,唐玄宗的心完全被吸引到她的身上来了,即使上朝,一下朝也必定直奔杨玉环的宫里来。为了使杨玉环高兴,唐玄宗不久便封她为贵妃。其实,她所受到的礼遇,完全同皇后是一样的。玄宗还下旨叫皇宫内外的人像称皇后一样,称贵妃杨玉环为"娘娘"。

一次,贵妃与玄宗正在宫中水池边看鸳鸯戏水,玄宗笑着说:

"贵妃,你可知道宫中近来传些什么消息?"

"陛下,我从来不问宫中消息,您……"

玄宗哈哈大笑,说:"宫人们都说宫中又多了一对鸳鸯,贵妃没有听说吗?"

贵妃低下头,轻轻地笑了。

这天晚上,贵妃洗浴归屋,见玄宗正在那里等她,忙趋前施礼,玄宗扶起她,抚摸着她的一头秀发说:

"贵妃,你真是出水芙蓉呀,有你陪伴我,此生我也就满足了!"

"但愿我能永远侍奉在陛下左右,就怕……"

玄宗打断她的话,说:"贵妃,有什么怕的呢? 我说的可是真心话! 昨天,我还作了一支曲子,明天叫人来演奏给你听。"

"陛下,什么曲子呀?"

"朕给它取了个名字,叫《得宝歌》。"

"《得宝歌》?"

"对呀,贵妃就是我近来新得到的一件宝贝嘛,难道不该为此作一支曲子吗?"

贵妃眉毛微微一动,甜甜地笑了。

一阵微风,从窗户吹了进来,华贵的纱帐掀起了一角,桌上的一炷香燃得更旺了,香烟从香炉上方飘出,弥漫了整个房间。唐玄宗和杨玉环相携着走到门口,他们默默地站在那里,月亮把它那皎洁的光辉洒在他们身上。

过了一会儿,玄宗从宽袖中取出一副金钗和一只钿盒,递给贵妃,说:"这两件宝物是我多年来珍藏在身边的,宫中珠宝玉石多得数都数不过来,可这两件是我最为喜欢的。今天,我把它们送给你,也表表我对贵妃的一片真情!"

"陛下!"贵妃激动得眼睛都潮湿了。

二　百花园里

时间过得真快，又到了春暖花开的时节。这天，唐玄宗下了早朝，感到有些疲劳，便没有像往常那样去杨贵妃的内宫，而是信步来到百花园的院子里。百花园一年四季总有花开，是唐玄宗休息和读书的地方。在没有什么事的时候，他总喜欢在院子当中的石台上摆满书，自己坐在台凳上一本一本的随便翻阅。这会儿，他从书堆里挑出一本书，十分认真地看了起来。院子里的桃花开得正茂盛，小风一吹，花香向四面八方飘去。

杨贵妃在内宫等了许久，还不见唐玄宗来，便派人出去打听，知道唐玄宗正在百花园里读书，便带着两个贴身丫鬟来到百花园。她一见玄宗，便娇声说道："陛下，我听说您今日略感劳累，是不是政务太忙了？"

"噢，贵妃，"玄宗放下手里的书，看着贵妃，"我休息了一会儿，已经没有什么感觉了，正想叫人去找你，你就来了。"

"陛下，现在朝廷有那么多能干的大臣，您就不必太费心了。"

"是呀，可有些事情，我若不过问，还是放心不下呀。"唐玄宗无可奈何地笑笑。

贵妃靠上前来，仍然娇声说道："陛下若不特别保重身体，我可不答应呀！"

"贵妃，你的心意我是明白的。"

杨贵妃坐在玄宗身边，取过玄宗刚刚放下的那本书，随口问道："陛下正看什么书呢？"

"没有事，随便翻翻。"

"是什么书？"贵妃翻翻书说，"是《汉成帝内传》呀。皇上，这书有意思吗？"

唐玄宗看着杨贵妃天真无邪的样子,笑了笑说:"很有意思,尤其是书中记载汉成帝妃子赵飞燕的一段最有趣了,不信朕给你读读。"说完,他便大声读了起来。其实,对这一段贵妃并不生疏,她以前就读过好几遍呢。她知道这一段是说,赵飞燕体态轻盈,她可以在一个人托着的水晶盘子里飘然起舞;她显得十分瘦弱,使旁观者担心一阵风也许就会把她吹走。

唐玄宗把这一段读了一遍,笑着说:"怎么样,有意思吧?"

贵妃娇嗔地说:"皇上也想着赵飞燕呀?"

"贵妃,你别生气嘛。朕问你,你怕不怕一阵风把你吹跑呀?"玄宗笑笑,又说:"几个人才能托着你在盘子里跳舞呀?"唐玄宗是和杨贵妃开玩笑,因为与赵飞燕正相反,杨贵妃长得十分丰满,显得稍微有点胖,而这种体态恰巧是玄宗所喜欢的。

贵妃仍娇嗔地说:"陛下,您不公平了! 我跳舞一点儿也不比赵飞燕差吧? 这您早就说过的!"

"哈哈哈哈,贵妃着急了! 贵妃着急了!"玄宗把贵妃拉到自己身边,说:"朕是与妃子开玩笑嘛,妃子可别当真呀!"说完,又哈哈大笑起来。

贵妃也跟着笑了起来,她对玄宗说:"这院子里的花开得真好,百花园真是名不虚传呀! 陛下,近些日子,我选了一个特别会跳舞的宫女,叫谢阿蛮,您不想看看她跳舞吗?"

"想呀!"玄宗叫过高力士,吩咐道:"速召李龟年、雷海清、贺怀智,还有那个谢阿蛮到百花园来!"

一会儿,被召的乐师舞女便来到了百花园,玄宗说:"今日贵妃看桃花盛开,心里高兴,你们来一段欢快的歌舞,朕有重赏!"

在音乐声中,谢阿蛮翩翩起舞,舞姿十分优美。

唐玄宗看得高兴,要了根玉笛,也吹了起来。玄宗十分喜欢音乐,特别爱敲羯鼓和吹奏笛子。尤其是笛子,他的演奏水平,在当时是第一流的。

贵妃也想跳一个舞,却被唐玄宗按在石凳上,这样,她便成为唯一的一个观众。

一支曲子奏完了,唐玄宗向前一步,一本正经地说:"朕久在宫中,今日有幸为贵妃娘娘演奏,请娘娘给赏钱!"

贵妃知道玄宗在开玩笑,便笑着说:"大唐皇帝的妃子,还缺钱用吗?"她一扭头,叫道:"高力士,拿钱来!"

高力士一听贵妃叫自己,以为出了什么事,忙跑过来,一看这阵势,愣了一下。玄宗和贵妃都笑了起来,高力士眼睛眨了眨,看看玄宗又看看贵妃,也笑了。

玄宗把玉笛交给高力士,对贵妃说"贵妃,朕领你在园中随便走走怎么样?"

"好哇,有劳陛下了。"说完,两人相扶着向盛开的桃花走去,忽见一只黄莺从树间飞过,落在不远处的一棵柳树上,贵妃停住脚步,抬头看着黄莺说:"真好看。"

"什么? 噢,那是黄莺。贵妃知道朕叫它什么吗?"

"陛下叫它什么?"

"金衣公子。"

"真是个好名字!"

玄宗和贵妃正在桃树间徘徊,高力士走上前来报告道:"陛下,宁王奉旨来了。"

"噢,对了,叫他来吧,"玄宗转头对贵妃说,"朕差点忘了,昨天朕见到宁王,随便说了句,叫他今天来陪朕下两盘棋,贵妃也去看看吧?"贵妃点点头,两人又向院子中间的石台走去。

棋已经摆好,宁王也已站在那里,见玄宗过来,他忙向玄宗行礼。玄宗说了声:"坐下吧!"自己先坐下,宁王也坐了下来。雷海清坐在一边,弹着琵琶。贵妃站在一边观棋,手里抱着刚从一个小太监那儿要过来的花猫。

唐玄宗喜欢下棋,但棋艺不高。开始,别人和他下棋明里暗里都让他几手,也不知怎么,他知道了,十分生气,并公开说:以后若是发现对手再让他,他便不客气了! 他觉得,下棋就是大家在一起玩玩,要是明里暗里让着对方,就没有意思了。从那以后,谁跟他下棋也不敢相让,这却使唐玄宗的棋艺有很大提高。同时,也使他的好胜心更强了。

玄宗一开棋便大举进攻,宁王好像没有什么动作,可是下至中盘,宁王的攻势越来越厉害,明显占了上风,玄宗只有招架之功,没有还手之力了,他紧张得站了起来,拿着一个棋子,想了好一会儿也不知道该下在哪里。贵妃看得很清楚,知道玄宗这盘棋肯定要输了,也是急中生智,她手一松,那只花猫一下子跳上棋盘,沿着石台跑了,棋盘上的棋子被花猫搞了个乱七八糟,根本不可能再继续下了。唐玄宗坐了下来,对贵妃笑着说:"贵妃,你在关键时刻救了我,立了一功!"说完,手摸胡须笑了起来,宁王和贵妃也陪着笑了起来。

正在这时,高力士走到跟前说:"陛下,安禄山求见。"

"安禄山?"贵妃问玄宗道,"这是谁呀?"

玄宗说:"贵妃有所不知,这安禄山是我最得力的一个边将,他是胡人,在东北一带守边,几年前因为战而无功,大败而回,我准备杀了他,可是大臣李林甫认为他有勇有谋,能当大任,劝我留他一条命,叫他戴罪立功,我听了李林甫的话,没有杀他,不想他还真不负我的期望,连胜三战,我便提拔他成为独当一面的边将,防守东北边防。"

玄宗又对高力士说:"传安禄山进来吧!"

一会儿,一个肥头大耳的武夫走了进来,他身高体胖,面色漆黑,像一座黑铁塔,最为出奇的是他的肚子,特别大,据说,他每天早上穿衣服,还需要两个侍儿用头顶着肚皮才行,否则裤子无论如何也穿不上。安禄山为人狡诈,一直有叛乱之心,只是自己的准备工作还没有完成,所以迟迟不敢动手。这几年,唐玄宗对他特别宠爱,每次他由边塞来到京城,玄宗都叫他来一起观赏歌舞,在观赏歌舞的时候,还特地在玄宗身边为他安排一个座位,朝廷内外只有他受到了玄宗这样的礼遇。安禄山知道,只要讨得唐玄宗的欢心,就能借机发展自己的力量,有朝一日就可以发动叛乱,自己也可以当当皇帝。他听别人说,最近皇上特别喜欢杨贵妃,因此想找机会讨好讨好这位贵妃,所以他今天刚从边塞来到长安,只是洗了一把脸,也顾不得休息,便来拜见玄宗。

三　将相之间

安禄山走进百花园,远远地看到唐玄宗正和一个美人谈话,心里说:"这肯定就是杨贵妃。"便急走几步,跪在唐玄宗和贵妃面前施礼道:"边将安禄山祝愿陛下万岁万万岁、娘娘千岁千千岁!"

唐玄宗问道:"安禄山,你不在边塞忠心防卫,怎么又跑到京城来了,有什么大事吗?"

"陛下,小将前来,一则是报告皇上,现在边塞安定,天下太平,皇上可以安心享乐,不必多虑;二则听说贵妃娘娘生日已近,所以特来进献珠玉宝石。"说完,安禄山回头一指,只见两个士兵抬着一个箱子,玄宗招手叫他们走过来,两个士兵将箱子放在玄宗面前的石台上,唐玄宗一挥手,安禄山忙上前掀开箱盖,只见箱子里装满了各种各样的珠玉宝石,它们一件件光彩照人,一看便知这里的每一件东西,都是难得的珍宝。

玄宗笑笑说:"安禄山,你这个武夫,有时也很心细呀。"

安禄山的胖脸上堆满了讨好的笑容:"陛下,说句实话吧,小将母亲的生日我可以忘记,贵妃娘娘的生日怎敢忘记呢?"

听了这话,贵妃笑了:"安禄山,你还真会说话呀。高力士,快赏这两个士兵!"高力士取来一些银子交给那两个士兵,打发他们出去了。

玄宗坐下,也令安禄山坐在旁边。因为身体肥胖,安禄山坐下十分困难,好不容易坐下,又使人感到像是要摔倒似的。贵妃见他这个样子,不由地笑了。玄宗有意开安禄山的玩笑说:"安禄山,你的肚子那么大,里边装的是什么东西呀?"

安禄山的小眼睛眨了眨,忙站起来半玩笑半认真地说:"难道皇上还不知道小将大肚皮里装的是什么吗?"

"我问你，你怎么又反问我呢？"

"皇上，小将肚皮虽大，里边却只装有一样东西。"

"一样东西？哈哈……哪一样？"

安禄山故意停了停，一本正经地说："就是对陛下的一颗忠心呀！肚皮大，是因为忠心大，不然装不下呀！"

玄宗和贵妃都为安禄山这句大有深意的玩笑话逗乐了，玄宗用手绢擦擦额头，笑着说："刚才贵妃夸你会说话，还真没夸错。没想到，你这么个粗人，嘴却很巧！"

"谢陛下的夸奖！"

在一边的高力士把这一切都看在眼里，他嘴角一撇，心里说："陛下呀陛下，这个安禄山可不能小看，我看他是一个奸雄！"但他不敢对玄宗说，因为现在安禄山正走红运呢，他不仅主管东北一带的军务，而且还被封为东平王，不姓李而被封为王，他还是第一个。作为太监，高力士知道自己的职责只是侍候好皇上，如果管了政事，也许会让玄宗产生疑心，弄不好，还会被赶出宫去。高力士知道，自己在玄宗眼里只是个忠实的家奴，玄宗很不愿意自己过问政事。高力士忘不了去年的一件事：一天，玄宗问高力士说："我已经对政事厌倦了，你看把政事全都交给李林甫去办怎么样？"高力士见玄宗问到自己，便说："近来奴才饮酒颇多，言辞难免有误，陛下下问，奴才不能不说。"

"你说吧！"

"奴才以为国家大权，千万不能交给别人掌握。如果大臣权力太大，可能要出乱子。不知奴才所言是否得当？"

唐玄宗面露不悦之色，说："我多年未曾与你谈论政事，你这一番话，可不合我的意！"

高力士吓得连连叩头，从此不敢再与皇上谈论国家大事。因此，这会儿，他虽然看出安禄山有反叛之心，也不敢对玄宗直言相告。因为在他看来，最最重要的是自己的性命和自己在皇宫中的地位，其他任何事情与此相比，都是不重要的。

说了一会儿闲话，玄宗忽然想起什么，他对杨贵妃说："贵妃，你可能还不知道吧？别看安禄山身壮如山，可是他跳起胡旋舞来却很在行呢。"

"是吗？那可太难得了。"贵妃看着安禄山，露出惊奇之色。

安禄山晃动着肥胖的身躯站了起来,他对玄宗和贵妃施了一礼,说:"如果陛下、贵妃赏脸,小将我就不怕献丑,舞上一回,给陛下、贵妃开开心。"

"好哇,安禄山,你卖力气跳一回吧,贵妃可是个行家,你的功夫好坏,可骗不了她。"玄宗一手摸着胡须,一手扶着贵妃,笑了起来。

胡旋舞是当时最为流行的一种舞蹈,因为这种舞蹈是由边塞少数民族地区传进来的,加之跳这种舞要多次急转,跳得好的,急转如风,好像是一股旋风吹过,所以这种舞蹈被称作"胡旋舞"。

安禄山的功夫果然不一般,他先向玄宗和贵妃行了个礼,然后一弯腰便跳了起来,说也奇怪,他那庞大的身躯竟像失去了重量,已经不是沉重的负担,他由慢而快地旋转起来,那肥大的衣裳,扇起一阵阵急风。他一气儿旋转了几十个圈,忽而弯腰,忽而挺直身子,动作十分熟练。跳完了,他显得特别平静,甚至脸色都没有变。

"怎么样?"玄宗对贵妃说,"我说的不错吧?"

贵妃笑笑,说:"没想到安将军竟有如此轻盈的舞态,真是人不可貌相呀!"

"多谢贵妃娘娘夸奖!"

"安将军,你的功夫不浅,看来不是短期练成的吧?"

"贵妃所言极是,小将儿时就随母亲学跳'胡旋',后从军守边,也常在军务之余以'胡旋'来自娱。"

"难怪你能舞得如此熟练呢!"

"贵妃,其实因为近来小将的身体越来越笨重,舞得差多了。"

看着安禄山一脸的憨态,唐玄宗哈哈大笑起来,杨贵妃也笑弯了腰。安禄山呢,却愣愣地站在那里,脸上带着憨笑。

这时,一个小太监过来报告:"皇上,杨丞相求见。"

"叫他进来!"

一会儿,走来一个中等身材、相貌端正的人。他穿着体面,步态从容,这就是最近刚当上丞相的杨国忠。他是杨贵妃的哥哥,原来在蜀中当官,因为杨玉环当了贵妃娘娘,很受玄宗的宠爱,加上前不久李林甫病死了,他便凭着贵妃的关系,当上了丞相。因为他是凭着与贵妃的兄妹关系当上丞相的,自己又没有什么本事,所以为人特别骄横,说他好话的,他便封官赏银,若是对他表现出蔑视,他便马上找个借口让你不仅丢掉官职,甚至让你连家产都保不住。他上任时间还不长,却十分专横霸道,他觉得靠着贵妃这棵大树是绝对安全的。别人对他也是敢怒而不敢言。就说前几天吧,杨国忠的儿子杨暄参加科举考试,因为他从来不用心读书,自然考得不好,没有及格,考官不敢公布他的成绩,便连夜到杨国忠的府里报告这个情况。杨国忠一听,眉毛便竖了起来,大叫道:"我的儿子还怕没有富贵可享,中举不中举又有什么了不起!"说完,叫人将考官赶出大门。考官想了一夜,实在没有办法,第二天只得宣布杨暄得了第一名,过了几天,杨暄便被任了官职,官品和这个年过半百的考官一样。像杨国忠这样专横的人,满朝文武官员没有不怕他的,只有一个人是例外,那就是安禄山。

　　以前,除了唐玄宗,安禄山只怕一个人,那就是以阴险狡诈著称的李林甫。他每次见到李林甫都汗流满面,十分惊恐,他总觉得自己装出来的憨态,一点儿也瞒不过李林甫的眼睛,李林甫虽然总是面带笑容,可暗地里却可以对他怀恨的每一个人下毒手。李林甫一死,安禄山的心上好像搬掉了一块大石头,别说那份痛快了,满朝文武便没有一个人能放在安禄山的眼里了,杨国忠自然也不在话下。安禄山觉得自己不仅独守一方,兵强马壮,而且深得当朝皇上的宠爱和信任,而杨国忠呢,不久前还是一个地方小官,只是因为杨贵妃的关系,才当上了大唐的丞相,自己什么本事也没有,却还专横霸道,这让安禄山怎么能服气呢?因此,他每次见到杨国忠都不像其他官吏那样毕恭毕敬,这自然使杨国忠浑身不舒服,也千方百计找机会想报复报复。

　　杨国忠和安禄山面和心不和,只要一见面,总要互相攻击一番。这会儿,杨国忠先给玄宗和贵妃施了礼,问了安,便转向安禄山问道:"没想到安将军也在这里,莫不是边塞又有什么变故不成?"杨国忠故意强调了个"又"字,那言外之意是说,过去安禄山防守的一带有过多次变故,那自然是边将的责任了。

　　"杨丞相,"安禄山停顿了一下,接着说,"有你这样的贤相来辅佐皇上,边塞怎么会有变故呢?"

　　"安将军……"

　　没等杨国忠把话说下去,安禄山又说道:"就是有人想来犯边,一听说大唐有丞相这样有才能的人主持朝务,也就不敢来了!"

杨国忠待他话音一落也说道："过奖了,安将军! 只要边塞的将领忠心卫国,少打败仗,国家也就安定了!"

两个人的对话,唐玄宗听得很明白,他知道杨国忠和安禄山不和,他觉得这没什么,将相不和是历朝历代常有的事,只要他们都忠于自己,他们之间闹点儿矛盾就没什么了不起,何况,这说不定还更利于自己对他们的控制呢。

贵妃却不知道是怎么回事,她只从两个人的对话中,隐隐约约地感到有点儿不对劲,可到底是怎么回事,她说不清。因此,她一会儿看看杨国忠,一会儿又看看安禄山,见唐玄宗没有什么表示,她也就没有说话。

"陛下,贵妃,小将告辞了!"过了一会儿,安禄山告辞离开了百花园。

待安禄山离开以后,杨国忠对唐玄宗说:"陛下,据可靠的报告,安禄山最近在边塞招兵买马,训练士兵,很可能要犯上作乱。"

"丞相,不要胡乱猜疑嘛,朕看安禄山一片忠心,虽然愚笨一些,正可为朕守卫边塞,他招兵买马,训练士兵,也是为了守卫边塞嘛。"

"陛下,可安禄山还准备了许多粮草……"

"唉,这也是为了守边嘛,丞相不必过虑。"

"陛下……"

"不必说了! 已经到了用膳的时候了,朕和贵妃要去用膳,你还有其他什么事吗?"

"没有了,陛下。"

"好吧,贵妃,与朕一道走吧。"

杨贵妃看看杨国忠,好像他还要讲什么,但看玄宗一脸不耐烦的神态,便没有讲出来。杨贵妃给他使了个眼色,示意他改日再说,杨国忠心领神会,点了点头。

四　沉香亭边

　　宫中有一个沉香亭,沉香亭周围栽种着各个品种的牡丹,这个季节正是牡丹花盛开的时候,那红花白花交相辉映,十分好看。

　　这天,玄宗见牡丹开得这么好,便叫过高力士来吩咐道:"快去请贵妃前来沉香亭品赏牡丹,她是最喜欢牡丹的。"

　　"奉旨!"高力士急急地走了出去。

　　一会儿工夫,贵妃带着贴身丫鬟永新、梅香跟着高力士向沉香亭走来。快到跟前的时候,永新、梅香和高力士站住脚,贵妃走上沉香亭,先向玄宗施了一礼。玄宗高兴地说:"贵妃,你不是最喜欢牡丹花吗?朕今天就请你来赏牡丹。"

　　"谢陛下!"

　　"你看,"玄宗指着盛开的牡丹说,"那花不是很好看吗?"

　　"太好看了!"

　　玄宗掐下一朵红色的花,插在贵妃的鬓边,然后左右端详了一会儿,笑着说:"牡丹花虽然好看,但它不会说话;贵妃,你是会说话的花!"

　　贵妃低下头,红着脸没有说话。

　　"哈哈,贵妃难道还不好意思吗?"

　　"不……陛下……"

　　"怎么?"

　　"您太过奖了。"

　　"哪里,哪里,依我看,贵妃比牡丹好看百倍呢。"

　　贵妃脸更红了,她娇声说:"陛下,对着这么美丽的牡丹,应该有歌有舞才是。"

"对,对,贵妃所言极是!"玄宗点点头,向站在一边儿的高力士招了招手,高力士快步走到他跟前,玄宗说:"你去叫李龟年他们那班乐手,速来这里!"

"遵命!"

宫廷乐手们来了以后,玄宗对他们说:"今日我与贵妃在此赏花,不能无歌无乐,你们几个要用心才是!"

贵妃和这几个乐工已经很熟了,便点着李龟年说:"李龟年,你先唱一支歌吧!"

"遵命!"李龟年示意其他乐师先奏乐。

"慢!"玄宗忽然说道,几个人都吃惊地看着他,不知又有什么事。

玄宗转头对贵妃说:"今日与妃子一道品赏名花,再唱旧歌没有什么意思。"

"那……"

玄宗想了一下,说:"李龟年,你拿我的亲笔诏书,宣翰林学士李白进宫,马上为朕写出新词。"

这时,李白正在宁王府中饮酒,他天性喜欢喝酒,自称是酒星下凡,离开了酒他简直不知道该怎样生活,他的酒量虽然很大,但今天喝得太多了,已经醉得什么也不知道了。在朦朦胧胧中,他听到一声高叫:

"皇上亲召李白进宫!"

李白微微睁开眼睛,果然见宁王已跪下接旨了,他看看宣旨的人,心里说:"这不是宫中的李乐师嘛,怎么今天他来宣旨呢?"正想着,他被两个仆人搀扶着作了个跪下的姿式,只听李龟年又一遍宣旨:

"速召翰林学士李白进宫!"

宁王走上前去,对李龟年说:"李乐师,李白已经醉了……"

李龟年小声说:"宁王爷,皇上立等李白前去作新词呢,怕是耽误不得。"

宁王自言自语道:"我是怕他带醉冲撞了皇上,何况,他醉了又怎么能作新词呢?"

李龟年只是弯着腰,没有说话。

宁王点点头,转头对仆人说:"你们两个护送学士进宫,就侍候在学士身边吧!"

两个仆人扶着李白跟着李龟年走了。李白的两腿失去了控制,就像走在棉花上似的,两个仆人费了好大劲儿才使他在路上没有摔倒。经小风一吹,李白的醉意减了几分,步子也慢慢地稳当多了。

进了宫门,转了几个弯子,便来到了沉香亭。李白甩开两个仆人,紧走几步向玄宗和贵妃行礼,只是动作还不稳,明显地带着几分醉意。玄宗有些不悦,鼻子里哼了一声,问道:"李白,你又喝醉了?"

"皇上,宁王今日请李白饮酒,李白多饮了几杯。"李白站稳了身子说。

"今天我与贵妃品赏名花,不愿再听陈旧的歌词,你醉了,还能写出新词吗?"

"皇上,李白离不开酒,李白的好诗都是借酒写出的!"

"好吧,你马上为我和贵妃写出新词,供李龟年他们演唱。"

"原来如此,李白遵命!"

李白在小太监的搀扶下走出沉香亭,来到牡丹花前,他随手摘下一朵花细细打量,又回头看看正看着自己的唐玄宗和杨贵妃,说了声:"有了,拿纸笔来!"

"笔墨侍候!"高力士喊了一声,一个小太监把早已准备好的笔递给李白,李白走到早已摆好的书案前,左手轻拂白纸,右手提起毛笔,略一停顿,便写了起来,一气儿写了三首歌词。写完后,李白将笔随便一丢。

"拿过来!"随着唐玄宗的一句话,高力士双手捧着李白刚写的歌词递了上去。玄宗浏览了一遍,笑着说:"好词!好词!李白真是名不虚传。高力士,快扶李学士去西房休息!"

李白面露得意之色,在高力士的搀扶下,迈着还不太稳的步子离开了沉香亭。

"皇上,李学士写了些什么呀,您如此夸奖他?"贵妃凑上前来,不解地问。

"贵妃,你有所不知,这个李白是当今诗坛的一大奇才,他才思过人,下笔千言,一挥而就,没有人赶得上。我特别喜欢他的几首诗,比如'黄河之水天上来,奔流到海不复回',诗句多有气派!现在大唐的读书人没有不知道李白的。"

"他一直在宫中吗?"

"不，前不久朕才召他进宫的，朕叫他进宫，就是想让他为朕写诗作赋，以供演奏的。"

贵妃点点头，问道："李白今天写的歌词真的很好吗？"

玄宗笑了，说："贵妃，你知道朕也是能写诗的人，若是李白没有才华，朕能留他在宫中吗？你看他这歌词写的，确实不一般。"

贵妃接过歌词，看了起来。

"怎么样？我没有说错吧？"玄宗笑笑，看着贵妃。

"我可担当不起呀。"贵妃的头微微一低，脸上顿起一片红晕。

"贵妃，依朕看来，牡丹是花中之王，贵妃是人里的尖子，李白的歌词又是词中之首，这三样能凑在一起，也实在难得，实在难得呀！"

"陛下过奖了。"

"哈哈哈哈……"

笑了一阵，玄宗将歌词递给李龟年，李龟年很快地读了几遍，又将歌词给其他几个乐师传看了一遍。然后，他挥挥手，示意乐师们开始演奏，他放开嗓子唱了起来：

> 云想衣裳花想容，春风拂槛露华浓。
> 若非群玉山头见，会向瑶台月下逢。
>
> 一枝红艳露凝香，云雨巫山枉断肠；
> 借问汉宫谁得似？可怜飞燕倚新妆！
>
> 名花倾国两相欢，长得君王带笑看，
> 解释春风无限恨，沉香亭北倚阑干。

三首歌词，轮番唱了好几遍，唐玄宗也和着李龟年的歌声跟着唱了起来，每唱到最后一句，他都故意拖长一个节拍，逗得贵妃笑个不停。

贵妃此时手持精制的玻璃酒杯，慢慢品尝着名贵的葡萄酒，不知是酒的作用，还是因为兴奋，她脸上的红晕久久没有褪去。

"贵妃，你也跟着唱吧！"玄宗在一曲终了，接过贵妃手里的酒杯饮了一口。

"陛下，我可唱不好，还是为您跳个舞吧。"

"好哇,朕亲自为贵妃伴奏,怎么样?"说完,他取过一支玉笛,试了试音,便吹奏起来。

贵妃向前走了几步,缓缓地跳起舞来,她的身边,牡丹花在轻风中微微地摆动着……

五　宫中饮酒

在长安,离皇宫不远,有一个地方名叫宣阳里,这里并排有四座豪华的府第,它们的主人是当朝宰相杨国忠和杨贵妃的三个姐姐韩国夫人、虢国夫人、秦国夫人。自从杨玉环当了贵妃以后,她的哥哥和姐姐都十分得意,光玄宗给三位夫人用来买脂粉的钱,每个月每人就有十万文。他们很快便在这一带建筑了豪华的住宅,以显示他们的权势和排场。若说他们的权势之大,不妨举一个小例子:

虢国夫人的住宅,原来不在宣阳里,她现在住宅的这块地方,原是前朝宰相韦立的旧房,因为与杨国忠的府第靠得很近,被虢国夫人看中了。一天,正当韦家的人在睡午觉的时候,虢国夫人身着黄绸披风由数十个丫鬟簇拥着,走进韦家的院子,就好像走进了自己家的院子一样随便,她问韦立的儿子:"听说这所房子要卖,多少钱呀?"韦家的人都很吃惊,忙说,"没说要卖这所房子呀,夫人……"话还未落,大门口走进上百个工匠,随着虢国夫人的指点,这些人有的上房揭瓦,有的拆掉房梁,一会儿工夫,这里便一片乱七八糟。韦家的人知道虢国夫人是惹不起的,只能忍气吞声,被赶出门去。后来他家多方设法,才得到城边的一块空地,而虢国夫人却没有给韦家一文钱。

这只是一个小小的例子,但它却足以说明杨家势力之大和他们的横行霸道了。

这天,风和日丽,李白在宫中闲极无聊,信步走出皇宫出外游玩。他想到宣阳里一带有一座酒楼,那里供应的是上等好酒,便直奔这座酒楼而来。上了酒楼,在店老板的招呼下,李白要了一些酒菜,正想独饮,不知怎么想起了仍在家乡的妻子和儿女,又把酒杯轻轻地放在桌子上。他想起昨天夜里写的那首诗,随口吟道:"床前明月光,疑是地上霜。举头望明月,低头思故乡。"吟完,他轻轻地叹了一口气,心里说:"人们都羡慕宫中的生活,可是像我这样的人,虽有大志却不能实现,每天只是陪着皇上吟诗作赋,又有什么意思呢?"他端起酒杯一饮而尽,自言自语道:"只能借酒浇愁了!"他向楼下看去,见酒楼前人来人往,过往的人大都带着随从,随从都拿着东西,好像是到什么地方去送礼,李白叫过酒店主人,问道:"老板,楼前的那些人,是去哪里呀?"

老板向楼下望望,又看看李白,说:"先生,你还不知道呀?他们这是去杨府贺喜呀。"

"杨府?"

"当朝宰相杨老爷呀。"

"噢,是杨国忠呀,我知道他。"

"岂止先生知道,长安百姓谁不知道杨丞相的权势。先生,你可知道今年元宵节的事?"

"什么事?"

老板放低声音说:"先生,你听我说,今年元宵节,杨家兄妹出来夜游,正与皇上二女儿广宁公主的车队相遇。双方互不相让,杨家的奴仆挥起鞭子就向广宁公主的马抽去,碰到了公主的衣角,公主一惊,从马上摔了下来,驸马爷程昌忙去搀扶公主,也挨了两鞭子。公主哭着到皇上那里去告状,公主走后,贵妃也为杨家的人求情,最后,你猜怎么着?"老板接着说:"皇上想了半天,决定将杨家那个奴仆杀死,同时免掉程昌的官职,并不准他再进宫朝见。这一下子,更给杨家兄妹鼓了气儿,他们更……"

"真是无法无天了!"李白怒道。停了一会儿,李白又问,"杨府今天有什么喜呀?"

"先生有所不知,皇上因为宠爱贵妃,因此允许杨家兄妹可以重建府第,这……"

"哎,不对吧!两个月以前我就听说杨国忠的府第早已重建好了,你是不是搞错了?"

"先生别急嘛,听小人慢慢告诉你,"老板叹口气,接着说:"杨家兄妹的府第挨得很近,他们都按照皇宫的式样来重建自己的宅子,四家之间还比赛呢,如果一家造得好,其他三家就拆了已建好的房子重建。"

"真的?"

"小人还能骗先生吗?杨丞相的府第两个月以前就建好了,可是虢国夫人的府第比他的晚建成,也比他的华丽。杨丞相便把建好的房子拆了,比着虢国夫人的房子式样重造了一次,所以他的府第今天才最后建成。"

"原来如此!"李白气愤地说,"这般权贵,真是太奢侈了!"

"是呀!可是……"老板欲说可住了口,他看看李白,怕说多了可能会惹麻烦。

"全是因为皇上不理朝政、贪恋贵妃造成的!"李白一口气连喝了两碗酒。

老板听了这话,十分紧张,他左右看看,小声对李白说:"先生,可不敢乱说呀,说这话是要杀头的!"他转身又为李白端上一壶酒和一盘酱牛肉,笑着说:"先生,这是小人的一点儿心意,请笑纳!"李白刚要推辞,老板把酒壶和盘子往桌子上一放,转身招呼别的客人去了。

李白抬头往窗外一望,见一个太监急急忙忙地向杨家的方向走去,他知道这是皇上传旨叫杨国忠。果然,一会儿工夫,从宣阳里方向传来了锣鼓声,一队兵士高叫着:"宰相出行,行人回避!"在兵士后面,有一匹高大的红马,马上坐着杨国忠,他趾高气扬地东张西望,脸上带着得意之色,在杨国忠后面,是三辆小巧的马车,马车的篷子装饰得十分华丽,行人都知道,这里面坐着韩国夫人、虢国夫人和秦国夫人。行人们一见这阵势,纷纷向两边退去,有些店铺也急急忙忙地关了门。一个卖苹果的小贩,因为躲避得慢了一点儿,他的苹果摊被兵士们推翻了,苹果满地乱滚,小贩急得眼泪都快流出来了,他只能眼睁睁地看着自己的苹果被兵士踢得老远,被车轮压得粉碎,而不敢去拣拾。

杨国忠骑在马上,充分享受着窃据高位而带来的乐趣,他看着街道两边一张张惊恐的脸,不由地冷笑两声,轻声说:"真没想到,我杨国忠也有今天。但愿这种日子能够长久呀!"

队伍来到了东宫门。杨家的人进出宫门十分自由,门卫绝不敢问。杨国忠把兵士和车马留在离宫门不远的便房里,自己携同三位夫人向宫中走来。高力士正在内宫门口等着他们,见他们来了,便迎上来:"杨丞相、诸位夫人,请进内宫。"

"高公公,"杨国忠拉了高力士一把,问道:"今日皇上宣我们进宫有什么要事吗?"

"噢,皇上今日很高兴,正与贵妃对饮,忽然想叫你们几位一起来陪他喝几杯,也没有别的事。"

"是这样呀。"杨氏兄妹听了这话,都放了心。

进了内宫,果然见桌子上摆满了酒、菜,玄宗与贵妃正在饮酒。杨国忠和三位夫人忙上前施礼,玄宗叫他们随便坐下,一起饮酒。杨氏兄妹依次坐了下来。

"皇上,臣等敬祝陛下万岁万万岁!"杨国忠站起来向玄宗敬酒,玄宗笑着喝了一杯。

虢国夫人往前凑了凑,对玄宗媚笑着说:"陛下,您一喝酒,更显得精神焕发了!"

"是吗? 二姨真会说话。"玄宗仔细打量着虢国夫人,只见她面容秀丽,不用朱粉,更显出几分天然的美。玄宗一直对她很有好感。

"二姨,你也喝一杯吧!"玄宗指指虢国夫人跟前的酒杯。

"陛下,您这可是强人所难呀,我叫国忠代喝行不行?"

"那怎么行,这是朕赏你的,非你喝不可!"

"好,为了陛下,我丢命都不怕,还怕一杯酒吗?"说着,虢国夫人一仰脖子,把杯子里的酒喝干了。

"好样的! 好样的!"玄宗摸着胡须笑了。

正在这时,高力士走了进来,手里捧着一本奏章,对玄宗说:"陛下,安禄山刚送来一份奏章,他叫奴才尽快交给皇上。"

玄宗不耐烦地说:"你不知道朕这会儿不处理政务吗? 朕看你也是越来越糊涂了!"

"陛下,奴才……"

"好吧,杨国忠,你看看!"

杨国忠接过奏章看了看,着急地对玄宗说:"陛下,下官多次说过安禄山一定会叛乱,您看,他这不是又提出了新的要求么!"

"什么要求?"

"他要求用胡将代替汉将,并且提出了二十八个高级将领的名单,全是胡人。"

"噢,朕看看。"玄宗拿过奏章读了一遍,笑着说,"丞相,你太过虑了。

安禄山提出这样的要求,只是为了他指挥起来更方便,那还不是为了保卫边塞嘛!"

"陛下,您……"

"丞相,你放心吧,朕绝不会看错人!"玄宗把奏章往桌子上一丢;"安禄山绝不会反,这你就放心吧!"停了一会儿,他又说:"就按安禄山的要求办吧!"

"可是,陛下……"

"好了好了,还是喝酒吧,这可是西北进贡的最好的葡萄酒,不喝可太可惜了!"

杨国忠轻轻叹了一口气,只得端起了酒杯。

又喝了一会儿酒,杨国忠站起身说:"陛下,下官想带诸位姐妹看看宫前水池中的金鱼,不知圣意如何?"

"可以可以,你们去吧。不过,二姨还是留下陪我再饮几杯吧!"

"陛下,您可得留心身体呀!"贵妃说。

"没事,爱妃你放心吧!"

杨国忠与杨贵妃、韩国夫人、秦国夫人站起身,向宫外走去……

六　贵妃被贬

太阳已经升起很高了,贵妃住的宫殿里还是一片寂静。

丫鬟永新和梅香正在收拾东西。贵妃仍斜靠在床上,眉头紧锁,不说一句话。贵妃最喜欢的白鹦鹉"雪衣女"也不像往常那样欢快地鸣叫了。

忙了一阵,永新和梅香悄悄退出内宫,在屋外的台阶上坐下。梅香问道:"永新姐,昨日贵妃娘娘还高高兴兴的,怎么今天就愁眉不展呢? 到底出了什么事?"

永新往屋里看看,悄声说:"昨天我在贵妃身边侍候,我知道是怎么回事。昨天皇上与贵妃饮酒,一时高兴,又传旨召来杨丞相和三位夫人。后来杨丞相带贵妃她们去宫前水池看金鱼,只有虢国夫人留下来侍奉皇上,待丞相他们回到宫里,皇上已将虢国夫人带入西内宫了。"

"皇上又恋上虢国夫人了?"

"那谁说得上呀,依我看,说不定还真是这么回事呢。"

梅香又问道:"那后来呢?"

"后来?"永新往屋里看看,"后来你不是知道了么,贵妃气得回了宫里,晚膳都没用。"

"噢,我还以为贵妃是病了呢。不过,昨天晚上皇上不是照常到贵妃宫里来了吗?"

"来是来了,你没看今天早上,皇上走得比哪一天都早?"

梅香点点头说:"对,是早,早一个时辰呢。"

"依我看,皇上和贵妃肯定是吵嘴了。唉,贵妃也是,皇上嘛,你还管得了?"

"可是自从贵妃入宫以来,皇上和她十分恩爱,怎么会又恋上虢国夫人呢?"

永新想了想说:"这也怪贵妃,贵妃自己总叫三位夫人来侍奉皇上,昨天就是她劝皇上召丞相和夫人们进宫饮酒的……"

"是呀,虢国夫人又会耍手段,难怪皇上叫她进西内宫呢!"

停了一会儿,永新若有所思的叹了一口气说:"贵妃虽然够尊贵的了,可有时也怪可怜的,你说是不是?"

梅香点点头:"是呀,主子有主子的难处,奴才有奴才的难处,看来谁活着都够不容易的。"

"妹子说的有理。"

两人正聊着,忽听屋里贵妃招呼,两人忙掀开门帘进屋侍候贵妃去了。

虢国夫人的府第里,此时却充满了笑声。刚吃过早饭,韩国夫人和秦国夫人便来到虢国夫人家,她们一见虢国夫人就笑道:"大喜呀! 我们姐俩是给你道喜的。"

"喜? 喜从哪来呀?"

韩国夫人打趣道:"你别装傻了,昨日是谁随皇上进西内宫去了? 二姐,我和大姐没什么话说。可你知道,玉环妹子可是骄纵惯了的,她哪儿受得了!"

虢国夫人脸上浮起一层红晕:"哎,这是怎么说呢? 昨日皇上叫我进西内宫,同在外头一样,是陪皇上饮酒,也没什么呀。"

秦国夫人笑笑,说:"有什么没什么,我们管不着,可玉环妹子怕是不会不管。她自幼好耍性子,你也得留个心眼。"

"唉,你们也知道,我哪能做皇上的主呀,"虢国夫人叹口气,又说:"玉环妹子也太任性了,自她进宫以来,后宫三千人,皇上就喜欢她一个,她也该知足了!"

正这时,秦国夫人的丫鬟红桃走了进来,在秦国夫人耳边讲了几句话便退了出去。秦国夫人收住笑容,她告诉两位妹妹道:"我刚才叫红桃去贵妃那里探探情况,红桃告诉我,玉环一直没有起床、梳洗,香梅说她一早上都愁眉苦脸,唉声叹气。永新告诉红桃,皇上早早的就上朝去了,怕是皇上和玉环妹子吵了嘴了!"

"哎呀!"虢国夫人这才意识到事情的严重性,她紧张地说:"玉环太任性了,万一真惹皇上生了气,那可怎么是好?"

秦国夫人和韩国夫人都点点头,她们心里很明白,她们之所以可以过上极为奢侈豪华的生活,之所以有超过几乎所有人的权势,凭的全是玉环妹子的贵妃娘娘的身份,凭的全是皇上对玉环妹子的宠爱。若是玉环……那可怎么是好呢?!

三个人都没再说话,只是默默地坐在那里,她们忽然觉得事情好像并不简单,因此都有些紧张。

沉默了好一会儿,虢国夫人说:"也不知国忠去哪里了? 应该快些找他来商量商量才是,否则……"

韩国夫人点点头,把丫鬟小玉叫过来,让她快去杨府看看丞相在不在家。小玉很快就回来了,她说丞相还在宫里,朝中议事尚未结束。秦国夫人长长地叹了一口气说:"但愿没有什么事情就好。"

韩国夫人不安地说:"咱们还是去看看玉环妹子吧!"

"不行不行,"秦国夫人用手绢擦擦嘴角,忧虑地说:"玉环本来就不高兴,我们去了,她一定不好意思,那样反而不好,我看咱们还是耐心的等等,看有什么变故没有。"

"但愿老天保佑咱们杨家!"

屋子里又是一片寂静,三个人都没有再说什么。

这时,第二次被派出去寻找杨国忠的小玉跑了进来,气喘吁吁地说:"杨丞相刚刚回府,奴婢告诉他三位夫人正在等他,丞相叫三位夫人快去他家。"

"丞相脸色怎么样?"

"好像发生了什么大事,丞相很不高兴。"

三位夫人互相看了一眼,忙起身向杨府走去。她们一出虢国夫人的宅门,便看见杨国忠正在杨府门前站着,他低着头,两手在胸前紧张地搓着。虢国夫人紧走几步,问道:"国忠,发生了什么事?"

杨国忠这才看到三位夫人,听虢国夫人这么一问,没好气地说:"你还问别人,都是你惹的事!"

"我? 国忠……"

"可不是你!"

"到底是怎么回事?"秦国夫人问道。

杨国忠看着三位夫人，几乎是带着哭腔说道："玉环得罪了皇上，皇上有旨……"

"皇上怎么说?"

"叫玉环今日迁出皇宫!"

"啊!"三位夫人好像晴天听到了雷声，半天说不出话来。

秦国夫人过了一会儿问道："国忠，你得想想办法呀!"

"是呀!"虢国夫人和韩国夫人也随声附和道。

"唉，事已至此，看来没有办法挽回了，"杨国忠感伤地说，"高公公告诉我，一会儿就将玉环送到我家里来。"

"那我们以后……"

杨国忠又重重地叹了一口气说："唉，只能走一步说一步了。"

一听这话，三位夫人抱头痛哭起来。

刚才一听到皇上叫贵妃迁出皇宫的圣旨，杨国忠差点儿晕过去，他心里十分明白，自己之所以能当上丞相，能为所欲为，靠的是玉环妹子与皇上的恩爱，如果皇上不再喜欢玉环，那也就意味着自己的丞相当到头了。平时自己太专横，树了许多仇敌，一旦没有了权势，身家性命都难保呀!因此，他急切地向高力士打听情况，高力士详细地把事情的前因后果告诉了他，杨国忠听罢，先是骂虢国夫人不懂事，继而责怪玉环心胸太狭窄，可是他也知道，现在骂谁也没有用。杨国忠心里自我安慰道:事情也许还会有转机，皇上与玉环恩恩爱爱，两人之间感情之深是不多见的，也许皇上是一时生气，才下了这个圣旨，等他气消了，也许还会再叫玉环进宫的。想到这里，杨国忠觉得还有盼头，情绪也就稳定多了。见三位夫人哭成一团，他还撇撇嘴，心里说:还没让你们去死呢，这么哭，叫别人看见，实在太丢人了!

等了一会儿，远远地看到杨玉环的轿子向这里走来，后面跟着永新和梅香，高力士一手持着轿子，一边大声吆喝，叫行人快快闪开。

"别哭了，玉环来了!"三位夫人听杨国忠这么一说才止住了哭，都用手绢擦着眼睛，跟着杨国忠迎了上去。

轿子停在杨府门口，轿帘一挑，杨玉环从轿子里慢慢地走了出来。她的头发还有些蓬乱，显然没有用心梳理，脸上带着掩饰不住的忧愁。永新上前一步，搀扶住玉环，玉环借势倚在她的肩上，轻轻地说："哥哥和诸位姐姐都在这里，玉环我……"话还没有说完，她的眼泪就像断了线的珍珠滚了下来。

"玉环,快进屋休息吧!"

"是呀,玉环妹子,别想那么多了!"

三位夫人围着贵妃,为她擦去脸上的泪水,安慰着她。

杨国忠说:"请玉环妹子去后堂暂住吧。"玉环点点头。在三位夫人的簇拥下,永新和梅香扶着贵妃向后堂走去。

杨国忠拉了一把后面的高力士,小声说:"高公公,真没想到事情会变成这个样子! 唉……"

高力士一脸同情之色:"要说也怪贵妃太任性,皇上哪儿受得了呀。"

"是呀,可皇上和贵妃一直十分恩爱,简直难舍难分,皇上叫贵妃迁出皇宫,难道就不念着贵妃了?"

高力士想了一下,说:"依奴才的看法,事情也许还会有变化。"

"公公根据什么这么说呢?"

"杨丞相,这根据么,就是皇上实在太恋着贵妃了,我侍候皇上几十年了,皇上的心思我知道。"

"如果真是那样就好了。"

"不过,"高力士停了一下,又说,"还是要让贵妃主动认错,要想让皇上先说好话,怕是不容易的。"

杨国忠沉思了一会儿,点点头,又不放心地问:"公公总在皇上身边,你说皇上对贵妃……"

"哎,杨丞相,这你放心!"高力士眼睛眨了几下,说:"我侍候皇上多年,我知道,皇上还真没有像恋贵妃娘娘这样恋过任何一个人呢,你别看后宫有三千美女,皇上心里只装着贵妃娘娘一个!"

"这我也看出来了,只是怕……你看这不是被迁出皇宫了嘛。"

"杨丞相,这只能听天由命了,依奴才之见,丞相应该进宫,当面向皇上谢罪,同时看看情况如何,也好想想办法呀。"

"公公所言极是,多谢公公指点!"杨国忠叫侍从取出一些珍贵的珠宝,他双手递给高力士说:"公公请收下这几样东西,皇上跟前还靠公公说好话呢。"高力士推辞了一下,只得收下了杨国忠送的礼物。

杨国忠对侍从说:"我去宫中拜见皇上,你们在家好好伺候贵妃娘娘!"说完,杨国忠与高力士一起离开了杨府。

七　献发表心

　　三位夫人陪贵妃来到后堂,你一言,我一语地劝了贵妃半天,便一起告辞出来。送走了三位夫人,贵妃长长地叹了一口气,她知道杨国忠和夫人们听说自己被迁出皇宫,一定会很着急的,因为他们的命运和自己的命运是连着的。可是谁又真正理解自己的心呢? 难道是自己太任性了吗? 她想起了去年的一件事:

　　有一天,玄宗说自己不太舒服,没到贵妃的宫里来,贵妃心中很不安,几乎一夜未眠,生怕玄宗又宠爱上了别的妃子。是谁呢? 贵妃忽然想到了梅妃,这梅妃本姓江,因为特别喜欢梅花,所以玄宗特称她为"梅妃",宫里的人称之为"梅娘娘"。在贵妃入宫之前,梅妃还比较受玄宗的宠爱,贵妃入宫以后,两人相遇,从来不互相说话。不久,在贵妃的催促下,梅妃被迁往上阳东宫,根本见不到玄宗了。想到梅妃,贵妃急急起身,天还没有大亮呢,她便来到了玄宗经常过夜的翠华西阁,远远地看到了高力士,便走了上去。高力士一见贵妃来了,忙叫过来一个小太监,叫他速去阁中报告玄宗,自己急忙迎了出来。

　　贵妃还未到高力士跟前,便问道:"高力士,皇上呢?"

　　高力士笑笑说:"皇上略有不适,已经好了。"

　　"我去看看皇上。"

　　"贵妃,奴才看您就别去了,让皇上自己好好休息休息吧。"

　　贵妃看看高力士,一边往阁里走一边说:"我每天侍奉皇上,今天皇上身体不适,我更应该在皇上身边了。"

　　高力士拦住贵妃,急忙说:"贵妃,皇上还在安睡,您……"

　　"高力士,你要拦我吗?"

"不,不,奴才不敢。"

"那就快闪开!"

高力士实在没有办法,只得闪开路,贵妃推门而入。这时玄宗听了小太监的报告,刚从床上起身,梅妃已被小太监急急忙忙搀出卧室,从后门走了。贵妃面带不悦之色,对玄宗说:"陛下,知您不适,我特来探望。"

玄宗勉强笑笑,说:"贵妃起得也很早嘛,我身体感觉好多了。"

贵妃打量打量屋子说:"陛下,梅妃已经走了吗?"

"梅妃?"玄宗一愣,只得假装什么也不知道,"她不是一直在东宫吗?怎么了?"

"陛下!"贵妃生气地说,"不必再骗我了! 您看桌案上摆满了水果,床下还有妇人的小鞋,不是梅妃昨夜在此陪侍皇上,又会是谁呢!"

玄宗看着贵妃的娇态,没有发火,只是说了句:"我去上早朝了,贵妃回去吧。早朝过后,我与贵妃一道赏花听乐如何?"说完,带着高力士急急地走了。

贵妃却站在那里哭了起来。

早朝后,玄宗果然来到贵妃身边,他陪贵妃在百花园里赏花、饮酒、听乐。渐渐地,贵妃忘记了早上的不愉快……

"唉,是太任性了!"贵妃想到这件事,不由地自责道。她叹了口气,又自言自语道:"谁又知道我对皇上的一片真情呢? 唉……"

门帘一挑,永新走了进来,她递给贵妃一杯热水,贵妃摇摇头,让她在门外侍候。永新看着贵妃,有些胆怯地说:"娘娘,已经快晌午了,您……"

"让你到门外侍候,你没听见?"贵妃白了永新一眼。

"您也不吃点儿饭? 娘娘……"

"你也不听话了?"

"娘娘,奴婢不敢!"永新叹了口气,转身轻轻地退出屋子。

贵妃坐在桌子旁边,一只手支着腮,另一只手拿着一块手绢。她想:"昨天是不是太过分了? 唉,我呀!"她知道自己太看重与玄宗的感情了,何况她也知道,一旦失宠,她将在孤寂中度过漫长的一生,那是多么可怕的生活! 历朝历代被打入冷宫的女人何止千千万万! 因此她听说玄宗召虢国夫人进了西内宫,便很生气,见了玄宗就说了许多不该说的话,现在想来真后悔呀！也许从此以后再也见不到皇上了,那自己该怎么办呢?想到这,贵妃的眼泪又不由自主地滚落下来,一会儿,手绢就湿透了。

梅香悄悄走了进来,把一块干净的手绢放在桌子上,转身又往外走。贵妃擦了一下眼睛,小声问道:"梅香,丞相还没回来吗?"

"奴婢这就去看看。"

梅香一会儿就回来了,她对贵妃说:"娘娘,丞相上朝还没有回来,不过,高公公正在屋外,想见娘娘。"

"快请高公公进来!"

高力士见了贵妃后,先施一礼,然后问道:"娘娘一切可好?"

"唉,高公公,皇上一切可好?"

高力士说:"娘娘,刚才奴才侍候皇上,皇上打听您的情况,问得可仔细呢!"

"皇上!"贵妃的眼泪又掉了下来。停了一会儿,贵妃又问:"皇上这会儿正干什么呢?"

"皇上此时正独坐宫中,一声接一声地叹气。奴才想,皇上一定是在惦记娘娘呢,所以特来告知娘娘。"

贵妃擦擦眼睛,又嘱咐高力士:"皇上的身体,你可要多用心才是。前两天,皇上总觉得口干舌燥,你要请皇上多饮水……"

"娘娘,奴才知道了。"

高力士告辞以后,杨贵妃一直坐在那里发愣,连一口水都没有喝。永新和梅香急得没有办法,只是悄悄地出来进去,却一句话也不敢说,生怕惹贵妃生气。

"玉环!"话音未落,杨国忠走了进来,他叹了口气,劝贵妃道:"玉环,你还是得吃点儿东西,不然身子怎么受得了?"

贵妃说:"哥哥,我,我实在吃不下!"

杨国忠无奈地摇摇头,说:"对了,刚才我见到高力士,他说到这里来过了。"

杨国忠坐下后又说:"玉环,高力士叫我转告你,如果你有什么东西,可以由他转送给皇上,也表示你认了错,也许皇上会受感动,再将你召回宫去。"

"东西?"杨玉环沉思片刻道,"我有什么值得送给皇上的东西呢?"

"这样吧,我过一会儿再到你这里来,你好好想想,看送什么东西给皇上最合适,过一会儿交给我,我叫人送给高力士,由他进献给皇上。"说完,杨国忠起身离开后堂。

"献什么呢?"杨贵妃开始考虑起来,"珠玉珍宝,全是皇上赐给自己的,怎么可以再作进献之物呢?"贵妃站起身,在屋子中间慢慢地踱着步子。在梳妆台前,她停住了脚步,镜子里出现了一个美丽动人的形象,只是脸上未用朱粉,头发也显得有点儿凌乱。贵妃坐在梳妆台前,永新此时已经站在了贵妃身后,从抽匣里取出梳子为贵妃梳起头来。

"对!"贵妃兴奋地叫了一声,永新吓得停了手,不解地看着贵妃。贵妃把长发拢到胸前,对永新说:"皇上曾多次夸赞我这一头黑发,它是父母给的,也是我最珍贵的东西了!"

"娘娘,您这是……"

"快取剪刀来,为我剪掉这一头长发!"

"娘娘,这……"

"别多问了,你快取剪刀!"

"是!"永新取出剪刀,剪下贵妃一缕黑黝黝的头发,交给贵妃。贵妃将这缕黑发放在手掌上,仔细打量,自言自语道:"头发呀,你伴我多年,我平时多么珍惜你!现在,全凭你到皇上那里去表达我对皇上的一片情意了!"

说来也巧,高力士此时又走了进来,他刚才对杨国忠说,叫贵妃给皇上献一样东西,过了好一会儿,还不见贵妃送来,有些着急,趁着玄宗在宫中独坐,便又来到杨府。一见高力上,贵妃忙站了起来:"高公公……"

"贵妃,丞相刚刚来过吧?"

"来过。"

"贵妃准备给皇上献什么东西呢?"

贵妃面带羞色,小声说:"高公公,我思来想去,实在没有什么东西值得进献给皇.上,我有的一切还不都是皇上给的?"

"那,贵妃,您看……"

"只有这一缕头发,在我看来是最珍贵的东西,麻烦公公转献给皇上,不知公公以为如何?"

"头发?"高力士笑道,"这件礼物再好不过了!"

贵妃的眼泪又流了出来,她抽泣着说:"请公公转告皇上,玉环自知罪该万死,此生此世不能再见皇上了,因此献上这缕头发,略表玉环对皇上的依恋之情!"

"请娘娘放心,奴才一定把东西和娘娘的话转给皇上。"

"全凭高公公了。"

高力士告辞道:"娘娘,您好好休息,奴才这就进宫去见皇上,请娘娘静候佳音吧!"

"让公公费心了!"

高力士行了礼,急急地走了。

下朝回来,玄宗就没精打采地坐在宫中,一怒之下,下旨命贵妃出宫,可此时又很想她,感觉好像忽然失去了些什么。是呀,缺的是贵妃迷人的笑脸和动听的笑声。刚才杨国忠进言谢罪,玄宗觉得不太好开口,与他说了几句闲话,便打发杨国忠走了。

"陛下,请用膳!"一个小太监轻轻地走到玄宗身边,小声说。

玄宗像没有听见似的没有说话。

小太监又说:"请陛下用膳!"

"哼!用什么膳? 你没见朕正在想事儿吗?快下去!"

"是……"

过了一会儿,又一个小太监小心翼翼地走来对玄宗说:"请陛下去百花园赏花听乐,乐师们已按陛下昨日的圣旨在那里准备好了。"

"来人!"玄宗叫道,"将这奴才拉下去打二十鞭子! 什么时候,还让朕赏花听乐!"

"陛下……"小太监被人拉了下去。

太监们都知道,每逢这种时候,玄宗便喜怒无常,这时侍候他是最难的,他不一定因为什么就会大发脾气,太监就会挨打挨骂。所以,每逢这种时候,太监们便尽量不到玄宗跟前来。

此时,玄宗想起了贵妃的一件件好处:她温柔美丽,善解人意;她能歌善舞,能使自己化忧为喜……想到这些,玄宗真有些后悔,自言自语道:"贵妃说几句气话,怕的是我万一变心,由此却可看出贵妃对我的深情。我也太性急了,说她几句也就算了,怎么一气之下竟叫贵妃出宫了呢!"

玄宗站起身,在屋子里来回踱着步,不知道该干点儿什么才好。他想,若是平时,正可以携着贵妃在沉香亭赏花,也可以在宫中欢宴,还可以叫李龟年他们进宫,一起奏几支曲子,叫贵妃舞上一回。可这会儿,他只能一个人坐在这里,什么也没有心情去干,多么无聊呀! 玄宗轻轻叹了口气,对着门外喊道:"来人!"

"陛下,奴才在。"一个太监闻声跪在玄宗面前,玄宗刚要开口,叫他去接贵妃回宫,转念一想:"我乃堂堂天子,刚下旨叫贵妃出宫,又主动叫她回来,是不是太丢面子了?"便改口道:"你在门外用心侍候,不得有误。"

玄宗一时真不知该怎么办了,离开贵妃才半天,他就好像丢了什么宝贵的东西,难受得简直没法忍受,可是要是下旨召贵妃再入宫,自己的面子又下不来。"这可怎么是好呀!"玄宗长长地叹了一口气,无可奈何地坐了下来。

高力士悄悄走了进来,在玄宗面前弯着腰说:"陛下,您……"

"高力士!"玄宗抬起头,"这半天你去哪儿了? 不在我的身边侍候,乱跑什么!"

"皇上,奴才刚从杨丞相府里来。"

"丞相府?"玄宗看着高力士问道,"见到贵妃了吗? 她怎么样?"

见玄宗这种急切的神态,高力士心里踏实了,他知道玄宗确实还惦记着贵妃呢,这就好办。高力士说:"陛下,早上贵妃是一路哭着出宫的,奴才怎么也劝不住。"

"唉!"玄宗心里一动,有些心疼:"贵妃现在如何呀?"

"她还是哭个不停,"高力士停了一会儿,接着说:"贵妃叫奴才转告陛下……"

"什么? 贵妃说什么?"

"她自恨不懂事,惹陛下生气了,她说自己罪该万死,此生此世恐怕再也见不到皇上了。她请陛下多多保重!"

"贵妃! 贵妃!"玄宗听了这话,心疼地连声叫道。

高力士取出一个小包递给玄宗说:"贵妃娘娘说她的一切全是皇上给的,只有身躯发肤得之于父母,所以剪一缕头发献给皇上,聊表她对皇上的依恋之情。"

玄宗细细地打量着小包里的头发,转头对高力士说:"贵妃真是情深呀!"

"贵妃说,这也是留给皇上的一点儿纪念。"

玄宗小声说:"高力士,你跟我几十年了,朕的心思你该知道,自贵妃被我放出宫去,我也十分难受,真无聊呀。"

"陛下,那为什么不把贵妃再召回来呢?"

"唉,刚刚下旨叫她迁出,又下旨叫她回宫,怕不好说出口吧?"

"陛下,"高力士走上几步,"依奴才所见,贵妃已经认罪,饶她一回也说得过去。有罪放出,悔过又召回,这更显出皇上的大度。"

"要是让外人知道了,不知又要说什么闲话呢!"

"陛下,贵妃住在杨府,那里离东宫门很近,早上贵妃走得很早,现在又已是黄昏时分,不会有人知道的。"

"高力士,你说得很有道理,那朕就命你再去宣旨,迎取贵妃即刻进宫。朕在此等候,你要速去速回!"

高力士急急地走了出去。

八 七夕之誓

像往年一样,一到七月,玄宗便带着贵妃和身边的侍从来到临潼南边的骊山上避暑。骊山上用石头修的回环磴道非常工致整齐,一直由山脚通向山顶的华清宫。玄宗和贵妃就住在华清宫里。

自从上次的波折以后,玄宗时时约束自己,贵妃也总提醒自己不能太任性,二人的感情更深了,用高力士的话说,他们二人真是形影不离,难舍难分。

这天,午睡以后,贵妃刚在华清池里洗过澡,玄宗便叫高力士来请贵妃去长生殿听乐。经过温泉水的浸洗,贵妃的皮肤更显得白嫩而润滑。在永新和梅香的搀扶下,她显得娇弱无力。她头上的首饰光彩照人,随着她的步子,一步一摇,十分好看。贵妃的这副娇态,是玄宗特别欣赏的,因此,当贵妃一出现在他面前时,他便像品赏名花一样手摸胡须仔细地打量着贵妃。

"陛下!"贵妃见玄宗站在那里发愣,叫道。

玄宗笑笑:"贵妃,你真像仙女下凡,叫朕看得目瞪口呆了。"

听了玄宗的话,贵妃脸上泛起一片红晕,没有说话,只是抿着嘴笑个不停。

"贵妃,华清池的温泉如何?朕已下旨再开辟十几个浴池,供贵妃专用!"

"谢陛下!"

两人坐下说了一会儿闲话,玄宗好像忽然想起了什么,对贵妃说:"贵妃,这会儿叫你来是想让你听一支新制的曲子。"

"陛下,什么曲子呀?"

玄宗笑着说:"告诉你吧,朕前天就开始写这支曲子了,因为想让贵妃有一个惊喜,所以一直没有告诉你。昨天写完后,已命李龟年等人速速排练,他们今天便给贵妃演奏。"

"是吗? 陛下……"贵妃娇嗔地看着玄宗,脸上带着由衷的笑意。

贵妃又问道:"陛下,这支曲子叫什么名字呀?"

"贵妃,朕给它起了个不凡的名字,叫《霓裳羽衣曲》,你看怎么样?"

"《霓裳羽衣曲》? 真是个不凡的名字,皇上怎么会想到写这支曲子呢?"

玄宗笑笑,半开玩笑半认真地说:"前几天的一个晚上,朕梦中到了月宫,见到有几百个仙女,人人身穿白色衣裙,随着一支美妙的曲子翩翩起舞,朕上前问道:'这是什么曲子呀?'一个仙女告诉我说:'这是天宫里常常演奏的《霓裳羽衣曲》,'我悄悄地记下了谱子和节拍。待朕醒来,谱子还没忘记呢,就赶快写了下来,这就是这支曲子的来历。"

贵妃也笑了:"难怪一听这曲子的名字,就觉得它带几分仙气呢,原来皇上是得了老天的帮助了!"

"是呀,真是天随人愿呀! 贵妃,你能歌善舞,一会儿,你穿上白色衣裙,为朕舞上一回如何?"

"奉旨!"

"好!"玄宗命高力士速召李龟年等人来长生殿侍候。

一会儿,歌舞之声便在长生殿里响了起来,并向四面八方传去。

这时,一匹快马停在了宫前,从马上跳下一个年轻军官,他的脸上带着过度疲劳之色,军服也已经脏得失去了原来的颜色。青年军官对门卫说了些什么,便被带入了华清宫,高力士闻讯迎了出来,那军官一见高力士,忙行了个礼,说:"小将拜见高公公!"

高力士一愣说:"你是谁呀? 我怎么不认识你? 你这是从哪儿来?"

那军官说:"小将原在禁卫军供职,前不久才被派往蜀中。"

"蜀中?"高力士一眼看到了军官手里提着的特制的篮子,一下明白了:"对了,你是给贵妃送荔枝的吧?"

"是的。我们涪州盛产荔枝,皇上早已下旨,说贵妃娘娘最喜欢吃荔枝,命涪州到时以最快速度进献荔枝!"

高力士点点头:"我知道这件事,你出来几天了?"

"我由涪州出发,到今天已是第七天了。"

高力士吃惊地说:"才七天呀? 你的速度够快的,你是怎么来的呢?"

"我每到一个驿站便换乘一匹马,一路上换了少说也有三十匹马呢!"

高力士点点头说:"你把荔枝放在这里,一会儿我送进去。"他转头叫来一个小太监,吩咐道,"这位军爷一路辛苦,你先领军爷去休息休息。"

军官说了声:"多谢高公公!"便随小太监向离宫门不远的一间房子走去。

在长生殿里,歌舞仍在进行。贵妃跳得有点发热,坐在椅子上用手绢扇着风,玄宗一只手扶着贵妃的肩膀,一只手上下挥动,指挥李龟年等乐师继续演奏。

高力士走了进来,小声对玄宗说:"陛下,涪州的荔枝献来了。"

"噢,好,送进来!"

高力士打了个手势,一个小太监端着一个银盘走了进来,银盘里整齐地摆放着已经洗干净的荔枝,它们一个个鲜红透亮,十分好看,一看便知是国内难得的品种。小太监把银盘放在桌案上,退了下去。

"哎呀,真好看!"贵妃看着桌上的荔枝惊叹,"多新鲜呀!"

玄宗拿起一个荔枝,递给贵妃说:"贵妃,我知道你最爱吃荔枝,专门令人从蜀中涪州送来的。"

贵妃接过荔枝,笑道:"多谢陛下!"

玄宗也笑道:"只要贵妃高兴,叫朕干什么都行。古人还有千金一笑的事呢,朕用荔枝换贵妃一笑,实在太合算了!"

贵妃轻轻咬了一小口荔枝,高兴地说;"真好吃,新鲜极了,陛下您也吃呀!"

正在这时,一个小太监进来报告:"方立本求见。"玄宗把荔枝盘子往贵妃跟前推推说:"贵妃快吃吧,朕要单独听听方立本的报告。"说完,命小太监带方立本进宫里去。

方立本是唐玄宗身边的一个谋臣,一个月以前,玄宗明里叫他去给安禄山送些宝物,以示自己对安禄山的信任和恩宠,暗里却叫方立本认真考察一下安禄山军队里的情况,看看安禄山是不是真的怀有反心。以前,杨国忠总说安禄山一定会叛乱,玄宗总是不信,他以为这是将相之间的矛

473

盾,自己心里有数就行了。可是那天安禄山从边塞送来一个报告,说是要给长安送来一万匹马,每匹马要带五个人一同进京。这使玄宗产生了怀疑,因为一匹马只需一人跟随就可以了,安禄山为什么一定安排五个人呢? 一万匹马就有五万人一同进京,其目的是什么呢? 杨国忠知道这个情况以后,十分着急,他对玄宗说:"陛下,事情很明显,安禄山这是想借机进京,发动叛乱。"玄宗虽然觉得杨国忠分析得有些过分,但这件事还是让他觉得慎重一些为好,便马上下了圣旨,叫安禄山暂时不要献马,同时派方立本前往边塞,对安禄山考察一番。

方立本一见玄宗,便跪下行礼道:"皇上万岁万万岁!"

玄宗挥挥手,示意方立本站起来。玄宗问道:"你在安禄山那里,看到了些什么?"

方立本早已想好,自己既然已经接受了安禄山的稀世珍宝,也已经答应在皇上面前为安禄山说好话,所以,哪些话该说,哪些话不该说,他心里自然有数:"陛下,小臣一见安禄山,安禄山就拉着小臣的手,问皇上身体是否安康,问贵妃娘娘是否安康。"

"安禄山说了些什么?"

"安禄山原来确实想献给皇上一万匹马,因路途遥远,所以想要五万人随行,后来觉得这样不合适,可奏本已派人送出,正着急呢,皇上的圣旨也到了,安禄山便没有送马进京。"

"是这样的?"

"安禄山亲口告诉小臣的,他的部将也是这么说,依臣之见,安禄山绝无借机叛乱之心,望皇上明察!"

玄宗又问道:"你在安禄山那里待了许多天,你看出他有反叛的迹象没有?"

方立本答道:"小臣没有发现任何迹象,只是觉得安将军一片忠心,全为了皇上和大唐江山。"

"安禄山每天干些什么呢?"

"小臣只见他终日训练士兵,对守卫边塞的责任十分用心。"

"除了训练士兵,安禄山还干些什么?"

"天天饮酒、欢宴,也常带将士们跳胡旋舞,他挑出三十个士兵,每天教他们跳胡旋,说是有朝一日带他们来给陛下和贵妃表演。"

玄宗点点头,心里松快多了,看看方立本,他又问了一遍:"你一点儿也没有发现安禄山可能叛乱的迹象吗?"

"没,没有……"

"若有隐瞒,朕要灭你九族!"

"皇上,小臣觉得安禄山忠心报君,绝不会反。小臣已经前后三次去过安禄山的防区,这一次看到的情况,与前两次没有什么两样。"

为了贪图安禄山送的稀世珍宝,方立本并没有把一切报告给玄宗。他没有告诉玄宗,安禄山正在招兵买马,还每天与将士们一道骑马打猎,终日杀气腾腾;他也没有告诉玄宗,安禄山借助胡人的迷信观念,自称是神仙下凡,应该统治天下,以树立自己的威信,让胡人们听从他的指挥。

"好,你下去吧!"玄宗说道,"你一会儿去杨丞相那里把详细情况报告给他,丞相总是不太放心。"

"是,陛下!"方立本行了礼,退了出去。

玄宗的主观愿望与方立本的报告正相符合,他的心里踏实了。

晚风习习,月亮已经升起了。贵妃走了进来,对玄宗说:"陛下,今晚的月亮可好看呢!"

"贵妃,你知今天是什么日子吗? 是七月七日,朕与贵妃一道去宫前赏月吧!"

玄宗与贵妃相携着走出宫门,走下台阶,在一张早已摆好的桌案前坐下。桌案上摆满了荔枝、桃子等各种水果。

玄宗看着贵妃,忽然笑了起来,贵妃不解地问:"陛下为何忽然发笑?"

玄宗抚摸着贵妃的手背,笑着说:"贵妃在月光之下,更显得艳丽动人,与朕那一夜梦中在月宫见到的仙女不相上下,朕怎能不高兴得发笑呢?"

贵妃忙说:"能朝夕陪伴皇上,是我的大幸,怎担当得起陛下的过奖呢!"

两个人都没再说话,只是默默地望着一天繁星和一轮明月。

"唉! 人生有限,即使贵为天子也是不能长生不老的呀!"过了一会儿,玄宗叹了一口气,"贵妃,朕若能与你相携永远,那该多么好!"

"陛下!"

"唉！贵妃可知本朝有一个诗人叫陈子昂,他也是你们蜀中人。"

"陈子昂？我听国忠兄说起过,他一生不是写了许多诗吗？"

"是呀,我最欣赏他一首诗,听我给你朗读,"说着,玄宗背诵道:"前不见古人,后不见来者,念天地之悠悠,独怆然而涕下！"

贵妃见玄宗很伤感,故意转移玄宗的注意力,她问道:"陛下,哪颗是牛郎星？哪颗又是织女星呢？我怎么一时认不清了。"

玄宗从沉思中抬起头来,用手指着天上的星星说:"那颗,对,那颗亮一点儿的是牛郎……这边……对,这颗星星就是织女……"

贵妃感慨地说:"它们也真够惨的,一年只能相会一次。"

"是呀,今天晚上就是它们相会的日子！"

贵妃若有所思,不知怎么,眼泪滴了下来。

"贵妃,为何掉泪？"玄宗关切地问。

贵妃看着玄宗,有些伤感地说:"我想牛郎织女,虽然一年只能相会一次,却是地久天长,情意绵绵,只怕皇上和我的恩情,不能像牛郎织女那样永远存在。"

"贵妃说哪里话！朕与贵妃朝朝暮暮,形影不离,尽情恩爱,牛郎织女一年却只能有一次重逢,有什么可羡慕的！"他为贵妃擦去脸上的眼泪,怜惜地说:"贵妃,你可不要再哭了,再哭,朕可生气了。"

"陛下,我受圣恩深重,实为万世之大幸,只是……"

"怎么？"

"只是今夜有一句话想对陛下说。"

"贵妃有话,尽管说吧！"

贵妃的眼泪又流了下来,她呜咽着说:"自我进宫以来,多蒙皇上的厚爱,我心里感恩不尽,只是怕日子长了,感情渐渐淡了,那我可怎么活呀！"

玄宗又为贵妃擦擦眼泪,抚摸着她的肩头,充满深情地说:"贵妃,不要难过,朕与你的恩情,哪能和一般人相比！"

"陛下！"

"贵妃,朕与你永不相离！"

贵妃也深情地望着玄宗说:"即蒙皇上对我如此情重,我想在牛郎织女星下与陛下对天起誓,永不相弃,不知圣意如何？"

"正合我意！"说着,玄宗站了起来,贵妃忙搀扶住他。玄宗对着满天星斗鞠了一躬,认真地说:"我李隆基与杨玉环情重恩深,愿世世生生,共为夫妻,永不相离!"

"愿老天保佑我与陛下世世生生,共为夫妻,永不相离!"贵妃对天鞠了一躬,又向玄宗行了个礼,接着说:"我深感陛下情重,今天晚上的誓言,宁死也要遵守!"

九　禄山叛乱

　　方立本的谎话很快便被揭穿了,唐玄宗的一厢情愿也破产了,因为安禄山在这一年十一月真的反叛了!

　　安禄山假传圣旨,以讨伐杨国忠为名,在范阳(今蓟县一带)起兵,叛军一共二十余万,号称五十万,由范阳向洛阳和长安扑来。

　　最先听到安禄山叛乱消息的是杨国忠,他听到这个凶信的第一个反应,不是怎样迅速镇压叛乱,不是怎样保卫长安,甚至也不是自己的统治也许要完蛋了的忧虑,他的第一个反应是:"我真是料事如神,安禄山终于反了,说明我一贯的看法多么正确!"由此他想到,玄宗从此对他会更加信任,他的地位也就不会动摇了,何况,安禄山一反,自己也就少了一个政敌,满朝文武官员就没有一个人不怕自己了。

　　给杨国忠带来安禄山反叛消息的是他派去的一个密探,杨国忠略微考虑了一下,便带着这个密探来到长生殿。

　　此时,玄宗正与贵妃欣赏着乐舞,一群宫女身着白色衣裙,正在翩翩起舞,跳着"霓裳羽衣舞",玄宗和贵妃说说笑笑,指指点点,十分高兴。

　　杨国忠只对高力士点了点头,便走进大殿,因为走得太急,他有些气喘:"陛,陛下……"

　　"噢,是丞相,有什么事呀?"

　　"陛下,不好了,安禄山反了!"

　　"杨国忠,你难道疯了?怎么胡说八道!"

　　杨国忠急得一时说不上话来,他停了一下,才说:"陛下,安禄山真的反了,下官绝不敢信口乱说!"

　　唐玄宗也紧张起来,但还是不太相信:"真的?丞相怎么知道的?"

478

"下官岂敢欺骗陛下,这消息是下官的一个密探报告的。"

唐玄宗惊得一时说不出话来。

站在一边的高力士听了这个消息,也十分吃惊,他知道安禄山反叛的消息不会是假的,他早已看出安禄山一直在发展自己的势力,又千方百计讨玄宗的欢心,迟早有一天是要反叛的。高力士听说,前几天安禄山派了一个亲信住在长安城里,随时向他报告京城里的情况,杨国忠知道后,借故包围了安禄山这个亲信的住处,把他抓住杀掉了,这肯定激怒了安禄山,安禄山之所以现在反叛,这无疑是一个直接的原因。高力士与杨国忠虽然比较亲近,但对杨国忠专横霸道的品行也有看法,对杨国忠故意激怒安禄山,以证明自己料事准确也很不赞同。但是,他知道,杨国忠是得罪不起的,同时,他觉得,安禄山迟早要反,杨国忠的所作所为,只是加速了这个过程而已。作为玄宗的忠实奴才,高力士考虑最多的是玄宗的安全和自己的性命,所以见唐玄宗惊得一言不发时,他什么也顾不得了,急急地说:"陛下,奴才看丞相说的不会错,快想办法吧!"

玄宗看了一眼高力士,面露不悦之色,高力士忙低头说了声:"奴才不该插嘴!"玄宗向李龟年他们和宫女们挥挥手,乐师和宫女们急急地退了出去,玄宗转头对高力士说:"你插一句话也没什么,看你慌成那样,太过分了!"

"是,是,奴才该死! 奴才该死!"

贵妃在一边说:"陛下,你们商量国家大事,我也下去了。"玄宗点点头,贵妃带着永新进内宫去了。听了杨国忠带来的消息,贵妃心里十分着急,她想,可能要发生一场大战了,那样的话,皇上怎么办? 自己怎么办?她多次听杨国忠说过,安禄山的部队兵强马壮,唐朝军队能打败他吗? 看来,大唐军队上百万,打败安禄山不成问题,但是万一一时打不败呢? 贵妃想到这里,不由地出了一身冷汗。

停了好一会儿,玄宗又问杨国忠:"你的消息确实可靠吗?"

"绝对可靠!"杨国忠说,"我派去的密探刚刚回来。"

正说着,一个小太监进来报告道:"陛下,幽州节度使派人送来一封紧急文书。"说着,双手捧着一份奏章跪在玄宗面前,玄宗打开奏章,只见上面写道:

皇上：安禄山背叛皇上大恩，今天早上在范阳起兵，叛军约二十余万，战马健壮，士兵凶猛，目前正往洛阳、长安进犯，幽州已经阻挡不住，望皇上速选战将，沿途设防，以阻叛军。

看完这份奏章，玄宗感到浑身一点儿力气都没有了，他靠在椅子上，口中喃喃地说："安禄山，你真辜负了朕的信任呀！"

"这个奸贼，"杨国忠劝道，"皇上不必过虑，依臣之见，只要沿途有得力军队防守，一定能够挡住安禄山的进攻。叛军虽然人强马壮，十分凶猛，但毕竟是乌合之众，又是长途奔波，唐军正可以逸待劳，将其消灭！"

玄宗点点头说："我最担心的是潼关，这里要派一员可靠的战将去把守，否则……"潼关位于洛阳与长安之间，是保护长安的最后一道关口，所以玄宗对这里特别重视。

杨国忠想了想，说："皇上，您看派哥舒翰防守潼关如何？"

"哥舒翰？"玄宗想了想，"哥舒翰在西北虽然屡立战功，但他已经八十余岁，太老了！"

"皇上，依下臣之见，哥舒翰善于用兵，在军队里威信很高，虽然长期在长安养病，可对士兵仍有很强的号召力，何况他素来和安禄山有矛盾，一定会为皇上尽忠。"

玄宗说："这么看，他确实是一个合适的人物，就按丞相说的办吧！"

杨国忠刚要起身离开，玄宗又问："方立本还在华清宫吧？"

"还在。"

"立即斩首！"

"是！"

看着杨国忠的背影，唐玄宗忽然感到一阵头晕，他软软地瘫在椅子上。

当天晚上，唐玄宗带着贵妃和侍从们由临潼骊山回到了长安。

安禄山的军队并不像杨国忠想象的那么不堪一击，叛军士兵一心想着到长安城里见见世面，享受享受，很有一股冲劲。而唐朝由于几十年以来天下太平，军队的素质极差，仓库中的武器都生了锈，有的弓箭一拉弓就断了。安禄山的部队进展很快，有些地方刚得到叛军的消息，武器还没有发下去，叛军的刀已经砍过来了。

叛军一路顺利,很快便打到了潼关,哥舒翰年老体弱,手下仅有临时集中的一万士兵,本想固守潼关,但却一次又一次地接到杨国忠要他主动进攻的命令,不得已,哥舒翰只得亲率唐军出击,结果却被安禄山的部队团团围住,一场大战之后,哥舒翰手下只剩下一千余人,被围在一个小山头上。

安禄山在亲信史思明的陪同下,来到小山下,他肥胖的身躯随着马的步态一起一伏,好像是一座小山。安禄山的胖脸上堆着笑意,他对着小山大声喊道:"哥舒翰,你我都是胡人,为什么还要为李姓王朝卖命呢?"

小山上一片寂静。

安禄山又喊道:"哥舒翰,你快下来投降,我不杀你!"

哥舒翰知道自己已被叛军重兵围困,已经没有其他生路了,只得向下喊道,"安将军,你能保证我和这些士兵的生命安全吗?"

"你放心,这不成问题!"

于是,哥舒翰带着一千余士兵,缓慢地从小山上下来,他们把手里的武器扔在地上,被叛军士兵驱赶到一个包围圈里。

哥舒翰被几个叛军士兵反绑着手押到安禄山跟前,安禄山跳下马,命人给哥舒翰松绑,然后得意地说,"哥舒翰,你素来对我不服,你没有想到我也有今天吧!"

"哥舒翰实未想到。"

史思明在一边声色俱厉地说:"你不知道这是大燕皇帝吗,为什么不行大礼?"

一个叛军士兵在哥舒翰的小腿上踢了一脚,他不由地跪了下去。此时的哥舒翰已经失去了往日威风凛凛的雄姿,他知道,自从占领了洛阳,安禄山便自封为大燕皇帝,这会儿,如果自己不行大礼,当场就会被杀掉,于是,他像给唐玄宗行礼一样给安禄山叩头道:"冲撞了大燕皇帝,罪该万死!"

"哈哈哈哈……"安禄山大笑了一阵,说:"哥舒翰,你起来吧!"

哥舒翰慢慢地站了起来。

停了一会儿,安禄山又问道:"哥舒翰,大小之战,你也打了几百场,今天大燕军队围住潼关,你不固守,怎么还敢出战呢?"

哥舒翰喘了口气,说:"不瞒安……不瞒皇上说,要依本将,就应该固守,因为大燕军队,远道而来,一定又疲又饥,十分困乏,只要我能固守三天,便会不战而胜!"

"咦,那你为什么又主动出战呢?"

"唉,这全是杨国忠的主意,见我按兵不动,他一天前后五次催我出战,我知道出战必败,但不出战又怎么办呢!"

安禄山咬着牙说:"这个杨国忠,我一定要剥他的皮,食他的肉!"他刚刚得到情报,杨国忠把留在长安的安禄山的大儿子杀掉了,所以他一提起杨国忠便掩饰不住对他的满腔仇恨:"哥舒翰,我看杨国忠对你也不放心,他见你按兵不动,一定是疑心你也要造反呢!"

"本将也是这么看的,杨国忠这人心胸狭小,不是干大事的人。"

"哈哈哈哈……"安禄山笑得身上的肥肉一颤一颤的:"你现在才看出来,太晚了!"说完,他对史思明说了几句什么,史思明点点头,向叛军发布命令道:

"皇上有旨,把这些唐军士兵全部砍掉,以祭大公子!"

闻令,叛军士兵一个个如狼似虎般扑向被包围着的手无寸铁的唐军败兵,只见刀光闪动,一会儿工夫,地上便是一片血迹,一片尸体!

"安禄山,你……"哥舒翰气得看着安禄山话都说不出来了。

安禄山冷笑一声:"我也让你为李家天下尽了忠吧!"说完,一挥手,两个士兵走上来,对着哥舒翰的大腿就是两刀,哥舒翰一边在地上打着滚,一边骂道:"安禄山,你这个说话不算话的小人!你这个奸贼!你不得好死!"两个士兵又在哥舒翰的胸部和头上连砍数刀,哥舒翰倒在血泊里,死了。

十　玄宗西逃

最初,听到安禄山确实反叛的消息,玄宗的心里十分复杂,也十分焦急,他知道,安禄山之所以有今天,全是自己大意造成的,他觉得这次叛乱,自己应该亲自去平息。因此,由骊山回到长安以后,他反复思考,最后下了决心,决定亲率唐军迎战安禄山,这样可以大振唐军士气,也可以为自己争回一些面子。他已经想好,自己一旦亲自出征,便让太子李亨坐镇长安,也就是说,把皇位传给太子。一听到唐玄宗有这种想法,杨国忠可着了慌了,他心里很明白,太子李亨对杨家没有好感,若是太子当了皇上,杨家的势力可就全完了。所以,他决定无论如何也要阻止玄宗传位和亲自出征。杨国忠想了很久,觉得这是关键时刻,只有依靠贵妃了。他悄悄来到贵妃的住处,把事情的前因后果仔细地说了一遍,贵妃开始不愿意去劝说玄宗,因为她给自己立的规矩就是不干涉朝政,后来杨国忠一再说:"如果太子继位,不仅杨家的势力要受到打击,而且贵妃的命运也很难说了。"贵妃觉得杨国忠的话很有道理,终于点头同意去劝说玄宗。待杨国忠走后,贵妃来到玄宗办公的正殿,一见玄宗,贵妃便跪在地上,哭道:"皇上,听说您要亲自出征讨伐安禄山,不知是不是真的?"

"朕是有这个想法,不过还没有最后定呢。"

贵妃又说:"皇上,您应该想想,若出征讨贼,定要长途奔波,您的身体怎么受得了呢?"

玄宗脸色沉重地说:"贵妃,你有所不知,现在安禄山气势不小,朕若亲自出征,可以鼓舞大唐士气,一举打败叛贼安禄山!"

"皇上,唐军有那么多大将,何劳您亲自出征呢? 万一有个不幸,大唐江山怎么办? 我又怎么办呢?"说着,眼泪如断线的珍珠似的落在地上。

玄宗扶起贵妃，叹了一口气说："是呀，朕也不愿离开妃子呀！"

结果，唐玄宗一直住在长安城里，只是根据各地的报告，来了解整个时局的发展。

潼关失守的消息很快便传到了长安，百姓们犹如听到了晴天霹雳，长安城里一片混乱。这几天，唐玄宗与杨国忠等人商量了许多次，有人提出调集大军保卫长安城，有人主张暂时去别的地方躲避一下，待形势好转了再回来。因为时间紧迫，唐军一时不能调来保卫长安，第一种意见被否定了。但是，到别的地方去躲避也有问题，到哪里去呢？有人主张去江南一带，理由是那里十分富足，也有许多军队，可以使皇上在那里立住脚；另一种意见主张去蜀中，其理由是那一带地势险要，叛军不可能攻入。因为杨国忠极力坚持第二种意见，玄宗也没有办法，只得表示同意。杨国忠主张去蜀中，自有他的打算。杨国忠明白目前的这场叛乱，与自己的处置不当很有关系，朝廷内外一定有许多人对自己不满，万一有机会，他们便会毫不客气地对自己下手，而蜀中是自己的根据地，那里的最高长官单于仲明是自己的亲信，只要把玄宗抓在手里，在蜀中就不会出大乱子。

潼关被叛军攻破的当天晚上，玄宗与杨国忠最后商定：明天早上五更时分，悄悄离宫，前往蜀中。杨国忠匆匆告辞去收拾东西，并通知三位夫人和其他亲信。玄宗心神不定，往贵妃的宫中走来，见梅香和永新正在院子里站着说话，便问道："贵妃呢？"

永新施礼道："贵妃一直在等皇上，见皇上久久未到，以为您今晚不过来了，贵妃便先睡了。"

玄宗小声说："不必叫贵妃了，你们悄悄收拾一下，告诉贵妃，明早五更同朕一道出宫！"

第二天，刚到五更，玄宗、贵妃和杨家兄妹，只带着贴身侍从和很少的几个知道内情的大臣，在禁卫军将军陈元礼率领的三千士兵的保护下，悄悄打开长安城门，出城向西进发。

当城门徐徐打开的时候，玄宗不安地问杨国忠："丞相，百官尚不知朕已西行，叛军一到，他们性命难保，你看该怎么办？"

"皇上，不能让百官知道皇上今早起行，否则，人太多了，皇上西行就太不方便，也许就根本走不了了。"

"唉,这是朕的罪过呀!"

"皇上,下官已令人在皇上走后,通知百官各自避难。"

"也只能如此了。"

当了四十余年的太平天子,谁想今天遇上了这样的变乱,玄宗的心里真如刀绞一般,看着缓缓通过城门的逃难队伍,他的眼睛有些湿润了。贵妃一直在玄宗身边,见他这种伤感的样子,也长长地叹了一口气。玄宗自责道:"都怪朕太信任安禄山了!"

贵妃安慰道:"这不能怪皇上,安禄山狼子野心,太对不起皇上了!"

玄宗又叹了一口气,说:"妃子,你娇弱如此,也不得不经受这种长途跋涉呀!"

"皇上,只要能侍奉在您的左右,上刀山我也不怕! 皇上,您自己可得多多保重呀!"

队伍走了一程,天渐渐地亮了,玄宗和贵妃并排站在那里,回头远望着长安城,他们不知道今生今世是否还能回到京城里来,更不知道,他们什么时候才能再相互依偎着远望长安城。感伤的情绪,正如这早上的雾,久久地、久久地没有散去。

又向前走了一段路,唐玄宗见有一千余人手持火把正等待着什么,便停下来问杨国忠:"这是干什么?"

"皇上,他们正准备把城外的仓库烧掉,不然的话,里面的东西全会被安禄山抢去。"

玄宗略一沉吟,说:"仓库中的东西,不如叫城中百姓自由取用,这总比一把火烧掉为好。"

"皇上,这……。"

"杨国忠,就这么办吧!"

队伍来到一条河上,河里的水还在流淌,在玄宗听来,河水声真像是人在呜咽。过桥时,玄宗见有十来个手持斧头的士兵守在桥边,不解地问:"你们这是干什么?"

士兵中走出一个小头目跪着报告道:"奴才接到杨丞相的命令,在队伍过完后,把桥拆掉,以防叛军追来。"

玄宗还未说话,贵妃说道:"那后边跑出长安城的人,不也同样过不来了吗?"她又转头对玄宗说:"皇上,依我之见,这桥还是留着吧。"

"妃子所说很对,叛军很快就会到达长安,城中百姓大多也会向西而逃,"玄宗话音未落,杨国忠走了过来,玄宗叫住他说:"丞相,这桥不要拆了!"

"皇上,拆了桥可以阻止叛军追来……"

"城中跑出的百姓和百官,不也一样会被阻止在这儿吗?"

"是!"杨国忠对那十几个士兵一挥手:"你们去吧,桥不要拆了!"

过河后又走了一程,玄宗对杨国忠说:"休息一下吧,朕有些累了。"说完,带着贵妃就在一棵大树下坐了下来。

这时,从大路那边走过来一个农夫打扮的人,被玄宗的卫兵拦住了:"你是什么人? 胆敢往这里闯!"

"官爷,小人是本地的一个庄主,听说当今皇上前往蜀中,途经此地,小人我准备了一些粗饭淡菜,献给皇上。"说着,他掀开手里挎着的篮子,叫士兵们检查。

一个士兵把这情况报告给玄宗,因为早上走得匆忙,玄宗这会儿真有些饿了,同时想问问这个庄主一些情况,便叫士兵们放他过来。这庄主向玄宗行过大礼,说:"小民叫郭从仅,就在前面那个庄子住,听说皇上西行,特备粗饭,献给皇上解饥!"

玄宗叫郭从仅把饭罐留下,又叫高力士取些银子赏给他,他死活不接受,嘴里一个劲儿地说:"能见皇上一面,便是小民的大幸,说句不吉利的话,若不是……小民哪能见到皇上呢?"

郭从仅的话,使玄宗陷入了沉思。

过了一会儿,唐玄宗又问了问郭从仅附近的情况,便打发他走了。郭从仅走后,玄宗叫高力士取出饭菜,很感伤地说:"妃子,哪能想到朕堂堂天子,今天竟吃这种乡村饭菜……妃子也吃一些吧?"

贵妃摇摇头说:"皇上,我不饿……"

"唉!"玄宗叹口气,"朕确实有些饿了,可是心里堵得慌,也实在吃不下去!"

此时,贵妃的眼泪溢满眼眶,她强忍着泪水,她知道这时如果自己一哭,玄宗的心里一定会更加难受。她把一件披风,轻轻地披在玄宗身上,小声说:"皇上,天寒风冷,您可千万多保重呀!"

玄宗看看贵妃,心疼地说:"妃子,你也要当心身体呀!"

避难的队伍,继续向西行进。不久,来到了距长安八九十里地的马嵬驿,这里是一个很小的村庄,名为马嵬村,因为村中有一个古驿站,这个村庄也被叫作马嵬驿村。玄宗叫杨国忠在这里休息一下,因为村里的人都跑光了,房子也太破旧,杨国忠安排玄宗和贵妃在村边的一个古庙里休息。玄宗随便找了个地方坐了下来,喝着高力士刚刚送来的开水,吃着附近村民刚刚送来的干粮。贵妃看着玄宗,心里十分难受,不由地自言自语道:"皇上,一夜之间,您真变老了!"

玄宗也一直惦记着贵妃,看她吃不下干粮,便劝道:"这里不比宫中,妃子还是吃一点儿吧,留得青山在,不怕没柴烧,只要身体保住了,其他什么都好说!"说完,他还示范性地连咬了几口干粮,也许真是饿了,他吃得很香,他一边吃还一边说:"妃子,你尝尝,还真不错呢,在宫中可吃不上这样的好东西!"

"皇上,不能一路都吃干粮呀……"

"妃子说得很对,因为我们出来得很匆忙,这一带的地方官没有得到通知,所以也就没有准备好饭菜,丞相已经派人沿途通知下去了,以后每到一地,就能吃上热饭热菜了。"

"噢,是这样的呀。"贵妃咬了两口干粮,强忍着咽了下去:"皇上,这味道还行,您多吃几块吧。"

"朕已吃了一块,这是第二块了。"

"皇上,您喝口水。"

"好,妃子,你也喝些水吧。"

玄宗和贵妃的对话,都被守在门边的高力士听到了,他的心里说不上的难过。自从李隆基登上帝位,高力士就一直侍奉在他身边。在高力士看来,玄宗是天子,他生来就是为了享受人间的荣华富贵的,谁知道天有不测风云,堂堂的大唐天子,也会落到今天这样凄惨的处境!他又想到,多少女子,都不中玄宗的意,只有这位杨贵妃,好像天生就是陪伴玄宗的,他们不仅同富贵,而且共患难,这会儿,他们正一起啃着村民进献的干粮呢!想到这儿,高力士的鼻子有些发酸,忍不住咳嗽了两声。

"高力士！"玄宗听到了高力士的咳嗽声,叫道。

"皇上,臣在。"高力士答应着走了进去。

"高力士,陈元礼的士兵们在干什么?"

"正在休息,有的去村里找粮食去了。"

唐玄宗想了想说:"你去把杨丞相叫来,朕有话对他说。"

"是!"高力士像在宫里一样,弯着腰退了出去。

十一　马嵬之变

正当玄宗和贵妃在古庙里吃饭的时候,禁卫军的许多士兵也在庙外休息,因为马嵬驿是一个偏僻的小村,百姓们也早已跑光了,所以士兵们虽然四处搜索,也没有弄到多少粮食。饥饿,使士兵们的怒气达到了无法控制的程度。一个长满络腮胡子的低级军官对士兵们大声说道:"皇上今日驾临马嵬,我们随驾至此,竟连饭也吃不上,这全是因为杨国忠专权误国,把安禄山逼上了反路!"

"对,杨国忠是个奸臣!"

"安禄山假传圣旨,以杀杨国忠为号召,如果杀了杨国忠,也许安禄山就不敢继续进犯了!"

"杀了杨国忠!"

"对,不杀他,怎能安天下人的心?"

"对! 对!"

士兵们的一腔怒火,被那位低级军官一句话点燃了,你一言,我一语,士兵们发出一片愤怒的喊声。

忽然,一个士兵喊道:"看,那不是杨国忠!"众人顺着他的手看去,果然,杨国忠正向这边走来。

士兵们都不说话,静静地看着杨国忠。

正在这时,有几个人围住了杨国忠,这几个人是随着避难队伍一起来的吐蕃人,他们原是到唐朝进贡来的,情况紧急,便也跟着逃出了京城。他们拦住杨国忠,向他比划着什么,杨国忠摊开手,表示没有听明白。这时,一个懂藏话的汉人走到杨国忠跟前,对杨国忠说:"丞相,这几个吐蕃人是向您要粮食呢!"

"粮食?"杨国忠着急地说,"你告诉他们,现在情况紧急,我也没有办法!"

那几个吐蕃人听了这个汉人翻译的话,仍用手比划着,那意思很明显:"不管怎样,我们也得向你要粮食!"

杨国忠一边摆手,一边转身准备摆脱开他们,几个吐蕃人却毫不放松,其中一个还拉着杨国忠宽大的衣袖,嘴里"哇啦哇啦"地嚷着什么。

"没有粮食! 没有粮食!"杨国忠一边用力甩袖子,想摆脱这个吐蕃人,一边大声喊道。但是,他仍被团团围住,根本走不开。

这一切都被不远处的士兵们看在眼里,一个士兵跳了起来,喊道:"此时不杀杨国忠,更待何时!"众士兵一起跟了上来,手持武器,高叫道:"杨国忠与吐蕃人密谋,图谋不轨!"还没等杨国忠明白过来,他已倒在了士兵们的刀下。一个士兵把杨国忠的头割下来,绑在一根竹竿上示众。听到这边的喧闹声,陈元礼急忙跑了过来,他一看这场面便全明白了,心中说:"杨国忠,你也有今天!"这时,高力士走了过来,看到竹竿上杨国忠的人头,他的脸都吓青了,但他什么也没有问,只是对陈元礼说:"陈将军,皇上宣你进去。"陈元礼看看众士兵,跟着高力士走进古庙。

玄宗问道:"陈将军,外边为什么喧哗?"

"报告皇上,杨国忠专权误国,其罪该诛,刚才士兵们又见他与吐蕃人密谋,图谋不轨,众兵士十分气愤,一怒之下七手八脚把他杀掉了。"

"啊!"贵妃一听,愣了,眼泪忍不住流了下来。

"有这样的事!"玄宗也着实吃了一惊,他沉吟了一会儿,知道事已至此,已无可挽回,自己和贵妃的性命都操在士兵的手里,便说:"事已至此,也就算了,杨国忠也是罪有应得。"

陈元礼忙跪下道:"末将代众兵士谢皇上大恩!"

玄宗有气无力地说:"快叫兵士们赶路吧。"

"是!"陈元礼退了出来,对聚集在那里的士兵们说:"皇上有旨,杨国忠罪有应得,所以不追究你们私自杀掉杨国忠的行为,大家速速准备,马上出发!"

士兵们互相递着眼色,谁也没有说话,仍静静地站在那里。

"怎么,你们也要反吗?!"陈元礼大声问道,其实,他心里有点儿发虚。

那个长满络腮胡子的低级军官鼓了鼓勇气,说:"陈将军,我等都是绝对效忠皇上的,不过……"

"不过什么? 直说吧!"

"陈将军,我等觉得,杨国忠虽然死了,可是贵妃尚在皇上左右……"

旁边的士兵七嘴八舌道:

"对,不杀杨贵妃,我们绝不离开!"

"杨国忠因贵妃而得势,贵妃也罪责难逃!"

"若是贵妃还在皇上左右,我们的性命就难保了!"

士兵们的喊声极高,造成很大的喧哗声。陈元礼看看没有其他办法,只得又转身向庙里走去,正碰上往外来的高力士,高力士问道:"陈将军,士兵们怎么还没有散开?"

"唉,高公公,末将要拜见皇上!"

"好,走吧。"

刚进门,玄宗就生气地问:"陈将军,喧哗声怎么更大了? 到底是怎么一回事?"

"皇上!"陈元礼跪了下来,"士兵们不肯散去。"

"为什么?"

陈元礼看看玄宗身边的杨贵妃,话到嘴边又咽了回去。

"陈元礼,有话就说吧,难道你想犯欺君之罪吗?!"

陈元礼咬了咬牙,说,"好,末将全说,士兵们觉得杨国忠虽然死了,可是贵妃还在皇上左右,所以不肯散去。"

"贵妃? 贵妃怎么了?"玄宗有些急了,不知道又要发生什么事。贵妃也转过头来,十分认真地听着。

陈元礼继续说道:"士兵们说,贵妃在皇上左右,他们将来性命难保,所以希望皇上忍痛割爱!"

"哎呀,这话从哪儿说起!"玄宗气得站了起来,"杨国忠如果有罪,你们也已经把他杀了,贵妃在深宫里侍奉在朕左右,又犯了什么罪?!"

"皇上,您说得很对,只是军心已变,末将也没有办法!"

"你快去告诉士兵们,不许胡来!"

"是!"陈元礼转身出了古庙,可只一会儿工夫,他又回来了,着急地对玄宗说:"皇上,士兵们坚持不散,非要杀杨贵妃不可,末将实在压不住!"

一直在一边静静看着这一切的贵妃,此时早已泪流满面了,她心里说:"国忠刚刚惨死,我又在劫难逃,这难道是命中注定的吗?"见玄宗一脸怒色,贵妃忙说:"皇上,您听我一句话……"

"妃子只管休息,没你的事!"玄宗话音未落,外面传来了大声的喊叫,庙里的人都听得明白,那喊声是"不杀贵妃,绝不出发!"

陈元礼跪下道:"皇上,贵妃虽然没有什么罪过,可杨国忠是贵妃之兄,若贵妃仍在您身边,军心怎么会安定呢?"

"哼!"

"皇上,军心不安,皇上的生命也就难保呀,请皇上三思!"

高力士又进来报告:"士兵已经将古庙包围了,若还迟延,恐怕难免出事!"

玄宗沉吟了一下,对陈元礼说:"你快去安抚一下士兵们,朕想想办法。"

"是!"陈元礼急急地走了出去。

玄宗看着贵妃,呆呆地出神,此时,他的心里十分难受,堂堂的一个天子,竟不能像百姓那样夫妻和和美美地过日子,这种天子又有什么意思呢!

贵妃拉着玄宗的衣角说道:"皇上,我怎能舍得下您呀!"说着,眼泪流了下来,她用衣袖随便擦擦眼睛,哭着说:"我受皇上大恩,即使以死相报,也不过分!看来今天情况紧急,望皇上允许我自尽,以安定军心,皇上也能安全地前往蜀中!"

"妃子说的什么话!你若自尽,朕即使仍有天子之贵,四海之富,又和谁共同享用呢!"

"皇上,您……"

"妃子,宁可国破家亡,朕也舍不得你呀!"

贵妃也急了,她一下跪到地上,哭着说道:"皇上对我的恩情,我自然明白,但事情已经发展到了这一步,也没有别的办法了。若还迟疑不决,皇上有什么不幸,我的罪过不就更大了么!望皇上以国家为重,割舍对我的恩情吧!"

高力士在一边也哭了起来,他见玄宗和贵妃相持不下,也跪下来对玄宗说:"娘娘深明大义,望皇上以国家和朝廷为重,满足娘娘的请求吧!"

玄宗知道事已至此,实在没有别的办法了,便顿着脚喊道:"唉,既然妃子一定要如此去做,朕也做不了主了! 高力士,你来安排吧!"说完,竟泪流满面。

"皇上!"贵妃扑在玄宗的怀里,玄宗紧紧地抱着她。

庙外的喧哗声更大了。

高力士搀着贵妃,小声说:"娘娘,奴才陪您去后院吧。"贵妃推开玄宗的两臂,注视着玄宗的双眼说了声:"皇上,多多保重!"转身便向后院走去。

"妃子!"贵妃好像没有听到玄宗的召唤,消失在门后,玄宗默默地站在那里,眼泪从脸上流下,打湿了他的胡须。

高力士搀着贵妃来到后院,这里一片荒凉,杂草丛生,几只乌鸦在树上发出难听的叫声。

忽然,高力士跪了下来,对贵妃行礼道:"娘娘,有什么话,您尽管吩咐吧!"

贵妃哭道:"高力士,皇上年事已高,我死以后,你要更加小心侍奉皇上。"她停顿了一下,擦擦眼泪又说,"你再转告皇上,今后,不要再念着我了!"

"娘娘,奴才记住了!"

"这金钗一对,钿盒一个,是皇上赐给我的,我死以后,你要把它们放在我身边陪葬,千万别忘了!"

正在这时,几个士兵在后院墙上探出头来叫道:"杨贵妃奉旨自尽,为什么还迟疑停留!"

高力士忙走过去,也大声叫道:"众士兵不准再胡言乱语,贵妃马上就要归天了!"

见此状况,贵妃骂道:"陈元礼,你的士兵既然勇猛,为什么不去打安禄山,逼我一个妇道人家自尽算什么本事!"说着,对着一棵梨树站下,把一段白绢系在树上,喊了声"皇上啊!"便自尽了。

高力士指着悬挂着的尸体,对士兵们说:"贵妃已经升天,你们快快离开!"说完,解下白绢,让贵妃平躺在地上。

高力士来到庙里,把白绢放在玄宗面前,说:"皇上,贵妃已经归天了!"

玄宗没有说话,眼泪却还在往下淌。

高力士又说了一遍:"皇上,娘娘已经归天了!"

这次,玄宗点点头,看着面前的白绢说:"妃子呀,妃子! 朕为你心痛肠断呀!"说着,身子一晃倒了下去,幸亏高力士眼疾手快,一把扶住了他,玄宗才没有摔在地上。过了一会儿,玄宗又问道:"贵妃归天前说了什么话吗?"

"娘娘叫奴才好好侍奉皇上。"

"唉! 还说了什么?"

"娘娘请皇上不要再念着她了。"

"唉!"

"娘娘还让奴才将这两样东西和她埋在一起。"高力士取 出金钗和钿盒,玄宗一见,眼泪便流了下来:"这是朕与贵妃定情时的礼物呀! 啊,马嵬驿呀马嵬驿!"

"皇上,时间紧迫,贵妃的丧事⋯⋯"

玄宗想了想:"先用锦袍将贵妃尸体包裹了安葬吧,你要把地点记清楚,以后朕一定要为贵妃改葬! 这金钗和钿盒就系在贵妃的衣服上吧。"

"是!"高力士走了出去。

陈元礼走了进来,跪着说道:"士兵们知道皇上已割舍了贵妃,士气高涨,请皇上出发吧!"

玄宗长长地叹了一口气,无可奈何地说:"贵妃没了,朕去不去蜀中又有什么意思!"

"望皇上以国家为重,快快出发吧!"

"唉!"玄宗缓慢地站了起来,他显得一下子衰老了许多。

十二 思念深深

时间过得真快,一晃一个月过去了。

这支避难队伍一直向西,已经走到接近成都的剑阁了。一路上,唐玄宗同士兵们一样餐风露宿,十分辛苦。他每时每刻都在思念着贵妃,贵妃的音容笑貌,一直在他眼前晃动。

"皇上,下雨了,快到前边的阁子里休息一下吧!"在剑阁下面,高力士喊道。

"好,高力士,牵好马!"

玄宗登上剑阁,看着眼前水绿山青、鸟啼花落的景色,一种悲凉之感又涌上心头,他对高力士说:"朕与贵妃,总在一起听乐赏花,也曾一道出外游玩,可现在,对如此景致,只有朕一个人了!"

"皇上,一路奔波,已十分劳累了,您还是想开一点儿,千万别太伤心了!"

"唉,谁知此次出行,竟将贵妃撒在了路上,怎能叫我不伤心呢!"

这时,一阵铃声传来,伴着风声雨声,这铃声传得很远。

"高力士,你听那边铃声乱响,叫人好心烦!"

"皇上,这是阁子檐前的铃铛,风一吹,它们便更响了。"

"好烦人的铃声!"

这风中的铃声,与山谷岩石相应,显得十分清脆,它一下子勾起了玄宗无限的伤情,他默默地站在那里,想着这一个月的艰难行程,想着贵妃,他的眼睛湿润了。

这淅淅沥沥的雨声和清脆的铃声,触发了玄宗的思念,也引发他的灵感,一行行音乐符号涌入他的脑海,他要过纸和笔,埋头写了起来,不一会儿,便写出了一支新曲子,他名之为《雨霖铃》,以寄托对贵妃的哀思,他看着手里的曲谱,自言自语道:"可惜乐工不在身边,唉!"

高力士小声说:"昨天有一个人从京城里逃来,他说乐工雷海清在安禄山的宴会上,大骂叛贼,被活活打死了!"

"雷海清?就是那个弹琵琶的?"

"正是。"

"唉,没想到,京城里那么多唐官投敌,这个乐工对朕却有如此一片忠心!"

正说着话,雨停了,玄宗正要下旨继续赶路,一个小太监走来报告:"成都地方官前来迎接皇上,并带来许多锦缎珠玉,供皇上一时之用。"

"叫他进来。"

一会儿,成都尹韦见素走了进来,向玄宗行了大礼。玄宗问道:"韦见素,现在长安一带情况如何?"

"回禀皇上,郭子仪将军已率军收复了许多地方,目前正往长安一带进军,具体情况还不清楚。"

一听这个消息,玄宗心里踏实了许多,情绪也就好了一些,刚才风雨中铃声带来的烦恼也渐渐消失了。

玄宗又问:"安禄山这个叛贼现在在哪里?"

"禀告皇上,"韦见素说,"安禄山已被他的侍从李猪儿杀死了。"

"这个叛贼,不得好死!"

"这是天意呀!"

"现在叛军由谁统领呢?"

"由安禄山的儿子安庆绪统领。"

玄宗点点头,他知道安禄山是很会打仗的,现在他死了,他的儿子就好对付了,郭子仪是玄宗十分赞赏的一个名将,他要打败安庆绪还是不困难的。

韦见素又说道:"皇上,这里离成都还有一天的路程,成都已为皇上做好了一切准备,请皇上放心!"

玄宗点点头:"时危见忠臣呀!"

"皇上请出发吧。"

这支经过长途跋涉十分疲劳的队伍,又开始了艰难的行程。

第二天,这支避难队伍终于来到了成都,玄宗在成都尹的官府里暂时安身,士兵们得到命令,放假十天。玄宗一到官府西堂,便对韦见素说:"朕有一事需你去办。"

　　"请皇上吩咐,下官一定全力去办!"

　　玄宗缓缓地说:"朕一路上总是思念贵妃,她为国捐躯,实在让朕伤心。思来想去,朕没有办法表达对贵妃的感情,只有命你赶修一座庙宇,并叫匠人们雕一具贵妃的像,朕要将它供在庙中,以寄托对贵妃的思念!"

　　"皇上,此事不难,城中有一座庙,刚刚建好,里边尚未布置,下官前去安排即可,"韦见素又说,"成都有许多能工巧匠,下官马上叫他们为贵妃雕像!"

　　"此事越快越好!"

　　"奉旨!"

　　只过了十几天,庙便布置好了,贵妃的像也雕成了,玄宗听到这个消息,便命高力士先将雕像迎入成都尹官府,再由自己亲自送到庙中供养起来。

　　过了一会儿,高力士进来报告:"皇上,娘娘的像迎来了。"

　　玄宗一听,忙走出府中,只见两个宫女,捧着香炉,两个太监抬着一块香案,香案上站立着贵妃的雕像,两边还有许多鼓手乐师。

　　玄宗看着贵妃的像,一下子愣住了:这雕像太像贵妃了! 它的身高体态与生前的贵妃一模一样,它脸上的笑意,也是玄宗见惯了的。玄宗高叫了一声:"妃子,你回来了吗?"

　　雕像仍然静静地立在那里,没有反应。

　　"妃子呀,妃子!"玄宗的眼泪流了下来,高力士一见,忙将他搀回府里,又回头吩咐一句:"稍等片刻,皇上要亲送雕像入庙。"

　　在高力士的搀扶下,玄宗回到屋里,他对高力士说:"朕一见贵妃的像,就想起过去的日子,贵妃的笑意中,好像正向朕叙说着离情和愁绪。"

　　"皇上,您可要多保重呀!"

　　"唉,这样活着又有什么意思!"

　　"皇上,唐朝百姓还盼您驾归长安呢,贵妃归天前,不是也望您保重圣体吗?"

　　"是呀,"玄宗沉吟了一会儿,"贵妃的心,朕是知道的。"

又坐了一会儿，玄宗的情绪平缓了一些，他对高力士说："走吧，送贵妃入庙去吧！"

玄宗骑在马上走在队伍的前头，后边跟着抬着雕像的太监和捧着香炉的宫女，再后边是鼓手乐师，最后边是五百名威风凛凛的士兵。到了庙门口，玄宗在高力士的搀扶下跳下马来，玄宗打量一下这座庙宇，心里说："唉，这怎比那宫中大殿，妃子呀，你可委屈了！"

高力士高喊一声："吉时已到，皇上有圣旨！"

玄宗定了定神，说："宫人们，侍候娘娘升座！"

"奉旨！"

这时，乐师们奏起贵妃最喜欢听的《霓裳羽衣曲》。在乐曲声中，太监和宫女们把香案和贵妃的雕像，恭恭敬敬地放在庙堂南墙边，然后肃立两旁。

"拿香来！"

玄宗接过高力士递来的香，一根一根插在雕像前面的香炉里，他看着香烟轻轻飘去，好像看到了贵妃轻盈的舞姿，不由地叹了一口长气。

"高力士，拿酒来！朕为贵妃敬一杯酒。"

高力士把早已准备好的酒杯递给玄宗，玄宗举着酒杯说道："妃子，你命丧马嵬驿，是为了朕和大唐，情况紧急，没有为你好好安葬，请你原谅我的薄情吧！"说完，他将酒洒在了雕像前面的地上。

众人都跪了下来，庙殿里一片肃静。

当天晚上，玄宗躺在床上，思绪万千，外面的雨点，打在梧桐叶上，叭叭作响。他一闭眼，面前便出现了贵妃娇美的笑脸，耳边便出现了贵妃动人的笑声……

一直到快天亮的时候，玄宗才朦朦胧胧地睡着了，他做了一个梦——

这天，两个仆人走进宫中，对玄宗说："陛下，有请！"

"谁请我？"

"奴才们奉杨娘娘之命，特来请陛下。"

玄宗吃惊地问道："是杨贵妃？"

"正是。"

"原来贵妃没有死？"

"是的，贵妃在马嵬驿自尽身死后，被天上的仙人知道，有感于她对唐皇的深情,将她召入天宫,在那里,她仍时时刻刻念着皇上,今日特命我等来请皇上说话。"

玄宗急忙站起身,跟着这两个人走出了宫殿,腾云驾雾,一会儿来到了一个人间少见的地方,只见这里池水清澈,小阁别致,白烟缭绕,牡丹盛开,玄宗心里一惊,说道:"这是哪里? 比朕的宫中还要雅静十倍呢!"

这时,一个仙女远远走来,问道:"前边是不是唐皇?"

"本人便是唐皇李隆基。"

仙女走到玄宗跟前说:"娘娘吩咐,当年皇上与她在宫中定情,曾送她一副金钗、一只钿盒,现在娘娘叫我先将金钗的一股和钿盒的一扇送给皇上,留作纪念。"

"贵妃呢?"

"她随后就到。"

过了一会儿,听见一阵轻轻的脚步声,玄宗抬头一看,只见贵妃飘然向这里走来。玄宗向前几步,叫道:"真是爱妃吗?"

"皇上,正是玉环!"

杨贵妃扑在玄宗的怀里,两人都哭了起来。

贵妃停了一会儿说:"皇上,您一路辛苦,总算到了成都了,我不能陪伴左右……"

玄宗打断她的话说:"贵妃,马嵬坡下,朕实在无力相救,有负朕与贵妃七夕之誓,还望贵妃鉴谅!"

"陛下!"

"贵妃,你怎会在这里?"

"陛下,"贵妃说,"我原来就是天上的仙女,因为做了错事,被发配到人间,自从马嵬之变,我又被召回天宫,月宫娘娘见我对皇上一往情深,又得知皇上也在苦苦地想念着我,便叫人去请皇上前来天宫,与我相见。"

"噢,是这么回事! 可惜我是凡人,不能升入天宫,与贵妃永远在一起!"

"陛下,您与我一个地上,一个天上,也许永无再见之日了!"

"贵妃!"玄宗心疼地哭了起来。

…………

一声炸雷,将玄宗从梦境里惊醒,他的枕头已被泪水打湿了,奇怪的是,玄宗的枕边,真的有金钗的一股和钿盒的一扇,他急忙拿起来细细打量,确认是自己从前赠给贵妃的那只金钗和金钿的一半儿,他惊呆了。

这时,雨点打在梧桐上,仍然叭叭作响,好像在叙述一个永远讲不完的故事……

十三　尾声

　　不久,长安被郭子仪率领的唐军收复了,唐玄宗由成都出发,回到了长安。在马嵬驿,玄宗令高力士为贵妃改葬,但奇怪的是,只找到了当时包裹贵妃尸体的那件锦袍,却没有发现贵妃的尸体,这使玄宗想起了自己在那个雨夜里做的那个奇怪的梦……

　　回到长安以后,玄宗将政事全部交给了太子李亨,自己自称太上皇,终日总是默默地坐在那里,思念着贵妃。一天,玄宗闲极无聊,叫来过去曾侍奉过他的乐师舞女,让他们一遍又一遍地演奏《霓裳羽衣曲》,心中充满了凄凉之情。这时,谢阿蛮走上前来,跳起了贵妃当年最喜欢的各种舞蹈,舞罢,将一件首饰取下来献给玄宗:"陛下,这是贵妃当年赏给奴才的,请陛下收回,作个留念吧!"

　　玄宗接过首饰,端详一番说:"这是高祖传下来的宝物,前年我送给了贵妃,阿蛮,还是你留着吧!"

　　"陛下……"

　　"朕今日偶见此物,心中便十分悲哀,放在身边,怎么受得了呢!"玄宗把首饰交还给谢阿蛮,眼泪又流了下来。

　　当天晚上,玄宗感觉头热眼晕,他躺在床上对高力士说:"朕奉天帝之命,就要升天了,在那里才能与贵妃天天守在一起。"

　　高力士听了这话,十分惊慌,一时竟一句话也说不出来。

　　玄宗又说:"朕睡着以后,你们千万不要惊动朕!"

　　高力士不安地点了点头。

　　第二天清晨,高力士发现玄宗已经没有呼吸了,他的表情十分安详。

岑 参

前 言

岑参(七一五—七六九)是唐代著名诗人,他的诗题材丰富,形式多样,而尤以边塞之作最有价值。

岑参的边塞诗之所以具有较高的成就,一则是因为他有边塞生活的亲身体验;二则是因为他在艺术上不断追求,有所创新。因此,后人将岑参与同样善于写作边塞诗的高适并称为"高岑",把他们两人看作是唐代边塞诗派的代表,所以盛唐边塞诗派又被称作"高岑诗派"。当然,岑参其他题材的诗篇亦有不少佳作,只是为他边塞诗歌的盛名所掩,人们较少注意而已。

这本小册子,是根据唐人杜确《岑嘉州集序》以及闻一多《岑嘉州系年考证》、陈铁民、侯忠义《岑参集校注》等材料,特别是岑参自己的诗作——而写成的,希望能大体勾勒出岑参一生的经历,使读者对这位盛唐诗人及其诗作有一个初步的了解。如果能达到这个目的,我也就十分的满足了。

一 草堂松风

　　唐代的嵩山,同现在一样,树木茂盛,风景幽美,只是比现在更寂静,是当时一般文人学士隐居读书的好地方。

　　这天一大早,在嵩山南面的一条小路上,急匆匆地走来一个仆人装束的壮汉,他来到山间的一间茅屋前,停了下来,擦擦头上的汗,叫道:"岑先生! 岑先生!"

　　随着喊声,一个二十岁左右书生模样的人走了出来,他便是唐代著名诗人岑参。岑参一见这个壮汉,便笑道:"阿六,你怎么这么早就来了?"

　　阿六一边往屋里走,一边喘了口气说:"你哥哥岑大人叫我再给你送些米面,对了,还有这些书。"说着,他把背上的大包放在地上。岑参感叹道:"真让兄长费心了!"

　　"岑大人说叫你好好读书,不要浪费时间。"

　　岑参点点头,说:"你回去告诉我哥哥,我这里一切都好,请他放心!"

　　阿六也点点头,过了一会儿说:"没什么事,我就回去了。"

　　岑参赏了他几文钱,叫他走了。

　　待阿六走后,岑参捧着哥哥送来的书,长长地叹了一口气。他当然理解哥哥送书的一片深意。是呀,而今自己已经二十岁了,一定要抓紧时间苦读,才能尽早获取功名!

　　他信步走出草屋,眼前一片葱绿,风吹松树发出一片涛声,他的思绪就像那山间的小鸟,一刻也不能安静……

　　说起来,岑参有值得自豪的家史,他的祖辈和父辈出了不少高官。他的曾祖父岑文本,在唐太宗的时候当过宰相;伯祖父岑长倩在武则天的时候当过宰相;堂伯父岑羲在中宗和睿宗的时候当过宰相。他的祖父岑景倩,在武则天的时候,曾当过朝中高官和地方刺史;父亲岑植,也当过仙洲和晋州的刺史。本来,岑参一直和父亲生活在一起,家庭条件相当优越,他在父亲的监督和教导下,五岁便开始读书,到了九岁,已经能写文章了。童年的生活,给岑参留下了十分美好的记忆。可是,好景不长,在岑参十二岁那年,他的父亲染病去世了。就像一间房子的顶梁柱忽然断了,岑参的家慢慢败落下来。岑参便跟着哥哥岑渭一道生活。岑渭做了一个小官,并不能完全供他生活和读书,其他一些亲戚也难免经常从经济上给他一些帮助。为了让岑参专心读书,一年前岑渭把他送到嵩阳少室这里父亲早年买下的一个"别业"(别墅)居住。后来,为生活所迫,别业已转卖给了别人。岑参很喜欢这里的风景,同时觉得在这儿自己可以安心读书,便请人在山间盖了一间茅草房,一年大部分时间便在这里生活和读书。因为他没有生活来源,柴米油盐还要靠在附近做官的哥哥供给。

想到自己可以夸耀于人的家史,岑参总是百感交集,他总觉得自己有重振家业的责任,这也是推动他刻苦读书的动力。可是,自己已经二十岁了,却仍然要依靠哥哥的帮助来生活,更别说获取功名和重振家业了!想到这,他不由地长长叹了一口气。

正在这时,忽听有人叫道:"岑兄,岑兄,又在那里构思佳作吧?"

岑参从沉思中惊醒过来,一回头,见是经常来往的几位诗友——张杉、王文吾和周陆,忙迎上去,笑道:"小弟我能有什么佳作,大概是三位兄长有什么不朽之作,特来向小弟我炫耀的吧?"

还是周陆观察的细致,他说:"我看是岑兄又想起家业未振,功名未就,心中又不痛快了吧?"

"嘿!"还不待岑参回答,张杉快人快语道:"岑兄,何必想那么多呢,我们终日悠闲于山间林下,世事皆不关心,岂不快意,为什么一定要自寻烦恼呢!"

王文吾说:"张兄难道还不知道吗?岑兄家族中人才辈出,曾三出宰相,岑兄当然要以重振家风为己任了。哪像我们这些平民百姓的后代,自然不去做出将入相的美梦了!"

岑参摇摇头说:"王兄所言差矣。如今我大唐朝野一片升平,自太宗皇帝奠定基业以来,已经一百四十余年了,正是我们这些人报效国家的好时候,怎能终日山间林下,虚度一生呢!张兄所言,小弟我也不敢苟同。"

张杉和王文吾历来追求一种清静闲适的生活,对社会世事不感兴趣,也从来不去想获取功名的事,所以听了岑参的话,不约而同地摇了摇头。

　　周陆看气氛有些不够协调,趁张杉和王文吾还未说话,忙说:"依我之见,今天我们还是不争这些。我看今日相聚,我们只谈一个字,那就是'诗',如何?"

　　岑参、张杉、王文吾都点了点头。

　　周陆把手里的东西放在石桌上,说:"我带了些酒肉,大家还是边喝边谈吧,怎么样?"

　　"还是周兄想得周到!"

　　待大家分别在草屋外的石桌旁坐下以后,张杉问道:"我们今日以诗会友,是各作新诗呢,还是品评旧作?"说着,他把杯中的酒一饮而尽,又自顾自地斟上一杯。

　　周陆说:"以小弟之见,我们近来作诗不少,今天还是品评一番,看哪几首最为优秀,如何?"

　　岑参点了点头,放下酒杯,"行,我看就这样吧!"他转头问王文吾:"王兄以为如何?"

　　王文吾点了点头,表示同意。

　　稍停了一会儿,周陆说:"依我之见,近期诸位所作,还以岑兄那首《秋夕凭眺》最为出众,尤其是其中'草堂近少室(嵩山的西峰),夜静闻松风。月出潘溪尖(地名,在少室山附近),所见十六峰'几句最为精彩,把草堂月夜写得美极了!"

　　"是呀,这首确实相当不错,"王文吾接着说,"岑兄近期佳作不少,依我之见,还是那首寄给我的诗最好,特别是'卷迹人方处(隐居),无心云自闲。竹深喧暮鸟,花缺露春山'两联真是神来之句,妙极了!"

　　听了这话,岑参忙说:"二位兄长过奖了,小弟诗才平平,怎当得起这样的赞扬? 近期三位仁兄所作,都有佳品,还是……"

　　张杉笑着打断岑参的话说:"我们这是评诗,好就是好,不好当然就说不好,岑兄不必过谦。不过依我之见,还是岑兄写我们悠闲生活的那首《南溪别业》最有诗味。"说着他站起身,朗诵道:"树交花两色,溪合水重流。竹径春来扫,兰樽(酒杯)夜不收。"

　　"这首真是佳作!"王文吾点头赞叹。

张杉坐下饮了一口酒说："怎么样,岑兄真把我们远离尘世的生活写活了。前不久,我把这首诗抄寄给长安的一位朋友,他来信对此诗大加赞赏,说此诗作者定是当今诗坛的一个奇才!"

听了这话,岑参不仅没有露出喜悦之色,反而长长地叹了一口气。

几个人都很吃惊,忙问:"岑兄,怎么了,难道身体不舒服吗?"

"不,不。"

"快进屋休息一下吧!"

"没什么,"岑参有些不好意思,连忙解释道,"真的没什么。"

张杉问:"是不是家里出了什么事? 岑兄,你尽管说,我们都是朋友,若是我们能帮上忙,绝不会推脱!"

岑参勉强一笑,说:"小弟确实没有什么事,只是入世之心不死,想想自己年已二十,却在这山间林下,虚度光阴,心中十分难过。刚才张兄说长安有人赞我为诗坛奇才,小弟实不敢当。可是大丈夫生在世间,不能为国家出力尽心,只会写写诗,又有何用?"

岑参的声音不大,但语气十分有力。一时,谁也没有说话。

停了好一会儿,岑参又说:"小弟的想法与几位兄长各不相同,可是人各有志,不能强求,还请诸位理解。"

"岑兄!"三个人一下子都站了起来,他们虽然不热心于入世为官,但却被岑参的一番话打动了。他们站在那里,等着岑参继续说下去。岑参却什么也没有再说,只是给每个酒杯里又倒上了酒。

周陆一把握住岑参的手,急切地问道:"岑兄有何打算? 快快告诉我们,如果能帮上忙,我们一定助你一臂之力!"

"是呀!"张杉和王文吾也随声应道。

"不瞒诸位兄长,我计划近期便前往洛阳……"

"洛阳? 去洛阳干什么?"张杉的急性子什么时候也改不了。

岑参继续说道:"据传当今皇上正在洛阳,我想先去那里试一试。"

周陆点点头说:"据我所知,要想出仕任职一般有三条路可走:一是应考,二是求达官贵人推荐,三是直接向皇帝献上赋文。"

"噢,那岑兄是想走第三条入仕之路了?"张杉问道。

"是的。我早就想过,应考现在不是时候;求达官贵人推荐,我觉得并不光明磊落,因此,我想去洛阳,直接向当今皇上献上诗赋。"

"对,凭岑兄的文才,献诗赋是一个好主意!"张杉点点头。

王文吾说:"是呵,若是被皇上看中,岂不是入仕的一条捷径吗!"

"那你需要……"周陆的话还没说完,张杉便打断道:"那还用问,依我看,岑兄远游一定需要银子,我那里还有一些,去时一并带走吧!"

"对,我也有一些,过两天一定送来!"

"我明天就给你送来!"

听着朋友们的话,岑参的眼睛湿润了。

四个人一时都没说话,耳边响着松风之声……

二 献赋京城

　　为了实现自己入仕的愿望,岑参暂时告别了嵩山,带着朋友们和哥哥送的一些银子,踏上了去洛阳的道路。他真不知道,这次离去,前途会是怎么样,但是他毕竟还年轻,对未来自然充满了信心。

　　"嵩山,再见了!"当岑参走到嵩山脚下,他在心里这样向嵩山告别。这时,他又摸摸身上的书包,那里有他这些日子苦心写出的几篇文赋,他真希望这些作品能受到皇上的赏识,给他带来好运气。

　　就这样,岑参带着对未来的希望,离开了他生活了很长一段时间的嵩山。

　　可是,人生的道路总是很坎坷的,对于刚刚二十岁的岑参来说,他对坎坷的人生还没有充分的准备。他总觉得,凭着自己的才华,自己的理想是很容易就能达到的。但是,命运似乎并不特别关照他,反而却像是在捉弄他。当岑参匆匆赶到洛阳,按着官府的惯例,把自己的文赋送到朝廷专门的机关里以后,便在城里找了个旅馆住了下来,一心等着使人喜悦的消息。

　　时间一天天过去了,岑参的心里越来越不安定,身上的银子也越来越少了。渐渐地,岑参越来越担心自己的前途。每当夜深人静,他躺在床上常常久久不能入睡,这时他便反复自问:"难道是我的文章不好,皇上没有看中吗? 即使这样,官府也应该有个回讯呀! 怎么会如石沉大海,一点消息都没有呢?"

　　在焦急的等待中,又过了十几天。

　　这天,岑参实在忍不住了,一大早便前往洛阳专管文士献赋的机构去打探消息。他等了很长时间,才从里面走出一个年老体弱的老吏,岑参忙上前施礼道："请问老先生,我二十多天前献上了几篇文赋,不知为何一直到今天还没有一点消息呢?"

"噢,"老吏有气无力地问道,"你叫什么名字?"

"小人叫岑参,是从嵩山来的,献上文赋以后,我一直在城西旅馆里等着消息,可……"

老吏把手中的名册随便翻了翻,打着官腔说:"你的文赋没有被皇上看中,你走吧!"

"啊! 老先生,我……"

也许是岑参着急的样子打动了老吏,他流露出几分同情,小声说:"这位先生,你不要着急。其实,你们这一批献上的文赋,皇上根本就没看!"

"没看? 那……"

老吏看着岑参,小声说:"你还不知道吧? 皇上近来新得了一个美人,哪有工夫看你们这些文人的文赋呢!"

"美人? 是谁呢?"

"就是杨玉环呀,现在皇上已封她为贵妃了,近来皇上特别宠爱她,对朝政都不怎么关心了。"

"那……"岑参急得说不出话来。

老吏同情地叹了一口气,说:"你们这些读书人哪!"他见岑参露出灰心丧气的神色,又安慰道:"你也别太着急,皇上在东都洛阳没心思看你们献的赋,到了西京长安总是会看的,你不如再去长安碰碰运气,皇上明天就起驾回长安了。"

岑参点点头说:"谢谢老先生指点!"说着掏出几两银子塞在老吏手里。

回到旅馆,岑参即刻打点行装,结了账,当天就离开洛阳前往长安。

但是,事情并不顺利,岑参的愿望在长安仍然没有机会实现,他献给朝廷的文赋,并没有引起皇帝的重视。时间一天天在等待中慢慢过去了,岑参开始感到生活渐渐拮据起来,幸亏他哥哥岑渭又托人带来些银子,他才能在长安继续住下去。

这一天,旅店的老板告诉岑参,皇上又到洛阳去了。见岑参有些不信,老板说:"这是宫中当差的朋友告诉我的,他们呀,就盼着皇上去洛阳,那样他们就可以偷闲些日子了。"岑参取了些银子给老板,叫他打些酒来。

一会儿,老板便叫人送来了酒和一些下酒的菜,岑参自斟自饮起来,一时感到心中非常郁闷,是呵,此时此刻,他又该怎么办呢? 最后,他还是决心再到洛阳去一趟,也许还能够找到一个入仕的机会。

第二天,岑参离开长安又踏上了去洛阳的道路。快到中午的时候,他来到了潼关。守关的士兵验明了他的身份,放他过了关。回头望着曾经几次经过的潼关,岑参忽然想到了后汉时一个叫郭丹的人。据史书记载,郭丹是南阳人,有一次他入函谷关寻求仕途,曾经立下誓言说:"我此生若不能在关内为官,便绝不再出此关返乡!"果然,几年后,郭丹被任命为谏议大夫,作为使者被皇上派往南阳,遂了他衣锦还乡的愿望。岑参虽然不追求什么"衣锦还乡",但是在他生活的时代,要想在政治上有所作为,唯一的出路便是出仕为官。难怪他会想到后汉时的郭丹了。想想郭丹,比比自己,岑参心中不由得感慨万千,他不禁随口吟道:

> 来亦一布衣,去亦一布衣,
> 羞见关城吏,还从旧道归!

是呵,这一年以来,岑参两次经过潼关,却仍然是一个布衣百姓,并没有得到一官半职,难怪他自卑得连守卫潼关的小吏都羞于相见呢!

虽然说"羞见关城吏",但他还是在命运的摆布下又一次经过潼关,与关吏相见,因为岑参在洛阳待了几个月以后,自知还会同上次一样一无所获,只得又从原路再一次返回长安。他想,长安是大唐的首都,是政治经济文化的中心,这里仕进的机会毕竟多一些。因此,他这次决定在长安多住些日子,好好找一找出仕报国的机会。

这一天,岑参在旅馆里待得无聊,便信步来到长安西市。这里是长安的主要商业区,店铺一间挨着一间,饭馆酒楼随处可见。他走了一阵儿,觉得有点乏累,便走进一家酒楼,要了些酒菜,独自喝起了闷酒。

在岑参的邻桌,围坐着几个读书人,他们的谈话引起了岑参的注意,他不由地转过头仔细听了起来。在谈了一阵国家大事和朋友琐事以后,一个长着络腮胡子的人举着酒杯站了起来,他笑着对一位白皙脸、年纪约在四十岁左右的人说:"王兄,你的诗堪称天下第一,今日何不借着酒兴,当场为我们大家吟两首?"

"是呵,是呵。"旁边的几个人笑着附和。

那个被称作"王兄"的人也端起酒杯,笑着说:"李兄,你不必将我一军,谁不知道你的诗才是当朝的佳品,何必取笑我呢?"

听了他的话,众人都笑了起来。

停了一会儿,那个被称为"王兄"的人,颇有感慨地说:"我大唐朝一百余年以来,天下太平,读书人可以安心读书,且朝廷又有按诗取士之制,所以诗风是历朝历代以来最为兴盛的。现在有一些年轻士子,他们的诗写得相当好,比如我有一位朋友常年住在嵩山,很早以前,他给我寄来一些诗,是一个叫岑参的年轻人写的,相当不错,所以我们可不敢在这里说什么'天下第一'之类的话呀!"

"王兄所言极是!"

听到有人提到自己的名字,岑参先是一愣,继而想起在嵩山时,老友张杉曾说过他把自己的一些诗寄给了长安的一位朋友,当时也没有问他长安的朋友叫什么,大约就是这个被人称作"王兄"的人了。岑参放下酒杯,来到正在高谈阔论的众人面前,先施了一礼后问道:"敢问这位王先生大名?"

"你是……"

岑参轻轻一笑说:"刚才这位先生提到的岑参便是本人,所以特来问安。"

"你是嵩山张杉先生的朋友吗?"

"正是晚生。"

"太好了!"那人急忙站起身,对岑参说:"我叫王昌龄,"他又指指那位大胡子,"这位是李颀。"接着他又把在座的人一一作了介绍,然后问道:"不知岑兄是否肯与我等同席畅饮?"

岑参又行了一个礼,这才坐下。

岑参早就听说过王昌龄和李颀的大名,他们的诗他也是读熟了的,可以说"神交已久",所以他们一相识,便一见如故,有说有笑,无话不谈,很快就成了朋友。

这次欢聚之后,岑参与王昌龄、李颀等常来常往,经常聚会赋诗,这为他那寂寞而孤独的生活平添了一份乐趣。

但是,好景不长。这一天,李颀来找岑参,告诉他:"昌龄兄因为得罪了朝官,被贬往江宁任职。"

"什么?"岑参因为身体不适,几天没有出门,因此根本不知道王昌龄碰上了这样的麻烦,所以一听到这个消息,不由一惊,急忙拉着李顾的手问:"是真的吗? 什么时候走?"

"也就是这一两天吧,朝廷催得很急。"

岑参对李顾说:"我们快约一些朋友,明日为王兄饯行吧!"

李顾点点头:"我今天找你就是这个意思,我们这就走吧!"

岑参急忙穿上外衣,跟着李顾走出门去。

第二天,岑参、李顾等人在西市酒楼为王昌龄饯行,大家心里都很不愉快。是呵,送友远行本来就是人生的一大难事。席间,王昌龄感伤地说:"唉,当个小小的官,真不是一件容易的事呀。我生性粗放,难免要得罪一些人,还是朋友们理解我呀!"

李顾劝慰道:"江宁虽远在润州(即今江苏南京市),但毕竟是鱼米之乡,王兄一去也许会另有发展。"

王昌龄淡淡一笑,摇了摇头却什么也没有说。

岑参为王昌龄斟上一杯酒说:"王兄不必太感伤了,你毕竟还能有所作为,而我⋯⋯"岑参没说下去,只是扬头一口喝尽了一杯酒。

王昌龄诚恳地劝道:"岑兄,你虽有才华,却怀才不遇,时光岂不白白浪费了吗? 依愚兄之见,你不如参加每年朝廷举行的科举考试,一定会被朝廷选中,那时一定会比愚兄我更有作为。虽然要花些力气和时间,但这毕竟是我等读书人入仕的一条门路,总比在长安闲居要好得多。"

"王兄所言极是!"

李顾对入仕为官并不热心,他唯一关心的就是作诗,见王昌龄和岑参谈得热闹,便插话说:"王兄,饯行不能无诗,有酒无诗岂不太俗气了?"

"那你先带个头吧!"众人笑道。

李顾摸一摸络腮胡子说:"行,那我就献丑了!"说完,他站起身,略一思索,轻声吟道:"漕水东去远,送君多暮情。淹留野寺出,向背孤山明。夜来莲花界,梦里金陵城。叹息此离别,悠悠江海行!"

"好一个'叹息此离别,悠悠江海行',真是情深意切呵!"

"真是好诗!"

众人交口称赞,李顾谦虚地摇摇头,说:"我只是凑个趣,岑参兄诗名不凡,何不当场赋诗,让我们也欣赏欣赏?"

众人都看着岑参。

岑参笑道:"那我就不客气了。"说完沉思片刻,朗声吟道:"对酒寂不语,帐然悲送君。明时(太平之时)未得用,白首徒攻文。"

"好诗!好诗!"只听这四句,便有人叫起好来。

"还有呢!还有呢!"李颀示意大家安静,等着听岑参后面的诗句。

岑参从容地继续吟道:"君行到京口,正是桃花时,舟行饶(多)孤兴,湖上多新诗!"

岑参话音刚落,李颀便站起身赞道:"确是送行佳作,岑兄果然诗才不凡,佩服!佩服!"

也不知是酒起了作用还是听了友人的赞扬不好意思,岑参的脸红了,他轻轻坐下,笑着说:"诗写得一般,让众位兄长见笑了,可是小弟对王兄的一片离情却是真挚的,此诗只不过表达了我心中之情的十分之一罢了!"

王昌龄紧紧握住岑参的手,一句话也没有说出来。过了好一会儿,王昌龄站起身说:"我深感众位友人之深意,也献上一首诗凑凑趣吧!"

众人拍手叫好。

王昌龄用他那低沉而略带几分沙哑的声音吟道:"长安故人宅,秣马经前秋。便以风雪暮,还为纵饮留。为君啸一曲,且莫弹箜篌。徒见枯者艳,谁言直如钩!"

听了王昌龄的诗,众人一时沉默不语,是啊,那"徒见枯者艳,谁言直如钩"两句诗中有多少感慨和不平啊,这种感情深深地打动了岑参,他想:确如王昌龄诗中所说,世上本有枯而复荣的人,但这些人都是善于阿谀逢迎权贵的人,那些为人正直的人,不能变直为钩,当然也只能穷困凋枯、不被重用了。想到这些,他不由地长长叹了一口气。

夜色在不知不觉中降临在长安城上,一弯明月在云层中静静地浮动……

送走王昌龄以后,李颀和其他几个朋友纷纷离开长安,有的回家乡省亲,有的去外地谋求出路,岑参重又回到寂寞孤独之中。他总感到心神不定,也不知道干些什么好。在这种境况下,他决定到外地周游一番,一则散散心,二则也许能碰到一个出仕的机会。因为手里的银子不多,岑参不能到远处去游历,便来到与长安相距并不很远的大梁(今河南开封市)、滑州(今河南滑县长垣一带)等地。他虽然终日游玩,好像很轻闲自在,其实他的心里一刻也没有忘记自己入仕报国的理想。在大梁他又结识了许多新朋友,其中有一位名叫郭乂,当岑参离开大梁的时候,曾写了一首诗赠给郭乂,这首诗既是勉励友人又是自勉自励,其中有两句深深地打动了郭乂的心:"功名须及早,岁月莫虚掷!"这两句诗形象而又典型地表达了岑参此时的心情。是啊,时光犹如河水一样悄悄地流去,一去而永不复返。可是自己呢?却只能终日与朋友一道饮酒赋诗,空抒壮志,这样下去,什么时候是个头呢?

这一天,岑参觉得十分无聊,早早地便躺在了床上。他从窗户往外望去,只见一轮明月像往常一样悠然浮动,把一片洁白洒向人间。此时此刻,岑参一丝睡意也没有,他的思绪像插上了翅膀在夜空里飞翔,他想了许多许多,想到了嵩山的朋友,想到了远去了的王昌龄、李颀,更多的想到了自己已经年近三十,到了而立之年,可是却如一片白云,飘来飘去,没有定所;他还想到自己值得炫耀的前辈,更为自己功名不就而心如火焚、百感交集。突然,他翻身下床,披一件长衣,来到书桌前,取过纸笔写下了三个大字《感旧赋》,继而文不加点地写下去:

> 参,相门子。五岁读书,九岁属文……国家六叶(代),吾门三相矣!……参年三十,未及一命(一命,指最低的官职),昔一何荣矣,今一何悴(败落)矣!
> ……………

几百字的文章,他一挥而就,写的时候好像毫不费力,但当最后一个字刚刚写完,他便觉得浑身一点劲儿也没有了。他把笔往桌子上一丢,无力地坐在床上,长长地叹了一口气。

忽然,王昌龄离京前劝他应试的话又响在岑参的耳边,本来,他是准备应试的,可是总觉得这条路有些太俗气了,所以也不是很积极地准备。现在想来,这也许是自己入仕的唯一的一条出路了。"对,"岑参自言自语道:"明天我就回长安,去参加这一次的科举考试!"

三　生活的转折

经过几个月的准备,岑参参加了朝廷每年都要举行的秋考,以第二名的成绩及第。这一年是唐天宝三载,即公元744年,岑参刚好三十岁。

及第以后,朝廷照例要授官,岑参被任命为右内率府兵曹参军。这是一个职位很低的官,像岑参那样有志向的人,自然不会以此为满足。但是这毕竟表示着自己已经步入仕途,何况自己没有家产,要养家活口,就不能以官太小而推辞不干,所以岑参还是带着复杂的心情接受了这个任命。

当时,岑参的家小已移居终南山,现在自己在长安做了官,当然要先将他们接来,所以授官不久,岑参便告假前往终南山。在路上,他想到自己年已三十,虽然才刚当上兵曹参军,几年前那种出仕报国的愿望却已经淡薄了。苦于自己没有产业,因此也顾不得官小禄微了。他把心中的这些想法,吟成了四句诗:"三十始一命,宦情都欲阑(残、尽)。自怜无产业,不敢耻微官。"

把家小接到长安以后,岑参便在这里安了家,开始了长安为官的生活。他的交往越来越广泛,朋友也越来越多了。在他的朋友中,有些是在同一个衙门办公的同事,也有些是慕名相交的诗友,还有一些是左邻右舍的文人和雅士。与岑参最要好的一位朋友是大书法家颜真卿,岑参非常喜欢他的字,认为他是大唐第一人,而颜真卿也特别欣赏岑参的诗才,所以两人一见如故,特别谈得来,后来便常在公务之余一起饮酒赋诗,写字作画,总是乘兴而聚,尽兴而散。

这一天,岑参刚从衙门回来,仆人便告诉他:"颜大人在书房里等您呢。"

岑参急忙走进书房,见颜真卿正在书房里随手翻看他的藏书,便笑道:"颜兄,今天怎么突然来访,有什么要紧的事吗?"

颜真卿笑道:"岑兄,我今天是来辞行的,所以来得有些突然。"

"辞行?"岑参一愣,"颜兄要去哪里?"

"你猜呢?"

岑参想想,猜道:"回家乡探望令尊大人?"

颜真卿摇摇头:"不,你再猜猜。"

岑参笑道:"这我可猜不着。颜兄定是在取笑小弟,前几日我们一起饮酒,尚未听说你要去什么地方,怎么今天就说要辞行呢?"

颜真卿笑了笑说:"我岂敢取笑岑兄。事情是这样的,下午宫中来人把我召进宫去,皇上亲自吩咐我前往西域河陇一带的军营中去传旨,并命我明天一早便启程,不得有误。"

"噢,"岑参点点头,"颜兄,你真有福气呀,西域一定是个神奇的地方,可惜我没有你这样的机会,如果能去看一看西域的风光,那一定是极有意思的。"

"岑兄不必着急,我想你将来一定会有机会去西域的。"

"但愿如此!"

说着话,岑参叫仆人去告诉夫人安排酒席,为颜真卿送行。酒过三巡,岑参站起身说道:"这杯酒祝颜兄一路顺风,速去速回!"

"借岑兄之吉言,小弟我敬饮此杯!"说着,颜真卿仰头喝了一杯。

几杯酒下肚,两人都有了几分醉意,岑参笑道:"为颜兄送行,不能没有诗文,小弟送上一首如何!"

"那太好了! 岑兄,请吧!"

"好,请颜兄指正。"说完,岑参略一沉吟,把刚才构思好的一首诗朗诵出来——

君不闻胡笳(古代管乐器,木制)声最悲,紫髯(颊毛)绿眼胡人吹。吹之一曲犹未了,愁煞楼兰(汉时西域国名,此借指西域之地)征戍儿,凉秋八月萧关(古关名,故址在今宁夏固原县东南)道,北风吹断天山草。昆仑山南月欲斜,胡人向月吹胡笳。胡笳怨兮将送君,秦山(终南山)遥望陇山(在今陕西陇县西北)云。边城夜夜多愁梦,向月胡笳谁喜闻！

"好诗！好诗！"颜真卿兴奋地叫起来，"岑兄果然诗才不凡！"

岑参谦虚道："让颜兄见笑了！"

颜真卿叫仆人拿来纸墨，他认认真真地把岑参的这首《胡笳歌送颜真卿使赴洞陇》诗抄在洁白的纸上，仔仔细细地收好。

两人边喝酒边聊天；一直到夜深人静，颜真卿才告辞离开。

在唐朝的时候，边塞战争相当频繁，其中既有唐朝对周边少数民族的侵略，也有对少数民族统治者入侵的反击。因此边塞立功，出将入相，又为当时的读书人开辟了一条新的入仕之路。岑参的前辈诗人杨炯就写下了"宁为百夫长，胜作一书生"的诗句，张九龄亦有"封侯（指博得功名）自有处，征马去嘽嘽"的豪言壮语。与岑参同时有一位以写边塞题材而著名的诗人叫高适，他写出了当时读书人奔赴边塞，参军入伍，希望马上立功的愿望："万里不惜死，一朝得成功，画图麒麟阁（汉代阁名，汉宣帝时曾画十一个功臣像于阁上，以表扬其功绩。后表示最高的荣誉），入朝明光宫（汉宫名，此代指唐宫）。"除了在边塞可以建功立业以外，边塞风光的壮丽，边塞生活的新奇，都吸引着当时的读书人，岑参便是其中的一个。

自从送走颜真卿以后，岑参又送走了武辞仁和胡莫友等几位投笔从戎前往西域边将幕府去任职的朋友。岑参常常在心里一遍又一遍地问着自己："我什么时候才能有机会像他们那样前往边塞呢？如果能投到边将幕府里任职，那该多好！"

时间一天天过去了，一晃五个月了，颜真卿终于从边塞完成使命回到长安。他不愧是岑参的知心朋友，完全理解岑参的心情，所以刚从边塞归来，稍稍休息了一下，便来到岑参家。岑参一见颜真卿，笑道："颜兄，什么时候回来的？我还说到城门外去接你呢！"

"正巧碰上驿站发一班快马，我就提前一天回来了。"

岑参一边叫仆人快备酒菜，一边给颜真卿让座。待两人坐下以后，岑参看着颜真卿笑道："颜兄，边塞的风把你吹得更结实了，脸色也变得黑里透红，显得健康多了！"

"哈哈！"颜真卿不无得意地说，"岑兄，你可不知道，那边塞的风光，真是壮美极了！就是那风，也与内地的风完全不同，带着一股硬劲，就连碗大的石头都能吹得满山滚呢！"

"真的？太奇妙了！"岑参由衷地感叹道。

颜真卿又兴奋地说道："且不说那神奇的火山、热海，单是那大漠落日就会令人永世难忘。"

岑参点点头说："颜兄大约也知道王维先生的名句吧？"

"王维？"颜真卿呷了一口茶，"就是那个在朝廷里做官的王摩诘吧？"

"正是他。"

"他的诗写得好，名句也多，不知岑兄说得是哪一句？"

"就是描绘大漠、黄河、落日的那两句，我想颜兄一定知道。"

颜真卿点点头说："你说的是不是'大漠孤烟直，长河落日圆'两句？"

"不错，正是这两句。"

颜真卿面露得意之色，"岑兄，若是不亲眼看一看大漠上的孤烟、黄河上的落日，你就不会知道王摩诘诗里'直''圆'两个字的准确和传神。欣赏这两句佳诗，我可比你有资格，这样说，你不会反对吧？"

"唉！"

颜真卿见岑参表现出一副泄气的样子，笑着问道："岑兄是不是真心想去边塞？"

"那还用说，难道颜兄还不了解小弟的心思吗？"

颜真卿笑笑说："岑兄，你别着急，我当然知道你的心思和愿望，要不然我不会一有机会就替你说话了。"

"替我说话？"

"是呀！"

"替我向谁说话？"

"你猜呢？"

"哎呀，颜兄，你就别开玩笑了，我可真着急了！"

"好吧。"颜真卿喝了一口水，说道，"我这次去边塞，是向西域名将高仙芝宣读圣旨，这位高将军虽然是一名武将，但对文人颇为器重，他的幕府里有不少读书人。在西域期间，我常陪他饮酒，还为他写了不少字。我素来知道你有前往西域之志，便在一次宴会上把你推荐给他，听了你的情况和抱负，高将军非常高兴，叫我回长安后转告你，他很欢迎你去西域。"

"这个高仙芝,是不是就是安西四镇节度使高将军?"

"正是此人!"

"太好了!"岑参笑了起来,"颜兄,这次你真帮了我的大忙了,我该怎么谢你呢?"

"谢我?"颜真卿故意做出一副沉思的样子,"那就多寄给我一些边塞诗吧!"说完,哈哈笑了起来。

"夫人,快摆酒,"岑参轻声对夫人说,"我要为颜兄洗尘,还要对他的帮助表示谢意。"夫人点点头走出了书房。

"岑兄,今天就免了吧,我……"

岑参笑道:"那可不行,今天我要给你开一缸家藏数年的好酒,叫你好好品尝品尝!"

四 边塞之路

颜真卿带来的消息太让岑参兴奋了,这些天岑参情绪极好,虽然夫人并不赞成他匆匆忙忙前往边塞,但他决心已定,认为这是一个很难碰上的机会,所以不能错过。

经过二十余天的准备,岑参告别妻子和孩子,告别了长安的朋友和同事,踏上了去西域的漫长的道路。他身上带的,除了日常换洗的衣服和一些银子,便只有他数年来的诗文作品和颜真卿的一封推荐信。至于西去所需要的棉衣之类,他计划在路上看情况随时添置。

正是秋末冬初的季节,树上的叶子开始变黄,不断飘落下来,在旋风中打着转儿。天空灰蒙蒙的,像一个严肃刻板的人的面容。在这种季节,离开家人和朋友远行,本来是容易引发人们的感伤之情的,但是岑参的心情却与那灰色的天空形成鲜明的对比:他是那样兴奋、昂扬,因为他认为建功边塞的机会终于来了,自己要毫不犹豫地抓住它!

当然,人的感情是复杂的。当岑参回头看那自己刚刚走过的长安西门时,心中不免也油然生出几分惆怅。是呵,谁知道在漫长的边塞之路上会遇到什么困难?谁又能知道自己在边塞到底会不会建立功业呢?但是想到自己毕竟在向边塞进发,他的心里又觉得十分充实。

过了一个驿站又一个驿站,在天快黑的时候,岑参来到了陇山头。这个地方又叫陇头和陇坂,在今陕西陇县西北,是由长安前往河西、陇右的必经之地。古时候的人,从长安出发经过这里,往往十分感伤,因为一过陇山头,便是荒凉的地方了。古代有一本书,书名叫《三秦记》,里面有这样的话:"小陇山,其坂九迥(弯),上者七日乃越(翻越),上有清水四流。俗歌曰:'陇头流水,鸣声幽咽,遥想秦川,肝畅断绝。'"由此可见,这里确是一个令人感伤的地方。

站在陇水边上,听着那汩汩流水,岑参的心里自然百感交集,他不由地轻声吟道:"陇水何年有。潺潺逼路旁? 东西流不歇,曾断几人肠!"正在这时,有一个人从不远处的驿站走了过来。来到岑参身边以后,那人问道:"请问这位仁兄,是第一次经过陇头吧?"

岑参抬起头,见这人一身文官装束,便笑道:"是呵。先生也是去西域吗?"

"不,"那人摇摇头,"我是从西域来的,要到长安去。"

"噢。"

"第一次经过陇头,难免感慨万千,想当年我第一次经过陇头,还洒过几滴眼泪呢,现在想起来,就像做梦一样!"

岑参问道;"请问仁兄在边塞生活了多长时间了?"

那人淡淡一笑:"细算起来,也已经过了五年了。"

岑参又问:"不知近来边塞情况如何,是否常常发生战争?"

那人说:"大体上说来边塞近年以来还是安定的,当然,胡人也时常前来进犯,一般的战斗是难免的,只是没有大规模的战争。"

岑参点点头,什么也没有说。

那人继续说道:"边塞的事情特别复杂,有时打得热闹,有时又得突然,像我们这样的人真是搞不明白。皇上大约又有什么新的旨意,这不,我就是随高将军前往京城领旨的。"

"高将军? 哪个高将军?"

"就是高仙芝将军呀,他可是我大唐赫赫有名的边将呀! 你还不知道他吗?"

"知道呀!"岑参急切地说,"我就是投奔高将军的!"

"你……"

岑参这才想起来,说了半天话竟忘了自我介绍,忙说:"小弟叫岑参,今年春天,颜真卿兄赴使西域,向高将军举荐了小弟,我这就是去西域拜见高将军,想在边塞幕府里谋个差事。"

"啊,我想起来了,上次颜真卿兄来边塞传旨,在与高将军饮酒时提起过一个诗人正在朝廷任兵曹参军,想来就是仁兄你了。好,好,我们以后可以做同事了。"那人停了一下,又说,"我叫宇文明,是高将军幕府中的判官。这次高将军赴京领旨,令我先行一步。"

岑参忙问:"高将军现在在哪里呢?"

宇文明答道:"他还在西州呢,你恐怕只有等高将军从京城回来以后才能见到他了。"

听了这话,岑参心里有几分遗憾。他微微摇了摇头,又问道:"宇文兄,往西域的路好走吗?"

"难呀!"宇文明说,"都说'蜀道难,难于上青天',其实往西部边塞的道路之难行,绝不亚于蜀道。别的不说,就是那风,就让人受不了。我在沙漠里一连走了二十多天,天天都有大风,真是刮得昏天黑地。有时几十里根本没有土路,路上全是沙子和石头,马在碎石中走过,四只蹄子全磨出了血……"

没想到,岑参听了宇文明的话却笑了:"那景致一定很壮观吧!"

宇文明被岑参的乐观情绪所感染,也笑了:"反正这景致没去过西域的人见不到,那份苦,没去过西域的人也受不到。"

"哈哈哈……"两人大笑起来。

两个人越聊越觉得意气相投,都觉得又结交了一位新朋友,自然十分高兴,便相携着走回驿站,要了一些酒肉,二人分坐在桌子的两头,一边饮酒,一边继续长谈。这时,月亮在远处的山口慢慢地升起,月光洒在关塞的城楼上,一片洁白。

饮了一口酒,宇文明问道:"岑兄,你放着京官不做,却不远万里前往边塞,到底是为了什么呢?"

"宇文兄,那你……"

"我可不同于你,不瞒你说,我是几次应举皆未中第,这才一气之下来到边塞的,可你……"

岑参笑笑:"宇文兄,如果不见笑的话,我还是以诗明志吧,如何?"

"那当然好了,早听颜真卿兄说你是当今一位诗才,今日正好可以当面领教,请岑兄尽快赋诗吧!"

"那就献丑了。"岑参略一沉思,然后用平缓的声音吟诵道:"万里奉王事,一身无所求。也知塞垣苦,岂为妻子谋!"

"好,有志气!"宇文明一把拉住了岑参的手。岑参继续吟道:"别家赖归梦,山塞多离忧。与子且携手,不愁前路修(长)!"

"好诗,好诗,岑兄果然诗才出众,出语惊人!"宇文明连声赞道,又为岑参斟上一杯酒,说:"岑兄,边塞生活虽然艰苦,却另有一番情趣,何况大丈夫志在千里,应该在边塞为国出力,才不枉度一生。我愿与兄携手并进!"

岑参笑道:"我初来边塞,一切还要赖宇文兄指点呀!"

"这就太客气了吧? 我还等着欣赏你的新作呢!"

两个人碰了碰酒杯,都一饮而尽。想一想明天一早二人要各奔东西,不免有些凄然,好在不久宇文明就会从长安返回边塞,因此两人约好,待宇文明回到边塞,两人要开怀畅饮,再续陇头之夜的长谈。

人的情绪常常是很矛盾的,比如岑参,一方面,他表示"万里奉王事""岂为妻子谋",不远万里奔赴边塞,自有一腔热血和豪情;另一方面,他也有妻子儿女,有一个温暖的家庭,因此他又难免时有一种思念家人的柔情,而且越往西行,这种思念之情便越强烈。因此,一路上,岑参写下了不少思家怀亲的诗作。如到了渭州(今甘肃陇西县西南)时,他写了《西过渭州见渭水思秦川》诗,诗中写道:"渭水东流去,何时到雍州? 凭添两行泪,寄向故园流。"诗中的"雍州",指的是京城长安。"故园",是故乡的意思。看到那将流向长安的渭水,岑参便自然想到了长安的家人,不由地洒下了两行热泪。不久,岑参到达了燕支山(在今甘肃省山丹县东),他的思念之情油然而生,写下了"长安遥在日光边,忆君不见令人老"的诗句。是呵,在燕支山边回望长安,该觉得相距是多么遥远呀!继续西行,岑参来到了酒泉(治所在今甘肃省酒泉县),抬眼望去,只见黄沙漫漫,好似一片大海;唯一能看见的,是那边塞特有的白草,"真是太荒凉了",岑参心中叹道。站在县城外的小道上,岑参又想起自己在长安附近杜陵的别墅(那是岑参在长安为官时置办的),随口吟道:"昨夜宿祁连,今朝过酒泉。黄沙西际海,白草北连天。愁里难消日,归期尚隔年。阳关万里梦,知处杜陵田。"诗中的"祁连",是指祁连山,这座山在今甘肃省张掖县西,绵延于唐代酒泉、张掖二郡之间。"消日",即消遣时光。"阳关",古关名,在今甘肃敦煌县西南,和玉门关一样,是唐代通往西域的要道。

出阳关之前,要先经过敦煌,岑参觉得一路奔波,马不停蹄,确实有些累了,便决定在这里停停脚,休息几天,何况敦煌是一个有名的地方,他也想在这里好好转一转,开开眼界。说是休息,其实岑参一天也没有闲着,好在唐代驿站设备齐全,他因为有公家的证明,驿站要免费为他提供每日的三顿饭,他不必为此分心,便在空闲时间到处游览,这个在前辈诗人的作品里屡屡看见的"敦煌",把岑参深深地迷住了。不知不觉,三天过去了。这天早上起床后,岑参决定哪儿也不去了,就在驿站里好好歇一天,明天继续出发。吃过早饭,他捧起一本书,认真地看了起来。过了一会儿,岑参听到屋外有人在问驿站的小吏王五:"王五,你们这里是不是有一位从长安来的客人?"

"张判官,是你呀。对,我们驿站是来了一位客人,他在这里已经住了三天了……"

"他现在仍在驿站里吗,是不是出门了?"

"没有,"小吏答道,"他吃了早饭就回屋里去了,刚才我去送开水,看他正在读书呢。"

"好,你领我去见这位先生。"

说着话,二人向岑参住的屋里走去,岑参听出是来找自己的,忙站起身迎到门口,为他们打开房门。

小吏指一指岑参说:"张判官,这位就是从长安来的先生!"

张判官迎上前来,施了一礼道:"小弟是张朋,在敦煌太守府里做事。你就是岑参先生吧?"

"小人正是岑参。"

张朋笑笑说:"太守昨天才听说你到了这里,今日特派我前来,一则看看先生还有什么事情需要我们做;二则想请你晚上去太守府参加酒宴,不知先生是不是肯赏光?"

岑参忙说:"因为我只是路过此地,怕给太守添麻烦,所以也没去太守府里打扰,现在也没有什么事情要麻烦张大人的;至于酒宴……我本来是准备明日一早就出发的。"

张朋笑着说:"那就推迟一天吧,太守是很想见见你的,怎么样?"

岑参想了想说:"恭敬不如从命,就这样吧!"

"好,晚上我叫人来接你,如何?"

"那太感谢了!"

两个人又说了一会儿话,张判官才告辞离开了驿站。

晚上，敦煌太守府里，灯火通明，鼓乐齐鸣，客人极多。当岑参被引进客厅的时候，太守示意大家安静，然后说道："诸位都是熟客，常来常往，我就不一一介绍了，只有这位岑参先生，是第一次到敦煌来的客人，我略作介绍如何？"

岑参笑道；"小生岂敢有劳太守大人，还是让我作个自我介绍吧。"他向众人施了一礼，说道："本人名叫岑参，此次借道敦煌前往安西投奔高将军，承太守大人的美意，今晚在此与诸位大人相会，真是不胜荣幸！"

众人听说岑参放弃京官不做，不远万里，由长安前往安西投笔从戎，都露出赞赏的神情，人们纷纷走上前来向他敬酒，希望他能习惯边塞的生活，在边塞实现自己建功立业的愿望。岑参心里热呼呼的，对众人的祝愿表示了谢意，心里说："边塞的人，性格就是豪爽，待人实在真诚，这也许是边塞的一个特点吧。"

一阵寒暄之后，太守请大家随意玩。客人们都很随便，有的几个人在一起玩"藏钩"的游戏；有的在太守家妓的侍候下饮酒赋诗；还有的竟在宽阔的大厅里跳起了胡旋舞，真是热闹非凡。等岑参回到驿站时，东方都渐渐地发白了。岑参兴奋得一点也没有睡意，他取出纸笔，一挥而就写下了《敦煌太守后庭歌》记录下了这个难忘夜晚的情景和自己的感受。这首诗写得很好，把当时的环境、气氛以及自己的心情都描绘出来了，特别是其中"此中乐事亦己偏"（偏，即"多"）一句，更说明岑参在这欢乐的气氛中，暂时忘记了离家远行的烦恼，他被火热的边塞生活情趣深深地迷住了。

因为赴太守家宴，岑参多耽搁了一天，这天早上他决定继续西行。出了敦煌城，不远处便是阳关。带着一种难以用语言说清楚的复杂情绪，岑参走出了阳关。在唐朝人看来，过于阳关，便是荒凉偏僻的世界，岑参同辈诗人王维在送别友人赴安西的诗中这样写道："劝君更尽一杯酒，西出阳关无故人！"可见阳关在唐朝人的心中意味着什么。

岑参的目的地是安西，即安西节度使治所龟兹镇（在今新疆维吾尔自治区库车县）。因此，过了阳关，还有不短的路程，岑参还须加紧赶路才行。出了阳关，经过蒲昌海（今罗布泊一带），又向北进发，到了西州（今吐鲁番）。这一路虽然漫长而难行，但是岑参却大开了眼界。在路途上，见到了火焰山，岑参感到十分惊奇，远远地望着火焰山，久久不愿离去。

火焰山,又叫火山,山由红砂岩构成,远远望去,像是火在燃烧,而且周围空气干燥,气温极高,更给人一种满山火焰的感觉。这座火山,由新疆吐鲁番向东一直伸展向鄯善县以南地区,十分壮观。望着火山,岑参诗兴大发,顺口吟诵道:"火山今始见,突兀蒲昌东。赤焰烧虏(指西北边地)云,炎气蒸塞空。不知阴阳炭,何独燃此中?我来严冬时,山下多炎风,人马尽汗流,孰知造化(指大自然)功!"远远望去,火山高耸,像是赤焰燃烧;虽是严冬,却热风习习,人马尽汗,这种景象,对生长在内地的岑参来说,该是多么新奇!难怪他要诗兴大发了。

由蒲昌(县名,在今新疆鄯善县。唐时属西州交河郡)向西南行,又走了约一百二十里,岑参到达了天山西南。休息了几天以后,岑参入山谷又走了二百余里,便来到了银山碛。虽然以马代步,但路途艰难,而且边塞风光奇特壮丽,引发了岑参的兴致,他不时驻足观赏,这样走走停停,所以不到四百里的路程,他走了近半个月。银山碛,又叫银山,在今新疆吐鲁番西南的库木什附近。在银山碛的驿站里,岑参久久没有入睡。夜已深了,银山谷口的寒风呼呼地吹着,抬头望去,银山碛西南的铁门关上的月亮像一段洁白的熟绢悬在半空。此时此刻,岑参压抑住思亲的情绪,在心里一遍又一遍地对自己说:此次入塞,我一定要有所作为!想着,他披衣下床,铺开白纸,写下了一首《银山碛西馆》诗,诗中说:"银山峡口风似箭,铁门关西月如练。双双愁泪沾马毛,飒飒胡沙迸人面。丈夫三十不富贵,安能终日守笔砚!"

第二天,岑参又踏上了征程。快到中午的时候,见迎面一人骑马走了过来,那人见了岑参先下了马,岑参也忙翻身下马,虽然互不相识,但在这荒凉不毛之地相遇,却使二人平添几分亲切。两人谈了一阵儿,岑参才知道此人是有公务回长安的幕府书记,不便耽误他的行程,只得匆匆告别。临行时,岑参口吟一诗送给这位书记:"故园东望路漫漫,双袖龙钟(沾湿的样子)泪不干。马上相逢无纸笔,凭君传语报平安。"并把自己长安的家庭住址告诉这位书记,请他把自己一切平安的消息告诉自己的妻子。幕府书记满口应承。二人挥手告别,各奔东西。

在路途中,岑参忽然想到离开长安已经整整两个月了!两个月,竟然还没有到达目的地,岑参不由感慨万千,他略一沉思,吟道:"走马西来欲到天,辞家见月两回圆。今夜不知何处宿,平沙万里绝人烟!"两个月以来,他一直向西、向西,真是"马汗踏成泥,朝驰几万蹄",难怪他有"走马西来欲到天"的感觉了。

就这样,岑参在雪海沙浪中艰难地向西进发,晚上便在驿站里,或者思念长安的亲人,或者向往着、幻想着未来,或者与新结交的朋友海阔天空地聊天,或者独自构思诗篇。对他来说,这种生活是艰苦的,但又相伴着欢乐;是单调的,却又时常激发出他的诗情……

五 塞上风云

在这一年年末,岑参终于来到了安西,开始了他的幕府生活。等他刚刚熟悉了一下环境,除夕便临近了。在这"欲到天"的边远地方过年,对岑参来说,在新奇中难免有几分惆怅,他很自然地怀念起长安的亲人和朋友,正巧有一位姓李的判官要回长安,岑参参加了为他送行的宴会,席间颇为感慨地赋了一首《碛西头送李判官入京》诗,诗中说:"一身从远使,万里向安西。汉月垂乡泪,胡沙费马蹄。寻河愁地尽,过碛觉天低。送子军中饮,家书醉里题。"诗题中的"碛西头",即指安西一带。诗的前两句说自己不远万里,前来边塞,任职于安西节度使幕府。三、四两句写出了思乡的愁绪和旅途的艰辛。五、六两句说他来到了极西极西的荒凉之地。最后两句归到送别正题。正如诗中所说,带着醉意,岑参给家人写了一封长信,还给颜真卿等几位朋友写了信,他觉得意犹未尽,又提笔给老朋友、当朝宰相李林甫的女婿元伪写了一首诗,诗是这样写的:"西风传戍鼓,南望见前军。沙碛人愁月,山城犬吠云。别家逼(近)岁除(除夕),出塞独离群。发到阳关白,书今还报君。"诗中记录了他初至边塞时的生活和感受。前两句说西风送来戍卒击打的鼓声,向南一望,遥见远处驻扎着唐朝的军队;三、四两句是说,沙漠中的月亮显得十分冷清,远游之人见了,难免生出愁苦之思;此城地势颇高,狗似乎在云层中吠叫似的。五、六两句说自己离家正巧赶上过年("逼岁",临近除夕),老朋友们不在身边,自己感到颇为孤独。最后两句说自己一过阳关,头发便白尽了,虽然是夸张的写法,但诗人的愁苦之状却生动地写了出来。

过了除夕,岑参就正式开始了自己在幕府里的使命。他任的是一个闲职,平时没什么事情,但有的紧急公务却又非他办不可。忙的时候,岑

528

有到呢。不过,高将军吩咐我先与几位同事去凉州,提前做些准备工作,不知岑兄是否愿意先行?"

岑参不假思索便答道:"小弟我正求之不得呢!什么时候走?"

"你刚从前边回来,怎么也得歇两天。"宇文明想了想,"我们就后天一早出发如何?"

"行!"

"好,你先休息吧,我再去通知其他几个同事,就这么定了,后天一早出发!"

就这样,岑参便与判官刘单、副使李莫一道先行来到凉州(唐郡名,天宝元年改为武威郡,治所在今甘肃省武威县)。本来宇文明是计划同他们一起来的,可是他被一件紧急的事务拖住了,所以没有同来。当时正是三月中旬,岑参诗中写道:"胡地三月半,梨花今始开""凉州三月半,犹未脱寒衣"。

本来岑参他们先到凉州,是想为高仙芝来接任做些准备工作,可是即将去职的安思顺和他的部下对岑参他们很冷淡,并不给他们提供方便。实在没有办法,岑参等人只得耐心等待。时间飞快,一晃一个月过去了,却仍然没有高仙芝要来凉州的消息,岑参他们简直是度日如年,一天天过得很无聊。好在离客舍不远处有一座酒楼,卖酒的是一位七十老翁,因为岑参他们常来此饮酒,不久他们就很熟悉了。有时无聊了,岑参他们便到酒楼来一醉方休。这天,岑参、刘单和李莫又来到酒楼,酒楼老翁忙迎上来,叫人给他们斟酒上菜,岑参他们谢过老翁,畅饮起来,边喝边谈,不知不觉中天色黑了下来,岑参掏出银子算账,老翁笑道:"先生,小人有一事相求,不知……"

"老人家,怎么这么客气,有什么话请尽管讲!"

老翁说道:"今日算我请客,不收银子。只是听说先生是当今一位诗才,老朽虽是酒家翁,但对诗文却也很喜欢,不知先生是否可以为老朽留下一诗?"

岑参带着几分醉意说:"老人家,你这是以诗代钱,颇有几分雅兴呀!好,我不怕献丑,就凑个趣!"说完,他随口吟道:"老人七十仍沽酒(卖酒),千壶百瓮花门(岑参他们所住的客舍名)口。道傍榆荚(榆树的果实,又叫榆钱)仍似钱,摘来沽酒君肯否?"岑参吟完,刘单也早把此诗记参走马东来西往,在安西四镇间穿行,犹如风中的飘蓬。岑参这样形容自己:"弥年(终年)但走马,终日随飘蓬。"为了公事,岑参还到过安西以西的地方,他的《过碛》一诗,便记录了他的行踪:"黄沙碛里客行迷,四望云天直下低。为言地尽天还尽,行到安西更向西。"沙漠茫茫,无边无际,怎不令人感慨万千呢!

在边塞,难免经常看到战斗的场面,听到战斗的消息。岑参虽然是个文职官员,但有时他要去前营传达主帅高仙芝的命令,还要监督前方主将执行这些命令;有时他又要去前线战斗部队了解敌我情况,提出作战方案,供高仙芝参考,所以他常常要出入于战火之中。岑参在一首诗中这样描写自己:"一身虏云外,万里胡天西。终日见征战,连年闻鼓鼙。"虏云、胡天,指西部少数民族聚居之地。鼓鼙,指军队中有战事时才使用的战鼓。

时光如飞,一晃一年过去了。岑参一方面对边塞更加熟悉了,另一方面在边塞立功的愿望也有些淡薄了。在边塞的一年,使岑参感到自己以前的想法真是太简单了。是呵,在边塞确实有建功立业的机会,但这种机会并不是像以前想得那么轻而易得,而且要想得到这种机会,就要善于迎合高仙芝。可是岑参恰恰做不到这一点。有时,他明明知道自己的某些意见与高仙芝的主张不同,但自认为有利于边塞的和平,便毫不犹豫地一次又一次地提出来,虽然高仙芝口头上夸奖他的忠于职守的精神,心里却并不特别信任和器重他。这种情况,常常使岑参更加思念长安和长安的亲人、朋友,他写了不少抒发怀乡思亲情绪的诗篇,如:"东望望长安,正值日初出;长安不可见,喜见长安日。""长安何处在?只在马蹄下。明日归长安,为君急走马。"又如:"家在日出处(指长安),朝来喜东风;风从帝乡(长安)来,不异家信通。""故山在何处?昨日梦清溪。"通过这些诗句,我们可以看出:岑参的思乡怀亲之情,有时是多么浓烈呵!

这一天,岑参刚从安西四镇之一的龟兹回来,他感到有些疲乏,便直奔将军府里自己的住房,想先休息一下再去向高仙芝汇报情况。还没进门,他从窗户里看到屋里坐着一个人。那人见岑参回来了,忙迎到门口:"岑参兄,你回来了!"

岑参定睛一看,不由得笑了:"哎呀,是宇文兄!"

宇文明紧紧拉住岑参的手说:"岑兄,陇头一别,已经一年多了,时间过得实在是太快了!"

"是呵!"岑参一边叫人倒茶,一边请宇文明坐下,"真是光阴似箭呀!"

宇文明笑着问道:"岑参兄如今已经是个老边塞了,想来对幕府生活已经完全熟悉了吧?"

"熟悉是熟悉,只是……"岑参没有说下去,换了一个话题,"宇文兄随高将军入朝回来,一直没有回过我们安西幕府吧?"

宇文明点点头:"是呀,我从长安回来时,正巧河西节度使安思顺将军借调一个判官,高将军便叫我先去河西府帮一下忙,谁知这一去就是一年多。"

岑参好像突然想起什么,问道:"对了,上个月有一位朋友去河西幕府,我托他带了一首诗给你,不知……"

"收到了! 收到了!"宇文明说着轻声吟诵道:"西行残未已(停止),东望何时还? 终日风与雪,连天沙复山。二年领公事,两度过阳关。相忆不可见,别来头已斑!"吟诵完,他连声说:"岑兄,这真是一首好诗呀,不仅'终日'两句把边塞生活的环境及其艰苦程度写了出来,而且特别是最后两句点出了你我之友情,每当我吟诵起 这两句诗,便忍不住想流泪呢!"

岑参笑笑:"宇文兄过奖了,过奖了!"

饮了一口茶,宇文明问道:"岑兄,这一年多来,你一定大开眼界吧?"

岑参点头微笑:"那是自然的了。"

宇文明又问道:"不知岑兄到过哪些地方? 依我之见,既然到了边塞,还是多跑几个地方为好,别的不说,单是为了开开眼界、长长见识也是值得的,不然的话,空有一个来过边塞的名,却哪都没有去过,那可就太遗憾了!"

"宇文兄所言极是。"一说到这个话题,岑参就兴奋起来:"这两年以来,安西四镇差不多跑遍了,安西的西边还去过好几趟呢。不过,最远的地方怕是胡芦河了。"

"胡芦河?"宇文明笑道:"哎呀,那里我还没有机会去呢,只是听说从安西柘厥关出发,要走五百多里,才到小石城,从小石城还要再往西二十多里,才到胡芦河。"

530

"你说得不错,这一路说起来才六七百里,不算太远,可是几乎根本没有路,要在沙漠里走好几天,实在是太艰苦了!"

"想来岑兄一定会在胡芦河边留下大作吧?"

岑参笑笑:"大作可谈不上,不过倒是写了一首《题苜蓿烽寄家人》的诗。当时正逢立春,我站在胡芦河边,忽然想到了长安的家人,不怕你取笑,当时我的眼泪都流了下来。离家已经这么长时间,也不知家里情况如何?"

宇文明说:"此诗一定感人,不知岑兄是否可念给小弟听听?"

岑参点点头,用平缓沉稳的语调念道:"苜蓿烽边逢立春,胡芦河上泪沾巾。闺中只是空相忆,不见沙场愁杀人!"

听了岑参的诗,宇文明好一会儿沉默不语。过了一会儿,他才长叹一声说:"是呀,我们安西幕府本来离长安就够远的了,你又向西走了五六百里,那里肯定更加荒凉,难免要生思家之情了,何况又正逢立春时节呢!唉,我有时也常常想起家人,特别是我的女儿,她现在已经五岁了,你就别说她有多聪明伶俐,招人爱怜了;有时我真想一跺脚离开边塞,回家去算了,可是……"

见宇文明也动了感情,岑参忙扯开话题,问道:"宇文兄,这次从河西幕府回来就不再去了吧?"

宇文明笑道:"不仅我还要回河西,岑兄你也得去呢!"

"我?"

"对,我们这一班人都得去!"

"怎么?"

宇文明解释道:"你这些日子一直在龟兹,后头的事还不知道。"

"什么事?"岑参急切地问道。

"皇帝最近下了诏书,任命高将军为河西节度使,代替安思顺将军。"

"噢,是这么回事。"岑参点点头,又问道,"我们幕府人员都要去河西节度使驻地凉州吗? 什么时候出发?"

"高将军去了河西,我们这些幕府人员当然也都要去。至于什么时候出发,现在还说不上。"

"为什么呢?"

"因为高将军还要办理一些移交手续,皇上派的新的安西节度使在一张白纸上,递给老翁,老人点头致谢,亲送岑参他们走出酒楼。

在无聊中等待是最磨人的,岑参他们在凉州呆得越来越心焦,他们估计情况也许有了变化。果然,他们的估计被验证了。这一天,岑参他们刚吃完午饭,便听到有人来找"安西节度幕府里的人",岑参忙叫店老板把他领进屋子,此人原来是安西幕府中送信的小卒阿五。阿五一见岑参他们,便焦急地说:"岑大人、刘大人、李大人,宇文先生叫我前来送信!"

"什么事,你别急,慢慢地说。"

"宇文先生说,情况有了变化,河西节度使安将军不愿意离开河西,便暗中叫人劝说当地少数民族首领苦苦挽留他,然后他把这种情况派专人报告给朝廷,皇上知道以后,以为安将军在河西甚得民心,不宜调动,便决定仍由安将军为河西节度使。这样一来,高将军就来不了凉州了。"

"噢,是这么回事!"三个人听了点点头,这才明白安思顺和他手下的人为什么对他们那么冷淡。

岑参问道:"宇文先生说没说让我们怎么办?"

阿五说:"说了,他请你们几位在凉州再呆一段时间,谁也说不准,事情是不是还有变化。"

岑参点点头。经过两年的边塞生活,他对边将之间的明争暗斗已有所了解。河西一带物产丰富,而且比较安定,安思顺自然不愿轻易放弃,而高仙芝又怎能不希望把它夺到手呢? 他们之间难免还会有一番相争,还是再继续等一等,看看事情如何发展为好。

高仙芝虽然明里暗里还是与安思顺争了一阵儿,但无奈皇上圣旨已下,他只得仍留在安西四镇。这年五月,西域石国王子发动一些少数民族首领,一起发兵来攻安西四镇,高仙芝将唐朝士兵和少数民族士兵编在一起,共三万多人,前往迎击。安西发生战斗的消息传到凉州,岑参他们都很振奋,刘单说:"岑兄、李兄,你二人不妨再呆一段时间,我可是要先回安西了,说不定还能上前线打一仗呢!"在送别刘单的宴会上,岑参赋了一首长诗,请刘单转给高仙芝,其中有这样的诗句:"都护新出师,五月发军装。甲兵二百万,错落黄金光。"诗中的"都护"即指高仙芝;"二百万"自是夸张之辞。刘单把这首诗抄在纸上,很仔细地放好,说了声:"我一定将它转给高将军!"便跃上马出发了。望着刘单远去的身影,岑参激动起来,朗声吟诵道:"火山五月人行少,看君马去疾如鸟。都护行营太白西,角声一动胡天晓。"诗中的"行营"指高仙芝部队驻扎的地方;"太白",即金星,古代的人认为太白是西方之星,也是西方之神;"角",即号角;"胡天",指边塞。听了岑参的诗,李莫赞叹道:"岑兄,刘兄本是豪爽之人,你这首诗也充满了豪气,以后刘兄读了此诗,一定会很喜欢的!"

一个月后,李莫也决定回安西,岑参没有办法,只得独自留下来。在就要与李莫分手的时候,岑参说:"李兄莫见笑,我已为兄写下一首送别之诗。"说着展开一卷白纸,李莫轻声念道:"火山六月应更热,赤亭道口行人绝。知君惯度祁连城,岂能愁见轮台月?脱鞍暂入酒家垆,送君万里西击胡。功名只应马上取,真是英雄一丈夫!"读完,李莫赞道:"真是好诗呀!知我者,岑兄也!尤其是'知君'两句,更是不了解我的人写不出来的,这些年来,我在边塞来来往往,祁连城(在今甘肃张掖县西南)经过了好几回,当然不会因轮台(今新疆轮台县南)的月亮而动乡思了!还有最后两句,真说到我的心坎里去了,虽然过奖了,但做马上英雄确实是我的愿望!"

送走了两位朋友,岑参实在呆不下去了,他也想离开凉州前往安西,"功名只应马上取",做一个马上英雄该是多么令人兴奋的事呵!可是还不等他动身,阿五又来到凉州,叫他再等两天,宇文先生有话对他说。两天后,宇文明来到凉州,他和岑参谈了一夜边塞的情况,并交给他一封长信,说道:"高将军令你即日出发,速回长安,向朝廷报告边塞的战斗情况,并把这封信亲自交给当朝宰相。"

没有办法,岑参只得放弃重回安西的愿望,带着高仙芝的重托,从凉州出发,经过临洮(唐郡名,治所在今甘肃临潭西南),回到了长安。

六　长安交游

回到长安以后,岑参按照高仙芝的指示,向朝廷报告了边塞的情况,并把那封长信交给了当朝宰相。岑参原计划在长安停留几天便赶回去,可是不久便传来了坏消息:高仙芝率兵三万多人,深入敌方战区七百余里,结果在恒罗斯城与大食(西域国名,即今伊朗)兵相遇,被团团围住,打了一个大败仗,只有数千名士兵逃了回来。皇帝得知了这个消息,非常生气,便下诏叫高仙芝离开边塞,到朝廷里来做右羽林大将军,其实就是叫高仙芝交出兵权,到长安来养老。高仙芝虽然心里不愿意,但又不敢违背圣旨,接到诏书以后便把兵权交给别人,自己率领着一些亲信赶往长安。

在这种情况下,岑参觉得急急忙忙再赴边塞不是很合适,便留了下来。

虽然只在边塞过了两年,但这一次重新生活在长安,岑参却有了全新的感受。是呵,长安,这曾在岑参梦中屡屡出现的大唐首都,没有漫天的风沙,没有彻夜的鼙鼓,也没有直冲云天的烽火,有的只是中外商人的喧哗、歌儿舞女的表演以及一片和平、安宁的气氛。边塞,对长安人来说,那是相当遥远、甚至连梦中都不会去的地方。

在长安,岑参的生活是平静的也是愉快的,他免不了要与老朋友们重新欢聚,共叙离情;同时,他又结识了许多新朋友。在这些新朋友中,他最敬佩并一见如故的有两个人,一个叫高适,另一个是杜甫。

岑参与高适是在朋友李峿家认识的,当时他们一见面便互相感到很亲切。因为他们不仅脾气相投,而且有共同的经历。高适同岑参一样也去过边塞,只是他们去的地方不同,岑参去的是西域,而高适去的是蓟北,即今河北省北部一带,这正好为他们的交谈提供了好材料。岑参向高适介绍了西域的火山、大漠以及那里的风土人情;而高适不停地叙述他在卢龙塞(今河北省卢龙县西北)的所见所闻,两个人谈得热烈,几乎忘记了坐在一边儿的主人李者,李者笑道:"你们二人可真是一见如故,把我这个老朋友抛在一边,太不够意思了!"

岑参和高适哈哈大笑起来。

李者问高适:"高兄,你出塞不是写了不少诗吗? 是不是可以给我们朗读一两首?"

岑参笑道:"小弟也愿洗耳恭听!"

高适沉吟片刻说:"真是入塞方知边塞苦呀,那里有些情况确实发人深思,我也的确写了一些诗,只是……"

李者说:"你那首《燕歌行》很受长安的朋友们赞赏,我是读过的,你不妨把这首大作读给我们欣赏一番。"

"好吧!"高适脸上露出一丝苦笑,"那我就朗读一遍这首诗吧,不过,我补充一句,这首诗虽然得到了朋友们的赞赏,却也得到朝内一些高官的指责。赞赏也罢,指责也罢,随他去吧,反正我写的是我的所见所闻,是我的感受和忧虑!"接着他朗诵道:"汉家烟尘在东北,汉将辞家破残贼。男儿本自重横行,天子非常赐颜色。摐金伐鼓下榆关,旌旆逶迤碣石间。校尉羽书飞瀚海,单于猎火照狼山。山川萧条极边土,胡骑凭陵杂风雨。战士军前半死生,美人帐下犹歌舞! 大漠穷秋塞草衰,孤城落日斗兵稀,身当恩遇常轻敌,力尽关山未解围。铁衣远戍辛勤久,玉箸应啼别离后。少妇城南欲断肠,征人蓟北空回首。边庭飘飖那可度,绝域苍茫更何有? 杀气三时作阵云,寒声一夜传刁斗。相看白刃血纷纷,死节从来岂顾勋! 君不见沙场征战苦,至今犹忆李将军!"(诗中的"汉朝",实指唐朝;"烟尘",即烽火,指敌情;"横行",深入敌境,无所阻挡;"赐颜色",指器重;"摐金伐鼓",指敲击军乐响器,以壮行色;"榆关",即山海关,在今河北省秦皇岛市东北;"旌旆",指军中的旗帜;"逶迤",连绵不断的样子;"碣石",山名,在今河北省昌黎县西北;"羽书",紧急文书;"瀚海",大沙漠;"单于",泛指北方少数民族首领;"狼山",在今内蒙古自治区克什克腾旗西北;"胡骑",敌人骑兵;"凭陵",仗势入侵;"杂风雨",来势凶猛;"帐下",将领们的营帐里;"恩遇",皇上的信任;"关山",指边塞作战之地;"铁衣",

铁甲,代指士兵;"玉箸",玉制的筷子,喻思妇的眼泪;"三时",时间长久;"刁斗",古代军中铜器,晚上敲之报更;"死节",为国捐躯;"岂顾勋",难道是为了个人的功勋;"李将军",指汉将李广,他能身先士卒,颇为士兵所拥戴。)

听罢此诗,岑参由衷地赞叹道:"真是一篇佳作,气势不凡,含意深刻,足见高兄平日思虑之深,尤其是'战士军前半死生,美人帐下犹歌舞'两句,实在是妙极了!"

李者说:"我看'相看白刃血纷纷,死节从来岂顾勋'两句也可称得上是难得的佳句。"

高适笑道:"二位过奖了!"停了一会儿,他对岑参说:"岑兄出塞两年,一定会有许多佳作吧? 不知能否让我等欣赏欣赏?"

岑参一笑:"我的诗哪能与兄之《燕歌行》相比,还是……"

李者笑着插话道:"岑兄,你也不必太谦虚了,你的《题苜蓿烽寄家人》《银山碛西馆》《敦煌太守后庭歌》等许多佳作,早有人传到长安来了!"

听了李者的话,高适一拍头说:"噢,这些诗原来都是岑兄所作呀,我早就读过了,确实是很好的作品,只可惜不知道作者是谁,真可谓'有眼不识泰山'呀!"

"哪里,哪里!"

见岑参露出几分不好意思的样子,高适和李者哈哈大笑起来。

三个人又说了一会儿边塞的事,李者突然想起了什么,说:"对了,我还有一件事有求于二位呢。"

"什么事,李兄尽管说。"

"二位请跟我来,"李者做了个手势,将二人从客厅引入书房。岑参和高适刚进书房的门,便被正面一面墙上的壁画吸引住了,他俩走近仔细端详,只见整整一面墙上,画着挺拔的苍松古木,树木上半大部分篇幅画满了黑色浓密的乱云,给人一种风雨欲来的真切感受。

"李兄,这是……"

"这是我乱画的,不知二位有何评价?"

高适与岑参连连点头称好。李者说:"古人云:'有画无诗画不全',我想请二位各题一诗,为拙作添色,不知二位以为如何?"

"此等雅事,岂能令李兄扫兴?"高适说着在画的左下空白处题了一首诗:"始知帝乡(指长安)客,能画苍梧云,秋天万里一片色,只疑飞尽犹氤氲(潮湿的样子)。"岑参也不推辞,接过高适的笔,在壁画的右下空白处题了一首诗:"似出栋梁里,如和风雨飞。缘曹(指李者)有时不敢归,谓言雨过湿人衣!"

"太好了!"李者兴奋地说,"有了二位的大作,小弟的壁画真是大增光彩,多谢多谢! 走,我已叫人备好了酒菜,今天我们来个一醉方休,如何?"

…………

这天,岑参正在书房看书,仆人进来报告:"高适先生来了,正在客厅里等先生呢。"

岑参放下书,忙迎了出来。一见岑参,高适笑道,"又不准备参加科举,何必那么用功呢?"

岑参坐下后说:"我正读一位朋友转抄的一部诗稿呢,这些诗写得真是好极了!"

高适一听也来了兴趣:"作者是谁呀?"

"是一个叫杜甫的书生,听说他正住在长安,只是无缘相见呀!"

高适哈哈笑道:"那我今天来可是及时雨了!"

"怎么?"

高适告诉岑参:"我约了几个朋友,明天去登慈恩寺塔,其中便有杜甫,不知你有没有兴趣一起去?"

"那还用说,当然去!"

两个人又说了一会儿闲话,高适便告辞了。

第二天,岑参早早地就来到了慈恩寺。慈恩寺在长安县东南八里的地方,是唐玄宗为文德皇后专门修建的,所以称"慈恩"寺。慈恩寺里有一座塔,叫慈恩寺塔,又叫大雁塔,共七级,高有三百尺,是唐僧玄奘建来收藏经书的,过了一会儿,高适和几位朋友也来了,岑参迎上前去与他们相见。高适一一作了介绍,大家互相都读过对方的诗作,神交已久,所以虽是初次见面却毫无陌生之感。他们一边闲谈,一边往塔上攀登,走走停停,停停走走,没用半个时辰便上到了塔顶。极目远望,长安城尽收眼底,众人不由感慨万千。高适说:"古人云:'大夫登高必赋',我们今天一道登上慈恩寺塔,不能不留下一点纪念,依我之见,我们每人作一首诗,诸位意下如何?"

唐朝的时候时兴登高赋诗,而且这几位全是当时诗坛上的才子,所以谁也不推辞,便以年龄为序,年长的先赋,结果高适、杜甫等人都赋了诗,只剩下岑参一个人了。

高适说:"岑兄,该你了,你可要后来居上呀!"

岑参笑了笑:"好句子全让你们抢走了!"

众人听了都笑了起来。

沉吟了片刻,岑参吟道:"塔势如涌出,孤高耸天宫。登临出世界,磴道(石阶小路)盘虚空。突兀压神州,峥嵘如鬼工。四角碍白日,七层摩(触)苍穹(天空)。下窥指高鸟,俯听闻惊风。连山若波涛,奔凑似朝东。青槐夹驰道(大路),宫馆何玲珑(小巧)。秋色从西来,苍然满关中(今陕西中部)。五陵北原上,万古青濛濛。"这首诗先写塔的高峻,恰似拔地而起,直向天宫,沿螺旋形塔梯攀上,又如置身人世之外,真有神工鬼斧之妙;继而写诗人在塔上眺望所见所闻:鸟儿高飞也不能超过塔顶,秋风还须俯身去听,远处群山起伏,有如波涛向东奔涌,大道傍的青槐是那样茂盛,而从塔上看下去,本来十分雄壮的宫室显得那么小巧玲珑。远远望去,一片秋色尽入眼来。

"好诗!"高适待岑参话音一落,便高声赞道。杜甫等人也连连点头,表示赞赏。

众人在塔上,将这几首诗认真地品评了一番,公推杜甫、岑参的诗最好。大家又淡了一会儿闲活,看看已近中午,这才慢悠悠走下塔来。

对这次登塔赋诗,后代的文人看作是一件盛事。清代有个大文学家叫王士禛,他曾对人说:"每当想起当年高适、杜甫、岑参等人相邀同登慈恩寺塔,一起赋诗品评,便恨自己晚生了一千多年,若是能在旁边听听也是大幸事呀!"这些感慨,唐朝的杜甫、高适、岑参等人当然不知道,他们只觉得今天朋友相见,共登寺塔,又一道赋诗,实在是一件使人兴奋的事。因此,从寺塔上下来,他们谁也没有离去,而是一起来到长安西市的酒楼上,开怀对饮起来……

待回到家的时候,天都已经黑了,岑参刚坐下,夫人便说:"刚才颜真卿先生前来辞行,等了你好一会儿,你也没回来。"

"辞行?"岑参一愣,"颜先生去哪?"

夫人说:"他说要去平原郡(治所在今山东平原县北)当太守,明天就要出发。"

岑参急忙起身,向颜真卿家走去。当岑参赶到颜真卿家的时候,颜真卿却正为一位朋友举行送别酒宴,见了岑参,颜真卿笑道:"岑兄,你跑哪儿去了,害我等了你半天!"

"抱歉!抱歉!"岑参知道颜真卿是在开玩笑,便也夸张地行了个大礼,众人见了都笑起来。

岑参问道:"听说颜兄要去平原郡,明天就走,怎么这么急呢?"

"噢,这是皇上的旨意,这回皇上叫十几个在尚书省供职的官员,到地方去做郡守,本来说没有我,可今天上午又通知说,还是有我,让我去平原郡做太守。下午在皇宫里蓬莱阁前殿,皇上亲自举办宴会,还为我们赋诗送行呢!"

"这可是殊荣呀!"

"是呵,到地方我一定好好干,无论如何也不能辜负皇上的一片苦心!"

说到这,颜真卿像是想起了什么,指指酒席上那位约莫三十多岁的人说:"岑参兄,这位是吴君先生,他明天就要出发去安西了。"

"安西?"一听这两个字,岑参眼睛一亮,忙问道,"吴先生是去出使吗?"

"不,我是去投军的。多亏颜先生从中帮助,才实现了我前往西域的愿望。"

颜真卿说:"对有志于去边塞的人,我历来是钦佩的,只是我没有这个勇气。"他指指岑参,对吴君说,"这位岑先生,前不久刚从安西回来,吴先生,你倒是可以和岑先生多聊聊,对你定有好处!"

听说岑参是从安西回来的,吴君感到很亲切,便与岑参攀谈起来。岑参讲起了边塞的大漠、火山以及边塞生活的兴奋和苦闷,也讲了许多战斗场面,讲到高兴时,不免手舞足蹈,逗得众人大笑起来,讲到感伤苦闷处,不免语句缓慢,又使众人感到有几分凄然。

不知不觉,月已西斜,夜已很深了。

颜真卿说:"岑兄,你的诗写得好,为何不趁兴写上一首?"

"是呵!"吴君附和着。

"好吧!"岑参走到桌案前,挥笔写下了诗题《送人赴安西》,然后略一思索,奋笔疾书:"上马带吴钩(兵器),翩翩度陇头。小来(少时)思报国,不是爱封侯。万里乡为梦,三边(泛指边地)日作愁。早须清黠虏(指入侵者),无事莫经秋!"

吴君激动地说:"岑先生,太谢谢你了!这篇大作我将永远珍藏在身边,作为永久的纪念!"

颜真卿笑道:"岑兄,小来思报国,不是爱封侯,真可谓千古名句了。我看你还是念念不忘边塞,是不是还打算再次入塞呢?"

岑参点点头:"只要有机会,我还是会再去边塞的!"他的眼睛盯着燃得正旺的烛火,一字一句地说道。

七 二入边塞

时间过得真快,岑参回到长安一晃三个月了,这些天他虽然与家人团聚,尽享天伦之乐,与朋友相会,共游慈恩渼陂(池名,在今陕西户县西南,为终南山诸谷水及胡公泉流聚而成,方广十余里,是当时长安的名胜之一,岑参与杜甫曾同游渼陂,杜甫有诗说:"岑参兄弟皆好奇,携我远来游渼陂。"),表面上看他过得很愉快,看似无忧无虑,其实他的内心一刻也没有平静,那遥远、荒凉的边塞,常常出现在他的睡梦中.他的心仍在边塞。是呵,虽然去了一次边塞,但并没有实现自己立功马上的愿望,他的一颗火热的报国之心,怎么会骤然冷下去呢!

他希望能再次前往边塞。

他等待着。

机会终于来了。这一天一位从安西来的信使送来一封信,岑参急切地打开信读了起来,信是曾同岑参一道在高将军幕府做事的封常清写来的,大意是说:封常清蒙皇上的信任,近来被提拔为安西、北庭节度使,幕府中急需人才,因曾与岑参共过事,知道岑参之为人,所以特邀岑参再回边塞,共建奇功。

读罢此信,岑参开心地笑了,他转头对夫人说:"夫人,又要委屈你和孩子们了,我近日就要出发再入边塞!"

"这……"夫人愣住了。

岑参用和缓的声音继续说道:"这封信是我的一位老朋友写的,他现在被破格提升为边塞重臣,很欢迎我回去,你想,我乃一介书生,能得朋友如此信任,岂有推脱不从之理?"

夫人点点头:"只是你一人在外,可要千万保重呵!"

岑参的心早已飞向边塞了,他叫夫人收拾了一些东西,几天以后便告别了长安的朋友,踏上了遥远的征程。此时又是秋末冬初时节,大地一片萧瑟,而岑参的心里却是火热的。

　　岑参这次的目的地是北庭,即北庭节度使驻地庭州(在今新疆维吾尔自治区吉木萨尔北破城子)。他过了陇头,继续西行,不久便到了临洮(唐郡名,在今甘肃临潭县西),在这里他与一位朋友相逢又离别,写下了《发临洮将赴北庭留别》诗:"闻说轮台路,连年见雪飞。春风不曾到,汉使亦应稀。白草通疏勒,青山过武威。勤王敢道远,私向梦中归。"诗中的"轮台",指唐庭州轮台县,治所在新疆米泉县西,与庭州相距约有四百里。"疏勒"是唐安西四镇之一。最后两句说自己尽心王事,岂敢言远?思乡之情,只能在梦中得以慰藉。全诗不长,内容却很丰富。

　　离开临洮,继续向前,经过金城(今兰州市),岑参到达了凉州。一年前,岑参曾来过凉州,与河西节度使幕府的一些官员相识,所以他一到凉州,便应邀出席了各种各样的宴会。对岑参来说,在这偏远的地方,与友人们重聚,自然百感交集,也充满了欢乐。在一次酒宴上,他应邀即席赋了一首《凉州馆中与诸判官夜集》诗:"弯弯月出挂城头,城头月出照凉州。凉州七里十万家,胡人(少数民族)半解(会)弹琵琶。琵琶一曲肠堪断,风萧萧兮夜漫漫。河西幕中多故人,故人别来三五春。花门楼前见秋草,岂能贫贱相看老。一生大笑有几回,斗酒相逢须醉倒!"朋友们为岑参诗中的豪情所感染,更痛快地畅饮起来。

　　从凉州出发,经过玉门关(唐时关址在今甘肃安西县双塔堡附近),岑参终于来到了北庭。听说岑参来了,封常清立刻叫人请他入主帅府相见,虽然是上下级,但毕竟曾为同事,所以一见面便显得很亲热。谈话间,封常清说:"我想请岑先生先作'支度判官',不知岑先生意下如何?"

　　岑参答道:"一切听凭主帅安排,我完全服从!"

　　就这样,岑参作了封常清幕府里的"支度判官",这个职务是协助支度使掌管军资粮杖的后勤官。岑参官职虽然不高.但很得封常清的信任。他常到北庭节度使所属的各地去执行公务,来来往往,依靠的只是一匹骏马。这时的岑参已经不是一个文弱书生了,他在一首诗中说自己:"自逐(追随)定远侯(指封常清),亦著短后衣(一种便于骑马的前长后短的衣服);近来能走马,不弱并州儿(山西一带的少年,自古以善骑射而著名)。"

岑参在北庭期间,边塞战争时有发生。自从唐天宝年间以来,吐蕃、大食等国图谋与唐朝争夺西域,为了保证中西交通要道的畅通和西域的安宁,唐军采取了一系列武装行动。有一次,岑参因公事来到距北庭约四百余里的轮台,当他就要离开轮台的时候,有人向他报告说:"封将军带领的部队已近轮台,听说要从这里集结,开始西征。"

听到这个消息,岑参急忙赶到轮台城外,不久,果然见封常清率领一部分唐军向城门走来,便迎上前去。见了岑参,封常清笑道:"岑先生正在轮台呀,太巧了。"

"是呵,我正在轮台催办军粮,大帅这是……"

"西征,讨伐大食兵!"封常清挥了一下拳头,"据说大食兵已入我大唐边境三百里了,本帅这次调动了十万之众,定要把入侵之敌全部赶走!"

几天后,十万唐军集结完毕,在封常清的一声号令下,大军整装出发。目送着唐军浩荡的队伍,岑参情绪激昂,写下了《轮台歌奉送封大夫出师西征》,全诗以"古来青史谁不见,今见功名胜古人"作结,表现出岑参对封常清的钦佩和赞扬,也表现出他希望建功立业的愿望。

这次西征虽然取得了一定的成功,但并未把入侵者全部赶出唐朝边境,封常清将部队带回轮台,休整了一段时间以后,便又出发了。这一次,岑参一直将封常清送到走马川。走马川距轮台有二十余里,放眼望去,黄沙一片无边无际,那里的环境与气候十分恶劣。岑参在《走马川行奉送出师西征》中写道:"君不见走马川行雪海边,平沙莽莽黄入天! 轮台九月风夜吼,一川碎石大如斗,随风满地石乱走。"但唐朝军队却英勇进发,士气高昂。"将军金甲夜不脱,半夜军行戈相拨,风头如刀面如割。"果然,正如岑参诗中所说:"虏骑闻之应胆慑,料之短兵(兵器)不敢接",靠着力量的强大和高昂的士气,唐军此次出征大获全胜,不到二十天便凯旋而归,当时岑参正在轮台西门迎候,见众将领簇拥着封常清向城门走来,忙迎上去,施礼道:"封将军辛苦了,这次西征能够成功,全凭将军指挥英明,士兵们作战勇敢,您真是大唐的功臣呀!"

封常清掩饰不住兴奋的情绪,笑着说:"这次大胜,全靠我大唐的神威呀!"说完,他转头下令道,"在城外暂时休息片刻!"

早有士兵把一块大毡毯铺在地上,封常清请岑参与众将领一起坐下。

谈话间,封常清手下的一员大将赵千元说道:"早知岑先生善于作诗,今日大胜而归,当然应该有诗记之,请岑先生即席赋诗如何?"

"对!"众人都看着岑参。

岑参笑道:"为了给众将军助兴,我就献丑了!"他抬眼望去,只见蓝天白云下,天山巍然默立在遥远的天际,便吟道:"都护(指封常清)新灭胡,士马气亦粗。萧条虏尘净(无战争),突兀天山孤!"

"好,有气魄!"众人高声叫好,封常清也点点头,露出赞许的神色。

边塞获得了安定之后,有些朋友或者入朝奏事,或者解甲归乡,纷纷离开了边塞,这些天,岑参几乎天天都要参加一个送别宴会,而在每次的送别宴上,他都被邀当场赋诗,从而留下了不少著名的诗篇。比如他在轮台送别一位姓武的判官,写下了《白雪歌送武判官归京》,诗一开头便写出了边塞奇妙的风光:"北风卷地白草折,胡天八月即飞雪。忽如一夜春风来,千树万树梨花开",继而写出了边塞的寒冷及送别时胡琴、琵琶、羌笛齐奏时的火热场面,最后写出了一片离情:"轮台东门送君去,去时雪满天山路。山回路转不见君,雪上空留马行处。"诗中的感情是真挚而感人的。不久,他送别朋友萧治,又写下了《天山雪歌送萧治归京》,诗从天山之 雪落笔:"天山有雪常不开(化),千峰万岭雪崔嵬(高峻的样子)。北风夜卷赤亭口,一夜天山雪更厚。"最后仍表现了诗人的惜别之情:"正是天山雪下时,送君走马归京师。雪中何以赠君别,唯有青青松树枝!"诗人希望他们的友谊如松枝一样常青,自然使萧治感慨万端,久久不愿离去。岑参还受封常清的委托,陪伴从京城来边塞办事的崔吾到热海一带游玩。热海,即今苏联阿拉木图南边伊塞克湖。在送别崔吾时,岑参写下了《热海行送崔侍御还京》,其中这样描写热海:"侧闻阴山胡儿语,西头热海水如煮。海上众鸟不敢飞,中有鲤鱼长且肥。岸旁青草常不歇(衰),空中白雪遥旋灭。"这首诗因为把边塞奇特的风光写得形象生动,所以崔吾将它带到长安以后,很快便传开了。

送走崔吾以后,岑参按封常清的指示,前往西州(州名,在今新疆吐鲁番盆地一带,治所在高昌,即今吐鲁番东南达克阿奴斯城)考察当地少数民族是否安定。一天,他来到西州一座最大的酒楼,刚刚坐下,便看到邻座正在互相劝酒的几个人里有一位早已相识的朋友崔士然,便走上前问道:"这不是崔先生吗?"

崔士然见了岑参,也笑了:"岑先生也在此地,真是太巧了!"他拉岑参坐下,说道,"这几位朋友是为我送行的。"

岑参向大家点点头,算是打过招呼,又问崔士然:"怎么,你要回去吗?"

"是呵,来此地已经两年了,还是无所作为,只得另谋出路了。"

听了崔士然的话,岑参旁边的一个人竟落下泪来,崔士然小声告诉岑参说:"这位是宗学士,来边塞已近十年了,虽然多次立功,但仍然……唉!"

岑参心里一沉,一时什么也说不出来。

也许是为了缓和气氛,崔士然把歌妓叫了过来:"为我们唱首歌吧!"

歌妓说;"先生想听哪一首? 是《渭城曲》,还是《江南春》?"

崔士然想了想说:"这些词都听腻了,这样吧,"他转头对岑参说,"岑兄,你给她写一首新歌词吧,如何?"

岑参笑笑:"崔兄即将远行,我当然应该助兴。"他要过纸笔挥手写下了《送崔子还京》:"匹马西从天外归,扬鞭只共鸟争飞。送君九月交河北,雪里题诗泪满衣!"歌妓把这首诗仔细默诵了几遍,便在胡琴伴奏下,高声唱了起来……

回到北庭以后,岑参常常想起崔士然无可奈何的面容和宗学士默然而下的泪水,他的心受到很大的震动,他不由地自问:"我该怎么办呢?"是呀,这次入塞已经近两年了,虽然封常清很信任自己,但却并没有十分重用自己,难道自己就这样终日东奔西跑,在边塞消磨掉后半生吗? 难道为唐军写些出征之歌,为将军们助助豪兴,就是自己所追求的人生目的吗? 想到这些,他的心里便一刻也不能平静。一天,他感到郁闷异常,便独自走出城门,在旷野上漫步,想到自己虽然年过四十,但仍未立功名,不由地感慨万千,随口吟道:"秋雪春仍下,朝风夜不休。可知年四十,犹自未封侯!"吟罢此诗,他无力地坐在路边的一块石头上。此时此刻,他想了许多许多,他得出了这样一个结论:我应当开始一种新的生活!

八 "明主虽然弃，丹心亦未休"

天宝十四载（七五五）是中国历史，特别是唐朝历史上不能不提的一年，这一年的十一月，唐朝边将安禄山与史思明发动了有名的"安史之乱"。叛军来势凶猛，使唐朝上上下下一片惊慌，好像刚从和平安定的睡梦中惊醒过来。

"安史之乱"发生的时候，封常清正巧从北庭回到长安，他还来不及向玄宗皇帝汇报西域一带的防务，便被玄宗急急忙忙地委派了另一件重要的任务：转任范阳、平庐节度使，赴东都洛阳招兵买马，抵御叛军。但是，封常清招的兵马还没有开始训练，叛军却势如破竹，打到了洛阳城下，唐军战斗力太弱，刚一交战，便溃不成军，封常清只得率领败军向后撤退，一直退到了潼关。玄宗听到封常清兵败的消息，十分生气，他决定杀一儆百，好让唐朝将领们一心一意给他卖命，便叫人带着他的手令，先撤了封常清的官职，不久又将他处死了。

安史叛乱和封常清被处死的消息第二年春天才传到北庭，岑参听到这个消息，一边为老朋友、老上级的不幸表示哀悼，一边又感到自己报效国家的时机终于来了，不免跃跃欲试，决心回内地参加平定叛乱的斗争。

这一年六月，叛军攻克潼关，唐玄宗逃向蜀中。七月，太子李亨即位于灵武（今宁夏灵武县），称为肃宗。第二年肃宗来到了凤翔（今陕西凤翔），这时凤翔已成为临时首都，大将如郭子仪等纷纷带兵前来，一些文人也纷纷来到凤翔，如杜甫便是由叛军控制的长安城中逃出来的，到凤翔后，被任命为左拾遗。

不久，岑参从北庭赶到凤翔，与杜甫一见面，岑参便急切地询问长安的情况，杜甫伤心地说："叛军在城里乱杀百姓，长安城里到处是血腥气，有几位公主和王爷也死在了叛军的刀下!"

"唉!"岑参长叹一口气说,"我这次来凤翔,就是想为平叛做一点事。"

杜甫点点头说:"岑兄,我知道你有报国平乱的愿望,这样吧,我明天便与裴荐一起上书推荐你,朝廷正在用人之际,是不会让你赋闲的!"

"裴荐?"

"对,他现在是当今皇上最信任的大臣之一,他荐举的人,皇上是肯定会任用的!"

"那太好了!"岑参紧紧握住了杜甫的手。

果然,几天后肃宗接受了杜甫、裴荐的推荐,任命岑参为右补阙,这个职位虽然品秩不高,但可以经常向皇帝提出自己的建议和意见,地位颇为重要。岑参深知自己责任重大,所以既谨慎从事又忠于职守,多次上书,提出了许多对朝廷有利的建议,因而颇受肃宗的赏识。

这天晚上,忙完了公事,岑参和杜甫闲谈起来,话题自然离不开正在进行的平叛斗争。杜甫感慨地说:"我有时感到特别遗憾,要是自小习武而不学文,那现在就可以冲上前线,亲自参加平定叛乱的战斗了!"

"是呵,我也有同感!"岑参说着铺开纸,挥笔写道:"早知逢世乱,少小漫(轻慢、不认真)读书。悔不学弯弓(习武),向东射狂胡(指叛军)!"

"好诗!"杜甫由衷地赞叹道,"这也正说出了我的心里话,一介书生,在国家危难之时又有何用!"

岑参劝慰道:"杜兄,你我在皇上身边,虽不能亲上前线,职责却也不轻,可不敢有丝毫疏忽呀!"

"岑兄所言极是!"

过了一会儿,杜甫问道:"岑兄可知道,再过几天,元帅广平王李俶、副元帅郭子仪就要带领朔方等军及回纥、西域之兵大约十五万人,从凤翔出发,进攻长安。"

"我也听说有这次大行动,但愿大唐军队能旗开得胜!"

杜甫说:"郭子仪这人有勇有谋,又深得皇上信任,我看这次东征,一定能收复长安!"

果然如杜甫所料,这一年九月,唐军十五万,号称二十万,从凤翔出发,直指长安,在长安西香积寺北摆开阵势,经过一场激战,杀了六万名叛军士兵,叛军大败,弃长安而逃。唐军乘胜追击,一直追到洛阳,驻守洛阳的叛军闻讯,也弃城逃跑,唐军又收复了洛阳。十月,肃宗便带着满朝官员回到了长安。

这时与岑参一道在朝廷任职的有杜甫、王维、贾至等新朋旧友,他们上班时常在一起处理公务,下班时又常在一起饮酒赋诗,虽然平定叛乱的战斗仍在一些地区继续进行,但对长安朝廷里的官员及长安的百姓们来说,好像又恢复了安史之乱前的安定与平静。

乾元二年(七五九)四月,岑参被任命为虢州长史。虢州即今陕西省宝鸡县。长史,是地方官的一种,按唐朝制度,一个州里,帮助刺史和太守的副职有长史一人,其位在别驾之下,司马之上。这年五月,岑参离开长安,出潼关到达了虢州任上。本来岑参是不想到虢州上任的,但是,一则因为皇上之命不能违抗,二则因为家里没有产业,还要靠自己当个小官来养家,因此,他只得前来虢州赴任。他到虢州不久,便把自己的心绪写在一首题作《衙郡守还》的诗里:"世事何反覆,一身难可料。头白翻折腰(鞠躬),归家还自笑。所嗟无产业,妻子嫌不调(调理)。五斗米留人,东溪忆垂钓。"诗中说世事变幻,诗人没有想到自己落得这样的下场,虽然头发都白了,却还要恭恭敬敬地向刺史和太守鞠躬下拜;回到家里,只能暗暗为自己的境遇苦笑不堪。只可惜自己家无产业,不然的话,绝不会为了五斗米来赴虢州长史之职,而要去东溪做一个垂钓的隐士了。

刚到虢州的时候,岑参很不习惯,以前每天拜见的是皇上和大臣,现在天天参谒的却是一州之长;以前出入是王宫皇院,现在却在一个小小的衙门里办公,更别说辅佐君王完成重建大唐天下的壮志,早已是一篇空话。岑参特别怀念在长安为官的那些日子,特别是当听说过去的同僚如今受到皇上的信任,委以大任,更是感慨万千。

长史的官职不高,事务也不是很多,在公事之余,岑参常常登上虢州城西的高楼,借以消除心中的忧愁,他有一首《题虢州西楼》诗这样写道:"错料一生事,蹉跎今白头。纵横皆失计,妻子也堪羞。明主虽然弃,丹心亦未休。愁来无去处,只上郡西楼。"前四句说自己一生坎坷,一事无成。五、六两句说虽然自己不能得到皇上的重用,但自己一颗报国之心却仍在燃烧,最后两句说登上郡西城楼,可以遥望长安,流露出岑参对长安的依恋之情。

在虢州的这段日子,岑参的心情是郁闷的,他有时感叹朋辈皆被朝廷重用:"同类皆先达,非才(自指)独后时(落后于时人)";有时又觉得自己终日忙忙碌碌,却无所建树:"佐郡(为郡佐史)竟何成,自悲徒碌碌!"有时又自解自劝:"帘前春色应须惜,世上浮名好是闲(真是等闲之事)。"因此他有时便萌发出归隐之思:"平生沧州意(即指归隐的念头),独有青山知。"有归隐之思是一回事,能不能归隐又是另一回事,一方面固然是生活的需要,另一方面也许更为重要,那便是岑参报国之心并没冷却,所以一直没有离开虢州,这一待就是两年。

代宗宝应元年(七六二)的春天,朝廷似乎想起虢州的群山间有一个岑参,下了一道命令,任命岑参为太子中允、兼殿中侍御史,充关西节度判官。关西节度,治所在华州,因在潼关之西,故称关西节度。当时洛阳重新失守,又落到叛军手里,所以关西节度的主要任务便是负责潼关的防御。能亲自参加平定叛乱的队伍,岑参当然兴奋异常,因此在接到任命的当天,他便移交了公务,第二天一早便赶往关西节度幕府报到去了。

岑参以为自己尽忠报国的机会终于来了,但是事情并不像岑参想象得那么简单,在关西节度幕府里看到的情况,使岑参十分焦急,武将们无功自傲,终日沉浸在酒宴歌舞之中,根本不考虑怎样保卫潼关、防御叛军。岑参自到任后就曾多次向节度使上书,希望他能整肃部队,严阵以待,但是他的建议却遭到节度使的指责和武将们的讥讽,岑参在这里成了一个无所作为的人。岑参在写给虢州的一位老朋友王季友的诗中这样描写当时的形势和自己的苦闷心情:"胡寇(指叛军)尚未尽,大军镇关西。旗旌遍草木,兵马如云屯。圣朝正用武,诸将皆承恩(受重用)。不见征战功,但闻歌吹喧。儒生(自指)有长策,闭口不敢言。"诗中很清楚地表现出诗人对叛军未灭的忧虑和对诸将不思为国尽忠的不满以及自己虽然有良策,却不被重视的苦闷,其内容是很丰富的,它深深打动了王季友,难怪他收到信后第二天便专程来到关西,与岑参整整谈了一天呢。

这一年十月,朝廷以雍王李适为天下兵马元帅,会同诸道节度使及回纥兵于陕州,进讨叛军,岑参被任命为"掌书记",负责"书奏之任"。第二年叛军被击败,溃逃而去,各路部队分别回到原先的防区。岑参离开关西,回到长安,被任命为祠部员外郎,这是一个清闲的官职,除了上朝时给皇上献计进策以外,晚上还经常要在宫中值班。这里的生活颇受优待,时衣为皇上所赐,饮食为宫厨所备;值班时,有宦官侍候,有宫女捧香……兴致来了,可以写诗作文,亦可悬灯书写奏章。这种状况,也许一般人是会很满足的,可是岑参却似乎并不知足,是呵,他总是念念不忘为国家为朝廷建大功、立大业,又怎能以做一个清闲的京官为满足呢?

一天晚上,一位姓李的官员来岑参家拜访,二人边饮酒边谈天,谈到自己已经年近五十,岑参长长地叹了一口气。

"岑兄,你现在做了员外郎,生活无忧无虑,又为什么叹气呢?"

岑参饮了一口酒说:"我东奔西走了大半生,本指望能光宗耀祖,建功立业,可是……到现在我才做了一个祠部员外郎,官职高低,不去说它,只是我的一腔报国热情,又怎么去实现呢!"

"唉,岑兄,凡事还是想开一点吧。"

岑参又叹了一口气说:"近日我写了一首诗,其中有两句颇令我自得。"

"哪两句? 岑兄不妨读一读。"

岑参点点头,吟道:"年纪蹉跎四十强,自怜头白始为郎,"他吟完又解释道,"因为我今年四十九岁,故云'四十强'。"

好一会儿,谁也没有再说话,屋子里一片沉寂……

时间过得飞快,一晃两年过去了。

在长安的这一段生活里,岑参对社会的认识更加深刻了,他目睹了京城里的达官贵人的骄横,认识到一般读书人的道路是多么艰难,尤其当他上书皇上,希望他能广开才路、抑制权贵,反而受到冷遇,更受到朝中官僚的排挤和嫉恨之时,他的激愤之情便会自然而然地表现出来。一次,他的同僚张君要到外地做官,岑参在送别宴上写下了一首诗,其中有几句深深地震动了每一个人的心:"何处路最难? 最难在长安! 长安多权贵,珂佩(玉饰)声珊珊(玉佩相击声)。儒生(书生)直如弦(鲠直),权贵不须干(干谒)!"

时光的流逝,常常使岑参感慨万千,有时他见景生情,思绪翩翩,有一次岑参在同事韦兵的家里欣赏梨花,写下了《韦员外家花树歌》,前四句说:"今年花似去年好,去年人到今年老。始知人老不如花,可惜落花君莫扫!"一种迟暮之感溢于笔下,虽然如此,他一刻也没有忘记自己年轻时的理想,他还在等待,等待着新的时机……

九　蜀道难

不管怎么说,在京城里做官,生活毕竟是平静安稳的。岑参的家在长安东市兴义坊,离他上班地方不远,上下班十分方便。岑参的女儿水仙也已长大成人,许配给了同事李林的大公子。

这天,李林急急忙忙来找岑参,一进门便问道:"岑兄,你还不知道吧,朝廷对你有了新的任命。"

"是吗?"岑参站起身。

李林顾不得坐下就说道:"朝廷任命你为嘉州刺史。"

"嘉州刺史?"

李林点点头。

岑参请李林坐下,叫仆人上茶,却好长时间没有说话。此时此刻,他的心里十分矛盾。一方面,嘉州(唐郡名,治所在今四川乐山县)地处偏远之地,那里的生活自己能适应吗? 何况自己早已年过半百,还要抛开温暖和睦的家,图的是什么呢? 另一方面,他又想:"这次是去做地方长官,再也不是当什么判官,长史之类的幕僚了,可以按照自己的想法做一些于国于民有利的事,也算没有虚度此生。"

见岑参不说话,夫人问李林:"李大人,嘉州那么偏远,又那么潮湿,难道不能改任他处吗?"

岑参打断夫人的话说:"何必再费事呢,皇上既然有此任命,我自然应当服从!"

夫人叹了口气:"刚过了两年团圆安定的日子……唉!"

岑参感慨地说:"大丈夫志在四方,何况这两年在长安我也够憋气的,眼见得权贵擅政,小人当道,却又无可奈何。这次去嘉州,不管怎样是一个机会,岂可轻易失去?"

在离开长安之前,岑参先办了一件大事,那就是把女儿水仙的婚事妥善地办了。他之所以这样做,一则是因为自己离开以后,女儿女婿可以一起照顾夫人,不然留下一母一女,他怎么放得下心呢;二则是因为自己此次赴蜀,前路未卜,女儿的婚事办了,也就没有了后顾之忧,不管遇到什么事,都能泰然处之了。

朝廷在任命岑参为嘉州刺史的同时,又任命一个较岑参年轻的同事成文为少尹,这样他们两个便可结伴入蜀了。在一个寒冷的早晨,岑参和成文告别家人和朋友,离开长安,踏上了入蜀之路。

两人从长安出发,不久便到了骆谷。骆谷即傥骆谷,是陕西终南山的一个山谷。山谷里山崖壁立,道路艰难,雪片落在地上,很快便冻成了冰,风声在空谷里发出"轰轰"的声响,十分吓人,崖上的野草和谷中的杂树,把阳光挡得严严实实,一片昏暗。岑参的诗这样描写骆谷里的情况:"深林迷(分不清)昏旦,栈道凌空虚。飞雪缩马毛,烈风擘(吹开)我肤。峰攒(聚集)望天小,亭午(当午)见日初。"好不容易走出了骆谷,到了梁州。本来他们计划休息一天就继续出发的,可是梁州太守却劝他们不必再入蜀了,他对岑参说:"刚从蜀中来了一个信使,要去长安报信,他说蜀中大乱,岑兄还是暂时在此多停些日子吧!"

"什么?"听了太守的话,岑参十分着急,他无力地坐下,请求道:"能不能让我见一见那位蜀中来的信使?"太守点点头,叫人去叫那个信使进来。

一会儿,信使恭恭敬敬地走了进来,太守说:"这位是岑大人,被朝廷任命为嘉州刺史,正要去赴任,你把蜀中的情况详细地向岑大人报告一下。"

信使点点头说:"事情是这样的:今年十月,原节度使严公病逝,府中之事暂由行军司马杜济主持。都知兵马使郭英干和郭嘉林一起上书朝廷,请求由郭英干的哥哥郭英乂为节度使。可是西山都知兵马使崔旰和自己的部下,却向朝廷上书,请求让大将王崇俊为节度使。最后,朝廷还是任命郭英乂为节度使。郭英乂十分嫉恨崔旰和王崇俊,上任没有几天,就找了个借口把王将军杀了。又召崔旰前来成都,崔旰推脱不来,郭英乂便不再给他提供军粮和兵饷。崔旰很害怕,就把部队带到了深山里。郭英义还不死心，亲自带着军队去围攻崔旰，正赶上下大雪，山谷里雪厚数尺，郭英义部队里的士兵和马匹冻死很多。崔旰见时机到了，便出兵攻击，郭英义的部队原已疲倦不堪，哪里还受得住崔旰军队的攻击呢？郭英义大败，仓皇逃跑，只剩下了一千余人。崔旰带着五千士兵，杀入成都，把郭英义全家都杀了。"

岑参又急又气："这还了得，蜀中不是要大乱了吗？"

"是啊，邛州、泸州和剑州的将军们听到崔旰杀入成都的消息都火了，他们一起发兵讨伐崔旰，闹得蜀中一片大乱。"

听了信使的话，岑参的心里十分沉重，且不说自己前往嘉州的行程要推迟，也许要取消，就是这些军阀各恃兵力，不听朝廷的命令，称霸一方，就更令人担忧了。若是这样发展下去，岂不又是一次"安史之乱"吗！那样的活，我大唐天下又该战火不断，天下百姓又该蒙受多大的灾难呵！想到这些，岑参不由长长地叹了一口气。作为一个连任所都不能安全到达的地方官，他除了感到无可奈何以外，又能做什么呢？

梁州太守说："岑兄，依我之见，你还是暂时住在这里，一方面等一等，朝廷也许会有新的安排，另一方面也可以看看蜀中形势，说不定会有变化。"

出于无奈，岑参点了点头，答应在梁州先住一段时间再说。

时间在焦急不安中一天天过去了，一晃就是好几个月。在这期间，岑参也从朝廷得到指示，叫他暂在梁州待命，他想朝廷对他可能另有委任，因此，虽然在梁州呆得很烦，却还是不得不滞留在梁州。

终于，有一天朝廷派人来找岑参，那人一见岑参便说："小人前来转达杜大人的指示。"

"杜大人？"

"就是杜鸿渐大人。"

杜鸿渐原来在朝里一直是岑参的上级，他对岑参颇为欣赏，据说，让他任职嘉州，就是杜鸿渐向皇上提议的。岑参忙问："快说，杜大人有什么指示？"

来人说："杜大人已被任命为山南西道、剑南东西川副元帅和剑南西川节度使，前往蜀中主持政务，他向皇上推荐岑大人为职方郎中，兼侍御史，为杜大人幕府中的官员。杜大人近日就要到达梁州，特请岑大人做好准备,届时同杜大人一道入蜀。"

"太好了!"岑参抑制不住自己的兴奋心情,笑了起来。

不久,杜鸿渐带着一班幕僚来到梁州,因为蜀中乱事未平,这批人也不得不在这里滞留两个月,等到他们正式起程时,已经是五月份了。他们由梁州出发,不几天就到了五盘岭。五盘岭在今广元县东北一百七十里处,这里山道曲折,十分难走。登上五盘岭,岑参兴奋异常,诗情油然而生,他随口吟成一首《早上五盘岭》诗,其中描写在五盘岭上所见的景色:"江回两岸斗(交错),日隐群峰攒(聚集)。苍翠烟景曙(日出),森沉云树(白云缭绕的树木)寒。"最后两句更表达了他对杜鸿渐的知遇之恩:"此行为知己,不觉行路难。"诗中的"知己",当然是指向朝廷推荐自己的杜鸿渐了。

"蜀道之难,难于上青天",此话确实不假,入蜀的道路艰难极了,山路崎岖,栈道窄小,岑参诗中这样写道:"栈道笼(遮盖)迅湍(急流),行人贯(穿行)层崖。岩倾劣(勉强)通马,石窄难容车。"只有朋友们的谈笑,才能给艰难而漫长的路途,带来几分轻松和愉快,正如岑参诗中所说:"数公各游宦(出外做官),千里皆辞家。言笑忘羁旅,还如在京华(长安)。"

不久,这一行人来到了剑门。剑门又称剑阁,是四川北向的门户,因为其山峭壁中断,像是房门,又像是一把利剑,所以称为"剑门"。杜甫后来经过剑门,曾写诗说:"惟天有设险,剑门天下壮!"岑参站在剑门前,见群山起伏,十分壮观,诗兴大发,吟道:"双崖倚天立,万仞从地劈。云飞不到顶,鸟去难过壁!"众人听了岑参的诗,纷纷点头表示赞赏,杜鸿渐也笑道:"岑先生果然诗才出众,只用四句诗,便把剑门之险状写了出来,确是好诗!"

过了剑门,这一行人终于到达了成都。

555

十　最后的岁月

在进入成都之前，杜鸿渐便叫人先去通报崔旰，说是只要不再作乱，便保证不算旧账，既不杀他，也不撤他的职。崔旰本来惹了大祸，生怕朝廷派大兵来围剿，听了杜鸿渐的这些话，便带了重礼，在成都门前迎接杜鸿渐，杜鸿渐见了崔旰，也施之以礼，没有责备他一句，仍让他负责成都府里的事务。几天后，杜鸿渐又分别任命那些与崔旰交战的武将为各州刺史，他采取的这种不问是非功过的和事佬态度，虽然受到一些人的私下指责，但毕竟使蜀中暂时归于平静了。

刚到成都，岑参没什么固定的事情要做，他便充分利用公务之余，遍访了成都的多处名胜古迹，比如武侯庙、杨雄草玄台、文公讲堂、严君平卜肆处、司马相如琴台、张仪楼等处，都留下了他的足迹，他每到一地，都要赋诗一首，以作纪念。

这天，杜鸿渐把岑参请进府里，待岑参坐下后，杜鸿渐说："岑先生，在我请你为幕府之职前，朝廷曾任命你为嘉州刺史，这个任命并未取消，目前蜀中形势已经平静，我仍想请岑先生前往嘉州任刺史，不知你意下如何？"

岑参说："一切听杜大人安排！"

嘉州风景幽美，后人有"天下之山水在蜀，蜀之山水在嘉州"的说法。岑参一赴任，便被这里的奇山秀水所吸引，他不由地赞叹道："我大唐竟有如此奇秀的地方，能来此任职，也算是人生的一大幸事了！"

岑参初到嘉州，充满了热情，他真想在这里有所作为。可是渐渐地，他产生了厌烦之情，因为在这里除了催租催税外，几乎没有什么事情可办，他曾提出过几项于民有益的措施，却都被成都府的上司给否决了。他见到当地百姓生活已经够苦了,可上司还是一个劲儿地叫他催粮征税,心里十分苦恼,可不办又不行,他只能采取消极的办法,能推一天就推一天。好在嘉州有峨眉山、凌云寺等名胜,他便常常推脱公务去那里游玩。一天,他登上凌云寺,眺望峨眉山,俯视江水流,他忘记了尘务,被秀丽的景色深深地吸引住了,他拍着寺边的栏杆,随口吟道:"殆知宇宙阔,下看三江流。天晴见峨眉,如向波上浮。"正在兴头上,一个衙役气喘吁吁地登上山来,见了岑参说道:"大人,成都府有人前来,请大人速回!"

岑参问道:"是什么人?"

衙役说:"是一个钱粮判官,专门为催办租税而来的,看样子很急呢!"

岑参叹了口气,自言自语道;"又是催租! 他们不知道今年嘉州收成不好吗? 唉,我这个地方官也真够难当的了!"

一直陪着岑参的成文搭话说:"岑大人,还是我去应付一下吧?"

岑参点了点头,成文带着衙役急忙走下山去。岑参望着他们的背影说:"唉,我真想在这美丽的山水中隐居度日,何必要做这催租催粮的官呢!"

待岑参回到州府里的时候,成都来的官员已经离开了。成文对岑参说:"成都府对我州交粮之事很不满意,所以今天特派专人前来催问。"

"唉,除了该交的公粮租税以外,成都府又规定了那么多额外的项目,你知道,嘉州地小人少,今年的收成又不好,唉!"

"是呀,这些我都对来人说了,他根本不听,只是说成都府限期叫我州交齐,不得拖延!"

岑参无力地坐在椅子上。

成文告辞以后,岑参仍坐在那里一动不动,从窗口他望着遥远的山峰,望着山峰间缭绕的白云,不知怎么,他的思绪飞回了长安,是呵,那里有自己的家人和朋友,虽然那里没有这里如此动人的风景,却也没有这里为官的苦恼和对亲友的思念。他站起身,在屋子里来回踱了几步,走到书桌前,提笔写了两行诗:"梦魂知忆处,无夜不京华!"这是他前几天写的一首诗中的两句,却正好能表达他此时此刻的心情。

又过了半年左右,岑参听说杜鸿渐已被召入朝,自己的思乡之情更浓厚了,便向成都府递了辞职书,推荐成文作嘉州刺史。不久,成都来了批文,同意岑参辞职,并任命成文为嘉州刺史。

真是"无官一身轻",当接到上级的免职批文时,岑参感到轻松了许多。是呵,自己的报国大志,又岂能在这偏远的小州里实现呢?何况年纪已老,思乡心切,仕进之心早淡泊了。前不久家里来信,说他已有外孙子了,他真想快些回去看一看外孙子是个什么样呢!

收到免职批文后不久,岑参告别了成文等人,上了小舟。他计划乘舟东下,直出夔门,顺长江而下,这样能早些到达长安。可是,出人意料,水行几天过去,刚到戎州(治所在僰道,今四川宜宾市)、泸州(治所在泸川,今四川泸州市)地区,船却停了下来。船夫对岑参说:"大人,前边有士兵把守,不让通过。"

"噢?"

岑参走出船舱往远去看去,果然看见许多全副武装的士兵,正在那里巡逻,岸上一些人家的房子还着着火,岑参忙叫仆人上岸去打听情况。

一会儿,仆人带来了一个私塾先生,见了岑参,私塾先生说:"大人,您恐怕过不去了。"

"为什么?出了什么事?"

"唉,又是内乱呀!"私塾先生说,"事情是这样的:前些日子西川节度使崔旰入朝奏事,让他的弟弟崔宽留守成都,泸州刺史杨子琳原来就与崔旰有矛盾,看到此时是个机会,便率领精骑数千,乘机冲入成都,几次战斗就打败了崔宽。崔旰的夫人任氏见状,便拿出家产数十万,招兵买马,终于打败了杨子琳。杨子琳兵败退守泸州,也大招兵马,收罗了数千人,号称要沿江东下入朝去杀崔旰,所以堵住了江道,谁也不让过去。"

"唉,真是国家百姓的一场灾难呀!"岑参长叹一声。

"是呀,"那先生说,"您还没看见呢,自从乱兵来了以后,这里到处是死尸,有些房子还被乱兵一把火给烧了,真惨呀!"

岑参走下小船,沿江信步走去,映入眼底的,确是一片凄惨景象,真是尸骨遍地,血流成河,乱兵的罪行令人发指!岑参虽然满腔愤怒,却无能为力,只得暂时在泸州住下来,谁知这一住竟是两个多月,岑参的心里焦急极了。他时时感到无限孤独,每天只能借酒浇愁,他有一首诗,正描绘了当时的情况:"九月芦花新,弥(更)令客心焦。谁念在江岛,故人满天朝(朝廷)。无处豁心胸,忧来醉能销。"

借酒浇愁,只能是自我麻醉,其作用是短暂的。这一天,岑参又独自喝起了闷酒,在似醉未醉的时候,他突然把酒杯往地上一扔,叫道:"来人!"

仆人应声走进屋子:"大人,有何吩咐?"

"马上收拾行装!"

"大人,"仆人提醒道,"小人刚去探过,乱军还在前面挡着路呢,恐怕……"

"我们不往前走了,你快去收拾东西吧!"

"那……"

岑参挥挥手说:"别问了,我们回成都!"

"回成都?"

"对!"

仆人见岑参脸色不好,没敢再问,忙去收拾东西。岑参见仆人走了,无力地坐在椅子上。

岑参来到成都的时候,已经是深秋时节了。因为他已没有官职,便住在一个旅舍里。闲来无聊,岑参便常在院子里伫立,看那树叶一片片落下,在秋风中打转,此时此刻,他的心境凄凉极了。是呵,他已经五十五岁了,却仍像落叶一样漂泊无依,这一切怎能不使他感慨万千呢? 一天,他悲从中来,挥笔写下了一首《西蜀旅舍寄朝中故人呈狄评事》诗,其中有这样几句:"生平未得意,览镜(照镜)心自惜。四海犹未安,一身无所适。自从兵戈动(指蜀中战事),遂觉天地窄(无处施展才华)。功业悲后时(后于时人),光阴叹虚掷!"写罢此诗,岑参把笔往桌子上一扔,重重地坐在椅子上。对他来说,现在唯一的希望就是江路早早畅通,能让他早些回家。

正在这时,仆人进来通报:"大人,成文成大人来访!"

"快请进!"岑参话音未落,成文便走了进来,见了岑参,他先施一礼,然后说:"我听说大人又回成都了,所以特来拜望。"说着,递上一些银子,"这些供大人花用。"

"多谢你了!"岑参叹了口气说,"唉,我被困在蜀中已经好几个月了,真让人着急呀!"

成文说:"据我所知,近期岑大人恐怕还是不能成行,要不然先回嘉州住些日子,等情况好转了再说?"

岑参摇摇头:"多谢你的美意,近来常常感到身上不舒服,怕是有什么病,每天疲劳得很,一点也不想动,嘉州就不去了吧。"

"可是……"

"成兄,嘉州杂务不少,你还是早些回去吧。"

送走了成文,岑参仍伫立在院中,这时,夜幕降临下来,一弯明月高高地挂在空中,岑参本来是十分喜欢那皎洁的月亮的,可是他久滞于此,天天晚上都在同一地方仰望同一明月,不由地产生了一种厌月之情,他随口吟道:"久客厌江月,罢官思早归!"吟罢,又是一声无奈的长叹……

这一年(大历四年,公元 769 年)冬天,岑参带着未归长安的遗憾客死在成都。在去世前不久,他写下了一首也许是他的绝笔之作的《客舍悲秋》诗,诗是这样写的:

> 三度为郎便白头,一从出守五经秋。
> 莫言圣主长不用,其那苍生应未休!
> 人间岁月如流水,客舍秋风今又起。
> 不知心事向谁论,江上蝉鸣空满耳!

一、二两句说自己在朝中前后三次为郎官,当时头发已经斑白,后来被任命为嘉州刺史,到现在也已五年过去了。三、四两句说,不必计较皇上不重用自己,只是担忧百姓还没有得到安宁。五、六两句感慨自己滞留成都不能东归。最后两句说自己满腹心事无处倾诉,独闻江上蝉鸣聒耳,使人烦躁。诗中既有对"苍生"的挂念,又有对"岁月如流水"的感叹,还有"不知心事向谁论"的孤独和寂寞,内容颇为丰富,是岑参晚年的一篇力作。

正是在这种复杂的心境中,岑参走完了他的人生道路……

岑参死后,唐人杜确将其诗文收集在一起,编成了《岑嘉州诗集》,使岑参的作品得到更广泛的流传。岑参的诗,以边塞之作最有价值,因而后人将他与高适一起,并称为唐代边塞诗派的两个代表人物。他虽然在政治上没有实现自己建功立业的愿望,但他留下的不朽诗篇却闪烁着光芒,从而使他成为群星灿烂的唐代诗坛上的一颗夺目的明星。